방언 접촉과 국어 음운론

이혁화

1969년 경상북도 김천에서 태어나 서울대학교 국어국문학과에서 문학사(1991년), 문학 석사(1994년), 문학 박사(2005년) 학위를 받았다. 2008년부터 2016년까지 영남대학교 국어국문학과 교수로 재직하였다. 방언학과 국어 음운론 분야에 관심이 있어서 주로 이에 대한 논문을 다수 발표해 왔으며, 저서로 『국어학 입문』(공저) 등 다수가 있다.

방언 접촉과 국어 음운론

초판 발행 2017년 12월 23일

지은이 이혁화

펴낸곳 영남대학교출판부

펴낸이 서길수

출판등록 1975년 9월 5일 경산 제16-1호

주소 경북 경산시 대동 214-1

전화 053) 810-1801~3

FAX 053) 810-4722

홈페이지 book.yu.ac.kr

ISBN 978-89-7581-560-7 93700

이 도서의 국립중앙도서관 출판예정도서목록(CIP)은 서지정보유통지원시스템 홈페이지(http://seoji.nl.go.kr)와 국가자료공동목록시스템(http://www.nl.go.kr/kolisnet)에서 이용하실 수 있습니다. (CIP제어번호 : CIP2017034112)

방언 접촉과 국어 음운론

이혁화 지음

영남대학교출판부

2016년 8월. 30년 지기인 이혁화 선생이 병원에 입원했다는 청천벽력과도 같은 소식을 듣고 부랴부랴 영남대 병원으로 달려갔던 때가 그쯤이었던 것으로 기억이 납니다. 병원에 도착하여 친구의 얼굴을 보니 상황이 심상치 않음을 알 수 있었습니다. 그때 이 선생이 나에게 전한 첫마디가 "인호야, 이번에 큰 거 한 방 맞아뿠다." 였습니다. 1년이 지난 지금도 왜 이 한 마디만 머릿속에 이렇게도 또렷하게 떠오르는지 모르겠습니다. 사실 그날 이외에는 우리 둘이 나눈 말도 별로 없었던 것 같습니다. 촉촉해진 눈만 서로 피할 뿐 말입니다. 안타깝게도 친구는 그 해를 넘기지 못한 채 12월의 어느 날 이 세상과 영원한 작별을 고하고 말았습니다. 벌써 그가 우리 곁을 떠난 지 1년이 다 되어 갑니다. 그리고 이렇게나마 친구를 추억하자니 가슴이 먹먹해집니다.

2017년 2월. 이혁화 선생의 49재에 즈음하여 몇이서 이 선생의 고향인 김천에서 만나 이 책을 엮기로 뜻을 모았습니다. 그리고 이 선생의 생전 근무지인 영남대학교에서 책을 내는 것이 좋겠다는 의견이 있었습니다. 이에 영남대학교 출판부에 연락을 하였더니 마침 이혁화 선생이 생전에 출판하기로 한 책이 있다는 회신이 돌아왔습니다. 그래서 계획했던 책에 이 선생의 논문 7편을 추가로 싣되, 선후배 몇 명이 이 선생을 추억하며 각 논문에 간략한 소회를 남기기로 하였습니다. 이후에 논문을 한글 파일로 입력하는 과정과 편집 과정은 김현 선생과 이진호 선생이 맡아 주었고 영남대학교 출판부의 꼼꼼한 작업 과정을 거쳐 빛을 보게 되었습니다.

우선 이 책을 이 선생의 영전에 바칩니다. 생전에 항상 남을 먼저 배려하고 남에게 베풀려고만 했던 이 선생이기에, 왜 후배들 고생시키느냐고 나무라지나 않을까 모르겠습니다. 하지만 부디 너그러이 우리의 뜻을 받아주어 우리가 가진 마음의 빚을 조금이나마 덜어주었으면 고맙겠습니다. 아울러 아들을 먼저 보내고 깊은 시름에 잠겨 계실 부모님과 너무나도 급작스럽게 남편, 아빠와 이별한 임재숙 여사와 두 딸, 채원, 채정에게도 이 책을 바칩니다. 가족들의 마음을 우리가 어찌 털끝만치라도 따라갈 수 있겠습니까마는 이 책이 조금이나마 위안이 되고 살아가는 데에 힘이 될 수만 있다면 더 이상 바랄 것이 없겠습니다.

2017년 12월

편자들을 대표하여 정인호 씀.

제1부 방언 접촉

• 무주 · 영동 · 김천 방언의 음운론적 대비 연구

1장 서론

2장 음운체계

3장 기저형

4장 음운 과정

제1부

방언 접촉

무주·영동·김천 방언의 음운론적 대비 연구

1장 서론

1.1 연구목적

방언 연구에 있어서 여러 방언을 비교·대조하는 연구는 비교적 이른 시기부터 수행되었다. 이는 여러 방언에 대한 비교·대조 연구가 방언 연구의 중심 분야라는 사실과 무관하지 않다. 충청, 강원 이남 지역을 대상으로 한 자료집의 성격을 띠고 있는 小倉進平(1924)도 궁극적으로는 비교·대조의 목적 아래 작성된 것이다. 그러나 비교·대조 연구는 체계로서의 방언이라는 개념이 방언 연구에 도입되면서(이병근 1969ㄱ, ㄴ) 전환기를 맞게 된다. 방언체계 혹은 하위체계에 대한 고려 없이 모음을 직접 대조시킨다거나 하는 비교·대조 연구에 대한 반성의 시각이 제기된 것이다. 이후 이병근(1970), 이익섭(1972), 최명옥(1974)와 같이 개별 방언에 대한 체계적인 연구가 시작되고 이승재(1980)을 거치면서 체계로서의 방언에 대한 연구는 더욱 정밀화되었다.

개별 지역 방언에 대한 연구가 성과를 거두면서 여러 방언에 대한 비교·대조 연구는 다시 활성화되었다. 이익섭(1981), 이기갑(1986), 소강춘(1989), 김충회(1992) 등에서는 각 방언권 내에서의 개별 방언에 대한 비교·대조를 통해 하위 방언으로 구획되었으며, 최명옥(1994)에 이르러 등어선의 등급화에 따른 방언 구획상의 방법론이 구체적으로 적용되었다. 이로써 개별 방언에 대한 체계적인 비교·대조 연구가 가능하게 되었다.

본 연구는 전라북도의 무주, 충청북도의 영동, 경상북도의 김천방언을 대상으로 공시음운론적 측면에서 각 방언을 비교·대조하는 것을 목적으로 한다. 본 연구에서 대상으로 하는 무주방언, 영동방언, 김천방언(이하 세 방언)은 각각 전라북도, 충청북도, 경상북도의 하위 방언으로서, 더 크게는 서남방언, 중부방언, 동남방언의 하위 방언으로서 개별 방언 연구를 통해, 그리고 도 단위 또는 대방언권 간의 비교·대조 연구를 통해 대체적인 방언 특징이 밝혀진 바 있다.

그러나 세 방언이 가진 유사성과 상이성, 인접 방언과의 영향 관계에 대한 이해는 충분하지 못하였다. 예를 들면, 국어에는 장애음 말음의 체언 뒤에 'ㅎ'으로 시작하는 조사가 결합될 때 'ㅎ'과 축약되는 유기음화의 음운 과정을 보이는 방언과 'ㅎ'이 탈락하는 음운 과정을 보이는 방언이 있다.

밥+하고: 바바구〈무주〉 / 바파구〈영동〉 / 바바고〈김천〉

위와 같이 〈영동〉에서는 유기음화가, 〈무주, 김천〉에서는 'ㅎ'탈락이 일어난다. 이때 〈영동〉의 유기음화는 충청북도의 모든 하위 방언이 모두 유기음화를 보이므로, 〈무주〉의 'ㅎ'탈락은 전라북도의 모든 하위 방언이 'ㅎ'탈락을 보이므로 방언권 내에서의 이질적인 특징에 주목하는 도 단위의 방언 구획 논의에서는 이러한 현상이 주목을 받기 어렵다. 뿐만 아니라 유기음화나 'ㅎ'탈락은 충청북도 혹은 전라북도에 한정되어 나타나는 특징적인 음운 현상이 아닌 까닭에, 동질적인 방언 특징에 중점을 두는 논의에서도 이 현상은 주목받지 못하였다. 〈김천〉의 'ㅎ'탈락은 경북의 다른 하위 방언이 유기음화를 보이므로 방언권 내에서의 이질성이 지적되지만, 그 영향 관계에 대한 고찰은 충분하지 못하였다. 이러한 방언 차이에 대한 이해는 특정 방언권에 한정됨이 없이 'ㅎ'탈락이 일어나는 방언과 유기음화가 일어나는 방언에 대한 포괄적인 고찰을 통해 가능할 것으로 판단된다.

한편 세 방언은 용언 어간이 모음어미의 두음 '아/어'를 취하는 양상에서 유사성을 보인다. 즉 자음으로 끝난 단음절의 '아, 애' 어간 뒤에서 모음어미의 두음으로 '-아'가 연결된다.

잡아, 막아, 뺏아, 뱉아, 맺아 〈무주, 영동, 김천〉

〈무주〉에서의 이러한 양상은 전라북도의 방언 구획과 관련하여 크게 주목받은 바 있다(소강춘 1989, 이승재 1997). 전라북도에서 이러한 양상을 보이는 지역은 〈무주〉를 비롯하여 〈장수, 임실, 순창, 남원〉 등이 포함되는 동남산악지역으로 다른 지역과 뚜렷이 구분되기 때문이다. 그런데 이러한 양상이 전북의 동남산악지역에만 국한되어 나타나는 것은 아니다. 〈영동, 김천〉은 물론이고 여러 지역으로 확대될 가능성이 높다. 따라서 이러한 유사성은 특정 지역에 한정되어 논의될 수 없다. 다시 말해 이들 어간 뒤에서 '-어'를 취하는 개신의 영향을 받지 않은 지역에서는 〈무주, 영동, 김천〉과 비슷한 양상을 보일 것으로 판단되기 때문에, 유사성에 대한 이해에 도달하기 위해서는 고찰의 범위가 넓어질 수밖에 없다.

따라서 세 방언에 대한 비교·대조 연구는 본질적으로 세 방언에만 국한되어 수행될 수 없다. 비교·대조 연구의 어려움이 바로 여기에 있다. 다행히 우리에게는 ≪한국방언자료집≫이 있어 세 방언의 주변 방언에 대한 음운론적 연구가 가능할 것으로 판단된다.

1.2 연구방법

이러한 연구목적에 따라 본 연구에서는 공시음운론의 영역을 음운체계, 기저형, 음운 과정으로 나누고 각각의 하위 영역에서 세 방언의 공통성과 상위성을 비교 · 대조하는 대비 방법을 사용한다.

두 방언 이상을 비교 · 대조하는 대비의 연구방법은 여러 목적으로 사용될 수 있다. 먼저 대비 방법은 역사비교언어학의 연구목적과 유사하게 공통적인 선대형을 재구함으로써 방언 분화를 밝히기 위한 목적으로 사용될 수 있다. 河野六郎(1945)에서 '鋏'에 대하여 '*kʌ-si-gai'를 재구하고 이로부터 16개 방언형들의 역사적 변화를 설명하려 한 것이나, 이승재(1982)에서 어중의 '-ㅅㄱ-'을 보이는 중세어들에 대한 방언형의 검토를 통하여 재구형을 설정하고 통시적 변화에 따른 방언 분화를 설명한 것, 곽충구(1995)에서 '부수-'와 '빻-'의 방언형들을 검토함으로써 분화되기 이전의 '*pʌzʌɣ'을 재구하고 각 방언에서의 통시적 분화 양상을 설명한 것은 여러 방언형에 대한 비교 방법을 이용한 것이다.

그러나 방언 간의 비교 · 대조 방법이 항상 선대형에 대한 재구를 전제하고 사용되는 것은 아니다. 구조방언학에서 제안된 바 있는 방언체계(diasystem)는 하위 방언체계의 유사성과 상이성에 대한 효율적인 비교 · 대조가 목적으로(Weinreich 1954), 예를 들어 이병근(1969ㄱ)에서 제시된 바 있는 중부 · 남부방언 간에 나타나는 단모음의 방언체계는 비교 · 대조 방법을 사용한 것이지만 선대형에 대한 재구를 통한 방언 분화를 설명하는 것은 아니다. 한편 대비 방법은 방언 차이에 반영하는 등어선의 등급화를 통하여 방언 구획을 논의하려는 목적으로도 사용되는데, 이 역시 재구를 전제하는 것은 아니다.

따라서 방언 간의 대비 방법은 재구에 대한 전제 없이도 두 방언 이상에 존재하는 공통성과 상위성을 규명하려는 목적으로 이용될 수 있다. 이러한 목적으로 대비의 연구방법을 사용한 대표적인 논의로는 최명옥(1980), 전광현(1983) 등을 들 수 있다. 최명옥(1980)은 경북 영덕군 영해면 두 동의 방언을 형태 · 통사, 어휘, 음운 면에서, 전광현(1983)은 영동 용화면과 무주 설천면의 방언을 음운체계, 음운 현상 면에서 대비하는 방법을 통해 두 방언 사이에 존재하는 공통성과 상위성을 규명하려 하였다. 본 연구에서 사용하는 대비의 방법 역시 〈무주, 영동, 김천〉 세 방언의 공통성과 상위성을 고찰하려는 목적으로 이용된다.[1)]

대비의 방법은 공시음운론에서 다루는 하위 영역인 음운체계, 기저형, 음운 과정 각각에서 공통적으로 이용된다. 예를 들어 음운체계의 측면에서 〈무주, 영동〉은 10모음체계이나 〈김천〉은 6모음체계라는 점, 동일한 10모음체계라 하더라도 〈무주〉에는 이중모음 wi가 존재하지 않지만 〈영동〉에는 wi가 존재한다는 점 등은 모두 대비의 방법으로 고찰된다. 기저형의 측면에서, 용언 어간 '서-'(立)는 〈영동, 김천〉에는 '서-'가 기저형이지만 〈무주〉에는 '서-, 스-, 시-/스-'의 기저형이 공존한다는 점도 여러 활용형들을 대비함으로써 확인된다. 공시적인 음운 과정인 평폐쇄음화가 〈무주, 영동, 김천〉 세 방언에서 동일한 양상으로 일어난다는 사실 또한 대비의 방법을 통해 확인된다.

---

1) 따라서 본 연구에서 사용하는 대비의 방법은 역사비교언어학의 비교 방법과는 다르다. 역사비교언어학의 비교 방법은 언어 변화를 밝히려는 목적으로 두 언어를 비교하여 선대형을 재구하는 방편으로 이용된다. 본 연구는 공시적인 측면에서의 세 방언에 대한 대비 자체에 목적이 있으며, 대비를 통한 방언 분화나 통시적 변화 과정을 밝히는 일은 차후의 연구 과제가 될 것이다.

그런데 경우에 따라 다른 방언 자료에 대한 검토가 추가된다면, 〈무주, 영동, 김천〉 세 방언에 대한 대비를 통해 드러난 공통성과 상이성이 다른 방언과의 관계 속에서 어떻게 이해될 수 있는지가 가능할 수 있다. 예를 들어, '솥'(鼎)의 주격/대격/처격형으로 〈무주, 영동〉에는 '솟이/솟얼/솥에'가 〈김천〉에는 '솣이/솣얼/솥에'가 나타나는데, 대비의 방법을 이용하여 파악한 〈무주, 영동, 김천〉의 공통성과 상위성이 세 방언에만 국한된 것인지 아니면 다른 방언에도 적용될 수 있는 것인지 확인하기 어렵다. 그러나 ≪한국방언자료집≫에는 이에 대한 전국적인 상황을 살필 수 있는 자료가 수록되어 있으므로 이를 보조적인 자료로 활용할 수 있다. 방언형의 분포에 대한 전국적인 현황은 방언지도를 통해서 나타내도록 한다.

한편, 음운 과정의 대비에 있어서 공시적인 대비만으로는 논의가 불충분한 경우가 있다. 예를 들어 치찰음 아래에서의 공시적인 전설모음화는 세 방언 모두 활용에서만 나타나는데, 〈무주〉와 달리 〈영동, 김천〉에서는 'ㅆ' 아래에서만 전설모음화가 일어난다. 규칙의 환경에서 차이가 난다는 점은 공시적인 대비를 통해서 확인되지만, 공시적인 대비만으로는 〈영동, 김천〉의 전설모음화가 과거에도 'ㅆ' 아래에서만 일어난 것인지 아니면 규칙 적용 환경의 축소가 일어난 것인지를 밝히기 어렵다. 이럴 경우에 형태소 내부에서 일어난 통시적인 변화에 대한 대비가 필요하다.

또한 음운 과정에 따라서는 공시적인 대비와 통시적인 대비를 통해서도 방언 사이에 존재하는 상위성이 포착되기 어려운 경우가 있다. 예를 들어, 움라우트 과정에 있어서 〈무주, 영동〉은 규칙의 환경, 입력, 출력, 수의성 등이 동일하다. 이는 대비의 방법을 통하여 확인된다. 그러나 〈무주〉와 〈영동〉은 동일한 발화 상황이라 하더라도 움라우트가 실현되는 정도에 있어서 차이를 보인다. 즉 〈영동〉보다는 〈무주〉에서 움라우트가 더 활발하게 일어나는 것이다. 이러한 상위성은 음운 과정에 대한 대비만으로는 설명하기 어려우며, 보조적인 방법으로 움라우트 실현형의 출현 빈도에 대한 계량화 작업이 필요하게 된다.

결국 본 연구에서의 연구방법은 공시적인 측면에서 음운체계, 기저형, 음운 과정에서의 대비를 위주로 하되, 보조적인 방법으로 방언지도를 통한 대비, 형태소 내부의 통시적인 변화에 대한 대비, 계량화를 통한 대비의 방법을 이용하는 것으로 요약할 수 있다.

1.3 연구대상

〈무주, 영동, 김천〉 세 지역은 전라, 충청, 경상 삼도의 접경 지역으로서 방언접촉 현상이 두드러지게 나타나는 지역이다. 특히 〈영동〉의 황간과 〈무주〉의 무풍이 그러하다고 할 수 있다. 그런데 우리는 접촉현상이 아니라 세 방언의 비교·대조에 목적을 두고 있으므로 〈영동〉의 황간이나 〈무주〉의 무풍에서 쓰이는 언어 자료를 비교·대조의 대상으로 삼을 수는 없다. 이들 지역의 방언을 〈영동〉이나 〈무주〉의 대표적인 방언이라 할 수 없기 때문이다.

따라서 세 지역을 대표할 수 있으리라 판단되는 지점의 방언이 연구대상이 된다. 〈영동〉과 〈무주〉는 동일 군 내에서도 지역에 따른 언어 변이가 예상되는 지역이므로 각별한 주의가 요구된다. 최갑순(1977)에 따르면 〈영동〉은 동남방언의 영향을 강하게 받은 지역과 이외의 지역으로 크게 나뉘어지는데, 후자의 지역 중에서 영동읍의 방언이 〈영동〉의 대표적인 방언이라 판단된다. 종결어미를 기준으로 〈무주〉의 소방언 구획을 수행한 이윤구(2001)에 따르면, 적상면의 방언이 〈무주〉의 대표적인 방언이라 판단된다. 〈김천〉의 경우에는 특별한 논의가 없어 판단하기 어렵지만, 〈김천〉의 중앙에 위치한 구성면의 방언을 비교·대조의

기준으로 삼았다.[2)]

이상과 같이 세 지역을 대표할 수 있는 지점에서 사용되는 노년층의 언어를 대상으로 현지조사의 방법으로 자료를 수집하였다. 제보자와 조사지점은 다음과 같다.

· 무주
  - 조사지점: 적상면 하유리
  - 제보자: 우재환(禹在煥, 男, 86), 황옥지(黃玉枝, 女, 81)
  - 조사기간: 2003. 7. 8. ~ 7. 14.
· 영동
  - 조사지점: 영동읍 심원리
  - 제보자: 김기헌(金起憲, 男, 77), 김동천(金東天, 男, 83)
  - 조사기간: 2003. 7. 15. ~ 7. 20.
· 김천
  - 조사지점: 구성면 명덕리
  - 제보자: 김태연(金台淵, 男, 84), 이일영(李日永, 女, 86)
  - 조사기간: 2003. 7. 20. ~ 7. 24.

〈무주〉와 〈김천〉의 제보자는 부부이며 〈영동〉의 제보자는 숙질간이다.[3)] 제보자의 선정에 있어서 일반적인 기준과 달리 특별히 추가한 것은 연령 기준이다. 본 연구에서는 80대 이상을 원칙으로 정하였는데, 이는 노년층의 언어에 해당 방언의 특징이 보존되어 있다고 판단되기 때문이다.

---

2) 무주, 영동, 김천 세 지역의 역사적 배경이나 자연지리적 환경에 대해서는 각각 권병로(1979)와 이윤구(2001), 최갑순(1977)과 유영철(1997), 백두현(1982)와 이혁화(1994)에 자세하게 소개되어 있으므로, 여기에서는 따로 밝히지 않는다.

3) 이들 제보자들의 적극적인 협조가 없었다면 자료 수집은 엄두도 내지 못하였을 것이다. 바쁜 농삿일에도 불구하고 시간을 쪼개어 조사에 응하고 따뜻하게 대해 주셨던 〈무주〉의 할아버지 할머니 내외분, 몸이 불편하신 와중에도 차근차근 설명해 주셨던 〈영동〉의 두 분 어르신, 진외가 댁이라 해도 들러보지 못한 손자를 나무라지 않으시고 지루한 조사를 감내하셨던 〈김천〉의 할아버지 할머니 내외분께 깊은 감사를 드린다.

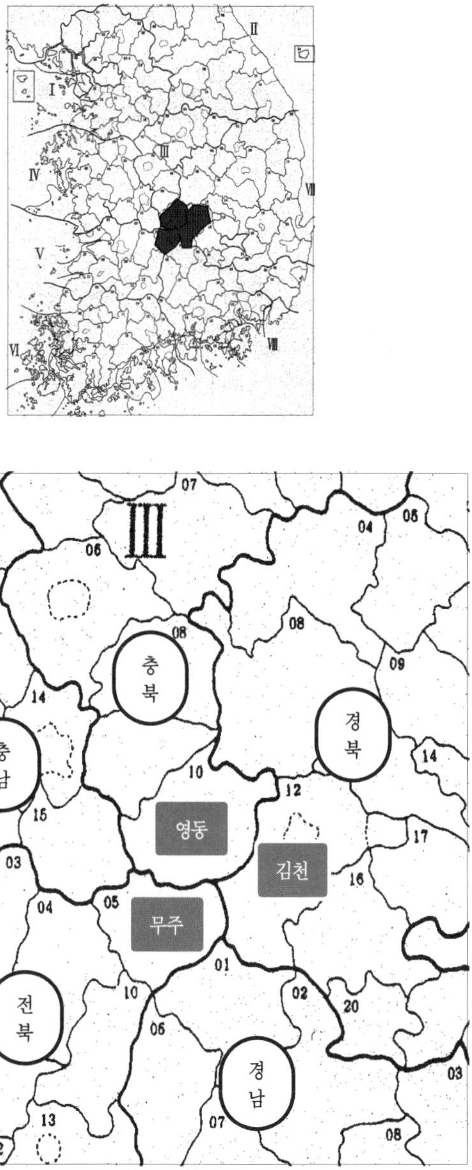

〈'무주, 영동, 김천'의 지도〉

1.4 연구사

무주방언은 전라북도의 여러 하위 방언 중에서 가장 이질적인 요소가 많은 방언이다(이승재 1987). 〈무주〉는 전라북도 중에서 유일하게 '하다(爲)'가 나타나는 지역이며, '햐(하-아, 爲), 있을티지(있을 테지), 있을겨(있을 거야)' 등과 같은 충청방언의 특징도 함께 나타난다. 일찍이 小倉進平(1944)에서 당시의 행정구역과 달리 금산, 무주를 전라도방언에서 제외하여 경기도방언에 소속시킨 사실에서도 무주방언의 특이성을 엿볼 수 있다. 이숭녕(1967:411)에서는 중부방언에 대하여 "북은 황해도의 사리원 이남, 강원도의 고성 이남, 충남은 논산 · 금산 이북에 충북을 포함한다."라고 하여, 무주방언을 다시 전라도방언에 소속시킨 바 있다.

이와 같이 무주는 대방언권의 경계에 위치하고 있기 때문에, 개별 방언 자체에 대한 연구보다 비교 · 대조 연구가 먼저 시작되었다. 이익섭(1970)에서는 주로 어휘에 한정하여 진안, 무주, 금산, 영동의 방언 분화와 관련된 언어 외적 요인을 고찰하였다. 여기에서는 "무주의 언어가 어휘면으로 보아 진안보다는 금산의 언어에 50:25 정도로 가깝고, 무주가 영동에 대하여 가지는 언어적 친밀도가 금산에 대한 그것보다는 약하고 진안에 대한 그것보다는 강하다."라고 하여 무주, 금산의 언어가 가장 가깝다고 하였다. 전광현(1983)은 무주의 설천면(雪川面)과 영동의 용화면(龍化面) 지역을 대상으로 한 음운론적인 비교 연구에 해당한다. 여기에서는 공시음운론적인 특징과 관련하여, 무주의 설천에서는 'ㅎ'탈락이 나타나는 반면, 영동의 용화에서는 유기음화가 일어남을 지적한 고찰이 특히 주목된다. 두 지역의 방언적 특징에 대해서는 "공통적 특징이 상위적인 사실보다 폭넓게 작용하고 있다."라고 함으로써 유사성을 강조하였다.

무주에 대한 개별 방언 연구로서의 음운론적 연구로는 권병로(1979)

가 있으며, 이는 이중모음의 분포와 변화(권병로 1983), 움라우트 현상에 대한 고찰(권병로 1985)로 이어졌다. 접촉방언이라 할 수 있는 무풍에 대해서는 권병로(1987)에서 공시적인 음운 현상에 대한 종합적인 고찰이 이루어졌다. 무주방언의 형태 · 통사적인 연구로는 이윤구(1985, 2001)을 들 수 있다. 특히 이윤구(2001)은 무주의 6개 읍면 148개 행정마을을 조사 대상으로 하여 종결어미의 분포를 통하여 소방언 구획에 이름으로써, 무주 내에서의 방언 분화에 대한 실증적인 연구를 수행하였다.

〈영동〉은 충청북도를 대상으로 단어에 따른 방언 분화를 논한 김충회(1992:120)에 따르면, 보은의 동반(東半), 옥천(군북면 제외)과 함께 충북남부방언에 소속된다. 영동방언에 대한 연구 역시, 접촉방언의 성격이 짙은 황간 지역의 방언에 대한 연구가 먼저 시작되었다. 이병근(1969ㄴ)은 황간지역의 음운 및 각각의 변이음에 대한 세밀한 관찰과 기술을 통하여, 변이음의 실현에 있어서도 방언차가 존재할 수 있음을 제시하였다. 최갑순(1977)은 주로 통시음운론적인 측면에서 용산면(충북 옥천과 접경)과 매곡면(경북 김천과 접경)의 언어를 비교 · 대조하였는데, 특히 "성조를 통한 등어선은 황간, 황금(지금의 추풍령), 상촌, 매곡으로 그을 수 있고, 음운을 통한 세부적인 지역은 황간의 용암리와 상촌의 고자리, 물한리를 제외시키고 상가리를 포함할 수 있는 선으로 그을 수 있다."라고 한 방언 구획에 대한 서술이 주목된다. 이후 영동방언에 대한 개별적인 연구는 영동 내의 하위 방언권에 대한 비교 · 대조 연구가 주류를 이루게 된다. 정근문(1987)은 용산면과 매곡면을, 유영철(1997)은 양산면(충남 금산과 접경)과 상촌면(경북 김천과 접경)을 대상으로 하여, 주로 통시음운론적 현상에 대한 고찰이 이루어졌다. 정원수(1993), 박명순(1994) 등도 어두경음화, 구개음화 등의 통시적인 현상을 중심으로 논의하였다.

〈김천〉은 문경, 상주, 구미(예전의 선산)과 함께 경북서부방언에 속한다(최명옥 1994/1998ㄴ:414~415). 경북서부방언은 경북중동부방언과 비교하여, '닭(鷄), 흙(土)'과 같이 'ㄺ'말음 체언이 'ㅋ'으로 나타나고 2음절 사동사의 성조가 HLL, HLLL로 실현되며, 어미 '-습니다'가 '-심니더(다)'로 대응된다는 특징이 있다. 이들 지역은 천시권(1965:8~9), 이기백(1969:215~216), 박지홍(1983:46~47), 정철(1997:243~247) 등에서 '第3地域 ~여型', '第三類型地域', '상주방언권', '서부지역어' 등으로 명명되면서 동질적인 소방언권으로 구획된 바 있다.

김천방언에 대한 음운론적 연구로는 백두현(1982)가 있다. 백두현(1982)는 공시음운론적인 연구로서 음운 현상 전반을 자음결합, 모음결합으로 나누어 기술하고 음운체계와의 상관성을 논의하면서 김천방언의 음운론적 특성을 상세히 밝혔다. 김천방언의 성조에 대한 논의로는 이혁화(1994)가 있다. 이혁화(1994)에서는 김천방언의 성조 유형을 'R형, L형, H형, HH형'으로 크게 구분하였는데, 이 중에서 L형은 고조(H)가 항상 기식군의 마지막 음절에 놓이는 성조형으로 경북서부방언 전체에 공통된 성조형이라 판단된다. 먹더'라, 먹더라'도, 먹더라캉'개, 안먹어'여, 안먹더라'도, 안먹었다캐'여.

결국 무주, 영동, 김천방언의 대체적인 특징은 개별 방언 연구를 통하여 그리고 각각이 소속된 방언권에 대한 방언 구획 연구를 통하여 드러났다고 할 수 있다. 그러나 무주나 영동방언에 대한 공시적인 음운 기술은 충분하지 않으며, 더욱이 세 방언에 대한 비교·대조 연구는 본격적으로 시도되지 않았다.

1.5 논의의 구성

공시음운론적 비교 · 대조 연구라는 연구 목적에 따라 본 연구는 2장 음운체계, 3장 기저형, 4장 음운 과정으로 본론이 구성된다.

2장에서는 자음과 모음, 반모음과 이중모음의 목록을 제시하고 이를 바탕으로 이루어지는 자음체계, 모음체계, 반모음체계, 이중모음체계를 살핀다. 아울러 음장과 성조로 이루어지는 운소체계에 대해서도 고찰한다.

3장에서는 기저형에 대한 비교 · 대조가 이루어진다. 음운론적 연구에서는 체언과 조사, 용언 어간과 어미의 기저형이 중요하게 다루어진다. 체언과 용언 어간은 그 수가 많아 모두에 대한 기저형의 비교 · 대조는 현실적으로 가능하지 않으므로, 기저형의 변화와 관련된 것을 주로 다룬다.

4장에서는 음운 과정에 대한 비교 · 대조가 이루어진다. 음운 과정을 방언차를 보이는 것과 그렇지 않은 것으로 구분하여 살핀다. 5장은 결론이다.

방언형에 대한 음성전사는 음성기호, 음소전사는 한글을 이용하여 표시하고 이 둘을 분명히 구분할 필요가 있을 때에는 각각 '[ ], / /'로 표시한다. 이중모음 yɨ, ɥa, ɥə는 'ᄋᆜ, ᄋᆄ, ᄋᆑ'와 같이 한글로 표시한다. 김천방언의 경우 '에:애', '으:어'의 대립이 없으므로, E, Ǝ는 각각 '애, 어'로 표시한다. 장음은 장음표시(:)를 이용하고, 성조는 '저조: 표시없음(혹은 L), 고조: ´(혹은 H), 상승조: ˇ(혹은 R)'을 이용하여 해당 음절 뒤에 표시한다. 복합성조인 고저복합조에 대해서는 '^(혹은 H · L)'로 표시하되, 특별히 필요한 경우에는 고조와 저조의 연속으로 표시한다. 비모음(鼻母音)은 필요할 경우 해당 모음의 뒤에서 '~'를 이용하여 표시한다. 문장 단위의 용례와 같이 굳이 음성전사나 음소전사를 할 필요가 없는 경우에는 원형을 밝혀 적도록 한다.

2장 음운체계

2.1 자음의 목록과 음가

무주, 영동, 김천 세 방언의 자음 목록은 국어의 여타 방언과 마찬가지로 장애음 15개, 공명음 4개가 있으며, 음소적으로 방언 간의 차이를 보이지 않는다.

(1) 장애음: ㅂ, ㅃ, ㅍ, ㄷ, ㄸ, ㅌ, ㄱ, ㄲ, ㅋ, ㅈ, ㅉ, ㅊ, ㅅ, ㅆ, ㅎ
공명음: ㅁ, ㄴ, ㅇ, ㄹ

각 자음이 음소적 지위를 가지고 있음은 다음의 대립쌍을 통해 확인할 수 있다. 최소대립쌍은 세 방언에서 공통적으로 발견할 수 있는 것인데, 김천의 경우 운소로서 성조를 가지고 있기 때문에 순수한 의미의 최소대립쌍은 되지 못하지만 함께 제시한다. 아래의 장음표시(:)는 김천 방언의 경우 상승조(˘)에 해당한다.

(2) ㅂ:ㅍ 바리(豆) - 파리(蠅) 벌렁벌렁(콧구멍이) - 펄렁펄렁(빨래가 바람에)
ㅂ:ㅃ 부리(啄) - 뿌리(根) 벌벌(떠는 모양) - 뻘뻘(땀 흘리는 모양)
ㅃ:ㅍ 뿔(角) - 풀(草) 빤(빨-ㄴ, 洗, 吸) - 판(파-ㄴ, 掘)
ㄷ:ㅌ 독(毒, 甕) - 톡(가볍게 때리는 모양) 두:돌(二期) - 두:톨(二個)
ㄷ:ㄸ 달(月) - 딸(女) 다지다(땅을 단단하게) - 따지다(옳고 그름을)
ㄸ:ㅌ 똥(糞) - 통(筒) 딴(異, 관형사) - 탄(타-ㄴ, 乘, 燒)
ㄷ:ㄴ 돈:(錢) - 논:(놀-ㄴ, 遊) 달(月) - 날(日)
ㄷ:ㄹ 바디(베틀 속 기구의 하나) - 바리(豆) 자두(紫李) - 자루(柄, 袋)
ㄴ:ㄹ 산(山) - 살(肉) 하나(一) - 하라(하-(으)라, 爲)
ㅅ:ㅆ 살(肉) - 쌀(米) 사리(윷놀이) - 싸리(나무)
ㅈ:ㅉ 죽(粥) - 쭉(한번에 훑는 모양) 잔다(자-ㄴ다, 宿) - 짠다(짜-ㄴ다, 布)
ㅈ:ㅊ 종(鐘) - 총(銃) 상주(喪主) - 상추
ㅉ:ㅊ 쪽(藍, 髮) - 촉(鏃) 짠다(짜-ㄴ다, 織) - 찬다(차-ㄴ다, 蹴)
ㄱ:ㅋ 고(매듭) - 코(鼻) 갈(蘆) - 칼(刀)
ㄱ:ㄲ 골(腦, 畔) - 꼴(形) 고리(環) - 꼬리(尾)
ㄲ:ㅋ 깜깜한(깜깜하-ㄴ, 黑) - 캄캄한(캄캄하-ㄴ, 黑) 새까만 - 새카만
ㄱ:ㅇ 막(幕) - 망(網) 미역~멱:(沐浴) - 미영~명:(木花)
ㄱ:ㅎ 감:(柿) - 함:(函) 간다(가-ㄴ다, 去) - 한다(하-ㄴ다, 爲)
ㅁ:ㄴ 말(馬) - 날(日) 몰아(몰-아, 制) - 놀아(놀-아, 遊)

위의 최소대립쌍은 같은 조음위치에 있는 자음에 대하여 주로 어두위치나 초성 위치에서 대립을 보이는 예를 중심으로 제시한 것이다. 'ㄹ'은 어두 위치에, 'ㅇ'은 초성 위치에 올 수 없으므로 비어두위치나 종성위치에서의 대립으로 대신한다.

각 자음의 구체적 실현을 방언에 따라 보이면 다음과 같다. 파열음, 파찰음, 마찰음, 비음, 유음의 순서로 제시한다.

① 파열음: ㅂ, ㅃ, ㅍ, ㄷ, ㄸ, ㅌ, ㄱ, ㄲ, ㅋ

	〈무주〉	〈영동〉	〈김천〉
ㅂ	밥부재(밥보자기), 베룽빡(벽) 주벅(주걱), 초뵉여(初伏이야)	베실(벼슬), 나뱅이(나비) 부주땡이(부지깽이), 비눌(보늬)	범버리´(봄보리), 버지´기(자배기), 바드래장´대(바지랑대)
ㅃ	뽁대기(꼭대기), 알빰(알밤), 빰(뺨), 삐득삐득(약간 굳은 모양)	뻔데기(번데기), 빨부리(물부리) 삐쪽해야/삐쪼캐야/(뾰족해야)	꼬빼´이(고삐), 미˘빵(밀삐) 뻥아´리(병아리)
ㅍ	풍섹이(風席-이), 패깍질(딸꾹질) 포구버섯(표고버섯), 푀(표)	포언(抱寃), 푀기짠지(포기김치) 팔밧(원래 밭이 아닌 밭, 화전)	포´(표), 핀´디이~핑´딩이(팽이) 파´이´네(좋지 않네)
ㄷ	되배(도배),두리시암(두레박우물) 닥괴기(닭고기), 뒤껏(뒤곁)	두지(뒤주), 달기통(닭통) 대찔개(담뱃대 쑤시는 기구)	디´디´기(두더지),달구´똥(닭똥) 대래´키~다래´키(다래끼)
ㄸ	뜰팡(뜰), 때낀하다(따끔하다) 떼빵(운반 도구), 때미(때문에)	뜸비기(뜸북새), 똑떽이(똑똑이) 따듬독/따듬똑/(다듬잇돌)	띠끼´~띠비´(뚜껑), 뚜끼´비(두꺼비), 조´캐´딸(조카딸)
ㅌ	퇴(윷놀이의 도), 투리미(투레질) 택구(宅號), 아토~아투(아퀴)	테가리(턱), 퇴침(退枕), 티미(더미), 투루미~투리미(투레질)	티´밥(튀밥), 부˘티´(베틀 기구) 툭바´리(보시기), 통시´(뒷간)
ㄱ	감토밥(감투밥), 괴목나무(槐木) 겅거이(건건이, 간장), 귈:(귤)	가름배(가르마), 경겟줄(禁줄) 굉쟁이(굉장히), 귀칙(規則)	걸´미떡~가´래떡, 굴˘떡´(굴뚝) 기명´물(器皿-물), 구´칙(規則)
ㄲ	꾸구룸살(주름살),꽨숙이(짝짜꿍) 꺼꿀루(거꾸로), 꿈뀐다(꿈꾼다)	꽝우리(광주리), 끈태기(끈) 뀌:다라(뀌어 다오)	꾸궁´내(구린내), 깔´비(솔가리) 꺼리´미(꾸러미), 아깨´(아까)
ㅋ	코또리(코뚜레), 바:소코리 울쿤다(우린다), 산내키(새끼)	커레(켤레), 비들키(비둘기), 발콰(밝혀), 난다 캬(난다고 해)	키´아(키우-어),콩지´름(콩나물), 알쿠래´이(갈고랑이)

'ㅂ, ㄱ'은 특정 환경에서 유성마찰음인 [β, ɣ]로 실현된다. 이는 세 방언 모두에서 관찰된다. 'ㄷ'의 유성마찰음은 발견되지 않는다.

양순마찰음 [β]는 후설원순의 고모음('우') 전후에서 가장 뚜렷이 실현된다. 장모음 뒤나 유음 뒤에서도 비교적 뚜렷하게 관찰된다. [β]의 실현형을 보면 다음과 같다.

〈무주〉 [tuβu]~[tʉβu](두부), [suβugai]~[suβugani](수북하니), [cuβeɣi](주걱이), [kwa:βu](과부), [i:βuks'amdəl](이북사람들), [tuβəlc'am](두벌잠), [isilβi](이슬비)

〈영동〉 [komuβu](고모부), [kuβuəŋ::ai](꾸부정하니)[1], [dni:βui˜na](네 번이나), [talβi](다리, 髮), [tu:βari](두 마리), [naβu](나비)

1) '::'는 표현적 장음을 나타낸다.

〈김천〉 [tuβu´llon](두 벌 논), [ip〉s'uβu´ri](입술), [nunt'uβu´ri](눈두덩), [ʃi˘βu˘´i˘na](세 번이나), [tiβijə´nda](뒤집어진다), [ʃu´βuk〉]~[su´βuk〉](논에 있는 수렁), [tuβuri´](투레질)

연구개마찰음 [ɣ]는 상당히 많이 관찰된다. 고모음 앞에서 가장 뚜렷이 실현되며, [β]와는 달리 'V_V'에서 선후행 모음이 고모음이 아닌 경우에도 많이 실현된다. 이는 'ㄱ'이 특정 환경에서 파열음의 중요 속성인 폐쇄 단계를 거치지 않음으로써 파열음이 아닌 마찰음으로 실현되는 것이다. 특히 〈김천〉에서는 선행 음절에 고조(´)가 위치하고, [ɣ] 뒤에 '이'가 올 경우, [ɣ]는 마찰음의 속성마저 더욱 약해져 ∅(零)으로 실현되기도 한다. [ɣ]의 실현형을 보면 다음과 같다.

〈무주〉 [kəʃiɣirəl](거시기를), [ʃiɣisə](시켜서), [kolmuɣəri](짚으로 얽어 만든 그릇), [toɣuthoŋ](절구), [soɣom](소금), [cəɣori](저고리), [pa:ɣəri](바구미)

〈영동〉 [tɛɣɨnada](피곤하다), [moɣyoil](목요일), [ʃiɣupt'a](시다), [mɛɣuro](매-도록, 結), [t'ɨmbiɣi](뜸부기), [k'ɛɣuri](개구리), [to:ɣu](물곬)

〈김천〉 [mə˘ɣu´](머위), [cə´əlɣuro](겨울-로), [aɣujɛ´i](벌레 먹은 콩 따위), [məɣə´ri](부리망), [ki´ɣi](고기), [mudi´ɣi]~[mudi´i](무더기), [paŋthi´ɣi]~[paŋthi´i], [cakt'ɛ´ɣi]~[cakt'ɛ´i](작대기)

② 파찰음: ㅈ, ㅉ, ㅊ

	〈무주〉	〈영동〉	〈김천〉
ㅈ	정심(점심), 노랑젓(노른자), 제우(겨우), 오장치(오쟁이)	잔박(누에 키우는 곳), 지정거리다(질금거리다), 쥐박다(쥐어박다)	자˘덜´(저아이들), 질˘(제일), 지주굼´~지지굼´(제각기) 야지리 모지리(빈틈이 없이)
ㅉ	쪽지비(족제비), 찔갱이(질경이) 우쩌시(고명), 쬐끼나다(쫓겨나다) 짜개다~쬐개다(쪼개다)	찜적(밀가루를 묻혀 쪄낸 반찬), 쪼매꿈(조그만큼), 널쮜(떨어뜨려)	찔기´이(질경이), 일´쩍(일찍) 쪼매´썩(조금씩), 쭐구´리(줄거리), 널짜´아여(떨어뜨려)
ㅊ	처매(처마), 츠:녀(처녀), 칠거지~칙(칡), 두:채(둘째) 췐:다~챈:다(취한다, 取)	췩이다(축이다), 츰:(처음), 안챙이(침전물), 치하다(체하다, 滯), 참장~된:장(된장), 쳉명(청명)	칭´이´~치´이´(체), 철거시´이~철거신´(베틀 기구), 치´부´(遞夫, 우체부), 치´치´로(켜켜로)

파찰음 'ㅈ, ㅉ, ㅊ'은 대체적으로 경구개음인 [tʃ, tʃ', tʃʰ]로 실현된다. 이병근(1968:42)에서는 영동군의 황간 지역에서 [ts, dz, ts', tsʰ]의 실현을 보고한 바 있다. 이들은 정확한 치조파찰음이라기보다는 치조구개파찰음인 것으로 보이는데, 본 조사에서는 특정 환경에서만 산발적으로 실현되는 치조구개파찰음을 확인하였다. 〈영동〉 [tsɪ:dərɨn](자기들은), [andzɨʃiyɔ](앉으세요), [təts'ɪɣori](덧저고리], [tsʰɪ:ɲə](처녀). 그러나 이들은 [tʃ, dʒ, tʃ', tʃʰ]로 실현됨이 일반적이다.

③ 마찰음: ㅅ, ㅆ, ㅎ

	〈무주〉	〈영동〉	〈김천〉
ㅅ	시양(생강), 숭낭~숭님(숭늉), 서:이~스:이(三), 세캐(서캐), 쇠겐(所見), 상구(줄곧)	비싯하다/비시다다/(비슷하다), 솔버섯~쇵이버섯(송이), 상불(향불), 세짤배기(혀 짧은 사람)	수'물'~시'물'(이십), 새이'(喪輿), 샘잉'지(삼형제), 소'마구(오양간), 새'애(샛밥),
ㅆ	씨아시~쐐:시(씨아시), 쌕:(쐐기), 씨라구(씨래기), 쑵소(수소), 쌀가지(삵괭이), 쑤시(수수)	쓰:리~쓰:레(써레), 쐬악~쐐:기, 읎:씨요(없어요), 숭아리~숭어리(숭어리), 쑥나뱅이(수나비)	씰'개'(쓸개), 씨애'기~쌔애'기(씨아), 씨'미'(쇠메), 쏘내'기(소나기), 발씨'(벌써)
ㅎ	횟괴기(膾고기), 히발료(휘발유), 훼비다~휘비다(후비다), 홰, 호녁(홍역), 휘방(훼방), 흔:(헌)	후칭이(농사 기구), 홀무(올가미), 화:리(화로), 회차리~매차리(회초리), 흔치다(흩다)	히'안해기(희안하게), 훌룽훌룽(허물 벗는 모양), 허러'빵(허리끈), 하'마(아무렴),호박'(확)

'ㅅ, ㅆ'은 전설평순고모음 '이'와 반모음 y 앞에서 치조구개마찰음 [ɕ, ɕ']로, 전설원순고모음 '위' 앞에서 구개치조음 [ʃ, ʃ']로 실현된다. 'ㅆ'이 '위' 앞에 오는 예는 형태소 내부에서 찾기 쉽지 않아, 형태소 경계에서 실현되는 예를 제시한다. 〈김천〉의 경우 단모음 '위'가 없지만 불안정하게 존재하는 이중모음 '위'/wi/ 앞에서 'ㅅ'는 구개치조음 [ʃ]로 실현된다. '이, y' 앞에서는 치조구개음 [ɕ, ɕ']으로 실현된다.

〈무주〉 [ɕiru](시루), [sɪ:ŋɕ'i](姓氏), [ca:ɕə](자시-어), [ʃü](蠅卵), [ʃ'ügi](쑥-이)

〈영동〉 [taɕimɛ](다시마), [ɕ'iɛgi](쐐기), [ɕəː](세-어), [ʃüːp˺c'i](쉽지), [pɛk˺ʃ'ünɦana](백쉰하나)

〈김천〉 [ɕi´o´mai](시어머니), [mo´kɕ'il](무명실), [ɕəˇnɦa´da]~[səˇnɦa´da](시원하다), [ʃwi˥](蠅卵)

〈무주〉에서는 'ㅅ, ㅆ'은 경우에 따라 전설모음 '에, 애, 외' 앞에서도 [ɕ, ɕ']로 실현된다.

에: [ɕek'yəŋ](석경), [ɕeːsu](세수), [cjp˺ɕeɣi](짚신), [ɕekhɛ](서캐)
애: [ɕɛŋil](生日), [iɕɛgi](이삭-이), [ip˺ɕ'ɛɣi](잎사귀), [phumɕ'ɛɣi](품싹-이)
외: [ɕö](쇠), [ɕöju](소주), [ɕ'öːde](쐬-데), [anɕ'ö](안쇠)

이러한 변이음의 실현은 산발적이다. '세민(시멘트), 쎄(혀), 색깔, 쌩감(날감), 쇠견(所見), 쇠죽(소죽)' 등과 같은 예에서는 'ㅅ, ㅆ'을 [s, s']로 발음하는 것이 보통이다. 화자에 따라서는 이 환경에서 'ㅅ, ㅆ'을 [s, s']로만 실현시키기도 한다.

〈김천〉에서도 전설모음 '애' 앞에서 'ㅅ, ㅆ'이 간혹 [ɕ, ɕ']로 실현되기도 한다.

[ɕɛ´kk'a´l]~[sɛ´kk'a´l](색깔), [ɕɛ´dɛ´gi]~[sɛ´dɛ´gi](새댁), [ɕɛ´kɕ'i´l]~[sɛ´kɕ'i´l](색실), [ɕ'ɛɛ´ɣi]~[s'ɛɛ´ɣi](씨아)

'ㅎ'은 국어의 여타 방언과 마찬가지로 세 방언 모두에서 [h, ɦ, ɸ, x, ç] 등으로 다양하게 실현된다. [h]는 '에, 애, 어, 아, 오' 앞에서 흔히 나타나며, [ɦ]는 공명음 사이에서 수의적으로 실현된다. [ɸ]는 전설의 원순모음이나 후설원순고모음 '위, 외, 우' 앞에서, [x]는 후설평순고모음인 '으' 앞에서 주로 실현된다. 〈김천〉에서는 모음 /어/가 [ɨ]로 실현되는 경우가 거의 없으므로 [x] 또한 실현되지 않는다. [ç]는 전설평순고모음인

'이'나 전설의 반모음 y 앞에서 실현된다. [ɸ, x, ç]으로 실현될 때에는 후행하는 모음이 무성모음으로 발음되는 경향이 강하다.

[h] 〈무주〉 [hɛs'al](햇살), [herap˺](혈압), [həburɛɣi](껍데기], [hamburɛ] (아예)2), [hoŋsu](홍시)
〈영동〉 [hɛŋjən]~[hɛŋjəŋ](行纏), [heŋpen](형편), [həlgənɦiya](헐렁해), [honcha](혼자)
〈김천〉 [ha´lmɛ]할매, [homɛ´i]호매이, [ho´lk'a](홀쳐), [həjəkk'ə´ri] (허적거려), [ha˘ndɛ´](한데)

[ɦ] 〈무주〉 [piɦallɛ](비조차), [konomɦago](그것하고), [cidɛn::ɦan](기다란), [omoŋɦai](오목하니)
〈영동〉 [əməiɦant^hel](어머니한테), [isaŋɦagɪ](이상하게), [nɛɦɛ](나의 것), [yəganɦɛ](여간해서)
〈김천〉 [nəgaβujiɦa´nt^hɛ](너희 아버지한테), [ki´lɦo´n](결혼), [aɕimɦa´i] (어렴풋하게)3)

[ɸ] 〈무주〉 [ɸüchiŋi](극젱이), [ɸöt'ɛɣi](호드기), [ɸul::t'ak˺](훌떡)
〈영동〉 [ɸübaʎʎu](휘발유), [ɸöc^hari](회초리), [ɸus'ɛi](귀신 쫓는 소리)
〈김천〉 [ɸuc^hi´i](극젱이), [ɸu´unda](휜다)

[x] 〈무주〉 [xɨm::ɦan](험한), [xɨŋmul](흙물)
〈영동〉 [xɨnc^hə](흩어), [xɨk˺t'iŋi](흙덩이)

---

2) ≪표준국어대사전≫에는 '함부로'의 방언이라 풀이되어 있지만, 이는 '함부로'와 구별되는 부사로서 세 방언에서 모두 사용된다. '그렇게 하느니 아예' 정도의 의미이다. "김천꺼정 갔다 올라고? 비도 오고 지름갑도 들고 하는디, 함부래 여기서 자지?"

3) 〈김천〉의 '아심하다'는 의미상 표준어의 '아슴푸레하다/어슴푸레하다'와 유사하여 어원적으로 관련되는 것이 아닌가 추측된다. "돌아가신 분의 모습이 '아심하게' 생각난다." 이병근(1969ㄴ)에서는 영동군 황간면의 자료로 '아심아심하다'가 '아물아물하다'로 풀이되어 있다.

[ç] 〈무주〉 [çinsəlɣil](백설기), [çipʰiʃ'indal](헤프게 쓴다), [tə çyal](더 해)
〈영동〉 [çincʰaŋ](흰자위), [çimiɦagɪ](희미하게), [məkk'u çyal](먹고 해)
〈김천〉 [çit'a´k˃](휘딱), [çi´m]~[ɕi´m](힘, 力)

④ 비음: ㅁ, ㄴ, ㅇ

	〈무주〉	〈영동〉	〈김천〉
ㅁ	마뎌(마디-어), 밀:기(밀개), 뫼밀(메밀), 무수(무), 멍얼멍얼(두부가 어린 모양), 암매(아마)	메거리(짚으로 만든 그릇), 마:느래(마누라), 머니(먼저), 묵뫼(돌보지 않고 묵은 묘)	미´주(메주), 머섬´(머슴), 마실´(마을), 문´치다(무치다), 모자´리(못자리)
ㄴ	니얄(내일), 뉘:(누에), 구녁(구멍), 종:뉘(종류), 내금~내금새(냄새), 노내기(노래기)	내우(부부, 內外), 그넘이(그놈-이), 니:개(네 개), 뇌송(雷聲), 정닉기(經읽기), 눅지다(눅다)	넘´우 해(남의 것), 누우´(누이), 헝´님(형님), 납닥납닥, 냄´핀(남편)
ㅇ	소쨍이(솔가지), 엉가이(어지간히), 므ㅇ:(목화), 부엥이(부엉새), 징게미(새우, 大)	응:동(영동), 구딩이(구덩이), 동갭여(동갑이야), 어칭이(언청이) 방두깨미~반두깨(소꿉질)	당나´구(당나귀), 동상´(동생), 어´대꺼정(어디까지), 반둥사´이(방동사니), 지장´(기장)

'ㅁ, ㄴ'은 [b, d]가 동시에 조음되는 [ᵇm, ᵈn]으로도 실현된다. 이는 주로 어두 위치에서 실현되는데, [ᵇm]는 '우' 앞에서 대부분 실현되며, '위, 외, 이' 앞에서도 비교적 분명하게 실현된다. [ᵈn]는 '이, 위, 으, 우'와 같은 고모음 앞에서 뚜렷하게 실현된다. [ᵇm, ᵈn]는 〈무주〉에서 가장 분명하게 들리며(비어두에서도 [ᵇm]이 실현되는 경우도 많이 볼 수 있다. [naᵇmuk'ɛ](나막신), [yaᵇmun](야문)), 〈영동〉에서도 비교적 뚜렷이 실현된다. 〈김천〉에서는 거의 실현되지 않는다.

[ᵇm] 〈무주〉 [ᵇmu:dyal]~[ᵇmo:dyal](못하-어), [ᵇmujok'ən](무조건),
[ᵇmöt'öɣil]~[ᵇmöt'üɣil](메뚜기), [ᵇmusul](무),
[ᵇmügyəl](묵-이-어), [ᵇmiyəŋ]~[ᵇmyə:ŋ]~[ᵇmyɨ:ŋ](목화)
〈영동〉 [ᵇmul](물), [ᵇmunel]~[ᵇmunil](무늬), [ᵇmunjil](먼지),
[ᵇmi:](메), [ᵇmirusɛ](새의 한 종류, 茅)
[ᵈn] 〈무주〉 [ᵈnü:](누에), [ᵈniyal](내일), [ᵈnɨ:k˃s'əm](녁 섬),
[ᵈnunɲim](누님)

〈영동〉 [^{d}nüp^{h}yə](눕혀), [^{d}nirisə](내려서), [^{d}nɨlgumən](늘이면),

'ㄴ'은 '이' 모음 앞에서 치조음 [n]으로 실현되기도 하고, 구개음 [ɲ]으로 실현되기도 한다. 어두 위치에서는 예외없이 [n]으로 실현된다. 비어두 위치에서는 대부분 [n]으로 실현되지만, 경우에 따라 [ɲ]으로도 실현된다. '니' 앞에 비음이 올 경우에 'ㄴ'은 반드시 구개음 [ɲ]으로 실현된다. 또한 'ㄴ' 뒤에 반모음 y가 올 때에도 'ㄴ'은 y와 축약되어 구개음 [ɲ]으로 실현된다. ②의 구개음 [ɲ]은 세 방언 모두에서 앞과 뒤의 모음을 비모음으로 동화시키고 폐쇄성이 약화되어 탈락되는 일이 흔하다. ③의 구개음 [ɲ]은 〈무주〉와 〈영동〉에서는 탈락하지 않지만, 〈김천〉의 경우에는 비음이 선행하지 않을 때에 앞뒤의 모음이 비모음으로 바뀌고 구개음 [ɲ]이 탈락하기도 한다.[4]

① 어두의 [n]

〈무주〉 [nik'ida](소나무 품종의 이름), [ni:mo](네모), [ni:ɣa](네-가)

〈영동〉 [niyak'a](리어카), [ni:gadak˺](네 가닥), [nirik^{h}wəya](내리-어야)

〈김천〉 [niŋgigajugo](넘겨 가지고), [niβijəguri](누비저고리),
[nic'ənda](떨어진다)

② 비어두의 [n]와 [ɲ]

〈무주〉 [ani]~[aɲi]~[a˜i˜](감탄사), [kamani]~[kamaɲi]~[kama˜i˜](가마니),
[nɨlgɨni]~[nɨlgɨɲi]~[nɨlgɨ˜i˜](늙은이),
[ɕiənɦani]~[ɕiənɦaɲi]~[ɕiənɦa˜i˜](시원하게)

〈영동〉 [cuməni]~[cuməɲi]~[cumə˜i˜](주머니),
[ma:ni]~[ma:ɲi]~[ma˜:i˜](많이),
[hanikɛ]~[haɲikɛ]~[ha˜i˜kɛ](하니까), [paŋmuni]~[paŋmuɲi]~
[paŋmu˜i˜](방문-이)

〈김천〉 [namani]~[namaɲi]~[nama˜i˜](늙은이 ← 나이 많은 이),

4) 'ㄴ, ㅇ'의 탈락에 대해서는 4.2.6에서 자세하게 다루어진다.

[pʰini]~[pʰini]~[pʰini](편하게), [toni]~[toɲi]~[tõĩ](돈-이, 錢),

③ 비어두의 [ɲ]

〈무주〉 [yaɲak̚](양약), [kwɛncʰaɲa](괜찮-아), [aɲə](아니-어), [oruŋɲən](오륙년), [taːmɲo](담요), [ɕiːɲoŋ]~[ɕiːɲuŋ](信用), [ɕimɲukʰiro](십육킬로), [caŋjaŋɲut̚](장작윷), [toːnɲɛŋina](돈냥이나), [tʰaɲɛɣi](한약-이), [kuɲeɣi](구멍-이), [hoɲeɣi](홍역-이)

〈영동〉 [noŋɲak̚](농약), [maɲaŋ](처럼), [cʰuɲə](추녀), [ɕiŋɲəm](食鹽), [ɨmɲosu](음료수), [cəŋɲoŋ](徵用), [cə̃ndamɲut̚](전답 이웃), [kɨːɲuk̚](筋肉), [ɕiŋɲɛŋi](식량-이), [tɛːtʰoŋɲeŋi](대통령-이)

〈김천〉 [tʰaɲak̚]~[tʰa˜˜a˜´k̚](한약), [hanɲaŋjɛ´gi](한 양재기), [kuɲə´ŋ]~[ku˜yə˜´ŋ](구멍), [cəɲə´k̚]~[cə˜yə˜´k̚]~[cənə´k̚](저녁), [kʰə´nɲo´k̚](큰욕, 愁苦), [haŋɲo´ŋ](황룡), [pa´mɲu´t̚](밤윷), [ɕi´mɲu´k̚](십육), [t'a´nɲɛ´gi](딴 이야기)

'ㅇ'[ŋ]은 국어의 여타 방언과 마찬가지로 음절의 종성 위치에만 나타날 수 있다. 'V_i'의 환경에서 'ㅇ'은 약화되어 앞 뒤 모음을 비모음화시키고 탈락하기도 한다. 그런데 'ㄴ'의 약화 내지 탈락이 세 방언 모두에서 활발하게 일어나는 것과 달리, 'ㅇ'의 약화 내지 탈락은 지역에 따라 활발한 정도가 다르다. 〈무주〉에서는 아래에 제시된 예를 제외하면, 'ㅇ'의 약화 내지 탈락이 일어난 예를 거의 찾아보기 어렵다. 〈영동〉에서는 〈무주〉에 비하여 활발하게 일어난다. 'ㅇ'의 약화 내지 탈락이 일어난 예가 자연스럽기는 하지만, 형태소 경계에서는 적용되지 않는다. 〈김천〉에서는 'ㅇ'의 약화 내지 탈락이 가장 활발하게 일어난다. 형태소 내부와 형태소 경계를 가리지 않고, 약화 내지 탈락이 일어나지 않는 경우를 찾아보기 어렵다.

〈무주〉 [homɛi](호미), [coi](종이)
〈영동〉 [kuŋdi˜i˜](궁둥이), [tolmii](돌멩이), [momt'ii](몸뚱이), [k'ojɛi](꼬챙이)
〈김천〉 [moŋdi˜i˜](몽둥이), [k'ɛ˜i˜](괭이), [t'abɛ˜i˜](또아리), [k'op'ɛ˜i˜](고삐), [kudi˜i˜](구덩이), [sɛ˜i˜](喪輿), [cɛ˜i˜n](丈人), [pɛ˜i˜](방-이)

⑤ 유음: ㄹ

유음 'ㄹ'은 치조음인 [r, l]과 경구개음인 [ʎ]으로 실현된다.

[r] 〈무주〉 [saraŋburi](씀바귀), [oru˜i˜ro](오른쪽으로), [tɨŋəri](등)
〈영동〉 [naraŋ](나와), [karakc'i](가락지), [nurumbap˺](누룽지), [sa:re](사레)
〈김천〉 [yo´raŋ](料量), [piru´nda](벼른다), [cʰurifia´da](행색이 볼품없다)

[l] 〈무주〉 [talgɛŋi](달강달강하는 것), [kulbam](도토리), [allaŋgul](알맹이), [c'allwa](짧-아)
〈영동〉 [əllɛ](어, 감탄사), [ku:llɛ](郡內), [tagal](대갈, 蹄釘), [irəgəllɛ](이러길래)
〈김천〉 [pə´llo˺](아무렇게나), [nɛp'illa´yə](내버려), [ha´lla´k'o](하려고)

[ʎ] 〈무주〉 [taʎʎə](달리-어, 賣上), [maʎʎiyaji](말리-어야지, 乾), [mak'əʎʎi](막걸리)
〈영동〉 [chəʎʎən](千年), [maʎʎumən](말리-면), [cauʎʎinda](졸리-ㄴ다)
〈김천〉 [nu˘ʎʎi´ma](누르-면), [muʎʎi˺](물레), [o´ʎʎiyə](올리-어), [p'a´ʎʎi](빨리)

2.2 모음의 목록과 음가

자음의 경우와 달리 모음은 목록의 수에서부터 세 방언의 차이가 있다. 〈무주〉와 〈영동〉은 모음 목록이 다음의 10개로 이루어지고, 〈김천〉은 다음의 6개로 이루어진다.

〈무주〉, 〈영동〉
전설모음: 이, 에, 애, 위, 외
후설모음: 으, 어, 아, 우, 오

〈김천〉
전설모음: 이, 애(E)
후설모음: 어(Ǝ), 아, 우, 오

모음에 대해서는 세 방언을 분리하여 서술하도록 한다.

2.2.1 〈무주〉

① 전설모음: 위, 외, 이, 에, 애

〈무주〉는 '위'와 '외'가 전설원순의 단모음 [ü], [ö]로 실현된다. 원순성이 매우 강하며, 이중모음으로 실현되는 일이 없다. 간혹 양순음 뒤에서는 비원순의 전설모음 '이, 에'로 실현되기도 한다. '뵈:구~비:구', '뫼뙤기~메뙤기~메뛰기'.

어두에 '위, 외'가 실현되는 예를 보이면 다음과 같다.

■ 어두의 '위'

위한다(爲), 위험하다(危險), 윘긴다(웃긴다), 귀:디기(구더기), 귀:짝(櫃),

귀신(鬼神), 귀엄~귀염(고욤), 귀칙(規則), 귈:(귤), 뀌미다(裝), 뀐:다(방귀를, 바늘에), 뀐다(꿈을), 뉘:(누에), 뉘추하다(누추하다), 뉜:다(누인다), 뒤깐, 뒤껕(뒤곁), 뒤지기~뒤제기(두더지), 쉬(蠅卵, 오줌), 쉬:다(休), 쉰:(五十), 쉽:다(易), 쉼기다(숨기다), 쥐깔이다~쥐끼다(지껄이다), 쥑이다(죽이다), 쥔:(주인), 취(나물), 튀밥, 튄다, 휘가(休暇), 휘방(毁謗), 휘칭이(극젱이), 휜:다(曲)

■ 어두의 '외'

외(참외), 왹인다(옥인다), 외통쟁이(애꾸), 욍긴다(옮긴다), 욍이루(통째로), 괴기(고기), 괴롭다, 괴목(槐木), 괴비(고비), 괴환한다(交換), 괸:다(依支), 굉긴다(굶긴다), 꾀, 뇌암(腦癌), 되(升), 되련님(시동생의 호칭), 되배(도배), 된:장, 뫼(묘), 뫼밀(메밀), 뵈:다(배다, 촘촘하다), 뵊이다(볶이다), 쇠(鐵), 쇠:다, 쇠견~쇠겐(所見), 쇠주(소주), 쇵이(松栮), 쇵편(송편), 쐰:다, 죄:다(모두), 죙일(종일), 쬐끼(조끼), 퇴(윷놀이의 도), 퇴끼~퇴깽이(토끼), 퇴비, 퇴침, 푀(표), 회(膾), 회때기(호드기), 회사(會社), 회차리(회초리)

비어두에서도 '위, 외'는 전설원순의 단모음으로 분명하게 실현된다. 비어두에서 일어난 '위, 외'의 통시적 변화 때문에 단일어의 예는 찾기 어렵다. 아래의 예는 움라우트를 겪은 어형이나 합성어, 한자어이다.

■ 비어두의 '위'

고뉨이(그 놈이), 깍뒤기, 단퓡이(단풍-이), 시쉭이(시숙-이); 국수뀌미, 귀휘비개, 껌뒹이, 돈:귀/돈:뀌/, 들쥐/들쮜/, 뚱뛩이, 말:귀/말:뀌/, 메귀염, 바늘귀/바늘뀌/, 빡쥐, 쌀귀/쌀뀌/; 석유~석위(石油), 종뉴~종뉘(種類)

■ 비어두의 '외'

개:뙹이(개똥-이), 고무툉이(고무통-이), 대:뫽이(대목-이), 발툅이(발톱-이), 소굄이(소곰-이), 악묑이(악몽-이), 으뵉이(衣服-이), 장:뇡이(欌籠-이), 호룅이(호롱-이); 도룅이(도롱이), 돼지괴기, 똑뙥이(똑똑이), 물외

(오이), 으ㄹ:쇠/으ㄹ:쐬/(열쇠), 자물쇠/자물쐬/, 주뒹이(주둥이), 콩튀밥, 횟괴기(膾)

전설의 평순모음 '이, 에, 애'는 10모음체계를 보이는 국어의 다른 방언과 마찬가지로 각각 고모음, 중모음, 저모음이다. '이, 에'는 원순모음 '위, 외'와 혀의 높이가 거의 같으며, '애'가 가장 낮다. '이'가 어두에서 실현되는 예를 보이면 다음과 같다.

이거(이것), 이널(이남박 속의 홈), 기저구~기제기(기저귀), 니얄(내일), 딩기(등겨), 미터리(미투리), 비널(보늬), 시암(우물), 실:(絲), 지름(油), 지매(기미), 지심(김), 찡구다(끼우다), 키운다, 힌설기(백설기)

장음 '이:'에는 여타 중부방언과 마찬가지로 통시적인 '에:〉이:'의 변화가 일어난 예들도 많이 있다.[5)]

베:다~비:다(斬, 枕), 베:개~비:개 세: 개~시: 개(三), 네: 개~니: 개(四), 제:사~지:사(祭祀),

그런데 〈무주〉에서는 단음의 '에'인 경우에도 '이'로의 변이를 보이는 예들이 많이 존재한다. 이러한 변이는 비어두에서도 활발하게 일어나서, 비어두의 어휘형태소뿐만 아니라 '-게(연결어미), -네(종결어미), -한테(여격조사), -에(처격조사)' 등의 문법형태소에서도 활발하게 찾아볼 수 있다.

티(테), 메주~미주, 메거리~미거리(큰 멱둥구미), 거:니~군디(그네), 쓰:리(써레), 동:니(동네), 수제비~수지비, 칼제비~칼지비, 집세기~집시기

5) 이러한 변화 때문에 장음 '이:'로 거의 굳어진 예도 있으며(신:다(算), 시:다(强), 히푸다(헤프다)), 변화의 물결에 휩쓸리지 않고 장음 '에:'를 고수하고 있는 예들도 있다(메:기 鮎魚, 세:수 洗手, 게: 蟹).

(짚신), 지게미~지기미(비듬), 얼게미~얼기미, 이게~이기(이것-이), 가운데다~가운디다(가운데-에다), 요:하게~요:하기(이상하게), 인나네~인나니(일어나네), 누구한테~누구한티(누구-한테), 산이서/사니서~사˜이˜서/(山-에서)

‘에’/e/는 비어두에서도 ‘애’와 혼동을 보이지 않는다. 아래에 제시된 예의 ‘에’는 어두와 비어두를 막론하고 분명히 [e]로 실현된다.[6] 간혹 ‘사:래’(사레), ‘여드래’(여드레), ‘아흐래’(아흐레)와 같이 ‘에’로의 실현이 예상되는 예들에서 ‘애’(E)로 실현되는 예가 있지만, ‘에’와 ‘애’의 대립은 유효하다.

■ 어두의 ‘에’

게우(거위), 게을(冬), 게시다, 네린다, 떼빵, 메, 메느리, 메주, 메칠, 멕이다, 멜치, 멧 푼(몇 푼), 베(벼, 베), 베룽빡, 베실, 벨라, 벳(별), 벵개(병), 뻰디기, 세캐, 쎄(혀), 에미, 제:기, 제:비, 제:수, 쳐어보다, 젯가락, 체, 쳉멩하다, 쳉이, 텍(턱), 페지다(펴지다), 펜하다(便), 펫빙

■ 비어두의 ‘에’

건네지른다(건너지른다), 골펜(볼펜), 국시차레(국수를 올리는 茶禮), 굼벵이, 기게(기계), 기엑이(기억-이), ㄲ:셍이(지렁이), 널벡이(자배기), 덕섹이(덕석-이), 둠벵이(둠벙-이), 뚜께비, 뚜껭이(뚜껑-이), 뚬벡이(뜸북새), 멍섹이(멍석-이), 멍에, 모레, 몸뎅이/몸뗑이/(몸덩이), 무네(무늬), 밝헤라(밝히-어라), 벌레, 볼테기, 부엥이~부옝이(부엉이), 비네(비녀), 아:레(再昨日), 어레(어리-어), 올케(옳-게), 울벵이, 음셍이(음성-이), 인제(이제), 쟁엤다(쟁이-었다), 중테기(중고기), 지게, 지네, 한 체(한 켜)

6) 비어두에서 ‘에’의 실현과 관련되는 재미있는 예가 있다. ‘멍에’와 관련하여, 제보자는 쉽게 기억이 나지 않는 듯, 1음절의 ‘멍’까지만 발화하고 머뭇거리고 있었다. 혼잣말로, ‘멍어’, ‘멍에’, ‘멍애’(E), ‘멍애’(ɛ)를 모두 발화한 뒤, 분명히 /e/가 맞는 어형이라고 하였다.

'애'는 확실히 저모음인 [ɛ]와 이보다 약간 위에서 발음되는 [E] 둘로 실현된다. [E]는 비어두나 움라우트 위치, /w, y/와 같은 반모음 뒤에서 자주 실현되고 [ɛ]는 주로 어두에서 실현되는 경향이 있다.

[ɛ]: 개:(犬), 때(汚, 時), 매(맷돌), 배(腹, 梨), 뺀다, 새(鳥), 앵긴다(안긴다), 비:개(枕), 빨래(濯)

[E]: 새암(우물), 애비(父), 애매미(아지랑이), 처매(처마), 아래(下), 빽대기(頂), 얘:기(이야기), 왜(何)

② 후설모음: 으, 어, 아, 우, 오

후설평순모음으로는 '으, 어, 아'가 있다. '으'는 고모음으로 [ɨ(:)], [ɪ̵(:)]가 있다. '으'가 어두에서 실현되는 몇 예를 보이면 다음과 같다.

■ 어두의 '으(:)' [ɨ(:)]

그랴(그래), 그럭(그릇), 끄실목~끌:목(그을음), 끊으다가(끊어다가), 느:서(넣어서), 들:(野), 들꽤, 뜯어먹을라구랴(뜯어먹으려고 해), 뜹고/뜹:꼬/(貫), 으자(倚子), 음:석(음식), 틀려, 흔치다(흩다), 흥:겁(헝겊)

■ 어두의 '으(:) [ɪ̵(:)]

그:짓말(거짓말), 늑:잠(네번째 잠), 스:이(세명), 슬:(元旦), 쓰:리(써레), 으:른(어른), 으:리서(어려서), 으:설퍼(어설퍼), 으리서(어리-어서, 固), 적:다~즉:다(少), 즈:가(저희가), 즘:잔햐(점잖아), 즌:화(電話), 츠:녀(處女), 츰:에(처음에), 흔:(헌), 흠:한(험한)

[ɪ̵]는 [ɨ]보다 혀의 높이가 약간 아래에서 발음된다. [ɪ̵]는 장음 '어:'와 관련된 어형에서 특징적으로 잘 드러난다. 잘 알려진 바와 같이 이는 장음 '어:'가 모음 상승을 일으킨 결과로 해석된다. 또한 장음 '어:'와 상관없이 어미 '-아/어, -아/어서, -아/어야'의 변이형인 '-으, -으서, -으야' 등

에서 특징적으로 잘 실현된다.

[ɨ] 어서 먹으. 좀 먹으봐. 먹으야겠다. 먹읐냐. 살으야지. 살았으. ~살읐어.

'어, 아'는 각각 중모음과 저모음이다. '어'는 일반적으로 [ə]로 실현되는데, 경우에 따라 더 낮은 위치에서 발음되는 [ɜ]로도 실현된다. [ə]는 중앙어의 '어'(ʌ)와는 다르다. 거의 중설에 가까운 위치에서 발음된다. '아'는 저모음으로 [a]로 실현된다. 어두에서 실현되는 몇 예를 보이면 다음과 같다.

■ 어두의 '어'

[ə] 건삶이(乾-삶이), 머이(먼저), 멍(부리망), 벌:었지만(得), 빼꿈하니(빼꼼하게), 성냥(성냥), 얼굴, 엄:청, 점::드락(저물도록), 허기(虛飢)

[ɜ] 거무(거미), 거석하먼/거서가먼/, 걸(윷놀이), 겁나기(겁나게), 덮어, 서른, 설대/설때/, 젙이(곁에)

■ 어두의 '아'

까시(莿), 낭자, 담:이넌(다음에는), 맘:만(마음만), 바꿈사리(소꿉질), 빠싰지(빻았지), 빰~뺌(뺨), 삼덜언(사람들은), 삽작밖이(사립문밖에), 상:구(내내), 아::먼(아무렴), 암:서도(알면서도), 장:도(醬도), 짜운가(짠가, 鹽), 하:야(하얘, 白), 한땟거리(한끼 분량의 곡식)

후설원순모음으로 '우, 오'가 있다. '우'는 원순의 고모음이고, '오'는 원순의 중모음이다. 각각 [u, o]로 표시할 수 있다. '우, 오'가 실현되는 예를 보이면 다음과 같다.

[u] 구기져/구기저/(구겨져), 구시(구유), 구십다(구수한 맛이 있다),

둠벙(웅덩이), 뚱머루(머루의 일종), 부애(부아), 북새(노을), 뿔겅 꼬추, 수:(논의 수렁), 숭어리, 쑤시(수수), 쑵괭이(수코양이), 우짝(위 짝), 울울하다(울적하다), 읎:고(없고), 추우(추위), 푹하다/푸가다/, 훗:번이(다음 번에)

[o] 고샅이(고샅에), 공궁이다(空中에다), 노:랴(노래, 黃), 도르캐~도루캐~돌캐, 돌:박/돌:빡/(石), 모:구장(모기장), 몼자리, 봄버리/봄뻐리~봄버리/, 뽐새(모양새), 소쾡이~소깽이(솔가지), 소롭질(좁은 길). 소양(所用), 오강(요강), 오걸랑(오거들랑), 오장치(오쟁이, 볍씨 담는 섬), 옷잇니/오신니/(옷엣니, 蝨), 쪼::깨(조금), 꼬타리(꼬투리), 포감포감(차곡차곡 싣는 모양), 호두보당(호도보다)

〈무주〉에는 '우'보다 원순성이 약하면서도 약간의 원순성을 띠는 변이음이 특징적이다.

[ŭ] 구물(網), 두부, 수:숙밥(조밥); 〈비어두〉 게:투룸~게:투림(트림), 골루고(고르고), 돗이라 구랴(덮이라 그래), 물룬 것(무른 것 軟), 묽운 풀(묽은 풀), 불구룸하이(물기가 넉넉하다), 불룹고(배가 부른 감이 있다), 이:두룸(여드름)

[ŭ]는 어두보다 비어두에서 대량으로 쓰인다. 어두에서는 음성적인 동화나 이화의 일종으로 해석될 수 있는 '우-우'나 '으-우'의 연쇄에서 실현되고, 비어두에서는 대체로 원순모음 '우, 오'의 전후에서 '으'가 원순성이 더해지거나 '우'가 원순성이 약화됨으로써 실현된다.

2.2.2 〈영동〉

① 전설모음: 위, 외, 이, 에, 애

〈영동〉의 '위, 외'는 전설원순의 단모음 [ü], [ö]이지만 〈무주〉에 비하여 그 원순성은 약하다. 그러나 같은 전설 계열인 '이, 에'와 비교한다면 원순성 자체를 의심할 수는 없다. 움라우트의 환경에서는 전설원순의 단모음임이 보다 분명히 드러난다. 어두에서 보이는 '위, 외'의 몇 예를 간단히 제시하면 다음과 같다.

■ 어두의 '위'

위한다(爲), 귀경(구경), 귀정(規定), 귀칙(規則), 뀐:다(방귀를, 바늘에), 뀌맨다~꾸맨다, 뉘:(누에), 뉜:다(오줌을), 뉩힌다~뉜:다(자리에), 뒨:다(데운다), 뒤적거리다, 뒤진다. 뛴다, 쉬(蠅卵), 쉰:다(休, 變), 쉽:다(易), 쉥긴다(숨긴다), 쥔:다, 쥐낀다(지껄이다), 쥐박는다(쥐어박는다), 쥑인다(殺), 튕긴다(彈), 휜:다(曲), 휘발유/휘발류/, 휘빈다(후빈다)

■ 어두의 '외'

왼:다(暗誦), 외갓집(外家), 외꽃(참외꽃), 왼산내키(왼쪽으로 꼰 새끼), 욀:베(베의 일종), 괴(櫃), 괴밀개(밀개), 괸:다(依支), 꾀, 뇌송(雷聲), 된다(化), 되:다(硬), 되련님(시동생), 된:장, 뫼(묘), 쇠(鐵), 쇠:견~쇠:건(所見), 쐬악~쐐:기(박는 쐐기), 죄:(罪), 쬐끼드간다(쫓겨들어간다), 쬔:다, 최씨(崔氏), 퇴비, 퇴원(退院), 퇴침, 푀기(포기), 회장(會長), 회파리(회두리)

■ 비어두의 '위'

그뉨이(그 놈이), 거머쥔다, 국두뒤기(버섯의 일종), 날뛴다, 떡귁이(떡국-이), 바늘귀/바늘뀌/, 박:쥐, 주뒹이(주둥이)

■ 비어두의 '외'

교툉이(교통-이), 기되교(기독교), 똑뙥이, 면회, 무쇠, 묵뫼(묵은 묘), 물외, 으ㄹ:쇠/으ㄹ:쐬/, 적쇠(석쇠), 폐:괴/페:괴/(廢校)

'위'(ü)는 산발적으로 이중모음 [wi]나 전설평순의 [i]로도 실현된다.

'위'가 이중모음 [wi]나 단모음 [i]로 실현되는 현상에 대한 조건은 찾기 힘든 것으로 보인다. 유필재(2001:21)에서는 서울방언을 대상으로 선행자음이 'ㄱ'이거나 선행자음이 없을 때 [wi]로 실현되는 경향이 강하다고 하였는데, 〈영동〉에서는 그러한 조건에 부합되는 예들도 있지만 그렇지 않은 예들도 상당수 존재한다.

[wi]로 실현되는 경우: [ühanda~wihanda](위한다, 爲), [tü~twi](뒤, 後), [kü~kwi](귀, 耳), [kühada~kwihada](貴하다). [küyəp˺t'a~kwiyəp˺t'a](귀엽다)

[i]로 실현되는 경우: [kübap˺~kibap˺](모서리에 하는 마무리), [küt^hüŋi~kit^hüŋi](귀퉁이), [t^hübap˺~t^hibap˺](튀밥), [süp˺t'a~sip˺t'a](쉽다, 易)

전설평순모음으로는 '이, 에, 애'가 있다. '이, 에, 애'는 각각 고모음, 중모음, 저모음이다. '이'(i)가 어두에서 쓰이는 예를 제시하면 다음과 같다.

기양(그냥), 기집아(女兒), 디다보다(들여다보다), 띠개비(끈 달린 포대기), 미닫이, 비:꼰다, 비앵기~비앵기(비행기), 삐뜰다, 씨기다(시키다), 인절미, 지장(기장), 짓:다(우거지다), 찌들하다(약간 길쭉하다), 피버섯, 필히, 힌창(흰동자)

〈무주〉와 마찬가지로 〈영동〉에서도 통시적인 '에:〉이:' 변화 때문에 수의적으로 장모음 '이:'로 실현되는 예들이 다수 존재한다. 또한 어휘형태소의 어두와 비어두에서 단모음 '에'에서 변한 것으로 보이는 '이' 역시 많이 있다. 하지만 항상 비어두 위치에 오게 되는 문법형태소 '-게(연결어미), -네(종결어미)' 등은 '에'로만 실현된다.

네 첩~니: 첩, 떼:다~띠:다, 메:~미:, 메:다~미:다, 베:다~비:다, 세: 개~

시: 개, 세:다~시:다(算, 强), 제:사~지:사(祭祀), 히:방(毁謗)
경겟줄~경깃줄(禁줄), 네리가다~니리가다, 넹기다~닝기다, 매제~매지(妹弟), 세후~시후(歲後), 있는 데~있는 디, 체하다~치하다(滯), 커레~커리, 펜하다~핀하다, 헹구다~힝구다

〈영동〉의 '이, 에'는 〈무주〉의 '이, 에'만큼은 그 간격이 좁지 않다. '에'의 실현 예를 어두와 비어두로 나누어 보이면 다음과 같다.

■ 어두의 '에'

게속(계속), 게우다, 게투럼(트림), 넬쿠다(내려가게 하다), 넹긴다(넘긴다), 데꼬간다(데리고 간다), 뗴(뗏장), 메, 메거리, 메르치(멸치), 메물(메밀), 베(衣), 베룬다(벼른다), 베름박/베름빡/(바람벽), 벳긴다(벗긴다), 벧(볕, 陽), 뻬족하다(尖), 뻬주사(뼈 주사), 섹인다(섞인다), 센바닥/센빠닥/(혓바닥), 에누리, 제우(겨우), 젤펜(切片), 체, 체체로(켜켜로), 쳉명(淸明), 쳉이(키), 테가리(턱), 테푸(테이프), 헬압(血壓)

■ 비어두의 '에'

건(:)네(건너-에), 근데(그런데), 기제기~기저구(기저귀), 껄떼기(딸꾹질), 대젭이(대접-이), 되:게(매우), 때민에(때문에), 떡메, 멍에, 물레, 벨에벨(別의 別), 비네(비녀), 뻔데기(번데기), 성에, 시루떽이(시루떡-이), 씨아신가벼~씨아신가베(씨아인가 봐), 아:레(再昨日), 어제(昨日), 원체, 읒:에(이웃에), 장난꾸레기, 젤펜(절편), 주체(酒滯), 지게, 한:데(바깥), 한테(-에게, 한꺼번에)

비어두에서도 '에'는 [e]로 실현된다. 종종 '-게, -네, -세' 등의 '에'에서 혀의 높이가 조금 낮아져 '애'(E)로 발음되는 경우가 있지만, 주의깊게 발음할 것을 요구하면 언제든지 '에'(e)로 발음한다. 〈영동〉은 〈무주〉에 비한다면 비어두의 '에'가 '애'(E)와 혼동되는 정도가 심하다고 할 수 있지만, 비어두에서의 '에, 애' 대립 자체를 의심할 정도는 아니다. 가세

(去), 가새(가위).

'애'는 저모음으로 [ɛ], [E]의 두 변이음이 있다. 대체로 [ɛ]는 어두에서, [E]는 비어두나 /w, y/와 같은 반모음 뒤에서 자주 실현되는 경향이 있다.

[ɛ] 개굽다(가볍다), 내:가(내가, 我), 대:번, 매:(맷돌, 鷹), 배끼다(바꿔다), 새이(샛밥), 애:(腸), 재:차(再次), 챗국, 캔:다(收), 못:해/모:태/, 핵교(學敎)

[E] 괘:씸하다, 낭:패, 돼:지, 망냉이~망내~이~(망나니), 방맹이~방매~이~(방망이), 쐐:기(박는 쐐기), 애비(아비), 올개(올해), 왜(何)

② 후설모음: 으, 어, 아, 우, 오

후설평순모음으로 '으, 어, 아'가 있다. '으'는 고모음으로 〈무주〉에서와 마찬가지로 [ɨ], [ɨ̞]로 실현된다. '으'가 어두에서 실현되는 예를 보이면 다음과 같다.

'으(:)' [ɨ(:)]

글쎄, 끄:럼(그을음), 끄니(끼니), 끍잖아(긁잖아), 능다(넣다), 들지름(들기름), 등말, 등어리(背), 뜨시게(따듯하게), 뚧어서르(뚫어서), 쓸거던(쓸거든), 읍내(邑內), 틀(機), 흔햐(흔해)

■ '으(:) [ɨ̞(:)]

근:강(건강), 늑: 섬(넉 섬), 늘:뛰기(널뛰기), 슨:달(섣달), 승:(姓), 으:른(어른), 으:름말(얼음말), 으:리서(어려서), 즌:깃불(전깃불), 츠:녀(처녀), 츰:(처음)

'어, 아'는 각각 중모음과 저모음이다. '어'는 〈무주〉와 마찬가지로 중모음 [ə]로 실현되는 것이 일반적이며 더 낮은 위치에서 발음되어 [ɜ]로도 실현된다. '아'는 저모음이다. '어, 아'가 어두에서 실현되는 몇 예를 보이면 다음과 같다.

■ 어두의 '어'

[ə] 거:창하개, 거들어, 꺼적, 떡고물, 머라캬(무엇이라고 해), 벌거지, 서:숙, 서루(서로), 섬:은, 얼매나, 펀지기, 허탱이라(허탕이래), 헛짐(헛김)

[ɜ] 거석(거시기), 거울, 건시(乾柿), 꺾깣이(꺾꽂이), 머섬(머슴), 버섯, 천지, 커레~커리

■ 어두의 '아'

갑작시리(갑작스럽게), 까토리~까투리, 나락(벼), 달갈(계란), 딱을(닥나무를), 땀때기(땀띠), 만내로(만나러), 쌈:(싸움), 자석(子息), 장깐(잠깐), 장아리(장아치), 창사(창자), 팔심/팔씸/, 할마이(할머니)

후설원순모음으로는 '우, 오'가 있다. '우'는 후설원순의 고모음으로 [u]로 실현된다. 어두에서 '우'가 실현되는 예를 제시하면 다음과 같다.

[u] 군디(그네), 꾸리(실꾸리), 두지(뒤주), 둥구나무, 문따(문대), 문지도리/문찌도리/, 부끼미(부꾸미), 부대끼서(부대껴서), 부쇠~부시, 부조(扶助), 붊잖이(부럽지 않게), 숭아리~숭어리, 우:수(덤), 웃항렬/우당녈/, 중신애비, 투루미~투리미(투레질), 푸리민서(푸르면서), 후:처(後妻)

'우'가 원순성이 약화되면 [ŭ]로 실현된다. [ŭ]는 양순음이나 원순모음의 전후에서 실현되는 경향이 많다. 비어두에서는, 특히 양순음으로 끝나는 체언이나 용언이 곡용이나 활용을 보일 때 형태소 경계에서 많이 실현된다.

[ŭ] 구뭄(晦), 읎:어(없어), 구둘장/구둘짱/, 놀:구로(놀-게, 遊), 동부새(東風), 두룹(두릅), 뚜두랐지(두드렸지), 무룹팍(무릎), 배:급으로/배:그부로~배:구부로/(配給으로), 부뚜막, 부술모~부실목(부스

럼), 부주땡이(부지깽이), 불꾼(불끈), 수무 마리(二十), 아부지, 지푸래기, 쫇으먼/짤부먼/

'오'는 중모음으로 [o]로 실현된다. 〈무주〉와 달리 [o]의 원순성이 약화된 [ŏ]도 확인할 수 있는데, 특히 해요체 어미의 '요'에서 두드러진다.[7)]

[o] 고래재(고랫재), 고만(그만), 골련(捲煙), 골짝~꼴짝(골짜기), 골파(葱), 꼭두배기(봉우리), 꼰:(고누), 노:짓독(섬돌), 놀:로(놀러, 遊), 도굿대(절굿대), 독:에다(돌에다, 石), 동곳, 모:시겄구마(모시겠구먼), 모도(모두), 못:햐/모:타~무:타/(못해), 볼태기(볼), 솔깽이~소까지~소깝(솔가지)

[ŏ] 겉<u>요</u>(같아요), <u>보</u>롬(보름), <u>손</u>꾸락(손가락), 수<u>몽</u>~수멍, 쑥<u>보</u>무리~쑥버무리, 없:이<u>요</u>(없어요?), 오<u>소</u>리, 저<u>봄</u>~저범(젓가락)

2.2.3 〈김천〉

〈김천〉에는 전설모음으로 '이, 애'가 있다. '이'는 고모음, '애'는 저모음이다. '이'가 어두에서 실현되는 몇 예를 보이면 다음과 같다.

■ 이

기차´(汽車), 디´딜방아, 미영´(목화), 비´지, 신랑´(新郞), 싱구´다, 씬´나´락, 이´(齒), 잉´애(잉아), 지나개´나(아무나), 지´섬~지´심(雜草), 찌´지다(지지다), 짐˘(蒸), 친정´(親庭), 피´(血), 힌´콩

---

7) 이러한 특징은 〈무주〉와 〈김천〉을 비교해 볼 때 상당히 두드러진다. 황간지역어를 대상으로 한 이병근(1968:11)에서도 "이 [ɤ]는 어미 {-여}에서 충청도방언의 [jɤ]로 나타나서, 경북방언권의 화자에게 충청도식의 발음으로 인지됨은 흥미롭다." 한국정신문화연구원 편(1987)에서도 해요체의 '요'를 [jŏ]로 전사한 예가 많이 있음을 참조할 수 있다.

'이'로 실현되는 예들 중에는 역사적으로 다른 모음에서 바뀐 예들이 많이 있다.

① 기´(귀, 耳), 기˘신´(鬼神), 니´(뉘), 니´이(누에), 디˘(뒤, 後), 이´장´(胃腸), 직´이다(죽이다), 칙´이다(축이다), 히´비다(후비다)
② 끼´(꾀), 디´(되, 升), 미˘(묘, 墓), 미물´(메밀), 시˘다(쇠다), 씨´(쇠, 鐵), 이´(참외), 이´갓집(외갓집), 이´삼춘(외삼춘), 인´손´(왼손), 지˘(罪), 티침´(退枕)
③ 기우(거위), 기´우다(게우다), 기´피´(去皮), 니´리다(내리다), 닝´기다(넘기다), 미˘빵(지게 메는 고리), 미´서숙(메조), 미´우다(메우다), 미´주(메주), 믹´이다~미´이다(먹이다), 비´(베), 비˘다(斬, 枕), 빗´기다~삣´기다(벗기다), 시˘ 분 니˘ 분(세 번 네 번), 시˘다(算, 强), 시´우다(세우다), 짓˘상(제사상), 치´(체), 히´푸다(헤프다), 힝´구다(헹구다)
④ 길´혼´(결혼), 민˘(面), 민´경´(面鏡), 밍주´~밍지´(명주), 비루´다(벼르다), 빈˘(變故), 빌˘(별), 빙´(甁), 빙˘(病), 삐´(骨), 샘잉´지(삼형제), 이˘뿌´다(예쁘다), 이´룹다(어렵다), 이´미´(에미), 인˘날(옛날), 핀하´다(便)

①은 '위'(wi, 혹은 ü), ②는 '외'(ö〉we), ③은 '에'(e), ④는 '여'(yə)에서 바뀐 것이다. ①은 간혹 /wi/로도 실현되지만, 반모음 /w/가 없이 /i/로 실현되는 것이 〈김천〉의 자연스러운 어형이다. ③은 다른 방언과의 비교를 통해 '에'에서 변화한 것이라 판단되는데, '에(:)〉이(:)'의 통시적인 변화가 매우 강력하게 작용하였음을 알 수 있다. ②와 ④도 통시적인 변화 과정으로 '에'를 거쳤을 것으로 판단된다. 그렇다고 하여 모든 '에'가 '이'로 변화한 것은 아니다. 문법형태소 '-에(처격조사), -겠-(선어말어미), -네(종결어미), -세(종결어미), -게(종결어미)' 등과 어휘형태소 '지개(지게), 연새(年歲), 어대(어디에), 한:대(바깥), 멍애(멍에)' 등과, '대다(되다 化)'는 모두 '애'(E)로 실현된다.

'애'(E)는 저모음으로 대부분 [E]로 실현되지만 경우에 따라 [ɛ]로도 실현된다. 〈김천〉에서는 전설모음 중에서 비-고모음은 '애'(E)만이 있기 때문에, '애'가 발음되는 영역은 상대적으로 넓다. 굳이 [ɛ] 쪽으로 혀를 분명히 내려 발음할 필요가 없어 대부분은 [E]로 실현된다. 어두와 비어두에서 실현되는 몇 예를 보이면 다음과 같다.

■ 어두의 '애'

개˘떡´, 개구랑´(개고랑), 낸˘주´(나중), 냄´핀(男便), 댕´기다(다니다), 땍´이다(닦이다), 매´지(妹弟), 빨˘개´(빨강-아), 새´새´댁이(새댁), 새´애(샛밥), 애´무시(倭, 무), 애˘살´시리(애쓸 정도로), 재물´(잿물), 채´리다(차리다), 챗국´~맷국´, 택´구´(宅號), 해˘물´, 핵´구´(학교)

■ 비어두의 '애'

공˘개´(공깃놀이), 나왔´대(나왔데), 너´거´매~너´어´매(너희 엄마), 대겠´내(되겠네), 많˘애´(많-아), 모˘래´(後來日), 문대´다/문때다/, 바˘지´개(바소코리), 삼´비´매애로(삼베처럼), 아깨´(아까), 오둘´개(오디), 주개´(주걱), 쪼매´마(조금만)

후설평순모음으로 '어, 아'가 있다. 〈무주〉와 〈영동〉에서 존재하는 '으'(ɨ)는 〈김천〉에서 공시적으로 존재하지 않는다. 이는 20세기 초에 완성된 것으로 보이는 동남방언의 통시적인 변화 때문이다(백두현 1992:136). 〈김천〉에서도 이전 시기에는 '으'(ɨ)가 존재했던 것으로 보인다. 중앙어의 '으'는 대체로 〈김천〉에서 '어'[ə]로 대응되는 데 비하여, '씰개(膽), 시물(二十), 가심(胸), 집(汁), 있잉개(있-응개)' 등과 같은 예에서는 '이'로 대응된다. 이는 소위 치찰음 아래에서 전설모음화가 적용된 예로 볼 수 있는데, 〈김천〉에서 '*으'가 존재하지 않았다고 한다면 그 차이를 설명하기 어렵기 때문이다.

김천에서 '어'는 대부분 중모음인 [ə]로 실현된다. 동남방언에서 '으'(ɨ)와 '어'(ə)가 대립하지 않음으로써 그 대립이 중화된 음으로 /Ǝ/를 설정하는 경우가 많이 있다. /Ǝ/는 대부분의 경우 〈무주, 영동〉에서 실현되는 중설의 중모음 [ə]와 크게 다르지 않다. 간혹 '[kƎ´rE](그래), [kƎsamdə´ri](그사람들이), [k'Ǝt^{h}əmə´ri](끄트머리)' 등과 같이 연구개음 아래에서 [ə]보다는 높고 〈무주, 영동〉의 [ɨ]보다 약간 낮은 위치에서 발음되기도 한다. [ə]보다 혀의 높이가 더 낮으면서 후설 쪽으로 당겨져서 중앙어의 '어'[ʌ]와 가깝게 발음되는 경우도 있다. '[pʌmbʌri](봄보리), [pʌnigi](보늬), [p'ʌndigi](번데기)'. 이를 표시할 때에 한글로는 '어', 음성기호로는 /Ǝ/로 대표시켜 표기하는 것이 마땅할 것이다.

'아'는 중설의 저모음이다. [a]로 표시된다. 어두에 '아'가 쓰인 예를 제시하면 다음과 같다.

> 아´죽~안´죽~안´주(아직), 갈거치´(거치적거리-어), 남´사´시럽다~넘´사´시럽다(남우세스럽다), 당나´구(당나귀), 말´목´(말뚝), 바˘(참바), 빠´전´다(빠진다), 삭훈´다(삭힌다), 쌍군디´(쌍그네), 잡사´여(잡수세요), 짱다´리(장다리), 창창하´지, 캉´개(하니까), 탑시´기(곡식 껍질·나부랭이), 팔밭´(겨우 만들어 좋지 못한 밭), 하낙´썩~하나´썩(하나씩)

후설의 원순모음으로 '우, 오'가 있다. '우, 오'가 각각 고모음, 중모음인 것은 〈무주, 영동〉과 다르지 않다. '우, 오'는 대부분 [u, o]로 실현된다. [u]의 원순성이 약화된 [ŭ]도 흔히 실현된다. 형태소 경계에서는 특히 양순음으로 끝난 용언이 활용할 때에 잘 나타난다.

[u] 군딧´줄(그넷줄), 누˘러´이(누렇게), 두˘째´ 오´러´바이(둘째 오빠), 둣˘밤´(二夜), 뚤´뚤´(둘둘), 붕어´리(숭어리), 수꾸때´기(수숫대), 수빅이(수북이), 술빙´/술뼁/, 숨바꼬´질(숨바꼭질), 숭구´고(심고), 우´숩도 안하지(우습지도 않지), 운˘수´(덤), 울´루´ 미˘고´(울러 메고), 푸´지´다

[ŭ] 곱˘은´/고:분/(고운, 麗), 두루´다(圍), 두불딩´기/두불띵기/(두벌둥겨), 푸룬´ 점(푸른 점), 물´우마(물으면, 問), 굵˘우´이(굵으니),

주국´~주걱´~주개´(주걱), 주구´리~저구´리, 구등´살(굳은살), 구뭉´~구멍´~구녁´(穴), 시˘분´채(세번째)

[o] 골˘자´리(돗자리), 꼬듯방석´(맷방석), 도˘래´(도라지), 돌아개´미(돌아가며), 동상아댁´이~동사댁´이(손아래 올케), 똥가´리(동강이), 모자´리(못자리), 못˘하´구로/모다구로/, 본´동´댁이/본동때기/(宅號), 소˘기´기(소고기), 소˘자´(효자), 오마놓´고(오무려 놓고), 오좀´(오줌), 좃´아가주고(쪼아 가지고), 콩나물´콩(지름콩), 톡´~촉´(싹), 포´시´(표시)

2.3 반모음과 이중모음의 목록과 음가

반모음은[8] 모음과 계기적으로 연결되어 이중모음으로 실현된다. 따라서 반모음을 확인하는 작업과 이중모음을 확인하는 작업은 동시에 이루어진다. 여기에서도 이중모음의 목록을 확인함으로써 반모음을 확인하도록 한다.

〈무주〉에서 실현되는 이중모음을 제시하면 '예, 얘, 여, 야, 유, 요'의 6개와 '웨, 왜, 워, 와'의 4개 모두 10개가 있다. 이중 전자의 6개에서는 반모음 y, 후자의 4개에서는 반모음 w를 확인하는 데에는 아무런 문제가 없다. 어두와 비어두에 쓰인 이중모음의 예를 보이면 다음과 같다.

■ 어두의 이중모음

예(:) 예웠어(결혼시켰어 [딸의 경우에만]), 예:전이는(예전에는), 예순서이(六十三), 예:범절(禮儀凡節)

---

8) 반모음은 접근음이나 활음이라는 용어로도 불린다. 이에 대해서는 Ladefoged(1982:61~62), 허웅(1985:54), Catford(1988:63~70), Laver(1994:297) 등을 참조할 수 있다. 여기에서는 음절과 관련하여 중성을 이룰 수 있다는 점을 중시하여 반모음이라는 용어를 사용한다.

얘(:)　얘:기(이야기), 얘비졌다고(야위어졌다고), 액이(약-이)
여(:)　여덜(여덟), 여자(女), 역부로, 열:쇠/열:쐬/, 영글먼, 엿질금(엿기름)
야(:)　야지리(빈틈없이), 약햐/야캬/(弱), 얄궂언, 양:쪽, 얍질::하니(얄팍하게)
유(:)　유리, 윤:디(윤두), 육송(陸松, 조선솔), 윷:(윷)
요(:)　요짝 치(요쪽 것), 요시(요새), 용수(篘子), 욕(辱)
웨(:)　웬:, 뒈:지다, 궴(고욤), 훼비다(후비다), 췐다(借), 쉐:(쉬어), 퉤:(튀어), 줸:(주인)
왜(:)　왜간장, 왱기(왕겨), 돼:지, 꽤(荏), 괭:이(猫), 홰
워(:)　워:따(어디다), 워트게(어떻게), 원두막, 권해도(勸), 훤::하니(훤하게)
와(:)　완치(完治), 왕(王), 괄괄하니, 활(弓), 활개(날개), 환::하니(환하게)

■ 비어두의 이중모음

예　쟁옜다가(쟁이-었다가), 부옝이(부엉이), 구넥이(구멍-이), 호넥이(홍역-이)
얘　피해/피얘/(被害), 농액이/농내기/(농약-이), 오앵이(오양-이), 돈 냉이나(돈 냥-이나)
여　미영(목화), 시염(수염), 허::여니(허옇게), 딛겨(듣기-어), 나올 겨(나올 거야)
야　니얄(내일), 오약쪽(왼쪽), 얌전햐(얌전해), 먹잖야(먹잖아), 그냥~그양
유　우유, 밤:윷/밤:늍/, 장작윷/장장늍/, 서류(書類), 섹유(石油), 신:융(信用)
요　모욕(沐浴), 핵교(學校), 히발요/히발료/(휘발유), 음료수/음뇨수/, 와요(오-아요, 來)
웨　쑤퀭이(수펑-이), 암퓅이(암펑-이)
왜　왜괭이, 넝왜~넝와(덩굴), 들꽤(들깨), 집잇괭이(집고양이), 수왝이(수확-이)
워　미원(조미료), 칠월달/치뤌딸/, 익훠갖고(익혀 가지고), 늘궈서(늘여서), 싱궈(심어, 植)
와　장:꽝(장독대), 장꽌(잠깐), 서:광꽃(꽃의 일종), 전:화, 차와(차-아, 冷), 매와(매워, 辛)

위에서 제시된 것 이외에 y가 선행하는 이중모음으로 '읃:'가 있다. '읃:'는 항상 어두 위치에서 장음으로만 나타난다.

읁:한 놈(연한 것, 軟), 읁:치(여치), 읭:(도무지), 읭:동(永同), 읃ㄹ:쐬(열쇠), 읭:감탱이(令監)

이 '읃:'는 원래 장음의 '여:'에서 [ə:]가 [ɨ:]로 상승한 결과 [yɨ:]로 실현된 것이라 추측된다.[9] 분포가 제한되어 있고 자음을 선행시키지 못한다는 점에서 [yɨ:]는 지위가 불안정한 이중모음이라 할 수 있다. 중설의 고모음 '으'가 대부분의 방언에서 y, w와 같은 반모음과 계기적으로 연결되지 못한다는 점에서도 '읃:'는 특이하다.

움라우트 환경에서 나타나는 이중모음으로 '외'(yö)가 있다.

욍이[yöŋi](용-이, 龍), 왹이[yögi](욕-이, 辱)

삼중모음이라 불리기도 하는 이중모음 'ɥa, ɥə'도 있다. 'ɥa, ɥə'는 주로 형태소 경계에서 '외, 위'로 끝나는 용언 어간이 활용할 때에 수의적으로 실현된다. 'ɥə'는 형태소 내부에서도 수의적으로 실현된다.

되아~돠:(되-+-아, 化), 괴아~과:(괴-+-아, 持)
튀어~퉈:(튀-+-아, 擴), 뉘어~눠:(뉘-+-아, 使便)
귀엄~귀염~궘:~구ㅕᆷ: (고욤, 小柿)

---

9) 이익섭(1981:93)에서 지적된 바와 같이 이 '읃:'는 훈민정음 합자해에서 '읻'와 같은 글자까지 고안되어 있었던 이중모음이다. 따라서 이 '읃:'의 존재를, 단순히 모음 상승에 의한 현상이라고만 처리할 수는 없을 듯하다. 15세기에 존재하였던 '읃:'가 그대로 방언에 유지되어 존재하는 것인지, 아니면 비교적 후대에 일어난 모음 상승 때문에 '읃:'가 생겨난 것인지 더 깊은 논의가 필요하다.

ɥa는 서남방언에서 나타나는 '말류-~몰류-'(使乾)의 활용형 [maʎʎwa]를 보고하면서 주목되기 시작하였다(이승재 1984). 이는 //mallyu-+-a//[10]에서 w반모음화를 거친 형태로 음소적으로는 /mallywa/로 해석됨으로써 반모음 y, w 둘과 모음이 계기적으로 연결된 삼중모음으로 불리게 된 것이다.[11]

그러나 〈무주〉에서 나타나는 ɥa, ɥə를 삼중모음 /ywa/(혹은 /wya/)나 /ywə/(혹은 /wyə/)로 해석하는 것은 받아들이기 힘들다. 음운론적으로 반모음이 둘과 모음 하나가 계기적으로 연결되는 연쇄를 인정한다면, 국어의 음절구조 전반에 걸친 이해를 새롭게 수정해야만 한다. 음소 층위에서 최대한 복잡한 국어의 음절구조는 '자음+반모음+모음+자음'로 알려져 있다. 만약 '귬:'을 /kwyə:m/으로 파악한다면 그 음절구조는 '자음+반모음+반모음+모음+자음'이 되어, 이를 가장 복잡한 음절구조로 간주해야 하기 때문이다.

〈무주〉의 ɥa, ɥə는 반모음 ɥ에 모음 a, ə가 결합된 이중모음으로 처리된다. ɥ는 전설평순의 반모음으로, y와는 전설성에서 w와는 원순성 면에서 공통적이다. 반모음 ɥ가 결합된 이중모음 ɥa, ɥə가 ya, wa, yə, wə와 대립을 이루는 예를 제시하면 다음과 같다.

/kɥa:/(괴-아, 持) - /kya:/(개-아, 縮) - /kwa:/(고-아, 煮)
/t'ɥə:/(뛰-어, 走) - /t'yə:/(띠-어, 脫) - /t'wə:/(뚜-어, 棋)

〈영동〉에서 실현되는 이중모음은 '예, 얘, 여, 야, 유, 요'의 6개와 '웨, 왜, 워, 와'의 4개 모두 10개가 있다. 전자에서 반모음 y, 후자에서

---

10) '// //'는 기저형을 나타내는 표시이다. 이에 대해서는 배주채(1989)를 참조.

11) 〈무주〉에서는 '말류-' 대신 '말리-'가 쓰이는 것으로 조사되어 '말려'만을 확인하였을 뿐, '말롸'는 확인되지 않았다. '마르-'(乾)는 '말르-'로 확인되었다. 정신문화연구원 편(1987)에서는 '말려'와 '말롸~말뤄'가 모두 〈무주〉에서 쓰이는 것으로 조사되었다.

반모음 w를 확인할 수 있다. 어두와 비어두에 이중모음이 쓰인 예를 제시하면 다음과 같다.

■ 어두의 이중모음

예(:) 옛:날, 예순(六十), 예이(禮義), 예식장(禮式場), 예저니(지명, 예전리)
얘(:) 얘:(이 아이), 얘빘네(야위었네), 얘:기(이야기)
여(:) 여울(도리깻열), 여:넌(여기는), 여물어서(단단해서), 여개(餘暇)
야(:) 얇:기/얍:끼/(얇게), 야물딱지지(야무지지), 양발(양말), 약빠르다(약삭빠르다)
유(:) 윳:집에(이웃집에), 윤:디(인두), 휴가(休暇), 윳놀이/윤노리/(윷놀이)
요(:) 요새~요시(요사이), 요:각(신부를 따라가는 사람), 요대기(요), 용마람
웨(:) 웬 사람, 웬두막(원두막)
왜(:) 왜(何), 왜무시(倭무), 왱기(왕겨), 괜찮아, 꽹이, 홰, 돼:서루(되어서), 쵀(취하여)
워(:) 원체, 뷝:이마/뷩:니마/(부엌이마), 꿩:, 뭐:(무엇), 원수/원쑤/(怨讐)
와(:) 왕골, 화:릿불, 확(호박), 환장하다, 활, 광:목

■ 비어두의 이중모음

예 대통령이/대통넹이/(大統領-이), 구엑이(인명)
얘 고앵이(고양이), 식랭이/식냉이/(食糧-이)
여 츠:녀(處女), 가새뼘(작은 뼘), 갱:엿, 허옇게, 올터(올 거야?)
야 오양, 채양(遮陽), 그랴(그래), 잔댜(잔대, 宿), 쩜먀(잡아매-아)
유 우유(牛乳), 말류지(말리-지, 乾), 숭늉, 종류/종뉴/(種類), 휘발유~히발유/휘발류~히발류/
요 정용/정뇽/(徵用), 핵교(學校), 불효자/부료자/(不孝子), 조용조용, 이용군(義勇軍)
웨 물외~물웨, 참외~참웨, 교웨(教會)
왜 안 돼요, 오괭이(五光-이), 산돼지/산뙈지
워 이원(醫院), 세월(歲月), 쎄워서(쎄우-어서, 우겨서), 얼궈(얼구-어, 氷), 식훠(식후-어, 冷)

와　장:광/장:꽝/(장독대), 즌:화(電話), 개롸서(개룹-아서), 낫과야지 (낫구-아야지)

〈영동〉에서는 w계 이중모음으로 '위'(wi)가 실현된다. '위'가 단모음 /ü/로 실현되는 방언에서는 이중모음 /wi/가 존재하지 않는 경우도 있지만, 〈영동〉에서는 단모음 /ü/의 실현과 함께 이중모음 /wi/의 실현을 찾을 수 있다.

/ühanta/~/wihanta/~/uhanda/(위한다, 爲), /tü/~/twi/(뒤, 後), /kü/~/kwi/ (귀, 耳)
/kühata/~/kwihata/~/kihata/(귀하다, 貴), /küyəpta/~/kwiyəpta/(귀엽다)

y계 이중모음으로 '읃:'(yɨ:)도 실현된다. 〈무주〉와 마찬가지로 장음으로만 실현되며 자음이 선행되는 예는 찾을 수 없다.

읃:치, 읃:애(戀愛), 읃:하다(軟), 으ㄹ:쇠/으ㄹ:쐬/(열쇠), 응:동(永同)

〈영동〉에서도 이중모음 ɥa, ɥə가 실현된다. 〈무주〉와 마찬가지로 '외, 위'말음 어간이 활용할 때에 나타난다.

돠:, 말롸
뚸:, 누:, 후:, 꾸:

〈김천〉에서는 y계 이중모음으로 '얘(yE), 여, 야, 유, 요', w계 이중모음으로 '위(wi), 왜(yE), 워, 와'가 실현된다. 〈김천〉에서는 '에, 으'가 단모음으로 존재하지 않기 때문에 〈무주, 영동〉에서 실현되는 이중모음 '예, 읃:'나 '웨'는 실현되지 않는다. 어두에 이중모음이 쓰인 예를 제시하면 다음과 같다.

얘	얘˘기´(이야기), 얘˘전´~이˘전´(예전), 앳˘날´~잇˘날´(옛날)
여	여러´, 여물´, 여^다(여기에다), 옇´고(넣고), 영´개(이엉), 연지´(臙脂), 연˘치´(여치), 여시´(여우)
야	야˘(이 아이), 야´물라(야물-어), 양˘반´(兩班), 양´철(洋鐵), 양석´(糧食)
유	윷가´치(윷가락), 유리챙´이(유리창-이), 유´고´(6 · 25), 유˘빌´나기(유별나게), 유두´리, 윤˘디´
요	용마람´(용마름), 용두마´리~용두머´리(베틀), 요마꿈´썩(요만큼씩), 요´랑(料量), 요´구(療飢)
위	윈˘손´~인˘손´(왼손), 윈˘새´끼~인˘새´끼(왼쪽으로 꼰 새끼), 뉘 해´~누 해´(누구 것), 귀˘짝´~기˘짝´(櫃), 위´삼´춘~이´삼´춘(外三寸), 큉´이라~킹´이라~퀴~´이~라~키~´이~라(콩-이야)
왜	왜~와(何), 왜지´럼~애지´럼(석유 ← 倭-기름), 왜´놈~애´놈(倭놈), 돼지´~대지´(豚)
워	워(소를 서게 할 때), 원´망´~언´망´(怨望), 원´채~언´채(워낙), 훤˘하´다~헌˘하´다(훤), 훨´씬´~헐´씬´
와	와(오-아), 왕´기~앙´기~앙´지(왕겨), 왕´골~앙´골, 완전´이/완저˜이˜/(완전히), 활´~할´

자음이 선행하지 않을 경우, y계 이중모음은 어두에서 뚜렷하게 실현된다. 그런데 w계 이중모음은 어두에서도 실현이 분명하지 않다. 즉 자음이 없을 경우에도 어두에서 '위, 왜, 워, 와'는 w가 없는 단순모음 '이, 애, 어, 아'로 실현되기도 한다. w계 이중모음의 존재 자체를 의심할 수는 없지만, 자연스러운 발화에서는 w가 없는 단순모음으로 발음하는 것이 더 일반적이다.

〈김천〉에서 w계 이중모음이 어두에서 분명하지 않게 실현되는 이유는 명확히 알 수 없다. 일반적으로 동남방언에서는 '자음+이중모음'의 실현이 제약되고, 자음이 선행하지 않을 경우 이중모음은 분명하게 실현되는 것으로 알려져 있다. 〈김천〉에서도 '자음+이중모음'은 거의 실현되지 않으며 '자음+단순모음'으로 실현되는 것이 일반적인 경향이라 할 수 있다. 하지만 〈김천〉에서는 자음이 선행하지 않을 경우 w계 이중모음은 y계 이중모음과 달리 '단순모음'으로 실현되는 경향이 강하다. 〈김천〉은 이중모음이 제약되는 정도가 다른 동남방언에 비하여 강하다고 할 수 있을 것이다.

2.4 음소체계

2.4.1 자음체계

〈무주, 영동, 김천〉의 자음 음소 19개가 이루는 체계는 중앙어와 동일하다. 구체적인 음성 실현에 있어서는 다른 모습을 보이지만 체계가 다르지는 않다.

조음방식에 따라서는 장애음과 공명음으로 크게 나뉘어진다. 공명음에는 비음인 'ㅁ, ㄴ, ㅇ'과 유음인 'ㄹ'이 있다. 나머지 14개는 모두 장애음으로 파열음의 'ㅂ, ㅃ, ㅍ; ㄷ, ㄸ, ㅌ; ㄱ, ㄲ, ㅋ', 파찰음의 'ㅈ, ㅉ, ㅊ', 마찰음의 'ㅅ, ㅆ; ㅎ'이 있다. 파열음과 파찰음은 모두 '평음, 경음, 유기음'의 쌍들이 있으나, 치조에서 발음되는 마찰음은 평음과 경음의 쌍인 'ㅅ, ㅆ'만 있고 유기음(s^h)은 없다.

성문음인 'ㅎ'에 대해서는 여러 의견이 있다.

① 활음으로 처리하는 견해

② 유기음으로 처리하는 견해
③ 평음으로 처리하는 견해

①은 'ㅎ'이 y, w와 같은 활음이라고 보는 견해이다(이병건 1976:63, 이승재 1980:15, 최명옥 1982:99). 이는 'ㅎ'이 자음도 모음도 아니라고 보는 견해이다. 'ㅎ'은 후행하는 모음에 따라 조음위치가 정해지는 측면이 있어 모음적인 성격이 강하기 때문이다. 그러나 'ㅎ'은 음절구조적인 측면에서 초성으로 기능할 수 있으며(배주채 1998ㄱ:35) 순수 자음이라 불리기도 하는 장애음처럼 공명을 일으키지 않기 때문에 자음으로 처리하는 것이 바람직할 것이다.[12)]

한편 'ㅎ'을 자음으로 처리할 경우에도, 그것이 평음인지 유기음인지 분명하지 않다. ②는 'ㅎ'이 'ㅍ, ㅌ, ㅊ, ㅋ'과 같은 유기음이라 보는 것인데(허웅 1985:205), 'ㅎ'은 그 자체로 기식(氣息, aspiration)을 갖고 있는 것으로도 인정된다. 그러나 다른 유기음들(ㅍ, ㅌ, ㅊ, ㅋ)은 공명음과 공명음 사이에서 분명하게 기식성을 유지하는 데에 비하여 'ㅎ'은 그 환경에서 [ɦ]으로 유성화되거나 탈락되어 ∅로 실현된다. 이는 평음이 그 환경에서 약화를 겪는 현상과 유사한 성격이라 할 것이다. 여기에서는 'ㅎ'탈락이라는 음운 과정을 중시하여 평음으로 처리하기로 한다.[13)]

조음위치에 따라서는 '양순음, 치조음, 경구개음, 연구개음, 성문음'으로 나눌 수 있다. 이를 표로 제시하면 다음과 같다.

---

12) 이기문 · 김진우 · 이상억(1984:107)에서는 후두활음이라 하여 [h, ʔ]을 활음체계에 속하는 것으로 파악하기도 하였지만, 후두활음은 모음에는 덜 가깝고 장애음에 더 가까워 참자음으로 간주되는 경우가 많다고 하였다.

13) 이렇게 처리하면, '좋+고'의 도출 과정에서 중간 단계로 설정되던 '좋코'는 인정되지 않는다. 'ㅎ'이 평음인 이상, 'ㅎ'은 유기성 동화를 일으키는 동화주가 될 수 없기 때문이다.

<table>
<tr><th colspan="3"></th><th>양순음</th><th>치조음</th><th>경구개음</th><th>연구개음</th><th>성문음</th></tr>
<tr><td rowspan="8">장애음</td><td rowspan="3">파열음</td><td>평음</td><td>ㅂ</td><td>ㄷ</td><td></td><td>ㄱ</td><td></td></tr>
<tr><td>경음</td><td>ㅃ</td><td>ㄸ</td><td></td><td>ㄲ</td><td></td></tr>
<tr><td>유기음</td><td>ㅍ</td><td>ㅌ</td><td></td><td>ㅋ</td><td></td></tr>
<tr><td rowspan="3">파찰음</td><td>평음</td><td></td><td></td><td>ㅈ</td><td></td><td></td></tr>
<tr><td>경음</td><td></td><td></td><td>ㅉ</td><td></td><td></td></tr>
<tr><td>유기음</td><td></td><td></td><td>ㅊ</td><td></td><td></td></tr>
<tr><td rowspan="2">마찰음</td><td>평음</td><td></td><td>ㅅ</td><td></td><td></td><td>ㅎ</td></tr>
<tr><td>경음</td><td></td><td>ㅆ</td><td></td><td></td><td></td></tr>
<tr><td rowspan="2">공명음</td><td colspan="2">비음</td><td>ㅁ</td><td>ㄴ</td><td></td><td>ㅇ</td><td></td></tr>
<tr><td colspan="2">유음</td><td></td><td>ㄹ</td><td></td><td></td><td></td></tr>
</table>

위에서는 조음위치 중에서 '치조'와 '경구개'를 따로 구분하였다. 이와 달리 치조음 계열의 자음들과 경구개음 계열의 자음들을 함께 묶어 음운론적으로는 조음위치의 구분을 따로 두지 않는 처리도 가능하다(허웅 1985:211, 배주채 1992:186). 즉, 조음위치상 경구개 위치의 장애음인 'ㅈ, ㅊ, ㅉ'는 조음방식상 유일한 파찰음이므로 굳이 조음위치상의 구분을 하지 않아도 치조음 계열의 장애음과는 조음방식상 구분이 가능하기 때문이다. 이러한 처리는 평폐쇄음화와 같은 음운 현상을 합리적으로 설명할 수 있게 해준다. 경구개음 계열의 장애음들이 모두 음절말에서 'ㄷ'으로 바뀌는 현상에 대하여 조음방식뿐만이 아니라 조음위치까지 변동이 일어난다는 문제점(송철의 1990:30)을 극복하고 조음방식의 변동으로만 해석하게 되는 것이다(배주채 1992:186).

그러나 다른 한편으로는 치조음과 경구개음의 구분이 음운론적으로 여전히 필요할 경우가 있다. 음소배열적인 측면에서 치조 위치의 장애음은 '야, 여'와 같은 y계 이중모음과 계기적으로 연결될 수 있지만, 경구개 위치의 장애음은 그러한 연결이 불가능하다. '댜, 뎌'와 같은 음소배열은 역사적으로 구개음화를 거치면서 거의 없어졌지만, 공시적으로 이러한 연결이 불가능하다는 제약이 존재한다고는 볼 수 없다. 〈무주, 영동〉의 경우 형태소의 결합과정에서 '댜, 뎌, 탸, 텨, 땨, 뗘'와 같은 계기적 연결이 가능하기 때문이다. 먹어 댜:(먹어 대), 전뎌(견디-어), 못햐/모탸/, 올텨(올티-어), 땨:(때-어, 焚), 뗘:(띠-어, 分), 등. 그러나 '경구개음-y계 이중모음'의 계기적 연결은 전혀 불가능하여, 일종의 음소배열제약으로 인정된다. 결국 자음과 이중모음의 계기적 연결, 나아가서는 초성과 중성의 계기적 연결에 있어서 인정되는 제약을 위해서는 경구개 위치와 치조 위치를 음운론적으로 구분할 필요가 있으며, 위와 같이 치조음과 경구개음이 구분되는 체계를 따른다.

2.4.2 모음체계

〈무주, 영동〉은 모음 목록의 수가 10개로 같으며 모음체계 역시 동일하다. 종래에 설정된 10모음체계와 다르지 않다.

	전설음		후설음	
	평순	원순	평순	원순
고모음	이	위	으	우
중모음	에	외	어	오
저모음	애		아	

혀의 전후 위치는 음운론적으로 전설과 후설로 나뉘어진다. '으, 우'와 '어, 오'는 원순과 평순으로 대립한다.[14] 혀의 높이도 고, 중, 저의 3

14) 잘 알려진 바와 같이 전설 대 후설(비전설)의 대립 관계는 형태소 경계에서의 움라우트 현상을 통해, '으:우'의 원순성 대립은 형태소 경계에서의 원순모음화 현상을 통해 확인된다. 그런데 '어:오'의 원순성 대립 관계는 공시적인 음운 현상을 통해서는 확인할 수 없고, 통시적인 현상인 비원순모음화를 통해서만 확인된다. 〈무주, 영동〉에서는 "보리〉버리, 볼태기〉벌태기, 포대기〉퍼대기, 시룻본〉시룻번, 본뜨다〉뻔

단으로 처리된다. 음성적으로 '애'는 '아'보다 높은 위치에서 발음되지만 음운론적으로는 같은 저모음으로 처리된다. 음성적으로 나타나는 'E'와 'ɜ'는 각각 저모음 /애/와 중모음 /어/로, 'ɨ'는 고모음 /으/로 처리된다.

〈김천〉은 모음 목록의 수가 6개로 가장 적은 수의 모음을 가진 방언 중의 하나이다.[15] 6모음으로 이루어지는 모음체계는 대체로 다음과 같은 다섯 개의 모음체계를 상정할 수 있다.[16]

(ㄱ)	전설 평순	후설 평순	후설 원순
고모음	이	어(ɜ)	우
저모음	애(E)	아	오

(ㄴ)	전설 평순	후설 평순	후설 원순
고모음	이	어(ɜ)	우
중모음	애(E)		오
저모음		아	

(ㄷ)	전설 평순	후설 평순	후설 원순
고모음	이	어(ɜ)	우
중모음			오
저모음	애(E)	아	

(ㄹ)	전설 평순	후설 평순	후설 원순
고모음	이		우
중모음	애(E)	어(ɜ)	오
저모음		아	

(ㅁ)	전설 평순	후설 평순	후설 원순
고모음	이		우
중모음		어(ɜ)	오
저모음	애(E)	아	

뜨다" 등의 변화를 볼 수 있으며, 〈영동〉에서는 '봄버리〉범버리'의 예가 추가된다. 이병근(1970/1979:153~156)에 따르면, 중부방언에서 이 변화는 18세기 후반(적어도 19세기 이전)에 시작된 것으로서, 18세기 후반의 '어:으=오:우'라는 대립의 성립과도 밀접하게 관련된다(백두현 1988). 이 변화를 통해 현대 〈무주, 영동〉의 모음체계에서 '어:오'의 대립 관계를 확인한다는 것은, 18세기 후반에 확인되는 '어:오'의 원순성 대립 관계가 달리 변화되었다는 증거를 찾을 수 없으므로 그 대립 관계가 그대로 유지될 것이라는 가정에 바탕을 둔 것이다. 그러나 비원순모음화는 '°으:°어'의 합류가 일어난 〈김천〉에서도 활발히 일어난 변화이므로 대립 관계의 확인이라는 측면에서는 〈무주, 영동〉과 달리 해석될 수밖에 없다.

15) 김덕호(2001:135~137)에서는 〈영동, 무주〉와 접해 있는 김천의 서부(구체적으로는 어모, 대항, 부항, 대덕, 증산면)에서 '글:걸, 틀:털, 들:덜'의 구분이 가능하다고 하였다. 그런데 이들 지점이 모두 통신조사지점이고, 직접조사가 이루어진 김천의 개령면(중동부)에서는 세 항목 모두 구분이 되지 않았다는 점을 감안하면, 김천의 서부에서 가능하다고 한 '으:어'의 대립 여부는 보다 정확한 조사를 필요로 한다고 할 수 있다. 필자의 현지조사지점인 구성면은 물론이고, 증산면에서도 '으:어'의 대립은 존재하지 않는다.

16) 이승재(1990:62~64)에서는 6모음의 방언에서 상정될 수 있는 모음체계를 네 가지로 나누어 제시한 바 있다.

(ㄱ)은 각 모음의 대립 관계가 가장 잘 드러나는 모음체계이다. 전설 계열에 '이, 애', 후설평순 계열에 '어, 아', 후설원순 계열에 '우, 오'가 혀의 높이 두 단계(고, 저)로 구별되기 때문이다. 이에 비하여 (ㄴ~ㅁ)의 모음체계는 대립 관계에 있어 빈칸이 있는 모음체계이다. (ㄴ, ㄷ)은 후설평순의 중모음인 '오'의 대립짝이, (ㄹ, ㅁ)은 후설평순의 고모음인 '우'의 대립짝이 없다.

질서가 정연한 (ㄱ)의 모음체계를 두고서도 체계상의 결함이 있는 (ㄴ~ㅁ)의 모음체계가 상정되는 일차적인 이유는 (ㄱ)의 모음체계와 같이 각 모음의 대립 관계가 실제로는 명확하지 않는 데에 있다. (ㄱ)의 모음체계에서는 후설저모음인 '아, 오'가 원순성으로 대립하는 것으로 파악되는데, 실제로는 그러한 대립 관계를 보여주는 음운 현상을 찾기 힘들다. 따라서 (ㄴ, ㄷ)처럼 '오'의 대립짝을 아예 없는 것으로 처리하거나 (ㄹ, ㅁ)처럼 '오'의 대립짝을 '어'로 처리하는 모음체계가 상정되는 것이다. 또한 (ㄱ)에서는 '어'가 후설평순의 고모음이므로 전설성으로는 '이'와, 원순성으로는 '우'와 대립하는 파악된다. 그러나 '어'가 다른 방언에서는 중모음으로 처리되어 원순성으로는 '오'와 대립하기 때문에 (ㄹ, ㅁ)처럼 '어'의 원순성 대립짝을 '오'로 파악하는 모음체계가 상정되기도 한다.[17)]

모음체계의 대립 관계는 기본적으로 모음과 관련된 음운 현상을 통하여 확인된다(이병근 1970, 1976). 〈김천〉에서도 모음체계와 밀접하게 연관된 음운 현상으로 알려진 움라우트가 일어나므로 이를 통해 전설과

---

17) 이러한 대립 관계의 불명확성은 통시적인 변화에 기인한 것이다. '*에', '*으'가 음소로 존재하던 시기의 모음체계에서, '*에〉이'의 변화와 '*애, *에'의 합류, '*으, *어/ə/'의 합류로 인해 전설평순 계열과 후설평순 계열의 대립 관계가 흔들리게 되었다. 〈김천〉에서는 '*에〉이'의 변화가 강하게 일어났으며, 그 변화 뒤에 남겨진 '*에'가 '*애'와 합류한 것으로 보인다. 박창원(1999), 곽충구(2003)에서는 '에〉이'의 변화가 '에:애'의 합류보다 먼저 일어난 것으로, 백두현(1992:150)에서는 문헌상의 출현을 바탕으로 '에:애'의 합류가 '에〉이'보다 앞서는 것으로 파악하였다.

비전설의 대립을 확인할 수 있다.[18] 〈김천〉에서의 움라우트는 입력과 출력이 '어(ㅓ), 우, 오 → 이', '아 → 애(E)'로서 후설모음들이 모두 전설모음으로 바뀌는 현상이다. 그러나 고저 대립을 이루고 있는 후설원순모음 '우, 오'가 모두 '이'로 바뀌기 때문에, 높이에 있어서의 변동이 없는 10모음체계를 가진 방언에서의 움라우트와는 그 내용에 있어서 차이를 보인다. 따라서 〈김천〉에서는 움라우트를 통하여 전설과 비전설의 대립만을 확인할 수 있으며, 높이의 대립 관계를 확인할 수 없다.

후설평순모음인 '어(ㅓ)'의 원순성 대립짝에 대한 확인은 형태소 경계에서 일어나는 원순모음화와 형태소 내부에서 일어난 비원순모음화를 통해 가능하다. '잡+어(ㅓ)마 → 자부마(捕), 밤+어(ㅓ)로 → 바무로(夜)' 등과 같이 순음 아래에서 일어나는 원순모음화는 '어(ㅓ)'가 '우'와 원순성 면에서 대립하고 있음을 알려준다. 한편, '보리〉버리, 봄보리〉범버리, 본동〉번동(本洞), 보늬〉버니기' 등과 같은 통시적인 비원순모음화를 통해서 '어(ㅓ)'가 '오'와 원순성 면에서 대립함을 알 수 있다. 그런데 이들은 '*으, *어'가 '어(ㅓ)'로 합류되기 이전 시기에도 존재했던 현상으로, '어(ㅓ)'로의 합류가 완성된 이후에는 대립 관계의 변화가 생길 것이 예상된다. 이러한 대립 관계의 변화 징조는 다음과 같은 예에서 확인할 수 있다.

저고리~저구리~주구리, 저어매~저구매〉주구매(저희 엄마)

	전설	후설	
	평순	평순	원순
고모음	이	으	우
중모음	에	어	오
저모음	애	아	

⇒

	전설	후설	
	평순	평순	원순
고모음	이		우
중모음		어	오
저모음	애	아	

⇒

<table>
<tr><th></th><th>전설</th><th colspan="2">후설</th></tr>
<tr><th></th><th>평순</th><th>평순</th><th>원순</th></tr>
<tr><td>고모음</td><td>이</td><td rowspan="2">어(ㅓ)</td><td>우</td></tr>
<tr><td>중모음</td><td rowspan="2">애(E)</td><td>오</td></tr>
<tr><td>저모음</td><td>아</td><td></td></tr>
</table>

18) (ㄱ~ㅁ)에서 모두 전설과 비전설(후설)의 대립을 보이는 것으로 제시한 이유가 여기에 있다. 만약 전설과 비전설의 대립을 확인할 수 있는 움라우트와 같은 현상이 존재하지 않는다면, 6모음체계는 '전설, 중설, 후설'의 대립 관계로도 파악할 수 있을 것이다.

구멍~구뭉, 구석~구숙, 기멍~기뭉, 두멍~두뭉, 주걱~주국, 수건~수군

이들은 이전 시기 '*어'를 가졌던 단어들로서, 원순모음 전후에서 그리고 순음 뒤에서 '우'로의 실현을 보이는 예이다. 이는 곧 합류된 '어(Ǝ)'가 형태소 내부에서의 원순모음화를 겪으면서 '우'를 원순성의 대립짝으로 가지기 시작했음을 보여준다.[19)]

'주-(授), 두-(置), 누-(尿)'가 모음어미와 결합할 때에 보이는 음운 현상도 변화된 대립 관계를 보이는 예로 볼 수 있다.

주+어야→주ˇ야ʹ~조ˇ야ʹ, 두+어서→두ˇ야ʹ~도ˇ야ʹ, 누+었어→눴ˇ어ʹ~놨ˇ어ʹ

이들 중에서 '조ˇ야ʹ, 도ˇ야ʹ, 놨ˇ어ʺ는 통시적으로 'wə〉o'의 축약 과정을 거쳐 형성된 것으로, 이전 시기에 '*어(ə)'가 원순성 면에서 '오'와 대립하고 있었음을 보여준다(이병근 1970). 그런데 〈김천〉에서는 '조ˇ야ʹ, 도ˇ야ʹ, 놨ˇ어ʺ보다 '주ˇ야ʹ, 두ˇ야ʹ, 눴ˇ어ʺ가 훨씬 많이 쓰인다.[20)] 이러한 활용형의 존재는 합류된 '어(Ǝ)'가 그 원순성 대립짝으로 '오'를 벗어나서 '우'를 택하고 있는 것으로 해석할 수 있다.

이상과 같이 '어(Ǝ)'의 원순성 대립짝으로 '우'를 인정한다면, 〈김천〉의 모음체계로는 (ㄹ), (ㅁ)이 배제되고 (ㄱ~ㄷ)이 고려의 대상이 된다. (ㄱ)은 완전한 대립 체계를 보여주지만, 아직 〈김천〉에서는 '아'의 원순성 대립짝으로 '오'를 상정할 수 없으므로 적합하지 않은 것으로 판단된다. 이제 (ㄴ)과 (ㄷ)이 남게 되는데, '애(E)'를 중모음으로 처리할지 저

19) 9모음체계 혹은 10모음체계를 가진 방언에서도 '아부지(父), 어무니(母), 자부댕기다(잡아댕기다)' 등과 같이 비어두에서 '어'가 '어〉으'의 변화를 거친 뒤 '우'로 실현되는 경우를 볼 수 있다. 그런데 이 변화는 정인호(2003:102)에 따르면, 비어두-비어말 위치에서만 가능하였다.

20) 이러한 활용형은 경북보다 경남에서 훨씬 많이 사용되는 것으로 보인다. 경남에서의 지리적 분포는 박정수(1999:100, 240)에 자세하게 제시되어 있다.

모음으로 처리할지가 문제이다. 여기에서는 6모음체계의 이상적인 모음 체계인 (ㄱ)을 고려하여, (ㄴ)을 〈김천〉의 모음체계로 파악한다.[21)]

	전설	후설	
	평순	평순	원순
고모음	이	어(ㅓ)	우
중모음	애(E)		오
저모음		아	

2.4.3 반모음체계와 이중모음체계

〈무주〉와 〈영동〉에서는 반모음으로 y, w, ɥ가 있다. 중앙어와 마찬가지로 y와 w는 각각 전설평순, 후설원순의 반모음이다. ɥ는 y의 전설성과 w의 원순성을 갖고 있는 전설원순의 반모음이다. 반모음체계를 제시하면 다음과 같다.

전설		후설	
평순	원순	평순	원순
y	ɥ		w

이러한 반모음과 단순모음의 결합으로 이중모음체계가 이루어진다. 〈무주〉와 〈영동〉은 반모음체계와 단순모음체계가 같으므로 이중모음체

21) 박창원(1991:305)에서는 '에〉이'의 변화를 강하게 경험한 6모음체계의 모음체계를 (ㄷ)으로, 다시 박창원(1997:62)에서는 혀의 높낮이를 2단으로만 구분한 (ㄱ)으로 제시한 바 있다. 다만 (ㄱ)과 같은 모음체계를 제시함에 있어 '아'의 위치를 '오'나 '애(E)'보다 더 낮게 표시하였는데, 만약 '아'가 '오'나 '애(E)'보다 낮은 모음이라면 이는 결국 (ㄴ)의 모음체계가 된다.

계 역시 비슷하다. y계 이중모음, w계 이중모음, ɥ계 이중모음으로 나누고, 단모음체계에 맞추어 이중모음체계를 제시하면 다음과 같다.

〈y계 이중모음체계〉

	전설		후설	
	평순	원순	평순	원순
고모음			(yɨ)	yu
중모음	ye	(yö)	yə	yo
저모음	yɛ		ya	

〈w계 이중모음체계〉

	전설		후설	
	평순	원순	평순	원순
고모음	(wi)			
중모음	we		wə	
저모음	wɛ		wa	

〈ɥ계 이중모음체계〉

	전설		후설	
	평순	원순	평순	원순
고모음				
중모음			ɥə	
저모음			ɥa	

y계 이중모음체계에서 yi, yü는 y의 조음위치와 i, ü의 조음위치가 겹치기 때문에 이 둘의 계기적 연결은 불가능하다(허웅 1968:613, 정연찬 1991:383). yö, yɨ는 각각 움라우트 위치나 장음으로 실현되는 환경에서만 나타나므로 체계에는 포함시키지 않는다.

w계 이중모음체계에서 〈무주〉와 〈영동〉은 wi에서만 차이가 있다. 〈영동〉에서는 단모음 '위'(ü)가 수의적으로 이중모음 wi로도 실현되는데 비해 〈무주〉에서는 이중모음 wi가 존재하지 않는다.

ɥ계 이중모음은 빈칸이 훨씬 더 많은데, 이는 반모음 ɥ의 음운론적 속성과 관련지어 이해될 것이다. 반모음 ɥ는 y, w의 전설성과 원순성을 모두 가지고 있다. 따라서 y계 이중모음과 w계 이중모음의 필연적 빈칸은 모두 ɥ계 이중모음의 필연적 빈칸이 된다. 즉 ɥi, ɥü가 불가능한 것은 yi, yü가 불가능한 이유와 같고, ɥü, ɥö, ɥɨ, ɥu, ɥo가 불가능한 것은 wü, wö, wɨ, wu, wo가 불가능한 이유와 같다. 따라서 가능한 ɥ계 이중모음은 ɥe, ɥɛ, ɥə, ɥa의 넷뿐이다. 이중에서 ɥe, ɥɛ는 우연한 빈칸이다.

〈김천〉의 반모음은 y와 w이다. 다른 방언과 같이 y는 전설평순, w는 후설원순의 반모음이다. y와 w는 전설과 후설에 의해서도 대립되고, 평순과 원순에 의해서도 대립된다.

전설평순	후설원순
y	w

반모음 y, w와 단순모음이 연결된 이중모음을 단모음체계에 맞추어 제시하면 다음과 같다.

	전설	후설	
	평순	평순	원순
고모음		여(yƎ)	유
중모음	얘(yE)		요
저모음		야	

	전설	후설	
	평순	평순	원순
고모음	위	워(wƎ)	
중모음	왜(wE)		
저모음		와	

단순모음의 수가 적으므로 이중모음의 체계 역시 간단하다. y계 이중모음 중에서 빈칸은 yi뿐이며, w계 이중모음에서 빈칸은 wu, wo뿐이다. 이들은 모두 필연적 빈칸이다.

2.5 운소체계

〈무주〉와 〈영동〉에는 변별적 기능을 하는 운소로 음장이 있다. 음장은 모음에 얹혀 실현되어 단모음과 장모음의 구별을 가능하게 해준다. 음장이 변별적인 기능을 담당하고 있음을 보여주는 예는 다음과 같다.

눈(目)	눈:(雪)	씨거덩(싸거덩, 用)	씨:거덩(싸거덩, 使冠)
담(墻)	담:(次)	아덜(子)	아:덜(아이들)
독(甕)	독:(石)	어서(빨리)	어:서(어디에서)
되지(되-지, 化)	되:지(되-지, 硬)	우도(우-도, 上)	우:도(우리-도)
말구(국에)	말:구(勿)	일(一)	일:(事)
밤(夜)	밤:(栗)	장(市場)	장:(醬)
시먼(시-먼, 酸)	시:먼(시-먼, 算)	질기(질-게, 濕)	질:기(질-게, 長)

음장은 어두 위치에서만 변별적이다. 비어두 위치에서는 단모음만 실현되고 장모음은 실현되지 않는다.

감:, 단감, 땡감, 쌩감, 꽂감　　　　살:다, 잘살다, 못살다, 안살다
장:, 장:광/장:꽝/, 장:물〈영동〉, 간장, 된장, 꼬치장, 비지장, 양님장, 참장〈영동〉

〈김천〉에서는 성조가 변별적 기능을 담당한다. 음의 높이 곧 음고(pitch)가 변별적인 기능을 담당하기 때문에 이를 특별히 성조라 부른다. 성조체계를 이루는 단위인 성조소(聲調素)로는 낮은 소리인 저조(L), 높은 소리인 고조(H), 낮다가 약간 높아지는 상승조(R)가 있다. 고저복합조(H·L)와 저고복합조(L·H)는 고조와 저조가 한 음절 내에서 실현되는 것이므로 성조소로는 인정되지 않는다. 성조의 차이로 의미가 구분되는 최소대립쌍을 제시하면 다음과 같다.

/마리/	LH - 마루(棟)	/다리/	LH - 다리(脚)
	HL - 말(馬)+이		HL - 다리-+-어(熨)
	HH - 말(斗)+이		HH - 달(月)+이
	RH - 말(言)+이		LH·L - 다른+이(他人)
	L·HL - 마을(村)+이		
	H·LL - 마늘(蒜)+이		

각각의 성조소는 자유롭게 배열되지 못하고 일정한 제약에 따라 배열된다. 예를 들어 2음절 발화에서 LL, LR, HR, RL 등은 나타나지 않는다. 이러한 제약은 몇 가지 한정된 성조형(聲調型)을 통해 제시할 수 있다.

R형: R, RH, RHL, RHLL, RHLLL, RHLLLL
(새, 새가, 새덜도, 새덜부텅, 새덜부텅도, 새덜이라캉개)
H형: H, HL, HLL, HLLL, HLLLL, HLLLLL
(떡, 떡이, 떡이라, 떡이라서, 떡이라캐여, 떡이라고캉개)
HH형: HH, HHL, HHLL, HHLLL, HHLLLL
(가지, 가지도, 가지꺼지, 가지꺼지도, 가지꺼지라서)
L형: LH, LHL, LLHL, LLLHL, LLLLHL
(구영, 구영이, 구영잉개, 구영이라서, 구영이라캉개)

성조형은 원칙적으로 기식군에 걸리므로, 실제 발화에서 하나의 기식군으로 묶이는 구들의 성조는 더욱 단순해진다. 기식군을 [ ]로 묶어 표시하면 다음과 같다.

여서넌, 이런 대 삼덜언 올끼라 카지.
(여기서는 이런 데 사람들은 올끼(올케)라 카지.)
H·LLL HHL RHL HHL HL
⇒ [H·LLL] [HHLLLL] [HHLLL]

잇날앤 옷도 하기 이럽었고, 시접 살기도 이럽었어.
(옛날엔 옷도 어려웠고 시집살기도 어려웠어)
RHL HH HL HLLL HH RHL HLLL
⇒ [RHL] [HHLLLLLL] [HHLLLLLLL]

3장 기저형

기저형의 설정에 있어서 주된 논의의 대상이 되는 범주는 체언과 조사, 용언 어간과 어미이다. 관형사나 부사와 같은 범주는 형태의 변동이 드물어 기저형을 설정하는 데에 별다른 어려움이 없기 때문이다.

체언과 조사, 용언 어간과 어미의 기저형은 일반적으로 곡용형과 활용형이라는 형태를 분석하는 일에서부터 시작된다. 체언은 자립형식이어서 단독형이 가능하지만, 조사, 용언 어간, 어미는 항상 통합적인 곡용형과 활용형을 통해서 실현되기 때문에 형태 분석 과정을 거쳐야 하는 것이다. 형태 분석이 완료되면 각각의 곡용형과 활용형을 비교 검토하고 각 곡용형 및 활용형의 관계를 합리적으로 설명할 수 있는 음운 과정을 상정한다. 상정된 음운 과정에 대한 검토가 끝나면 최종적으로 기저형이 설정된다.

모든 체언과 조사, 용언 어간과 어미에 대해서 기저형 설정 과정에 대한 논의가 원칙적으로 필요하다. 그러나 본 장의 주된 목적은 기저형 설정 과정 자체가 아니라 세 방언의 기저형에 대한 비교 · 대조에 있다. 따라서 여기에서는 모든 항목의 기저형 설정 과정을 제시하지 않고, 비교 · 대조와 관련되는 기저형에 초점을 맞춘다.

3.1 조사

3.1.1 격조사

여기에서 살펴볼 격조사에는 주격, 대격, 속격, 처격, 여격, 공동격, 비교격, 구격, 호격 조사가 있다.

① 주격조사

세 방언에서 주격조사로는 '-이/가'가 쓰이며, 그 선택조건은 표준어와 동일하다. 즉, 자음으로 끝난 체언 뒤에서는 '-이', 모음으로 끝난 체언 뒤에서는 '-가'로 실현된다. 이러한 선택조건은 매우 엄격하게 적용되지만, 예외적으로 '-가'가 쓰일 자리에 '-이'가 쓰이는 경우도 있다.

(1) ㄱ. 〈무주〉 저녁이로 무신 쪽지비나 뭐:이 잡아가이깨.(저녁으로 무슨 족제비나 뭐가 (닭을) 잡아가니까.)
ㄴ. 〈영동〉 자리치는 바디, 우리집에 그기 있었는데, 머:이 가져가고 없:어.(자리를 치는 바디가 우리집에 있었는데, 뭐가 가져가고 없어.)
ㄷ. 〈김천〉 호녁이 탈이 잘 나. 머이 잘못 대마, 자석 죽어.(홍역이 탈이 잘 나. 뭐가 잘못 되면, 자식이 죽어.)

표준어 '무엇'은 세 방언에서 '뭣:~뭐:(혹은 멋:~머:)'의 쌍형으로 존재하는데, 선택조건에 따르면 주격조사가 결합된 형태는 '뭣:이~뭐:가'가 원칙이다. 그렇지만 세 방언에는 (1)에서 보는 바와 같이 모음으로 끝난 '뭐:'에 '-가' 대신 '-이'가 결합된 '뭐:이(혹은 머:이)'도 자연스럽게 쓰이고 있다. '뭣:〉뭐:'의 통시적 변화가 일어나 '뭐:'는 주격조사 '-가'와 결합하게 되었지만, 구형인 '뭣:'이 '-이'와 결합되는 것이 유지되어 여전히 '-이'와

도 결합하고 있는 것으로 보인다.[1)]

세 방언 모두에서 주격조사 '-이'가 쓰일 자리에 '-이가'가 간혹 나타난다. '-이가' 앞에 선행할 수 있는 체언의 범주를 명확하게 정하기는 어렵다.

(2) ㄱ. 〈무주〉 백기그럭이라고 해서 뚜껭이가 있는 건 더 비싸구.(백기그릇이라고 해서 뚜껑이 있는 건 더 비싸고.) / 손자딸이가 오먼 무서서 화장실이 못 간다구 그래.(손녀가 오면 무서워서 화장실에 못 간다고 그래.) / 나물이가 양님이가 골고루 갔다고.(나물에 양념이 골고루 갔다고.) / 쪼끄만한 벌레라도 털이가 숭숭하니 생겼는디.(조그만 벌레라도 털이 숭숭하게 생겼는데.)

ㄴ. 〈영동〉 부황이 나먼 사램이, 얼굴이가 붓어.(부황이 나면 사람이 얼굴이 부어.)

ㄷ. 〈김천〉 거개서 오래 대마 턱 벌어지미 색깔이가 허::여이 명:이 나와여.(거기서 오래 되면 (다래가) 턱 벌어지며 색깔이 허옇게 목화가 나와.)

② 대격조사

대격조사는 표준어와 마찬가지로 '-을/를~ㄹ'이 쓰인다. 자음으로 끝난 체언 뒤에서는 '-을', 모음으로 끝난 체언 뒤에서는 '-를, -ㄹ'이 쓰인다. '-를, -ㄹ'은 자유변이의 관계에 있다. '-을/를, -얼/럴' 또한 자유변이를 보이는데, 〈무주〉에서는 '얼/럴'이, 〈영동〉에서는 '을/를'이 더 자주 쓰인다.

---

1) 형식명사 '것' 역시 동일한 변화를 겪어 세 방언에서 '것~거'가 공존하는데, 新形인 '거'에 주격조사가 결합된 형식은 '기~게'〈무주, 영동〉, '기'〈김천〉로서, 주격조사를 따로 분석해 낼 수 없다. 세 방언에서 보이지는 않지만 '뭐:이'와 같이 新形에 주격조사 '-이'가 결합된 '거이'는 서남방언에서 대량으로 쓰이며 경북 영덕에도 쓰인다(최명옥 1980:37).

〈김천〉에서는 〈무주, 영동〉과 달리 '-로'가 대격조사로 사용된다. 동남방언의 동해안 방언이 가지는 특징적인 요소의 하나인 대격조사 '-로'는 'ㄹ'이나 모음으로 끝난 체언 뒤에서 쓰이는데(최명옥 1980:48), 〈김천〉에서는 'ㄹ'로 끝난 일부 체언 뒤에서만 쓰임이 확인된다.

(3) 〈김천〉 티밥 할라고 설로넌 줄로 서지.(튀밥 하려고 설에는 줄을 서지.) / 물로 자꾸 주마 잔발이 안 나.(물을 자꾸 주면 (콩나물) 잔뿌리가 안 나.)

③ 속격조사

세 방언에서 쓰이는 속격조사로는 '-에, -이, -애, -우'가 있다. 〈무주〉에서는 '-에~-이'가, 〈영동〉에서는 '-에'가, 〈김천〉에서는 '-애'가 쓰인다. '-우'는 세 방언 모두에서 '남~넘, 놈' 등 순음으로 끝난 몇몇 체언 뒤에서만 쓰인다.[2]

(4) ㄱ. 〈무주〉 남동생이 아내두 올키 되구, 오빠이 아내도 올키 되구.(남동생의 아내도 올케가 되고, 오빠의 아내도 올케가 되고.) / 주사를 놓든지 으사에 말 따라서.(주사를 놓든지, 의사(醫師)의 말에 따라서.) / 산중, 산중, 그런 놈우 산중.(산중(山中), 산중, 그런 놈의 산중.)

ㄴ. 〈영동〉 시누넌 남편에 여동생이지.(시누는 남편의 여동생이지.) / 남우 집에 가서 하루 일해 주면.(남의 집에 가서 하루 일해 주면.)

ㄷ. 〈김천〉 저집애 사우재이넌 언지 왔노?(저집의 사위는 언제 왔니?) / 넘우 밭도 부치고 집애 꺼도 있고.(남의 밭도 부치고 집의 것도 있고.) / 이놈우 빙이 참 숭악하지.(이놈의 병(病)이 참 흉악(凶惡)하지.)

2) 몇몇 단어를 통해 화석화된 속격조사를 볼 수 있다. 달기통(닭통), 달기똥(닭똥)〈무주, 영동〉; 달구통, 달구똥, 달구새끼, 동상아댁이(손아래올케) 〈김천〉.

④ 처격조사

처격조사는 〈무주〉에서 '-에~-이'로 나타난다. 처격조사 '-에'와 '-이'는 자유롭게 교체되는데, '-에'보다 '-이'가 더 흔하게 쓰인다.

(5) 〈무주〉 ㄱ. 밭이 나가구 없:어.(밭에 나가고 없어.) / 바닥이 찡구는 기 바닥쇠지.(바닥에 끼우는 게 바닥쇠지.) / 가실이 추우가 오기 전이.(가을에 추위가 오기 전에.)
ㄴ. 낮에넌 벨라 집이 없어.(낮에는 별로 집에 없어.) / 물이 땅바닥에 안 흘르게.(물이 땅바닥에 안 흐르게.) / 그전이넌 쌀에 독:이 많았어.(그전에는 쌀에 돌이 많았어.)

이러한 사정은 '-에서~-이서'도 마찬가지이다.

(6) 〈무주〉 ㄱ. 젙이서 코를 구리면 잠도 못 자.(곁에서 코를 골면 잠도 못 자.) / 북새가 서쪽이서 벌::거니 뜨먼.(노을이 서쪽에서 벌겋게 뜨면.) / 쌀은 그냥 농협이서 갖다 먹는가?(쌀은 그냥 농협에서 사 먹는가?)
ㄴ. 지금은 식당에 가서 항개 집에서 안 햐.(지금은 식당에 가서 하니까 집에서 안 해.) / 그것 때미 물 속에서 떠 댕긴댜.(그것 때문에 물 속에서 떠 다닌대.) / 벌거지 똥구멍에서 줄이 나오는개벼.(벌레 똥구멍에서 줄이 나오는가 봐.)

〈무주〉에는 다른 서남방언과 마찬가지로 동사 '가-'에서 문법화한 보조사 '-가'가 처격조사 뒤에 결합되는 예가 자주 나타난다.

(7) 〈무주〉 고칫가리 간쟁이 나물이가 골고루 배:야.(고춧가루 간장이 나물에 골고루 배야.) / 너구리도 돗이가 잘 걸리드라구.(너구리도 덫에 잘 걸리더라고.)

〈영동〉에서도 처격조사는 '-에'와 '-이'가 나타나는데, 대부분은 '-에'로 나타나며 '집'을 포함하여 몇몇 명사 뒤에서 드물게 '-이'로도 실현된다.

(8) 〈영동〉 ㄱ. 멧 동네에 하낙씩 있었어.(몇 동네에 하나씩 있었어.) / 불 꺼추먼 읒:집으루, 읒:집에 불 으:드러 가는 겨.(불을 꺼트리면 이웃집에 불 얻으러 가는 거야.) / 옌:날에 남자덜은 상투 쫒구 사는데.(옛날에 남자들은 상투 쫒고 사는데.)

ㄴ. 읒:에, 읒:의 사는 읒:사람이 낫:지.(이웃에 사는 이웃 사람이 낫지.) / 용산이서 피란민 배급 타 놓으먼.(용산(龍山面)에서 피난민 배급 타 놓으면.) / 옌:날이 이 골짝 안에 탑이 있어서르.(옛날에 이 골짜기 안에 탑이 있어서.) / 인제 우리집이 가 정심이나 먹어.(이제 우리집에 가 점심이나 먹어.)

〈김천〉에서 처격조사는 '-애'로 나타난다. 〈무주, 영동〉과 달리 명사 '집' 뒤에서도 '-이'가 나타나지 않는다.

(9) 〈김천〉 아적 아홉 시애 들오고, 열한 시애 나가고.((버스가) 아침 아홉시에 들어오고, 열한 시에 나가고.) / 인날애넌 풀 비로 댕기마.(옛날에는 풀 베러 다니면.) / 그래 가주 가매솥애 안치 가주고 쌂지.(그래 가지고 가마솥에 안쳐서 삶지.) / 개상얼 복판애다 시아놓고 새끼때기로 홀까 가주고.(개상을 복판에다 세워 놓고 새끼로 묶어 가지고.) / 나가 많응개 장 집애 있지.(나이가 많으니 항상 집에 있지.)

선행 명사가 'ㅇ'으로 끝날 때에 처격조사 '-애'는 그대로 나타나기도 하지만, 'ㅇ'이 탈락하면서 선행명사 말음절의 모음과 동일하게 실현되기도 한다.

(10) 〈김천〉 ㄱ. 짐전 자~아 갖다 팔아 멌어.(김천 장(場)에 갖다 팔아 먹었어.)

ㄴ. 친저~어서 한 해 있다 가넌 삼덜이 많거덩.(친정(親庭)에서 한 해 있다가 가는 사람들이 많거든.)

ㄷ. 지부~우 올로갈 찍에.(지붕에 올라갈 때에)

ㄹ. 장로~오다 집어 옇어 났어.(장롱(欌籠)에다 집어 넣어 놓았어.)

⑤ 여격조사

표준어의 '-한테'는 '-한티〈무주〉, -한테〈영동〉, -한태〈김천〉'로, '-보고'는 '-보고~-보구〈무주, 영동〉, -보고〈김천〉'로 나타난다. 표준어의 '-에게'는 '-기〈무주, 김천〉'로 대응된다.

(11) ㄱ. 〈무주〉 즈:가 우리한티 잘 하지.(저희들이 우리한테 잘 하지.) / 전줏사램이 나보고 멧 살이냐고 하걸래.(전주(全州)사람이 나보고 몇 살이냐고 하길래.) / 채수가 사람기 좋다.(채소가 사람에게 좋대.)

ㄴ. 〈영동〉 일본놈덜한테 사:램이 수천명이 죽었어. / 메느리보고 더 낳아라 캉개.

ㄷ. 〈김천〉 초학(初瘧)한다꼬 어런덜한태 설움도 마이 받고.(초학한다고 어른들한테 설움도 많이 받고.) / 남우 아보고 그런 말언 모하지.(남의 애보고 그런 말은 못하지.) / 니 믹이넌 삼덜기로 돌오거덩.(누에 먹이는 사람들에게로 돌아오거든.)

⑥ 공동격조사

'-하고'는 '-하고~-하구〈무주, 영동〉, -하고〈김천〉'로 대응된다. '-이랑/랑'은 세 방언에서 형태가 동일하며, 선택조건도 '자음 뒤/모음 뒤'로 같다. 〈김천〉에는 공동격조사로 '-캉'이 더 존재한다.

(12) ㄱ. 〈무주〉 그 사람하고 나하고 여덜 살 차이가 나.(그 사람하고 나하고 여덟 살 차이가 나.) / 여기넌 전부 충청도 말이랑 똑같다 구랴.(여기는 전부 충청도 말이랑 똑같다 그래.) / 낮이넌 놓:먼 에미랑 댕기구.(낮에는 놓아두면 (병아리가) 어미랑 다니고.)

ㄴ. 〈영동〉 오널 죽은 사람도 나하구 동갑여.(오늘 죽은 사람도 나하고 동갑이야.) / 메물음석이 쑥버무리랑 먹으먼 소화가 잘 된다 이거여. / 소금이랑 메주랑 당군 물이 간장이지.

ㄷ. 〈김천〉 짚하고 삼하고 써아가주고.(짚하고 삼하고 섞어 가지고.) / 너랑 안 놀아여. / 콩이랑 물이랑 부우 개미.(콩이랑 물이랑 부어 가며.) / 신랑캉 같이 한날 와여.(신랑과 같이 한날 와.) / 거거캉 같애.(그것과 같아.)

⑦ 비교격조사

세 방언에서 비교격조사 '-보다'는 '보단~보담~보당' 등으로 나타나는데, '-보당'의 출현 빈도가 가장 높다. 비교격조사 '-같이'도 '-겉이'와 함께 나타난다.

'-마냥'은 〈무주, 영동〉에서 쓰이는데, 〈무주〉에서는 '-마니, -마니기, -맹키로' 등의 다양한 변이 형태가 함께 쓰인다. 〈김천〉에서는 '-매애로~-매앨로~-맹구로~-맹굴로'로 쓰인다.

(13) ㄱ. 〈무주〉 그전이는 춥기도 겁:나기 췄:어. 지금보담 더 췄:어. / 저 양반이 나보당 나이가 대엿살(대여섯살) 떨어지는디. / 나멘보다 감자가 낫을랑가?(라면보다 감자가 (먹기에) 나을까?)

ㄴ. 〈영동〉 팟입장, 그것이 고깃국보당 맛이 있다고.(팥잎장, 그것이 고깃국보다 맛이 있다고.) / 소까지가 더 오래 타지. 보통 나무보담. / 나보단 나이 많은 사람은 그

아자씨가 제일 많구.

ㄷ. 〈김천〉 개미새끼보다 더 작아여. / 거삼덜이 우리덜 행실보당 더 못댔어.(그 사람들이 우리들 행실보다 더 못됐어.)

(14) ㄱ. 〈무주〉 새알같이 비벼. / 버리쌀언 쌀걸이 확 퍼지들 안하잖야.

ㄴ. 〈영동〉 옛날같이 하먼 농사 못햐. / 국시가닥겉이 잘기 쓸어서르.

ㄷ. 〈김천〉 반두깨미같이 채리놓고. / 참깨시염겉이 비기 좋아.

(15) ㄱ. 〈무주〉 호박넝출마냥 뻗어나간다구. / 게우넌 개:마니 쫓고 뎀벼.(거위는 개처럼 쫓고 덤벼.) / 벌:마니기 쏴, 쐐:기가.(벌처럼 쏴, 쐐기가.) / 지금 테레비 나오넌 거맹키로 비 피해가 많이 난 디도 많구.

ㄴ. 〈영동〉 이북놈덜언 땅두더지마냥 굴:만 판다고. / 종가래넌 요새 삽마냥으로 끌어 모아.

ㄷ. 〈김천〉 이래 말마, 손가락매애로 요마꿈 대거덩.(이렇게 말면 손가락처럼 요만큼 되거든.) / 가마이 짜는 거매앨로 걸어놓고. / 집도 절도 없넌 아덜맹구로.

⑧ 구격조사

구격조사로는 세 방언에서 '-으로/로'가 쓰인다. 선택조건은 '자음 뒤/모음 뒤'이다. 〈무주, 영동〉에서는 '-으루/루'로도 쓰인다. 〈무주〉는 '-으로~-이로'의 자유변이를 보인다는 점이 특징적이다.

(16) ㄱ. 〈무주〉 엿질금으로 단술얼 맹글고.(엿기름으로 감주를 만들고.) / 회차리로 때리고. / 오약으루 꼬:믄 더뎌.(왼쪽으로 (새끼를) 꼬면 더뎌.) / 꼬뺑이루 때리고. / 칙으루, 밥얼 칙이로 달아놔.(칡으로 미끼를 달아놔.) / 벳집이루 묶었어.(볏짚으로 묶었어.)

ㄴ. 〈영동〉 봉:사잡기는 수건으로 눈얼 가리고서 한다고.(봉사잡

기란 놀이는 수건으로 눈을 가리고서 한다고.) / 참나무루 씨아시 가락을 맹글아.(참나무로 씨아 가락을 맨들어.)

ㄷ. 〈김천〉 나락이 누::러이 익어마 낮어로 비:야지.(벼가 누렇게 익으면 낫으로 베야지.) / 인:날앤 삿자리 있었어. 대나무로 맨들라서.(옛날엔 삿자리가 있었어. 대나무로 만들어서.)

⑨ 호격조사

호격조사는 세 방언에서 '아/야'로 나타난다. '아'는 자음으로 끝난 체언 뒤에서, '야'는 모음으로 끝난 체언 뒤에서 쓰인다. 〈김천〉에서는 존대할 대상에 쓰이는 높임의 호격조사 '요'가 쓰인다.

(17) ㄱ. 〈무주〉 영석아. / 작은애야.
ㄴ. 〈영동〉 구억아. / 애비야.
ㄷ. 〈김천〉 기철아. / 이미야. / 아배요. / 아주반님요.

기저형 설정을 위하여 세 방언 격조사의 변이형을 자유변이형과 조건변이형으로 나누어 제시하면 다음과 같다. 편의상 변이를 보이지 않는 격조사도 포함시킨다.

〈무주〉

변이 없음: 만치(비교격조사)
자유변이㉠: 같이~겉이, 을~얼, 를~럴~ㄹ, 마냥~마니~마니기~맹키로, 보고~보구, 보다~보단~보담~보당, 에~이(속격), 에~이(처격), 에서~이서, 으로~으루~이로~이루, 하고~하구
자유변이㉡: 에~예(속격), 에~예(처격), 으로~우로, 하고~아고, 한티~안티
조건변이㉠: 아/야(호격), 에~이/우(속격), 으로/로, 을/를, 이/가, 이랑/랑
조건변이㉡: 같이/깥이, 기/끼, 보고/뽀고, 보다/뽀다, 하고/아고, 한티/안티

〈영동〉

변이 없음: 만치(비교격), 마냥(비교격)
자유변이㉠: 같이~겉이, 을~얼, 를~럴~ㄹ, 보고~보구, 보다~보단~보담~보당, 에~이(처격), 에서~이서, 으로~으루, 하고~하구
자유변이㉡: 에~예(속격), 에~예(처격), 으로~우로, 하고~아고, 한테~안테
조건변이㉠: 아/야, 에/우(속격), 으로/로, 을/를, 이/가, 이랑/랑
조건변이㉡: 같이/깥이, 보고/뽀고, 보다/뽀다

〈김천〉

변이 없음: 캉(공동격)
자유변이㉠: 같이~겉이, 럴~ㄹ, 매애로~매앨로~맹구로~맹굴로, 보다~보단~보담~보당
자유변이㉡: 애~얘(속격), 애~얘(처격), 어로~우로, 하고~아고, 한태~안태
조건변이㉠: 아/야/요, 애/우(속격), 어로/로, 얼/럴, 이/가, 이랑/랑
조건변이㉡: 같이/깥이, 기/끼, 보고/뽀고, 보다/뽀다, 하고/아고, 한태/안태

변이형이 따로 존재하지 않는 조사는 그 자체가 기저형이 된다.

자유변이형들은 기저형의 관점에서 ㉠과 ㉡으로 나눌 수 있다. 자유변이㉠의 변이형들은 다른 변이형들로부터 공시적인 음운 과정을 거쳐 도출될 수 없으므로 그 자체가 기저형이 된다. 이들 변이형 중에서 몇몇은 통시음운론적인 면에서 설명이 가능하다. 세 방언에서 공통적으로 보이는 '같이~겉이'의 자유변이는 'ᄋᆞ〉아, ᄋᆞ〉어'의 변화가 겹쳐 일어난 결과일 것이다. 〈무주〉에서 보이는 '을~얼, 를~럴'의 자유변이는 서남방언에서 폭넓게 일어나는 비어두에서의 '으:어' 혼란에 따른 것으로, 〈영동〉에서도 확인된다. 〈무주, 영동〉에서 보이는 '보고~보구, 으로~으루, 도~두, 이고~이구, 하고~하구'와 '에~이'는 각각 '오〉우', '에〉이'의 변화와 관련된다. 〈김천〉에서는 '오〉우'의 변화가 존재하지 않으

며, ‘*에>이’의 변화가 완료된 것으로 판단되므로 이러한 자유변이는 나타나지 않는다.

한편 〈무주〉에서만 보이는 ‘으로~이로’의 자유변이는 유추변화에 따른 결과로 보인다. ‘으>이’의 변화는 치찰음 뒤에서 가능했던 것인바, 이 변화가 형태소경계로 확대되어 치찰음 말음의 체언 뒤에서 ‘으로’가 ‘이로’로 실현되는 시기를 상정할 수 있다. 이때의 조건변이형 ‘이로’가 치찰음 뒤라는 조건을 뛰어넘어 모든 자음 뒤로 확대되는 유추적 평준화가 일어나고, 이것이 구형인 ‘으로’와 공존하게 됨으로써 자유변이를 이루게 된 것이다.

〈시기 1〉	〈시기 2〉	〈시기 3〉	〈시기 4〉
밥-으로 신-으로 빗-으로 흑-으로	밥-으로 신-으로 빗-이로 흑-으로	밥-으로 신-이로 빗-이로 흑-으로	밥-이로 신-이로 빗-이로 흑-이로

자유변이㉡은 공시적인 음운 과정이 수의적으로 적용됨으로써 존재하는 자유변이형들이다. ‘으로~우로’는 양순음 말음의 체언 뒤에서 일어나는 수의적인 원순모음화, ‘에~예’는 모음으로 끝나는 체언 뒤에서 일어나는 수의적인 y첨가, ‘하고~아고, 한티~안티, 할래~알래’는 공명음 뒤에서 일어나는 수의적인 ‘ㅎ’탈락의 결과이다. 따라서 이들은 원순모음화, y첨가, ‘ㅎ’탈락이 일어나기 이전의 형태가 기저형이 된다.

조건변이㉠의 변이형들은 공시적인 음운 과정을 통해서 설명되지 않는 변이형들로서, 각각이 선택조건을 가지는 다중기저형으로 처리된다. 이들의 선택조건은 대부분 ‘자음뒤/모음뒤’이다. 선택조건이 다른 것은 ‘으로/로’와 ‘에~이/우’이다. ‘으로/로’의 선택조건은 ‘ㄹ 이외의 자음뒤/ㄹ이나 모음뒤’이다. 속격조사 ‘에~이/우’의 ‘우’는 ‘남~넘(他人), 놈(者)’ 뒤에서만 나타나므로 어휘적인 선택조건을 가진다.

이들 중에서 몇몇은 이형태끼리의 관계를 공시적 음운 과정으로 설명할 수 있는지에 대한 논의가 필요한 경우가 있다. 호격조사 '아/야'는 각각을 기저형으로 설정하는 대신, '아'만 기저형으로 설정하고 '야'는 필수적인 y첨가라는 음운 과정을 거쳐 도출되는 것으로 보는 방안도 가능하다. 이때 문제가 되는 것은 필수적인 y첨가가 공시적인 음운 과정으로 인정될 수 있는가 하는 점이다. y첨가는 호격조사의 경우를 제외한다면 대부분의 방언에서 수의적으로 적용되는 것이 일반적이다(코에~코예, 허리에~허리예). 이러한 수의성은 y첨가로 모음충돌이 회피되지만, 모음충돌이 유지되어도 음운론적으로 부적격한 연쇄가 아니기 때문에 가능한 것으로 판단된다. 호격조사 앞에서만 반드시 모음충돌이 회피되어야 하는 이유를 찾기 어렵기 때문에, 필수적인 y첨가는 공시적인 음운 과정으로 인정되지 않는다.

'으로/로'도 '으'탈락을 음운 과정으로 인정한다면, '으로'가 기저형이 되고 '로'는 'ㄹ이나 모음 뒤에서' 일어나는 '으'탈락을 통해 도출된다(밥-으로→밥으로, 쌀-으로→('으'탈락)→쌀로, 차-으로→('으'탈락)→차로). 그러나 '은, 을'의 경우에는 '쌀-은, 쌀-을'과 같이 'ㄹ' 뒤에서 '으'탈락이 일어나지 않는다. 즉 '으'탈락은 음운 과정으로서의 일반성을 가지지 못하므로(배주채 1994/1998ㄱ:59), 공시적인 음운 과정으로 처리되지 않는다. 따라서 '으로/로'는 각각이 기저형이 된다.

조건변이ⓛ은 공시적인 음운 과정이 필수적으로 적용됨으로써 존재하는 조건변이형들이다. '같이/깥이, 기/끼, 보고/뽀고, 보다/뽀다'에서 경음의 변이형들은 평폐쇄음 뒤에서의 경음화가 적용된 것이므로, 세 방언 모두 공통적으로 평음의 변이형들이 기저형으로 설정된다. 〈무주, 김천〉에서 보이는 '하고/아고, 한티/안티'의 변이는 평폐쇄음 뒤에서의 필수적인 'ㅎ'탈락에 따른 것으로(집-하고→('ㅎ'탈락)→집아고), 공명음 뒤에서의 수의적인 'ㅎ'탈락에 의한 자유변이㉡에서의 변이와 구분된다. 역시 'ㅎ'의 변이형들이 기저형으로 설정된다.

이상의 과정을 통해 세 방언에 존재하는 격조사의 기저형을 보이면 다음과 같다.

	표준어	〈무주〉	〈영동〉	〈김천〉	선택조건
주격	이/가	//이/가//	//이/가//	//이/가//	자음뒤/모음뒤
대격	을/를	//을/를~ㄹ// ~//얼/럴~ㄹ//	//을/를~ㄹ// ~//얼/럴~ㄹ//	//얼/럴~ㄹ//	자음뒤/모음뒤
	*	*	*	//로//	
속격	의	//에~이/우//	//에/우//	//애/우//	어휘적 조건
처격	에	//에//~//이//	//에~이//	//애//	
여격	한테	//한티//	//한테//	//한태//	
	보고	//보고//~//보구//	//보고//~//보구//	//보고//	
	에게	//기//	*	//기//	
공동격	하고	//하고//~//하구//	//하고//~//하구//	//하고//	
	이랑	//이랑/랑//	//이랑/랑//	//이랑/랑//	자음뒤/모음뒤
	*	*	*	//캉//	
비교격	보다	//보다//~//보단//~//보담//~//보당//	//보다//~//보단//~//보담//~//보당//	//보다//~//보단//~//보담//~//보당//	
	만큼	//만치//	//만치//	//만치//~//맨치//	
	처럼	//마냥//~//마니//~//마니기//~//맹키로//	//마냥//	//매애로//~//매앨로//~//맹구로//~//맹굴로//	
	같이	//가치//~//거치//	//가치//~//거치//	//가치//~//거치//	
구격	으로	//으로/로//~//으루/루//~//이로/로//~//이루/루//	//으로/로//~//으루/루//	//어로/로//	ㄹ외의 자음뒤/ㄹ이나 모음뒤
호격	아/야	//아/야//	//아/야//	//아/야//	자음뒤/모음뒤
	*	*	*	//요//	의미적 조건

3.1.2 보조사와 접속조사

[한정]의 보조사 '은/는~ㄴ' 중 '은'은 자음으로 끝난 체언 뒤에서, '는~ㄴ'은 모음으로 끝난 체언 뒤에서 쓰인다. 〈무주, 영동〉에서 '은/는'은 '언/넌'으로도 나타나는데, 〈무주〉에서는 '언/넌'이, 〈영동〉에서는 '은/는'이 폭넓게 사용된다.

(18) ㄱ. 〈무주〉 아래짝은 암놈, 우짝은 쑵놈. / 조선무수넌 잘아. / 그땐 맛있드라구.
ㄴ. 〈영동〉 한쪽은 파랗고, 맛언 내내 쑥맛일겨. / 승:씨(姓氏)는 밀양박씨. / 난 그 소릴 못 들었네.
ㄷ. 〈김천〉 신부넌 절 두 분 하고, 신랑언 한 분 하고.(신부는 절을 두 번 하고, 신랑은 한 번 하고.) / 요건 울키~이~네.(요거는 울콩이네.)

[동일]의 보조사 '도'는 〈무주, 영동〉에서는 '도~두'로, 〈김천〉에서는 '도'로 나타난다.

(19) ㄱ. 〈무주〉 고추도 빠시구 참깨도 빻고 다: 빠싰지. / 무주(茂州)두 걸어댕기구.
ㄴ. 〈영동〉 왜 그려? 나도 환잔데(患者). / 윷놀이 지금두 많이 햐.
ㄷ. 〈김천〉 꼬치도 숭구고 감자도 놓고 오만 거 다 해여.(고추도 심고 감자도 심고 온갖 거 다 해.)

[단독]의 보조사 '만, 뿐'은 세 방언에서 모두 '만, 뿐'으로 나타난다. '밖에'는 '백이~빽이'〈무주〉, '밖이~백이'〈영동〉, '빽이'〈김천〉로 쓰인다.

(20) ㄱ. 〈무주〉 우에넌 소두방만 덮어. / 하룻밤만 지나면 달다네.
ㄴ. 〈영동〉 나도 두:째놈이 딸만 둘인데. / 난 뭐 장:: 여기만 살았지.

ㄷ. 〈김천〉 성(姓)만 양반이지, 행실언. / 어째 너만 보냈노?

(21) ㄱ. 〈무주〉 오늘뿐 아니라 니얄(來日), 모레 메칠 한다네? / 손님도 하나두 읎고 나뿐여.(손님도 하나도 없고 나뿐이야.)
ㄴ. 〈영동〉 물론 다 고생했지, 나뿐 아니라. / 아:덜뿐 아니라, 으:른들도 잘 삐처.(아이들뿐 아니라 어른들도 잘 삐쳐.)
ㄷ. 〈김천〉 입만 살아 말뿐이라.

(22) ㄱ. 〈무주〉 제우 고등핵교백이 안 나왔는디. / 이 부락은 한 십 사호(戶)빽이 안 되구.
ㄴ. 〈영동〉 사:십 안쪽짜리가 둘백이 없:는겨. / 여자넌 절얼 여러 번 하고, 남자넌 세 번인가밖이 안 햐.
ㄷ. 〈김천〉 그래빽이 안 가밨어.(그렇게밖에 안 가봤어.) / 물빽이 안 먹는데.

[시작]의 보조사 '부터'는 세 방언에서 '부터~부텀'으로 쓰인다. 〈무주, 김천〉에는 '부텅'도 함께 쓰인다.

(23) ㄱ. 〈무주〉 숫언 옛:날부터 있었어. / 옌:날 왜정때부텀 왜간쟁이 있드라구. / 밤 늦게부텅 비온다는디, 지금도 비오는가?
ㄴ. 〈영동〉 그전부터 묵후는 건 안 된대요. / 올개 올봄부텀 아파.(올해 올봄부터 아파.)
ㄷ. 〈김천〉 하마, 밭애서부텅 벌개이 먹어. 밭애서부터 벌개이 먹넌 기 있어.(암, 밭에서부터 벌레 먹어. 밭에서부터 벌레 먹는 게 있어.) / 물부텀 마시.(물부터 마셔.)

[도달]의 보조사 '까지'는 다양한 변이형으로 실현된다. 중세어의 'ᄭᆞ장'이나 근대어의 'ᄭᆞ지'를 참고하면, 이들 변이형들은 '까-'계열(ᄋᆞ〉아)과 '꺼-'계열(ᄋᆞ〉어)로 나눌 수 있다. 〈무주〉에서는 '까-'계열의 '까지~까장~까정', '꺼-'계열의 '꺼지~꺼장~꺼정~꺼징'의 변이형이 나타난다. 〈무주〉

에서는 '까지'가 '끼리'의 의미를 가진다.[3] 〈영동, 김천〉에서 '까-'계열은 '까지'만 확인된다. '꺼-'계열은 〈영동〉에서 '꺼지~꺼정'이 확인되며, 〈김천〉에서는 '꺼지~꺼정~꺼징'이 쓰인다.

(24) ㄱ. 〈무주〉 나락 영글드락까지 바라보고. / 내 힘까장언 항개. 내 힘까정언 내 새끼덜 오는 거겉이 해중개. / 집이 갈 때꺼지 배 안 고프기.(집에 갈 때까지 배 안 고프게.) / 그늠얼 저:: 대전(大田)꺼장 차로. / 사램이 다리가 여꺼징 빠져. / 아는 대로꺼정언 말해 주께.

ㄴ. 〈영동〉 언:지 그까지 갔다와? / 김천(金泉)꺼지 갔다올라구? / 승:(姓)꺼정 다 갈았었어.

ㄷ. 〈김천〉 및 시까지 가여? / 시불논꺼지 매야 대.(세벌논까지 매야 돼.) / 도립빙언(道立病院)꺼정 걸어갔거덩. / 이꺼징언 안 열리여. 요꺼징 열리여.(이까지는 안 열려. 요까지 열려.)

[첨가]의 '조차'는 세 방언에서 '조차'로 나타난다. 〈영동, 김천〉에는 없는 '할래'가 〈무주〉에서 쓰인다.

(25) ㄱ. 〈무주〉 물얼 퍼내고 흑조차 퍼내믄… / 비할래 와서 못햐.(비조차 와서 못해.)

ㄴ. 〈영동〉 날조차 궂응개 더 아파.

ㄷ. 〈김천〉 선풍기조차 애럴 믹이여.(선풍기조차 애를 먹여.)

[균등]의 '씩'은 〈무주, 영동〉에서는 '씩~썩'으로, 〈김천〉에서는 '썩'으로 나타난다.

---

3) 반대로 보조사 '찌리'가 '까지'의 의미를 가지는 경우도 있다.

싱구넌 사람이 열다섯이먼 먹는 사람언 사십 정도 되지. 식구찌리 다 엉가이 와서 먹으이까.((모) 심는 사람이 열다섯 명이면 (밥) 먹는 사람은 사십 명 정도 되지. 식구까지 다 어지간히 와서 먹으니까.)

(26) ㄱ. 〈무주〉 요런 바가지로 하나썩 퍼. / 일년 묵후먼 평당 천원씩.
ㄴ. 〈영동〉 둘썩은 돼야지.((자식이) 둘씩은 돼야지.) / 소곰 한 말이먼 쌀얼 두 말씩을 바꽈와.(소금 한 말이면 쌀을 두 말씩을 바꿔와.)
ㄷ. 〈김천〉 미주 디디넌 털에 하낙썩 하나썩 디디 가주고.(메주 디디는 틀에 하나씩 하나씩 디뎌 가지고.)

[균등]의 '마다'는 '마다~마동~마둥'〈무주〉, '마다'〈영동〉, '마다~마둥'〈김천〉의 자유변이형들이 쓰이는데, 〈무주〉는 '마동', 〈김천〉은 '마당'이 폭넓게 나타난다.

(27) ㄱ. 〈무주〉 방구넌 사람마다 다 나오잖야. / 날마둥 나가서 일한다고. / 매상(買上) 받아 논: 것이 곳간마동 꽉 찼거덩.
ㄴ. 〈영동〉 초가집은 해마다 썩잖아.
ㄷ. 〈김천〉 날마당 아파. / 이사할 직마당 깨내뻴고.(이사할 적마다 깨서 내버리고.)

[선택]의 '이나/나'는 별다른 변이형 없이 세 방언에서 모두 쓰인다. 자음으로 끝난 체언 뒤에서는 '이나'가, 모음으로 끝난 체언 뒤에서는 '나'가 쓰인다.

(28) ㄱ. 〈무주〉 이런 디 못 사넌 사램이나 저른 거 하까. / 아덜 성지 딸 성지 느:이나 놔갖고 대학꺼장 갈치구.(아들 형제 딸 형제 넷이나 낳아 갖고 대학까지 가르치고.)
ㄴ. 〈영동〉 조실부모하고 머슴이나 살던 사람이 잘 살아. / 하넌 일이 소나 멕이는겨.(하는 일이 (다른 일은 못하고) 소나 먹이는 거야.)
ㄷ. 〈김천〉 부잣집 삼:덜이나 도배지 사가주 하지.(부잣집 사람들이나 도배지 사가지고 하지.) / 부잣집 안:덜이야 채소밭애나 더갔나?(부잣집 안사람들이야 채소밭에나 들어갔나?)

[양보]의 '이라도/라도'는 〈무주, 영동〉에서 '이라두/라두'의 변이형이 나타난다. 선택조건은 '이나/나'와 같다. 〈김천〉에서는 '인따나/ㄴ따나'도 나타난다. '인따나/ㄴ따나'는 다른 동남방언에서는 '이나따나/나따나' 등으로도 나타나는데, 어미 '-은따나' 혹은 '-으나따나'가 지정사 뒤에서 쓰이는 용법이 굳어진 것이다(이기갑 2002:155). 〈김천〉에서는 어미 '-으나따나'는 쓰이지 않고, '-은따나'만을 볼 수 있다.4)

(29) ㄱ. 〈무주〉 꾸정물이라두 나믄 좋:지. / 까딱하면 한 박스라도 잊어부리넌가 싶어서.

ㄴ. 〈영동〉 낼:(來日)이라두 만나먼 되지. / 뒷:골 여수라도 돌봐야 풀린다고.(뒷골 여우라도 돌봐야 (운수가) 풀린다고.)

ㄷ. 〈김천〉 너아부지가 나하고 일가간(一家間)이라도. / 시방, 소자(孝子) 소리 덛넌 자손이 있나, 아:무라도.(요즘 아무라도 효자 소리 듣는 자손이 있나?)
못사넌 삼:덜언, 대는 대로 헌 책장인따나 주다 발라여.(못사는 사람들은 되는 대로 헌 책장이더라도 주워다 발라.) / 다 떨어전 옷인따나 입고 살았지. / 감잔따나 우신애 요구하구로 주까?(감자지만 우선 요기(療飢)하게 줄까?)

접속조사로서 '하고, 이랑/랑, 이나/나'는 세 지역에서 모두 쓰이는데, 〈무주, 영동〉에서는 '하고~하구'의 자유변이를 보인다. '-이랑/랑, -이나/

---

4) 배주채(1998ㄴ:905)에서는 어미 '-으나따나'를 '-으나'(대조)에 '뜰-으나'가 이어진 구가 문법화한 것으로 파악하였다. 〈김천〉의 '-은따나'도 동일한 기원을 가진 것으로 짐작된다. 전인득(1979:56~59)에는 상주에서 실현되는 어미 '-은따나'의 다양한 예가 제시되어 있다.

밥이 많은따나 기양 먹어라. / 자네 해가 아인따나 좀 잘해 주게. / 찬이 없은따나 마이 먹게.

이들을 보조사 '인따나'가 포함된 문장으로 바꾸면 다음과 같다.

거친 밥인따나 / 남우 핸따나 / 없는 찬인따나

나'는 각각 '자음으로 끝난 체언 뒤'와 '모음으로 끝난 체언 뒤'에서 나타난다.

(30) ㄱ. 〈무주〉 봄하구 가을은 사람 살:기 좋구. / 쌀하고 강냉이하고가 젤: 많이 불어.
ㄴ. 〈영동〉 밀:하고 버리하곤 안 얼어죽지.(밀과 보리는 안 얼어죽지.) / 지서(支署)에 지서장하구 순경하구 둘이 있었어.
ㄷ. 〈김천〉 소나무하고 짚하고 끊어가주고.

(31) ㄱ. 〈무주〉 먹으봐감성 비벼. 간쟁이랑 다 눴:응개. / 식구랑 애기 델꼬 와.(안식구랑 애기 데리고 와.)
ㄴ. 〈영동〉 오빠미랑 부엥이가 밤에 돌아다니지.
ㄷ. 〈김천〉 나랑 김서방땍이가 갔어.

(32) ㄱ. 〈무주〉 집시기 신고 그럴 때는 양발이고 버선이고 쉽:게 떨어져버려. / 하나만 있으먼 외짹이지. 신이구 양발이구.
ㄴ. 〈영동〉 아니 첫째 배와야 돼. 대통녕이고 국회의원이구. / 나랙이고 버리고 솥에다가 눟구서.
ㄷ. 〈김천〉 전부 딸이고 상주(喪主)고 아무도 울도 안항개.(전부 딸이고 상주고 아무도 울지 않으니까.)

3.1.1에서와 마찬가지로 세 방언 보조사와 접속조사의 변이형을 자유변이형와 조건변이형으로 나누어 제시하면 다음과 같다. 편의상 변이를 보이지 않는 조사도 포함시킨다.

〈무주〉

변이 없음: 만, 뿐

자유변이㉠: 까지~까정~까장~꺼지~꺼정~꺼장~꺼징, 는~넌~ㄴ, 도~두, 마다~마동~마둥, 백이~빽이, 부터~부텀~부텅, 씩~썩, 은~언, 이고~이구, 하고~하구

자유변이㉡: 하고~아고, 할래~알래
조건변이㉠: 은/는, 이고/고, 이나/나, 이라도/라도, 이랑/랑
조건변이㉡: 도/또, 부터/뿌터, 조차/쪼차, 하고/아고, 할래/알래

〈영동〉

변이 없음: 만, 뿐
자유변이㉠: 까지~꺼지~꺼정, 는~넌~ㄴ, 도~두, 마다, 밖이~백이, 부터~부텀, 씩~썩, 은~언, 이고~이구, 하고~하구
자유변이㉡: 하고~아고
조건변이㉠: 은/는, 이나/나, 이고/고, 이라도/라도, 이랑/랑
조건변이㉡: 도/또, 백이/빽이, 부터/뿌터, 조차/쪼차

〈김천〉

변이 없음: 만, 뿐
자유변이㉠: 까지~꺼지~꺼정~꺼징, 넌~ㄴ, 마다~마당, 만치~맨치, 부터~부텀
자유변이㉡: 하고~아고
조건변이㉠: 언/넌, 이고/고, 이나/나, 이라도/라도, 이랑/랑, 인따나/ㄴ따나
조건변이㉡: 도/또, 부터/뿌터, 조차/쪼차, 하고/아고

변이형이 따로 존재하지 않는 조사는 그 자체가 기저형이 된다. 자유변이형들은 기저형의 관점에서 ㉠과 ㉡으로 나눌 수 있다. 자유변이㉠의 변이형들은 다른 변이형들로부터 공시적인 음운 과정을 거쳐 도출될 수 없으므로 그 자체가 기저형이 된다. 자유변이㉡은 공시적인 음운 과정이 수의적으로 적용됨으로써 존재하는 자유변이형들이다. '하고~아고, 할래~알래'는 공명음 뒤에서 일어나는 수의적인 'ㅎ'탈락의 결과로 생기는 자유변이로써, 'ㅎ'탈락이 일어나기 이전의 형태가 기저형이 된다. 조건변이㉠의 변이형들은 공시적인 음운 과정을 통해서 설명되지 않는 변이형들로서, 각각이 선택조건을 가지는 다중기저형으로 처리된다. 그 선

택조건은 모두 '자음뒤/모음뒤'이다. 조건변이ⓛ은 공시적인 음운 과정이 필수적으로 적용됨으로써 존재하는 조건변이형들이다. '도/또, 부터/뿌터, 조차/쪼차'에서 경음의 변이형들은 평폐쇄음 뒤에서의 경음화가 적용된 것이므로, 평음의 변이형들이 기저형으로 설정된다. '하고/아고, 할래/알래'의 변이는 평폐쇄음 뒤에서의 필수적인 'ㅎ'탈락에 따른 것으로 (집-하고→('ㅎ'탈락)→집아고), 공명음 뒤에서의 수의적인 'ㅎ'탈락에 의한 자유변이ⓛ에서의 변이와 구분된다. 역시 'ㅎ'의 변이형들이 기저형으로 설정된다.

	표준어	〈무주〉	〈영동〉	〈김천〉	선택조건
한정	은/는	//은/는~ㄴ//~ //언/넌~ㄴ//	//은/는~ㄴ//~ //언/넌~ㄴ//	//언/넌~ㄴ//	자음뒤/모음뒤
동일	도	//도//~//두//	//도//~//두//	//도//	
단독	만	//만//	//만//	//만//	
	뿐	//뿐//	//뿐//	//뿐//	
	밖에	//백이//~//빽이//	//백이//	//빽이//	
시작	부터	//부터//~ //부텀//~//부텅//	//부터//~//부텀//	//부터//~//부텀//	
도급	까지	//까지//~//까정//~//까장//~//꺼지//~//꺼정//~//꺼장//~//꺼징//	//까지//~ //꺼지//~//꺼정//	//까지//~//꺼지//~ //꺼정//~//꺼징//	
첨가	조차	//조차//	//조차//	//조차//	
	*	//할래//	*	*	
균등	씩	//씩//~//썩//	//씩//~//썩//	//씩//~//썩//	
	마다	//마다//~ //마동//~//마둥//	//마다//	//마다//~//마당//	
선택	이나/나	//이나/나//	//이나/나//	//이나/나//	자음뒤/모음뒤
양보	이라도/라도	//이라도/라도//~ //이라두/라두//	//이라도/라도//~ //이라두/라두//	//이라도/라도//	자음뒤/모음뒤
	*	*	*	//인따나/ㄴ따나//	자음뒤/모음뒤
접속조사	하고	//하고//~//하구//	//하고//~//하구//	//하고//	
	이랑	//이랑/랑//	//이랑/랑//	//이랑/랑//	자음뒤/모음뒤
	이고	//이고/고//~//이구/구//	//이고/고//~//이구/구//	//이고/고//	자음뒤/모음뒤

3.2 체언

체언은 역사적으로 "어간을 단순화시키고 고정화시킴으로써 곡용의 패러다임을 규칙화하고 어간의 교체를 최소화하려는 방향으로" 변화되어 왔다(송철의 1991:284). 중세국어 시기에 보이던 체언의 비자동적 교체(나모-낡)나 속격의 '-의/의' 앞에서 어간말음 '이'가 수의적으로 탈락하던 현상(아비+의→아븨)이 현대국어에 와서는 사라졌으며, 'ㅎ'종성 체언의 'ㅎ'이 소멸되고 어간말 자음군의 단일화나 유기음인 어간말자음이 평음으로 바뀌는 변화 등으로 체언의 교체가 최소화되었던 것이다.

따라서 체언은 일반적으로 교체형의 수가 많지 않아 기저형 설정에 있어 큰 문제를 일으키지 않는다. 모음체언은 모음조사(-에, -에서)와 결합할 때에도 수의적인 y첨가로 모음충돌을 방지하여 교체를 보이지 않으므로, 단독형이 대개 기저형이 된다. 자음체언은 단독형이나 자음조사와 결합된 곡용형에서 교체가 일어날 수 있으므로, 모음조사(-이, -은, -을)와 결합된 곡용형의 형태가 기저형이 될 가능성이 높다.

그런데 방언에 따라서 혹은 단어에 따라서 체언의 교체를 최소화하려는 방향으로의 변화가 완전하지 않아 옛 곡용 계열의 흔적을 고수하는 경우가 있다. 또한 특정 모음조사와 결합한 곡용형에서 자음체언의 교체가 실현되는 경우도 있다. 이때에는 일반적인 체언의 경우와 달리 기저형 설정에 대한 검토 과정이 필요하다. 여기에서는 이러한 체언을 몇몇 유형으로 묶어 따로 검토하기로 한다.

3.2.1 'ㄴ, ㅇ, ㄱ'말음 체언

'ㄴ'말음의 체언은 '이'로 시작하는 조사와 결합할 때에 수의적으로

'ㄴ'이 탈락하는 이형태의 교체를 보인다. 이는 〈무주, 영동, 김천〉 세 방언에서 모두 공통적이다.

		〈무주〉	〈영동〉	〈김천〉
(1)	문-이	문이~무이	문이~무이	문이~무이
	우산-이나	우산이나~우사이나	우산이나~우사이나	우산이나~우사이나
	그전-이(처격)	그전이~그저이	그전이~그저이	*
	손-이루(구격)	손이루~소이루	*	*

(1)에서 보는 바와 같이 체언의 말음 'ㄴ'은 '이'로 시작하는 조사 앞에서 수의적으로 탈락한다. 특히 〈무주, 영동〉에서는 처격조사나 구격조사도 '이'로 시작할 때에는 체언 말음 'ㄴ'이 탈락한다. 이때의 'ㄴ'탈락은 음운 과정으로 설정될 수 있으므로, 'ㄴ'말음의 체언들은 모두 'ㄴ'이 포함된 형태가 기저형이 된다.

'ㅇ'말음의 체언에 대해서 〈김천〉에서만 말음 'ㅇ'이 수의적으로 탈락하는 이형태의 교체를 볼 수 있다.

		-이(주격)	-얼(대격)	-애(처격)
(2)	장(場)	장이~쟁이~재이	장얼~자얼	장애~자아
	청(廳)	청이~칭이~치이	청얼~처얼	청애~처어
	마당	마당이~마댕이~마대이	마당얼~마다얼	마당애~마다아
	유리창	유리창이~유리챙이~유리채이	유리창얼~유리차얼	유리창애~유리차아

체언 말음 'ㅇ'의 약화 및 탈락은 동남방언의 여러 하위 방언에서 '-이(주격), -애(처격)'와 결합할 때에 특징적으로 잘 일어나는 현상으로 보고되어 있다. 그런데 〈김천〉에서는 '-얼, -언, -어로'와 같은 조사와 결합할 때에도 'ㅇ'이 약화되어 탈락하는 현상이 일어난다. 즉 'ㅇ'말음의 체언은 모든 모음조사 앞에서 수의적으로 말음 'ㅇ'이 탈락하는 것이다.

이러한 'ㆁ'의 탈락은 공시적인 음운 과정으로 인정될 수 있으므로, 'ㆁ' 말음 체언도 'ㆁ'이 포함된 형태가 기저형이 된다.

한편, 〈김천〉에서는 'ㄱ'말음의 체언도 말음 'ㄱ'이 탈락함으로써 이 형태의 교체가 일어난다.

(3) +애(처격) 거럭애~거러어 / 구둘막애~구둘마아 / 구석애~구서어 / 두둑애~두두우 / 수북애~수부우 / 양쪽애~양쪼오 / 장독애~장도오 / 호박애~호바아
+어로(구격) 거럭어로~거러어로 / 구둘막어로~구둘마아로 / 구석어로~구서어로 / 두둑어로~두두우로 / 수북어로~수부우로 / 양쪽어로~양쪼오로 / 장독어로~장도오로 / 호박어로~호바아로
+이(주격) 거럭이 / 구둘막이 / 구석이 / 두둑이 / 수북이 / 양쪽이 / 장독이 / 호박이
+얼(대격) 거럭얼 / 구둘막얼 / 구석얼 / 두둑얼 / 수북얼 / 양쪽얼 / 장독얼 / 호박얼

(3)에서 보는 바와 같이 'ㄱ'탈락은 처격조사 및 구격조사와 결합할 때에만 수의적으로 일어난다. 이때 'ㄱ'말음 체언의 기저형 설정 문제는 'ㄱ'탈락이 공시적인 음운 과정으로 인정될 수 있는가에 달려 있다. 만약 'ㄱ'탈락이 〈김천〉에서 공시적인 음운 과정으로 인정된다면 'ㄱ'말음 체언들은 'ㄱ'이 포함된 형태가 기저형이 된다. 그렇지 못하다면 이들은 두 형태가 모두 기저형으로 설정된다.

'ㄱ'탈락은 두 가지 면에서 공시적인 음운 과정으로 인정하기 어렵다. 첫째, 처격 및 구격조사와의 결합형에서만 'ㄱ'탈락이 일어나는 음성적·음운론적 동기를 찾을 수 없다. 일반적으로 폐쇄음의 약화는 고모음 앞에서 잘 일어나는바, 고모음으로 실현되는 주격조사 앞이라는 환경에서도 'ㄱ'탈락은 일어나지 않는다. 이러한 사실은 'ㄱ'탈락이 음운론적 동기

를 가진 과정이 아님을 말해준다. 둘째, 'ㄱ'탈락을 처격조사나 구격조사 앞이라는 비음운론적 정보를 가진 음운 과정으로 인정한다 하더라도 'ㄱ' 탈락 과정은 예외를 가지게 된다. '묵, 책, 쑥' 등의 단음절 명사는 처격조사나 구격조사와 결합하더라도 'ㄱ'탈락이 일어나지 않는다. 따라서 〈김천〉에서 'ㄱ'탈락을 보이는 체언들은 다중기저형으로 설정된다.

3.2.2 유기음과 'ㅈ'말음 체언

표준어의 유기음 말음 체언에 대응하는 체언들은 세 방언에서 다양한 모습을 보여준다. 먼저 표준어의 'ㅌ'말음 체언은 세 방언에서 처격조사 앞에서만 말음 'ㅌ'이 실현되고, 다른 조사 앞에서는 'ㅅ'말음 혹은 'ㅊ'말음의 체언으로 재구조화되었다.

		〈무주〉	〈영동〉	〈김천〉
		주격/대격/처격	주격/대격/처격	주격/대격/처격
(4)	솥(鼎)	솟이/솟얼/솥이	솟이/솟얼/솥에	솣이/솣얼/솥애
	볕(陽)	벳이/벳얼/볕이	볏이/볏얼/볕에	빛이/빛얼/빝애
	밭(田)	밧이/밧얼/밭이	밧이/밧얼/밭에	밫이/밫얼/밭애
	바깥(外)	배깟이/배깟얼/배깥이	바깟이/바깟얼/바깥에	바꺛이/바꺛얼/바껕애
	끝(末)	끗이/끗얼/끝이	끝이[끄치]/끝얼/끝에 ~끗이/끗얼~끚얼	끛이/끛얼/끝애
	밑(底)	밋이/밋얼/밑이	밑이[미치]/밑얼/밑에 ~밋이/밋얼~밎얼	밎이/밎얼/밑애

(4)에서 보는 바와 같이 〈무주〉에서는 거의 모든 예가 처격 앞에서만 'ㅌ'말음이 실현되고 그 외에는 'ㅅ'말음으로 실현된다. 이러한 변화는 〈영동〉에서도 확인되는데, '밑, 끝'과 같은 위치를 나타내는 체언의 경우

'ㅅ'말음으로의 변화에서 뒤처지는 경향이 있다. 〈김천〉에서는 'ㅅ'말음으로의 변화가 일어나지 않고 'ㅊ'말음으로 실현된다.[5)]

역사적으로 보아 'ㅌ'말음 체언은 18세기에 이르러 주격조사 앞에서 구개음화가 일어난 교체형 곧 'ㅊ'말음의 교체형이 다른 곡용 계열로 확대되고, 다시 19세기 후기에 발생한 'ㅊ〉ㅅ'의 변화로 'ㅅ'말음 체언으로 바뀌게 되었다(곽충구 1980, 1984). 따라서 (4)와 같은 〈김천〉의 곡용 계열은 'ㅊ〉ㅅ'의 변화를 경험하지 않은 결과로 해석할 수 있다.

〈지도 1〉은 ≪한국방언자료집≫에서 '솥-이/-을/-에'의 방언형을 표시한 것이다. 주격형이나 대격형에서 'ㅅ'말음으로 실현되는 지역, 즉 (가) 지역은 경기 일부, 충남 전역, 충북 일부, 전북 전역, 전남 전역(광양, 여천 제외)으로, 대체적으로 보아 한반도의 서부지역이라 할 수 있다.

		〈무주〉	〈영동〉	〈김천〉
		주격/대격/처격	주격/대격/처격	주격/대격/처격
(5)	꽃	꼿이/꼿얼/꼿이	꼿이/꼿얼/꼿에	꽂이/꽂얼/꽂애
	낯	낫이/낫얼/낫이	낫이/낫얼/낫에	낯이/낯얼/낯애
	윷	윳이/윳얼/윳이	윳이/윳얼/윳에	윷이/윷얼/윷애
	숯	숫이/숫얼/숫이	숫이/숫얼/숫에	숯이/숯얼/숯애
	돛	돗이/돗얼/돗이	돗이/돗얼/돗에	돛이/돛얼/돛애
	cf. 낫(鎌)			낯이/낯얼/낯애

5) 표준어의 ㅌ말음 체언 중에서 '팥(赤豆)'은 '팟이/팟얼/팟이'〈무주〉, '팟이/팟얼/팟에'〈영동〉, '퐃이/퐃얼/퐃애'〈김천〉과 같은 곡용 계열을 보인다. 이는 재구조화의 관점으로만 판단하면 오히려 ㅊ말음 체언의 재구조화와 같다고 할 수 있다. 표준어 '팥'이 중세국어에서는 '퐃ㄱ, 퐃'이었음을 감안하면 이전 시기 세 방언에서 '팥'은 'ㅌ'말음 체언이 아니었을 가능성이 높다.

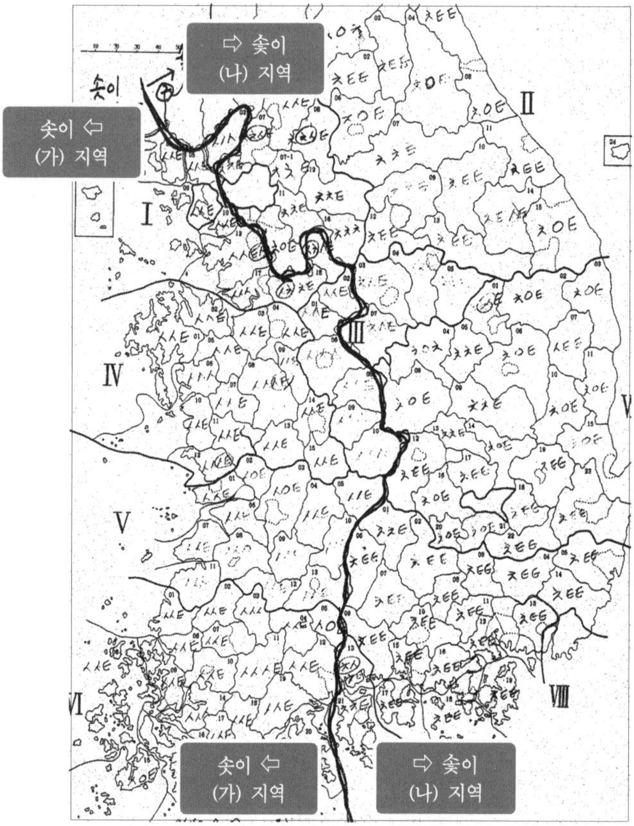

〈지도 1〉 '솥-이/-을/-에'(鼎)

한편 표준어의 'ㅊ'말음 체언에 대응되는 체언은 〈무주, 영동〉에서는 처격조사 앞에서도 'ㅅ'말음으로 실현되어, 'ㅅ'말음 체언으로의 재구조화가 완성된 것으로 판단된다. 앞서 'ㅌ'말음 체언의 경우 처격 앞에서는 'ㅌ'이 유지되고 있음을 감안하면 'ㅊ'말음 체언의 재구조화가 더 강력하게 작용하였다는 것을 알 수 있다.[6] 이와 달리 〈김천〉에서는 'ㅊ'말음이

6) 이러한 경향은 이미 중부방언을 대상으로 한 곽충구(1984)에서 "'ㅌ〉ㅅ'보다 'ㅊ〉ㅅ'이 앞서 진행되고 있다."와 같이 지적한 바 있다.

견고하게 유지되고 있다. 이러한 경향은 표준어에서 'ㅅ'말음 체언인 '낫'이 〈김천〉에서 'ㅊ'말음으로 나타나는 것을 통해서도 드러난다.

〈지도 2〉는 '숯-이/-을/-에'를 표시한 것으로 'ㅅ'말음으로의 변화가 일어난 지역, 즉 (가)지역은 〈지도 1〉과 크게 다르지 않다. 이들 지역 대부분은 〈무주, 영동〉과 같이 처격형 역시 'ㅅ'말음으로 실현됨으써, 'ㅅ'말음 체언으로의 재구조화가 거의 완성된 것으로 판단된다.

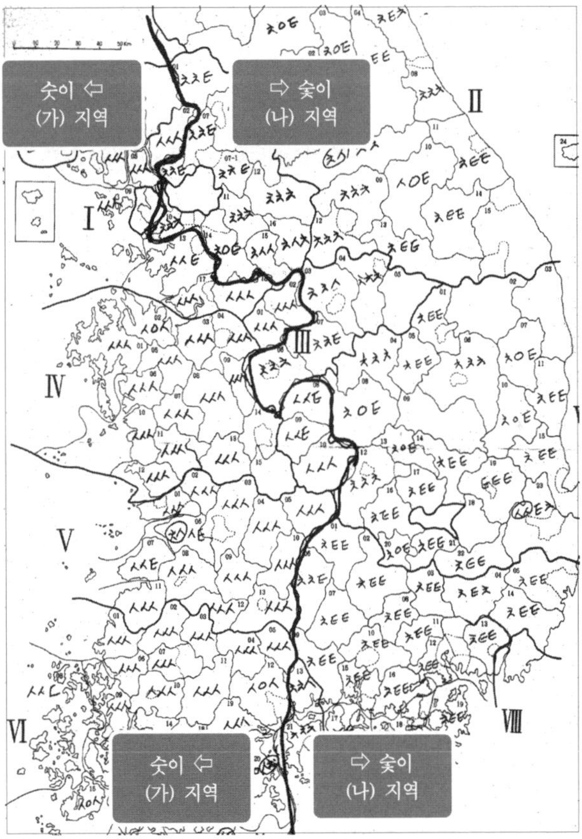

〈지도 2〉 '숯-이/-을/에'(灰)

		〈무주〉	〈영동〉	〈김천〉
		주격/대격/처격	주격/대격/처격	주격/대격/처격
(6)	젖	젖이/젖얼/젖이 ~젓이/젓얼/젓이	젓이/젓얼/젓에 ~젖이	젖이/젖얼/젖애
	빚	빗이/빗얼/빗이	빗이/빗얼/빗에 ~빚이	빚이/빚얼/빚애
	낮	낮이/낮얼/낮이 ~낫이	낮이/낮얼/낮에	낮이/낮얼/낮애
	이웃	웆:이/웆:얼/웆:이 ~읒:이	웆:이/웆:얼/웆:에 ~읒:이/읒:얼/읒:에	이우지가/이우지럴 /이우지애

한편 'ㅈ'말음의 체언은 〈무주, 영동〉에서 'ㅅ'말음으로 실현되기도 하지만 여전히 'ㅈ'말음을 보여주기도 한다. 이는 'ㅅ'말음으로의 변화 세력이 앞서 살펴본 바 있는 'ㅌ, ㅊ'말음 체언의 경우에 비해 약화되었다는 것으로 해석할 수 있다. 이는 아래의 〈지도 3〉을 통해서도 확인된다.

〈지도 3〉에서 'ㅅ'말음으로 실현되는 지역을 〈지도 1, 2〉와 비교해 본다면, 전북의 〈장수, 임실, 남원〉, 충북의 〈옥천, 영동〉 지역이 제외됨을 알 수 있다. 이들 지역은 'ㅌ, ㅊ'말음 체언의 경우 'ㅅ'말음 체언으로의 변화 과정이 일어났지만 'ㅈ'말음 체언만은 그 변화에서 제외되었거나 변화의 세력이 상대적으로 약했던 지역으로 해석된다.

'ㅍ'말음 체언의 경우 세 방언에서 모두 'ㅍ'말음으로 나타나는 '앞(前), 옆(側)'을 제외하면, 〈무주, 영동〉에서는 'ㅂ'말음으로의 재구조화가 완료되었다고 할 수 있다.[7] 〈김천〉에서는 대부분 'ㅍ'말음이 유지되지만(섶, 잎, 짚), 'ㅂ'말음으로의 수의적인 실현을 보이는 예도 있다(무릎, 헝겊).

표준어의 'ㅋ'말음 체언은 〈무주〉에서 'ㄱ'말음으로만 실현된다. 〈영동, 김천〉에서는 'ㅋ'말음, 'ㄱ'말음이 수의적으로 나타난다.

7) 〈무주〉에서 '앞'은 명사 '문'(門) 뒤에서 '악'으로 실현되기도 한다. 문악이(처격), 문악이루.

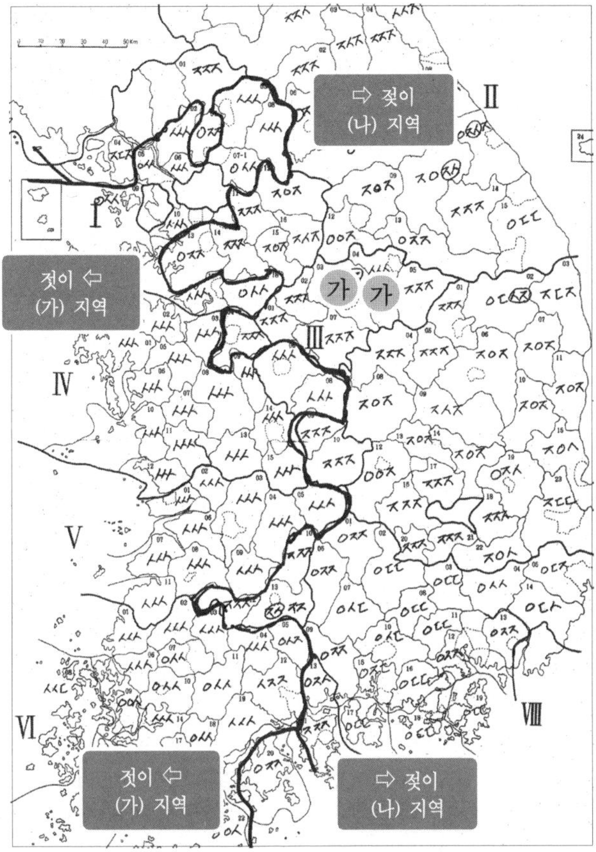

〈지도 3〉 '젖-이/-을/-에'(乳)

		〈무주〉	〈영동〉	〈김천〉
		주격/대격/처격	주격/대격/처격	주격/대격/처격
(7)	윗녘	웃녁이/웃녁얼/웃녁이	웃녁이/웃녁얼/웃녁에 ~웃녘이/웃녘얼/웃녘에	웃녁이/웃녁얼/웃녁애 ~웃녘이/웃녘얼/웃녘애
	아궁이	부석이/부석얼/부석이	뷕:이/뷕:얼/뷕:에 ~뷝:이/뷝:얼/뷝:에	부석이/부석얼/부석애 ~부섞이/부섞얼/부섞애

〈김천〉에서는 '헠(土), 닭(鷄), 돜(石), 땈(楮)' 등도 'ㅋ'말음 명사인데, 간혹 'ㄱ'말음으로 나타나기도 한다.

3.2.3 기타 체언

인칭대명사 역시 통합되는 조사에 따라서 이형태의 교체가 일어난다.

			+주격	+대격	+속격	+도	+한테
(8)	ㄱ. 나	〈무주〉	내:가	나럴	내 (물건)	나도	나한티~내한티
		〈영동〉	내:가	나럴	내 (물건)	나도	나한테
		〈김천〉	내˘가	나'럴	내' (물건)	나도~난도	나한'태~내한'태
	ㄴ. 너	〈무주〉	니:가	너럴	니 (물건)	너도	너한티~니한티
		〈영동〉	니:가	너럴	니 (물건)	너도	너한테
		〈김천〉	니˘가	너'럴	니' (물건)	너'도~넌'도	너한'태~니한'태
	ㄷ. 너희	〈무주〉	느:가	느:럴	느: (물건)	느:도	느:한티
		〈영동〉	느:가	느:럴	느: (물건)	느:도	느:한티
		〈김천〉	너거'가	너거'럴	너거 (물'건)	너거'도	너거한'태
			너어'가	너어'럴	너어 (물'건)	너어'도	너어한'태
	ㄹ. 저	〈무주〉	지:가	저럴	지 (물건)	저도	저한티~지한티
		〈영동〉	지:가	저럴	지 (물건)	저도	저한테
		〈김천〉	지˘가	저'럴	지' (물건)	저'도~전'도	저한'태~지한'태
	ㅁ. 저희	〈무주〉	즈:가	즈:럴	즈: (물건)	즈:도	즈:한티
		〈영동〉	즈:가	즈:럴	즈: (물건)	즈:도	즈:한티
		〈김천〉	저거'가	저거'럴	저거 (물'건)	저거'도	저거한'태
			저어'가	저어'럴	저어 (물'건)	저어'도	저어한'태

(8ㄱ)은 일인칭 대명사 '나', (8ㄴ, ㄷ)은 이인칭 대명사 '너, 너희', (8ㄹ, ㅁ)은 삼인칭 재귀대명사 '저, 저희'의 일부 곡용형을 제시한 것이다. '나, 너, 저'에 대한 대명사의 교체형 '내:/나, 니:/너, 지:/저'는 최명

옥(1993)에서 밝힌 바와 같이 근대국어 초기에 등장한 주격조사 '-가'와 통합되는 과정에서 일어난 것으로, 이들의 교체는 공시적인 음운 과정으로 설명될 수 없으므로 각각이 기저형으로 인정된다. 〈김천〉에서는 보조사 '-도'와 결합할 때 '난, 넌, 전'의 교체형이 나타난다. 이기갑(2002:652)에서는 이러한 교체형이 경북 일부, 강원도의 양양이나 횡성에서도 나타난다고 되어 있다. 또한 〈김천〉에서는 비교격조사 '-겉이'와 결합할 때에 '날, 널, 절'의 교체형이 나타난다. 이기갑(2003)에서는 '날긑이'(경북 예천), 이상규(2000:34)에서는 '날겉은'(경북 성주)의 곡용형이 보고되어 있다.

'너희, 저희'는 〈무주, 영동〉에서 각각 '느:, 즈:'로만 나타난다. 〈김천〉에서는 '너거~너어, 저거~저어'로, ㄱ이 포함된 형태와 그렇지 않은 형태가 공존한다. '(철수) 저희 아버지, 저희 어머니'처럼 자주 쓰이는 구는 통시적으로 축약이 일어나 '저아바이~저가바이, 저어매~저거매~주구매'로 나타난다. 〈무주, 영동〉에서는 '즈아바이〉*자바이'와 같은 축약이 일어나지 않는다.[8)]

처소대명사 '여기, 저기, 거기'는 변이 양상이 동일하므로 '여기'를 대표로 삼아 세 방언의 방언형을 제시하면 다음과 같다.

여기~여:~여그〈무주〉, 여기~여:〈영동〉, 여'기~여^〈김천〉

〈무주〉에서는 세 형태가 공존하는데, '여기'가 가장 많이 사용되고 '여:, 여그'는 쓰임이 제한적이다. 〈영동〉에서도 '여기'가 많이 쓰이며, '여:'는 제한적으로 쓰인다. 반대로 〈김천〉에서는 '여^'가 일반적으로 쓰

8) '너희, 저희'에 대해 〈김천〉과 같이 'ㄱ'으로 대응되는 방언이 어디까지 분포하는지, 현재로서는 정확하게 알 수 없다. ≪전남방언사전≫, ≪경북방언사전≫, 최전승 외(1992:61) 등을 참고하면, 서남방언과 동남방언은 대체로 'ㄱ'으로 대응되는 듯하다.

이며, '여′기'는 간혹 나타난다.

〈김천〉에서는 '여기'에 처격조사가 결합된 곡용형으로 '여′개'가 나타난다. 여개 안 살고.(여기에 안 살고.) 여개다가 덮어.(여기에다가 덮어.) 〈김천〉에는 체언의 공시적인 y반모음화가 존재하지 않기 때문에, 처격형 '여개'는 '여기'를 기저형으로 하여 '여기+애→여기애→여개→여개'와 같은 공시적인 음운 과정이 일어나는 것으로 볼 수 없다.

기타 일부 곡용형에서 이전 시기 언어의 흔적을 보여주는 것은 다음과 같다. '나무'(木)는 처격조사와 결합할 때에만 '낭게'〈무주, 영동〉, '낭개~낭캐'〈김천〉과 같은 곡용형이 수의적으로 나타난다. '가'(邊)는 〈김천〉에서 '가애~갓애'와 같이 처격조사 앞에서 'ㅿ'의 흔적이 남아 있다. '가을(秋), 겨울(冬)'은 '갉-에, 겨읅-에'〈영동〉, '가읅′-애, 젉^-애'〈김천〉와 같이 처격/구격조사 앞에서는 'ㅎ'종성 체언의 흔적이 나타난다. 이들 역시 다중기저형이 설정되어야 할 것이다.

3.3 어미

3.3.1 자음어미

■ 'ㄱ'으로 시작하는 어미

〈무주〉 -가디~간디[9], -거나, -거든~거둥, -걸래[10], -겄-, -게1(하게체

9) '-가디~간디'는 중세어 '-관ᄃᆡ'에 소급하는 것으로, 충남 일부나 전라 지역에서 쓰이는 어미로 알려져 있는데(이기갑 2003:396), 〈무주〉에서만 쓰이고 〈영동, 김천〉에서는 쓰이지 않는다. '-가디~간디'는 연결어미로도 쓰이지만, 수사의문문의 종결어미로도 사용된다. "얼마나 공부럴 잘했가디 서울대럴 다.", "아이, 사램이 똥 안 싸고 살가디?", "빙아리넌 사람 먹을 기 있가디?", "이건 뭐 맛이가디? 시원한 맛이지." "고 아

종결어미), -게2~기(연결어미), -고~구, -기

〈영동〉 -거나, -거든~거등, -걸래~길래, -겄~갔-[11], -게1(하게체 종결어미), -게2~기(연결어미), -고~구, -기

〈김천〉 -개1(하게체 종결어미), -개2~기(연결어미), -갰-[12], -거나, -거던~거덩, -고, -구로[13], -기, -길래, -길로~길러[14]

래치넌 떨어지간디?" 〈무주〉에서는 '-간디'보다 '-가디'가 더 폭넓게 쓰이는 것으로 확인되는데, 이윤구(2001:97)에서는 이 외에도 〈무주〉에서 '-가데~간데~건데~가니~거니~간' 등의 다양한 형태가 쓰인다고 하였다. 본 조사에서는 '-가디~간디'만 확인할 수 있었는데, 이윤구(2001)에서 제시한 자유변이형 중에서 '-거니'는 '-가디~간디'와 기능이 다르므로 달리 처리한다.

10) 이 어미는 표준어의 '-길래'에 대응하는 것으로, 〈무주〉에는 '-걸래'만 확인되고 〈영동〉에는 '-걸래, -길래'가 모두 쓰인다. 〈김천〉에서는 '-걸래'가 쓰이지 않는다.

11) 이기갑(2003:496)에 따르면 표준어의 '-겠-'에 대응하는 형태로 '-겠-, -갯-, -겄-, -갔-, -갓-' 등이 있는데, '-갔-'은 경기의 강화 · 김포, 충남의 태안 등, 강원의 홍천 · 원주 등에 분포한다고 하였다. 〈영동〉에서는 대부분 '-겄-'이 쓰이지만 드물지 않게 '-갔-'도 확인된다. 한국정신문화연구원에 소장되어 있는 구비문학대계의 녹음자료에도 '-갔-'을 확인할 수 있다. 몇 예문을 들면 다음과 같다. "농:담으루 하는 말이갔지?", "매일 바뿌갔구나?", "많이 갔갔지. 집집이 다 갔갔지."

12) 이기갑(2003:498~500)에 따르면, 서남방언과 동남방언에서는 '-겄-'이나 '-갰-'이 '의도'와 '추정'의 의미 중에서 '추정'의 의미로만 쓰이는 것이 보통이라고 하였다. 〈무주, 영동, 김천〉 세 방언에서도 '-겄-'이나 '-갰-'은 대부분 추정의 의미로만 쓰인다.

13) '-구로'는 중앙어의 '-게'와 의미기능이 유사한 측면이 있다. 그러나 〈김천〉에는 중앙어의 '-게'에 대응하는 '-개~-기'가 따로 존재한다는 사실에서도 알 수 있듯이 '-구로'와 중앙어 '-게'의 의미기능이 완전히 동일한 것은 아니다. "곱기 맨들다 ~ 곱개 맨들다 ~ 곱구로 맨들다, 이뿌기 생깄다 ~ 이뿌개 생깄다 ~ *이뿌구로 생깄다". 이상규(1999:150~153)에서는 '-구로 하-' 구성이 '-게 하-' 구성에 비하여 [과정성]의 의미가 첨가되어 있다고 보았다. '-구로'가 쓰인 몇 예문을 제시하면 다음과 같다. "요 새다가 이래 박아여, 안 빠저구로."(요기 사이에다 이렇게 박아, 안 빠지게.) "바러미 헉손어로 곱구로 해가주고 도배해여."((벽을) 바르며 흙손으로 곱게 해가지고 도배해.) "떨어저 빠리마 죽어뿌리는데 떨어저구로 하넌가?"((그네에서) 떨어져 버리면 죽어버리는데 떨어지게 하나?)

14) '-길로'가 '-길러'에 비하여 더 많이 쓰인다. 이 어미는 일반적으로 동남방언에서는 '-지를~-지러'의 형태로 쓰이는바(김영태 1977, 최명옥 1980:69), '지:기'의 형태 대응을 보이는 것이 흥미롭다. 이 어미는 〈김천〉에서 종결어미 '-지'가 쓰일 자리에 사용되는데, 이윤구(2001:72)에서는 "청자가 확인이나 동의를 구하는 명제 내용에 대해 당연히 그러하다고 맞장구를 칠 때 사용한다."라고 하였다. 몇 예문을 들면 다음과 같다. "객지로 다 나갔으끼라. 다 나가길러. 다 나가고 없어." "심 들지. 심 들길로." "(머리에 이고 다녔나요?) 여고 댕기길로."

'ㄱ'으로 시작하는 어미는 음운론적으로 조건된 이형태만이 존재한다. 예를 들어 '-거나'에는 '-거나, -꺼나, -커나'의 이형태가 있다.

-거나: 가거나(←가+거나, 去), 울거나(←울+거나, 泣), 이뿌거나(←이뿌+거나, 麗)
-꺼나: 막꺼나(←막+거나, 防), 잡꺼나(←잡+거나, 捕), 삼꺼나(←삼+거나)
-커나: 조커나(←좋+거나, 好), 찌커나(←찧+거나), 꼬커나(←꽇+거나, 새끼), 올커나(←옳+거나, 是)

이들은 각각 어간의 음운론적 환경에 따라 교체된다. 즉, 어간이 모음으로 끝나거나 'ㄹ'로 끝나면 '-거나'가, 'ㅎ'을 제외한 자음으로 끝나면 '-꺼나'가, 'ㅎ'으로 끝나면 '-커나'로 실현된다. 이들 이형태들 중에서 '-꺼나, -커나'는 '-거나'가 평폐쇄음 뒤의 경음화나 용언의 어간말음인 비음 뒤의 경음화, 그리고 축약에 의한 유기음화라는 음운 과정을 거친 형태로 파악될 수 있다. 따라서 '-거나'만이 기저형으로 인정된다.

한편 위에서 제시된 이형태 중에서 자유변이를 보이는 이형태들은, 어느 한 쪽을 기저형으로 하여 다른 이형태를 도출할 수 없으므로 각각을 기저형으로 인정해야 한다. 예를 들어, '-게2~기(연결어미)'는 '에→이' 혹은 '이→에'라는 음운 과정이 공시적인 과정이 아니므로 '-게2', '-기'가 모두 기저형으로 인정하여 공존하는 것으로 처리된다.

■ 'ㄷ'으로 시작하는 어미

〈무주〉 -다가, -데, -도록~드락[15], -드-, -드니~드이, -드라, -드라고~

15) 〈무주〉에서는 '-드락'이 대량으로 쓰이며 드물게 '-도록'도 확인된다. 이기갑(2003:435)에 따르면 '-드락'과 같이 '-락'이 쓰인 '-두락, -도락, -더락'은 충남의 태안, 보령, 대덕 등과 전라 지역에서 쓰인다. 〈무주〉에서 쓰이는 몇 예를 제시하면 다음과 같다. "나락 영글드락까지 바라보고 있다가." "이룹게 섬: 다 하드락 산내낄 짬매서.", "괌:얼 질러갖구, 목구녕이 핏딩이가 넘어오드락." 한편 〈영동, 김천〉에서는 표준어

드라구[16], -드라도~드래도~드라두~드래두, -드만~드마는~등만[17], -든1(전성어미), -든2(연결어미)[18], -든데~든디, -든지,

---

의 '-도록'에 대응하는 '-도록~-두록'만이 쓰이는데, 〈영동〉에서는 '-도록'이, 〈김천〉에서는 '-두록'이 더 널리 쓰인다. "헤:져서 서운하네. 또 만내도록 햐:", "메로 때리서르, 참 꽈리가 일라도록 때리는 겨."〈영동〉, "니 시 넘두록/넘뚜록/ 항깨."(네 시 넘도록 하니까.), "한:갑잔치 한다꼬, 거걸 밤새::두록 쫏고."〈김천〉

16) 이 어미는 일반적으로 서남방언에서 허소체의 청유법어미로도 쓰이는데, 〈무주〉에서는 그러한 쓰임을 확인하지 못하였다. 본 조사에서 확인된 '-드라고~-드라구'는 전 조사를 통틀어 147회 나타났는데, 모두 반말체의 서술법 종결어미로 쓰였다. 이윤구(2001:121~122)에서는 청유법어미로 쓰이는 '-드라고'가 〈무주〉에 쓰인다고 하였지만, "토박이들의 말에 의하면 본래는 이 지역 방언형이 아니라고 한다. 분포상으로도 '-드라고'가 쓰이지 않는 지역이 훨씬 넓어."라고 함으로써 차용의 가능성을 열어두었다. "상추 안 해준다고 지꺼쌓드라고."((반찬으로) 상추를 안 해 준다고 지껄여 쌓더라고.), "거가서 먹으면 한앞이 만원꼴 이상 들드라고."((식당) 거기가서 먹으면 한 사람 당 만원 이상씩 들더라고.), "똥파리가 똥으다 알얼 흐::여이 까드라고."(똥파리가 똥에다 알을 허옇게 까더라고.)

17) 이 어미는 표준어의 '-더구먼'에 대응하는 것으로서, 〈무주〉에서는 '*-드구만'의 '구'에서 '우'가 떨어진 '-등만'보다 '구'가 통째로 떨어진 '-드만'이 널리 쓰인다. 이 '-드만'은 서남방언의 특징적인 어미로 잘 알려져 있는데(배주채 1998ㄴ:894~895), 충남 일대에서도 폭넓게 쓰인다(이기갑 2003:215). "사람 갈치넌 손구랙이라구 그라드만."(사람 가리키는 손가락이라고 그러더구먼.), "사고가 낭개 보험회사하고 싸와지드만."(교통사고가 나니까 보험회사와 싸우게 되더구먼.), "대전 가넌 것두 반:시간이면 간다드만."(대전 가는 것도 반 시간이면 간다고 하더구먼.) "지금언 모도 나이롱 기저기 대:서 키우등만."(지금은 모두 나일론 기저귀 채워서 키우더구먼.) 〈영동〉에서도 '-드만'이 확인된다. "모도 막 갈라구 하드만."(모두 막 가려고 하더구먼.) 표준어와 동일한 '-구먼'이 결합된 '-드구먼'도 쓰인다. "그 집 떡이 맛이 없드구먼." 〈김천〉에서는 '-더구만~-더구마'가 쓰이는데, '구'나 '우'가 떨어진 형태는 보이지 않는다. "절얼 안한다 카더구마."((상갓집에서도) 절을 안 한다고 하더구먼.), "집에 앉았더구만."(집에 앉아 있더구먼.) 이윤구(2001:69~71)에서는 〈무주, 영동, 김천〉 세 지역에서 모두 '-덩구만'이 쓰인다고 하였다.

18) 이 어미는 표준어의 否定 표현에 쓰이는 연결어미 '-지'에 대응하는 것이다. '-든, -들'은 세 방언에서 모두 폭넓게 쓰이는데(〈김천〉에서는 '-던, -덜'로 나타난다), 특히 〈무주〉에서는 '-지'의 쓰임이 극히 위축되어 있으며, 대부분 '안하-, 못하-' 앞에서 '-든, -들'이 쓰인다. "배 곯고 그롷든 안하고."(배 곯고 그렇지는 않고.), "끈끈하니 생겨갖구 떨어지들 안햐."(끈끈하게 생겨갖고 떨어지질 않아.) "가지가면 무건 걸 다시 지고오든 못하구."((장에) 가져가면 무거운 것을 다시 지고오지는 못하고.), "쭈구리고 앉들 못하구."(쭈구리고 앉지를 못하고.) 〈이상 무주〉, "농사 못 져, 타산이 맞들 안햐."(농사 못 지어, 타산이 맞지를 않아.) "메물이 사람 몸에 좋든 안한 겨."(메밀이 사람 몸에 좋지는 않은 거야.) 〈이상 영동〉, "지검언 먹덜 안해."(지금

-들(연결어미), -디끼~-드끼[19)]

〈영동〉 -다가, -데, -도록~두록, -드-, -드구만~드만~드구먼, -드니~드이, -드라, -드라고~드라구, -드라도~드래도~드라두~드래두, -든1(전성어미), -든2(연결어미), -든데~든디, -든지, -들(연결어미), -듯이

〈김천〉 -다가, -대, -더-, -더구마, -더라, -더라고, -더라도~더래도, -던1(전성어미), -던2(연결어미), -던대, -던지, -덜(연결어미), -덧이, -도록~-두록, -디이

■ 'ㅈ'으로 시작하는 어미

〈무주〉 -자(종결어미), -지1(연결어미), -지2(종결어미)[20)]~제[21)], -지만~지마는~지마넌

〈영동〉 -자(종결어미), -지1(연결어미)[22)], -지2(종결어미), -지만~지마

은 먹지를 않아.), "아무도 울덜 안항개."(아무도 울지를 않으니까.), "그래 사넌 사램이 많던 안했지."(그렇게 사는 사람이 많지는 않았지.) 〈이상 김천〉

19) 이 어미는 표준어의 '-듯이'에 대응하는 것으로, '-디끼'가 '-드끼'보다 더 널리 쓰인다. 이 어미는 서남방언의 특징적인 어미로 알려져 있는데, 서울방언에도 나타나며 충남의 보령, 아산, 대덕 등과 경남의 거제 등에서도 나타난다(유필재 2001:145, 이기갑 2003:440~441). 〈영동, 김천〉에서는 '-듯이(-덧이)'만 확인된다. 〈무주〉에서 사용되는 몇 예를 들면 다음과 같다. "진 놈 씰 데가 있고 짜룬놈 씰 데가 있디끼."(긴 것 쓸 데가 있고 짧은 것 쓸 데가 있듯이.), "퉁아리넌 사람얼 쐐:기 쐬디끼, 벌: 쐬디끼 쏴."(퉁가리(민물고기의 일종)는 사람을 쐐기가 쏘듯이, 벌이 쏘듯이 쏴.) "논에다 대고 뚜리미하드끼 물소리가 나."((뜸부기가) 논에다 대고 투레질하듯이 물소리가 나.), "땅벌언 마릿수가 많아. 이른 집잇벌 많드끼 엄청 많아."(땅벌은 마릿수가 많아. 이런 집엣벌 많듯이 엄청 많아.)

20) 이윤구(2001:114~116)에서는 종결어미 '-지'와 관련하여 의문형어미로만 쓰이는 '-장'을 보고하고 있다. "애가 이뿌장?"(애가 이뿌지?), "너 오후에 해꾜에 가장?"(너 오후에 학교에 가지?) 이 '-장'은 〈무주〉의 특징적인 어미로 보이는데, "지금은 노인들의 기억 속에만 남아 있고 거의 들을 수 없다."라고 하였다.

21) '-제'는 서남방언에서 '-지'와 다른 등급인 허소체의 어미로 분류되기도 하고(이기갑 2003:233), '-지'와 같은 등급인 반말체, 즉 해체의 어미로 분류되기도 한다(배주채 1998ㄴ:894). 〈무주〉에서는 허소체 자체를 설정하기 어려우므로 이 둘을 변이 관계에 있는 것으로 처리한다. "거기다 집얼 깔제."(거기에다 짚을 깔지.) "옆사람한티 감기 많이 올르제."(옆사람한테 감기가 많이 옮지.) "그거 보재기라구 하제?"(그거는 보자기라고 하지?)

22) ≪한국방언자료집Ⅲ≫(충북편, p.183, 195)의 〈영동〉 자료에는 '묻-주, 꼽-주, 쫓-주'

　　　　　　는~지마넌
〈김천〉　-자(종결어미), -지1(연결어미)~저[23], -지2(종결어미)~재[24], -지만~지마넌

'ㄷ'이나 'ㅈ'으로 시작하는 어미도 자유변이형을 제외하면, 음운론적으로 조건된 세 이형태 '-ㄷ/ㄸ/ㅌX', '-ㅈ/ㅉ/ㅊX'가 있다. '-다가'와 '-자'를 예로 들면 다음과 같다.

-다가: 가다가(去), 보다가(視), 하다가(爲), 놀:다가(遊)
-따가: 잡따가(捕), 막따가(防), 넘:따가(越), 신:따가(着)
-타가: 찌타가(搗), 꼬타가(새끼를), 노타가(放), 따타가(머리를)
-자: 가자(去), 보자(視), 하자(爲), 놀:자(遊)
-짜: 잡짜(捕), 막짜(防), 넘짜(越), 신짜(着)
-차: 찌차(搗), 꼬차(새끼를), 노차(放), 따차(머리를)

이형태 중에서 '-따가, -짜'는 평폐쇄음 뒤나 비음인 어간말음 뒤에서

가 있는데, 이 '-주'는 ≪한국방언조사질문지≫를 참고하면 모두 '-지 말다'의 구성에서 쓰이는 연결어미 '-지'의 변이형으로 판단된다. 이렇게 '-지 말다' 구성에서의 '-지'가 다른 형태로도 실현되는 현상은 〈김천〉에서도 확인된다.

23) 이 '-저'는 '-지 말다' 구성에서 쓰이는 '-지'의 변이형이다. "하저 마."(하지 마), "가저 마."(가지 마.) 이 '-저'는 〈김천〉과 이웃한 〈상주〉에서도 확인된다. 전인득(1979:45~46)에서 제시한 예문은 "있저 마라."(있지 마라), "가저 마라."(가지 마라) 등이다.

24) 최명옥(1976/1998ㄴ:255)에서는 이 '-재(제)'를 "의문의 내용을 화자가 이미 알고 있다는 전제"가 필요한 의문형어미로 파악한 바 있다. 즉 '-지'가 의문법, 서술법, 명령법에 두루 사용될 수 있고 의문사와 공존할 수 있는 반면, '-재(제)'는 의문법에만 국한되어 쓰이며 의문사와 공존할 수 없다는 점에서 '-재(제)'를 별도의 어미로 파악한 것이다. 이는 〈김천〉의 경우에도 그대로 적용된다. "억시 곱재?"(매우 곱지?), "왜 지개 저고 댕기넌 작대기 있재?"(왜, 지게 지고 다니는 작대기 있지?), "다린 모러재?"(다른 사람은 모르지?) 그런데 〈김천〉에서는 '-재'가 서술법어미로도 사용된다. "나무럴 따듬아가 여따 맞찼제."(나무를 다듬어서 여기에다 맞췄지.), "배도 있재, 사가도 있재 머얼 껀 쌨어."(배도 있지, 사과도 있지 먹을 건 많아.) '-지'와 '-재'가 동일한 형태소의 변이형인지 아니면 별개의 형태소인지에 대한 검토가 선행되어야 할 것이다.

의 경음화가 실현된 것으로, '-타가, -차'는 어간말음 'ㅎ'과 축약되어 유기음화가 실현된 것으로 판단할 수 있으므로, 평음 계열의 이형태인 '-다가, -자'만이 기저형으로 인정된다. 한편 자유변이형들은 수의적인 음운 과정을 통한 공존형이 아니므로, 그 각각이 기저형이 된다.

■ 'ㅅ'으로 시작하는 어미

〈무주〉 -세, -습니다~십니다/ㅂ니다, -습니까~십니까/ㅂ니까
〈영동〉 -세, -습니다/ㅂ니다, -습니까/ㅂ니까
〈김천〉 -세, -섭니다~십니다~섭니더~십니더/ㅂ니다, -섭니까~십니까~섭니꺼~십니꺼/ㅂ니까, -소/요[25]

'-습니다/ㅂ니다, -습니까/ㅂ니까'는 어간의 음운론적인 조건에 따라 교체된다. '-습니다, -습니까'는 'ㄹ'을 제외한 자음 뒤에서 나타나고, '-ㅂ니다, -ㅂ니까'는 'ㄹ'이나 모음 뒤에서 나타난다. 〈김천〉의 '-소/요'도 교체 조건이 동일하다.

〈무주, 영동〉 막습니다, 잡습니다, 좋:습니다, 하겠습니다; 갑니다, 봅니다, 줍니다, 웁:니다(泣)
〈김천〉 막소, 잡소, 좋소, 하겠소; 가요, 보요, 주요, 우요(泣)

이러한 이형태의 교체는 비록 그 조건이 음운론적이지만, 그 이형태끼리의 관계를 공시적인 음운 과정으로 설명할 수는 없다. 즉 '-습니다'의 '스'는 탈락하거나 삽입될 동기가 없으며, 음운론적으로 자연스럽지 않다. '-소/요'에서는 'ㅅ'이 반모음 y로 바뀌는 혹은 그 반대의 과정이 음

25) 이 어미는 동남방언에서 하소체의 서술법, 의문법에 쓰이는 어미로서, 명령법에 쓰이는 어미 '-으소'와는 구분된다. 명령법 어미 '-(으)소'의 몇 예를 보이면 다음과 같다. "여기 좀 앉으소." "가만히/가마이 좀 있으소.", "빨리 좀 가소.", "이리 오소.", "고만 우소.(泣)"

운 과정으로 인정되지 않는다. 따라서 이들 이형태는 그 각각이 기저형이 된다.

한편 위에서 이형태 '-습니다'는 실제로는 항상 경음인 '-씁니다'만 나타난다. 따라서 '-씁니다'를 기저형으로 보아도 문제될 것은 없으나, 평폐쇄음 뒤라는 경음화 환경의 동일성을 고려하여 평음인 '-습니다'를 기저형으로 처리한다.

■ 'ㄴ'으로 시작하는 어미

〈무주〉 -나[26], -냐[27](해라체 의문법), -네1(하게체 서술법), -네2~니, -느만~느마/구만~구마[28], -는~넌, -는갑~는가비~는개비/(으)ㄴ갑~(으)ㄴ가비~(으)ㄴ개비-[29], -는다/ㄴ다/다, -는데/(으)ㄴ데~

---

26) 이 어미는 〈무주〉에서 의심의문의 어미로만 사용되는 듯하다. 이윤구(1985:13)에서는 이 어미에 대하여 "억양이 상승조이면 화자의 궁금증을 청자에게 단순히 묻는 내용이며 하강조이면 자문의 형식이 된다."라고 하였다.

27) 〈무주〉에서 '-냐'는 해라체의 의문형어미로서 이형태의 교체 없이 동사, 형용사, 계사 뒤에 나타난다. "집에 가냐?", "일이 있냐?", "왜 노:냐?", "기분이 좋냐?", "니 책이냐?". "워디 가싰냐?". 중부방언에서 해라체의 의문형어미로서 '-냐'와 복잡하게 얽혀 있는 '-니'는(이승재 1985:12), 〈무주〉와 〈영동〉에서 전혀 쓰이지 않는다.

28) '-느만'은, '-드만'이 '-드-구만'에서 발달한 것과 마찬가지로 '-는-구만'에서 '는'의 ㄴ과 '구'가 탈락하여 형성된 것이다(이기갑 2003:214~215). 단, '-능만'은 확인하지 못하였다. 이 어미는 〈영동〉에서도 드물게 확인되는데, 이기갑(2003)에 따르면 충남의 보령, 부여, 대덕, 아산 일대에서도 쓰인다. 〈무주〉에서 '-느만'이 쓰인 예를 들면 다음과 같다. "아, 감자럴 봉다리로 사먹느만."(감자를 봉지 단위로 사먹는구먼.), "오늘 하믄 다 한다느만."(오늘까지 하면 다 한다고 하는구먼.), "A: 불이 꺼졌네. B: 왜 꺼져? 끓느마."(A: "불이 꺼졌네.", B: "왜 꺼져? (물이) 끓는구먼.")

29) 이 어미는 '-는가 보-'의 구성에서 발달한 것이다. 이승재(1980)에서는 이를 관형형어미에 형식명사 '갑'이 오고 그 뒤에 계사가 연결된 '-은 갑-이-'로 분석하였으며, 배주채(1994)에서는 '-응값-'의 선어말어미로 파악하였다. 〈무주, 영동, 김천〉에서 이 어미는 계사가 연결된 구성의 성격과 선어말어미로서의 성격 모두를 가지고 있다. "맛이 없는갑만, 맛이 없는개벼."〈무주〉, "이건 농인갑네?, 절이 있었던개벼."〈영동〉, "누가 왔는갑다, 누가 왔는개비라."〈김천〉 세 방언에서는 '-는갑-' 혹은 '-는가비-' 뒤에 반말체 종결어미 '-아/어'가 오게 되면 '먹는가베'와 함께 '먹는가바'도 나타난다. 이 '먹는가바'는 '먹-는갑-아'로 분석됨으로써, 모음어미 앞에서도 '-는갑-'의 쓰임이 확대되고 있음을 알 수 있다. 여기에서는 '-는가비-'의 '이'가 계사의 활

는디/(으)ㄴ디, -는지/(으)ㄴ지, -니라고~니라구

〈영동〉 -나/냐[30], -네1(하게체 서술법), -네2, -느라고~느라구, -느만~는구만~는구마/구만~구마, -는~넌, -는갑~는가비~는개비/(으)ㄴ갑~(으)ㄴ가비~(으)ㄴ개비-, -는다/ㄴ다/다, -는데/(으)ㄴ데~는디/(으)ㄴ디, -는지/(으)ㄴ지

〈김천〉 -나/노/가/고(해라체 의문법), -내1(하개체 종결어미), -내2, -넌, -넌갑~넌가비~넌개비/(어)ㄴ갑~(어)ㄴ가비~(어)ㄴ개비-, -넌다/ㄴ다/다, -넌대/(어)ㄴ대, -넌지/(어)ㄴ지, -넌구만~넌구마/구만~구마, -니라고

자유변이형을 제외하면, 'ㄴ'으로 시작하는 어미의 이형태 교체는 음운론적인 조건과 문법적인 조건이 함께 얽혀 있는 경우가 많다. '-는다/ㄴ다/다'(〈김천〉에서는 '-넌다/ㄴ다/다')에서 이형태 '는다'는 'ㄹ'을 제외한 자음으로 끝나는 동사 어간 뒤에서, '-ㄴ다'는 'ㄹ'이나 모음으로 끝나는 동사 어간 뒤에서, '-다'는 형용사나 계사 뒤에서 나타난다(막-는다, 가-ㄴ다, 많-다, 책이-다). '-는갑/(으)ㄴ갑-, -는데/(으)ㄴ데', '-는지/(으)ㄴ지', '-는가/(으)ㄴ가'에서 앞의 이형태는 동사 뒤에서, 뒤의 이형태는 형용사나 계사 뒤에서 나타난다. '-(으)ㄴ갑-, -(으)ㄴ데, (으)ㄴ지, (으)ㄴ가'는 'ㄹ'을 제외한 자음으로 끝난 어간 뒤에서는 '-은갑-, -은데, -은지, -은가'로, 'ㄹ'이나 모음으로 끝난 어간 뒤에서는 '-ㄴ갑-, -ㄴ데, -ㄴ지, -ㄴ가'로 나타난다(막-는갑-지, 가-는갑-지, 우-는갑-지; 많-은갑-지, 작-은갑-지; 다-ㄴ갑-지, 이뿌-ㄴ갑-지; 막-는데, 가-는데, 우-는데(泣); 많-은데, 작-은데; 다-ㄴ데(甘), 이뿌-ㄴ데).

용과 유사하지만, '-는갑-'과 '-는가비-'를 모두 선어말어미로 처리한다.

30) 이 어미는 〈영동〉에서 해라체의 의문형어미로서, 동사 뒤에서는 '-나'가, 계사 뒤에서는 '-냐'가 나타난다. "너 지금 어디 가나?", "너 왜 마스크를 하고 댕기나?", "야: 곧 학교 안 가겠나?", "야:가 큰 아냐?"(얘가 큰애니?), "오늘이 장날이냐?". 간혹 계사 뒤에서도 '-나'가 쓰이는 경우도 발견된다. "야: 멫 살이나?"(얘가 몇 살이니?). 정원수(1992:155)에서는 동사 뒤에서도 '-나'와 '-냐'가 함께 쓰인다고 하였지만, 본 조사에서는 동사 뒤에 '-냐'가 나타나는 경우는 발견하지 못하였다.

순수하게 문법적인 조건에 따른 이형태의 교체를 보이는 어미도 있다. '-느만/구만'(⟨김천⟩에서는 '-넌구만/구만')의 '-느만'은 동사 뒤에서, '-구만'은 형용사나 계사 뒤에서 나타난다(가-느만, 가-넌구만, 이뿌-구만, 많-구만, 책이-구만). ⟨김천⟩의 '-나/노/가/고'는, 판정의문에서는 '-나/가'가, 설명의문에서는 '-노/고'가 쓰인다. '-나/노'는 동사와 형용사 뒤에서, '-가/고'는 계사 뒤에서 쓰인다("집에 가나?", "이기 이뿌나?", "언지 가노?", "어넝 기 이뿌노?", "니 책이가?", "누구 책이고?").

이들의 이형태 교체는 공시적인 음운 과정으로 설명될 수 없으므로, 이형태 각각이 기저형으로 인정된다. 한편, 자유변이를 보이는 이형태들 역시 공시적인 음운 과정이 수의적으로 적용된 것이라 볼 수 없으므로 각각이 기저형으로 처리된다.

3.3.2 매개모음어미

매개모음어미의 이형태는 '으'가 있는 '-으X'와 '으'가 없는 '-X' 둘이다. ⟨김천⟩에서는 '으'가 음소로 존재하지 않으므로 '-어X, -X' 둘이 이형태가 된다.

⟨무주⟩ -으까(반말체 의심의문), -으께, -으로[31], -으마, -으먼~으믄, -으세요, -으시-, -은, -을, -을라-, -을라고~을라구, -을래, -음서~음성~음선[32], -읍시다, -응개~응깨~으니깨~으니개~으니까~

31) 이 어미는 표준어의 '-으러'에 대응하는 것으로 세 방언에서 모두 '-으로'로 나타난다. "횟괴기(膾) 먹으로 가.", "우리집이루 자로 가요.", "팔로 댕기넌 사램이."⟨무주⟩

32) 이 어미는 표준어의 '-으면서'에 대응되는 것인데, ⟨무주⟩에는 표준어 '-으며'에 대응되는 어미가 존재하지 않는다. 이기갑(2003:349)에서는 '-으며'가 '-으면서' 등에 자리를 내주고 세력을 잃어가는 변화로 말미암아 서남방언에서 중앙어의 '-으며'에 대응되는 형태가 존재하지 않는다고 하였다. ⟨무주⟩의 '-음서, -음선, -음성'이 쓰이는

으니깐[33)]

〈영동〉 -으까(반말체 의심의문), -으께, -으로, -으마, -으먼~으믄, -으미, -으민서~으민성, -으세요, -으시-, -은, -을, -을라-, -을라고~을라구, -을래, -읍시다, -웅개~웅깨~으니깨~으니까~으니깐

〈김천〉 -어까/어꼬(반말체 의심의문), -어깨, -어꾸마(해라체 약속법), -어로, -어마~어만[34)], -어미[35)], -어민서~어민성, -어소(하소체 명령법), -어시-, -어이소(하이소체 명령법), -어입시다~어입시

예를 제시하면 다음과 같다. "벌검서 껌:지. 알랭이넌 새:캄햐.", "꼬랭이 떨어짐서 개구리 되는갑데?", "모 쩜선 막 쒸거든.", "물도 좀 떠먹음선 먹어.", "먹으봐감성 비벼.", "쪼깨 쉬:감성 해야지." 한편, '-음서'가 드물지만 〈영동〉에서 쓰이는 예도 발견된다. "전에 산소에 댕김서 묘:사를 지내지."

33) 이 어미는 표준어의 '-으니까'에 대응되는 것으로, 〈무주〉에서는 '-웅개, -웅깨'가 많이 쓰이지만, '-으니깨, -으니까'도 폭넓게 나타난다. 드물게 '-으니개'도 확인된다. 가장 빈번하게 쓰이는 형태는 '-웅개'이다. "배럴 이룧게 밟웅깨 사람 죽겄드라네.", "찬 물이다가넌 늙웅개 손 못 늫어/느:/.", "아수타니깨 빼짝 말르거던.", "솟 밑이다 불얼 때니까.", "안성쟁이 재럴 넘어도 무주장보당 약간 가까니깐.", "말귀도 못 알아듣고 하니개 부모가 가심이지." 한편, 〈영동〉에서는 '-웅개, -웅깨'보다는 '-으니깨, -으니까, -으니깐'의 쓰임이 더 우세하며, 〈무주〉의 변이형인 '-으니개'는 발견되지 않는다. "산이 짓웅개 다 없어져.", "지금 차가 댕깅깨.", " 내가 노:니까 심심해서.", "지금언 세월이 이래 되니깨 안부칠라 카잖아.", "병원에 가니깐 맨 그런 사람 천지야." 〈김천〉에서는 '-엉개, -엉깨'만 쓰이며, 둘의 출현 빈도는 비슷하다. "인날앤 없엉개 그걸 떡도 쪄먹고."(옛날엔 없으니까 그걸 떡도 쪄먹고.), "그래 옹깨 아무끼라도 맛이 있넌가?"(그렇게 오니까 아무것이라도 맛이 있나?)

34) 이 어미는 표준어의 '-으면'에 대응되는 것으로, 〈김천〉에서는 '-어마'가 대량으로 쓰이고 드물게 '-어만'도 확인된다. 최명옥(1992/1998ㄴ:456)에 따르면, 동남방언에서 이 어미는 크게 '-어마~어만', '-어모~어몬', '-어머~어먼'의 세 유형으로 나타나며, 그 각각은 경상남북도의 중서북부, 남부, 동북부 지역에 분포한다. 참고로 감탄사 '아무렴'에 대응되는 형태로 〈김천〉에서는 '하-(爲)'에 이 어미가 결합된 '하마'가 쓰인다. "(삿자리도 있었습니까?) 하마, 인날앤 삿자리 있었어."

35) 이 어미는 표준어의 '-으며'에 대응된다. 방언에 따라서 '-으며'가 잘 나타나지 않기도 하지만, 〈김천〉에서는 '-어미'를 드물지 않게 볼 수 있다. "혼차 감어미 노래 부러넌 사램이 있지."(혼자 (실을) 감으며 노래 부르는 사람이 있지.), "거개서 오래 대마 턱 벌어지미 허::여이 명:이 나와여."(거기에서 오래 되면 턱 벌어지며 허옇게 목화가 나와.), "물 부우 개미 콩하고 돌리마."(물 부어가며 콩하고 돌리면.), "몸짓 해개미 부러넌 사람언."(몸짓 해가며 부르는 사람은.) 〈영동〉에서도 드물지만, "난 하도 못하고 식구 혼자 댕기미 하는데, 만날 해야 헛일여/헌니려/."(난 (농사를) 하도 못하고 안식구 혼자 다니며 하는데, 맨날 해야 헛일이야.) 등에서 '-으며'가 확인된다.

더, -언, -얼, -얼끼-~-어끼-, -얼라-, -얼라고, -얼래, -업시다~업시더, -엉개~엉깨

이들 이형태들의 교체 조건은 비교적 간단하다. 이들 어미 앞에 오는 성분(어간이나 선어말어미)이 'ㄹ'을 제외한 자음으로 끝날 때에는 '-으X'(〈김천〉에서는 '-어X', 이하 동일)가 나타나고, 'ㄹ'이나 모음으로 끝날 때에는 'X'가 나타난다. 단, 세 방언에서 모두 어간이 'ㄹ'로 끝날 때에는 간혹 '-으X'가 나타난다.

〈무주〉 -으X: 떠먹음선, 있으까, 막으먼, 앉으세요; 가늘은, 매딸으먼(매달다)
-X: 감선, 주까, 보먼, 타세요; 가는, 매딸먼
〈영동〉 -으X: 덮을래, 짓으니까, 먹으께, 밟으민서; 영글은, 맹글으먼
-X: 갈래, 노:니까, 주께, 푸리민서; 영근, 맹글먼
〈김천〉 -어X: 잡어꾸마, 씪어마, 감어미, 있어이소; 일언(쌀), 울엉개
-X: 가꾸마, 올라가마, 오미개미, 보이소; 인(쌀), 웅개

이 어미의 기저형은 '으'탈락을 공시적인 음운 과정으로 파악하느냐 그렇지 않느냐에 따라 단일기저형으로 잡을지 아니면 다중기저형으로 잡을지가 결정된다. 만약 '으'탈락을 공시적인 음운 과정으로 파악한다면 이형태 '-X'는 '-으X'에서 도출되므로 기저형으로는 '-으X'만이 인정되며, '으'탈락을 공시적인 음운 과정이 아니라 판단한다면 '-으X'와 '-X'는 모두 기저형으로 인정된다.

'으'탈락 과정을 인정할 경우: 단일기저형 //-으X//
{防-}+{조건접속어미} //막+으먼// → 막으먼
{甘-}+{조건접속어미} //달+으먼// → 달으먼 → ('으'탈락) → 달먼
{視-}+{조건접속어미} //보+으먼// → 보으먼 → ('으'탈락) → 보먼

'으'탈락 과정을 인정하지 않을 경우: 다중기저형 //-으X(ㄹ을 제외한 자음 뒤)/-X(그밖)//

{防-}+{조건접속어미} //막+으면// → 막으면

{甘-}+{조건접속어미} //달+면// → 달면

{視-}+{조건접속어미} //보+면// → 보면

'으'가 탈락하는 과정을 상정할 때 생기는 문제점에 대해서는 강창석(1982), 김성규(1988), 배주채(1994) 등에서 자세하게 지적되었다. '으'탈락을 인정할 경우 생기는 문제점은 대체로 다음의 네 가지로 정리된다. 첫째, '으'탈락 과정은 단모음화와 관련된 규칙순을 부여해야 한다. '살:+으면'에서 단모음화가 '으'탈락 이전에 적용되면 /*살먼/이라는 잘못된 표면형이 도출되므로 /살:먼/을 도출하기 위해서는 '으'탈락이 단모음화보다 먼저 적용되어야 한다. 둘째, '으'탈락은 도출과정에서 생긴 연쇄에는 적용되지 않아야 한다. '빻+으면, 끓+으면'에서 'ㅎ'탈락이 일어난 /빠으면, 끌으면/에는 '으'탈락이 적용되지 않도록 규칙순을 정해야 한다. 셋째, 음장 교체와 관련된 어간들의 다중기저형을 인정할 때에 기저형 결정 과정에서 불합리가 발생한다. '많:-'와 같이 항상 장음으로만 실현되는 어간과 달리 '갈:-, 낫:-' 등은 장음과 단음으로 실현되므로 장음의 형태와 단음의 형태가 모두 기저형으로 인정된다. 즉 장음의 //갈:-, 낫:-//은 자음 앞에서, 단음인 //갈-, 낫-//은 모음 앞에서의 기저형인바, {-으면}의 기저형이 //-으면//이라면 실제 표면형인 '갈:먼, 낫으면'을 설명하기 위해서는 '으'탈락 이후에 기저형이 결정되어야 한다. 넷째, 'ㄹ'말음 어간의 경우 '으'가 탈락하지 않는 활용형들이 존재한다. 가늘은~가는, 매딸으먼~매딸먼, 영글은~영근. '으'탈락의 과정이 인정된다면, 수의적으로 일어나는 'ㄹ'뒤의 '으'탈락과 필수적으로 일어나는 모음 뒤의 '으'탈락을 분리하여 기술해야만 한다.

이와 같은 문제점을 지닌 '으'탈락을 음운 과정으로 인정하지 않고,

'-으X'와 '-X' 모두 다중기저형으로 인정하는 방식이 김성규(1988)에서 제안되고 배주채(1994)에서 방언 자료에 구체적으로 적용되었다. 여기에서는 '살으먼, 빠으먼'과 같이 용언의 활용에서 'ㄹ'이나 모음 뒤에서 '으'가 탈락하지 않는 예를 통해 '으'탈락의 실재성이 의심되고, 도출과정에서 '으'탈락과 다른 음운 과정의 관계를 규정해야 하는 규칙순이 공시적 기술에 부담을 준다는 점에서[36] 이들 어미의 기저형을 '-으X'와 '-X' 두 가지로 잡는 방식을 따른다. 이에 따라 세 방언에서 보이는 '가늘은~가는, 매딸으먼~매딸먼, 영글은~영근'과 같은 활용형의 공존은 기저형 선택 조건의 변화에 따른 현상으로 해석된다.

매개모음어미의 기저형 : //-으X(ㄹ을 제외한 자음 뒤)/-X(그밖)//
//가늘+ㄴ// → 가는, //매딸+먼// → 매딸먼, //영글+ㄴ// → 영근

매개모음어미의 기저형 : //-으X(자음 뒤)/-X(모음 뒤)//
//가늘+은// → 가늘은, //매딸+으먼// → 매딸으먼, //영글+은// → 영글은

36) 이진호(2002:160)에서는 용언 어간말의 'ㅎ'탈락과 관련하여 '으'탈락을 "세력이 약화된 규칙"으로 이해하고 "'으'탈락 규칙을 다른 규칙보다 앞서 적용시키는 규칙순을 설정함으로써……기술하게 된다."라고 하였다. 즉 "현대국어에서 생산적인 음운규칙이라 하기 어려운 측면이 많은" '으'탈락이지만 이를 공시적인 음운 과정으로 인정하되 규칙순을 이용하는 방식으로 기술한 것이다. 이처럼 '으'탈락 과정에 대한 의심이 존재함에도 불구하고 규칙순을 이용하는 방식으로 기술하는 데에는, 최명옥(1991:244)에서 지적한 바와 같이 다중기저형의 존재에 대한 실체적 증거가 부족하기 때문이다. 예를 들어 '푸고, 풍개, 퍼서'와 같은 활용형을 보이는 어간에 대해서 '푸-(그밖)/퍼-(모음어미 앞)'이라는 다중기저형을 설정한다고 할 때, 모음어미 앞에서의 기저형 '퍼-'는 '퍼고, 펑개, 퍼서'와 같이 기저형이 '퍼-'로 재구조화된 방언이 존재하므로 그 실재성을 인정받을 수 있다. 하지만 매개모음어미를 다중기저형으로 기술한다고 할 때에 기저형 '-으X'와 '-X'에 대한 화자들의 심리적 실재를 반영하는 증거를 찾기는 어렵다. 매개모음어미의 단일화 경향은 어느 방언에서도 나타나지 않기 때문이다.

3.3.3 모음어미

모음어미에는 다음과 같은 것이 있다.

〈무주〉 -어, -어다, -어도/라도, -어라1/니라(명령법), -어라2, -어서/라서, -어야/라야, -어요, -었-

〈영동〉 -어/라~어, -어다, -어도/라도, -어라1/니라(명령법), -어라2, -어서/라서, -어야/이야/라야, -어요/이요, -었-

〈김천〉 -어/라/가, -어다, -어도/라도, -어라1/너라~ㄴ나(명령법), -어라2, -어서/라서, -어야/라야, -어여/라여[37], -었-

이들 어미의 이형태는 음운론적인 조건과 문법적인 조건에 따라 달리 나타난다. 먼저, 문법적인 조건에 따른 교체를 보이는 어미들은 대부분 동사 · 형용사 뒤에서는 '-어X'가, 계사 뒤에서는 '-라X'가 나타난다.

〈무주〉 먹-어도/질-어도/책이-라도, 먹-어서/질-어서/책이-라서, 먹-어야/질-어야/책이-라야~책이-래야

---

37) 이 어미의 형태적 특이성은 이른 시기부터 보고된 바 있지만, 그 기능에 대해서는 정확하게 밝혀지지 않았다. 천시권(1965:8)에서는 이에 대해 "平交에 쓰이는데, 대단히 편리하고 그 쓰이는 범위도 넓다. 이것을 얼핏 들으면 반말 비슷하여 타지방 사람에게는 오해를 사는 수도 있으나, 이 지방에 있어서는 반말 이상의 뜻이 포함되며, 상당히 친밀한 느낌을 주는 말이다."라고 하였다. 이기백(1969:215)에서는 "주로 平交間에 쓰이며, 의문 · 긍정 · 부정 · 권유형어미로도 쓰이는 등 그 사용 범위가 매우 광범하여 상당히 편리한 어법이다."라고 하였다. 몇 예를 인용하면 다음과 같다. "머헤여?(의문), 일헤여.(긍정), 난 못헤여.(부정), 밥 좀 먹어여.(권유)" 전인득(1979:19~20)에서는 이를 하소체 서술형어미로 분류하였으나, 민원식(1994:91)에서는 "첨사 '-여'가 덧붙어도 (下待의) 대우 등분과 달라지지 않는다."라고 하였으며, 이기갑(2003:272)에서는 "'-어'보다는 높지만 '-어요'보다는 낮은 중간 등급을 나타내는 점에서 중앙어의 반말과는 그 높임의 등분이 다르다고 하겠다."라고 함으로써, 높임의 등급에 대한 논의가 일치하지 않음을 알 수 있다. 이 '-어여'의 높임의 등급에 있어서는 보다 세밀한 논의가 필요하지만, 우선 '-어여'는 서로 친밀한 상대일 때에 상위자가 하위자에게 또 하위자가 상위자에게 쓸 수 있다는 점을 지적해 둔다.

〈영동〉 먹-어/질-어/책이-어~책이-라, 먹-어도/질-어도/책이-라도, 먹-어서/질-어서/책이-라서, 먹-어야/질-어야/책이-라야

〈김천〉 먹-어/질-어/책이-라, 먹-어도/질-어도/책이-라도, 먹-어서/질-어서/책이-라서, 먹-어야/질-어야/책이-라야, 먹-어여/질-어여/책이-라여

이러한 교체는 공시적인 음운 과정을 통하여 기술될 수 없으므로, 계사 뒤에서 나타나는 이형태 '-라X'도 기저형으로 인정되어야 한다. 이러한 이형태 교체를 보이는 어미들의 종류는 지역에 따라 차이를 보인다. 세 지역 모두에서 이러한 교체를 보이는 어미들은 '-어도/라도, -어서/라서, 어야/라야'이다. 반말체 종결어미 '-어'가 계사 뒤에서 이형태 '-라'로 교체되는 것은 〈영동, 김천〉에서만 나타나는데, 〈영동〉에서는 계사 뒤에서 '-어'의 이형태와 '-라'의 이형태가 공존하는 반면 〈김천〉에서는 '-라'의 이형태만 나타난다.

〈무주〉 책이-어 /책이여~책여/, *책이라

〈영동〉 책이-어 /책이여~책여/ ~ 책이-라

〈김천〉 *책이-어, 책이-라

또한 명령형어미 '-어라/니라〈무주, 영동〉, -어라/너라~ㄴ나〈김천〉'에서 후자의 이형태는 '오-'(來) 뒤에서만 나타난다.

〈무주〉 먹-어라, 오-니라, 나오-니라, 가조-니라(가져오다)

〈영동〉 먹-어라, 오-니라, 나오-니라, 가조-니라(가져오다)

〈김천〉 먹-어라, 오-너라~오-ㄴ나, 나오-너라~나오-ㄴ나, 가오-너라, 가오-ㄴ나(가져오다)

〈김천〉에서는 '주-'(授)의 보충법적 이형태인 '도-'(R형) 뒤에서 반말

체 종결어미 '-어'가 (명령형어미로 쓰일 때에) 이형태 '-가'로 교체되어 나타난다. 〈무주, 영동〉에서는 이 때에도 '-어'의 음운론적으로 조건된 이형태인 '-아'만 나타난다.[38)]

〈무주〉 (나에게) 책 좀 <u>다:라</u>.(달:-아)
cf. (나에게) 책 좀 달:라구(~돌:라구) 항개
〈영동〉 (나에게) 책 좀 <u>다:라</u>.(달:-아)
cf. (나에게) 책 좀 달:라(~돌:라) 캉개
〈김천〉 (나에게) 책 좀 <u>도˘가′</u>.(도-가)
cf. (나에게) 책 좀 돌˘라′(~달˘라′) 캉개

이상과 같은 이형태의 교체는 계사, '오-'(來), '주-'(授)의 보충법적 이형태인 '도-' 뒤에서만 일어나는 교체로서 어휘적인 조건에 따른 교체라고 할 수 있다. 이러한 조건에 따른 이형태는 '어→라', '어→니', '어→가' 등의 음운 과정으로 설명될 수 없는 것이므로 이형태 자체가 기저형으로 인정된다.

한편, 음운론적인 조건에 따른 교체이면서도 교체형이 기저형으로 인정되어야 하는 경우가 있다. 〈영동〉에서 나타나는 '-어요/이요, -어야/이야'의 교체가 그것이다. 이 이형태 중에서 후자의 이형태 곧 '-이요,

---

38) 이윤구(2001:116, 242)에서는 〈무주〉에서 '다:라' 이외에 '도라'('도:라'일 것으로 추정됨)가 쓰인다고 하였다. 본 조사에서는 '다:라'만이 확인되었는데, 간접인용문 구성에서 '달:라고'와 함께 '돌:라고'가 쓰이고 있음을 감안한다면 '다:라'가 〈무주〉에서 실제할 가능성이 높다고 판단된다. 김덕호(2001:186, 316)에서는 〈김천〉의 방언형으로 "도가(HL), 두:가"만이 보고되었는데, '도˘가′'가 〈김천〉의 전형적인 방언형임은 ≪한국방언자료집≫(경북편, 257)의 '도가(HL)'를 통해서도 확인된다. 다만 ≪한국방언자료집≫의 '도가(HL)'는 성조가 달리 표시되어 있는데, 그 차이의 이유는 분명하지 않다. 김덕호(2001:1816)에 따르면 경북 지역 내에서 '다고, 다오'와 같이 첫음절의 모음이 '아'인 방언형은 주로 상주, 문경, 안동, 예천 등의 북부지역에서 쓰인다.
한편, 간접인용문 구성에서 '주-'의 보충법적 이형태인 '달:-, 돌:-'의 출현도 세 방언에서 차이를 보인다. 〈무주, 영동〉에서는 주로 '달:라구'가 많이 쓰이는데 드물게 '돌:라구'도 확인된다. 반대로 〈김천〉에서는 '돌:라고'가 대량으로 쓰인다.

-이야'는[39] 'ㅆ'으로 끝나는 어간이나 선어말어미 뒤에서 수의적으로 나타난다.

〈영동〉 먹-어야, 있-어야~있-이야, 웁ㅆ:-어야~웁ㅆ:-이야, 했-어야~했-이야
먹-어요, 있-어요~있-이요, 웁ㅆ:-어요~웁ㅆ:-이요, 했-어요~했-이요,
먹겄-어요~먹겄-이요

이러한 이형태의 교체 또한 '어→이' 혹은 '이→어'의 음운 과정을 설명할 수 없는 것이므로, 이형태 '-이요, -이야'는 'ㅆ'으로 끝난 어간이나 선어말어미 뒤에서의 기저형으로 인정된다.

위에서 편의상 '어'로 고정시켜 표시한 모음어미의 두음 '어'는 선행 어간의 음운론적 조건에 따라 다양하게 나타난다. 예를 들어 〈무주〉에서 모음어미의 두음 '어'는 '어/아/애/에/위/∅' 등으로 나타나는데, 이를 고려하면 결국 위에서 제시한 어미들은 모두 각각 6개 이상의 이형태가 존재한다. 대표적으로 '-어서'를 예로 들면 다음과 같다.

〈무주〉 먹-어서, 잡-아서, 빼-애서 /빼:서/, 건네-에서 /건네서/, 뛰-위서 /뛰:서/, 가-∅서 /가서/

이 중에서 '애/에/위/∅' 등을 두음으로 가지는 이형태들, 즉 '빼:서'에서의 '-애서', '건네서'에서의 '-에서', '뛰:서'에서의 '-위서', '가서'에서의 '-∅서' 등은 모두 '-어서'나 '-아서'를 기반으로 하여 공시적인 음운 과

---

39) 〈영동〉에서 이형태 '-이요'는 간혹 '-에요'로도 실현되는 듯하다. "아, 거기 있었에요?" 이 '-에요'는 경기도를 비롯한 중부방언 일대에서 흔히 실현되는 이형태로서 이승재(1985)에는 "물었에요, 여쭸에요, 가셨에요, 드셨에요, 왔에요, 주무셨에요" 등이 제시된 바 있다. 이기갑(2003:225)에서는 충남의 보령이나 부여에서 '있-, -었-, -겄-' 뒤에서 이형태 '-이요'가 실현된다고 하였다. "있었이요, 죽었이요, 보겄이요".

정으로 인정되는 완전순행동화나 동일모음탈락을 통하여 도출될 수 있으므로 기저형으로 설정되지 않는다. 우선 '-어서'와 '-아서'를 모두 기저형으로 인정된다고 전제하면 위의 이형태들은 다음의 과정에 따라 도출된다.

//먹-어서// → 먹어서 → 머거서　　//잡-아서// → 잡아서 → 자바서
//빼-아서// → 빼아서 → (완전순행동화) → 빼애서 → 빼:서
//건네-어서// → 건네어서 → (완전순행동화) → 건네에서 → 건네서
//뛰-어서// → 뛰어서 → (완전순행동화) → 뛰위서 → 뛰:서
//가-아서// → 가아서 → (동일모음탈락) → 가서

따라서 기저형 설정에 있어서 문제의 초점은 '-어서/아서'가 모두 기저형으로 인정되는지, 아니면 둘 중의 하나만이 기저형으로 인정되는지에 있다. 그런데 이 문제는 어간의 음운론적 구조를 고려하여 세 방언의 활용형을 모두 검토한 뒤에 결정할 수 있다. 이러한 검토는 4.2.1에서 자세하게 다루어지므로 여기에서 모음어미의 기저형으로 세 방언에서 모두 //-어X//가 설정된다는 점만 제시한다.

3.4 용언 어간

3.4.1 'ㅂ'불규칙 어간

표준어의 'ㅂ'불규칙 어간은 단일 기저형으로서는 공시적인 음운 과정을 통해 활용형을 도출할 수 없으므로, 그 기저형은 '돕-'(助)을 예로 들면, //돕-(자음어미 앞)/도우-(그밖)//와 같이 다중기저형으로 설정된

다(최명옥 1985, 한영균 1985, 김성규 1988). 그런데 세 방언에서는 단어에 따라 기저형의 변화가 달리 일어나 후음(ㅎ, ㆆ) 말음이나 'ㅅ'말음의 단일기저형이 설정되는 경우가 있는가 하면, 표준어와는 달리 다중기저형이 설정되어야 하는 경우가 있다. 이러한 기저형의 변화는 대체로 동사와 형용사라는 문법 범주에 따라 달리 일어난 것으로 보인다.

먼저, 동사의 경우에는 후음(ㅎ, ㆆ)이나 'ㅅ'말음인 단일기저형으로 재구조화가 일어나는 경향을 볼 수 있다.

	지역	-고	-지	-으면	-아/어	-아/어서	기저형
굽-(炙)	〈무주〉	꾸:꾸	꾸:찌	꾸:먼	꿔:	꿔:서	//꾸ㆆ :-//
	〈영동〉	꾸:꾸	꾸:찌	꾸:먼	꿔:	꿔:서	//꾸ㆆ :-//
	〈김천〉	꾸˘꼬	꾸˘찌	꾸′우마	꾸′우	꾸′우서	//꾸ㆆ ˘-//
깁-(補)	〈무주〉	지:쿠	지:치	지:먼	지어	지:서	//짛:-//
	〈영동〉	지:쿠	지:치	지:먼	지어	지:서	//짛:-//
	〈김천〉	집˘꼬	집˘찌	집′어마	집′어	집′어서	//집˘-//
줍-(取)	〈무주〉	주:꾸	주:찌	줏으먼	줏어	줏어서	//줏:-//
	〈영동〉	주:꾸	주:찌	줏으먼	줏어	줏어서	//줏:-//
	〈김천〉	주˘꼬	주˘찌	주′우마	주′우	주′우서	//줗˘-//

표준어의 '굽:-, 눕-'는 세 방언에서 모두 단일 기저형의 'ㆆ'말음 어간으로 재구조화되었다.[40] 〈무주, 영동〉에서는 '굽:-'에 대하여 'ㅎ'말음인 //꿓:-//의 기저형도 공존하며(꾸:쿠, 꾸:치), 〈무주〉에서는 //꾸:-//도 존재하여(꾸:구, 꾸:지)[41] 다양한 변화 양상을 확인할 수 있다. '깁:-'은 〈무주, 영동〉에서는 'ㅎ'말음인 //짛:-//으로 나타나며, 〈김천〉에서는 'ㅂ'말음인 //집˘-//으로 대응된다. '줍-'은 〈무주, 영동〉에서는 단일 기

40) 음운체계에 들어 있지 않은 'ㆆ'을 어간말음의 하나로 설정하는 데에 대한 논의는 배주채(1994/1998ㄱ:98)을 참조할 수 있다.

41) 이와 같은 기저형의 변화는 '꿔:'와 같은 모음어미 앞에서의 활용형을 기반으로 한 유추변화의 결과이다(정인호 1997:321~327, 김현 1999:216~218).

저형의 'ㅅ'말음 어간이며, 〈김천〉에서는 'ㅎ'말음 어간이다.

	지역	유형	-고	-으면	-아/어	기저형
돕-(助)	〈무주〉	㉠	돕:꾸~도웁꾸	도우먼	도와	∥돕-:~도웁-(자음어미 앞)/도우-그밖)∥
		㉡	도우구	〃	〃	∥도우-∥
	〈영동〉	㉠	돕:꾸	도우먼	도와	∥돕:-(자음어미 앞)/도우-(그밖)∥
		㉡	도우구	〃	〃	∥도우-∥
	〈김천〉	㉠	돕˘꼬	도′우마	도′아	∥돕˘-(자음어미 앞)/도′우-(그밖)∥
		㉡	도′우고	〃	〃	∥도′우-∥

'돕-'에 대하여 세 방언에서는 모두 기저형으로 다중기저형과 단일기저형 ∥도우-∥가 공존한다. 다중기저형은 표준어와 같이 ∥돕:-(자음어미 앞)/도우-(그밖)∥가 설정되는데, 〈무주〉에서는 자음어미 앞에서 ∥돕:-∥과 ∥도웁-∥이 공존한다. 〈무주〉의 이러한 공존은 형용사에서의 기저형에서도 확인된다.

형용사의 경우, '덥:-(暑), 맵-(辛)'을 대표로 몇몇 활용형과 기저형을 제시하면 다음과 같다.

	지역	-고	-으면	-아/어	기저형
덥:-	〈무주〉	덥:꾸~더웁꾸	더우먼	더워	∥덥:-~더웁-(자음어미 앞)/더우-(그밖)∥
	〈영동〉	덥:꾸	더우먼	더워	∥덥:-(자음어미 앞)/더우-(그밖)∥
	〈김천〉	덥˘꾸	덥′어마	덥′어	∥덥˘-∥
맵-	〈무주〉	맵꾸~매웁꾸	매우먼	매와	∥맵-~매웁-(자음어미 앞)/매우-(그밖)∥
	〈영동〉	맵꾸	매우먼	매와	∥맵-(자음어미 앞)/매우-(그밖)∥
	〈김천〉	맵′구	맵′어마	맵′아	∥맵′-∥

〈영동, 김천〉의 기저형은 〈무주〉에 비해 비교적 간단하다. 〈영동〉에서는 ∥Xㅂ-(자음어미 앞)/X우-(그밖)∥의 다중기저형이며, 〈김천〉에서는 ㅂ말음의 단일기저형이다. 〈영동, 김천〉에서는 표준어의 'ㅂ'불규칙 형용사 대부분이 이러한 기저형으로 대응된다.

〈무주〉는 〈영동〉과 기저형이 비슷하지만, 자음어미 앞에서 수의적으로 존재하는 기저형 //X웁-//이 있다는 점이 다르다. 밉구~미웁구(惡), 짭구~짜웁구(鹽), 찹구~차웁구(冷). 이러한 점은 〈무주〉 뿐만 아니라 서남방언의 전반적인 특징으로서, 자음어미 앞에서의 기저형 //X웁-//은 'ㅂ'불규칙 어간 전반에 걸쳐 확인된다(김규남 1991, 정인호 1997).

한편 〈무주〉에서 다음절 어간은 매개모음어미 및 모음어미 앞에서의 기저형의 변화가 다른 방향으로 일어났다.[42] 즉 표준어에서는 '무섭-'을 예로 들면 //무섭-(자음어미 앞)/무서우-(그밖)//과 같이 매개모음어미나 모음어미 앞에서 //X우-//의 기저형을 가지는데, 〈무주〉에서는 수의적으로 '무서우먼~무서먼, 무서워~무서, 무서워서~무서서' 등이 공존함으로써, 매개모음어미 및 모음어미 앞에서 //X우-//인 기저형 외에도 //X∅-//가 나타난다. 이러한 기저형의 변화는 역시 대부분의 'ㅂ'불규칙 어간에서 확인할 수 있다. 어간의 제2음절 모음을 기준으로 대표적인 예를 제시하면 다음과 같다.

	유형	기저형	-으면	-은	-아/어	-아/어서
가찹-(近)	①	//가차우-//	가차우먼	가차운	가차와	가차와서
	②	//가차-//	가차먼	가찬	가차	가차서
두껍-(厚)	①	//두꺼우-//	두꺼우먼	두꺼운	두꺼워	두꺼워서
	②	//두꺼-//	두꺼먼	두껀	두꺼	두꺼서
해롭-(害)	①	//해로우-//	해로우먼	해로운	해로와	해로와서
	②	//해로-//	해로먼	해론	?해롸	?해롸서
짤룹-(寒)	①	//짤루우-//	짤루먼	짤룬	짤루와	짤루와서
	②	//짤루-//	짤루먼	짤룬	짤롸	짤롸서
가립-(간지럽다)	①	//가리우-//	가리우먼	가리운	가리워	가리워서
	②	//가리-//	가리먼	가린	가려	가리서

42) 〈무주〉에서 다음절 어간의 기저형이 자음어미 앞에서 //X웁-//인 어간은 '가찹-(近)'을 제외하면 잘 발견되지 않는다. 가찹구~가차웁구, 가찹기~가차웁기. 김옥화(2001:95~96)에 따르면, 전북의 부안방언에서는 "무섭다~무서웁드라, 날캅다~날카웁다, 가깝고~가까웁고, 무겁고~무거웁다, 반가웁제~반가웁다" 등과 같이 다음절 어간에서도 //X웁-//인 기저형으로의 변화가 활발하다.

위에서 유형 ①은 ∥X우-∥, 유형 ②는 ∥X∅-∥이 기저형이다. 대체로 ①은 격식적인 상황이나 형태를 분명하게 발음해야 하는 상황에서, ②는 보다 일상적인 상황에서 많이 사용된다. ①이 구형이고 ②가 신형인 것은 분명해 보이는데, 공시적으로는 ∥X우-∥, ∥X∅-∥가 모두 기저형으로 인정되어야 한다. 만약 유형 ②를 기저형 ∥X우-∥에서 도출하려면 매개모음어미와의 결합형에서 보이는 '아우, 어우, 이우'의 연쇄에서 '우'가 탈락하거나 축약된다든지, 모음어미와의 결합형에서 보이는 'awa, əwə, uwa, uwə, iwə'의 연쇄에서 반모음 w가 탈락한다든지 하는 과정을 공시적인 음운 과정으로 인정해야 한다. 그러나 이 과정은 주로 형태소 내부에서 적용되는 과정으로 공시적인 과정으로 보기 어렵다. '아우, 어우, 이우'에서 '우'탈락(혹은 축약)은 모음 연쇄를 회피한다는 점과 고모음이 탈락한다는 점에서 과정의 동기가 없는 것은 아니지만, '아우, 어우'의 경우에는 '싸움〉쌈:'을 제외하면 '우'탈락이 일어나는 경우가 형태소 내부에서도 찾아보기 힘들며, '이우'의 경우 '지우다~지:다, 피우다~피:다'와 같은 형태소 내부에서의 '우'탈락을 보이는 예들을 제외하면 공시적인 결합과정에서 '우'탈락을 인정할 만한 증거를 찾기 어렵다. w탈락 역시 'uwa, uwə' 연쇄에서는 '우'와 w의 원순성 중복을, 'iwə' 연쇄에서는 고음성의 중복을 피한다는 점에서 과정의 동기를 찾을 수 있지만 'awa, əwə' 연쇄에서는 특별한 음운론적 동기를 찾기 힘들다는 점에서 공시적인 과정이라 보기 어렵다.[43] 따라서 〈무주〉에는 매개모음어미 및 모음어미와 결합할 때의 기저형으로 ∥X우-∥외에도 ∥X∅-∥이 공존하는 것으로 인정된다.

반면 〈영동, 김천〉에서는 다음절 어간인 경우에도 단음절 어간의 기저형과 동일하다. 즉 〈영동〉에서는 '무섭-'을 예로 들면, '무섭구, 무서우

---

43) 김현(1999)는 ①계열에서 ②계열로 변화한 역사적인 과정을 '모음-w-모음' 연쇄에서의 w탈락으로 파악하였으며, 매개모음어미 결합형에서 상정되는 '우'탈락은 실제하지 않았던 과정으로 이해하였다.

먼, 무서워'와 같이 활용함으로써 기저형은 //무섭-(자음어미 앞)/무서우-(그밖)//이 된다. 〈김천〉에서는 '무숩고, 무숩어마, 무숩어'와 같이 활용하여 그 기저형은 단일기저형인 //무숩-//이다. 이를 일반화시키면 'ㅂ' 불규칙 용언에 대응하는 어간의 기저형은 〈영동〉에서는 //Xㅂ-(자음어미 앞)/X우-(그밖)//, 〈김천〉에서는 //Xㅂ-//으로 나타난다.

이상에서 살펴본 표준어의 'ㅂ'불규칙 용언에 대응되는 〈무주, 영동, 김천〉의 어간 기저형을 정리하면 다음과 같다. 동사의 경우에는 '돕-'(助)을 제외하면 단어에 따라 후음 말음이나 'ㅅ', 혹은 'ㅂ'말음의 단일기저형으로 대응된다. 구체적으로 '눕-(臥), 굽-(炙)'은 세 방언에서 모두 //누ㆆ:-, 꾸ㆆ:-//으로 동일하다. '깁-'(補)은 〈무주, 영동〉에서는 //짛:-//, 〈김천〉에서는 //집ˇ-//의 단일기저형이다. '줍-'(取)은 〈무주, 영동〉에서 //줏:-//이며, 〈김천〉에서는 //쭈ㆆˇ-//이다. '돕-'(助)은 세 방언에서 단일기저형인 //도우-//로도 대응되지만, //돕:-(자음어미 앞)/도우-(그밖)//의 다중기저형으로 나타난다. 다만 〈무주〉에서는 자음어미 앞에서의 기저형으로 //도웁-//도 존재한다.

형용사의 경우, 〈영동〉에서는 그 기저형이 표준어의 경우와 마찬가지로 //Xㅂ-(자음어미 앞)/X우-(그밖)//으로 일반화시킬 수 있다. 〈김천〉에서는 단일기저형인 //Xㅂ-//으로 일반화된다. 〈무주〉는 //Xㅂ-(자음어미 앞)/X우-(그밖)//으로 일반화시킬 수 있지만, 단음절 어간인 경우에는 자음어미 앞에서 //X웁-//의 기저형이, 다음절 어간인 경우에는 매개모음어미 및 모음어미 앞에서 //X∅-//의 기저형이 각각 공존한다.

3.4.2 'ㅅ'불규칙 어간

표준어의 'ㅅ'불규칙 용언은 세 방언에서 단일기저형으로만 나타난다.[44] 먼저, 표준어의 '잇-(繼), 젓-(混), 잣-(紡)'은 세 방언에서 모두 'ㅅ' 말음인 단일기저형 //Xㅅ-//으로 대응된다.

	〈무주〉		〈영동〉		〈김천〉	
	-고/-으먼/-어	기저형	-고/-으먼/-어	기저형	-고/-어마/-어	기저형
잇-(繼)	이:꾸/이스먼/이서	//잇:-//	이:꾸/이스먼/이서	//잇:-//	이˘꼬/이′서마/이′서	//잇˘-//
젓-(混)	저:꾸/저스먼/저서	//젓:-//	저:꾸/저스먼/저서	//젓:-//	저˘꼬/저′서마/저′서	//젓˘-//
잣-(紡)	자:꾸/자스먼/자사	//잣:-//	자:꾸/자스먼/자사	//잣:-//	자˘꼬/자′서마/자′사	//잣˘-//

'낫-'(癒)은 세 방언에서 'ㅅ'말음의 단일기저형을 가지지만, 〈영동〉에서는 //낫:-// 외에도 'ㅎ'말음인 //낳:-//이 더 존재한다는 점이 다르다. '붓-'(腫)은 〈무주, 영동〉에서는 'ㅅ'말음의 단일기저형이지만, 〈김천〉에서는 'ㅎ'말음인 //붛-//으로 대응된다. 한편, '붓-'(注)은 세 방언에서 모두 'ㅎ'말음의 //붛-//으로 대응되는데, 〈무주〉에는 'ㅅ'말음인 //붓:-//이 //붛:-//보다 더 널리 쓰인다. '짓-'(作) 역시 세 방언에서 모두 'ㅎ'말음인 //짛:-//으로 나타나는데, 〈무주, 영동〉에서는 'ㅎ'말음과 더불어 'ㅎ'말음의 기저형이 공존한다.

	〈무주〉		〈영동〉		〈김천〉	
	-고/-으먼/-어	기저형	-고/-으먼/-어	기저형	-고/-어마/-어	기저형
낫-(癒)	나:꾸/나스먼/나사	//낫:-//	나:꾸/나스먼/나사 나:꾸/나:먼/나:	//낫:-// //낳:-//	나˘꼬/나′서마/나′사	//낫˘-//
붓-(腫)	부:꾸/부스먼/부서	//붓:-//	부:꾸/부스먼/부서	//붓:-//	부˘꼬/부′우마/부′우	//붛˘-//
붓-(注)	부:꾸/부스먼/부서 부:꾸/부:먼/붜:	//붓:-// //붛:-//	부:꾸/부:먼/붜:	//붛:-//	부˘꼬/부′우마/부′우	//붛˘-//
짓-(作)	지:꾸/지:먼/지어 지:쿠/지:먼/지어	//징:-// //짛:-//	지:꾸/지:먼/지어 지:쿠/지:먼/지어	//징:-// //짛:-//	지˘꼬/지′이마/지′이	//징˘-//

44) 'ㅅ'불규칙이란 용어는 표준어와의 대비를 위해서 편의상 사용한 것이며, 세 방언에서 'ㅅ'불규칙은 존재하지 않는다.

표준어 '긋-'(劃)에 대해서는 다른 'ㅅ'불규칙 용언의 경우와 달리, 〈무주, 영동〉에서는 //그시-//와 같이 '이'말음 어간으로 재구조화가 일어났다. 〈영동〉에서는 //그시-//와 함께 'ㆆ'말음인 //긍:-//이 존재한다. 〈김천〉에서는 'ㆆ'말음인 //꺼ㆆ-//로만 대응된다.

	〈무주〉		〈영동〉		〈김천〉	
	-고/-으면/-어	기저형	-고/-으면/-어	기저형	-고/-어마/-어	기저형
긋-(劃)	그시구/그시먼/그셔	//그시:-//	그시구/그시먼/그셔 그:꾸/그:먼/그:	//그시-// //긍:-//	꺼'꼬/꺼'어마/꺼'어	//꺼ㆆ'-//

3.4.3 'ㄷ'불규칙 어간

표준어의 'ㄷ'불규칙 어간을 제시하면 다음과 같다.

걷:-(步), 곁:-(結), 긷:-(汲), 눋:-(焦), 듣-(聞), 묻:-(問), 붇:-(擴), 싣:-(載), 깨닫-(覺)

표준어의 'ㄷ'불규칙 어간은 최명옥(1985), 김성규(1988:28~29), 최명옥(1993/1998ㄱ:286~287) 등을 통해 //Xㄷ-(자음어미 앞)/Xㄹㆆ-(그밖)//의 기저형을 가지는 것으로 논의된 바 있다. 예를 들어 표준어의 '듣-'(聞)은 /듣떠라, 드르면, 드러/의 활용형을 보이는데, 매개모음어미 앞에서의 기저형을 //들-//로 잡는다면 다른 'ㄹ'말음 어간의 활용과 달라지므로 다른 방언에서의 재구조화 경향('싣-'(載) /실꼬~실코, 시르면, 시러/)을 참조하여 매개모음어미 앞이나 모음어미 앞에서의 기저형을 //듫-//로 잡는다는 것이다. 이때의 기저형을 //드르-//로 잡고 어간말의 '으'탈락 과정을 통해 /드러/를 도출하는 방법도 있으나(배주채 1994/ 1998

ㄱ:131) 이 기저형의 존재에 대한 실체적 증거를 찾기 어렵다는 단점이 있으므로 여기에서는 매개모음어미 및 모음어미 앞에서의 기저형을 //듫-//로 잡는 방안을 따른다.

〈무주, 영동, 김천〉 세 방언에서 표준어의 ㄷ불규칙 어간은 '싣:-'(載)을 제외하면 대체로 //Xㄷ-(자음어미 앞)/Xㅀ-(그밖)//의 기저형을 가진다.[45] 몇몇 어간의 기저형과 활용형을 제시하면 다음과 같다.

	//걷:-(자음어미 앞)/걿-//	//눋:-(자음어미 앞)/눓-//	//깨닫-(자음어미 앞)/깨닳-//
〈무주〉	걷:뜨라/거르먼/거러	눋:뜨라[46]/누르먼/누러	깨닫뜨라/깨다르먼/깨다라
〈영동〉	걷:뜨라/거르먼/거러	눋:뜨라/누르먼/누러	깨닫뜨라/깨다르먼/깨다라
〈김천〉	걷ˇ떠라/거′러마/거′러	눋ˇ떠라/누′러마/누′러	깨닫떠′라/깨다러′마/깨다′라

한편, 표준어 '싣:-'(載)은 세 방언에서 (음장 또는 성조의 변동을 제외하면) //싫:-//의 단일기저형을 가진다. 〈무주〉에서는 //싫:-//의 기저형이 공존한다.

〈무주〉	//싫:-~싫:-//	실:쿠~실:꾸,	실:른다, 실:치~실:찌,	실으먼, 실어
〈영동〉	//싫:-//	실:꾸,	실:른다, 실:찌,	실으먼, 실어
〈김천〉	//싫ˇ-//	실ˇ꼬,	실ˇ런′다, 실ˇ찌′,	실′어마, 실′어

---

45) 표준어의 '긷-'(汲)과 '겯:-'(結)에 대해서는 충분하게 조사되지 못하였다. 본 조사에서는 세 방언 모두 '긷:-'(汲)에 대해서는 "질어 오지, 질어다 먹어" 등과 같이 모음어미와 결합한 활용형만을, '겯:-'(結)에 대해서는 "싸리를 쪌어서 맹글지, 실(絲)로 쪌은 거." 등과 같이 모음어미 및 매개모음어미와 결합한 활용형만을 확인하였으며, 자음어미와 결합한 활용형은 확인되지 않았다.

46) 〈무주〉에서는 자음어미 앞에서 //누르-//의 기저형도 나타난다. "밥이 다 누르겄어(~눋:겄어)."

3.4.4 '르'불규칙 어간

표준어의 '르'불규칙 용언 어간에 대해서는, 예를 들어 /부르고, 부르면, 불러도/로 활용하는 '부르-'(呼)에 대하여 역사적인 증거와 방언에서의 증거를 바탕으로 그 기저형을 //부르-(그밖)/불르-(모음어미 앞)//와 같이 다중기저형으로 설정해야 한다는 것이 최명옥(1988)에서 논의된 바 있다. 또한 '다르-'(異)의 활용형으로 /달르구, 달르니, 달라서/를 보이는 방언에서는 //달르-//와 같은 단일기저형을 가지는바, 이러한 재구조화는 /달라서/가 어간말음인 '으'가 탈락하는 규칙에 의하여 실현되는 것으로 유추된 까닭으로 설명된다(최명옥 1993/1998ㄱ:255, 곽충구 1994:565~566).

〈무주, 영동, 김천〉 세 방언에서 이상과 같은 //X르-(그밖)/Xㄹ르-(모음어미 앞)//의 다중기저형으로 설정되어야 하는 어간을 제시하면 다음과 같다.

가르-(分), 고르-1(選), 고르-2(調), 고르-3(均), 구르-(轉), 끄르-(解), 나르-1(運), 나르-2(飛), 너르-(廣), 누르-(壓), 다르-(異), 두르-(圍), 마르-(乾), 모르-(不知), 무르-(軟), 바르-1(正), 바르-2(塗)[47], 부르-1(呼), 부르-2(飽滿), 빠르-(速), 오르-1(登), 오르-2(傳), 지르-1(叫), 지르-2(비녀를), 짜르-1(斷), 짜르-2(短), 찌르-(刺), 흐르-(流), 게우르-(怠), 까부르-[48], 끄

47) 표준어에서 '摘出'의 의미를 가지는 '바르-'는 세 방언 모두에서 //밝-//의 단일기저형으로 대응된다. 밝는다/방는다/, 밝으먼, 밝아. 이 단어는 대체로 중세어에서는 'ᄇᆞ리-'로 나타나지만, "눈ᄌᆞᄉᆞ를 ᄇᆞᆯ아 내여"(은중경 19)을 참고하면 '*ᄇᆞᄅᆞ-'가 재구된다. 세 방언에서 나타나는 'ㄱ'은 중세어 몰애(砂), 벌에(蟲)가 '*몰개, *벌게(혹은 벌기)'였음을 참조하면 역사적인 설명이 가능할 것이다. 따라서 세 방언에서 '摘出'의 의미를 가지는 용언 어간은 '바르고, 바르먼, 발가'와 같은 활용형을 보이던 시기가 있었을 것이다. 이때 모음어미와의 결합형을 '밝-아'와 같이 분석하여 새로운 어간 '밝-'을 만들어내고, 이 '밝-'이 자음어미, 매개모음어미 앞에서도 쓰임으로써 단일기저형 //밝-//이 형성된 것이다.

48) '까부르-'는 〈무주〉에서만 확인된다. 〈영동, 김천〉에서는 '까부르-'는 확인되지 않고 '까불-'만 확인된다. 이와 같이 '르'로 끝나는 3음절 어간의 경우, 〈영동, 김천〉에서

시르-, 누:지르-(壓), 문지르-, 뿐지르-(=부러뜨리다), 어끄르-(=엎지르다), 자우르-(睡), 주무르-

이들 어간은 대부분 세 방언에서 함께 쓰이지만, 지역에 따라 차이가 있는 어간도 있다. 〈무주〉에서는 '너르-(廣), 짜르-(短)'이 쓰이지 않으며, 대신 '널릅-, 짤릅-'이 쓰인다. 또한 '뿐지르-, 어끄르-'는 〈무주〉에서만 쓰인다. 〈영동〉에서는 '자우르-'가 쓰이지 않으며, '자울-'만 확인된다. 〈김천〉에서는 '게우르-, 자우르-'가 쓰이지 않고, 대신 '구불-, 낄받-, 자불-'이 쓰인다.

이러한 개별적인 차이를 제외하면, 이상의 어간들은 세 방언에서 모두 //X르-(그밖)/Xㄹ르-(모음어미 앞)//의 기저형을 가진다. 단, '구르-(轉), 누르-(壓), 모르-(不知)'는 모음어미 앞에서 장음의 기저형을 가진다. 한편, 〈김천〉에서는 '으:어'의 대립이 없으므로 기저형은 //X러-(그밖)/Xㄹ러-(모음어미 앞)//이 되며, 따라서 모음어미와의 결합형은 어간말음 '어'의 탈락 과정을 거쳐 도출되는 것으로 파악된다. 몇몇 어간의 기저형과 활용형을 제시하면 다음과 같다.

〈무주, 영동〉	//가르-(그밖)/갈르-(모음어미 앞)//	가르구, 가르면, 갈라
〈김천〉	//가러'-(그밖)/갈'러-(모음어미 앞)//	가러'고, 가러'마, 갈'라
〈무주, 영동〉	//누르-(그밖)/눌:르-(모음어미 앞)//	누르구, 누르면, 눌:러
〈김천〉	//누러'-(그밖)/눌ˇ러'-(모음어미 앞)//	누러'고, 누러'마, 눌ˇ러'
〈무주, 영동〉	//문지르-(그밖)/문질르-(모음어미 앞)//	문지르구, 문지르면, 문질러
〈김천〉	//문지러'-(그밖)/문질'러-(모음어미 앞)//	문지러'고, 문지러'마, 문질'러

한편, 〈무주, 영동〉에서는 //X르-(그밖)/Xㄹ르-(모음어미 앞)//의 기

는 'ㄹ'말음의 2음절 어간으로 재구조화되는 경우가 많은 듯하다. 누:지르다~누질다, 문지르다~문질다, 자우르다~자울다(〈김천〉은 자불다), 주무르다~주물다.

저형에서 모음어미 앞에서의 기저형인 ∥Xㄹ르-∥이 자음어미 앞과 매개모음어미 앞에서도 확대되어 쓰임으로써 새롭게 형성된 단일기저형 ∥Xㄹ르-∥이 기존의 다중기저형과 공존하는 양상을 보인다. 새로운 기저형인 ∥Xㄹ르-∥의 형성에 대한 특별한 제약은 발견되지 않는다. 곽충구(1994:566)에서는 '바르-(正), 고르-(均)'의 경우 모음어미와의 통합이 잘 이루어지지 않으므로 '발르-, 골르-'와 같은 기저형의 변화를 찾아볼 수 없다고 하였지만, "구부러진 걸 발르기 하지."〈무주〉, "조선법이라는 게 골르질 않았어."〈영동〉과 같이 〈무주, 영동〉에서는 '발르-, 골르-'와 같은 새로운 어간을 확인할 수 있다. 새로운 기저형 ∥Xㄹ르-∥가 기존의 다중기저형과 공존하는 경향은 〈영동〉보다 〈무주〉에서 더 강하게 나타나며, 〈김천〉에서는 전혀 발견되지 않는다.[49]

〈무주, 영동〉 ∥갈르-∥ 갈르구, 갈르먼, 갈라
〈무주, 영동〉 ∥눌:르-∥ 눌:르구, 눌:르먼, 눌:러
〈무주, 영동〉 ∥문질르-∥ 문질르구, 문질르먼, 문질러

이상의 논의를 정리하면 다음과 같다. 〈무주, 영동, 김천〉에서 표준어의 '르'불규칙 어간에 대응되는 어간의 기저형은 ∥X르-(그밖)/Xㄹ르-(모음어미 앞)∥이다. 다만, 〈무주, 영동〉에서는 단일기저형 ∥Xㄹ르-∥이 공존한다.

〈무주, 영동〉 ∥X르-(그밖)/Xㄹ르-(모음어미 앞)∥ ~ ∥Xㄹ르-∥
〈김천〉 ∥X러-(그밖)/Xㄹ러-(모음어미 앞)∥

49) 〈무주, 영동〉에서는 젊은 세대로 갈수록 이러한 기저형의 단일화 경향이 심해지지만, 〈김천〉에서는 젊은 세대에서도 이러한 기저형의 변화를 찾아볼 수 없다.

3.4.5 '애'불규칙 어간

표준어에서 '애'불규칙 어간은 '하-'(爲) 및 '하-'에서 형성된 합성 어간들이다. 표준어에서 '하-'(爲)는 /하고, 하면, 해:/와 같은 활용을 보이므로, //하-(그밖)/해-(모음어미 앞)//과 같은 기저형을 가진다.

세 방언에서 '하-'(爲)의 기저형과 활용형은 다음과 같다.

	기저형	활용형
〈무주, 영동〉	//하-(그밖)/해-(모음어미 앞)//	하구, 하먼, 해:서, 햐:
〈김천〉	〃	하고, 하마, 해˘서, 해˘

〈무주, 영동, 김천〉 세 방언에서 '하-'(爲)는 표준어의 경우와 같이 //하-(그밖)/해-(모음어미 앞)//가 설정된다. 〈무주, 영동〉에서 반말체 종결어미와 결합할 때에만 나타나는 '햐:'는 어간말음인 '애'가 y로 바뀌는 과정으로 설명할 수 있으므로, 모음어미 앞의 기저형은 그대로 //해-//가 된다. 중부방언 일대에서 보이는 단일기저형 //해-//로의 변화는 세 방언에서 전혀 찾아볼 수 없다.

또한, '하-'에서 형성된 합성 어간들, 예를 들어 '그라-, 이라-, 저라-, 약하-, 독하-, 착하-, 미안하-, 불쌍하-, 쪼만하-' 등도 //X아-(그밖)/X애-(모음어미 앞)//의 기저형을 가진다. 〈김천〉의 '카-(謂), 거카-, 이카-, 저카-'도 이러한 기저형을 가진다. 몇 어간의 기저형과 활용형을 제시하면 다음과 같다.

	기저형	활용형
〈무주, 영동〉	//그라-(그밖)/그래-(모음어미 앞)//	그라구, 그라먼, 그래서, 그랴
〈김천〉	//거라-(그밖)/거래-(모음어미 앞)//	거라고, 거라마, 거래서, 거래
〈무주, 영동〉	//쪼만하-(그밖)/쪼만해-(모음어미 앞)//	쪼만하구, 쪼만하먼, 쪼만해서, 쪼만햐
〈김천〉	〃	쪼만하고, 쪼만하마, 쪼만해서, 쪼만해

한편, 통시적으로 '하-'(爲)와 관련되어 형성된 어간들은 지역에 따라서 단일기저형을 가지기도 하고 다중기저형을 가지기도 한다. 먼저, 표준어 '많-'(多)은 〈무주, 영동〉에서는 단일기저형 //많:-//으로, 〈김천〉에서는 //많-(그밖)/마내-(모음어미 앞)//의 다중기저형으로 설정된다.

	기저형	활용형
〈무주, 영동〉	//많:-//	많구, 많으면, 많아서, 많아
〈김천〉	//많-(그밖)/마내-(모음어미 앞)//	많고, 많어마, 마내서, 마내

또한 표준어의 '괜찮-, 같잖-, 언짢-, 점잖-, 편찮-, 시원찮-, 마땅찮-' 등에 대응되는 어간들은 〈무주, 김천〉에서는 //Xㄴㅎ-(그밖)/X내-(모음어미 앞)//의 기저형을, 〈영동〉에서는 //Xㄴㅎ-//의 기저형을 가진다.

	기저형	활용형
〈무주〉	//괜찮-(그밖)/괜차내-(모음어미 앞)//	괜찮구, 괜찮으면, 괜차내서, 괜차냐
〈영동〉	//괜찮-//	괜찮구, 괜찮으면, 괜찮아서, 괜찮아
〈김천〉	//개않-(그밖)/개안해-(모음어미 앞)//	개않고, 개않어마, 개아내서, 개아내
〈무주〉	//즘:잖-(그밖)/즘:잔내-(모음어미 앞)//	즘:잖구, 즘:잖으면[50], 즘:자내서, 즘:자냐
〈영동〉	//즘:잖-//	즘:잖구, 즘:잖으면, 즘:잖아서, 즘:잖아
〈김천〉	//점잖-(그밖)/점자내-(모음어미 앞)//	점잖고, 점잖어마, 점자내서, 점자내
〈무주〉	//펜찮-(그밖)/펜찬내-(모음어미 앞)//	펜찮구, 펜찮으면, 펜차내서, 펜차냐
〈영동〉	//펜찮-//	펜찮구, 펜찮으면, 펜찮아서, 펜찮아
〈김천〉	//핀찮-(그밖)/핀찬내-(모음어미 앞)//	핀찮고, 핀찮어마, 핀차내서, 핀차내

50) 〈무주〉에서는 이 외에도 '즘:잔하구, 즘:잔하면' 등과 같은 활용형이 나타난다. 따라서 기저형의 관점에서 보면 위의 기저형과 함께 //즘:잔하-(그밖)/즘:잔해-(모음어미 앞)//이 공존한다고 할 수 있다.

〈무주〉 ∥마땅찮-(그밖)/마땅차내-(모음어미 앞)∥ 마땅찮구, 마땅찮으면, 마땅차내서, 마땅차냐
〈영동〉 ∥마땅찮-∥ 마땅찮구, 마땅찮으면, 마땅찮아서, 마땅찮아
〈김천〉 ∥마꺼짢-(그밖)/마꺼짜내-(모음어미 앞)∥ 마꺼짢고, 마꺼짢어마, 마꺼짜내서, 마꺼짜내

한편, 표준어 '같-'(如)는 자음어미나 매개모음어미 앞에서의 어간을 기준으로 하면 세 방언 모두에서 '같-, 겉-'으로 대응되는데, '겉-'은 주로 체언 뒤에서 나타난다.[51] 그런데 이 '같-, 겉-'은 모음어미 앞에서 다양한 활용형을 보여준다. 먼저 활용형을 제시하면 다음과 같다.

〈무주〉 ① 같구, 같으면, 같어서, 같어 / ② 같구, 같으면, 같에서, 같여
〈영동〉 ① 같구, 같으면, 같애서, 같야 / ② 같구, 같으면, 같에서, 같여
〈김천〉 같고, 같어마, 같애서, 같애

'같-'에 대해서 〈무주〉는 단일기저형 ∥같-∥과 다중기저형 ∥같-(그밖)/가테-(모음어미 앞)∥가 공존한다. ①은 단일기저형 ∥같-∥의 활용형이며[52], ②는 다중기저형 ∥같-(그밖)/가테-(모음어미 앞)∥의 활용형이다. 활용형 /가테서/는 '가테-어서'에서 완전순행동화를 통해, 활용형 /

51) '같-, 겉-'이 쓰인 몇 예를 보이면 다음과 같다. "그건 워디나 같을 겨.", "우리 손자 겉응개."〈무주〉, "이건 책상 같은데?", "이기 구둘 겉으먼."〈영동〉, "그거캉 같으마 대지.", "개미새끼 겉애여."〈김천〉. 한편 '겉-'은 세 방언에서 관형사형 전성어미 뒤에서 쓰이기도 한다. "그 소리럴 못 듣는 겉은디."〈무주〉, "뉘:로 어뜷게 한다는 겉여."〈영동〉, "사람도 아인 겉다."〈김천〉. 이러한 '겉-'의 쓰임은 '같-'에서도 확인된다. "맛 없는 같어."〈무주〉, "내가 안 들은 같여."〈영동〉, "똑 쏘내기 오넌 같지." 이러한 구문의 특이성에 대해서는 최명옥(1980:119~120)에서 지적되었으며, 김주원(1984)에서는 '(-은) 거 겉다'에서 '거'가 탈락한 것으로 해석하였다.

52) 이 어간은 모음어미의 두음으로 '-어'만을 취한다는 점이 특이하다. 〈무주〉에서 어간말모음으로 '아'를 가지면서 자음으로 끝나는 어간은 대부분 '-아'를 취하며(잡아, 막아, 받아), 몇몇 한정된 어간들이 '-어'를 취하는 경우가 있지만 이때에도 '-아'를 취하는 것이 확인된다(얇아~얇어, 작:아~작:어, 낫아~낫어). 그러나 '같-'의 경우는 '같어'만 확인되며, '같아'는 본 조사에서 확인하지 못하였다. 이런 점에서 '같-'은 모음조화 규칙에 대한 예외라 할 수 있는데, 이는 '겉-'이 항상 '-어'를 취한다는 사실과 관련이 있을 것으로 추정된다.

가텨/는 '가테-어→가텨'와 같이 반말체 종결어미 앞에서만 적용되는 '에→y'의 과정을 통해 도출된다.[53] 〈영동〉에서는 다중기저형 //같-(그밖)/가태-(모음어미 앞)//(활용형 ①)와 //같-(그밖)/가테-(모음어미 앞)//(활용형 ②)가 공존한다. 반말체 종결어미와 결합한 활용형 /가탸/와 /가텨/는 '애→y', '에→y'의 과정을 겪어, 각각 '가태+어→가태아→가탸', '가테+어→가텨'와 같이 도출된다. 〈김천〉에서는 다중기저형 //같-(그밖)/가태-(모음어미 앞)//가 설정된다. 활용형 /가태/는 완전순행동화 과정을 거쳐 '가태+어→가태아→가태'와 같이 도출된다.

〈무주〉 겉구, 겉으면, 겉어서, 겉어
〈영동〉 겉구, 겉으면, 겉에서, 겉여
〈김천〉 겉고, 겉어마, 겉애서, 겉애

'겉-'의 기저형은 '같-'에 비하여 간단하다. 〈무주〉에서는 //겉-//의 단일기저형을 설정하는 데 아무런 문제가 없다. 〈영동〉에서는 //겉-(그밖)/거테-(모음어미 앞)//의 다중기저형이 설정되는데, 반말체 종결어미와 결합한 활용형 /거텨/는 '에→y'의 과정을 통해 도출된다. 〈김천〉에서는 //겉-(그밖)/거태-(모음어미 앞)//의 다중기저형으로 설정된다.

이상의 논의를 정리하면 다음과 같다. '하-'(爲)와 '하-'에서 형성된 합성 어간들은 〈무주, 영동, 김천〉 세 방언에서 //X아-(그밖)/X애-(모음어미 앞//의 기저형을 가진다. 단, '많-'(多)은 〈무주, 영동〉에서는 //많:-//의 단일기저형이며, 〈김천〉에서는 //많:-(그밖)/마:내-(모음어미 앞)//의 다중기저형을 가진다. 또한 '괜찮-, 언짢-, 점잖-, 마땅찮-' 등의 어간은

53) 이와 같은 모음어미 앞에서의 기저형은 '벌겋-, 퍼렇-, 누렇-, 뿌옇-, 허옇-' 등의 'ㅎ' 불규칙 어간에도 설정된다. 대표적으로 '벌겋-'의 활용형은 다음과 같다. 벌겋구, 벌거면, 벌게서, 벌겨.

〈무주, 김천〉에서는 다중기저형 //Xㄴㅎ-(그밖)/X내-(모음어미 앞)//의 기저형을, 〈영동〉에서는 단일기저형 //Xㄴㅎ-//의 기저형을 가진다.

3.4.6 'ㅎ'불규칙 어간

표준어에서 'ㅎ'불규칙 어간은, '노랗-'(黃)을 예로 들면 활용형은 /노라코, 노라면, 노래서/인데, 자음어미 앞에서의 '노랗-', 매개모음어미 앞에서의 '노라-', 모음어미 앞에서의 '노래-'는 어느 하나를 기저형으로 하여 다른 두 교체형을 설명할 수 없으므로 그 셋이 모두 기저형으로 인정된다(최명옥 1988/1998ㄱ:129).

〈무주, 영동, 김천〉 세 방언에서 이러한 기저형을 가지는 것으로 인정되어야 하는 어간을 자음어미 앞에서의 교체형을 기준으로 제시하면 다음과 같다.

빨갛-, 노랗-, 파랗-, 까맣-, 하얗-, 말갛-, 보얗-, 똥그랗-
뻘겋-, 누렇-, 퍼렇-, 꺼멓-, 허옇-, 멀겋-, 부옇-, 뚱그렇-
이렇-, 저렇-, 그렇-, 커다랗-

몇몇 어간의 기저형과 활용형을 보이면 다음과 같다. 아래의 기저형은 '자음어미 앞/매개모음어미 앞/모음어미 앞'의 순서로 제시한다.

//빨갛-/빨가-/빨개-//	〈무주, 영동〉	빨갛구, 빨가먼, 빨개서, 빨갸
// 〃 / 〃 / 〃 //	〈김천〉	빨갛고, 빨가마, 빨개서, 빨개
//누렇-/누러-/누레-//	〈무주, 영동〉	누렇구, 누러먼, 누레서, 누려
// 〃 / 〃 /누래-//	〈김천〉	누렇고, 누러마, 누래서, 누래
//하얗-/하야-/하애-//	〈무주, 영동〉	하얗구, 하야먼, 하애서, 하야
// 〃 / 〃 / 〃 //	〈김천〉	하얗고, 하야마, 하얘서, 하얘

//이렇-/이러-/이레-//　〈무주, 영동〉 이렇구, 이러면, 이레서, 이려[54)]
// 〃 / 〃 /이래-//　〈김천〉 이렇고, 이러마, 이래서, 이래

〈무주, 영동〉에서 반말체 종결어미와 결합한 활용형인 /빨갸, 누려, 허야, 이려/는 다음과 같은 과정을 통해 도출된다.

	모음조화		'애,에→y'	
//빨개+어//	→	빨개아	→	빨갸
//누레+어//	→	누레어	→	누려
//하얘+어//	→	하얘아	→	하야
//이레+어//	→	이레어	→	이려

〈김천〉에서는 '보얗-, 부옇-, 커다랗-'과 함께 공존하는 '보핳-, 부헣-, 커단핳-', 그리고 '한핳-(=환하다), 헌헣-(=훤하다)' 등도 위와 같은 기저형을 가진다.

//보핳-/보하-/보해-//　〈김천〉 보핳고, 보하마, 보해서, 보해
//한핳-/한하-/한해-//　〈김천〉 한핳고, 한하마, 한해서, 한해
//커단핳-/커단하-/커단해-//　〈김천〉 커단핳고, 커단하마, 커단해서, 커단해

이상을 정리하면 다음과 같다. 세 방언에서는 모두 '자음어미 앞, 매개모음어미 앞, 모음어미 앞'의 교체형이 모두 기저형으로 인정된다. 〈무주, 영동〉에서는 //X앟-(자음어미 앞)/X아-(매개모음어미 앞)/X애-(모음어미 앞)//의 기저형과, //X엏-(자음어미 앞)/X어-(매개모음어미 앞)/X에-(모음어미 앞)//의 기저형이 설정된다. 〈김천〉에서는 기저형이

54) 〈무주, 영동〉에서 '이렇-, 저렇-, 그렇-' 등은 자음어미 앞에서 '이룽구, 이룽지, 이룽기…' 등과 같은 활용형도 보여주므로, 자음어미 앞에서는 //이룽-(자음어미 앞)//의 기저형이 공존한다.

〈무주, 영동〉과 비슷하지만, 모음어미 앞에서의 기저형이 //X애-//만 있는 것이 다르다.

3.4.7 '우'불규칙 어간

표준어에서 '우'불규칙 어간으로 '푸-'가 있다. '꾸-, 나누-, 다투-' 등과 같은 '우'말음의 어간들이 모음어미와 결합할 때 '꾸어~꿔:, 나누어~나눠, 다투어~다퉈'와 같은 활용형을 보이는 데 비하여, '푸-'는 '퍼'의 활용형만 나타난다. 이러한 '푸-'의 활용 양상은 '기뿌-, 이뿌-, 고푸-, 슬푸-' 등과 동일하다(김성규 1989:162).

〈무주, 영동, 김천〉 세 방언에서 이러한 활용 양상을 보이는 어간을 제시하면 다음과 같다.

고푸-, 기뿌-, 나뿌-, 노푸-(高)[55], 바뿌-, 슬푸-, 시푸-[56], 아푸-, 이:뿌-, 지푸-(深), 히푸-, 으:설푸-(〈김천〉에서는 '어설푸-')

'푸-'(밥을)는 〈무주, 영동〉과 〈김천〉에서 활용 양상이 달리 나타난다.

---

55) 세 방언에서 '노푸-, 지푸-'는 '높-, 짚-'과 공존한다. 노푸고~높고, 지푸고~짚고.

56) 〈영동〉에서는 '시푸-'가 확인되지 않고, '싶-'만 확인된다. 〈무주, 김천〉에서는 '시푸-'가 '싶-'과 공존한다. 한편, 〈무주, 김천〉에서는 '싶-'과 유사한 기능을 하는 '젚-~저푸-~접-'〈무주〉, '집-~접-'〈김천〉이 존재한다. 이기갑(2003:640)에서는 서남방언과 동남방언에서 [추정]을 나타낼 때에는 '싶-~시푸-'가 쓰이고, [바람]을 나타낼 때에는 '잪-~잡-'(서남방언)과 '젚-~접-, 짚-~집-'(동남방언)이 쓰인다고 하였다. 그런데 〈무주, 김천〉에서 '시푸-~싶-'은 [추정]뿐만 아니라 [바람]을 나타날 때에도 쓰인다. "그래두 내가 오래 살았냐 시푼 생객이 읎:구"[추정], "나가구 시푼 맴이 없구만."[바람] 이상 〈무주〉, "안 믿어서 그런가 시푸고"[추정], "보고 싶지."[바람] 이상 〈김천〉. 단 '젚-~저푸-~접-'〈무주〉, '집-~접-'〈김천〉은 [바람]을 나타낼 때에만 쓰인다. 〈영동〉에서는 '젚-, 접-' 등의 어간을 확인하지 못하였다.

〈무주, 영동〉 푸구, 푸먼, 퍼서, 퍼
〈김천〉 퍼고, 퍼마, 퍼서, 퍼

〈김천〉에서는 '퍼고, 펀다, 퍼더라, 퍼마, 퍼민서, 펑개'와 같이 자음어미나 매개모음어미 앞에서도 어간의 교체형은 '퍼-'만 나타나므로, 기저형은 단일기저형 //퍼-//로 설정된다. 〈김천〉에서도 양순음 아래에서의 통시적인 원순모음화를 경험한 예들이 존재하기 때문에, 이전 시기에는 '푸고, 푸마, 퍼'와 같은 활용 양상을 보이던 때가 있었을 것으로 판단된다. 이때 모음어미와의 결합형 '퍼'를 '*프-어'가 아닌 '퍼-어'로 재분석하고, 재분석된 어간의 교체형 '퍼-'를 자음어미와 매개모음어미 앞에서도 사용함으로써 어간의 기저형이 //퍼-//로 단일화된 것이다.57)

한편, 〈무주, 영동〉에서 보이는 '푸-'의 활용 양상은 어간말음절이 '양순음+우'인 다른 어간의 경우와 동일하다. 몇몇 어간의 활용형을 보이면 다음과 같다.

---

57) 〈김천〉에는 표준어의 '우'말음의 단음절 어간이 '어'말음의 어간으로 재구조화된 예가 더 존재한다. 표준어의 '추-'(舞)는 //처-//로, '두-'(碁)는 //떠-//로 대응된다. 이들 역시 모음어미와의 결합형을 재분석함으로써 어간이 단일화한 것은 동일하지만, 그 과정은 달랐을 것으로 보인다. '추-'(舞)는 중부방언에서는 대부분 //추-//로 나타나지만(〈무주, 영동〉도 //추-//이다), 서남방언과 동남방언에서는 //치-//로 나타나는 지역이 꽤 넓다(최학근 1978:1454). 중세어 '츠-'를 참고하면, 중부방언의 '추-'는 '꿈:꾸다=춤:X'라는 유추에, 남부방언의 '치-'는 치찰음 아래에서의 전설모음화에 기인한 것이라 할 수 있다(최전승 1998:1249). 따라서 〈김천〉에서도 '치고, 치마, 처'와 같은 활용형을 보이던 시기가 있었을 것으로 추정되며, 이때 모음어미와의 결합형 '처'를 '처-어'로 재분석하여, //처-//로의 재구조화가 일어났다고 판단된다. 한편, '두-'(碁)는 '두고, 두마, 둬'와 같은 활용형을 보이던 시기에 w탈락이 일어난 모음어미와의 결합형 '더'를 '더-어'로 재분석하고, 재분석된 어간 '더-'가 자음어미 및 매개모음어미 앞에서도 고정됨으로써 단일기저형 //떠-//로 재구조화된 것으로 추정된다. '두-'(碁)는 대부분의 서남방언에서 '뒤-'로 나타나는데, 어떠한 통시적 변화를 거쳐 '뒤-'에 이르게 되었는지가 분명하지는 않다. ≪한국방언자료집≫에 따르면, '추-'(舞)가 //처-//로 재구조화된 지역은 남한 전체에서 〈김천〉밖에 없다. 반면, '두-'(碁)가 //떠-//로 재구조화된 지역은 〈성주, 청도〉를 제외한 경북의 중남부 전역과 〈거창, 합천, 창녕, 밀양〉 등 경북과 접한 경남 북부지역이다.

〈무주, 영동〉 바뿌구, 바뿌먼, 바빠서, 바빠;
이:뿌구, 이뿌먼, 이:뻐서, 이:뻐

이러한 활용양상을 보이는 어간에 대한 공시적인 처리방안을 '푸-'를 예로 들어 정리하면 다음과 같다.[58)]

① //푸-//의 단일기저형으로 잡는 방안
② //프-//의 단일기저형으로 잡는 방안
③ //푸-(그밖)/프-(모음어미 앞)//으로 잡는 방안
④ //푸-(그밖)/퍼-(모음어미 앞)//으로 잡는 방안
⑤ //푸-//의 단일기저형으로 잡되, 모음어미와의 결합형을 어휘부에 등재시키는 방안

①은 이병근(1970:52)에서 볼 수 있으며, 모음어미와의 결합형 '퍼'를 '우'탈락 과정을 통해 도출한다. 그러나 '우'탈락은 '양순음+우'가 말음인 어간에서만 일어난다는 점에서 일반성이 없으므로, 공시적인 음운 과정으로 인정되기 어렵다. ②의 방안은 대표적으로 배주채(1994/1998ㄱ:103~105)에서 찾아볼 수 있다. ②에 따르면 '프-고, 프-먼'은 원순모음화를 통해 '푸고, 푸먼'으로 도출되며, '프-어'는 어간말의 '으'탈락을 통해 '퍼'로 도출된다. 그러나 이 방안에서는 원순모음화가 '프-고, 프-먼'에만 적용되고 '프-어'에는 적용되지 않도록 하는 장치, 즉 원순모음화의 입력 환경을 '양순음 뒤, 자음 앞'으로만 한정짓는 기술이 필요한데, 이러한 기술은 원순모음화의 일반성을 깨뜨리는 결과를 초래한다.

④의 방안은 〈김천〉에서 확인되는 //퍼-//에 대한 화자들의 심리적 실재를 바탕으로, 모음어미 앞의 기저형을 '퍼-'로 잡는 것으로, 이진호(2002:80~81)에서 그 가능성을 제안한 바 있다. 그러나 이 방안은 이진

58) 이에 대한 종합적인 검토는 이진호(2002:74~91)에서 이루어진 바 있다.

호(2002:85)에서와 같이 '바쁘-, 이:쁘-' 등의 다음절 어간에서 일관되게 적용될 수 없으며, 〈무주, 영동〉에서 공시적으로 '어'말음 어간은 존재하지 않기 때문에 화자들의 심리적 실재를 확인하는 것은 불가능하다. ⑤의 방안도 이진호(2002:90~91)에서 제안된 것인데, 이진호(2002)에서 밝히고 있듯이 모음어미와 결합한 많은 활용형들이 어떤 방식으로 어휘부에 등재되는지가 명확하지 않다.

③의 방안은 최명옥(1993/1998ㄱ:262~263)에서 볼 수 있는데, 이에 따르면 '푸-고, 푸-먼'에서는 아무런 음운 과정 없이 '푸고, 푸먼'이 도출되며, '프-어'에서는 어간말음인 '으'의 탈락 과정을 거쳐 '퍼'가 도출된다. 이 방안에 대하여 배주채(1994/1998ㄱ:105)에서는 어느 방언에서도 교체형의 단일화가 나타나지 않는다는 문제점을, 이진호(2002:78)에서는 'ㅍ+으'라는 부자연스러운 음소 배열을 기저형에 인정해야 한다는 문제점을 지적하였다. 그러나 복수기저형으로 인정되는 어간이라면 항상 교체형의 단일화가 나타나야 한다는 일반화는 납득할 만한 근거를 찾기 어렵다. 그리고 'ㅍ+으'가 음소배열조건에 어긋나는 연쇄인지는 해당 방언에 따라 판단될 문제이다. 〈무주, 영동〉에서는 표준어의 연결어미 '-으면'에 대응하는 것으로 '-으먼'이 존재하는데, 이 '-으먼'과 자유변이를 보이는 '-으믄'은 형태소 내부에서 '양순음+으'의 음소배열이 적격함을 보여준다. 또한 형태소 경계에서도 '집+은, 집+을'(家)이 /지븐, 지블/로도 실현됨으로써 '양순음+으'의 연쇄가 가능함을 알 수 있다. 물론, 통시적인 원순모음화의 영향으로 형태소내부에서 '양순음+으'의 연쇄가 전부 사라졌지만, 그 이후에 발생한 통시적인 변화로 '양순음+으'의 연쇄가 다시 생겨난 것이다. 이러한 방언에서는 '양순음+으'의 연쇄가 드문 것은 사실이지만, 그 연쇄가 음소배열조건에 어긋난다고 파악하기는 어렵다.

이상과 같은 논의를 바탕으로 여기에서는 '푸-'의 기저형을 //푸-(그밖)/프-(모음어미 앞)//으로 설정하는 방안을 따른다. 다음절 어간의 기저형도 이에 따라 //X우-(그밖)/X으-(모음어미 앞)//로 설정한다. 몇몇 어간의 기저형과 도출과정을 제시하면 다음과 같다.

//푸-(그밖)/프-(모음어미 앞)//	푸-고→푸고, 푸-먼→푸먼, 프-어→(어간말 '으'탈락)→퍼
//바뿌-(그밖)/바쁘-(모음어미 앞)//	바뿌-고→바뿌고, 바뿌-먼→바뿌먼, 바쁘-어→(모음조화)→바쁘-아→(어간말 '으'탈락)→바빠
//이:뿌-(그밖)/이:쁘-(모음어미 앞)//	이:뿌-고→이:뿌고, 이:뿌-먼→이:뿌먼, 이:쁘-어→(어간말 '으'탈락)→이:뻐

한편, 〈김천〉에서 '바뿌-, 이:뿌-' 등의 활용 양상은 다음과 같다.

〈김천〉 바뿌고~바뻐고, 바뿌마~바뻐마, 바빠
이뿌고~이뻐고, 이뿌마~이뻐마, 이뻐

〈김천〉에서는 자음어미와 매개모음어미 앞에서 어간의 교체형 'X어-'가 'X우-'와 함께 공존하는데, 교체형 'X어-'는 모음어미와의 결합형을 '바뻐-아, 이뻐-어'로 분석한 결과로 해석된다. 따라서 〈김천〉에서는 단일기저형 //X어-//와 다중기저형 //X우-(그밖)/X어-(모음어미 앞)//이 공존하는 것으로 기술된다.

//바뿌′-(그밖)/바뻐′-(모음어미 앞)//	바뿌-고→바뿌′고, 바뿌-마→바뿌′마, 바뻐-어→(모음조화)→바뻐-아→(어간말 '으'탈락)→바′빠
//이˘뿌′-(그밖)/이˘뻐′-(모음어미 앞)//	이뿌-고→이˘뿌′고, 이뿌-마→이˘뿌′마, 이쁘-어→(어간말 '으'탈락)→이˘뻐′

이상의 논의를 정리하여 기저형을 일반화하면 다음과 같다.

〈무주, 영동〉 //X우-(그밖)/X으-(모음어미 앞)//
〈김천〉 //X우-(그밖)/X어-(모음어미 앞)// ~ //X어-//, 단 '푸-'는 //퍼-//임.

3.4.8 기타 어간

〈무주〉에서 '이-(載), 지-(負), 찌-(肥), 치-(打)'는 모음어미와 결합할 때에 어간말음 '이'가 y로 바뀌는 y반모음화가 일어나지만 y반모음화에 수반되어 함께 일어나는 보상적 장음화는 일어나지 않는다. 즉, '오-'(來)가 모음어미와 결합할 때에 w반모음화가 일어나지만 예외적으로 보상적 장음화가 일어나지 않듯이, 이들 어간도 보상적 장음화에 대한 예외인 것이다.

그런데 〈김천〉에서 이들 어간은 기저형이 //여-, 저-, 쩌-, 처-//로 나타난다. 이들의 활용형을 보이면 다음과 같다.

여-(載): 여'고', 여'더'라, 여'마', 여'서'　　저-(負): 저'고', 저'더'라, 저'마', 저'서'
쩌-(肥): 쩌'고', 쩌'더'라, 쩌'마', 쩌'서'　　처-(打): 처'고', 처'더'라, 처'마', 처'서'

이러한 기저형의 변화는 모음어미와의 결합형을 재분석한 결과로 보인다. 예를 들어 '여서'를 '이-어서'로 분석하지 않고 '여-어서'로 재분석한 뒤, 재분석된 '여-'가 어간의 교체형으로 인식되면서 자음어미와 매개모음어미 앞으로 확대되어 쓰임으로써 새로운 단일기저형의 //여-//가 형성되었을 것으로 추측된다. 이러한 유추적 평준화에는 '서-'(立)의 활용계열인 '서'고, 서'더'라, 서'마, 서'서''에서 확인할 수 있는 성조형의 동일성도 뒷받침되었을 것으로 보인다.

〈김천〉에서 이러한 재구조화가 일어났음을 보고한 것은 백두현(1982:20~23)이다. 재구조화된 어간은 수로 보아서는 네 개밖에 되지 않아 그 영향이 미미하다고 할 수 있다. 그러나 '끼-〉찌-'(着)와 같이 'ㄱ'구개음화로 형성된 어간도 다시 '쩌-'로 재구조화되고, '-아/어 지-'와 관련되어 통시적으로 형성된 어간인 'X저-'로 재구조화되었기 때문에 이러한 기저형을 가지는 어간의 수는 상당히 많아지게 되었다.[59]

빠저-:빠'전'다, 빠'저'마, 빠'저'도	꺼저-: 꺼'전'다, 꺼'저'마, 꺼'저'도
터저-:터'전'다, 터'저'마, 터'저'도	널쩌-: 널쩐다, 널쩌마, 널쩌도
펴저-:펴'전'다, 펴'저'마, 펴'저'도	뿔라저-: 뿔라전'다, 뿔라저'마, 뿔라저'도
자빠저-:자빠전'다, 자빠저'마, 자빠저'도	씨러저-: 씨러전'다, 씨러저'마, 씨러저'도[60]

59) ≪한국방언자료집 Ⅶ 경상북도편≫(377~378)에서는 경북에서도 〈김천〉에만 이러한 재구조화가 일어난 것처럼 자료가 제시되어 있지만, 이러한 재구조화가 일어난 지역은 좀더 확대되어야 할 것으로 보인다. 그 지역은 대체로 천시권(1965:8~9)에서 '第3地區 ~여型', 이기백(1969:215~216)에서 '第三類型地域(C)', 박지홍(1983:46~47)의 '상주방언권', 최명옥(1994/1998ㄴ:405~413)에서 '경북서부방언', 정철(1997:243~247)의 '서부지역어'라고 부른 바 있는 〈문경, 상주, 김천, 구미〉일 것으로 판단된다. 상주 방언의 자료를 풍부하게 제시하고 있는 전인득(1979:36~37, 42)에는 '빠전께(빠지니까), 저겠다(지겠다), 저거등(치거든)' 등과 같이 재구조화된 '빠저-, 저-' 등의 어간이 제시되어 있으며, ≪한국구비문학대계 경상북도 구미시 · 선산군편≫에도 "새가 물에 빠져도 빠져지 안하더라."(7-15, p.588), "그래 인제 박문수가 오장치를 져고 나온께 들에 똥장구이를 져고 나오는 농부가 있더래요."(7-16, p.301), "어떤 님이 와가주고 서울 사람이 다 져다이."와 같이 재구조화된 어간 '빠저-, 저-'가 기록되어 있다.

60) 이들은 대체로 15세기 문헌을 참고하면 'ᄢᅡ-디-, ᄣᅵ-어-디, ᄠᅳ-어-디-, ᄂᆞ리-어-디-, 펴-디-, 브러-디-, 졋바-디-, ᄡᅳᆯ-어-디-'와 같이 '-아/어 디-'의 구성에서 발달한 것이다. 중앙어에서는 '-아/어 ᄠᅳ리-'에서 발달한 접미사 '-뜨/트리다'를 통해 파생어를 형성한다. '빠뜨리다, 꺼뜨리다, 터뜨리다, 떨어뜨리다, 펴뜨리다, 부러뜨리다, 자빠뜨리다, 넘어뜨리다'. 그런데 〈김천〉에서는 사역의 접미사 '-우'를 붙임으로써, '빠주-, 꺼주-, 터주-, 떨주-, 펴주-' 등을 형성한다. 이들은 모두 'X-지게 하다'는 의미를 가진다. '널쭈-'는 'ᄂᆞ리-어-디-우-' 구성에서 발달한 것인데(백두현 1989:53, 각주22), '널쩌-'와 더불어 '니쩌-' 역시 사용된다.

한편, 〈영동〉에서는 〈김천〉과 같은 //여-, 저-, 쩌-, 처-//의 기저형도 확인되고, 〈무주〉와 같은 //이-, 지-, 찌-, 치-//의 기저형도 확인된다. 동일 화자의 발화 속에서 //찌-~쩌-//가 공존하는 예를 보이면 다음과 같다.

> 골미(=골무)럴 안 찌구 하먼 여기가 아파 안 돼:. 그래서 골미를 쩌구 해:야 돼:. 필히 골미를 쩌야 하거든.

세 방언에서 '이-, 지-, 찌-, 치-'의 기저형을 정리하면 다음과 같다.

〈무주〉 //이-, 지-, 찌-, 치-//
〈영동〉 //이-, 지-, 찌-, 치-// ~ //여-, 저-, 쩌-, 처-//
〈김천〉 //여-, 저-, 쩌-, 처-//

'서-'(立)도 지역에 따라 기저형이 달라진다. 〈영동, 김천〉에서 기저형은 표준어와 마찬가지로 '어'말음인 //서-//이다. 그런데 〈무주〉에서는 "서구~스구~시구, 서먼~스믄~시믄, 서서"와 같이 자음어미와 매개모음어미 앞에서 어간의 교체형이 세 가지로 나타난다. 이와 같은 현상은 "(길을) 나선다~나슨다~나신다, 앞서구~앞스구~앞시구, 올라서는~올라스는~올라시는" 등의 '서-'와 관련된 합성 어간에서도 반복적으로 확인된다.

〈무주〉의 '스구, 스먼, 서'와 같은 활용 계열은 곽충구(1994:581)에서 지적한 바와 같이 모음어미와의 결합형인 '서'를 '서-어'로 분석하는 대신 '스-어'로 분석하고, 이때의 어간 교체형 '스-'가 '-고, -먼' 앞에서도 확대되어 쓰인 결과이다. 따라서 이와 같은 활용 계열을 보이는 어간의 기저형은 //스-//이다.

한편 '시구, 시먼, 서'와 같은 활용 계열 중에서 '시구, 시먼'은, 일견

'스구〉시구, 스먼〉시먼'과 같은 전설모음화가 적용된 것으로 보이지만 그렇게 판단하기 어려운 면이 있다. 〈무주〉에서 '스리(霜), 슬:(元旦), 스:이(三)' 등은 더 이상 통시적인 변화인 전설모음화의 적용을 받지 않기 때문이다. '시구, 시먼'은 '쓰-'(用)의 활용 계열인 '쓰구~씨구, 쓰먼~씨먼, 써'와 관련하여 이해될 수 있다. 즉, 전설모음화의 적용을 받은 형식과 그렇지 않은 형식이 공존하는 데에 바탕을 두고 '쓰구:씨구=스구:X'에 유추되어 형성되었을 가능성이 있는 것이다. 통시적인 형성 과정은 분명하지 않지만, '시구, 시먼, 서'의 활용형을 보이는 어간은 공시적으로 //시-(자음어미, 매개모음어미 앞)/서-//의 다중기저형인 것으로 기술된다. 결국 '서-'(立)에 대하여 〈무주〉에서는 //서-//, //스-//, //시-(자음어미, 매개모음어미 앞)/서-//의 기저형 셋이 공존한다고 할 수 있다.

'서-'(立) 〈무주〉 //서-//, //스-//,
//시-(자음어미, 매개모음어미 앞)/서-//
〈영동, 김천〉 //서-//

'먹-'(食)은 〈무주, 영동〉에서는 기저형이 //먹-//으로 단일하지만, 〈김천〉에서는 단일기저형 //먹-//과 함께 //먹-(자음어미 앞)/머어-(그 밖)//이 공존하다.

〈김천〉 //먹'-//먹'고, 먹더'라, 먹'자, 먹'어마, 먹'엉개, 먹'어, 먹'었어
//먹'-(자음어미 앞)/머'어-(그밖)
//먹'고, 먹더'라, 먹'자, 머'어마, 머'엉개, 머'어, 머'었어

매개모음어미나 모음어미와의 결합형인 '머'어마, 머'엉개, 머'어, 머'었어'는 모음 사이에서 일어났던 통시적인 'ㄱ'탈락의 변화로 형성된 활

용형일 것으로 추측된다. 다른 'ㄱ'말음의 어간들은 이러한 'ㄱ'탈락을 보이지 않으므로, 교체형 '머어-'가 해당 어미 앞에서의 기저형으로 설정된다.[61]

61) 어간말음인 폐쇄음의 탈락은 활용에서 매우 드문 현상이다. "자아머었어.(잡아먹었어.), 씨이머어.(=씹어먹어.)" 이는 통시적인 약화 현상의 흔적으로 판단된다.

4장 음운과정

4.1 방언차가 없는 음운 과정

4.1.1 평폐쇄음화

평폐쇄음화는 음절말 위치 즉 종성 위치에서 장애음들이 평음인 폐쇄음 'ㅂ, ㄷ, ㄱ'으로 바뀌는 현상이다. 이는 종성 위치에 공명음 'ㅁ, ㄴ, ㅇ, ㄹ' 넷과 평폐쇄음 'ㅂ, ㄷ, ㄱ' 셋의 일곱 자음만이 올 수 있다는 제약 때문에 일어나는 현상으로서, 비음운론적인 제약도 존재하지 않는다.

먼저, 〈무주〉의 곡용 및 활용에서 일어나는 평폐쇄음화의 예를 제시한다.

(1) a. ㅍ → ㅂ　옆+두 → 엽뚜　cf. 옆+이 → 옆이(側)
　　b. ㅅ → ㄷ　옷+두 → 옫뚜　cf. 옷+이 → 옷이(衣)
　　　 ㅈ → ㄷ　젖+꺼정 → 젇꺼정　cf. 젖+이 → 젖이(乳)~젓이
　　c. ㄲ → ㄱ　밖+두 → 박뚜　cf. 밖+이 → 밖이(外)

(2) a. ㅍ → ㅂ 깊+거덩 → 깁꺼덩 cf. 깊+어 → 깊어(深)
b. ㅌ → ㄷ 뱉+거덩 → 밷꺼덩 cf. 뱉+아 → 뱉아(唾)
ㅅ → ㄷ 솟+지 → 솓찌 cf. 솟+아 → 솟아(出)
ㅆ → ㄷ 있+드니 → 읻뜨니 cf. 있+어 → 있어(在)
ㅈ → ㄷ 찢+지 → 찓찌 cf. 찢+어 → 찢어(裂)
ㅊ → ㄷ 쫓+구 → 쫃꾸 cf. 쫓+아 → 쫓아(追)
c. ㄲ → ㄱ 엮+지 → 역찌 cf. 엮+어 → 엮어(結)
d. ㅎ → ㄷ 늫+는 → 는는 cf. 느쿠, 느치, 느:, 늤:어(入)
놓+습니다 → 노씁니다 cf. 노쿠, 노치, 놔:, 놨:어(放)
ㆆ → ㄷ 꾸ㆆ+는 → 꾼는 cf. 꾸꾸, 꾸찌, 꿔:, 꿨:어(炙)
누ㆆ+는 → 누씁니다 cf. 누꾸, 누찌, 눠:, 눴:어(臥)

(1)은 곡용, (2)는 활용에서 평폐쇄음화가 일어나는 예로서, (a)에서는 양순음, (b)에서는 치조음과 경구개음, (c)에서는 연구개음이 각각 'ㅂ, ㄷ, ㄱ'으로 평폐쇄음화가 일어남을 확인할 수 있다. 곡용에서 'ㅌ, ㅊ, ㅋ'의 평폐쇄음화를 확인할 수 없는 것은, 〈무주〉에서 이들 말음의 명사가 'ㅅ, ㄱ'말음의 명사로 바뀌는 재구조화가 거의 완료되었기 때문이다(밭〉밧 田, 꽃〉꼿 花, 부엌〉부석 아궁이). 그러나 '문앞-쪽 → 문악쪽(cf. 문앜으루, 門前)'에서 'ㄱ'으로 평폐쇄음화가 일어남이 확인되므로, 곡용에서의 이 공백은 우연한 공백일 것이다. (1)에서 'ㅃ, ㅆ, ㅉ', (2)에서 'ㅃ, ㄸ, ㅉ, ㅋ'의 공백도 이들 말음의 명사나 용언 어간이 존재하지 않기 때문에 생기는 우연한 공백이다.

(b)에서 'ㄷ, ㅌ; ㅅ, ㅆ; ㅈ, ㅊ' 등은 모두 'ㄷ'으로 평폐쇄음화하는데, 'ㅅ' 앞에서는 이들이 'ㅅ'으로 바뀌는 마찰음화가 일어난다는 견해도 있다(허웅 1965:211~212, Kim-Renaud 1975:237~240, 최명옥 1982:147~148, 곽충구 1991:174~175). 즉 '옷솔, 젓살, 믿습니다, 있소' 등에서 첫음절의 종성은 후행 음절 초성 'ㅅ'의 영향으로 'ㅅ'으로 바뀐다는 것이다. 그런데 마찰음화가 일어난 결과로서 'ㅅ-ㅅ'의 연쇄는 인정되기 어렵

다(배주채 1989:99). 여기에서는 이들 또한 'ㄷ'으로의 평폐쇄음화를 통해 'ㄷ-ㅅ'의 연쇄가 된 뒤에 경음화 및 'ㄷ'탈락이 일어난 것으로 파악한다.

(2d)에서는 후음의 평폐쇄음화를 볼 수 있다. 먼저 어간말음 'ㅎ'은 다른 자음 앞에서는 그 자음과 축약되어 유기음화가 일어나지만(놓구, 놓지, 놓드만), 'ㄴ'으로 시작하는 어미 앞에서는 'ㄴ'으로 실현된다(놓-는→는는). 이때, 'ㅎ-ㄴ'의 연쇄가 직접 'ㄴ-ㄴ'의 연쇄로 바뀐다고 볼 수도 있으나(이승재 1980), 조음 위치와 조음 방법이 동시에 바뀌는 변동은 자연스럽지 않기 때문에 'ㄷ-ㄴ'과 같은 중간 단계를 거치는 것으로 파악된다(송철의 1990:30). 즉 'ㅎ-ㄴ'은 'ㄴ' 앞에서 'ㅎ→ㄷ'의 과정을 거쳐 'ㄷ-ㄴ'이 된 뒤에 'ㄴ-ㄴ'으로 실현된다. 또 어간말음 'ㅎ'은 'ㅅ'으로 시작하는 어미 앞에서는 'ㅅ'을 'ㅆ'으로 경음화시키고 'ㅎ'의 흔적은 따로 남기지 않는다(놓-습니다→느씁니다). 이때 'ㅅ'의 경음화는 'ㅎ' 때문에 일어나는 것이 분명하지만 어떤 과정을 거쳐 경음화가 일어나는지 분명하지 않다. 만약 'ㅎ→ㄷ'의 과정이 'ㅅ' 앞에서도 파악하면 'ㅅ'의 경음화는 평폐쇄음 'ㄷ' 뒤에서 일어나는 것으로 설명할 수 있다. 즉 'ㅎ-ㅅ'의 연쇄도 'ㅎ-ㄴ'과 평행하게 'ㅎ→ㄷ'의 과정을 거쳐 'ㄷ-ㅆ'이 된 뒤에 'ㅆ' 앞에서 'ㄷ'이 필수적으로 탈락함으로써 'Ø-ㅆ'으로 실현되는 것이다(배주채 1992).

(2d)의 어간말음 'ㆆ'은 'ㄴ'으로 시작하는 어미와의 결합에서 'ㄴ'으로 바뀐다(꿓-는다→꾼는다). 이는 앞에서 본 'ㄴ' 앞에서의 'ㅎ→ㄷ' 과정과 평행한 것이므로, 'ㄴ' 앞에서 'ㆆ→ㄷ' 과정이 인정된다. 한편 어간말음 'ㆆ'은 'ㅅ'으로 시작하는 어미와 결합할 때에 'ㅅ'을 'ㅆ'으로 바꾼다는 점에서 어간말음 'ㅎ'과 평행적이다(꿓-습니다→꾸씁니다). 그런데 'ㆆ-ㅅ'연쇄는 'ㅎ-ㅅ'연쇄와 달리 축약을 통해 바로 'Ø-ㅆ'으로 될 수 있기 때문에 굳이 'ㆆ→ㄷ'의 과정을 거칠 필요가 없다. 따라서 'ㆆ→ㄷ'의 환경은

'ㄴ' 앞으로만 한정된다(김봉국 2002:38).

이상 〈무주〉에서 확인되는 평폐쇄음화의 입력과 출력을 공허한 적용까지 고려하여 정리하면 다음과 같다.

① ㅂ, (ㅃ), ㅍ → ㅂ
② ㄷ, (ㄸ), ㅌ; ㅅ, ㅆ; ㅈ, (ㅉ), ㅊ → ㄷ
③ ㄱ, ㄲ, ㅋ → ㄱ
④ ㅎ → ㄷ (ㄴ, ㅅ 앞에서)
⑤ ㆆ → ㄷ (ㄴ 앞에서)

장애음 중에서 양순음은 'ㅂ'으로(①), 치조음과 경구개음은 'ㄷ'으로(②), 연구개음은 'ㄱ'으로(③) 바뀐다. 'ㅎ'은 다음 음절의 초성이 'ㅅ, ㄴ'일 때에(④), 'ㆆ'은 다음 음절의 초성이 'ㄴ'일 때에(⑤) 'ㄷ'으로 바뀐다.

이러한 평폐쇄음화의 입력과 출력은 〈무주〉에만 유효한 것이 아니다. 〈영동〉 및 〈김천〉의 평폐쇄음화도 〈무주〉와 동일하다. 〈영동, 김천〉에서 일어나는 평폐쇄음화의 예를 함께 제시하면 다음과 같다.

		〈영동〉	〈김천〉
(3)	a. ㅍ → ㅂ	앞+두 → 압뚜(前)	잎+도 → 입'또(葉)
	b. ㅅ → ㄷ	못+두 → 몯뚜	못+도 → 몯'또'(釘)
	ㅈ → ㄷ	낮+꺼정 → 낟꺼정	낮+꺼정 → 낟'꺼'정
	ㅊ → ㄷ	*	낯+꺼정 → 낟꺼'정(顔)
	c. ㅋ → ㄱ	붘:+두 → 북:뚜(아궁이)	돜+도 → 독˘또'(石)
	ㄲ → ㄱ	밖+두 → 박뚜	밖+도 → 박'또(外)
(4)	a. ㅍ → ㅂ	높+거덩 → 놉꺼덩	높+거덩 → 놉꺼'덩(高)
	b. ㅌ → ㄷ	뱉+거덩 → 밷꺼덩	뱉+거덩 → 밷꺼'덩(唾)
	ㅅ → ㄷ	잣+지 → 잗찌	잣+지 → 잗'찌(紡)
	ㅆ → ㄷ	있+드라 → 읻뜨라	있+더라 → 읻떠'라(在)

ㅈ → ㄷ	젖+지 → 전찌	젖+지 → 전′찌(濕)
ㅊ → ㄷ	쫓+구 → 쫀꾸	쫓+고 → 쫀′꼬(追)
c. ㄲ → ㄱ	띾+지 → 딱찌	띾+지 → 딱′찌(洗)
d. ㅎ → ㄷ	늫+는다 → 는는다	옇+넌다 → 연넌′다(入)
	놓+습니다 → 노씁니다	놓+소 → 노′쏘(放)
ㅎ → ㄷ	붛:+는 → 분는다	붛+넌다 → 분ˇ는′다(注)
	cf. 부:꾸, 부:먼, 붜:.	cf. 부ˇ꼬′, 부′우마, 부′우
	눟+습니다 → 누씁니다	눟+소 → 누′쏘(臥)
	cf. 누꾸, 누:먼, 눠:.	cf. 누′꼬, 누′우마, 누′우

(3~4)에서 보듯이 〈영동〉 및 〈김천〉에서도 ①~⑤와 동일한 평폐쇄음화가 일어난다. 다만 방언마다 어간말자음에서 차이를 보일 수는 있기 때문에 해당 변동의 예가 달라질 수는 있다. 예를 들어 '잎'(葉)은 〈무주, 영동〉에서는 'ㅂ'말음이며, 〈김천〉에서는 'ㅍ'말음이기 때문에 'ㅍ→ㅂ'이라는 평폐쇄음화의 예로는 〈김천〉의 '잎'만이 해당된다. (4b)에서 'ㅊ→ㄷ'에서 〈영동〉의 예가 빠진 것도 〈영동〉에 'ㅊ'말음의 체언이 존재하지 않기 때문이다. 이러한 어간말 자음의 차이를 제외하면, 세 방언의 평폐쇄음화는 입력과 출력이 완전히 동일하다고 할 수 있다.

한편, 앞에서 평폐쇄음화는 음절말 위치 즉 종성 위치에서 일어난다고 하였다. 이는 곧 평폐쇄음화의 환경이 음절 경계 앞이라는 의미이다. 그런데 음절 경계 앞이 아니라, 합성어 경계 앞에서 평폐쇄음화가 일어난 것처럼 보이는 경우도 있다.

(5) ㄱ. 〈무주〉 옷이름/오디름/(衣名) cf. 옷잇니/오신니/(옷엣니, 蝨)
ㄴ. 〈영동〉 윳:으른/유:드른/(이웃 어른)
ㄷ. 〈김천〉 앞앺′이/아배피/(앞앞이)

(5ㄱ)은 '옷'과 '이름'이, (5ㄴ)은 '윳:'과 '으른'이, (5ㄷ)은 '앞'과 '앞'이

결합하여 합성명사를 이룬 것이다. 여기에서 후행 명사가 모음으로 시작함에도 불구하고 평폐쇄음화가 일어난 것은, 합성어 경계가 있기 때문인 것으로 보인다. 그러나 합성어 경계는 음운론적인 경계가 아니기 때문에, 평폐쇄음화의 환경으로 합성어 경계가 인정된다면 평폐쇄음화는 순수한 음운 현상으로 파악될 수 없다는 어려움이 있다. 배주채(1992:202~209)에서는 합성어 경계에 잠재 휴지가 있은 것으로 파악하고, 잠재 휴지에 잠재적 음절경계를 부여함으로써 이 잠재적 음절경계 앞에서 평폐쇄음화가 일어나는 것으로 파악하였다. 이에 따르면, '옷'과 '이름' 사이에는 잠재 휴지가 있으므로 잠재적인 음절경계가 부여되어 이 잠재적 음절경계 앞에서 '옷'의 'ㅅ'은 'ㄷ'으로 평폐쇄음화가 일어나 '옫 이름'이 된 뒤, 잠재적 음절경계의 소멸에 따라 '오디름'이 된다. 반면 '옷 잇니'는 '[옷+이(처격조사)]+ㅅ+이'의 구성으로 이해할 수 있는데, 명사 '옷'과 처격조사 '-이' 사이에는 잠재 휴지가 들어갈 수 없으므로 평폐쇄음화도 일어나지 않은 것이다. 따라서 (5)의 예들은 잠재적 음절경계 앞에서 평폐쇄음화가 일어난 것이며 잠재적 음절경계 역시 음절경계의 일종이므로, 평폐쇄음화의 환경은 음절경계 앞이라고 할 수 있다.

이상의 논의를 정리하면 다음과 같다. 음절경계 앞에서 종성 위치에서 일어나는 평폐쇄음화는 〈무주, 영동, 김천〉 세 방언에서 전혀 차이를 보이지 않는다. 세 방언에서 일어나는 평폐쇄음화의 입력과 출력을 보이면 다음과 같다.

① ㅂ, (ㅃ), ㅍ → ㅂ
② ㄷ, (ㄸ), ㅌ; ㅅ, ㅆ; ㅈ, (ㅉ), ㅊ → ㄷ
③ ㄱ, ㄲ, ㅋ → ㄱ
④ ㅎ → ㄷ (ㄴ, ㅅ 앞에서)
⑤ ㆆ → ㄷ (ㄴ 앞에서)

①은 양순음, ②는 치조음과 경구개음, ③은 연구개음의 평폐쇄음화이다. ②의 경구개음 'ㅈ, ㅉ, ㅊ'은 조음 위치가 다른 치조 위치의 평폐쇄음 'ㄷ'으로 바뀐다는 점에서 조음 위치의 변동이 없이 일어나는 ①~③의 다른 평폐쇄음화와는 차이가 있다(송철의 1990). 이 차이를 중시하여 평폐쇄음화를 동일 조음 위치의 평음으로 바뀌는 평음화와 치조 위치의 폐쇄음으로 바뀌는 치조폐쇄음화로 구분하기도 하고(유필재 2001:158~60, 김봉국 2002:38~40), 치조 위치와 경구개 위치를 음운론적으로는 모두 동일한 전설 위치로 파악함으로써 동일 조음 위치로의 평폐쇄음화로 함께 처리하기도 하였다(배주채 1992). 여기에서는 경구개음이 치조음으로 바뀌는 조음 위치의 변동을 별개의 음운 과정으로 구분하지 않고 함께 동일한 평폐쇄음화의 과정으로 다루도록 한다. ①~③은 국어 음운론에서 일반적으로 함께 다루어져 왔으며, 동일한 제약에 의한 현상으로 간주되기 때문이다. 다만 치조 위치와 경구개 위치에 대한 음운론적 해석 문제는 여러 음운 현상을 더 깊이 고려하여 결정해야 할 것으로 보인다.[1)]

④, ⑤는 후음의 평폐쇄음화인데, 'ㅎ'은 'ㄴ, ㅅ' 앞에서만, 'ㆆ'은 'ㄴ' 앞에서만 평폐쇄음화가 일어난다는 점에서 ①, ②, ③과는 매우 다르며, 왜 하필 'ㄷ'으로 바뀌는지도 분명하지 않다. 여기에서는 잠정적으로 ④, ⑤도 ①~③과 같은 평폐쇄음화의 과정으로 함께 처리한다.[2)]

---

1) 치조 위치와 경구개 위치에서 평폐쇄음은 'ㄷ'밖에 없지만, 이 사실이 곧 치조 위치와 경구개 위치를 음운론적으로 구분할 필요가 없다는 결론에 대한 필요충분조건이 되지는 않을 것이다. 치조 위치와 경구개 위치는 방언에 따라 동일한 음운론적 양상을 보이기도 하고 서로 다른 범주처럼 기능하기도 한다. 공시적인 전설모음화를 예로 들면, 전북 부안에서는 치조음과 경구개음이 모두 전설모음화의 동화주가 되지만(김옥화 2001:152~154) 전남 고흥에서는 경구개음만이(배주채 1994/1998ㄱ:94), 그리고 〈무주〉에서는 치조음 중의 일부와 경구개음(정확히는 치찰음)이 전설모음화의 동화주가 된다(후술 참조).

2) 후음의 평폐쇄음화를 ①~③의 과정과 동일하게 다루기 어렵다는 것은, 그 환경이 다르다는 점 외에도, 이것이 공시적인 음운 과정이 아닐 가능성이 높다는 점(배주채

4.1.2 비음화

국어에는 ‘장애음-비음’의 자음연쇄가 있을 수 없는 제약이 존재한다. 즉 비음 앞에는 비음만이 올 수 있다. 비음화는 이러한 제약 때문에 일어나는 음운현상으로서, 후행 음절의 초성이 비음일 때 선행 음절의 종성은 비음으로 바뀐다. 평폐쇄음화와 마찬가지로 비음화는 순수한 음운현상으로서 비음운론적인 제약이 존재하지 않는다.

비음화는 국어의 모든 방언에서 필수적으로 일어나는 현상으로서 방언에 따른 차이가 없다. 〈무주, 영동, 김천〉에서 보이는 비음화 역시 동일한 양상을 보인다. 편의상 곡용과 활용에서 보이는 비음화의 예를 구분하여 제시하면 다음과 같다.

			〈무주〉	〈영동〉	〈김천〉
(6)	ㄱ.	누룸밥+만	누룸밤만	누룸밤만	누룸밤′만
		앞+만	암만	암만	암′만
	ㄴ.	옷+마다	온마둥	온마다	온′마′당
		밑+만	민만(←밋+만)	민만	민′만(←및+만)
		낮+마냥	난마니(←낮+마니)	난마냥	난′맹′구로(←낮+맹구로)
		숯+만치	순만치(←숫+만치)	순만치(←숫+만치)	순만′치(←숯+만치)
	ㄷ.	그럭+마다	그렁마둥	그렁마다	그′렁마당
		밖+만	방만	방만	방′만
		아궁이+만	부엉만(←부억+만)	붱:만(←붝:+만)	부성′만(←부석+만)

〈무주, 영동, 김천〉 세 방언에서 비음으로 시작하는 조사는 ‘-만, -마둥, -마다, -마당, -마니, -마냥, -맹구로, -만치’ 등으로 모두 두음이 ‘ㅁ’인 조사만 존재한다. (6ㄱ)은 양순음 말음, (6ㄴ)은 치조음과 경구개음 말음, (6ㄷ)은 연구개음 말음의 체언에 이들 조사가 결합된 경우로, 모두

1992/1998ㄱ:199, 유필재 2001:172)과도 무관하지 않다.

필수적으로 비음화가 일어나 (6ㄱ~ㄷ)의 명사 말음은 각각 'ㅁ, ㄴ, ㅇ'으로 바뀐다.

		〈무주〉	〈영동〉	〈김천〉
(7) ㄱ.	잡+는다	잠는다	잠는다	잠넌′다
	덮+는다	덤는다	덤는다	덤넌′다
ㄴ.	받+니	반냐(←받+냐)	반나(←받+나)	반′노(←받+노)
	맡+는다	만는다	만는다	만넌′다
	웃+는다	운:는다	운:는다	운ˇ넌′다
	있+느라고	인니라구	인느라구	인니라′고
	찾+네	찬네	찬네	찬′내′
	쫓+느라고	쫀니라구	쫀느라구	쫀니라′고
ㄷ.	박+능구먼	방느만	방능구먼	방넝구′마
	솎+는데	송는데	송는데	송넌′대
ㄹ.	찧+는다	찐는다	찐는다	찐넌′다
	꿓+는다	꾼는다	꾼는다	꾼넌′다

(7)은 활용에서 비음화가 일어나는 예이다. 〈무주, 영동, 김천〉에서 비음으로 시작하는 어미는 '-는다, -는데, -능가, -냐, -나, -나/노, -니라구, -느라구, -니라고, -네, -내, -느만, -능구먼, -넝구마' 등으로 모두 'ㄴ'이 두음인 어미이다. (6)과 마찬가지로 어간말음이 각각 양순음, 치조음과 경구개음, 연구개음인 (7ㄱ~ㄷ)은 비음이 두음인 어미 앞에서 'ㅁ, ㄴ, ㅇ'으로 바뀐다. (7ㄹ)의 어간말음 'ㅎ, ㆆ'은 평폐쇄음화를 거쳐 'ㄷ'이 된 뒤에 비음화가 일어나 'ㄴ'으로 바뀐다.

(6)과 (7)에서 체언이나 용언 어간의 말음은 비음 앞에서 바로 비음으로 바뀐다고 볼 수도 있다. 그러나 이때의 어간말음은 음절경계 앞에 위치하여 평폐쇄음화가 일어나는 환경이므로 평폐쇄음인 'ㅂ, ㄷ, ㄱ'으로 먼저 바뀌고, 이 평폐쇄음이 동일 조음 위치의 비음인 'ㅁ, ㄴ, ㅇ'으

로 바뀌는 것으로 파악된다. 어간말음이 자음군일 때에도 마찬가지로 음절경계 앞에서 일어나는 자음군단순화가 먼저 일어난 뒤에 비음화가 일어난다.

(8) ㄱ. 밟:+는다 → (자음군단순화) → 밥:는다 → (비음화) → 밤:는다
ㄴ. 읊:+는 → (평폐쇄음화) → 읇:는 → (자음군단순화) → 읍:는 → (비음화) → 음:는

비음화는 곡용이나 활용만이 아니라 언제든지 환경만 갖추어지면 일어나는 현상이다. 파생어(9ㄱ)나 합성어 경계(9ㄴ)는 물론이고 음운론적 구로 묶이기만 하면 단어 경계를 가로질러서도 적용된다(9ㄷ).

(9) ㄱ. 접+이불 → 점니불(겹이불), 덧+나다 → 던나다, 풋+나락 → 푼나락〈김천〉, 맏-모가지 → 만모가지(한 이삭에서 가장 실한 부분)〈무주〉, 홑+이불 → 혼니불(홑이불)
ㄴ. 밥+물 → 밤물, 윷+놀이 → 윤노리, 팥+이파리 → 판니파리~판니퍼리, 장작+윷 → 장장눈(가락윷)〈무주〉, 닥+막 → 당막(닭을 가두어 두는 곳, cf. 돼지막)〈무주〉, 흑+물 → 흥물
ㄷ. ㉠ 꽂감집 넘으갔어 → 꼬깜짐너므가써 〈무주〉, 그말 대답 못 하드라고 → 그말대담모타드라고〈영동〉, 생집 내가주 머었어 → 생짐내가주머어써(생즙을 내서 먹었어)〈김천〉
㉡ 돗 놓는다 → 돈논는다(陷穽), 밭 맨다 → 반맨다, 입듯 났다 → 입뜬나따(입덧 났다)〈무주〉, 못 열지 → 몬녈지(不開)
㉢ 가실이 곡석 만발할 때 → 가시리 곡썽만바랄때(가을에 곡식이 많을 때)〈무주〉, 쌀가진 닥 물어갈겨 → 쌀가진 당물어갈껴(살쾡이는 닭 물어갈 거야)〈영동〉, 두부 옇고 호박 옇고 → 두부여코 호방녀코(두부 넣고 호박 넣고)〈김천〉

4.1.3 유음화

유음화는 유음 'ㄹ'의 영향으로 'ㄴ'이 'ㄹ'로 바뀌는 현상을 가리킨다. 여기에는 'ㄹ-ㄴ'의 연쇄가 'ㄹ-ㄹ'의 연쇄로 바뀌는 순행적 유음화와 'ㄴ-ㄹ'의 연쇄가 'ㄹ-ㄹ'의 연쇄로 바뀌는 역행적 유음화가 있다. 그런데 두 유음화는 'ㄴ'이 'ㄹ'로 바뀐다는 점을 제외하면 동일한 음운현상으로 함께 다루기 어렵다(이진호 1998). 역행적 유음화는 'ㄴ-ㄹ'의 연쇄에 적용되는데, 국어에는 'ㄹ'로 시작하는 형태소가 한자를 제외하면 매우 드물기 때문에 주로 한자어나 외래어에서 일어나고 단어 경계를 넘어서는 적용되지 않는다.[3] 반면 순행적 유음화는 형태소 경계에서는 물론이고 단어 경계를 넘어서도 환경만 갖추어지면 항상 일어난다. 여기에서는 순수한 음운 과정이라 할 수 있는 순행적 유음화를 중심으로 〈무주, 영동, 김천〉의 자료를 검토하도록 한다.

순행적 유음화는 'ㄹ-ㄴ'의 연쇄가 'ㄹ-ㄹ'로 바뀌는 현상으로서, 체언에 조사가 결합되는 곡용에서는 발견되지 않는다. 'ㄹ'말음의 체언은 존재하지만, 여기에 결합하는 조사로 'ㄴ'으로 시작하는 조사가 없기 때문이다(보조사 '-은/는', '-이나/나' 등에서 'ㄴ'으로 시작하는 이형태는 'ㄹ'말음 체언과 결합되지 않는다). 한편 용언의 활용에서는 'ㄹ'말음의 용언 어간(울:-, 泣)에 'ㄴ'으로 시작하는 어미(-는)가 결합할 수 있지만 이때에

3) 〈무주, 영동, 김천〉의 노년층 언어에서 'ㄹ'로 시작하는 외래어는 거의 없다고 할 수 있다. 나지오(라디오), 니야까(리어카), 나이타(라이터), 나멘(라면) 등. 따라서 역행적 유음화는 한자어에서만 나타나는데, 대부분 통시적 성격이 강하다. 신랑(新郎), 산신령(山神靈), 인력(人力), 전력(電力), 본래(本來), 편리(便利), 전라도(全羅道) 등. 공시적인 역행적 유음화의 예로는 '지명+리(里)'의 구조를 가진 단어에서 찾아볼 수 있다. 여원리→여월리〈무주〉, 심원리→심월리, 탑선리→탑설리〈영동〉, 마산리→마살리〈김천〉. 이때 〈영동〉과 〈김천〉에서는 'ㄹ'의 비음화(ㄹ→ㄴ)가 일어난 뒤에(심원니, 탑선니, 마산니) '이'모음 앞에서의 'ㄴ'탈락이 일어난 '심워이, 탑서이, 마사이' 형태가 함께 공존한다. 〈무주〉에서도 역행적 유음화 대신 'ㄹ'의 비음화가 일어난 예가 확인된다. 진로(眞露)→진노.

도 유음화는 일어나지 않는다(우:는). 유음화는 'ㄹ'로 시작하는 자음군 말음의 어간에 'ㄴ'으로 시작하는 어미가 결합될 때에 일어난다. 이는 〈무주, 영동, 김천〉 세 방언에서 공통적이다.

			〈무주〉	〈영동〉	〈김천〉
(10)	ㄱ.	핥+는다(舐)	할른다	할른다	할런′다
		훑+네(採)	훌레	훌레	훌′래
	ㄴ.	끓+능가(沸)	끌룽가	끌룽가	껄렁′가
		앓+는다(患)	알른다	알른다	알런′다
		잃+는(失)	일른	일른	일런′
	ㄷ.	꿇+는다(膝)	꿀른다~꾼는다	꿀른다~꿈는다[4]	꿀런′다
		싫+는다(載)	실른다	실른다	실ˇ런′다
	ㄹ.	밝+네(明)	방네	방네	방′내~발′래
		쌂:+는다(烹)	쌈:는다	쌈:는다	쌈ˇ넌′다
		뜳:+는다(貫)	뜸:는다	뜸:는다	떰ˇ넌′다
		읊+는다(誦)	을푼다[5]	울푼다	엄넌′다

4) 표준어 '꿇-'(跪)은 세 방언에서 'ㅀ'말음의 '꿇-'과 'ㄶ'말음의 '꾾-'이 함께 공존한다. '꿀코~꿀꼬, 꿀찌~꿀치' 등. 그런데 간혹 이러한 기저형으로는 설명하기 어려운 활용형이 발견되는 경우가 있다. '-는다'가 결합할 때에 〈무주〉에서는 '꾼는다'가, 〈영동〉에서는 '꿈는다'가 산발적으로 나타난다. 이러한 활용형은 현재 〈무주, 영동〉에서 '꿇-'의 재구조화가 한창 진행중에 있음을 말해준다. 〈무주〉의 '꾼는다'는 기저형 '꿇-, 꾾-'과 어미의 결합과정을 거쳐 정상적인 음운 과정의 적용을 받아 형성된 것이라기보다는 모종의 유추적 과정에 의해 형성되었을 가능성이 높은 것으로 보인다. 여기에 기반이 되는 모형으로는 '싣-'(載)에 '-는다'가 결합될 경우에 '신는다〈표준어〉 : 실른다〈무주방언〉'의 대응을 생각해 볼 수 있을 것이다. 〈영동〉의 '꿈는다' 역시 기저형 '꿇-, 꾾-'과 직접적으로 관련시키기는 어려울 것으로 판단된다. 표준어의 'ㅀ'말음 어간이 'ㄼ'말음 어간으로 대응되는 예가 있으므로(뚫-〈표준어〉 : 뜳-〈영동방언〉), 'ㄼ'말음 어간으로의 재구조화를 추정할 수 있으나 충북의 '제원'에서 쓰이는 것으로 보고된 바 있는 '꿃-'과 관련될 가능성도 있다(≪한국방언자료집 Ⅲ 충청북도편≫ p. 207). 〈영동〉에서는 '꿀고 앉는다'와 같이 단순한 'ㄹ'말음 어간인 듯 보이는 예도 발견된다.

5) 〈무주, 영동〉에서는 이때 유음화가 일어나지 않는데, 이는 어간이 '읊-'이 아니라 '을푸-'이기 때문이다. 〈무주, 영동〉에서 'ㄿ'을 어간말음으로 가진 용언은 존재하지 않는다.

유음화는 (10ㄱ~ㄷ)에서와 같이 어간말음이 'ㄾ, ㅀ, ㅭ'일 때에만 일어난다. 동일하게 'ㄹ'로 시작하는 어간말 자음군이라 하더라도 'ㄺ, ㄻ, ㄼ, ㄿ' 등일 때에는 유음화가 일어나지 않는다(10ㄹ). 이러한 유음화의 실현 양상을 이해하는 데에는 크게 두 가지 방식이 있다. 하나는 유음화를 'ㄹCㄴ→ㄹCㄹ'(C: 자음)과 같은 간접동화로 파악하고, 개재자음 C의 성격에 따라 유음화의 적용 여부가 결정된다고 보는 방식이다. 이에 따르면 〈무주, 영동, 김천〉에서 (10ㄱ~ㄷ)의 어간말음 'ㄾ, ㅀ, ㅭ'의 두 번째 자음인 'ㅌ, ㅎ, ㆆ'은 유음화를 가능하게 하는 개재자음이고 (10ㄹ)에서 'ㄱ, ㅁ, ㅂ, ㅍ'은 유음화를 불가능하게 하는 개재자음이다. (10ㄹ)의 '방내~발래〈김천〉'(明)와 같이 유음화가 적용된 형식과 그렇지 않은 형식이 한 방언 내에서 공존하는 것은, 유음화의 적용 여부를 결정하는 개재자음의 종류가 방언에 따라 다를 수 있기 때문에 생기는 현상으로 해석된다.

이와 달리 유음화를 'ㄹㄴ→ㄹㄹ'과 같은 직접동화로 파악하고, 'ㄹㄴ' 연쇄가 조성되면 유음화가 일어난다고 파악하는 방식도 있다. 이에 따르면 (10)에서 유음화의 실현 여부는 자음군단순화가 일어난 결과가 'ㄹ'인지 'ㄹ' 이외의 다른 자음인지에 따른 것이다. (10ㄱ~ㄷ)의 'ㄾ, ㅀ, ㅭ'은 자음군단순화가 일어나면 항상 'ㄹ'이 남게 되므로 'ㄹㄴ'의 연쇄가 'ㄹㄹ'로 바뀌는 유음화가 일어난다. 이에 비해 (10ㄹ)의 'ㄺ, ㄻ, ㄼ, ㄿ'의 어간말 자음군은 'ㄹ'이 탈락하는 방향으로 자음군단순화가 일어나기 때문에 유음화가 적용될 수 있는 환경(ㄹㄴ)이 조성되지 않음으로써 유음화가 일어나지 않는다.[6] (10ㄹ)의 '방내~발래〈김천〉'(明)는 〈김천〉에서 자음군단순화의 결과가 'ㄱ, ㄹ' 둘 다 가능하기 때문에 생기는 현상으로 해석된다.

---

6) 이들 어간말 자음군의 단순화에 대해서는 4.2.5를 참조.

이 두 방식 중에서 후자의 방식이 문제를 덜 일으키는 것으로 판단된다. 유음화를 간접동화로 보는 견해를 받아들이기 위해서는 몇 가지 해명되어야 할 문제가 있다. 첫째, 개재자음의 어떤 속성이 유음화를 가능하게 하는지 불분명하다(박창원 1987:319). 'ㄹCㄴ'의 연쇄가 'ㄹCㄹ'의 연쇄로 바뀌는 데 있어서 개재자음은 [-grave]인 中子音으로 한정할 수 있지만(이승재 1980:60), 중자음의 어떤 속성이 유음화라는 간접동화를 가능하게 하는지에 대해서는 아직 분명하게 밝혀진 바가 없다. 개재자음이 중자음이 아닐 때에도 유음화가 일어나는 방언이 존재한다는 점을 감안하면, 중자음의 내재적인 속성 때문에 유음화가 가능하게 되는 것은 아닐 것이다. 또한 조음위치상의 부류인 중자음이 조음방식상의 동화인 유음화를 가능하게 할 수 있는 개재자음으로 작용할 수 있는지도 의문스럽다. 둘째, '아들네(→아들레), 딸네(→딸레)'와 같이 개재자음이나 단어 경계가 없음에도 불구하고 유음화가 일어나는 예들이 있다(송철의 1990:31). 만약 유음화가 개재자음이 필요한 간접동화라면, 이 예들은 간접동화로서의 유음화와는 달리 설명되어야 하는 어려움이 있다. 셋째, 규칙의 적용 순서가 일관적이지 않을 수 있다(이진호 1998:91~94). 유음화가 간접동화라면 유음화는 자음군단순화 이전에 적용되어야 하는데, '삶-, 젊-' 등과 같이 'ㄻ'을 어간말 자음군으로 가진 경우에는 항상 유음화가 일어나지 않으므로 유음화보다 자음군단순화가 먼저 적용되어야 한다. 이러한 문제가 규명되지 않는 한 유음화를 간접동화로 보기는 어려울 것이다.

한편, 유음화를 직접동화로 볼 때의 가장 큰 걸림돌은, '알:+는 → 아:는'(知)과 같이 'ㄹ'말음의 용언 어간에 'ㄴ'으로 시작하는 어미가 결합하여 'ㄹㄴ'이 직접 이어질 경우에 유음화가 일어나지 않고 유음 탈락이 일어난다는 사실이다. 즉 'ㄹㄴ' 연쇄는 유음화와 유음 탈락이 동시에 일어날 수 있는 환경으로, 어떤 음운현상이 일어날지 알 수 없게 된다. 이러한 문제 상황을 해소하기 위한 방안으로는 용언 어간말의 'ㄹ'이 탈락한다는 비음운론적 정보를 가진 규칙(배주채 1989:70)으로, 혹은 유음탈락이 유음화보다 선행한다는 외재적 규칙순(이진호 1998:95)으로, 혹은 'ㄹ'이 없는 이형태의 직접 결합(유필재 2001:87~88) 등이 제안된 바 있다. 즉, 비음운론적 정보를 가진 음운규칙, 외재적 규칙순, 복수 기저형의 설정 등과 같은 기술 방식이 제시된 것이다.

따라서 여기에서는 (10)에서의 유음화도 직접 동화로 파악한다. 유음화는 직접 동화이므로 자음군단순화 이후에 적용된다. 자음군단순화의 결과로 'ㄹ'이 남게 되는 (10ㄱ~ㄷ)에서는 유음화가 일어나고, 자음군단순화의 결과로 'ㄹ' 이외의 자음이 남게 되는 (10ㄹ)에서는 유음화가 일어나지 않는다. 유음화를 직접동화로 파악하면 (10)의 도출과정은 다음과 같다.

핥+는다→(평폐쇄음화)→핥는다→(자음군단순화)→할는다→(유음화)→할른다
앓+는다→(평폐쇄음화)→앓는다→(자음군단순화)→알는다→(유음화)→알른다
싫+는다→(평폐쇄음화)→싫는다→(자음군단순화)→실는다→(유음화)→실른다
밝+네→(평폐쇄음화)→밝네→(자음군단순화)→박네→(비음화)→방네
↘발네→(유음화)→발네
쌂:+는다→(평폐쇄음화)→쌂:는다→(자음군단순화)→쌈:는다
뜳:+는다→(평폐쇄음화)→뜳:는다→(자음군단순화)→뜹:는다→(비음화)→뜸:는다

이상과 같이 자음군단순화 이후에 'ㄹㄴ' 연쇄가 만들어지면 항상 유음화가 일어나는 것으로 설명된다. 〈김천〉에서 '방내~발래'(明)가 공존하는 것은 자음군단순화가 적용된 결과 'ㄱ'이 남기도 하고 'ㄹ'이 남기도 하는 사정 때문이다(박꼬~발꼬, 박찌~발지).

직접 동화로서의 유음화는 세 방언에서 파생어나 합성어를 형성할 때에도 일어난다.

(11) ㄱ. 아들-네→아들레, 딸-네→딸네, 아들-내미→아들래미, 딸-내미→딸래미[7]
ㄱ'. 아들-님→아드님, 딸-님→따님, 올-나락→오나락〈무주, 김천〉(올벼)
ㄴ. 팔-남매→팔람내, 발-내→발래〈무주〉(발냄새), 고무줄-놀이→고무줄로리, 땔-나무→땔라무, 메물-농사→메물롱사, 두불-논→두불론, 말-날→말랄(午日)
ㄴ'. 솔-나무→소나무~솔라무 cf. 솔-냄새→솔램새, *소냄새
ㄷ. 히발-요→히발료〈무주〉(휘발유), 버들-입→버들립〈무주〉(柳葉), 뒷골-여수→뒤꼴려수〈영동〉(뒷골-여우), 독골-양반→도꼴량반〈영동〉(독골[지명]-양반), 털-양발→털량발〈김천〉(털-양말), 솔-잎→솔립〈김천〉(松葉)

(11ㄱ)은 'ㄹ'말음의 명사 뒤에 'ㄴ'으로 시작하는 파생접미사가 결합된 파생어에서, (11ㄴ)은 'ㄹ'말음의 명사 뒤에 'ㄴ'으로 시작하는 명사가 결합된 합성어에서 유음화가 일어난 것이다. (11ㄷ)은 'ㄴ'첨가가 일어나서 'ㄹㄴ'연쇄가 형성됨으로써 유음화가 일어난 예이다. 이상을 통해 파생어경계나 합성어경계의 구분 없이 'ㄹㄴ'연쇄가 만들어질 때에 유음화가 일어남을 확인할 수 있다.

그런데 (11ㄱ', ㄴ')과 같이 동일한 환경에서 유음화가 일어나지 않고 유음탈락이 일어난 경우도 있다. 이들에서 유음화가 일어나지 않은 것은 파생어나 합성어 형성 과정의 통시성과 관련지어 이해할 수 있다. 즉 '아드님'의 경우, '아들+님'에서 'ㄹ'이 탈락한 것은 '아들'과 '님'의 공시적 결합과정에서 일어난 것이 아니라 이전 시기에 'ㄹ'탈락이 일어났으며 그것이 음운론적으로 어휘화한 것이다. '달-님→달림, 별-님→별림'과 같이 비교적 최근에 형성된 단어에서는 유음화만 일어나기 때문에 'ㄹ'탈락의 공시성이 의심되는 것이다. '소나무'는 '솔+나무'에서 'ㄹ'탈락이 일어난

7) '-내미'가 결합된 단어로는 〈김천〉의 '못내미(못난이), 삐뚤내미(뒤통수가 삐뚠 아이)' 등을 들 수 있다. '울보'를 뜻하는 '울내미' 역시 '-내미'가 결합된 예로 볼 수 있다(표준국어대사전).

형태인데, 유음화가 일어난 '솔라무'와 공존하고 있다. '솔+냄새→솔램새'와 같이 비교적 최근에 형성된 단어는 유음탈락이 일어나지 않고 유음화만 일어난다는 점에서 '소나무'는 통시적으로 굳어진 형태라 할 수 있다. 따라서 파생어나 합성어에서 유음화가 일어나지 않고 유음탈락이 일어난 형태는 통시적 과정의 흔적이라 할 수 있다.

(12) ㄱ. 〈무주〉 ① 간수럴 느:갖구→간수럴르갖구(간수[鹽膽水]를 넣어 가지고)
② 아:덜 농사지서 쌀 주구→아:덜롱사지서 쌀주구(아이들에게 농사 지어서 쌀 주고)
ㄴ. 〈영동〉 ① 그 병을 낫과야지→그병을라꽈야지(그 병을 치료해야지.)
② 병충해 때민에 약을 늘 해야 한단 말이라.→병충해때미네 야글를 해야한단마리라(병충해 때문에 농약을 늘 해야 한단 말이야)
ㄷ. 〈김천〉 ① 기더리가 술술 나와여→기더리가 술술라와여(구더기가 술술 나와).
② 서울말 난 잘 못 알아듣갰더라→서울말란 잘 모다라드깨떠라(서울말 나는 잘 못알아듣겠더라).

직접동화로서의 순행적 유음화는 세 방언 모두에서 단어 경계(①)나 구 경계(②)를 뛰어넘어 일어난다. 물론 (12)에서 단어 경계나 구 경계에 휴지를 두어 발화할 경우에는 유음화가 실현되지 않는다. 하지만 휴지 없이 하나의 기식군 혹은 음운론적 구로 발화될 때에는 항상 유음화가 일어난다.

이상에서 살펴본 바와 같이 순행적인 유음화는 'ㄹ'계 어간말 자음군을 가진 용언이 활용할 때나(10), 파생어나 합성어를 형성할 때(11), 그리고 단어 경계나 구 경계가 있을 때(12)에 일어난다. 체언의 곡용에서 순행적 유음화를 찾아볼 수 없는 것은 오로지 'ㄴ'으로 시작하는 조사가 없기 때문이다. 따라서 순행적 유음화는 휴지가 개재되지 않는 한, 각종 비음운론적인 정보에 상관없이 'ㄹㄴ' 연쇄를 'ㄹㄹ' 연쇄로 바꾸는 순수한 음운 과정이다.

4.1.4 조음위치동화

조음위치동화는 두 자음이 연속될 때 앞자음의 조음위치가 뒷자음의 조음위치와 동일하게 바뀌는 수의적인 현상이다. 두 자음이 연속될 때에 앞자음은 음절말자음이 되기 때문에 평폐쇄음 3개(ㅂ, ㄷ, ㄱ), 비음 3개(ㅁ, ㄴ, ㅇ), 유음(ㄹ) 총 7개의 자음만이 올 수 있다. 이때 치조음인 'ㄷ, ㄴ'은 양순음 앞에서 양순음인 'ㅂ, ㅁ'으로, 연구개음 앞에서 연구개음인 'ㄱ, ㅇ'으로 바뀌며, 양순음 'ㅂ, ㅁ'도 연구개음 앞에서 연구개음인 'ㄱ, ㅇ'으로 바뀐다. 'ㄹ'은 조음위치동화를 겪지 않는다.

이 현상은 체언의 곡용이나 용언의 활용에서 모두 일어나며, 합성어 경계나 단어 경계를 가로질러 적용된다. 비음운론적인 정보와 상관없이 음운론적인 환경만 조성되면 적용된다는 점에서 순수한 음운 현상이라 할 수 있지만, 주의깊은 발화에서는 실현되지 않을 수 있기 때문에 필수적인 변동은 아니다. 〈무주, 영동, 김천〉 세 방언에 있어서도 조음위치동화의 이러한 내용과 성격은 변함이 없다.

편의상 조음위치동화를 양순음 앞에서 양순음으로 바뀌는 양순음화와 연구개음 앞에서 연구개음으로 바뀌는 연구개음화로 나누어 세 방언에서 실현되는 양상을 살펴보면 다음과 같다.

			〈무주〉	〈영동〉	〈김천〉
(13)	ㄱ.	옷+보다(衣)	온뽀당→옵뽀당	온뽀당→옵뽀당	온뽀당→옵′뽀′당
		낮+부터(晝)	난뿌텀→납뿌텀	난뿌텀→납뿌텀	난뿌텀→납′뿌′텀

	꽃+배끼(花)	*[8]	*	꼳빼끼→꼽빼′끼
	끝+보고(末)	*	끋뽀고→끕뽀고	*
ㄴ.	짚신+보다	집신보당 →집심보당	집신보당 →집심보당	집신보당 →집심보′당
	예:전+처럼	예전마니 →예:점마니	예:전마냥 →예:점마냥	이전맹구로 →이˘점′맹구로
ㄷ.	맛+만(味)	만만→맘만	만만→맘만	만만→맘′만′
	곳곳+마다	고꼰마둥 →고꼼마둥	고꼰마다 →고꼼마다	고꼰마당 →고꼼마′당

(13ㄱ)은 치조음이나 경구개음인 장애음이 음절말에서 'ㄷ'으로 평폐쇄음화한 후에 양순음 앞에서 양순폐쇄음 'ㅂ'으로 바뀐 것이고, (13ㄴ)은 치조 비음인 'ㄴ'이 양순음 'ㅂ, ㅁ' 앞에서 양순 비음 'ㅁ'으로 바뀐 것이다. (13ㄷ)의 '맛+만'은 평폐쇄음화된 'ㄷ'의 비음화가 양순음화보다 먼저 일어나는 것으로 보고, '맛만→(평폐쇄음화)→맏만→(비음화)→만만→(양순음화)→맘만'과 같은 도출과정을 겪는 것으로 파악한다.

활용의 경우에는 'ㅂ, ㅁ'으로 시작하는 어미가 없기 때문에 양순음화를 직접 확인하기는 어렵다. 합성어 및 단어 경계에서 양순음화가 일어나는 예를 살펴보면 다음과 같다.

(14) ㄱ. 숯+불→숟뿔→숩뿔, 젖+병→젇뼝→접뼝, 외꽃+버섯→외꼳뻐섯→외꼽뻐섯〈무주〉, 밑+바닥→믿빠닥→밉빠닥

ㄴ. 마른+버듬→마름버듬〈영동〉, 논+배미→논빼미→놈빼미, 산+삐얄→산삐얄→삼삐얄〈영동〉, 손+뼉→솜뼉〈무주, 영동〉 솜삑〈김천〉, 돈+벌이→돔뻘이, 산+막→산막→삼막(山幕)

ㄷ. 끝+물→끋물→끈물→끔물, 귀밑+머리→귀믿머리→귀민머리→귀밈머리, 젖-먹-이→젇메기→전메기→점메기〈무주, 영동〉 점미기〈김천〉, 윷+말→윧말→윤말→윰말〈김천〉, 닷+마지기→닫마

---

8) 이들에 표시를 하지 않은 것은 〈무주〉에서 'ㅊ'말음의 명사가 존재하지 않기 때문이다. 〈무주〉에서 '꽃'(花)은 'ㅅ'말음인 '꼿'으로만 나타난다.

지기→단마지기→담마지기

(15) ㄱ. 〈무주〉 그랑개 돈:얼 못 벌었지.(그러니까 돈을 못 벌었지.) → 몬뻐런찌 → 몸뻐런찌

〈영동〉 뉘:가 잠을 세: 번을, 멧 번을 잔다.(누에가 잠을, 세 번인가 몇 번을 잔대.) → 멘뻐늘 → 멤뻐늘

〈김천〉 낯 비루고 하는 대정이 있어.(낫을 벼리고 하는 대장장이가 있어.) → 난삐루고 → 남삐루고

ㄴ. 〈무주〉 이건 밥해먹는 솟이감만?(이건 밥해먹는 솥인가 봐?) → 이검바배멍는

〈영동〉 뭐, 찔긴 바늘로 챙챙 감췄능가?(뭐, 질긴 바늘로 챙챙 감췄는가?) → 찔김바늘로

〈김천〉 도동놈이라 카넌 빙, 참 대::단해여.(도둑놈이라고 하는 병, 참 대단해.) → 도동놈이라카넘빙

ㄷ. 〈무주〉 솟 밑이다 불얼 때니깐.(솥 밑에다 불을 때니까.) → 손미티다 → 솜미티다

〈영동〉 쪽지비 털이 좋다고 붓 만들았다는.(쪽제비 털이 좋다고 붓 만들었다는.) → 분만드라따는 → 붐만드라따는

〈김천〉 삼곳 맨들아가지고 불얼 때가주고.(삼굿 만들어 가지고 불을 때서.) → 삼꼰맨드라가지고 → 삼꼼맨드라가지고

(14)는 합성어 형성에서, (15)는 단어 경계를 가로질러 양순음화가 실현된 경우이다. (14ㄱ, 15ㄱ)은 치조음 및 경구개음이 'ㄷ'으로 평폐쇄음화한 뒤에 양순 폐쇄음 'ㅂ'으로 실현된 것이고, (14ㄴ, 15ㄴ)은 치조비음인 'ㄴ'이 양순 비음인 'ㅁ'으로 실현된 것이다. (14ㄷ, 15ㄷ)은 평폐쇄음화한 'ㄷ'이 'ㄴ'으로 비음화한 뒤에 'ㅁ'으로 실현된 것이다.

이상과 같이 양순음화는 'ㄷ, ㄴ'이 각각 양순음 앞에서 양순음인 'ㅂ, ㅁ'으로 바뀌는 현상으로, 조음위치의 변동만 있고 조음방식의 변동은 없다. 양순음화는 비록 수의적인 현상이지만 음운론적인 환경이 갖추어

지면 언제든지 일어날 수 있는 현상이다. 일상적인 발화에서는 양순음화가 일어난 형식이 자연스럽다.

연구개음화는 치조음인 'ㄷ, ㄴ'과 양순음인 'ㅂ, ㅁ'이 연구개음 앞에서 연구개음인 'ㄱ, ㅇ'으로 바뀌는 현상이다. 양순음화는 양순음으로 시작하는 어미가 없어 용언의 활용에서 찾아볼 수 없었지만, 연구개음화는 곡용과 활용에서 모두 확인된다. 편의상 곡용과 활용을 구분하여 예를 제시하면 다음과 같다.

			〈무주〉	〈영동〉	〈김천〉
(16)	ㄱ.	밥+까지(飯)	밥꺼정→박꺼정	밥꺼지→박꺼지	밥꺼정→박′꺼′정
		앞+까지(前)	압꺼정→악꺼정	압꺼지→악꺼지	압꺼정→악꺼′정
		값+까지(價)	갑꺼정→각꺼정	갑꺼지→각꺼지	갑꺼정→각′꺼′정
		밤+같이(夜)	밤거치→방거치	밤거치→방거치	밤거치→방′거′치
		사람+에게	사:람기→사:랑기	*	사람기→사˘랑′기
	ㄴ.	옷+같이(衣)	온꺼치→옥꺼치	온꺼치→옥꺼치	온꺼치→옥′꺼′치
		젖+까지(乳)	전꺼정→적꺼정	전꺼지→적꺼지	전꺼정→적′꺼′정
		눈+같이(雪)	눈:거치→눙:거치	눈:거치→눙:거치	눈거치→눙˘거′치
		촌+까지(村)	촌:꺼정→총:꺼정	촌:꺼지→총:꺼지	촌꺼정→총˘꺼′정

			〈무주〉	〈영동〉	〈김천〉
(17)	ㄱ.	잡+겠어(捕)	잡꺼써→작꺼써	잡꺼써→작꺼써	잡깨써→작깨′써
		덮+고(蓋)	덥구→덕꾸	덥꾸→덕꾸	덥꼬→덕′꼬
		없:+기에(無)	웁:껄래→욱:껄래	웁:껄래→욱:껄래	업낄래→억˘낄′래
		남:+고(餘)	남:꾸→낭:꾸	남:꾸→낭:꾸	남:꼬→낭˘꼬′
		삶:+고(烹)	쌈:꾸→쌍:꾸	쌈:꾸→쌍:꾸	쌈:꼬→쌍˘꼬′
	ㄴ.	믿+거던(信)	민꺼덩→믹꺼덩	민꺼덩→믹꺼덩	민꺼덩→믹꺼′덩
		웃:+거나(笑)	운:꺼나→욱:꺼나	운:꺼나→욱:꺼나	운꺼나→욱˘꺼′나
		젖+고(濕)	전꾸→적꾸	전꾸→적꾸	전꼬→적′꼬
		안+고(抱)	안:꾸→앙:꾸	안:꾸→앙:꾸	안꼬→앙˘꼬′
		얹+고(附)	언꾸→엉꾸	언꾸→엉꾸	언꼬→엉′꼬
		많:+고(多)	만:쿠→망:쿠	만:쿠→망:쿠	만코→망˘코′

(16)은 곡용, (17)은 활용의 경우로, 이를 통해 연구개음화가 곡용과 활용의 구분 없이 일어남을 알 수 있다. (16ㄱ, 17ㄱ)은 'ㅂ, ㅁ'이 연구개음 앞에서 'ㄱ, ㅇ'으로 바뀐 것이고, (16ㄴ, 17ㄴ)은 'ㄷ, ㄴ'이 연구개음 앞에서 'ㄱ, ㅇ'으로 바뀐 것이다. 이때의 'ㅂ, ㅁ'과 'ㄷ, ㄴ'은 이것이 원래의 어간말음일 수도 있고, 평폐쇄음화나 자음군단순화를 거친 결과일 수도 있다. 즉 어떠한 음운 과정을 거친 것이든 상관없이 'ㅂ, ㅁ' 및 'ㄷ, ㄴ'이 연구개음 앞에서 연구개음인 'ㄱ, ㅇ'으로 바뀌는 것이다.

연구개음화는 양순음화와 마찬가지로, 합성어의 형성 과정에도 적용되며 단어 경계를 뛰어넘어서도 적용된다. 연구개음화가 적용되는 몇 예를 제시하면 다음과 같다.

(18) ㄱ. 튀밥+거리→튀밥꺼리→튀박꺼리〈무주〉, 팥잎+국→판닙꾹→판닉꾹〈영동〉(팥잎국), 밥+거럭→밥꺼럭→박꺼'럭〈김천〉(밥그릇), 지름+값→지름깝→지릉깝〈무주〉(기름값), 삼+개월→삼개월→상개월〈영동〉, 삼+껍디기→삼껍띠기→상'껍'띠기〈김천〉(麻皮)

ㄴ. 다섯+개→다섣깨→다석깨〈무주〉, 엿+가래→엳까래→역까래〈영동〉(엿가락), 팥+고물→팓꼬물→팍'꼬'물〈김천〉(팥고물), 단+감→단감→당감, 문+고리→문꼬리→뭉꼬리〈영동〉, 하문+글→하문껄→하˘뭉'껄〈김천〉(漢文글)

(19) ㄱ. 〈무주〉 왜정 때 모집 갔다가.(倭政 때 募集 갔다가.) → 모집까따가 → 모직까따가
사람 갈치넌 손꾸랙이라구.(사람 가리키는 손가락이라고.) → 사랑갈치넌

〈영동〉 무릎 꿇어 앉지.(무릎 꿇어 앉지.) → 무룩꾸러
오늘 갈래? 지금 갈라고? 지금? → 지긍갈라고

〈김천〉 한쪽에넌 솔잎 꼽고.(한쪽에는 솔잎 꽂고.) → 솔립꼽꼬 → 솔릭꼽꼬

밑애꺼 거놈 갖다 또 끓이여.(밑에 있는 그것 가져다 또 끓여.) → 거농가따

ㄴ. 〈무주〉 빚 갚아라 그릏게 박하게는 못하고.("빚 갚아라" 그렇게 야박하게는 못하고.) → 빋까파라 → 빅까파라
여기넌 그냥 시숙이라구 햐.(여기는 그냥 媤叔이라고 해.) → 여기넝그냥

〈영동〉 힌옷 금방 껌을 거고.(흰옷 금방 검게 될 것이고.) → 힌온끔방 → 힌옥끔방
상투에 박는 걸 동곳이라구.(상투에 박는 것을 동곳이라고.) → 방능걸

〈김천〉 자고 가, 고마. 인지 못 간다.(자고 가, 그만. 이제 못 간다.) → 몯깐다 → 목깐다
떨어전 구영애다 헝겁얼 대가주고.(떨어진 구멍에다 헝겊을 대서.) → 떠러정구영

(18)은 합성어에서, (19)는 단어 경계를 넘어서 연구개음화가 적용될 수 있음을 보여준다. (18ㄱ, 19ㄱ)은 'ㅂ, ㅁ'이, (18ㄴ, 19ㄴ)은 'ㄷ, ㄴ'이 연구개음 앞에서 각각 'ㄱ, ㅇ'으로 바뀐 예로서, (16, 17)에서 확인한 변동과 다르지 않다. 〈무주, 영동, 김천〉에서 이러한 연구개음화는 차이를 보이지 않는다.

이상에서와 같이 조음위치동화로서의 양순음화와 연구개음화는 반드시 적용되는 필수적인 현상은 아니지만 비음운론적인 제약을 받지 않는 순수한 음운 현상이다. 세 방언 모두에서 음운론적인 조건만 갖추어지면 자연스러운 발화에서는 적용될 수 있는 현상이다. 양순음화의 입력은 치조음 'ㄷ, ㄴ'이고, 연구개음화의 입력은 치조음 'ㄷ, ㄴ'과 양순음 'ㅂ, ㅁ'의 넷이다. 조음위치동화의 입력이 이처럼 단순한 것은, 조음위치동화가 평폐쇄음화나 자음군단순화, 비음화 등이 일어난 뒤에 적용되기 때문이다. 음절말 위치에서 치조나 경구개 위치의 장애음들은 모두 'ㄷ'으로, 양순 위치의 장애음들은 모두 'ㅂ'으로 평폐쇄음화가 일어나고, 이 평폐

쇄음 'ㄷ, ㅂ'이 조음위치동화의 입력이 된다. 자음군단순화나 비음화가 적용될 수 있는 환경이라면 자음군단순화나 비음화가 적용된 결과가 조음위치동화의 입력이 된다. 양순음화의 환경은 '양순음 앞'이며 그 출력은 양순음 'ㅂ, ㅁ'이다. 연구개음화의 환경은 '연구개음 앞'이며, 그 출력은 연구개음 'ㄱ, ㅇ'이다. 조음위치동화로서의 양순음화와 연구개음화는 〈무주, 영동, 김천〉 세 방언에서 차이가 없다.

4.1.5 경음화

경음화는 평장애음인 'ㅂ, ㄷ, ㄱ, ㅈ, ㅅ'이 일정한 환경에서 경음인 'ㅃ, ㄸ, ㄲ, ㅉ, ㅆ'으로 바뀌는 현상이다. 이 경음화가 일어나는 환경은 평폐쇄음 뒤, 용언의 어간말음인 비음 뒤, 용언의 어간말음 'ㅎ' 뒤, 관형사형 어미 '-을' 뒤 등으로 나누어 볼 수 있다. 이들 환경에서 일어나는 경음화는 환경이 다르고 관여되는 제약 역시 다르기 때문에 별개의 현상으로 다루어야 하지만, 편의상 함께 살펴보도록 한다.

① 평폐쇄음 뒤의 경음화

평장애음인 'ㅂ, ㄷ, ㄱ, ㅈ, ㅅ'은 평폐쇄음 뒤에서 경음인 'ㅃ, ㄸ, ㄲ, ㅉ, ㅆ'으로 바뀐다. 음운 체계 내에서 존재하는 경음은 'ㅃ, ㄸ, ㄲ, ㅉ, ㅆ'의 5개이므로, 이 경음과 짝이 되는 평장애음이 입력이 된다. 평장애음 중에서 'ㅎ'이 입력이 될 때에는 경음화가 일어나지 않고, 앞의 평폐쇄음과 축약되어 유기음화가 일어나거나 탈락한다('ㅎ'탈락 참조).

이 경음화의 환경은 평폐쇄음 뒤이다. 평폐쇄음이 아닌 장애음이 올 때에는, 음절말 평폐쇄음화를 거쳐 평폐쇄음이 된 뒤에 경음화가 일어난다. 이 경음화는 비음운론적인 정보가 전혀 필요하지 않은 현상으로, 음운론적인 환경만 갖추어지면 필수적으로 일어난다. 따라서 〈무주, 영동, 김천〉 세 방언에서 차이를 보이지 않는다.

(20) ㄱ. 수:숙밥+두→수:숙밥뚜〈무주〉(조밥), 초가집+서→초가집써〈영동〉(초가집에서), 니이섶+도→니′이섭또〈김천〉(누에섶), 앞+두→압뚜〈무주, 영동〉, 압′또〈김천〉(前)
ㄴ. 젙+두→전뚜〈무주,영동〉, 전′또〈김천〉, 저드랑꽃+두→저드랑꼳뚜〈무주〉(겨드랑이털), 부시짓+두→부시짇뚜〈영동〉(부싯깃), 얼거빗+도→얼거빋′또〈김천〉(얼레빗), 낮+부텀→낟뿌텀, 절뚝팢+도→절′뚝′팓또〈김천〉(붉은팥)
ㄷ. 아룻목+거치→아른목꺼치〈무주〉(아랫목), 입삭+배끼→입싹빼끼〈영동〉(입사귀), 누룬국+도→누룽국′또〈김천〉(굵은국수), 장닥+도→장딱′또〈김천〉(鷄), 밖+도→박뚜〈무주, 영동〉, 박′또〈김천〉

(21) ㄱ. 덥+지→덥:찌(暑), 덮+거나→덥꺼나(蓋)
ㄴ. 뻗+다가→뻗따가(出), 붙+고→붇꾸〈무주,영동〉, 붇꼬〈김천〉(附), 벗+구→벋꾸(脫), 있+다가→읻따가(在), 찢+더라→찓떠라(裂), 쫓+지→쫃찌(追)
ㄷ. 막+소→막′쏘〈김천〉(防), 막+습니다→막씁니다(防), 묶+지→묵지(束)

(20, 21)을 통해 곡용과 활용에서 평폐쇄음 뒤의 경음화가 일어남을 확인할 수 있다. (ㄱ, ㄴ, ㄷ)은 각각 평폐쇄음 'ㅂ, ㄷ, ㄱ' 뒤에서 경음화가 일어난 예이다. 어간말음이 평폐쇄음이 아닌 경우에는 평폐쇄음화가 적용되어 'ㅂ, ㄷ, ㄱ'으로 바뀐 뒤에 경음화가 일어난다. 예를 들어 '앞(前)+두'는 어간말음 'ㅍ' 뒤에서 조사의 두음 'ㄷ'이 바로 경음으로 바뀐다고 보지 않고, 어간말음 'ㅍ'이 'ㅂ'으로 평폐쇄음화한 다음 'ㅂ' 뒤에서 조사의 두음이 'ㄸ'으로 바뀐다고 파악한다. 유기음 뒤에서 경음화가 일어난다는 것이 자연스럽지 않고 어간말음이 'ㅂ'일 때에도 경음화가 일

어나는 것과 평행하게 기술할 수 있기 때문이다. 결국 평폐쇄음 뒤에서 평음이 경음으로 바뀌는 것이다.

장애음이 포함된 어간말 자음군을 가진 체언이나 용언 어간의 곡용과 활용에서도 평폐쇄음 뒤의 경음화가 일어난다.

(22) ㄱ. 앉+지→안찌〈무주, 영동, 김천〉(坐)
흝+고→헌′꼬〈김천〉(散) cf. 헌찌, 헌트마, 헌터
ㄴ. 많+습니다→만씁니다〈무주, 영동, 김천〉(多)
앓+습니다→알씁니다〈무주, 영동, 김천〉(患)
ㄷ. 훑+지→훌′찌〈무주, 영동, 김천〉
밝+고→박꼬〈무주, 영동〉, 박′꼬~발′꼬〈김천〉(明)
밟:+지→밥찌〈무주, 영동, 김천〉(踏)
ㄹ. 값+두→갑뚜〈영동〉, 갑′또′〈김천〉(價)
없:+구→웁:꾸〈무주, 영동〉, 업˘꼬′〈김천〉(無)

(22)와 같은 곡용 및 활용에서도 평폐쇄음 뒤의 경음화가 일어나는 것으로 이해된다. 도출과정이 다소 복잡하기 때문에 대표적인 예를 하나 취하여 여러 음운 현상의 적용 과정을 보이면 다음과 같다.

(23) ㄱ. 앉+지→(평폐쇄음화)→앋지→(경음화)→앋찌→(자음군단순화)
→안찌
ㄴ. 많+습니다→(평폐쇄음화)→맏습니다→(경음화)→맏씁니다→
(자음군단순화)→만씁니다
ㄷ. 훑+지→(평폐쇄음화)→훑지→(경음화)→훑찌→(자음군단순화)
→훌지
ㄹ. 값+두→(평폐쇄음화)→갑두→(경음화)→갑뚜→(자음군단순화)
→갑뚜

각각의 도출과정에서 평폐쇄음 뒤의 경음화는 자음군단순화보다 먼저 적용되는 것으로 보아야 한다. 만약 '자음군단순화→경음화'의 순서를

인정한다면 (23ㄷ)에서의 경음화는 합리적으로 설명되기 어려울 것이다. 이러한 적용 순서는 〈무주, 영동, 김천〉 세 방언에서 차이를 보이지 않는다.

평폐쇄음 뒤의 경음화는 파생어나 합성어에서도 필수적으로 일어나며, 단어 경계를 사이에 둘 때에도 휴지가 개재되지 않는 한 항상 일어난다. 경음화를 확인할 수 있는 몇 예를 제시하면 다음과 같다.

(24) ㄱ. 숩+닥→숩딱〈무주〉(수탉), 숩+개→숩깨〈무주〉(수캐), 덮+개→덥깨, 지집+질→지˘집′찔〈김천〉(계집질), 눈꼽+재기→눙꼽째기〈영동〉, 숩+소→숩쏘〈무주〉(수소)

ㄴ. 덧+버선→덛뻐선, 덧+대다→덛때다, 헛+것→헏껏, 풋+강냉이→푿깡냉이〈무주〉(풋옥수수), 덧+저고리→덛쩌고리, 헛+짐→헏찜(헛김, 蒸氣)〈영동〉, 낫+질→낟찔(鎌)

ㄷ. 움적+거리다→움적꺼리다〈무주〉, 간직+거리다→간직꺼리다〈영동〉(간질이다), 허적+거리다〈김천〉, 막+잠→막짬, 깔딱+질→깔딱찔〈무주, 김천〉, 맥+질→맥찔(매흙질), 거북+시럽다→거˘북′씨럽따〈김천〉, 갑작+시럽다→갑짝씨럽따

(25) ㄱ. 집+도룅이→집또룅이〈무주〉(짚도롱이), 밥+거럭→밥꺼′럭〈김천〉(밥그릇), 집+산태미→집싼태미〈무주〉(짚삼태기), 밥+주걱→밥쭈걱〈영동〉, 밥+반찬→밥빤찬

ㄴ. 숫+돌→숟똘〈무주〉(숫돌), 가매솥+부석→가매솓뿌석′〈김천〉(가마솥아궁이), 윷+가치→윧까′치〈김천〉(윷가락), 팥+죽→팓쭉(팥죽), 엿+솥→여쏟〈영동〉(엿솥)

ㄷ. 저녁+샛밥→저녁쌔빱〈무주〉(오후 곁두리), 흑+딩이→흑띵이〈영동〉(흙덩이), 박+바가치→박빠가치〈영동〉(박바가지), 꺼먹+점→꺼먹′쩜〈김천〉(검은점), 도둑+괭이→도둑꽹이〈무주〉(도둑고양이)

(26) ㄱ. 아츰이 날 샐 무렵 되먼.(아침에 날 샐 무렵 되면.) → 무렵 뙤먼 〈무주〉

많이/마이/ 산 사람 항:갑(環甲) 살고, 보통 그 안쪽에 다 죽고. → 항:갑쌀고 〈영동〉
떨어전 구영애다 헝겊 대 가주고 집어.(헝겊을 대갖고 기워.) → 헝겁때가주고 〈김천〉

ㄴ. 그라먼 개루와 못 전뎌.(그러면 가려워 못 견뎌.) → 몯쩐뎌 〈무주〉
멧 동네에 하낙씩 있었어. → 멘똥네에 〈영동〉
옷 다릴 때 써넌 기 다리비라.(옷 다릴 때에 쓰는 게 다리미야.) → 옫따릴때 〈김천〉

ㄷ. 죽드락 배운다는 기 그려.(죽도록 배운다는 것이 그래.) → 죽뜨락빼운다는 〈무주〉
발로 이쪽 밟고 이쪽 밟고 → 이쪽빱꼬 〈영동〉
마지막 자넌 잠언 한잼이라.(마지막 자는 잠은 (이름이) 한잠이야.) → 마지막짜넌 〈김천〉

(24)는 파생어에서, (25)는 합성어에서, (26)은 단어 경계를 가로질러 경음화가 실현된 예이다. (24ㄱ, 25ㄱ, 26ㄱ)은 평폐쇄음 'ㅂ' 뒤에서, (24ㄴ, 25ㄴ, 26ㄴ)은 평폐쇄음 'ㄷ' 뒤에서, (24ㄷ, 25ㄷ, 26ㄷ)은 평폐쇄음 'ㄱ' 뒤에서 평장애음 'ㅂ, ㄷ, ㄱ, ㅈ, ㅅ'이 경음으로 실현된 것이다. (24)에서 보듯이 파생어에서는 접두사에 의한 파생과 접미사에 의한 파생, 공시적으로 생산성이 있는 파생과 그렇지 않은 파생을 가리지 않고 음운론적인 연쇄만 이루어지면 경음화가 일어남을 알 수 있다.[9] 합성어

9) 표준어 '벼훑이'에 대응하는 형태는 '홀태〈무주〉, 홀깨〈영동〉, 홀깨~홀끼〈김천〉'으로, 세 방언 모두 동사 어간 '*훑-'에 도구명사를 파생시키는 접미사(송철의 1992:160) '-애, -개, -기(〈*-게)'가 결합된 것이다. 파생접미사 '-개, -기'가 결합된 '홀깨, 홀끼'에서는 경음화가 일어났음을 확인할 수 있는데, 이때의 경음화는 어기의 어간말음이 'ㄾ'이기 때문에 가능했던 것으로 보인다. 'ㄹ'말음인 동사 어간을 어기로 하여 파생이 이루어질 때에는 경음화가 실현되지 않는 것이 일반적이기 때문이다. '밀개(고무래), 깔개, 끌개, 날개'. 한편 세 방언에서는 어기로 사용된 '*훑-'은 독립적인 단어로 쓰이지 않고 대신 '훑-'만이 쓰이는 듯하다. '홀태로 훑어.〈무주〉 홀깨로 훑어.〈영동〉' '*훑-'은 '홀치-, 홀꾸-' 등의 단어에서도 흔적을 찾을 수 있다.

에서의 경음화도 문법적인 정보가 전혀 필요하지 않다(25). 단어 경계를 넘어서서도 음운론적 단어로 묶이기만 하면 경음화는 필수적으로 일어난다(26). 이상과 같이 평폐쇄음 뒤의 경음화는 비음운론적인 정보와 관련없이 일어나는 순수한 음운 현상이다.

평폐쇄음 뒤에서 평음이 경음으로 바뀌는 동기는 음소배열제약에 따른 것이다. 〈무주, 영동, 김천〉 세 방언에서 '평폐쇄음-평음'의 연쇄는 찾을 수 없고, '평폐쇄음-경음'이나 '평폐쇄음-유기음' 곧 '평음-긴장음'의 연쇄만 존재한다. 따라서 형태소의 결합이나 배열에서 '장애음-평장애음'의 연쇄가 이루어지면 적격한 연쇄로 바꾸기 위한 변동이 일어난다. 이때 음절경계 앞에서 장애음의 평폐쇄음화가 일어나면 '평폐쇄음-평장애음'의 연쇄가 되는데, 이 역시 부적격한 연쇄이므로 다시 평폐쇄음 뒤에서 평장애음이 긴장음으로 바뀌는 변동이 일어난다. 긴장음으로 바뀔 때 유기음으로 바뀌지 않고 경음으로 바뀌는 것은, [긴장성] 자질의 변동에 따른 결과로 해석된다. 평음과 비교할 때 [긴장성] 자질에서만 차이가 나는 것이 경음이기 때문에 이 변동은, 자질의 측면에서 본다면 [-긴장성]이 [+긴장성]으로 바뀌는 것이다. '흑땅(흙땅), 닥통(닭장)〈무주〉; 쑥떡, 다석틀(茶食틀)〈영동〉; 장ˇ독′띠끼(장독뚜껑), 떡′티′밥(가래떡 튀밥)〈김천〉' 등과 같이 '평폐쇄음-긴장음'의 연쇄는 이렇다 할 변동이 없다. 이는 '경음, 유기음'이 이미 [+긴장성]의 자음이기 때문에, [+긴장성] 자질로의 변동이 공허하게 적용된 것이라 볼 수 있다.

그런데 경음화의 동기에 대한 이러한 기술은 설명력이 떨어지는 것이 사실이다. 음소배열제약에 동기가 있다고 하였지만 '평폐쇄음-평장애음'의 음소배열이 왜 불가능한지에 대한 답은 제시할 수 없는 것이다. 긴장성 자질만을 고려한다면 '[-긴장성][-긴장성]'의 연쇄가 '[-긴장성][+긴장성]'의 연쇄로 바뀐다는 것인데, '간다, 살구' 등과 같이 [-긴장성]인 자음의 연쇄가 충분히 가능한데 평폐쇄음 뒤에서는 왜 일종의 이화(허웅

1965:269~270)가 일어나는지 동기가 분명하지 않다. 경음화의 음운론적 동기만을 고려한다면 가장 설득력이 높은 견해는, 김차균(1974:69)에서 제시한 후두성 동화일 것이다. 앞에서 평폐쇄음으로 분석한 불파음(혹은 미파음)은 평음이 아니라 경음이며, 이 경음 아래에서 이루어지는 경음화는 일종의 동화 현상이라는 해석이다. 그러나 불파음은 경음화 현상 이외에는 경음으로 분석되어야 할 근거를 찾기 어렵기 때문에 평음으로 분석되는 것이 일반적이다(배주채 1989:45~49). 따라서 불파음을 평음으로 분석하는 한 경음화는 동화로 설명될 수 없다.

경음화의 음운론적 동기를 찾기 어렵기 때문에 경음화의 원인을 불파음 자체의 음성적인 속성과 관련시키기도 한다. 김정우(1994:90~91)에서는 불파화와 동시에 성문이 순간적으로 폐쇄를 일으켜 성문 폐쇄음이 발생하고 이 성문 폐쇄음이 후속하는 장애음과 융합하면서 경음화가 실현된다고 하였다. 경음화의 동기를 불파음과 장애음의 연결에서 찾으려는 논의도 존재한다. Kim-Renaud(1975:130)에서는 장애음이 뒤따르는 불파음에서의 폐쇄 연장이 구강 기압을 증가시킴으로써 경음화가 일어난다고 하였다. 김경아(2000:224)에서도 폐쇄음의 연속으로 인한 폐쇄지속시간의 연장이 후두 근육의 긴장을 동반하는 데에서 경음화의 동기를 찾고 있다. 그런데 불파음 자체에 경음화를 유발하는 속성이 있다면 이는 곧 불파음에 경음적 요소가 있음을 의미하는 것으로도 볼 수 있어 문제가 간단하지 않다.

여기에서는 동기를 명확하게 제시하지 못한다는 단점이 있지만 장애음의 연쇄에 있어 '평폐쇄음-평음'의 연쇄가 불가능하다는 음소배열제약에 따라 경음화가 일어나는 것으로 기술한다. 이에 따라 경음화는 평폐쇄음 뒤에서 [-긴장성]의 장애음이 [+긴장성]의 장애음으로 바뀌는 현상이다.

② 용언의 어간말음인 비음 뒤의 경음화

말음이 비음(ㄴ, ㅁ)인 용언 어간에 평장애음으로 시작하는 어미가 결합할 때에 어미의 두음이 경음으로 바뀌는 경음화가 일어난다. 이 경음화는 〈무주, 영동, 김천〉 세 방언에서 공통적으로 일어나며 따라서 방언에 따른 차이를 보이지 않는다.

			〈무주〉	〈영동〉	〈김천〉
(27)	ㄱ.	남:+구(餘)	낭:꾸	낭:꾸	낭˘꼬′
		넘:+도록(越)	넘:뜨락	넘:뚜룩	넘˘뚜′록
		감:+거덩(捲)	강:꺼덩	강:꺼덩	강˘꺼′덩
		참+다가(忍)	참따가	참따가	참′따′가
		품+지(懷)	품찌	품찌	품′찌′
		보듬+지(抱)	보둠찌	보둠찌	보덤′찌
		쓰다듬+지	씨다딤찌	씨다듬찌	씨다덤′찌
	ㄴ.	신:+지(履)	신:찌	신:찌	신˘찌′
		안:+고(抱)	앙:꾸	앙:꾸	앙˘꼬′

비음 중에서 'ㅇ'이 말음인 용언 어간은 세 방언에서 존재하지 않기 때문에 어간말음 'ㅇ' 뒤에서도 경음화가 일어나는지는 직접 확인할 수 없다. 그러나 'ㅇ'말음 어간이 존재하는 방언에서는 'ㅇ' 뒤에서도 경음화가 일어난다는 것을 고려하면, 비음이 말음인 용언 어간의 활용에서 경음화가 일어난다고 일반화할 수 있을 것이다.[10)]

10) 세 방언에는 '해가 져서 어두울 때까지'이라는 의미로 쓰이는 '점드락, 점도록~점두룩'이 있다. 이는 어미 '-드락, -도록~두록'이 결합된 형식이므로 용언의 활용형이 분명한데, 그럼에도 불구하고 '비음+평음'의 연쇄가 그대로 유지되어 있어 경음화에 대한 예외처럼 보인다. 그러나 공시적으로 '*점-'이라는 어간이 세 방언에서 존재하지 않기 때문에 경음화의 예외로 볼 수는 없다. 이 형식은 '저물-도록'이라는 활용형에서 일정한 변화를 거쳐 형성된 것으로 파악된다. '*저물-도록'에서는 어간말음이 비음이 아니기 때문에 경음화가 일어나지 않았을 것이며, 'ㄹ'이 탈락된 '*저무도록'을 거쳐 '점도록'으로 변한 것이다.

비음 뒤에서 경음화가 일어나지만 비음 자체에 경음화를 유발할 만한 음성적 혹은 음운론적 속성을 찾기 어렵기 때문에(송철의 1991:290), 경음화의 원인이 순수하게 비음에 있다고 볼 수는 없다. 형태소 내부의 음소배열에서는 '비음-평음'의 연쇄가 충분히 가능하고(상구, 방:구, 심지, 함지, 문지 등), 비음이 말음인 체언에 조사가 결합될 때에도 세 방언 모두 경음화가 일어나지 않는다. '산두(←산+두, 山)〈무주〉, 밤두(←밤+두, 夜)〈영동〉, 강'도'(←강+도, 江)〈김천〉, 짜장멘보당(←짜장멘+보당)〈무주〉, 질쌈거치(←질쌈+거치, 길쌈)〈영동〉, 딘ˇ장'부텀(←딘장+부텀, 된장)〈김천〉'. 또한 용언의 어간말음인 비음 뒤에서도 경음화가 일어나지 않는 방언도 존재한다는 사실은, 경음화의 동기가 비음에 있지 않다는 것을 의미한다고 할 수 있다. 따라서 비음 뒤에서 일어나는 경음화는 활용이라는 형태론적인 범주에 국한되어 일어나는 음운 현상으로 파악된다.

이 경음화를 공시적으로 기술하는 데에는 두 가지 방안이 제시된 바 있다. 하나는 '용언의 어간말음인 비음 뒤'라는 비음운론적 제약이 있는 경음화 규칙으로 기술하는 방안이며, 다른 하나는 'ㄶ, ㅁㅎ'과 같이 평장애음과 축약되어 경음으로 실현될 수 있는 'ㅎ'이 포함된 자음군을 어간의 말음을 설정하는 방안이다. 후자의 방안에 따르게 되면 경음화 현상의 기술에서 비음운론적 정보를 이용할 필요가 없고 축약에 의한 경음화로 규칙이 간단해지는 이점이 있다. 그렇지만 '굶-'와 같이 어간말 자음군을 가진 경우에는 'ㄹㅁㅎ'과 같은 세자음이 연속된 어간말 자음군을 인정해야 하고(배주채 1989:57), 비음으로 끝나는 용언 어간은 해당 방언에서 아예 존재하지 않게 되는 사실에 대한 설명이 추가적으로 필요하다는(유필재 2001:174) 등의 단점도 존재한다. '비음+ㅎ' 어간말 자음군의 존재에 대한 실체적 증거가 확보될 때까지는 잠정적으로 비음 뒤의 경음화 현상을 '용언의 활용'에서만 일어나는 비음운론적 정보를 가진 현상으로 기술하는 태도를 취한다.

어간말 자음군으로 'ㄻ'을 가진 용언 어간도 비음 뒤에서 경음화 현상이 일어난다. 비음이 포함된 어간말 자음군 중에서 'ㄵ, ㄶ, ㄶ' 등은 평폐쇄음 뒤의 경음화 현상과 관련된다.

			〈무주〉	〈영동〉	〈김천〉
(28)	ㄴ.	쌂:+구(烹)	쌍:꾸	쌍:꾸	쌍˘꼬′
		젊:+지(少)	점:찌	점:찌	점˘찌′
		굶:+다가(飢)	꿈:따가	굼:따가	굼˘따′가

(28)은 어간말 자음군으로 'ㄻ'인 경우로서, 비음 뒤에서 경음화가 일어남을 확인할 수 있다. 이때 경음화는 자음군단순화 이전에 일어나든 이후에 일어나든 상관이 없다. 자음군단순화 이전에 경음화가 일어난다면 '쌂:+구→(경음화)→쌂:꾸→(자음군단순화)→쌈:꾸→(연구개음화)→쌍:꾸', 자음군단순화 이후에 경음화가 일어난다면, '쌂:+구→(자음군단순화)→쌈:구→(경음화)→쌈:꾸→(연구개음화)→쌍:꾸'의 도출과정을 거치게 된다. 평폐쇄음 뒤에서 일어나는 경음화가 반드시 자음군단순화 이전에 적용되어야 하는 것을 고려하면 전자의 순서를 따르는 것이 더 바람직하다고 할 수 있지만, 평폐쇄음 뒤의 경음화와 비음 뒤의 경음화는 동기가 다른 현상이므로 반드시 자음군단순화와 관련하여 순서가 일치할 필요는 없다.

이상과 같이 용언의 어간말자음이 비음일 때 평장애음이 경음으로 바뀌는 경음화가 일어난다. 이 경음화는 〈무주, 영동, 김천〉 세 방언에서 차이를 보이지 않는다.

③ 관형형 어미 '-을' 뒤에서의 경음화

관형형 어미 '-을' 뒤에서도 경음화가 일어난다. 이때 경음화는 후행하는 명사의 자립성 여부에 따라 실현 양상이 달라진다. 후행하는 명사가 자립성이 없는 의존명사일 때에는 관형형 어미 '-을' 뒤에서 의존명사의 두음이 경음으로 바뀌는 경음화가 필수적으로 일어난다. 자립성이 있는 자립명사가 뒤에 올 때에는 경음화가 일어나기도 하고 일어나지 않기도 한다.

(29) ㄱ. 〈무주〉 빙아리넌 먹을 기 있가디?(병아리는 먹을 게 있을까?) → 머글끼
〈영동〉 밀가루 국수, 그런 거뺴이 새이 먹을 기 없어.(밀가루국수, 그런 거밖에 곁두리로 먹을 게 없어.) → 머글끼
〈김천〉 이얘기할 기 있이야재.(이야기할 게 있어야지.) →이얘기할끼
ㄴ. 〈무주〉 너도나도 항개 워디 뜰 디가 없어.(너도나도 하니까 어디 (칡을) 뜰 데가 없어.)→ 뜰띠가
〈영동〉 잘 데는 어디 정했어? → 잘떼는
〈김천〉 미 썰 대넌 안죽 많애여.(묘(墓) 쓸 데는 아직 많아.) → 썰때넌
ㄷ. 〈무주〉 잘해줄 수가 있가디, 우리 늙으이덜이?((자식들에게) 잘해줄 수가 있어, 우리 늙은이들이?) → 잘해줄쑤가
〈영동〉 사나운 소넌 부리기가 나뿌지. 부릴 수가 있겄어?(사나운 소는 부리기가 나쁘지. 부릴 수가 있겠어?) → 부릴쑤가
〈김천〉 떡이라 칼 수도 있고, 핀이라 카넌 사람도 있고.(떡이라고 할 수도 있고, 편이라고 하는 사람도 있고.) → 칼쑤도
ㄹ. 〈무주〉 베짤 적에도 그렇게 떨어져 쌓고, 맬: 적으도 떨어지고.((실이) 베짤 때에도 그렇게 떨어져, 베를 맬 때에도 떨어지고.) → 베짤쩌게도, 맬:쩌그도
〈영동〉 일번놈들이 삼십육년간 정치할 적에.(일본(日本)놈들이 삼십육년간 정치할 때에.) → 정치할쩌게

〈김천〉 요맨찬썩 올롤 직에 따머어마 달아여.((다래가) 요만 큼씩 올라올 적에 따먹으면 (맛이) 달아.) → 올롤찌게

ㅁ. 〈무주〉 츰:이넌 할 중두 몰르드니.(처음에는 (삼농사를) 할 줄도 모르더니.) → 할쭝두

〈영동〉 딴 집으루 할 중도 모르고.(딴 짚으로 할 줄도 모르고.) → 할쭝도

〈김천〉 할매넌 미영 탈 중 몰라여.(할머니는 솜 탈 줄 몰라.) → 탈쭝

(29ㄱ~ㅁ)은 각각 의존명사 '거[11], 디, 수, 적[12], 중[13]'이 관형형 어미 '-을' 뒤에 위치한 예로서 의존명사의 초성이 경음으로 실현됨을 보여준다. 이때의 경음화는 예외없이 항상 일어난다는 특징을 가지고 있다.

관형형 어미 '-을' 뒤에 자립명사가 올 경우에는 경음화가 수의적으로 적용된다. 먼저 1음절 자립명사가 '-을' 뒤에 올 때 경음화가 일어난 경우와 그렇지 않은 경우를 구분하여 제시하면 다음과 같다.

(30) 〈무주〉 이런 여름이믄 나올 돈이 워딨넝가? → 나올또니

〈영동〉 자네는 갈 길이 먼데, 일찍 가야잖아? → 갈끼리

〈김천〉 잘 밤애 멀 자꾸 머얼라 카는고 몰라. → 잘빠매

11) 예문에 제시된 '기'는 의존명사 '거'에 주격조사, 계사가 결합된 형태로서 〈무주, 영동〉에서는 '게'로도 실현된다. 세 방언에서 의존명사 '거'는 '것'과 공존하는데, '거'가 우세하다.

12) 〈김천〉에서 '직'은 관형형 어미 '-을' 뒤에서, '적'은 관형형 어미 '-은' 뒤에서 쓰인다. "살 직에, 이사올 직마당; 가본 적, 먹은 적". '직'과 '적'이 동일한 형태소라면 선행하는 관형형 어미에 따라서 형태 변화가 달리 이루어진 것으로 판단해야 할 것이다. 만약 '직'이 관형형 어미 '-은' 뒤에서 쓰이는 '적'과 관련이 없는 별개의 형태소로 판정되면 경음인 '찍'을 기저형으로 인정해야 할 것이다. 한편 〈무주, 영동〉에서는 표준어의 '적'과 마찬가지로 '-은, -을' 뒤에서 모두 '적'이 쓰인다.

13) '중'은 표준어 '줄'에 대응하는 의존명사로서 세 방언 모두에서 쓰인다. '중'과 거의 동일한 기능을 하는 의존명사로 '지'도 세 방언에서 모두 쓰이며, 관형형 어미 '-을' 뒤에서는 모두 예외없이 경음화가 일어난다. "시간 가는 지럴 몰랐네."〈무주〉(시간 가는 줄을 몰랐네.) "할 지 알:먼 해봐요."〈영동〉(할 줄 알면 해봐요.) "안 끓이마 안 무울 지 알아여."((소죽을) 안 끓이면 (소가) 안 먹을 줄 알아.)

(31) 〈무주〉 쐐:시에다 느:서 타먼언 씨만 쏙 빠지고 베짤 솜만 나오거덩. → 베짤 솜:만

〈영동〉 일정말년에 그때 신을 신이 있어? → 시늘 시니

〈김천〉 요건 지사[祭祀] 때 썰 밤이라. → 썰 바미라

(30, 31)은 1음절 자립명사가 관형형 어미 '-을' 뒤에 위치한 것으로, (30)과 같이 경음화가 실현되기도 하고 (31)과 같이 실현되지 않기도 한다. 이러한 수의성은 기식군 혹은 음운론적 구의 형성과 관련된다. (30)에서는 경음화가 일어난 것은 수식어와 피수식어가 하나의 기식군으로 묶여 발화되었기 때문이다. 특히 '줄 돈', '갈 길', '잘 밤', '죽을 죄' 등과 같이 긴밀하게 연결되어 쓰이는 구성의 경우 일상 발화에서는 휴지 없이 하나의 기식군으로 발화되는 경우가 많기 때문에 경음화가 거의 필수적으로 일어난다. (31)에서 경음화가 일어나지 않은 것은 수식어와 피수식어가 별개의 기식군으로 발화되었기 때문이다. 즉 '베짤 솜만'에서 수식어와 피수식어는 '[베짤] [솜:만]'과 같은 두 기식군으로 발화됨으로써 경음화가 일어나지 않으며, 피수식명사인 '솜'의 장음도 유지된 것이다. 만약 이것이 하나의 기식군으로 발화된다면 경음화가 일어나고 '솜'의 음장도 사라져 '[베짤쏨만]'으로 실현될 것이다.

(32) 〈무주〉 넘한티 빗(빚) 지구 갚얼 도리(道理)도 읎구 하먼. → 가펄또리도

〈영동〉 동네선 늙으이만 있으니께 일할 사램이 어딨어? → 일할싸래미

〈김천〉 고상도 죽얼 고상, 많이 했어. → 주걸꼬상

2음절 자립명사가 관형형 어미 '-을' 뒤에 올 때에도 경음화는 수의적으로 적용된다. (32)의 '갚얼 도리'나 '일할 사람'에서 수식어와 피수식어가 하나의 기식군으로 발화되면 경음화가 적용되고, 피수식명사인 '도리,

사람'의 첫음절도 단음으로 실현되어 '[가펄또리도]'나 [일할싸래미]'로 실현된다. 이들이 별개의 기식군으로 발화되면 '[가펄] [도:리도]', '[일할] [사:래미]'와 같이 경음화가 실현되지 않는다.

(33) 개리서 긁으먼 피가 날 정도로두 근지러. 뭔 약얼 발르믄 좀 갈앉구. 한번 가리믄 자꾸 긁으믄 피가 날 정도로 긁고 싶어.(가려워서 긁으면 피가 날 정도로도 간지러워. 무슨 약을 바르면 좀 가라앉고. 한번 가려우면 자꾸 긁으면 피가 날 정도로 긁고 싶어.)

(33)은 〈무주〉의 자료로서, 관형형 어미 '-을'과 명사가 연속된 구성에서 경음화의 실현이 수의적임을 보여주는 좋은 예가 된다. (33)에는 "피가 날 정도로(두)"가 두 번 나타난다. 첫 번째 구성에서는 '[피가날] [정도로두]'와 같이 별개의 기식군으로 발화되어 경음화가 실현되지 않은 반면, 두 번째 구성에서는 하나의 기식군으로 발화되어 '[피가날쩡도로]'와 같이 경음화가 실현되었다.

결국 관형형 어미 '-을'과 자립명사가 연속될 때 실현되는 경음화는 이 통사적 구성 즉 수식어와 피수식어 구성이 단일한 기식군을 형성하는지 여부에 달려 있다. 그런데 어떤 경우에 수식어와 피수식어 구성이 하나의 기식군을 형성하는지는 분명하지 않다. (33)에서 "피가 날 정도로(두)"는 수식어와 피수식어로 이루어진 부사절이라는 점에서 통사구조가 동일하고, 의미초점은 모두 '피가'에 놓여 있으며, 음절수 또한 큰 차이를 보이지 않기 때문에 기식군 형성의 차이를 불러일으키는 요인을 밝히기는 매우 어렵다. 대부분 의미초점의 위치에 따라 단일 기식군의 형성 여부가 결정되지만(이병근 1986), 발화자의 호흡 상태나 생각의 연속성 등과 같이 객관화하기 어려운 요인이 작용하는 것으로 보인다.

이상에서 살펴본 바와 같이 관형형 어미 '-을' 뒤에서 일어나는 경음화는 〈무주, 영동, 김천〉 세 방언에서 차이를 보이지 않는다. '-을' 뒤의 명사가 의존명사일 때에는 필수적으로, 자립명사일 때에는 수의적으로 경음화가 일어난다. '-을 + 의존명사' 구성에서 경음화가 필수적으로 일어나는 것은 이 구성이 항상 하나의 기식군으로 발화되기 때문이다. '-을 +자립명사' 구성도 하나의 기식군으로 발화될 때 경음화가 일어난다.

4.2 방언차가 있는 음운 과정

4.2.1 모음조화

모음조화는 일정한 부류의 모음들끼리 결합되는 현상을 가리키지만, 현대국어에 있어서 모음조화는 제한된 환경에서만 유지되는 것으로 알려져 있다. 여기에서는 용언의 활용에 있어서 모음어미의 두음이 어간의 음운론적 구조에 따라 달리 실현되는 현상에 한정하여 모음조화라는 용어를 사용한다. 세 방언에서 모음어미의 두음은 어간의 모음과 음절수에 따라 달리 실현되기 때문에 단음절 어간과 다음절 어간으로 나누어 모음조화 양상을 살펴보기로 한다.

① 단음절 어간의 경우

■ 〈무주〉

단음절 어간의 모음이 '애, 외, 아, 오'인 경우에는 '-아'를 취하고, 그 외의 모음인 경우에는 '-어'를 취한다. 먼저 '-아'를 취하는 어간을 어간 모음을 기준으로 몇 예를 제시하면 다음과 같다.

(1) ㄱ. 맺+아 → 맺아서　　　밸+아 → 밸았어　　　뺏+아 → 뺏아
　　　깨+아 → 꺄:　　　　빼+아 → 뺘:　　　　내:+아 → 냐:
　ㄴ. 되+아 → 되아서, 돠 :　괴+아 → 괴아, 과 :　쇠+아 → 쇠아, 쇄:서
　　　　　　됐:어, 돼:서　　　　　괬:어, 괘:서
　ㄷ. 솔:+아 → 솔아　　　옭+아 → 옭아 갖구　쫓+아 → 쫓아
　　　보+아 → 봐:　　　　모:+아 → 뫄:　　　　쏘:+아 → 쏴:

(1ㄱ)과 같이 어간 모음이 '애'이면서 자음으로 끝나는 어간(이하 '애' 자음 어간)은 항상 '-아'를 취한다.[14] '애' 모음 어간은 모음어미와 결합할 때 일반적으로 '깨:서, 빼:서, 냈:어'와 같이 실현됨으로써 '-아'를 취하는지 '-어'를 취하는지 분명하지 않다. 그러나 모음어미 중에서 반말체 종결어미인 '-아/어'와 결합하는 경우에는 '꺄:, 뺘:, 냐:'와 같이 분명하게 '-아'를 취하는 것이 드러난다.[15] '애'불규칙 용언인 '하-(爲), 안하-(不爲)' 등도 반말체 종결어미와 결합할 때에는 '햐:, 안햐'로 실현된다.[16]

'외' 어간도 (1ㄴ)에서 보는 바와 같이 '-아'를 취한다. 이들이 '-어'가 아니라 '-아'를 취하는 것은 '됐:어, 쇄:서, 쐈:어'와 같은 형식을 통해서도 알 수 있지만, 반말체 종결어미와 결합할 때 나타나는 '돠 :[tɥa:], 과 : [kɥa:]'에서 분명하게 드러난다.[17] '오' 어간 역시 '-아'를 취한다(1ㄷ).

---

14) 어간 모음이 '애'이면서 자음으로 끝나는 어간은 그 수가 많지 않은데, '쌨:-'(多)은 특이하게 '-아'를 취하지 않고 '-어'를 취한다. 이는 '쌨:-'이 '쌓여 있-'에서 발달하였다는 사실과 관련이 있을 것이다(이승재 1992).

15) 이와 같이 '애' 모음 어간에 반말체 종결어미 '-아'가 결합할 때 나타나는 'Xㅑ' 형식은 충남 방언의 한 특징으로 지적된 바 있다(도수희 1987:98, 한영목 1999:48). '캬(←캐+아), 퍄(←패+아), 냐(←내+아)' ≪한국방언자료집≫에는 드러나 있지 않지만, 〈무주〉에서 이 형식은 매우 자연스럽게 쓰이고 있다. 몇 예를 제시하면 다음과 같다. "고만 꺄:.(←그만 깨.), 싸리나무럴 두 쪼각얼 냐:.(←싸리나무를 두 조각을 내.), 도라무통으다 늫고는 장작불얼 땨:.(←드럼통에다 넣고는 장작불을 때.), 논얼 일년이 두 번 먀:.(←논을 일 년에 두 번 매.), 껍디기 까갖고 실:얼 뺘:.(←껍데기 까 가지고 실을 빼.), 도르캐로 패 댜:.(←도리깨로 패 대.)"

16) '하-(爲)'는 전북 전지역에서 '허-'로 나타나는데 유일하게 〈무주〉에서만 '하-'로 대응된다(김창섭 1995:75).

'아' 어간은 대부분 '-아'를 취하지만 경우에 따라 '-어'를 취하기도 한다.

(2) ㄱ. 감:+아 → 감아 달+아 → 달아, 박+아 → 박아
받+아 → 받아 앉+아 → 앉아, 팔+아 → 팔아
ㄴ. 딲+아/어 → 딲어~딲아 낫:+아/어 → 낫아~낫어
얇:+아/어 → 얇아~얇어 -잖+아/어 → 하잖야~하잖여
ㄷ. 같+어 → 같어~같여

'아' 어간은 대부분 (2ㄱ)과 같이 '-아'를 취한다. '갈-, 감-, 갚-, ……, 찾-, 팔-, 핥-' 등 조사 대상으로 삼은 '아' 자음 어간 35개 중에서 30개가 모두 일관되게 '-아'를 취하였다. (2ㄴ)과 같이 '-어'를 동시에 취하기도 하지만, 이때에도 '-아'를 취하는 형식의 빈도가 절대적으로 높았다. 가령 '-잖-'은 전 조사과정을 통해서 '-아'를 취한 '잖야'가 38회, '잖아'가 6회 나타났으며, '-어'를 취한 '잖여'는 단 한 번만 나타났다. 따라서 〈무주〉에서 '아' 자음 어간은 '-아'를 취하되, '-어'를 취하는 改新이 진행 중에 있다고 할 수 있다.[18] (2ㄷ)은 유일하게 '-어'를 취하였는데, 유독 '같-'이 '-어'만을 취하는 이유는 분명하지 않다.

반면, '이, 위, 으, 어, 우' 모음을 어간 모음으로 가진 어간은 항상 '-어'를 취한다.

---

17) 이들의 공시적인 도출과정에 대해서는 이혁화(2002), 이진호(2002:137~140)을 참조할 수 있다. 〈무주〉에서 이러한 형태가 쓰임은 이윤구(1985:62)에서 지적된 바 있다. "발써 김매기 돠?", "놀러 가게 돠?" 등. ≪한국방언자료집Ⅴ≫에는 '괴-어' 항목에 대하여 〈무주〉에서 '괴에, 괴:였다'로 기록되어 있어 '-어'를 취한 형식처럼 보이지만, 이는 '괴-'가 아니라 '괴이-'에 '-어'가 결합된 형식이다.

18) ≪한국방언자료집Ⅴ≫의 〈무주〉 자료를 통해서도 이와 같은 경향을 파악할 수 있다. 여기에 '아' 자음 어간이 '-어'를 취한 것으로 조사된 예는 '닦-, 앉-, 핥-'가 전부이고, 이 중에서 '닦-, 앉-'은 '-아, -어'를 모두 취하는 것으로 조사되었다(p. 199, 243).

(3)			
ㄱ.	익+어 → 익어	찢+어 → 찢어	쉬+어 → 쉬어
	기:+어 → 기어~겨:	히+어 → 히어~혀:	피+어 → 피어~펴
	기: 댕겨, 깄:어	히:서, 힜:어	피: 갖구, 핐:어
ㄴ.	뛰+어 → 뚸:~뛰어	쉬:+어 → 숴:~쉬어	튀+어 → 퉈:~튀어
	뛰: 가지, 뛌:어	쉬: 가지구	퉤: 먹자, 튔:어
ㄷ.	들+어 → 들어	뜳+어 → 뜳어	뜯+어 → 뜯어
	크+어 → 커	끄+어 → 꺼	트+어 → 텄어
ㄹ.	얹+어 → 얹어	덮+어 → 덮어	얽+어 → 얽어
ㅁ.	죽+어 → 죽어	줏:+어 → 줏어다가	붓:+어 → 붓어감선
	주+어 → 줘:	두+어 → 뒀:다가	꾸+어 → 꿔:다가

(3ㄱ~ㅁ)은 각각 '이, 위, 으, 어, 우' 어간이 '-어'를 취하고 있음을 보여준다. (3ㄱ)의 '기: 댕겨, 깄:어', (3ㄴ)의 '뛰: 가지, 뛌:어'와 같이 '-아'를 취하는지 '-어'를 취하는지 확인하기 어려운 경우도 있지만, 반말체 종결어미와 결합할 때에는 분명하게 '-어'를 취하는 것을 확인할 수 있다. 한편 '위' 자음 어간은 예가 거의 없고, '어' 모음 어간 역시 〈무주〉에는 공시적으로 존재하지 않기 때문에[19], 이들이 '-아/어'를 취하는 양상을 확인할 수는 없다. '에' 어간 역시 통시적인 '에:〉이:'의 변화로 예를 찾기 어렵다.

■ 〈영동〉

〈영동〉에서도 '애, 외, 아, 오' 어간은 '-아'를 취하고 나머지 어간은

19) 〈무주〉에서 '어'모음 어간은 존재하지 않는다. 표준어 '켜-'(點火)는 '키-'로, '펴-'(伸)은 '피-'로 대응되기 때문이다. 표준어 '서-'(立) 역시 〈무주〉에서는 달리 나타난다. 충청도를 비롯한 일부 중부 방언에서 '스지, 스고, 서라' 등으로 나타난다는 점을 고려하면(곽충구 1994:581) 무주에서는 기저형이 '시-(자음어미나 매개모음어미 앞)/스-(모음어미 앞)'인 것으로 판단된다. "무지개 신다구 햐. 무지개 섰다구. 비온 끝에 무주개가 시드라고. 시암물이 맑고 좋은 디가 무지개가 서."(← 무지개 선다고 해. 무지개 섰다고. 비온 끝에 무지개가 서더라고. 우물물이 맑고 좋은 데에 무지개가 서.)

'-어'를 취한다.

(4) ㄱ. 맺+아 → 맺아　　밷+아 → 밷아　　뺏+아 → 뺏았어
개:+아 → 갸:　　패+아 → 퍄:　　매:+아 → 먀:
갰:어, 개:서　　팼:어　　맸:어, 매:서
ㄴ. 되+아 → 돠:~돼:,　　쐬+아 → 쐬아,　　쬐+아 → 쬐아
됐:어, 돼:서　　쐤:어, 쐐:서　　쫴: 갖구
ㄷ. 뽑+아 → 뽑아　　곪:+아 → 곪아　　쏟+아 → 쏟아
보+아 → 봐:　　오+아 → 와　　쏘:+아 → 쏴:

(4)를 통해 '애, 외, 오' 어간이 '-아'를 취함을 알 수 있다. 특히 (4ㄱ, ㄴ)의 '애, 외' 모음 어간이 반말체 종결어미와 결합할 때에는 '갸:, 돠:'와 같이 분명하게 '-아'를 취함이 드러난다.[20)]

(5) ㄱ. 막+아 → 막아　　말:+아야 → 말아야　　깔+아 → 깔아
쌂+아 → 쌂아　　앉+아서르 → 앉아서르　　앗+아 → 앗아
-잖+아 → 먹잖아, 하잖아요
ㄴ. 같+아/어 → 같야~같여

'아' 어간도 '-아'를 취한다. 〈무주〉에서 '아' 어간은 간혹 산발적으로 '-어'를 취하는 예외적인 존재가 있었지만, 〈영동〉에서는 거의 항상 '-아'를 취한다.[21)] (5나)와 같이 '-어'를 함께 취하는 경우가 있지만, '같-'은

---

20) 반말체 종결어미와 결합한 이들 형태가 〈영동〉에서 쓰이고 있음을 지적한 연구보고는 많지 않다. '애' 어간의 경우에는 최갑순(1977:50)의 '돌라캬아'(←달라고 해)와 한국정신문화연구원(1984:274~275)의 '지냐'(←(山祭를) 지내) 정도를 지적할 수 있다. '외' 어간은 주로 '되-'에 한정하여 한국정신문화연구원(1984:234, 452, 672)의 '물건이나 돠, 안 돠, 죽어야 되야'를 찾아볼 수 있다.

21) ≪한국방언자료집Ⅲ 충청북도편≫의 〈영동〉 자료에도 '아' 어간은 대부분 '-아'를 취하는 것으로 조사되었다. '아' 어간이면서 '-어'를 취하는 것은 "팔어온다"(곡식 팔다, p. 31)와 "쌂어야"(p. 171)의 두 예뿐이다. 후자의 경우는 "쌂아졌다"와 같이 '-아'를 취한 예가 동일 항목 아래 제시되어 있다. 참고로 본 조사의 자연발화에서 '팔-'

엄밀하게 '아' 어간이 아니므로(같-(그밖)/가태-(모음어미 앞)) '아' 어간은 '-아'만을 취한다고 할 수 있다.

(6) ㄱ.	잇:+어 → 잇어	짓:+어 → 짓어	찝+어 → 찝어
	씨:+어 → 씨어	시:+어 → 시어	피+어 → 피어~펴
	씨: 갖구, 씼:어	시:서, 싰:어	피: 갖구, 핐:어
ㄴ.	뛰+어 → 뚸:~뛰어	뀌:+어 → 꿔:~뀌어	뒤:+어 → 둬:~뒤어
	뛰: 가지, 뛌:어	뀄:어, 뀌: 가지구	뒤:서, 뒤:야
ㄷ.	틀+어 → 틀어	끍+어 → 끍어	읃:+어 → 읃:어
	크+어 → 커	끄+어 → 꺼	뜨+어 → 떴어
ㄹ.	썪+어 → 썪어	넘:+어 → 넘어	업+어 → 업어
	여+어 → 여	저+어 → 저	처+어 → 처
	cf. 여구~이구	cf. 저지~지지	cf. 처구~치구
ㅁ.	궂+어 → 궂어	굵:+어 → 굵:어	꿓:+어 → 꿔:
	주+어 → 줘:	추+어 → 춰:	누+어 → 눠:

한편, '이, 위, 으, 어, 우' 어간은 (6)과 같이 모두 '-어'를 취한다. (6ㄱ, ㄴ)의 '이, 위' 모음 어간은 여타의 모음어미와 결합할 때에는 '씨: 갖구, 뛰:서'와 같이 '-아/어'가 드러나지 않지만 반말체 종결어미와 결합할 때에는 '-어'를 취하는 것이 분명하게 드러난다. (6ㄹ)의 '어' 모음 어간은 공시적으로 '이' 모음 어간이기도 하다.

■ 〈김천〉

〈김천〉에서는 '애, 아, 오' 어간이 '-아'를 취하고, '이, 어, 우' 어간은 '-어'를 취한다.

은 모음어미와 결합한 형태가 7회, '쌂-'은 9회에 걸쳐 반복적으로 나타났으며 항상 '-아'만을 취하였다.

(7) ㄱ. 맺+아 → 맺′아서　맵+아 → 맵′아여　뺏+아 → 뺏′아
　　 깨+아 → 깨˘　빼+아 → 빼˘　내+아 → 내˘
　 ㄴ. 깎+아 → 깎′아서　쌀+아 → 쌀^아[22)]　앉+아 → 앉′았어
　 ㄷ. 솔+아 → 솔′아　곱+아 → 곱˘아　톺+아 → 톺′아여
　　 보+아 → 바˘　오+아 → 와′야′　호+아 → 핬^어

(7ㄱ)에서 '애' 자음 어간은 '-아'를 취함이 분명하지만, '애' 모음 어간은 '-아'를 취하는지 '-어'를 취하는지 분명하게 드러나지 않는 경우가 많다. 그러나 "매˘아(←매+아), 타 보′래아(←타 보라고 해), 보냈′대아(←보냈다고 해)" 등과 같이 '-아'를 취하는 것이 분명한 형태가 쓰이기 때문에, 이들은 '-아'를 취하되 완전순행동화를 겪는 것으로 판단된다(최명옥 1976). (7ㄴ)의 '아' 어간, (7ㄷ)의 '오' 어간 역시 '-아'만을 취하는데, '-어'를 취하는 어간은 전혀 발견되지 않는다.

(8) ㄱ. 입+어 → 입′어여　씰+어 → 씰′어′도　삣+어 → 삣′어
　　 기+어 → 기˘, 깄˘어′　띠+어 → 띠^, 띴^어　시+어 → 시˘~시^
　 ㄴ. 얽+어 → 얽′어서　넑+어 → 넑어도　열+어 → 열′었어
　　 서+어 → 서′서′, 섰′어′　여+어 → 였′어′, 여′야′　펴+어 → 폈′어′, 펴′여′
　　　　　　　　　　cf. 여′고, 연′다′　　cf. 펴′고′, 편′다′
　 ㄷ. 묶+어 → 묶′어　붉+어 → 붉′어　눟+어 → 누^, 눴^어
　　 주+어 → 주˘, 줐˘어　꾸+어 → 꾸˘, 꾽˘어　누+어 → 누˘, 눴˘어
　　　　 조˘, 좄˘어　　　　　　　　노˘, 놨˘어

'이' 자음 어간은 (8ㄱ)과 같이 '-어'를 취한다. '이' 모음 어간은 '-아/어'가 표면에 전혀 드러나지 않지만, 완전순행동화라는 음운 과정을 고려한다면 '-아'보다는 '-어'를 취하는 것으로 보는 편이 합리적이다. '어' 어간 역시 '-어'를 취한다. '어' 모음 어간은 (8ㄴ)에서 보는 것과 같이

22) 표준어 '썰-'(중세어, 사흘-)에 대응되는 것으로 〈김천〉에서는 '썰-, 썽글-, 쌀-' 등이 존재한다.

〈김천〉에서 '서-' 외에도 재구조화된 어간인 '여-, 저-, 쩌-, 처-, 퍼-' 등이 존재하는데, 이들 역시 모음어미와 결합할 때에는 동일모음탈락이라는 음운 과정을 거치는 것으로 파악되므로 '-어'를 취한다. '우' 어간도 (8ㄷ)과 같이 '-어'를 취한다. '우'모음 어간은 모음어미와 결합할 때에 '주˘, 줐˘어'와 같이 '-아/어'가 분명하게 드러나지 않는다. 그러나 만약 이들이 '-아'를 취한다면 '힝'가(←힝구+아), 썩하^(←썩후+아)'와 같이 '자, 잤어'로 실현될 것이므로, 이들은 '-어'를 취하되 '주+어→주어→주우→주˘'와 같은 완전순행동화를 거친 것으로 파악된다. 산발적으로 실현되는 '조˘, 좄˘어' 역시 '-어'를 취한 형태임이 분명하다(이병근 1977:145~146).

② 다음절 어간의 경우

■ 〈무주〉

다음절 어간 중에서 '애, 아, 오' 어간은 1음절 어간의 경우와 마찬가지로 '-아'를 취한다.

(9) ㄱ. 꾸매+아 → 꾸먀　　끝내+아 → 끝냐　　달개+아 → 달갸
　　　쬐개+아 → 쬐갸　　문때+아 → 문땨　　모:지래+아 → 모:지랴
　　ㄴ. 내놓+아 → 내놔　　들오+아 → 들와　　나오+아 → 나와
　　ㄷ. 깨단+아 → 깨달아　　쥐박+아 → 쥐박아　　깔앉+아 → 깔앉아
　　　인나+아 → 인났어　　가찹+아 → 가차서~가차와서
　　　꼬깝+아 → 꼬까서~꼬까와서　　징그랍+아 → 징그라~징그라와
　　　밴지랍+아 → 밴지라~밴지라와

(9ㄱ)과 같이 '애'모음 어간은 반말체 종결어미와 결합할 때에 '-아'를 취하는 것이 분명하게 드러난다. (9ㄴ)의 '오' 어간 역시 '-아'를 취한다. '아' 어간 또한 (9ㄷ)에서 보는 바와 같이 '-아'를 취한다. 'ㅂ'불규칙 용언인 '가찹-, 꼬깝-, 징그랍-, 밴지랍-' 등은 〈무주〉에서 모음어미와 결합할

때의 기저형으로 //가차-, 꼬까-, 징그라-, 밴지라-// 등의 '아'말음인 기저형과 //가차우-, 꼬까우-, 징그라우-, 밴지라우-// 등의 '우'말음인 기저형이 공존하는데[23], 활용형 '가차, 꼬까, 징그라, 밴지라' 등은 '아'말음인 기저형이 '-아'를 취하고 동일모음탈락이라는 음운 과정이 일어난 형식으로 판단된다.

한편, 어간말음절 모음이 '이, 어'인 어간은 (10)에서 보듯이 항상 '-어'를 취한다.

(10) ㄱ. 뒤집+어 → 뒤집어　　더딤+어 → 더딤어　　어질+어 → 어질어
쌔리+어 → 쌔려, 쌔리서　외이+어 → 외여, 외이서
밝히+어 → 밝혀, 밝헤라　뚜두리+어 → 뚜두려, 뚜두렀어
쥐까리+어 → 쥐까려, 쥐까레
ㄴ. 까먹+어 → 까먹어　　끼얹+어 → 끼얹어　　뒤섞+어 → 뒤섞어
뜨겁+어 → 뜨거　　싱겁+어 → 싱거　　지겁+어 → 지거

이에 비하여 어간말음절의 모음이 '으, 우'인 경우는 제일음절의 모음이 '애, (외), 아, 오'일 때에는 '-아'를 취하고 나머지는 '-어'를 취한다(소강춘 1989:36~44, 이승재 1997:652).

(11) ㄱ. ① 가늘+아 → 가늘아　　다듬+아 → 다듬아　　맹글+아 → 맹글아
보듬+아 → 보듬아　　짱글+아 → 짱글아
② 거:들+어 → 거:들어　　비:틀+어 → 비:틀어　　삐:뜰+어 → 삐:뜰어
영글+어 → 영글어　　흔들+어 → 흔들어
ㄴ. ① 가물+아 → 가물아　　깨물+아 → 깨물아　　야물+아 → 야물아
배우+아 → 배와　　공구+아 → 공과　　낮추+아 → 낮촤
② 기울+어 → 기울어　　드물+어 → 드물어　　여물+어 → 여물어
찡구+어 → 찡궈　　얼구+어 → 얼궈　　묵후+어 → 묵훠

23) 서남방언의 'ㅂ'불규칙 용언 기저형 변화에 대해서는 김규남(1991), 정인호(1997)를 참조할 수 있다.

(11ㄱ)은 어간말음절의 모음이 '으', (11ㄴ)은 '우'인 경우로서, ①은 '-아'를 취하고 ②는 '-어'를 취하였다. ①과 ②의 차이는 어간의 제일음절 모음에 달려있는데, '-아'를 취하는 ①의 제일음절의 모음인 '애, (외), 아, 오'는 단음절 어간에서 '-아'를 취하던 것이다. 이러한 기준은 '르'불규칙 용언과 '우'불규칙 용언, 'ㅂ'불규칙 용언에도 동일하게 적용된다.

(12) ㄱ. ① 발르+아 → 발라　갈르+아 → 갈라　몰:르+아 → 몰:라
　　　날르+아 → 날라　말르+아 → 말라　까불르+어 → 까불라
　　② 흘르+어 → 흘러　질르+어 → 질러　물르+어 → 물러
　　　주물르+어 → 주물러　끄실르+어 → 끄실러　건네질르+어 → 건네질러
　ㄴ. ① 고프+아 → 고파　나쁘+아 → 나빠　아프+아 → 아파
　　　고달프+아 → 고달파
　　② 이:쁘+어 → 이뻐　히:프+어 → 히:퍼　기쁘+어 → 기뻐
　　　으:설프+어 → 으:설퍼
　ㄷ. ① 맵+아 → 매와　곱:+아 → 고:와　짤룹+아 → 짤롸
　　② 밉+어 → 미워　덥:+어 → 더워　널룹+어 → 널뤄

(12ㄱ)은 중앙어의 '르'불규칙 용언에 해당하는 것으로, 〈무주〉에서는 //Xㄹ르-//와 같은 단일 기저형으로 재구조화되었다. 이때 '-아'를 취하는 ① 부류의 어간들은 모두 어간 첫음절의 모음이 '아, (애, 외), 오'이다.[24] (12ㄴ) 또한 '-아'를 취하는 ① 부류의 어간들의 음운론적 기준이 동일하다. 즉 어간 첫음절에 '아, (애, 외), 오' 등의 모음이 있는 어간은 '-아'를 취한다. (12ㄷ)은 'ㅂ'불규칙 용언으로 모음어미 앞에서는 '우'말음인 //X우-//가 기저형이다. 즉 ①과 같이 '-아'를 취한 어간들은 기저형이 //매우-, 고:우-, 짤루-// 등으로, 모두 첫음절의 모음이 '아, 애,

24) '르'불규칙 용언은 아니지만, '르'로 끝나는 '따르-'(追) 역시 '따라 댕기다, 따랐어'와 같이 '-아'를 취함으로써 동일한 기준이 적용됨을 알 수 있다. 표준어의 '따르다(注), 치르다(拂)'는 〈무주〉에서 '우'말음 어간인 '따루-, 치루-'로 나타나는데, 역시 동일한 기준에 따라 '-아/어'를 취한다. '따롸, 치뤘어'.

(외), 오'인 어간이다.

물론 이러한 기준이 절대적으로 적용되는 것은 아니다. '맹글-~맨들-'은 전체 조사과정 중에서 모음어미와 결합한 형태가 45회 나타났는데, 이 중에서 '맹글어, 맨들었어'와 같이 '-어'를 취한 형태가 4회 발견되었다. '달쿠-, 가두-' 역시 '-아'를 취한 '달콰, 가돠'가 자주 쓰이지만 '-어'를 취한 '달쿼, 가둬'도 자연스러운 발화에서 나타났다.25) '우'불규칙 용언 역시 '-아'를 취하는 것이 원칙이지만 예외적으로 '-어'를 취한 형식, 예를 들면 '아퍼, 나뻐'도 간간이 쓰인다. 그러나 이러한 예외는 제한된 범위 내에서만 사용되며, 이들 외에는 예외가 발견되지 않기 때문에 〈무주〉에서 이 기준은 매우 강하게 적용된다고 할 수 있다. 또한 발견되는 예외는 '-아'를 취할 것으로 예상되는 어간이 '-어'를 취한 것이며, 반대 방향의 예외는 전혀 존재하지 않는다는 점도 지적되어야 할 것이다.

■ 〈영동〉

〈영동〉의 다음절 어간이 '-아/어'를 취하는 양상은 〈무주〉와 동일하다. 즉 어간말음절의 모음이 '아, 애, 오'인 어간은 '-아'를, '이, 어'인 어간은 '-어'를 취한다. '으, 우'인 어간은 어간 첫음절의 모음이 '애, (외), 아, 오'일 때는 '-아'를 취하고 나머지 경우에는 '-어'를 취한다. 예가 반복되기 때문에 어간말음절의 모음이 '으, 우'인 어간의 경우만을 보이도록 한다.

(13) ㄱ. ① 가늘+아 → 가늘아　　따듬+아 → 따듬아　　동글+아 → 동글아 지다
　　　　　맹글+아 → 맹글아　　보듬+아 → 보듬아

---

25) '가돠'와 '가둬'가 함께 사용된 예를 보이면 다음과 같다. "닥 좀 가둬! 그라지. 우리 멋을 쫒응개 닥 좀 가돠서 멕여! 그라지."("닭 좀 가둬!" 그러지. "우리 (밭작물을) 쪼니까 닭 좀 가둬서 먹여!" 그러지.)

② 거:들+어 → 거:들어　떠들+어 → 떠들어　삐뜰+어 → 삐뜰어
영글+어 → 영글어　흐틀+어 → 흐틀어　흔들+어 → 흔들어

ㄴ. ① 가물+아 → 가물아　야물+아 → 야물아　자울+아 → 자울아
배우+아 → 배와　낫구+아 → 낫과야지　골쿠+아 → 골콰
태우+아 → 태와　비수+아 → 바사야　녹후+아 → 녹화

② 기울+어 → 기울어　드물+어 → 드물어　여물+어 → 여물어
질구+어 → 질궈　늘구+어 → 늘궈　절구+어 → 절궈
팅구+어 → 팅궈　세우+어 → 세워　힝구+어 → 힝궈

어간말모음이 '으, 이'인 어간은 제일음절의 모음이 '애, (외), 아, 오' 일 때에는 '-아'를(13ㄱ①, ㄴ①), 나머지 모음일 때에는 '-어'를 취한다(13ㄱ②, ㄴ②). 전자의 환경에서 간혹 '-어'를 취하는 예외들이 〈무주〉에서 존재했었는데, 〈영동〉에서도 '알과~알궈(←알구+아), 담과~담궈(←담구+아)'처럼 '-어'를 취하는 경우가 있음을 확인하였다.

(14) ㄱ. 맵+아 → 매와　찹+아 → 차와서　짭+아 → 짜와
가깝+아 → 가까와　매룹+아 → 매루와　개룹+아 → 개루와
개굽+아 → 개구와　사납+아 → 사나와　내굽+아 → 내구와

ㄴ. 씹+어 → 씨워서　춥+어 → 추워　덥:+어 → 더워
두껍+어 → 두꺼워　뜨겁+어 → 뜨거워　시굽+어 → 시구워
지겹+어 → 지겨워　무섭+어 → 무서워　부끄럽+어 → 부끄러워

'ㅂ'불규칙 용언은 〈영동〉에서 'Xㅂ(그밖)/X우-(모음어미 앞)'의 기저형을 가지는데, 모음어미 앞에서는 결국 '우'말음 어간이라 할 수 있다. 따라서 'ㅂ'불규칙 용언 역시 위의 기준에 따라 '-아/어'를 취하게 된다. 즉 (14ㄱ)의 '매와'는 어간의 기저형이 //매우-//로, 제일음절의 모음인 '애'에 따라 '-아'를 취한 것이고, (14ㄴ)의 '씨워서'는 어간의 기저형이 //씨우-//이므로, 제일음절의 모음인 '이'를 따라 '-어'를 취한 것이다.

■ 〈김천〉

어간말음절의 모음이 ‘애, 아, 오’인 경우는 ‘-아’를 취한다.

(15) ㄱ. 꾸매+아 → 꾸′매′ 만내+아 → 만′내, 만′냈어 보내+아 → 보내^, 보냈^어
뭉개+아 → 뭉개^ 문때+아 → 문때^ 지내+아 → 지′내′, 지′냈′어
ㄴ. 비잡+아 → 비˘잡′아 꼬잡+아 → 꼬잡′아 꺼잡+아 → 꺼잡′아 내
패밭+아 → 패밭′아 낄밪+아 → 낄밪아′서[26] 땁답+아/어→ 땁답아′여[27]
따갑+아 → 따′갑′아 날캅+아 → 날′캅′아여 아깝+아/어 → 아깝아′서
보더랍+아/어 → 보더랍′아
ㄷ. 가오+아 → 가′와′ 나오+아 → 나와′서 기롭+아 → 기′롭′아여
해롭+아 → 해˘롭′아여 앵꼽+아 → 앵′꼽아 이롭+아 → 이′롭′아서

(15ㄱ)의 ‘애’ 모음 어간은 완전순행동화의 결과로 ‘-아/어’가 드러나지 않지만, 단음절 어간의 경우와 마찬가지로 ‘-아’를 취하는 것으로 파악한다. ‘애’ 자음 어간은 예가 존재하지 않는다. (15ㄴ)은 ‘아’ 자음 어간의 경우로 대부분은 ‘-아’를 취한다. 특히 ‘꼬잡-, 꺼잡-’이 ‘-아’를 취하는 것은 주목할 만한 사실이다. 이들 어간은 다른 방언에서는 ‘꼬집-, 끄집-’으로 대응되어 ‘-어’를 취하지만, 〈김천〉에서는 어간말모음이 ‘아’로 대응

26) 〈김천〉에서는 표준어 ‘게으르-’에 대응하는 어간으로 ‘낄밪-’와 ‘낄하-’가 있다. ‘낄밪-’은 표준어 및 중세어의 ‘게으르-’를 참고하면 여기에 강조의 접미사(허웅 1975:189) ‘-받-’이 결합되어 형성된 어간으로 보인다. ‘게으르-’는 일련의 통시적 과정을 거쳐 ‘˘낄-’로 변화되었으며, 이 ‘˘낄-’에 대한 어간 의식이 약해지면서 다시 접미사 ‘-하-’를 결합시킨 것이 ‘낄하-’이다. ‘낄밪-’이 어간말자음으로 ‘ㅈ’을 가지게 된 이유는 분명하지 않다. ≪한국방언자료집≫에 따르면 경북의 〈영천〉, 경남의 〈울산〉에서도 각각 “길밪-어, 께얼밪-아서”로 어간말자음 ‘ㅈ’을 확인할 수 있다. 참고로 최학근(1978:1159)에서는 어간말자음이 ‘ㅅ’인 “게앨밧다, 깨알밧다, 깨앨밧다, 끼일밧다”(경남의 〈양산, 울산, 거창, 밀양, 창원, 합천〉)이, 이상규(2000:78, 96)에서는 ‘ㄷ’말음인 “깨을받-, 깰받-, 낄받-”이 제시되어 있다.

27) 표준어 ‘답답하-’와 비교해 보면 어근인 ‘답답’이 별도의 접미사와 결합되지 않은 채 그대로 어간으로 쓰인다는 점이 주목된다. 표준어에서는 자음어미와 결합할 경우에만 ‘-하-’가 줄어들지만(답답하고~답답고, 답답하지~답답지), 〈김천〉에서는 모든 어미와 결합할 때에 ‘-하-’가 확인되지 않는다(땁답언, 땁답어마, 땁답아서). 이와 같은 유형의 어간으로는 ‘복잡-, 섭섭-’ 등이 있다.

됨으로써 모음어미의 두음도 '-아'로 실현된다. 만약 이들 어간이 동일한 기원에서 발달한 것이라면 〈김천〉에서는 어간말모음의 변화에 따라 모음어미의 두음도 '-아'로 재조정된 것이라 할 수 있다. 이러한 사실은 〈김천〉에서 2음절의 '아' 어간이 '-아'를 취하는 경향이 매우 강하다는 것을 보여준다. 한편 '나가-, 비싸-' 등의 '아' 모음 어간도 '나가서, 비싸서' 등과 같이 활용하므로 '-아'를 취하는 것으로 파악된다. (15ㄷ)의 '오' 어간은 '-아'만을 취하고, '-어'를 취하는 예는 발견되지 않는다.

(16) ㄱ. 꺾히+어 → 꺾힜'어　　　댕기+어 → 댕'기
마디+어 → 마'디　　　씨기+어 → 씨'기여
전디+어 → 전'디, 전'딨어　　　모시+어 → 모˘시', 모˘싰'어
ㄴ. ① 꾸짖+어 → 꾸짖어'여　　　디집+어 → 디집'어
히집+어 → 히집'어
② 거립+어→거'립'어여~거'립'아여　　　어질+어→어'질'어여~어'질'라여
거칠+어→거'칠어서~거'칠라서　　　모질+어→모'질'어여~모'질'라여

한편 '이' 어간은 대체로 '-어'를 취한다. '이' 모음 어간은 (16ㄱ)과 같이 '-아/어'가 드러나지 않지만, 완전순행동화 과정을 고려할 때 '-어'를 취한 것으로 판단된다. '이' 자음 어간은 (16ㄴ)의 ①과 같이 대체로 '-어'만을 취하지만, ②와 같이 '-어'와 '-아'를 동시에 취하는 예들도 있다. ②에는 '거립-'과 같이 다른 방언의 'ㅂ'불규칙 용언에 대응되는 어간과 'ㄹ'말음의 어간이 포함된다. 즉 다음절의 '이' 자음 어간은 대체로 '-어'를 취하지만, 그 중에서 'ㅂ'불규칙 용언에 대응되는 어간과 'ㄹ'말음의 어간은 '-아'를 취하기도 하는 것이다. 이때 '-어'를 취한 형식과 '-아'를 취한 형식은 모두 〈김천〉의 자연스러운 형식으로 판단되는바, 단음절 어간인 경우에 철저하게 지켜지던 모음조화가 다음절 어간에서는 일부 어간에 한정되기는 하지만 '-아'를 취하기도 하여 다소 혼란스러운 양상을 보인다고 할 수 있다.

그런데 이러한 혼란은 중부방언 등에서 보이는 모음조화의 혼란 양상과는 정반대의 모습을 보인다는 점이 주목된다. 중부방언 등에서는 어간모음이 '아, 오'일 때에는 '-어'를 취하기도 하여 '음성모음화'라는 이름으로 부를 수 있는 방향으로의 언어 변화가 진행 중이지만, 어간모음이 '이'일 때에는 일관되게 '-어'만을 취할 뿐 '-아'를 취하는 법이 없다. 〈김천〉에서 어간모음이 '이' 일 때에 '-아'를 취하기도 하는 경향이 고대국어의 흔적인지 새로운 언어 변화의 개신인지 단언하기는 어려우나, 그리 오래되지 않은 통시적 변화의 시점 이후에도 지속됨으로써 상당한 세력을 얻은 경향이라는 점은 분명하다.

내뻴-	내뻴고	내뻴마	내뻴어~내뻴아~내뻴라	내뻴었어~내뻴았어~내뻴랐어
내삐리-	내삐리고	내삐리마	내삐리	내삐랐어

'내뻴-'는 〈김천〉에서 '내삐리-'와 공존하는데, 이는 '내+아+뻴-'과 '내+아+삐리-'의 합성 어간으로 판단된다. 이때의 '삐리-'는 중세어의 'ᄇᆞ리-'(棄)와 관련하여 'ᆞ〉어'의 변화를 고려하면 'ᄇᆞ리다〉버리다〉베리다〉비리다〉삐리다'의 과정을 거친 것으로 볼 수 있다. '뻴-'은 '삐리-'의 어간말 모음인 '이'가 탈락함으로써 형성된 어간인데, 모음조화와 관련하여 '삐리-'가 여전히 '-어'를 취하고 있지만 어간의 축소가 일어난 '뻴-'은 '-아'를 취하기도 한다는 점이 주목된다. 이는 〈김천〉에서 적어도 '삐리-〉뻴-'이라는 어간의 축소가 일어난 이후에도 'ㄹ'말음의 2음절 '이' 어간이 '-아'를 취하는 경향이 강하게 작용하고 있음을 보여준다고 할 수 있다. 이와 같이 '-아'를 취하는 경향은 '뚜딜-~뚜디리-, 건딜-~건디리-, 누질~누지러-, 문질-~문지러-' 등과 같이 어간의 축소가 일어난 'ㄹ'말음의 어간에서 공통적으로 확인된다.

어간말음절이 '우'인 어간은 어간이 자음으로 끝나는지 모음으로 끝나는지에 따라 '-아/어'를 취하는 양상이 달라진다.

(17) ㄱ. 가두+아 → 가다^ 모두+아 → 모다^ 때우+아 → 때'아
거두+아 → 거다^ 띠우+아 → 띠'아 줄구+아 → 줄가^
덩구+아 → 덩가^[28] 미우+아 → 미'아 불구+아 → 불가^
ㄴ. 가물+아/어 → 가'물'어여~가'물'아여~가'물'라여
야물+아/어 → 야'물어여~야'물아여~야'물라여
자불+아/어 → 자불어'여~자불아'여~자불라'여
딩굴+아/어 → 딩굴어'여~딩굴아'여~딩굴라'여
더물+어/아 → 더'물'어여~더'물'아여~더'물'라여
구불+아/어 → 구불어'여~구불아'여~구불라'여
수줍+아/어 → 수'줍'어서~수'줍'아서
무숩+아/어 → 무'숩어서~무'숩아서

먼저 (17ㄱ)과 같이 어간이 모음으로 끝날 때에는 어간의 첫음절 모음과 상관없이 항상 '-아'를 취한다. 이 활용형들은 'X우+아'에서 w반모음화를 거친 뒤 수의적인 반모음 w탈락으로 형성된 것으로, 항상 '-아'만을 취한다. 〈무주, 영동〉에서 '우' 어간은 첫음절 모음이 '애, 아, 오'일 때에만 '-아'를 취하는 데 비해, 〈김천〉에서는 어간 첫음절이 어떤 모음이라도 항상 '-아'를 취하며, 예외는 전혀 발견되지 않는다. 한편 어간이 자음으로 끝나는 (17ㄴ)의 경우에는 '-어'를 취하기도 하고 '-아'를 취하기도 한다.[29] '-어'와 '-아'를 취한 형식 모두 〈김천〉의 자연스러운 형식으

---

28) '덩구-'는 〈김천〉에서 '딩구-'와 공존하는데, 표준어의 '댕기다'에 해당한다. 표준어의 '댕기다'는 '불이 댕기다', '불을 댕기다'와 같이 피동사와 타동사로 함께 쓰이는 데 비하여, 〈김천〉의 '덩구-' 혹은 '딩구-'는 타동사로만 쓰이며 '덩기-' 혹은 '딩기-'가 피동사로 쓰인다. 중세어 'ᄃᆞᆼ기-'를 참고하여 'ᄃᆞᆼ기다〉ᄃᆞᆼ긔다〉덩긔다〉덩기다'의 변화 과정을 상정할 수 있다면, 김천의 '덩구-' 혹은 '딩구-'는 '덩기-'에 사동접미사 '-우-'가 결합되어 형성된 것으로 추정된다.

29) '우' 자음 어간은 복합 어간을 제외하면(내뿜-, 덧붙- 등) 'ㅂ'불규칙 용언에 대응되는 어간과 'ㄹ'말음의 어간이 대부분이다. '얄궂-, 짓궂-' 등은 '우' 자음 어간이면서도 '-어'만을 취하는데, 이는 이들이 '궂-'과 관련된 복합 어간이기 때문으로 보인다.

로 판단되는데, '-아'를 취한 형식이 더 흔하게 발견된다.30) '까불-, 주물-, 서둘-, 서툴-' 등과 같이 표준어의 3음절 '르'불규칙 용언에 대응되는 어간들도 〈김천〉에서는 모두 'ㄹ'말음의 2음절 어간으로 재구조화되어 (17ㄴ)과 같은 활용형들을 보인다.31)

(18) ㄱ. 아퍼+아 → 아'파'서　바뻐+아 → 바'빴어　고퍼+어 → 고'파서
기뻐+어 → 기'뻤어　설퍼+어 → 설'퍼'여　히퍼+어 → 히'퍼'서
ㄱ'. 짜러+아 → 짤'라서　오러+아 → 올'랐어　빠러+어 → 빨'라서
너러+어 → 널'러서　부러+어 → 불'러여　찌러+어 → 찔'러서
ㄴ. 개겁+아/어 → 개겁어'여~개겁아'여
개적+아/어 → 개적어'서~개적아'서
뚜껍+아/어 → 두껍어'여~뚜껍아'여
어덥+어/아 → 어'덥어여~어'덥아여
따덤+아/어 → 따'덤어여~따'덤아여
더덤+어/아 → 더'덤어여~더'덤아여
보덤+아/어 → 보덤어'여~보덤아'여
일쩍+어/아 → 일쩍어'여~일쩍아'여
거덜+아/어 → 거ˇ덜'어~거ˇ덜'아~거ˇ덜'라
뺏덜+아/어 → 뺏덜어'여~뺏덜아'여~뺏덜라'여
헌덜+아/어 → 헌'덜어~헌'덜아~헌'덜라
맹걸+아/어 → 맹걸어'여~맹걸아'여~맹걸라'여

---

30) '가물-' 등과 같이 'ㄹ'말음 어간은 '가물어, 가물아' 외에도 '가물라'와 같은 형태를 보이고 있다. 이와 같이 '-아'를 취하면서도 'ㄹ'이 첨가된 형태는 〈김천〉을 비롯하여(백두현 1982:18, 더물라서, 까불라서), 〈무주〉의 '무풍'(권병로 1987:69, 버물라서, 부풀라서), 〈상주〉(전인득 1979:45, 저물라서)에서 쓰이고 있음이 지적된 바 있다.

31) 표준어에서도 이들은 '까부르다, 주무르다, 서두르다, 서투르다'의 준말로서 인정되지만, 모음어미 앞에서의 활용형은 인정되지 않는다(*까불어, *주물어, *서둘어, *서툴어). 〈김천〉에서는 표준어의 본말에 해당하는 형태가 거의 쓰이지 않고 준말 계열의 어간만이 활용상의 빈칸이 없이 쓰인다(까불고, 까불마, 까불어~까불아~까불라). '까불라'와 같이 '르'불규칙 용언의 흔적을 보여주는 활용형에서도 '-아'를 취하고, '*까불러'가 존재하지 않는 것은 흥미로운 사실이다.

'어' 어간은 (18ㄱ)과 같이 모음으로 끝나는 경우에는 어간 첫음절의 모음이 '(애), 아, 오'일 때에만 '-아'를 취하고 다른 모음일 때에는 '-어'를 취한다.[32] (18ㄱ)은 표준어의 '우'불규칙 용언에 해당하는 것으로 〈김천〉에서는 //아푸-(그밖)/아퍼-(모음어미 앞)//, //기뿌-(그밖)/기뻐-(모음어미 앞)//과 같은 기저형을 가진다. 이때 모음어미 앞에서의 기저형 //아퍼-, 기뻐-//는 화자들의 심리적 실재를 반영하는 다음과 같은 변이가 존재한다는 점에서 타당성을 인정받을 수 있다.

아푸고~아퍼고, 아푸마~아퍼마, 아파서
기뿌고~기뻐고, 기뿌마~기뻐마, 기뻐서

〈김천〉에서 '순음+우'로 끝나는 어간은 자음어미 및 매개모음어미 앞에서 '순음+어'의 형식과 공존한다. 이는 곧 '순음+어'가 새로운 어간일 수 있다는 화자들의 심리적 실재를 반영하기 때문에 존재하는 변이 현상으로 해석된다. 따라서 //아퍼-, 기뻐-//는 모음어미 앞에서의 기저형으로 타당성을 가지며, 어간 첫음절 모음에 따라 '-아/어'를 취하되 다음과 같은 과정을 거치는 것으로 처리된다.

//아퍼-+-아/어// → /아퍼+아/ → (어간말 '어'탈락)[33] → /아파/
//기뻐-+-아/어// → /기뻐+어/ → (어간말 '어'탈락) → /기뻐/

(18ㄱ')는 표준어의 '르'불규칙 용언에 해당하는 것인데, 〈김천〉에서는 //짜러-(그밖)/짤러-(모음어미 앞)//, //너러-(그밖)/널러-(모음어미

32) 그밖에도 '어'로 끝나는 용언으로 '나서-, 앞서-, 빠저-, 꺼저-, 살쩌-' 등이 있다. 이들이 모두 '-어'만을 취하는 것은 단음절 어간인 '서-, 저-, 쩌-'의 합성 어간이기 때문이다.

33) 어간말음 '어'가 '-아' 앞에서 탈락하는 것은 '따러-'(追)의 활용형 '따라, 따랐어'에서도 확인된다.

앞)//와 같은 기저형을 가지는 것으로 판단된다. //짤러-, 널러-//에 대한 화자들의 심리적 실재를 반영하는 증거는 〈김천〉에서 직접적으로 찾기 어렵지만, 다른 방언의 경우를 참조한다면 이를 모음어미 앞에서의 기저형으로 인정하는 것이 합리적이다. 결국 (18ㄱ')의 어간들도 역시 모음어미 앞에서는 '어'말음의 어간들로서, '-아/어'를 취하는 양상은 (18ㄱ)과 동일하다.

이에 비하여 (18ㄴ)과 같이 자음으로 끝나는 경우는 '-아'를 취하기도 하고 '-어'를 취하기도 한다. 이러한 경향은 '어지럽-, 안씨럽-, 챙피시럽-, 남사시럽-' 등의 3음절, 4음절 어간에서도 확인된다.

이상에서 살펴본 〈무주, 영동, 김천〉에서 모음어미의 두음인 '-아/어'를 취하는 양상을 간단하게 표로 정리하면 다음과 같다.[34)]

	단음절 어간의 모음									
	애	외	아	오	이	에	위	으	어	우
〈무주〉	아	아	아	아	어	□	어	어	어	어
〈영동〉	아	아	아	아	어	□	어	어	어	어
〈김천〉	아	×	아	아	어	×	×	어		어

		다음절 어간의 말모음									
		애	외	아	오	이	에	위	으	어	우
〈무주〉		아	□	아	아	어	□	□	어/아	어	어/아
〈영동〉		아	□	아	아	어	□	□	어/아	어	어/아
〈김천〉	모음 어간	아	×	아	아	어	×	×	어/아		아
	자음 어간	□	×	아	아	어~아	×	×	어~아		어~아

34) 표 속의 기호는 다음과 같은 뜻으로 사용한다. ×: 존재하지 않음. □: 해당 어간을 찾기 어려움. /: 조건된 교체. ~: 수의적 교체.

단음절 어간의 모음조화는, 모음체계의 차이에도 불구하고 세 방언에서 유사한 양상을 보인다. 세 방언 모두에서 모음이 '애, (외), 아, 오'인 어간은 '-아'를 취하고, 나머지 모음의 어간은 '-어'를 취한다. 이러한 양상은 자음으로 끝나는 어간이나 모음으로 끝나는 어간에서 모두 동일하다.

다음절 어간의 모음조화는, 〈무주, 영동〉이 비슷한 양상을 보이며 〈김천〉은 매우 이질적인 모습을 보여준다. 〈무주, 영동〉에서 다음절 어간의 모음조화는 '으, 우'를 제외한다면 단음절 어간의 경우와 동일하다. 즉 어간말음절의 모음이 '애, (외), 아, 오'이면 '-아'를 취하고, '으, 우'를 제외한 나머지 모음이며 '-어'를 취한다. 어간말음절의 모음이 '으, 우'인 어간은 말음절 이외의 음절에 '애, (외), 아, 오'가 있을 경우 '-아'를 취하고, 그 외의 경우는 '-어'를 취한다. 〈김천〉에서는 모음 어간인지 자음 어간인지에 따라 '-아/어'를 취하는 양상이 달라진다. 모음 어간인 경우 대체로 단음절 어간의 경우와 동일하지만, '어' 어간은 말음절 이외의 음절의 '애, 아, 오'가 있을 경우 '-아'를 취하고, '우' 어간은 예외없이 '-아'를 취한다는 점이 다르다. 자음 어간인 경우 단음절 어간일 때에 '-어'만을 취하던 '이, 어, 우' 어간이 '-아'를 취하는 경향을 강하게 보인다.

그렇다면 세 방언에서 보이는 모음조화 현상을 공시적으로 어떻게 기술할 수 있을까? 먼저, 말자음까지 동일한 '아' 자음 어간이라 하더라도 "갈아, 달아, 살아; 알어, 날어, 말어"와 같이 어휘에 따라 달리 '아/어'를 취하는 전남 고흥방언이나(배주채 1998ㄱ:72~73), "뜪어, 밝어, 삶어"와 같이 항상 '-어'를 취하는 어간과 "막아~막어, 남아~남어, 말아~말어"와 같이 '-아'와 '-어'를 함께 취하는 어간이 구분되며 화자에 따라서 이러한 변이가 다른 양상으로 전개되는 서울방언(강희숙 2002:10~11)과 달리 세 방언의 모음조화 현상은 대체로 음운론적인 기준을 따른다. 또한 반말체 종결어미 '-아/어'가 나머지 모음어미와 달리 자음으로 끝나는 어간 뒤에서는 항상 '-아'로만 실현되는 강릉방언(이익섭 1972)과 달리 세 방언의 모음조화는 모음어미의 문법적인 정보를 고려할 필요가 없다. 즉 세 방언에서는 모음어미의 두 이형태인 '-아X'와 '-어X'의 출현 환경을 어간 모음의 부류라는 음운론적 기준에 따라 일반화시킬 수 있기 때문에 다음과 같은 모음조화 규칙의 설정이 가능하다.

① 〈무주〉의 모음조화 규칙(이승재 1997:652)[35)]

$$\begin{bmatrix} V \\ -high \\ +back \\ -round \end{bmatrix} \rightarrow [+low] \;/\; \# \left[\begin{bmatrix} V \\ -high \\ \alpha\ round \\ -\alpha\ low \end{bmatrix} C0 \left(\begin{bmatrix} V \\ +high \\ +back \end{bmatrix} \right) C0 \right]_{verb\ stem} + \_\_\_\_$$

② 〈김천〉의 모음조화 규칙(백두현 1982:18)

$$\begin{bmatrix} V \\ +low \end{bmatrix} \rightarrow \begin{bmatrix} V \\ +high \\ +back \\ -labial \end{bmatrix} \;/\; \begin{bmatrix} V \\ +high \end{bmatrix} C + \_\_\_\_$$

①은 〈무주〉의 모음조화 규칙으로 설정된 것인데, 〈영동〉에서 '-아/어'를 취하는 양상은 〈무주〉와 동일하므로 〈영동〉에도 적용된다고 할 수 있다. ①과 ②의 가장 큰 차이는 모음어미의 기저형을 '-어X'로 파악하는지 '-아X'로 파악하는지에 있다. 즉 ①은 '어→아', ②는 '아→어'의 과정을 형식화한 것이다. 〈무주, 영동〉에서는 '-아X'를 기저형으로 한다면, 환경을 이루는 모음들을 자연부류로 묶는 방법이 아예 존재하지 않으므로(이승재 1997:644) 기저형을 '-어X'로 할 수밖에 없다. 반면, 〈김천〉에서는 [±high]를 이용하면 기저형을 '-아X'로 잡는 것도 가능하고 '-어X'로

35) 이는 전북의 '동남산악지역'의 모음조화규칙이다. 단, 원문에는 규칙 환경의 ( ) 속에 [-high, +back]으로 자질 표시가 되어 있다.

잡는 것도 가능하다. 여기에서는 통합적인 서술을 위하여 〈김천〉에서의 기저형을 '-어X'로 잡기로 한다.[36)]

세 방언에서 모음어미의 두음으로 '-아'를 취하는 용언 어간의 모음을 양성모음, '-어'를 취하는 모음을 음성모음, '-아/어'를 취하는 데에 관여하지 않는 모음을 무관모음이라 한다면, 세 방언의 모음조화 현상은 아래와 같이 기술할 수 있다. 자질을 이용한 형식화는 생략한다.

모음어미의 두음 '어'는 다음 경우에 '아'로 바뀐다.

〈무주, 영동〉 ① 어간말이 양성모음인 경우
② 어간말이 무관모음이면서, 비어간말음절에 양성모음이 있는 경우
※ 양성모음: '애, 외, 아, 오', 음성모음: 나머지 모음, 무관모음: 2음절 이하의 '으, 우'.

〈김천〉 ① 어간말이 양성모음인 경우
② 어간말이 무관모음이면서, 비어간말음절에 양성모음이 있는 경우
③ 어간말이 '우'인 다음절 어간일 경우
④ 어간말이 음성인 다음절 자음 어간일 경우 (수의적)
※ 양성모음: '애, 아, 오', 음성모음: 나머지 모음, 무관모음: 2음절 이하의 '어'

한편, 〈무주〉와 〈영동〉에서는 양성모음이면서도 '-아'를 취하는 원

36) 백두현(1982:18)에서는 기저형을 '-아X'로 잡은 이유로 2음절 이상의 용언 어간은 '-아'를 선택하는 경향이 강하기 때문이라고 한 바 있다. '무섭아, 더럽아, 어덥아(暗)'와 같이 '-아'를 취하는 양상이 중부방언에서는 보기 힘든 현상인 것은 분명하지만, '무섭어, 더럽어, 어덥어'와 같이 '-어'를 취하는 것 또한 〈김천〉에서 자연스러운 현상이다. 위의 표에서 보듯이 〈김천〉에서 다음절 자음 어간은 '-아/어'를 동시에 취하므로 이것이 기저형 결정의 기준은 되지 못한다. 다만, 모음조화 현상을 규칙으로 서술할 경우에 동해안방언과 같이 단음절 어간에서도 '-아'를 취하는 경향이 강한 방언에서는 '-아X'를 기저형으로 잡을 수 있을 것이다.

칙에 어긋나게 간간이 '-어'를 취하는 경우가 나타난다. 이러한 예외는 몇몇 한정된 '아' 자음 어간일 때에만 발견되며, 〈영동〉보다는 〈무주〉에서 상대적으로 더 빈번하게 나타난다. 이렇듯 '아' 자음 어간이 '-어'를 취하기도 하는 경향은 그리 오래되지 않은 과거에 발생한 개신으로 알려져 있다. 중앙어의 경우 18세기까지도 '아' 자음 어간은 엄격하게 '-아'를 취하였는데(곽충구 1980: 96), "멱 잡어 오다"(역어유해 상 66b). "夫人을 삼어도"(오륜전비언해 3:28b), "妾을 잡어 오라"(오륜전비언해 5:17b) 등과 같이 17세기 말과 18세기 전반에 '-어'를 취하는 예들이 나타난다. 이러한 개신은 19세기에 이르러 본격적으로 문헌에 반영되는데, 중부방언을 반영한 19세기의 문헌들에서 '아' 자음 어간이 수의적으로 '-아/어'를 택하고 있음은 이병근(1976)에서 지적된 바 있다. 서남방언, 중부방언, 서북방언, 동북방언을 반영한 19세기 후기의 문헌들을 종합적으로 검토한 최명옥(1992)에서는, '아' 자음 어간이 '-어'를 취하는 개신은 서남방언을 반영한 문헌들에서 가장 많이 나타나며, 서북방언과 중부방언을 반영한 문헌들에서는 '앉-, 찾-' 등의 제한된 어간만이 '-어'를 취한다고 하였다. 최전승(1998)에서는 중부방언을 반영한 ≪한어문전≫(Grammaire Coréenne, 1881)을 통하여, 서남방언 못지 않게 중부방언에서도 '아' 자음 어간이 '-어'를 취하는 경향이 확대된 모습을 보인다고 하였다.

'아' 자음 어간이 '-어'를 취하는 개신이 현대국어의 여러 방언에 어떠한 양상으로 나타나는지를 정확하게 밝히는 일은 쉽지 않다. 그러나 〈무주, 영동, 김천〉에만 국한시킨다면 이 개신의 영향력은 앞에서 살펴본 바와 같이 '무주〉영동〉김천'의 순서로 크다고 할 수 있는바, 개신의 전파에 대한 전국적인 현황에 대한 이해가 필요하다. 이에 따라 ≪한국방언자료집≫에 수록된 자료를 이용하여, '아' 자음 어간이 '-어'를 취하는 개신에 대한 전국적인 분포를 개략적으로 나타낸 것이 〈지도 4〉이다.

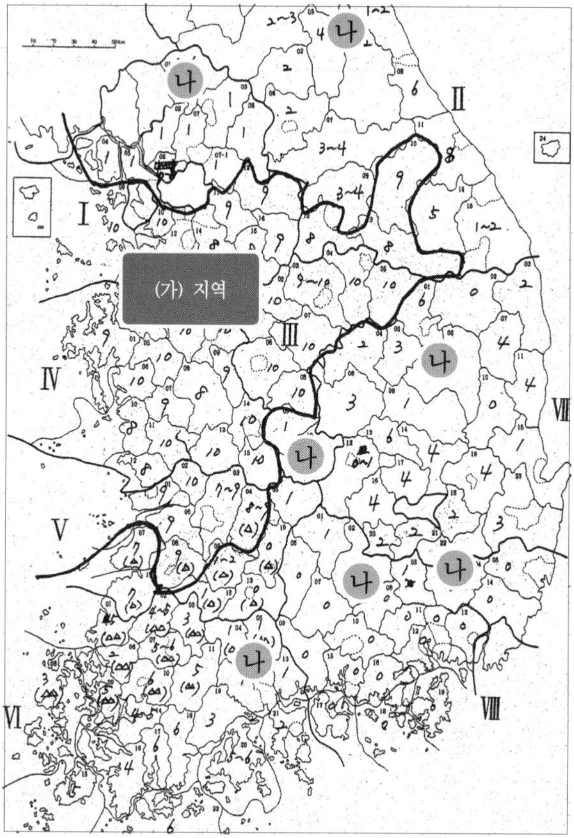

〈지도 4〉 '아' 자음 어간이 '-어'를 취하는 경향

〈지도 4〉는, '아' 자음 어간 중에서 '감-, 닦-, 말-, 맑-, 맡-, 삶-, 안-, 앉-, 알-, 잡-' 등의 10개 어간이 '-어'를 취한 횟수를 표시한 것으로, '-어'를 취한 활용형이 7~10회 나타난 지역은 (가)로, 0~1회로 나타난 지역은 (나)로 구분하였다. (가) 지역은 구체적으로 〈옹진, 고양, 광주, 양평〉 이남의 경기 전역, 충남 전역, 〈보은〉 이북의 충북 전역, 〈정읍, 진안〉 이서의 전북 전역, 강원도의 〈원주, 영월, 평창, 강릉〉으로 '아' 자음 어간이 '-어'를 취하는 개신의 세력이 매우 강한 지역이라 할 수 있다.[37]

한편 (나) 지역은, 〈강화, 김포, 파주, 양주, 포천, 가평, 연천〉의 경기 북부,[38] 강원의 〈화천, 춘천, 인제, 고성〉과 〈삼척〉, 충북의 〈옥천, 영동〉, 〈무주, 장수, 임실, 순창, 남원〉의 전북 동부, 〈곡성, 구례, 승주, 광양, 여천〉의 전남 동부, 경남 전역, 〈김천, 고령, 달성, 경산, 청도〉 등의 경북 남부와 〈봉화, 울진, 문경, 안동, 청송〉 등의 경북 북부 일대로서, '아' 자음 어간이 '-어'를 취하는 개신의 영향을 거의 받지 않은 지역이다. 이 중에서 경남지역은 경북과 인접한 〈거창, 합천〉을 제외하면 모든 지역이 '-어'를 취하는 예가 전혀 없는 지역으로서, 개신을 거부하는 세력의 중심지라고 할 수 있다. 경남과 지리적으로 인접한 전남북의 동부 지역과 경북의 남부 일대가 (가) 지역에 속하는 것도 동일한 맥락에서 이해될 수 있을 것이다.

〈지도 4〉에서 〈무주, 영동, 김천〉은 모두 (나) 지역에 포함되어, '아' 자음 어간이 '-어'를 취하는 개신의 영향을 거의 받지 않은 지역으로 분류된다. 그러나 앞에서 살펴본 바와 같이 〈무주〉나 〈영동〉에서는 비록 소수이기는 하지만, 이러한 개신의 영향을 받기 시작하는 초기 단계로 해석될 수 있는 변이 현상이 발견된다. 즉 대부분의 '아' 자음 어간은 '-아'를 취하지만, 몇몇 어간들은 동일 화자의 발화에서 간간이 '-어'를 취하는 예들이 나타나는 것이다. 이러한 변이 현상은 〈김천〉에서는 거의 발견되지 않으며, 미약하기는 하지만 〈영동〉보다는 〈무주〉에서 더 활발하게 나타난다. 〈무주〉에서 이러한 변이 현상이 상대적으로 활발하게 보이는 것은, '아' 자음 어간이 '-어'를 취하는 개신의 영향을 〈영동〉보다

---

37) 전남에서는 넓은 지역에서 '말-, 맑-'이 '몰-, 몱-'와 같은 '오' 어간으로 대응되며, '안-' 역시 '보듬-' 등으로 대응되기 때문에, 〈지도 1〉에 표시된 횟수는 사실상 7이 최대치가 된다. 따라서 〈나주, 영암, 진도, 강진, 장흥, 고흥, 완도〉 등 5~6으로 표시된 지역은 (가) 지역에 포함시킬 수도 있다.

38) 이 지역은 〈지도 1〉에서 1로 표시되는데, '아' 자음 어간 중에서 '앉-'만이 '-어'를 취한 결과이다. 유필재(2001)에서 지적된 바 있듯이, 이들 지역에서 '앉-'만이 예외적으로 '-어'를 취한다는 점이 흥미롭다.

더 강하게 받고 있는 것으로 해석된다. 즉 〈무주〉는 개신의 영향을 강하게 받은 전북의 〈진안〉, 충남의 〈금산〉과 서북으로 접하고 있지만, 〈영동〉은 개신의 영향을 거의 받지 않은 〈옥천〉과 북쪽으로 접함으로써 〈무주〉보다 개신의 영향을 덜 받는다고 할 수 있다.

'애, 오' 자음 어간은 〈김천〉에서는 물론이고, '아' 자음 어간이 한정된 범위에서 '-어'를 취하기도 하는 변이를 보이는 〈무주, 영동〉에서도 '-어'를 취하는 변이 현상을 전혀 보이지 않는다. 주지하다시피 중부방언을 비롯한 일부 방언에서는 '애, 오' 자음 어간 역시 '-어'를 취하는 개신이 일어나고 있기 때문에, 개략적이나마 이러한 개신의 진행 상황에 대한 전국적인 분포를 살펴볼 필요가 있다. 〈지도 5〉는 '맺-'의 활용형을 통하여[39] '애' 자음 어간이 '-어'를 취하는 개신을, 〈지도 6〉은 '쫓-, 꽂-, 곪-'의 활용형을 통하여 '오' 자음 어간이 '-어'를 취하는 개신을 표시한 것으로[40], 모두 ≪한국방언자료집≫에 수록된 자료를 이용하였다.

〈지도 5〉에서 '애' 자음 어간이 '-어'를 취한 개신이 진행된 지역은 (가) 지역으로서, 〈지도 4〉와 비교한다면 그 범위가 넓어졌다는 것을 알 수 있다. 곧 〈지도 5〉의 (가) 지역은 대체로 〈지도 4〉의 (가) 지역에다 경기 북부, 〈구례〉를 제외한 전남 전역, 〈상주, 김천, 칠곡〉과 〈영양, 영덕, 포항〉을 제외한 경북 전역, 경남의 〈합천, 밀양, 양산, 창원〉을 더한 지역으로서, '애' 자음 어간의 개신이 '아' 자음 어간의 개신보다 더 강하게 전파되었음을 알 수 있다.

39) ≪한국방언자료집≫에 수록된 자료 중에서 '애' 자음 어간의 활용형으로 이용할 수 있는 항목으로 '뱉-'이 있지만, 이 어간은 충남 · 전남 · 전북 일대, 〈함양, 하동〉을 제외한 경남 전역에서 '밭-'로 나타난다. 따라서 〈지도 2〉는 부득이하게 '맺-'의 한 항목으로만 작성되는데, '맺-'의 활용형이 아니라고 판단되는 자료에 대해서는 △으로 표시한다(강원도의 일부 지역).

40) 〈지도 6〉에서 (가) 지역으로 표시된 곳은, '꽂-, 꽂-, 곪-'의 '오' 자음 어간이 한 번 이상 '-어'를 취한 것으로 조사된 지역이다.

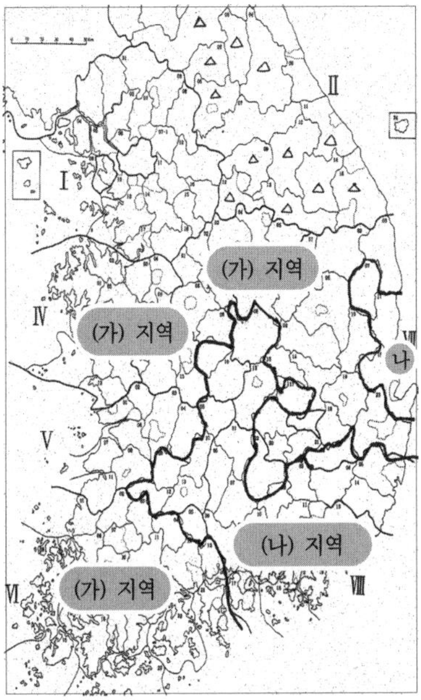

〈지도 5〉 '애' 자음 어간이 '-어'를 취하는 경향

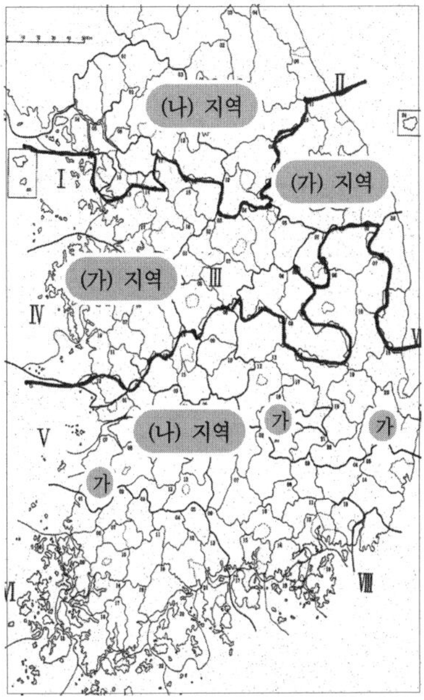

〈지도 6〉 '오' 자음 어간이 '-어'를 취하는 경향

이에 비하여 〈지도 6〉에서 '오' 자음 어간이 '-어'를 취하는 개신이 진행된 지역이라 할 수 있는 (가) 지역은, 〈지도 1〉에 비하여 그 범위가 줄어들었다. 즉 〈지도 6〉에서 (가) 지역은 경기 남부, 강원 남부, 〈태안, 보령, 서천, 논산, 대전, 금산〉을 제외한 충남 전역, 〈보은, 옥천, 영동〉을 제외한 충북 전역, 경북 북부 일부 등으로, 개신의 상륙 거점이 서남쪽으로는 충남의 남단에 미치지 못하기 때문에 서남방언은 이러한 개신의 영향권 밖에 있다고 할 수 있다.

4.2.2 반모음화

반모음화는 단순모음이 다른 단순모음 앞에서 반모음으로 바뀌는 현상이다. 〈무주, 영동, 김천〉에서 공시적인 반모음화는 용언의 활용에서 주로 찾아볼 수 있다. 반모음화는 출력을 기준으로 하면 반모음 y로 바뀌는 y반모음화, 반모음 w로 바뀌는 w반모음화, 반모음 ɥ로 바뀌는 ɥ반모음화로 나눌 수 있다. 반모음 ɥ는 〈무주, 영동〉에만 존재하므로 ɥ반모음화 역시 〈무주, 영동〉에만 존재한다.

① y반모음화

용언의 활용에서 반모음화가 일어나기 위해서는 두 단순모음이 계기적으로 연속될 수 있도록 모음으로 시작하는 어미가 통합하는 경우에 한정된다. y반모음화 역시 용언의 어간에 모음어미가 통합될 때 일어난다. 모음어미를 편의상 '①-어(종결어미), ②-었-(선어말어미), ③-어(연결어미), ④-어X'로 나누고, 어간의 음절수를 고려하여 대표적인 예를 몇 개 제시하면 다음과 같다.

		〈무주〉	〈영동〉	〈김천〉
(1) ㄱ. 피-(發)+	① -어(종결어미)	피어~펴:	피어~펴:	피′이
	② -었어	폈:어~폤:어	폈:어	피′있어
	③ -어(연결어미)	피어~펴: ~피:~페:	피어~펴:~피:	피′이
	④ -어야	피:야[41]	피:야	피′이야

---

41) 〈무주〉에는 장음이 나타나지 않는 '피야'의 활용형도 나타난다. 단음의 '피야'에 대해서는 '-어야'의 두음이 '어'가 어간말음 '이' 앞에서 탈락한 결과라는 견해(정인호 1995:56~59)와 결합된 어미를 '어'계 어미가 아닌 '-으야'로 판단함으로써 두음 '으'가 탈락한 결과라는 견해(김옥화 2000:119~120)가 있다. 〈무주〉에는 '-어, -어야, -었어'와는 별도로 '-으, -으야, -읐어'의 어미가 공존하고 있다. 이에 대해서는 3장의 어미의 기저형 부분을 참조할 수 있다.

ㄴ. 기:-(匐)+[42]	① -어(종결어미)	기어~겨:	기어~겨:	기ˇ~기′이
	② -었어	깄:어	깄:어	기′있어
	③ -어(연결어미)	기어~겨:~기:	기어~겨:~기:	기ˇ~기′이
	④ -어야	기:야	기:야	기′이야
ㄷ. 비비-+	① -어(종결어미)	비벼	비벼	비′비
	② -었어	비볐어	비볐어	비′볐어
	③ -어(연결어미)	비벼~비비	비벼~비비	비′비
	④ -어야	비비야~비베야	비비야	비′비야
ㄹ. 뚜두리-+[43]	① -어(종결어미)	뚜두려	뚜두려	뚜′두리
	② -었어	뚜두리써	뚜두리써	뚜′두리써
	③ -어(연결어미)	뚜두리	뚜두리	뚜′두리
	④ -어야	뚜두리야	뚜두리야	뚜′두리야

(1)과 같이 용언 어간말음인 '이'가 모음어미와 결합할 때 반모음 y로 바뀌는 반모음화가 일어나는 지역은 〈무주, 영동〉이다. 〈김천〉에서는 반모음 y의 존재를 전혀 확인할 수 없다. 성조 변동이 일어난 '이' 모음만을 확인할 수 있을 뿐이다.

〈무주, 영동〉에서 y반모음화는 용언 어간의 음절수에 따라 적용되는 양상이 다르다. 1음절 어간은 y반모음화가 수의적으로 적용되고(1ㄱ, ㄴ) 다음절 어간은 필수적으로 적용된다(1ㄷ, ㄹ). 단음절 어간의 경우, y반모음화가 적용되지 않은 형식이 더 자연스럽게 나타난다.[44] 그러나

42) '기:-(匐)'는 표준어와 달리 〈무주, 영동, 김천〉 세 방언에서 모두 장음 혹은 상승조의 어간이다. 기:구, 기:지, 기:면 등. ≪한국방언자료집≫에 따르면 이 어간이 장음 혹은 상승조를 보이는 지역은 전북 전지역(진안, 김제 제외), 충북의 옥천, 영동, 경북 전역, 충남 일원(청양, 연기, 부여, 서천, 논산, 금산), 경기 일원(파주, 강화, 고양, 시흥, 양평, 용인, 평택), 전남 일원(신안, 나주, 승주, 영암, 해남, 강진, 장흥, 여천, 완도)으로 상당히 넓다. 중세어에서 '긔-'는 거성의 성조였다.

43) 세 방언 모두 '뚜디리-'도 함께 쓰인다. 〈김천〉에서는 어간말의 '이'모음이 없어진 변화도 일어나 '뚜딜-'도 함께 쓰인다. 뚜딘다. 뚜딜고, 뚜딜마(두드리면), 뚜딜라(두드려) 등.

44) 이승재(1983:170)에서는 "전북 북부지역을 조사할 때 '기+어간다'가 필자의 고향에서처럼 '게: 간다'로 발음되지 않고 '기어 간다'로 발음하는 것을 듣고 '기어 간다'는

반모음화가 일어난 형식 또한 많이 나타나며, 특히 발화의 다른 성분과 함께 하나의 발음단락으로 묶일 때에는 반모음화가 일어난 형식이 더욱 자연스럽다. "이거 좀 띠어. #빨리떠#."(이것 좀 떼. 빨리 떼.) 따라서 단음절 어간의 경우는 수의적으로 y반모음화가 일어난다고 할 수 있다.

y반모음화가 일어나면 길이 단위의 축소에 대한 보상으로 보상적 장음화가 함께 일어난다(이병근 1978). 이러한 보상적 장음화는 (1ㄱ)과 같이 단음인 단음절 어간이 y반모음화를 거치면서 장음으로 실현되는 데에서 확인된다.

(1)에서 제시된 활용형은 세 가지로 나뉘어진다. 반모음 y가 포함된 X여(:)형, 반모음 y가 없이 '이'만 있는 X이(:)형, '에'가 포함된 X에(:)형이 그것이다. 세 형식은 방언에 따라 양상을 달리 하며 나타난다. 먼저, y반모음화 과정이 일어난 X여(:)형을 제시하면 다음과 같다.

〈무주〉 ① 히어~히여~혀:(히-어, 白), 비어~비여~벼:(비:-어, 斬), 시어~시여~셔:(시:-어, 算), 띠어~띠여~뗘:(띠:-어, 分), 미어~미여~며:(미:-어, 負), 이어~이여~여:(이:-어, 茅), 뉘벼(뉘비-어), 댕겨(댕기-어, 走), 마셔(마시-어, 飮), 쌔려(쌔리-어), 전뎌(전디-어), 지달려(지달리-어), 썰:그려(썰:그리-어), 내비려(내비리-어), 뚤렁거려(뚤렁거리-어)

② 폈:어, 생겼는디(생기-), 어렸어(어리-), 말렸다가(말리-), 젝혔능가(적히-), 볶였어(볶이-)

③ 셔: 주세요(세워 주세요), 지달려 쌓지, 휘벼 내구(후벼 내고),

④ 다려서(다리-어서), 비벼서, 멕여서

〈영동〉 ① 히어~히여~혀:(히-어, 白), 비어~비여~벼:(비:-어, 斬), 시어~시여~셔:(시:-어, 算), 띠어~띠여~뗘:(띠:-어, 分), 미어~미여~며:(미:-어, 負), 이어~이여~여:(이:-어, 茅), 벳겨(벳기-

---

발음은 hyper-correction에 끌린 발음이겠지 하고 속단해 버린 기억도 있다."라고 하였다. 〈무주〉에서 1음절 어간의 y반모음화가 잘 일어나지 않는 현상을 지적한 것이다.

어), 꾸겨(꾸기-어), 부려(부리-어), 넓혀(넓히-어), 넙혀(넙히-어), 씨겨(씨기-어), 뒤적거려(뒤적거리-어), 끄트려(끄트리-어), 저정거려(지정거리-어)

② 뺐:어(삐:-), 대였등가(대이-)

③ 댕겨 놓으믄(당겨 놓으면), 내버려 뒀더이(내버려 뒀더니), 먹여 보내야

④ 어려서(어리-어서), 걸려서(걸리-어서), 끓여서(끓이-어서)

X이(:)형은 다음과 같다.

〈무주〉 ② 힜:어(히-었어, 白), 빘:어(비:-었어, 斬), 빠싰어(빠시-었어, 搗), 믹있어(믹이-었어, 飼育), 뜳힜어(뜳히-었어, 貫), 불킸다(불키-었다), 건디렀어(건디리-었어), 잡으댕깄다(잡으댕기-었다), 올렀다 네렀다(올리-었다 네리-었다)

③ 피: 갖구(펴 갖고), 돌리 딲을라구(돌려 닦다), 때리 부서버려(때려 부수다), 맽기 놓다(맡겨 놓다), 네리 그셔(내려 긋다),

④ 시:서(시:-어서, 算), 끓이서, 빠시서, 어리서, 만치서

〈영동〉 ② 있:잖아(이-었잖아, 蓋), 핐:다 오무렀다(폈다 오무렸다), 문칬어(문치-었어, 迹), 섹있어(섹이-었어, 混), 달렀잖아(달리-었잖아, 收集), 떤짔어도(던지-었어도, 投), 잊어뻐렀네(잊어뻐리-었네), 수고하싰다고(수고하시-었다고)

③ 시: 보게(세어 보게), 안치 놓고(쌀을 안쳐 놓다), 갈치 줘(가르쳐 줘), 젝히 있어(적혀 있어), 빌리 다:라(빌려 다오), 끓이 먹고(끓여 먹다), 네리 갔갔지(내려갔겠지)

④ 비:서르(비:-어서르, 斬), 땡기서(땡기-서, 牽), 씨기서(씨기-어서, 使), 뿌리서(뿌리-어서, 散), 벳기서(벳기-어서, 脫), 때리서르(때리-어서르, 打), 버무리서(버무리-어서), 업드리서(업드리-어서)

X에(:)형의 활용형은 〈무주〉에서만 나타난다.

(3) ① 으레(으리-어), 쥐까레(쥐까리-어)
② 댕겠다(댕기-었다), 삡혰다(뽑히-었다), 쟁엤다(쟁이-었다)
③ 페지드라구(펴지더라고), 뻿게 내비려(벗겨 내버려),
이게 갖고(이기-어 갖고)
④ 끓에서(끓이-어서), 마세요(마시-어요), 밝헤라(밝히-어라),
네레서(네리-어서)

이와 같은 X에(:)형은 전라북도에서는 〈무주〉를 비롯하여 〈장수, 남원, 순창〉 등 주로 동부지역에서 나타난다(소강춘 1989:72~90). 이들은 수가 그리 많지는 않지만 자연발화 속에서 반복적으로 확인된다.

이제 X이(:)형만 나타나는 〈김천〉까지 포함하여 세 형식의 출현을 정리하여 제시하면 다음과 같다.

	〈무주〉	〈영동〉	〈김천〉
①	X여(:), X에(:)	X여(:)	X이(^)
②, ③, ④	X여(:), X에(:), X이(:)	X여(:), X이(:)	X이(^)

y반모음화가 일어난 형식인 X여(:)형은 〈무주, 영동〉에만 나타난다. X이(:)형은 〈무주, 영동〉에서 ②, ③, ④의 환경에서만 나타나고, 반말체 종결어미 '-어'가 결합되는 ①에서는 전혀 나타나지 않는다. 반면 〈김천〉에서는 X이(:)형만이 가능하다. X에(:)형은 〈무주〉에서만 나타난다.

이들 활용형 중에서 논의가 필요한 것은 'X이(:), X에(:)'형이다. 이 두 형식의 전국적인 분포와 통시적 변화 과정에 대해서는 최명옥(1995)에서 종합적으로 검토된 바 있다. 최명옥(1995)에 따르면 'X에'형은 '여'가 '에'로 바뀌는 통시적 변화, 'X이'형은 '에'가 '이'로 바뀌는 통시적 변화를 거쳐 형성된 것이다. '여〉에'의 변화는 어떤 과정을 거치는지에 따라 도치, 축약, y첨가 등 여러 방식으로 설명된 바 있으며(김완진 1963, 이병근 1973ㄴ, 이광호 1978, 곽충구 1982, 최전승 1986),

'에〉이'의 변화 역시 여러 논저에서 지적된 바 있다. 결국 X에형과 X이형은 역사적으로 실재했던 통시적 변화를 거친 형식으로 파악되며 이것이 〈무주, 영동, 김천〉 세 지역에 차이를 보이며 실현되고 있다고 할 수 있다.

이러한 통시적인 변화를 거쳐 형성된 X에형 및 X이형을 공시적으로 기술하는 데에는 크게 두 가지의 방법이 있다. 하나는 통시적인 변화 과정을 공시적인 기술에 이용하는 방법이고, 다른 하나는 통시적 변화 과정과는 무관하게 공시적으로 타당성을 인정받을 수 있는 음운 과정을 이용하는 방법이다. 전자의 방식을 따르자면, X에형은 y반모음화를 거쳐 형성된 '여'가 공시적으로 '에'로 바뀌며(이승재 1980:101~102, 피+어→펴:→페:), X이(:)형은 여기에 추가적으로 '에→이'의 공시적 과정을 거친 것(정인상 1982:61~62, 피+어→펴:→페:→피:)으로 기술된다. 한편 X에형을 y반모음화와 상관없이 '이' 뒤에서 '어'가 '에'로 전설화한 뒤에 y반모음화를 겪는다고 기술하는 방법(배주채 1994/1998ㄱ:120, 피+어→피에→폐:→페:)이나, 'X이'형을 어간말음 '이' 뒤에서 어미 두음 '어'가 완전동화된다고 기술하는 방법(최명옥 1976, 피+어→피이→피:) 등은 후자의 방식을 따른 것이다.

(4) 여→에 피+어→펴:→페:
에→이 피+어→펴:→페:→피:
'어'전설화 피+어→피에→폐:→페:
완전순행동화 피+어→피이→피:

'여→에' 그리고 '에→이'가 역사적으로는 실재했다고 하더라도 공시적으로 존재한다는 점을 인정받을 수 없다면 공시적인 음운 기술에서 이 과정은 타당한 과정이 될 수 없다. '에〉이'의 과정이 통시적 과정임은 (4)의 '페:~피:' 공존을 통해서 분명히 드러난다. '페:'는 '에→이'의 적용을 받지 않은 형태이고, '피:'는 그 적용을 받은 형태일 것인데 이렇게 적용 여부가 제약되지 않는 과정이라면 그 과정은 공시적으로 존재한다고 볼 수 없다. '에〉이'의 변화가 통시적인 변화이기 때문에 그 적용의 흔적으로서 '페:~피:'가 공존한다고 해석된다.

'여→에'가, 항상 반모음화 과정과 함께 일어나야 하고 형태소의 결합으로는 규칙의 입력형이 만들어지지 않는다는 점에서 공시적으로 인정될 수 없음은 이진호(2002:121~122)에서 논의된 바 있다. 우리도 '여→에'의 과정은 형태소 경계에서 공시적으로 일어나는 과정이 아니라 판단하는데, 그 근거는 다음과 같다.

(5) ㄱ. 있능개벼~있능개베
ㄴ. 있을겨~×있을게, 있을 텨~×있을 테[45)]

(5)는 모두 〈무주, 영동〉에서 자주 쓰이는 형태이다. (5ㄱ)은 선어말어미 '-응개비-'에 반말체 종결어미 '-어'가 결합된 형식(-응개비-어)이나, 의존명사 '갑'에 계사 '-이'가 연결된 구성에 반말체 종결어미가 결합된 형식(-은 갑이-어)으로 분석된다. (5ㄴ)의 '-을 겨'는 '-을 거(의존명사)-이(계사)-어(반말체 종결어미)', '-을 텨'는 '-을 터(의존명사)-이(계사)-어(반말체 종결어미)'의 구성으로 분석된다. (5ㄱ)을 의존명사가 포함된 구성

45) 몇 예를 제시하면 다음과 같다. 〈무주〉 "맛이 없:는 개벼."(맛이 없나 봐.) "이것도 히발요 찬 개베."(이것도 휘발유 차인가 봐.) "밖이다 한 거? 신발장인 가벼."(밖에다 한 거? 신발장인가 봐.) 〈영동〉 "스피카 불얼 안 끄고 그냥 내비뒀는 개벼."(스피커를 안 끄고 그냥 내버려뒀나 봐.) "차를 잘못 놔서 그런 개베."(차를 잘못 놓아서 그런가 봐.) "씨아시가 저룽게 안 높은데? 씨아신 가벼, 그람. 씨아신 가베."(씨아가 저렇게 안 높은데? 씨아인가 봐, 그럼. 씨아인가 봐.) 〈김천〉 "거거넌 술빙인 가배?"(그거는 술병인가 봐?)
〈무주〉 "지금두 숭터가 있을 겨, 암매."(지금도 흉터가 있을 거야, 아마.) "밋 시 올 텨?"(몇 시에 올 거야?) 〈영동〉 "벨로 팔도 못하고 갈 겨."(별로 팔지도 못하고 갈 거야.) "지:가 죽으면 누굴 줄 텨?"(제가 죽으면 누구를 줄 거야?)

으로 이해한다면 (5ㄴ)과 형태론적으로 비슷한 구성이 될 것이다. 우리의 관심은 마지막 음절인 '벼~베'에 있는데, 반말체 종결어미 '-어'가 결합되는 형태소 경계는 항상 비어두위치가 되므로 필수적으로 y반모음화가 일어난다고 할 수 있다. 그런데 '여→에'의 과정은 y반모음화에 의해 형성된 (5ㄱ)의 '여'에만 적용되고, 동일한 공시적 과정을 거친 (5ㄴ)에는 적용되지 않는다. 이는 '여→에'의 과정이 공시적인 과정이 아님을 의미하는 것이다. 통시적인 변화는 모든 어휘에 일시에 적용되는 것이 아니라 점전적으로 확산된다고 한다면, 통시적인 과정으로서 '여〉에'의 변화가 (5ㄱ)에는 적용되었고 (5ㄴ)에는 적용되지 않았다고 해석된다.

따라서 X에형과 X이형이 겪은 통시적인 변화 과정은 그대로 공시적 기술에 사용될 수 없다. 이들은 통시적 변화 과정과는 무관하게 공시적으로 기술된다. X이형은 음장이나 성조 변동을 고려할 때 완전순행동화의 과정으로 기술하는 것이 바람직하다(최명옥 1995).

X에형의 공시적 기술을 위한 음운 과정으로는 ('여→에' 과정의 공시성을 인정하지 않는다면) 앞에서 살펴본 바 있는 '어'전설화 과정(어→에)과 '이어'의 축약 과정(이어→에, 이진호 2002: 124~125)가 제안된 바 있다.

공시적 기술에 있어서 설정되는 음운 과정은 다른 음운 과정과의 관계 속에서 체계적인 관련성을 지녀야 한다. X에형의 공시적 기술은 '이, 에, 애, 위, 외'말음의 용언 어간이 모음어미와 결합한 활용형에 대한 동형성을 확보할 수 있다면 체계적으로 다듬어질 수 있을 것이다. 이들 어간이 모음어미와 결합한 활용형은 다양하게 나타나는데 동일한 통시적 과정을 거쳐 형성된 것으로 보이는 활용형은 'X에, X에, X애, X웨, X왜' 이다. 대표적으로 '피-, 메-, 깨-, 뛰-, 되-'에 어미 '-어'가 결합된 활용형의 통시적 형성 과정을 보이면 다음과 같다.

(6) ㄱ. 폐: 픠여 〉 (여〉에) 〉 픠에 〉 피에 〉 폐: 〉 페:
ㄴ. 메: 메여 〉 (여〉에) 〉 메에 〉 메:
ㄷ. 깨: 깨야 〉 (야〉애) 〉 깨애 〉 깨:
ㄹ. 뛔: 뚜여 〉 (여〉에) 〉 뚜에 〉 뛔:
ㅁ. 돼: 도야 〉 (야〉애) 〉 도애 〉 돼:

이들은 모두 '여〉에, 야〉애'의 변화 과정을 거친 형태라는 점에서 유사하지만 공시적인 기술방식까지도 동일할 수는 없다. (6ㄴ, ㄷ)은 공시적으로 '메:+어→메어→메에→메:, 깨+아→깨애→깨:'와 같이 '애, 에' 뒤에서 어미의 두음이 '애, 에'로 완전순행동화되는 음운 과정을 통해 기술하는 것이 타당하다(이진호 2002:114~119). (6ㄹ, ㅁ)의 '뛔:, 돼:'는 통시적인 변화의 산물이므로, '뛰+어→뛔:, 되+아→돼:'의 도출에 이용되는 공시적인 음운 과정('어, 아'의 전설화 과정)의 동기와 실재성에 대한 의심으로, '뛔+어→뛔:, 돼+아→돼:'와 같이 다중기저형을 통한 기술 방식이 제안된 바 있다(김봉국 2000:27, 유필재 2001:128~136, 이혁화 2002). 여기에서 주목되는 것은 (6ㄹ, ㅁ)을 다중기저형으로 처리하는 방식은 (6ㄴ, ㄷ)을 공시적으로 기술하는 완전순행동화 과정을 이용한다는 것이다. (6ㄱ) 역시 통시적 과정과 관련없는 공시적 기술에 충실한다면 다중기저형을 설정하는 방식도 가능할 것이다.

이상 X에(:)형에 대한 공시적 기술 방식을 정리하면 다음과 같다. 이 활용형이 통시적 과정을 거쳐 형성된 것은 분명해 보이며, 그 통시적 형성과정을 곧 '여→에'를 공시적 음운 과정으로 인정하기는 어렵다. 그렇다면 완전순행동화 과정과 같이 통시적인 변화와 무관하게 공시적으로 타당한 음운 과정을 설정하여 기술하는 방식이 타당할 것이다. 만약 설정된 음운 과정이 공시적으로 인정받을 수 없다면 다중기저형을 통한 기술 방식이 이용된다. 현재까지 제안된 두 공시과정에 대한 검토가 충분하지 않으므로 우리의 논의는 여기에서 멈춘다.

이들 활용형과 관련하여 마지막으로 살펴볼 것은 그 분포 지역에 대한 것이다. 편의상 최명옥(1995)에서 제시한 '비비+어'의 방언지도를 제시하면 다음과 같다.

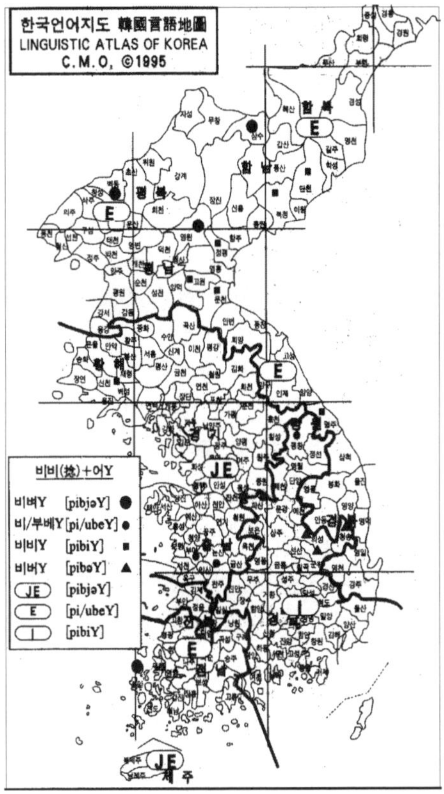

〈지도 7〉 '비비+어'의 분포

완전순행동화가 일어난 X이(:)형은 주로 동남방언에 집중되어 있다. 〈지도 7〉에는 〈영동〉 역시 그 범위에 속해 있지만 이에 대해서는 해명이 필요하다. 〈영동〉에 '비비서, 비비야, 비빘어'와 같은 활용형이 존재하는 것은 틀림없지만, 반말체 종결어미 '-어'가 결합할 때에는 항상 '비벼'로만 나타나기 때문에 황해도, 경기도, 충청남도 등과 같이 y반모음화가 일어나는 지역의 특징도 가진다. 〈무주〉 역시, 반말체 종결어미 '-어'가 결합할 때에는 완전순행동화가 일어난 X이(:)형이 전혀 나타나지 않는다는 점은 영동과 동일하다. 〈무주〉에서 상대적으로 드물게 나타나는 X에(:)형은 전남, 전북 일대에서 존재하는 '비베'와 관련된 것으로 해석된다.

(7)	〈무주〉	〈영동〉	〈김천〉
	-고/-어(종결)/-었어	-고/-어(종결)/-었어	-고/-어(종결)/-었어
이-(載)	이고/여/였어	이구~여고/여/였어	여′고′/여′/였′어′
지-(負)	지구/저/졌어	지구~저구/저/졌어	저′고′/저′/졌′어′
찌-(蒸)	찌구/쩌/쪘어	찌구~쩌구/쩌/쪘어	쩌′고′/쩌′/쪘′어′
치-(打)	치구/처/쳤어	치구~처구/처/쳤어	처′고′/처′/쳤′어′
빠지-(沒)	빠지구/빠저/빠졌어	빠지구~빠저구/빠저/빠졌어	빠′저′고/빠′저′/빠′졌′어
던지-(投)	떤지구/떤저/떤짔어	떤지구/떤저/떤짔어	떤′지고/떤′지/떤′짔어
찧-(搗)	찧구/찌어~쩌:/찌었어~쩠:어	찧구/찌어~쩌:/찌었어~쩠:어	찧′고/찌′이/찌′있어

'이'로 끝난 어간이지만 (7)의 '이-, 지-, 찌-, 치-'는 y반모음화와 관련하여 성격이 다르다. 〈무주〉에서 '이-'(載)는 모음어미와 결합할 때에 y반모음화가 일어나지만 y반모음화와 함께 일어나는 장음이 나타나지 않는다. 한편 '지-, 찌-, 치-'는 모음어미와 결합해도 장음도 반모음 y도 실현되지 않는다. 이를 중시하면 '지-, 찌-, 치-'의 어간말음 '이'가 모음어미 앞에서 탈락하는 과정(한성우 1996:48)으로도 볼 수 있다. 이와 달리 '지-, 찌-, 치-'를 보상적 장음화에 대한 예외로 보고, y반모음화의 결과인 반모음 y는 경구개음 뒤에서 필수적으로 탈락하는 것으로 파악할 수도 있다. 두 입장의 차이는 보상적 장음화에 대한 예외성의 인정에 있다. 이와 관련하여 〈김천〉에서 일어난 기저형의 변화는 시사하는 바가 있다. 〈김천〉에서도 이들 어간은 모음어미와 결합할 때에 상승조나 하강조와

같은 성조를 보이지 않는데, 〈김천〉의 화자들은 '이-, 지-, 찌-, 치-'를 함께 '여-, 저-, 쩌-, 처-'의 '어'말음 어간으로 재구조화시켰다. '지-, 찌-, 치-'의 기저형에 대한 변화에 '이-'(載)가 동참할 수 있었던 것은 이들 활용형의 공통점이 화자들에게 발견되었기 때문으로 해석된다. 그 공통점은 성조 변동상의 예외성, 곧 음장방언에서는 보상적 장음화에 대한 예외성이다. 〈영동〉 역시 〈김천〉과 동일한 방향으로의 기저형의 변화가 발견된다. 이를 고려한다면 〈무주〉의 '지-, 찌-, 치-'도 y반모음화를 겪되 예외적으로 장음이 실현되지 않는 것으로 파악하는 것이 바람직하다.

이상은 모두 어간말음이 '이'인 어간들이었다. 그런데 〈무주, 영동〉에는 '애'말음 어간들도 반말체 종결어미 '-아'와 결합하는 경우에 한하여 수의적으로 반모음 y가 포함된 형식으로 나타난다.

(8) 1음절 어간: 개:-(이불을), 깨-(醒, 破), 내:-(使出), 대:-(接), 때:-(불을), 매:-(除, 結), 배:-(孕), 빼-(拔), 새-(漏), 새:-(明), 재:-(測), 째-(裂), 캐:-(採), 패-(이삭/장작)[46]
활용형: 갸:~개아~개:, 꺄:~깨아~깨:, 냐:~내아~내:, 댜:~대아~대:, 먀:~매아~매:, 뱌:~배아~배:, 뺘:~빼아~빼:, 샤:~새아~새:,

46) '애' 어간은 지역에 따라 장모음 '애:'나 단모음 '애'로 파악될 수 있기 때문에 어간이 장음인지 단음인지 특별한 주목을 요한다. 전남 고흥방언에서는 '캐-, 패-'를 제외한 모든 1음절 '애' 어간이 장모음을 가지며(배주채 1994/1998ㄱ:117), 서울방언에서는 모든 1음절 '애' 어간이 장모음을 가지는 것으로 보고된 바 있다(유필재 2001:115). 비교적 음장의 음운론적 대립이 확고한 노년층의 언어를 대상으로 하였음에도 불구하고 유독 1음절의 '애' 어간은 음장의 혼란을 보이고 있는 것이다. ≪표준국어대사전≫에서 단모음 '애'와 장모음 '애:'로 기술된 1음절의 '애' 어간은 각각 다음과 같다. "깨-(破), 새-(漏), 채-(獲), 패-(이삭이); 개:-(晴, 縮), 깨:-(覺), 내:-(사출), 대:-(接), 때:-(火), 매:-(結, 除草), 배:-(浸, 孕), 빼:-(拔), 새:-(明), 재:-(測), 째:-(裂), 캐:-(採), 패:-(장작을)". ≪표준국어대사전≫에서 장모음의 어간으로 기술된 예 중에서 장모음을 가지게 된 동기가 확실치 않은 예는 다음과 같다. 깨:-(覺) 〈 ᄭᆡ-(거성), 매:-(除草) 〈 ᄆᆡ-(거성), 배:-(浸, 孕) 〈 ᄇᆡ-(평성), 빼-(拔) 〈 ᄲᅡᅘᅧ-/ᄲᅢᅘᅧ-(거성), 째:-(裂) 〈 ᄧᆡ-(거성), 캐:-(採) 〈 ᄏᆡ-(거성), 패:-(장작을) 〈 ᄑᆡ-(거성).

쟈/자/~재아~재:, 쨔:/짜/~쨰아~째:, 캬:~캐아~캐:, 퍄:~패아~패:

2음절 어간: 꿔매-, 끝내-, 날래-, 놀래-, 달개-, 만내-, 문대/때-, 바래-, 보내-, 빼내-, 지내-, 짜/쬐개-, 짬매-, 치대-, 포개-

활용형: 꿔먀, 꿔매서, 끝냐, 끝내서, 날랴, 날래서, 달갸, 달개서, 만냐, 만내서, 문댜/땨, 문대/때서, 바랴, 바래서, 보냐, 보내서, 빼냐, 빼내서, 지냐, 지내서, 짜/쬐갸, 짜/쬐개서, 짬먀, 짬매서, 치댜, 치대서, 포갸, 포개서

〈무주〉에서 나타나는 활용형 '갸:'에 대해서는 보고된 바가 거의 없는 듯하다. '갸:'와 같은 유형의 활용형을 예시하면 다음과 같다.

(9) ㄱ. 개:-(縮), 이불 좀 갸:.(이불 좀 개.)
ㄴ. 깨-(破), 고만 꺄:.(그만 깨.)
ㄷ. 내:-(出), 싸리나무럴 두 쪼각얼 냐:.(싸리나무를 두 조각을 내.)
ㄹ. 때:-(焚), 도라무통으다 늫고는 장작불얼 땨:.(드럼통에다 넣고는 장작불을 때.)
ㅁ. 매:-(除草), 논얼 일 년이 두 번 먀:.(논얼 일 년에 두 번 매.)
ㅂ. 빼-(拔), 그놈얼 따서 껍디기, 허부래기 까갖고 실:얼 뺘:.(그놈(누에고치)을 따서 껍데기 까 가지고 실을 빼.)
ㅅ. 패-(이삭이), 이색이 퍄:.(이삭이 패.)
ㅇ. -어 대:-(보조동사), 도르캐로 패 댜:.(도리깨로 패 대.), 거:머리가 새::카마니 들으붙어, 그라먼 이만::하니 빨아댜:.(거머리가 새카맣게 들어붙어, 그러면 이만하게 빨아 대.)

이는 〈영동〉에서도 마찬가지로 나타난다.

(10) ㄱ. 개:-(縮), 넙죽하기 밀어지면 그 놈을 갸:. 개: 가지구 칼로 쓸:어서르 국수를 해 먹었지.((반죽이) 넙죽하게 밀어지면 그것을 개. 개 가지고 썰어서 국수를 해 먹었지.)
ㄴ. 깨-(破), 정기 식칼을 가져와서 바가지를 꺄:.(부엌 식칼을 가

져와서 바가지를 깨.)

ㄷ. 내-(使出), 한 장만 띠: 냐:.(한 장만 떼 내.) 버리를 싹을 냐:.(보리를 싹을 내.)

ㄹ. 매:-(結), 도투마리다 감아 넹기고, 풀얼 멕이고 베를 먀:.(도투마리에다 감아 넘기고, 풀을 먹이고, 베를 매.)

ㅁ. 패-(破), 장작 좀 패 놔:, 빨리 좀 퍄:.(장작 좀 패 놔. 빨리 좀 패.)

ㅂ. -어 대-(보조동사), 잿물이 나오먼 그 물에다가 치대서르 빨아 댜:.(잿물이 나오면 그 물에다가 치대서 (빨래를) 빨아 대.)

'하-(爲)'와 관련된 어간들, 곧 모음어미 앞에서의 기저형이 '애'말음인 어간들도 모두 이와 같은 활용형을 보인다.

(11) ㄱ. 햐:, 안햐, 흠:햐(험해), 얌전햐(얌전해), 납족햐(납작해), 히안햐(희안해)

ㄴ. 〈무주〉 먹잖야(먹잖아), 펜찮야(편찮아), 션찮야(시원찮아), 즘:잔햐(점잖아)

ㄷ. 〈영동〉 머라 캬(뭐라고 해), 밤에 왔다 캬(밤에 왔다고 해), 안할라 캬(안하려고 해)

ㄹ. 파랴(파래, 靑), 빨갸(빨개, 赤), 노랴(노래, 黃), 하야(하얘, 白), 까먀(까매, 黑)[47]

'-다고 해', '-라고 해'가 줄어들 때에도 실현 양상이 동일하다.

(12) ㄱ. 〈무주〉 쇵이가 젤: 비싸댜.(松栮가 제일 비싸대.), 대:추벌언 쏘믄 사람 죽는댜.(말벌이 쏘면 사람이 죽는대.), 같이 가져옹깨 따라오지 안 따라오드랴.(안 따라오더래.), 빨리 오랴.((너보고) 빨리 오래.), 같이 가쟈.((너보고) 같이 가재.)

47) 이에 비해 음성모음 계열의 색채어는 '여'로 끝나는 활용형을 보여준다. 퍼려, 뻘겨, 누려, 허여, 꺼며. '이라다/이러다, 저라다/저러다, 그라다/그러다'도 각각 '야/여'로 끝나는 활용형을 보인다. 이랴/이려, 저랴/저려, 그랴/그려.

ㄴ. 〈영동〉 우리 식구가 읍내서 사왔댜.(안사람이 읍내에서 사왔대.), 항간 가믄 아랫방을 건더방이라 칸댜.(건더방이라고 한대.), 일요얼언 더 바뿌댜.(더 바쁘대.), 하루 칠만원씩이랴.(칠만원씩이래.), 돌아오라고 하는 소리랴.(소리래.)

이런 활용형은 〈무주, 영동〉과 인접한 충남방언의 한 특징으로 지적된 바 있다.

(13) ㄱ. 뿌렝이를 캬.(캐어.), 짐승을 뚜드려 퍄.(패어.) (도수희 1987:98)
ㄴ. 니가 돈 냐.(네가 돈을 내., 한영목 1999:48).

'야'로 끝난 활용형들이 어떤 음운 과정을 거치는지에 대해서는 분명하지 않으나, 단음절 어간들에서 보이는 장음과 'X야:~X애아'의 공존을 통해 음절수의 변동이 일어나는 음운 과정과 관련된 것으로 보인다. 즉 단음절 어간에서는 수의적으로, 다음절 어간에서는 필수적으로 적용되고, 보상적 장음화가 일어나는 점에서 y반모음화와 유사하기 때문이다. 여기에서는 우선 y반모음화 과정이 일어나는 것으로 가정하고 '하-(爲)'를 대표로 삼아 도출 방안에 대해 살펴보기로 한다.

활용형 '햐:'는 〈무주〉와 〈영동〉 모두에서 '해:'보다 절대적으로 우세하게 나타난다.[48] 활용형 '햐:'의[49] 도출과정에 대한 논의는 거의 다루어진 바가 없다.[50] '햐:'의 도출과정은 대략 다음과 같은 세 가지 방안을

48) 사실 자연발화에서 종결어미 '-아/어'가 결합된 '해:'형은 거의 찾아볼 수 없고, '햐:'로만 실현된다고 봐도 무방할 정도이다.

49) 한영목(1999:105)에서는 충남 〈금산〉에서, 이기갑(2003:601~602, 664)에서는 충남의 〈대덕〉, 〈보령〉 등에서 쓰이고 있음을 지적한 바 있다. ≪한국방언자료집 Ⅳ 충청남도편, p.268≫에는 〈대덕〉의 '안깨까탸(안 깨끗하+아)', 〈공주〉의 '생각 안햐(생각 안하+아)' 등을 통해서, ≪한국방언자료집 Ⅴ 전라북도편, p.283≫에서는 〈장수〉의 '노:랴(놀하+아)'를 통해 '햐:'의 존재가 기록되어 있다.

50) 도수희(1977/1998:257)에서는 '샘(泉)→샴, 뱀(蛇)→뱜' 등의 예와 함께 '해라→햐, 새(漏)→샤, 간대→간댜'를 "ε→ya"라는 단모음의 이중모음화로 파악하였다. 한영목

생각해 볼 수 있다.

(14) ㄱ. 히+아 → 햐:
ㄴ. 햐+아 → 햐:
ㄷ. 해+아 → 햐:

(14ㄱ)은 어간말음 '이'의 y반모음화를 통해 '햐:'를 도출하는 것으로, 모음어미 앞의 기저형은 '히-'가 된다. 이는 〈무주〉를 제외한 전북 전지역과 충남 서부지역에서 {하-}가 '히(모음어미 앞)/허(그밖)-'의 기저형을 가진다는 사실과 관련된다(김창섭 1995:75). 이들 지역에서 {하-}의 '아' 활용형은 '히여, 히:서, 힜:다' 등으로, 모음어미 앞의 기저형은 '히-'가 된다. '햐:'는 모음어미 앞의 기저형 '히-'에 어미 '-아'가 통합된 결과로 파악하는 것이 (14ㄱ)의 방안이다. 그러나 (14ㄱ)은 '히-'에 '-어'가 아닌 '-아'가 통합된다고 파악해야 하는 점에서 의문의 여지가 있다. 1음절 '이'모음 어간에 '-아'가 통합되는 경우는 동해안 방언을 제외한다면 거의 찾아보기 힘들기 때문이다. 뿐만 아니라 〈무주〉와 〈영동〉을 비롯하여 '햐:'가 나타나는 충남의 〈금산, 논산, 대전, 공주〉 등은 자음어미나 매개모음어미 앞에서 '하-'로 실현되지 '허-'의 실현을 보이지 않는다는 점도 기저형 '히-'를 인정하기 어렵게 만든다.

(14ㄴ)은 적용되는 음운 과정을 최소한 줄일 수 있도록 복수기저형을 설정해 기술하는 방식이다. 즉, '하-'는 기저형이 '하-(그밖)/해-(모음어미 앞)'이되, 반말체 종결어미 '-아' 앞에서 또다른 기저형 '햐-'를 인정하고 이로부터 활용형 '햐:'를 도출한다. 그러나 이 방식은 기저형 '햐-'의 실재에 대한 증거를 찾을 수 없고, 활용형 '햐:'에서 보이는 장음을 적절

(1999:105)에서도 단모음의 이중모음화 아래에서 "ɛ→ya"의 과정으로 파악한 바 있다.

하게 설명할 수 없다.

(14ㄷ)은 '하-'의 기저형을 '하-(그밖)/해-(모음어미 앞)'로 파악하고, '햐:'를 '해+아'에서 도출하는 방식이다. 다른 모음어미와의 결합형인 '해:서, 했:어'는 '해+아X'에서 완전순행동화 과정을 거쳐 도출되고, 반말체 종결어미와 결합하는 '해+아'에서만 수의적으로 '애'가 y로 반모음화하는 것으로 해석된다. 반말체 종결어미 앞에서만 수의적으로 일어나는 '애→y' 과정을 인정한다면, '해아~햐:'의 공존과 '햐:'에서 보이는 장음을 합리적으로 설명할 수 있다. 그러나 이 방식은 무엇보다 어간말음 '애'의 y반모음화를 인정해야 한다는 점에서 문제가 있다. 저모음인 '애'가 반모음으로 바뀌는 것이 음운론적으로 가능한 과정인지 의심되기 때문이다.

그러나 실제 발화에서 '기어'와 '겨:'를 구분하는 것이 쉽지 않듯이, '해아'와 '햐:'를 구분하는 것 또한 쉽지 않다. 이유는 분명하지 않지만 '해아'와 '햐:'가 비슷하게 들리는 것이다. 이는 '해아'와 '햐:'가 음운론적으로 관련을 맺고 있음을 뜻하는 것이다. 또한 '애→y'의 환경인 반말체 종결어미 앞은, 〈무주, 영동〉에서 어간말음 '위, 외'가 반모음 ɥ로 바뀌는 ɥ반모음화가 일어나는 환경과 동일하다. 전설의 원순 중모음 '외'가 반모음화를 일으키는 지역이라면 체계적으로 전설의 중모음 '에' 또한 반모음화가 일어날 수 있으며, 전설의 저모음 '애'가 반모음화할 가능성을 전적으로 배제할 수는 없다.

이상에서 우리는 활용형 '햐:'를 공시적으로 기술할 수 있는 방안 세 가지를 검토해 보았다. 세 방안은 모두 문제점을 가지고 있었는데, 여기에서는 잠정적으로 제한된 환경에서 일어나는 특수한 유형의 반모음화로서 '애→y'를 인정하는 방안을 따르기로 한다. 이 방안에 따라 몇몇 활용형의 도출 과정을 보이면 다음과 같다.

새-(漏)　　기저형: '새-'　　새+아→(y반모음화/보상적 장음화)→샤:

달개-(誘)　　기저형: '달개-'　달개+아→(y반모음화/보상적 장음화)→달갸:
→(단음화)→달갸

하-(爲)　　기저형: 하-(그밖)/해-(모음어미 앞)
해+아→(y반모음화/보상적 장음화)→햐:

괜찮-(無妨)　〈무주〉의 기저형: 괜찮-(그밖)/괜찬해-(모음어미 앞)
괜찬해+아→(y반모음화/보상적 장음화)→괜찬햐:→(단음화)→
괜찬햐→('ㅎ'탈락)→괜차냐
cf. 〈영동〉의 기저형: 괜찮-　괜찮+아→괜찬하→('ㅎ'탈락)→괜차나

파랗-(靑)　　기저형: 파랗-(자음어미 앞)/파라-(매개모음어미 앞)/파래-(모음어미 앞)
파래+아→(y반모음화/보상적 장음화)→파랴:→(단음화)→파랴

② w반모음화

w반모음화의 입력이 될 수 있는 모음은 후설 원순모음인 '우, 오'이다. 활용에서 w반모음화는 '우, 오'말음 어간이 모음어미와 결합할 때에 일어난다. 어간말음절의 모음이 '우, 오'인 후음(ㅎ, ㆆ) 말음의 어간도 모음 사이에서 후음이 필수적으로 탈락한 뒤에 w반모음화가 일어난다. 먼저 '우'가 w로 반모음화할 수 있는 대표적인 경우를 제시하면 다음과 같다.[51)]

		〈무주〉	〈영동〉	〈김천〉
(15) ㄱ.	주+어	줘:	줘:	주ˇ
	주+어야	줘:야~주야	줘:야~주야	주ˇ야
	두+어	둬:	둬:	두ˇ
	두+어야	둬:야	둬:야	두ˇ야
	꿓:+어	꿔:	꿔: cf. 꾸:코	꾸ʼ우

51) 1음절 '우'말음 어간 중에서 세 방언이 동일한 것은 '주-(授), 두-(置), 누-(尿)' 정도이다. 〈무주〉에서 '꾸-(夢)'은 '꿔-'의 '위'말음 어간이다. 〈영동〉에서 '푸-(밥을)'은 '퍼-'와 '푸-'가 함께 쓰인다. 〈김천〉에서 '추-(舞), 두-(碁), 푸-(밥을)'는 '처-, 떠-, 퍼-'의 '어'말음 어간이다. 〈김천〉에서 '쑤-(粥)'는 '써-'로만 나타나는데, 이도 자연발화에서는 '끓이-' 때문에 거의 쓰이지 않는다.

	꿓:+어야	꿔:야~꾸:야	꿔:야	꾸’우야
ㄴ.	배우+아	배와	배와	배’아
	배우+아야	배와야~배우야	배와야	배’아야
	세우+어	세워	세워	시’아
	세우+어야	세워야~세우야	세워야	시’아야
	가두+아	가돠~가다	가돠~가다	가다’아~가다’
	가두+어서	가돠서~가다서	가돠서~가다서	가다’아서~가다’서
	얼구+어/아	얼궈	얼궈	얼가’아~얼가’
	얼구+아/어서	얼궈서	얼궈서	얼가’아서~얼가’서

(15)에서와 같이 〈무주, 영동〉에서 어간말음 ‘우’는 ‘어, 아’ 앞에서 w로 반모음화한다. y반모음화가 1음절 어간에서는 수의적이었던 반면, w반모음화는 어간의 음절수와 상관없이 항상 필수적으로 일어난다. ‘꿓:-’와 같이 어간말음이 ‘ㅎ, ㅎ’일 때에도(〈영동〉에서 이 어간은 ‘ㅎ’말음의 어간이다) 모음 사이에서 어간말음이 탈락한 뒤에 w반모음화가 필수적으로 일어난다. w반모음화도 보상적 장음화가 필수적으로 수반된다.

주+어→(모음조화)→주어→(w반모음화, 보상적 장음화)→줘:
꿓+어→(모음조화)→꾸허→(후음 탈락)→꾸어→(w반모음화, 보상적 장음화)→꿔:
배우+어→(모음조화)→배우아→(w반모음화, 보상적 장음화)→배와:→(단모음화)→배와
세우+어→(모음조화)→세우어→(w반모음화, 보상적 장음화)→세워:→(단모음화)→세워

2음절 어간 중에서 제2음절의 초성이 치조음(ㄷ, ㅅ, ㄴ, ㄹ)일 때에는 수의적으로 w가 탈락하기도 한다.

(16) 가돠~가다(←가두+아, 囚), 부숴~부서〈무주〉/뿌숴~뿌서〈영동〉(←부수+어, 碎)[52], 잡솨~잡사(←잡수+아, 食), 나놔~나나(←나누+아, 分)〈무주〉[53], 짤롸~짤라(←짤루+아, 短)〈무주〉

한편 〈김천〉에서는 (1)에서와 같이 모음어미와 결합할 때 동일한 '우'말음의 어간이지만 1음절 어간은 w반모음화가 일어나지 않고 2음절 어간만 w반모음화가 일어난다. 그런데 2음절 어간이 모음어미와 결합하더라도 〈김천〉에서 w반모음화의 결과인 반모음 w를 직접 확인하는 것은 쉽지 않다. 어간말 음절의 초성이 있는 어간은 물론이고(가다', 얼가') 초성이 없는 2음절 어간도 자연스러운 발화에서는 대부분 반모음 w를 확인할 수 없다(띠'아(←띠우+어, 列), 미'아(←미우+어, 埋), 시'아(←시우+어, 立), 배'아(배우+어, 學), 비'아(←비우+어, 空), 채'아(←채우+어, 滿), 키'아(←키우+어, 育), 피'아(←피우+어, 煙)). 그렇지만 '싸'와'(←싸우+어, 鬪)와 같이 반모음 w를 확인할 수 있는 예가 존재하고, '가다^, 얼가^'와 같이 수의적으로나마 반모음화에 따른 음절수의 변동과 관련되는 고저복합조(혹은 하강조)를 확인할 수 있기 때문에 w반모음화의 존재를 부인하기는 어렵다. 따라서 〈김천〉에서 '우'말음의 2음절 어간은 모두 모음어미와 결합할 때 w반모음화를 겪되, 반모음화의 결과인 반모

52) '부수-'와 더불어 15세기 중앙어 'ᄇᆞᅀᆞ-'에 기원을 두고 있는 또다른 형태로 '빻-'이 있다(곽충구 1995). '빻-'의 의미에 해당하는 형태로 〈무주〉에서는 '빠시-'가 대표적으로 쓰이며 드물게 '빵구-'도 쓰인다. 자연발화 속에서는 어간이 '바수-'인 것으로 짐작되는 형태도 나타났다. "산추(酸草)럴 따다가 집이서 바사서 지름을 짜지.", "(길쌈할 때) 끄터리럴 쪼깨 얇게 바숴갖고 제기먼 바딧구녁이 넘어가고". 〈영동〉에서는 '빠수-'가 대표적으로 쓰이며("가루로 빠사가지구."), 경음화가 일어나지 않은 '바수-, 바시-'도 쓰이는 것으로 확인된다. "나랙이고 버리고 풋바심으로 바사가지구, 바사넹기지. 바신다구 햐." 〈김천〉에서는 '빻-'이 쓰인다.

53) 〈영동〉에서도 w탈락이 일어난 형태라고 할 수 있는 '노나 먹다'가 쓰이는데, 〈영동〉에서는 모음어미와의 결합형인 '노나'를 '논-아'로 재분석함으로써 어간이 '논-'으로 재구조화되었다. 논는다, 논자/논짜/, 논세/논쎄/. 〈김천〉에서는 '농구-'와 '가르-'가 함께 어우러진 '농가러-'도 쓰인다. 농가러고, 농가러마, 농갈라.

음 w는 이중모음의 실현이 극도로 회피되는 〈김천〉의 음소배열제약에 따라 필수적인 탈락 과정을 겪는 것으로 판단된다. w반모음화, 반모음 탈락과 관련된 2음절 어간 몇몇의 도출 과정을 보이면 다음과 같다.

배우+어	→(모음조화)→	배우아	→(w반모음화)→	배와	→(w탈락)→	배아
HL		HLL		HL·L		HL
시우+어	→(모음조화)→	시우아	→(w반모음화)→	시와	→(w탈락)→	시아
HL		HLL		HL·L		HL
가두+어	→(모음조화)→	가두아	→(w반모음화)→	가돠	→(w탈락)→	가다
LH		LHL		LH·L		LH·L → LH
얼구+어	→(모음조화)→	얼구아	→(w반모음화)→	얼과	→(w탈락)→	얼가
LH		LHL		LH·L		LH·L → LH

이에 비하여 1음절 어간은 모음어미와 결합할 때 어간 말음인 '우'가 어미의 두음 '어' 앞에서 w로 바뀌는 반모음화의 과정을 겪지 않는다. 〈김천〉에서 어간말음이 '우'인 1음절 어간의 활용형을 제시하면 다음과 같다.

(17) 주-(授): 줐˘어', 주˘야'지 cf. 주'고, 주'마
두-(置): 둤˘어', 두˘야'지, cf. 두'고, 두'마[54)]
누-(尿): 눘˘어', 누˘야'지 cf. 누'고, 누'마
꾸-(夢): 꿌˘어', 꾸˘'야'지 cf. 꾸˘고', 꾸˘마'

모음어미의 두음이 '-아'가 아닌 '-어'인 것은 분명하다. 만약 〈김천〉에서 모음조화의 결과로 '-아'를 취한다면 2음절 어간의 경우와 마찬가지로 w반모음화와 w탈락을 통해 '*잤어, *닸어, *났어, *깠어' 등의 활용형이 기대되기 때문이다. 실제로 ≪한국방언자료집≫에 따르면 경북의 〈울진,

54) '줐˘어', 둤˘어''와 함께 〈김천〉에는 '좄˘어', 돘˘어''의 활용형도 쓰이는데, 전자의 활용형이 더 폭넓게 사용되는 것으로 보인다. 최원기(1970), 백두현(1982)에도 〈김천〉의 이러한 사정이 지적되어 있다.

경주〉와 같은 동해안 지역과 〈영천, 달성, 성주, 구미, 군위〉 지역에서는 '주-'(授)가 '-아'를 취한 활용형인 '자'가 쓰인다. 따라서 〈김천〉에서는 모음조화의 결과 '-어'를 취한 것으로 판단된다.

〈김천〉에서 '우어'의 연쇄에서는 w반모음화가 일어나지 않는다는 점은 ㅎ말음의 '우' 어간에서도 확인된다.

주+어→주어→(완전순행동화)→주ˇ
꿓+어→꾸허→(후음 탈락)→꾸어→(완전순행동화)→꾸′우

'눕-'(臥)도 세 방언에서 기저형이 //눟-//이므로 〈무주, 영동〉에서는 w반모음화가 일어나 '눠:'가 되지만 〈김천〉에서는 완전순행동화가 일어나 '누′우'가 된다. 한편 '붓-'(注)는 〈무주〉에서는 //붓-//, 〈영동, 김천〉에서는 //붛-//이 기저형이다. 따라서 〈무주〉에서는 '붓어'가, 〈영동〉에서는 '붜:'가, 〈김천〉에서는 '부′우'가 쓰인다.

〈무주, 영동〉	눟+어 → 누허 → (후음탈락) → 누어 → (w반모음화) → 눠:
〈김천〉	눟+어 → 누허 → (후음탈락) → 누어 → (완전순행동화) → 누우
〈무주〉	붓+어 → 붓어 → 부서
〈영동〉	붛+어 → 부허 → (후음탈락) → 부어 → (w반모음화) → 붜:
〈김천〉	붛+어 → 부허 → (후음탈락) → 부어 → (완전순행동화) → 부우

'오'말음 어간 역시 모음어미와 결합하면 w로 바뀌는 반모음화가 일어난다. 이에 대해서는 세 방언이 차이를 보이지 않는다.

			〈무주〉	〈영동〉	〈김천〉
(18)	ㄱ.	보+아(見)	봐:~바:	봐:~바:	바ˇ
		쏘+아(射)	쏴:	쏴:	싸ˇ
		놓+아(放)	놔:	놔:	나′아

	꽃+아(새끼를)	꽈:	꽈:	까'아
ㄴ.	오+아(來)	와	와	와'/와'야'
	좋:+아(好)	조:아~조:와	조:아~조:와	조ˇ아~조ˇ와 ~조'아'~조'와'

(18ㄱ)과 같이 어간말음 '오'는 '-아' 앞에서 w로 바뀐다. '우'의 w반모음화와 마찬가지로 필수적으로 일어나며 보상적 장음화가 수반된다. 〈김천〉에서는 자음이 선행할 경우 w가 항상 탈락하지만, 보상적 장음화에 대응되는 성조 변동을 통해 w반모음화를 확인할 수 있다. (18ㄴ)의 '오-'(來)는 w반모음화가 일어나지만 보상적 장음화가 수반되지 않는다는 점에서 예외적인 존재이다. '좋-'(好)은 w반모음화 자체를 모른다.

③ ɥ반모음화

ɥ반모음화는 용언의 어간말음인 '위/ü/, 외/ö/'가 모음어미 중에서 반말체 종결어미 '-아/어' 앞에서 수의적으로 반모음 ɥ로 바뀌는 현상이다. ɥ반모음화는 '위/ü/, 외/ö/'가 음소로 존재하는 〈무주, 영동〉에서만 일어나며, 〈김천〉에서는 찾아볼 수 없다.

				〈무주〉	〈영동〉
(19)	ㄱ.	뛰-(躍)+	① -어(종결어미)	뛰어~뚜ㅕ:/t'ɥə:/	뛰어~뚜ㅕ:/t'ɥə:/
			② -었어	뛨:어	뛨:어
			③ -어(연결어미)	뛰: 가지	뛰: 가지
			④ -어서	뛰:서	뛰:서
	ㄴ.	튀-(튀밥)+	① -어(종결어미)	튀어~투ㅕ:/thɥə:/	튀어~투ㅕ:/thɥə:/
			② -었어	튔:어	튔:어
			③ -어(연결어미)	튀: 먹지~퉤: 먹지	튀: 먹지
			④ -어서	튀:서	튀:서
	ㄷ.	되-+(化)	① -어(종결어미)	되아~두ㅑ:/tɥa:/	되아~두ㅑ:/tɥa:/
			② -었어	됐:어	됐:어

	③ -어(연결어미)	되아 갖구~돼: 갖구	돼: 갖구
	④ -어서	돼:서	돼:서
ㄹ. 괴:-+(턱을)	① -어(종결어미)	괴아~고ㅑ:/kɥa:/	괴아~고ㅑ:/kɥa:/
	② -었어	괬:어	괬:어
	③ -어(연결어미)	괴아 갖구~괘: 갖구	괘: 갖구
	④ -어서	괘:서	괘:서

〈무주, 영동〉에서 ɥ반모음화가 일어난 형식은 반말체 종결어미와 결합한 ①에서만 확인된다. ①에서는 어간말음인 전설 원순모음인 '위, 외'가 '-어, -아' 앞에서 직접 전설원순의 반모음 ɥ로 바뀐다. (19ㄱ, ㄴ)의 경우 단모음 '위'가 이중모음 /wi/로도 실현되는 방언에서는 /i/의 반모음화를 통해서 '뚜ㅕ:, 투ㅕ:'를 설명할 수 있지만, 〈무주〉에서는 단모음 '위'만이 존재하므로 이중모음 /wi/를 통한 설명은 불가능하다. (19ㄷ, ㄹ)의 단모음 '외'인 경우는 '외'가 직접 ɥ로 바뀐다는 설명 이외에는 별다른 대안을 찾기 어렵다.

한편 ②, ③, ④에서는 성격이 다른 활용형이 나타난다. (1ㄱ, ㄴ)의 경우에는 '뛰: 퉤:', (1ㄷ, ㄹ)의 경우에는 '돼:'와 같은 활용형을 볼 수 있다. 이들은 '위, 외'가 '-어, -아'와 직접 결합하여 공시적인 음운 과정을 거쳐 도출되는 활용형으로 보기 어렵다. '퉤:, 돼:'는 역사적으로 하향이중모음이 존재하던 시기의 활용형이 통시적으로 굳어진 것이다(이상신 1998, 김봉국 2000, 유필재 2001, 이혁화 2002, 이진호 2002). 활용형 '뛰:' 역시 't'uy-yə>t'uy-e>t'ü-i>t'ü:'와 같은 통시적 과정을 거쳐 형성되었을 것으로 추측된다.

이렇게 모음어미와 결합형에서 ɥ반모음화가 일어난 형식과 그렇지 않은 형식이 공존한다는 사실은 중요한 의미를 가질 수 있다. 이 중에서 개신형을 ɥ반모음화가 일어난 형식으로 판단할 수 있다면, 이 형식은 이중모음의 단모음화가 완성된 이후 단모음 '위, 외'가 직접 모음어미와 결합하여 변동을 일으킨 것으로 해석된다. 후설원순의 '우, 오'가 공시적인 반모음화를 보이므로, 단모음으로 확립된 전설원순의 '위, 외' 역시 반모음화 과정이 일어나는 것이다. ɥ반모음화가 반말체 종결어미라는 제한된 환경에서만 가능한 것도 적용되기 시작한 시점이 그리 오래되지 않았음을 말해준다.

4.2.3 전설모음화

전설모음화는 치찰음인 'ㅅ, ㅆ, ㅈ, ㅉ, ㅊ' 아래에서 '으'가 '이'로 바뀌는 현상이다. 이 현상은 역사적으로 경상방언을 반영한 문헌에서는 18세기 후반에 적용된 예가 나타나며(백두현 1989/1992:257), 전라방언에서도 19세기보다 이른 시기에 적용되었던 것으로 보인다(최전승 1986:311). 중부방언을 반영한 문헌에서도 19세기에 들어서서 이 변화가 적용된 예들이 나타난다(이기문 1972:203). 남부방언과 중부방언에 걸쳐 있는 〈무주, 영동, 김천〉 세 방언 역시 통시적으로 전설모음화의 영향을 받아 '치찰음+으'의 연쇄가 '치찰음+이'로 바뀌었다. 이러한 변화는 형태소 내부에 그치지 않고, 방언에 따라 곡용과 활용이라는 형태소 경계에서도 적용되었다.

① 공시적인 전설모음화

공시적인 전설모음화는 곡용과 활용을 통해 확인할 수 있다. 즉 치찰음 말음의 체언이나 용언 어간에 '으'로 시작하는 조사나 어미가 결합할 때에 '으'가 '이'로 바뀌는 전설모음화가 일어난다. 그런데 〈무주, 영동, 김천〉 세 방언에서는 전설모음화의 양상이 약간씩 차이를 보인다.

(1) ㄱ. 〈무주〉 빗-은→비슨~비선　빗-을→비슬~비설　빗-으루→비스루~비시루
ㄴ. 〈영동〉 빗-은→비슨　빗-을→비슬　빗-으루→비스루
ㄷ. 〈김천〉 빗-언→비선　빗-얼→비설　빗-어로→비서로

(1)에서와 같이 〈영동, 김천〉에서는 곡용의 경우에는 전설모음화가 전혀 일어나지 않는다. 〈무주〉에서는 구격조사 '-으로'가 결합할 때에만 전설모음화가 일어나는 듯 보이지만(1ㄱ), 구격조사 '-으로'의 실현 양상을 보면 이러한 곡용형을 공시적인 전설모음화의 적용이라 하기 어렵다.

(2) ㄱ. 손이루~손으루(手), 옷이루~옷으루(衣), 못이루~못으루(釘), 젖이루~젖으루(乳)
ㄴ. 흑이루~흑으루(土), 땅이루~땅으루(地), 집이루~집으루(볏짚), 밤이루~밤으루(夜)

(2)를 통해 〈무주〉에서 구격조사는 선행 체언의 말음 종류에 상관없이 '-으루~-이루'가 자유롭게 결합됨을 알 수 있다. (2ㄱ)과 같이 선행 체언의 말음이 치조음이나 경구개음일 때에만 구격조사가 '-이로'로 실현되어 곡용에서의 공시적인 전설모음화가 인정되는 방언이 있다는 것을 참조하면(김옥화 2001:151), 〈무주〉에서도 (2ㄱ)에서만 구격조사가 '-이루'로 실현되어 곡용에서의 공시적인 전설모음화가 인정될 수 있는 시기가 있었을 것으로 추측된다. 그러다가 전설모음화가 적용된 이형태 '-이루'가 (2ㄴ)과 같이 다른 조음위치의 자음 말음 체언에도 결합됨으로써 '-으루'와 '-이루'는 자유변이의 관계에 놓이게 된 것이다. 따라서 〈무주〉에서도 곡용에서의 공시적인 전설모음화는 인정되지 않으며, 결국 〈무주, 영동, 김천〉 세 방언은 모두 곡용에서의 전설모음화를 보이지 않는다고 할 수 있다.

활용에서의 전설모음화는 세 지역 중에서 〈무주〉가 가장 활발한 양

상을 보인다. 〈무주〉에서는 공시적으로 전설모음화가 일어난 예를 제시하면 다음과 같다.

(3) ㄱ. 붓:-으야→붓이야(注), 젓:-으먼→젓이먼, 잇:-을라먼→잇일라먼(繼), 벗-은→벗인(脫), 짓:-인→짓인(茂)
ㄴ. 있-으라구→있이라구(在), 없:-응개→없잉개(無), 나오-았-으먼→나왔이먼(出), 못 먹-겄-으먼→못먹겄이먼
ㄷ. 궂-을라먼→궂일라먼(날씨가), 늦-으먼→늦이먼(晩), 잦-으먼→잦이먼(頻), 맞-으야→맞이야(的中), 얄궂-은→얄궂인
ㄹ. 싳-이먼→싳이먼(洗) cf. 싳-~쉬-~씪-
ㅁ. 앉-은→앉인, 앉-으라구→앉이라구, 앉-으세요→앉이세요, 들앉-을→들앉일

(3ㄱ~ㅁ)은 어간 말음이 각각 'ㅅ, ㅆ, ㅈ, ㅊ, ㄵ'인 경우로, '으'로 시작하는 어미가 결합하는 경우에 어미의 두음이 '이'로 바뀌는 전설모음화가 일어난다. 선어말어미 '-았-, -겄-' 등도 'ㅆ'으로 끝나기 때문에 여기에 '으'로 시작하는 어미가 연결될 경우에도 전설모음화가 일어난다(3ㄴ). 치찰음 중에서 'ㅉ'이 빠진 것은 'ㅉ'말음의 용언 어간이 존재하지 않기 때문이므로 〈무주〉에서는 모든 치찰음 아래에서 전설모음화가 수의적으로 일어난다고 할 수 있다.

〈무주〉에서는 표준어에서 '-어야'에 대응하는 '-으야' 앞에서도 전설모음화가 일어난다. 붓이야(注), 맞이야(的中). 이 어미는 기원적으로는 표준어에서와 같이 '-아/어' 교체를 보이는 모음어미이었을 것이지만, 공시적으로는 '으'로 시작하는 어미로 간주된다. 이러한 어미에는 '-으, -읐-, -으서, -으라' 등이 있는데, 이러한 어미와의 결합에서 전설모음화가 일어나는 예는 잘 발견되지 않는다.

이상과 같이 〈무주〉는 활용에서 모든 치찰음 아래에서 전설모음화를 보여준다. 그런데 〈영동〉에서는 치찰음 중에서 'ㅆ' 아래에서만 수의적

인 전설모음화를 보이고 다른 치찰음 아래에서는 전설모음화가 실현되지 않는다.

(4) ㄱ. 있-으먼→있이먼, 있-응깨→있잉깨, 있-을겨→있일겨
ㄴ. 읎:-으먼→읎:이먼, 읎:-으민성→읎:이먼성
ㄷ. 입-었-으니→입었이니, 하-었-으니깨→했이니깨, 죽-었-응개→죽었잉개, 하-겄-으먼→하겄이먼

(4ㄱ~ㄷ)은 'ㅆ' 아래에서 매개모음어미의 두음인 '으'가 '이'로 바뀐 예이다.[55] 〈영동〉에서는 (4)와 같이 'ㅆ' 아래에서만 전설모음화가 일어나고 'ㅅ, ㅈ, ㅊ' 아래에서는 전설모음화가 일어나지 않는다. 젓-으먼→젓으먼(*젓이먼, 混), 짓-응개→짓응개(*짓잉개, 茂), 늦-으먼→늦으먼(*늦이먼, 晩), 꾸짖-으먼→꾸짖으먼(*꾸지지먼, 叱), 씻-으먼→씻으먼(*씻이먼, 洗), 앉-으세요→앉으세요(*앉이세요, 坐)

〈영동〉에서 'ㅆ' 아래에서만 전설모음화가 일어나는 이유는 분명하지 않다. 형태소 내부에서 일어난 통시적인 전설모음화(후술 참조)는, 다른 방언과 마찬가지로 〈영동〉에서도 어두, 비어두를 가리지 않고 모든 치찰음 아래에서 광범위하게 일어났다. 형태소 내부에서 일어난 전설모음화를 참고하면, 활용에서도 이전 시기에는 모든 치찰음 아래에서 전설모음화가 적용되던 시기가 있었을 것으로 추측된다. 즉 〈영동〉에서도 (3)에서 보이는 〈무주〉의 전설모음화처럼 모든 치찰음 아래에서 전설모음화가 적용되던 때가 있었을 것이다.[56] 그렇다면 현재 'ㅆ' 아래에서만 일

55) 이병근(1969ㄴ:46)에도, 영동군 황간면의 자료이지만, 'ㅆ' 아래에서 전설모음화가 일어난 예로서 '있잉깨(있으니까), 졌잉깨(졌으니까)'가 제시되어 있으며, 박명순(1994:82)에도 영동군의 자료로 '했이먼(했으면), 없이먼(없으면)'이 보고되어 있다.

56) 대부분의 'ㅈ'말음 어간이 매개모음어미와 결합할 때에는 전설모음화가 일어나지 않는다. 그러나 전설모음화가 적용된 예가 전혀 없는 것은 아니다. '심술궂-은→심술궂인' 이러한 경우는 '심술궂인'을 과거 활용 계열의 흔적으로 설명될 수 있다. 즉, 〈영동〉에서는 이전 시기에 'ㅈ'말음의 활용에서도 전설모음화가 적용되던 시기가

어나는 〈영동〉의 전설모음화는 '치찰음 아래'라는 환경이 'ㅆ 아래'로 축소된 것이라 해석된다.[57]

〈김천〉에서도 전설모음화는 〈영동〉과 마찬가지로 'ㅆ'말음 어간 뒤에서만 일어난다.

(5) ㄱ. 벗-어마→벗어마(벗으면, 脫), 웃-엉개→웃엉개(웃으니까, 笑), 쫏-어까→쫏어까(쪼을까, 啄)
ㄴ. 있-얼라마→있일라마(있으려면, 存), 없-엉개→없잉개(없으니까, 無), 있었-엉개→있었잉개
ㄷ. 맞-어마→맞어마(的中), 찾-엉개서로→찾엉개서로(發見), 앉-어마→안저마(坐)
ㄹ. 쫓-어마→쫓어마(追)

(5ㄴ)에서 보듯이 〈김천〉에서는 'ㅆ' 뒤에서 수의적으로 전설모음화가 일어난다. 이에 비해 'ㅅ, ㅊ, ㅊ'말음 어간 뒤에서는 전설모음화가 일어난 예가 발견되지 않는다. 이처럼 'ㅆ' 뒤에서만 수의적으로 전설모음화가 일어나는 것은 〈영동〉과 동일하다고 할 수 있다. 그런데 동일한 'ㅆ' 뒤에서의 수의적인 전설모음화라 하더라도 〈김천〉에서는 〈영동〉에 비하여 전설모음화된 형태가 매우 드물게 나타난다는 차이점이 있다. 수

있었고, 적용 환경이 축소되면서 몇몇 예들만이 전설모음화가 적용된 흔적을 남기게 되었는데 그것이 바로 '심술궂인'이라는 것이다.

57) 활용에서 다른 치찰음들은 전설모음화의 환경에서 제외되고 'ㅆ'만이 전설모음화의 환경으로 살아남은 데에는 'ㅆ'의 어떤 특성이 작용했을 것으로 추측되지만, 그 특성이 무엇인지 나아가 이러한 경향이 국어에서 얼마나 일반적인지에 대해서는 아직 밝혀진 바가 없다. 'ㅆ'말음 어간이나 'ㅆ'을 말음으로 가지는 선어말어미가 부류로서 함께 묶일 수 있는 또다른 예로는 〈영동〉에서 '-어요'가 통합될 때를 들 수 있다. '있이요(있어요), 읎:이요(없어요), 했이요(했어요), 왔이요(왔어요)'. 이는 '-어요'가 'ㅆ' 뒤에서만 '-이요'로 교체된 것이다. 이는 '-어요>-으요'와 같은 변화를 상정하면 전설모음화와 관련지을 가능성도 있다. 그러나 'ㅆ' 아래에서 '-에요'로도 실현되는 충남의 방언(이기갑 2002:225)을 고려하면 '-에요>-이요'과 같은 '에>이' 변화를 거쳤을 가능성이 더 크다고 할 수 있다.

의적인 현상의 활발한 정도에서는 차이를 보인다고 할 수 있다.

한편 〈김천〉에서도 이전 시기에는 모든 치찰음 어간 뒤에서 전설모음화가 일어났던 시기가 있었던 것으로 보인다.

(6) ㄱ. 짓인 논(짓은 논, 茂)
ㄴ. 얄궂다~얄구지다, 좇다~쪼치다, 얹다~언지다

(6ㄱ)은 이전 시기에 적용된 전설모음화의 흔적으로 파악된다. 공시적으로 〈김천〉에서는 'ㅅ'말음 어간 뒤에서 수의적인 전설모음화가 일어나지 않기 때문에, '짓인'과 같은 형식의 존재는 이전 시기에 'ㅅ'말음 어간 뒤에서도 전설모음화가 일어났었다는 증거가 될 수 있다. (6ㄴ)은 'ㅈ, ㅊ'말음 어간이 '이'말음 어간과 공존하는 경우로서, 후자가 신형으로 판단된다. '이'말음 어간으로의 재구조화는 매개모음어미와의 결합형을 재분석한 결과로서(김봉국 2002:164), 전설모음화가 적용된 형식을 전제로 한다. '얹-'을 예로 들면, 이전 시기에 '얹-'은 '얹는다, 얹이마, 얹었어'과 같이 매개모음어미와의 결합형에서 전설모음화가 일어난 시기가 있었고, 이 '얹이마'를 '언지+(으)마'로 재분석함으로써 어간 '언지-'가 형성되었다는 것이다. 따라서 〈김천〉의 전설모음화는 모든 치찰음 어간 뒤에서 일어나던 시기가 있었으며, 그 적용 영역이 'ㅆ'말음 어간 뒤로 축소된 것이 현재의 공시적인 전설모음화라 할 수 있다.

〈김천〉의 전설모음화는 '*으'가 음소로 존재하지 않는다는 점에서 〈무주, 영동〉의 전설모음화와는 성격이 다르다. 〈무주, 영동〉의 전설모음화는 규칙의 입력이 '으'이지만, 〈김천〉의 전설모음화는 '*으'가 입력이 될 수 없다. '*으'가 존재하지 않기 때문이다. 입력을 '어'라고만 한다면 또다른 측면에서 문제가 발생한다. 〈김천〉에서는 매개모음어미와 모음어미가 모두 공시적으로는 '어'로 시작하는 어미이기 때문에, 규칙의 입력을 단순히 '어'라고만 한다면 모음어미와 결합할 때에도 전설모음화가 일어나는 것처럼 기술하는 문제가 있다(이진호 2003:185~186). 따라서 〈김천〉에서는 매개모음어미의 두음인 '어'가 전설모음화의 입력이 된다.

이상의 논의를 정리하면 다음과 같다. 치찰음 아래에서 '으'가 '이'로 바뀌는 전설모음화는 〈무주, 영동, 김천〉 세 방언에서 공시적으로 존재하는 수의적인 음운 과정이지만, 그 구체적인 적용 양상에는 차이가 있다. 먼저 곡용에 있어서는 세 방언 모두에서 전설모음화가 적용되지 않는다. 활용에서는 세 방언에서 모두 전설모음화가 일어나지만, 약간의 차이가 존재한다. 즉 〈무주〉에서는 모든 치찰음 아래에서 전설모음화가 일어나지만, 〈영동, 김천〉에서는 'ㅆ' 아래에서만 전설모음화가 일어난다.

② 통시적인 전설모음화

먼저 세 방언에서 형태소 내부에 적용된 통시적인 전설모음화의 양상이 어떠했는지를 살펴보도록 한다. 논의의 편의상 'ㅅ, ㅆ' 아래에서 전설모음화가 적용된 예를 제시하면 다음과 같다.

(7) ㄱ. 〈무주〉 가실(秋), 가심(胸), 거북시럽다~거북시릅다, 구실(玉), 구십(口習)[58], 끄실목~끌:목(그을음), 끄실르다(그을다), 따십다(따스하다), 마실(村), 무신(무슨), 베실(官), 보십(犁), 부실목(부스럼), 비싯하다~비젓하다~비짓하다(似), 시물~수물(二十), 실쩍(슬쩍), 씨다(用, 書, 冠, 苦), 씨다딤다(쓰다듬다), 씨라구~씨래기(靑莖), 씨리다(痛), 씰다(掃), 쐻다(産卵), 씸바구(~사랭이, 씀바귀), 이실(露), 지시락(기슭), 지심(〈*지슴, 김)

---

58) 표준어의 '구습(口習)'에 해당하는 어휘로, ≪열여춘향수절가≫에도 전설모음화가 적용된 '구십'이 나타난다(최전승 1986:312). 〈무주〉에서는 "구십얼 놀리구 욕부텀 앞서구."와 같이 '입버릇'이라는 의미와 다르게 쓰이기도 한다.

ㄴ. 〈영동〉 가실~가을(秋), 갑작시리(갑작스레), 거시름돈/거시름똔/, 마실(村), 머시매(男兒), 무신(무슨), 베실(官), 부실모~부시럼(부스럼), 비슷하다~비싯하다/비시타다/(似), 뿌시레기(부스러기), 소시랑(쇠스랑), 시님(僧), 시물~수물(二十), 씨굽다~씹다(苦), 씨다~쓰다(用), 씨다~쓰다(〈*혀다, 點燈), 씨다듬다(쓰다듬다), 씨래기(靑莖), 쐻다(搗), 안씨럽다(憫), 지시락(기슭), 챙피시럽다

ㄷ. 〈김천〉 가시나~가서나(女兒), 거시런다(逆), 고통시럽다(苦痛), 기염시리(귀엽게), 남사시럽다(남세우스럽다), 마실(村), 머시마~머서마(男兒), 무신~무선(무슨), 비실(官), 비싯하다~비섯하다/비서다다~비서타다/(似), 뿌시래기(부스러기), 소시랑(쇠스랑), 시물~수물(二十), 싱검(승검草)[59], 씨다듬다(쓰다다듬다), 씨래기(靑莖), 씨리다(痛), 씰다(掃), 씹다(苦), 안씨럽다(憫), 지시락(기슭), 지심~지섬(〈*지슴, 김), 작십니다~작섭니다(작-습니다, 小)

형태소 내부에서 전설모음화는 어두나 비어두에 관계없이 세 방언 모두 강하게 적용되었던 것으로 보인다. '싱겁다, 씨다듬다, 씨래기, 씰다, 마실(村), 베실(官), 지시락(기슭), 소시랑' 등과 파생접미사 '-시럽-'(-스럽-) 등은 세 방언 모두에서 공통적으로 전설모음화가 적용되었다. 그러나 모든 단어에 동일하게 전설모음화가 적용된 것은 아니었다. 중세어 'ᄀᆞᅀᆞᆶ(秋)'과 관련되는 '가을'은 어중에 'ㅅ'이 남아 있는 〈무주〉에서만 '가실'로 전설모음화가 적용되었다. 〈영동, 김천〉에서는 'ㅅ'이 없는 형태가 쓰이기 때문에(가얼, 가알) 전설모음화가 적용될 수 없었다.[60]

---

59) 표준어의 '승검초, 신감채(辛甘菜)'에 대응하는 어휘로, '숭거초, 숭엄초'(물명고 3:22), '숭암초'(구급간이방 6:92) 등을 참조하면 〈김천〉의 '싱검'은 'ㅅ' 아래에서 '으'가 '이'로 바뀐 예로 볼 수 있으며, 어중 'ㄱ'과 관련된 예로도 볼 수 있다.

60) 〈무주〉에서는 '가을'도 쓰이지만 '가실'이 훨씬 자주 쓰인다. "가실이 추우가 오기 전이."(가을에 추위가 오기 전에.) "아이구, 해마동 가실이 돌아오면 꽂감얼 깎구."(아이고, 해마다 가을이 돌아오면 꽂감을 깎고.) ≪한국방언자료집 Ⅲ 충청북도편≫ (p. 151)에는 〈영동〉에서도 '가실'이 보고되어 있지만, 본 조사에서는 '가을'만 확인

표준어 '그을음'에 해당하는 단어 역시 'ㅅ'이 있는 〈무주〉에서만 전설모음화가 적용되었다. 〈영동, 김천〉에서는 각각 '끄:럼, 끈더럼'이라는 형태가 쓰이므로, 전설모음화가 적용될 수 있는 환경이 조성되지 않았다.

표준어 '스물'(이십, 중세어 스믈ㅎ)은, 세 방언에서 전설모음화가 적용된 '시물'과 원순모음화가 적용된 '수물'이 공존한다. 〈무주〉에서는 '시물'이 단연 우세하게 쓰이고, 〈영동, 김천〉에서는 '시물'과 '수물'이 비슷한 세력을 가지고 있는 듯하다.[61] 따라서 '스물'에 대해서만 세 방언을 비교한다면 〈무주〉가 〈영동, 김천〉보다 전설모음화의 영향을 더 강하게 받았다고 할 수 있다. 표준어 '비슷하다' 또한 세 방언에서 전설모음화가 이루어진 형태와 그렇지 않은 형태가 공존한다. 즉 〈영동〉에서는 '비슷하다~비싯하다', 〈김천〉에서는 '비섯하다~비싯하다'가 공존한다. 〈무주〉에서는 전설모음화가 일어난 '비싯하다'도 쓰이지만, 'ㅅ'이 아닌 'ㅈ'을 가진 '비젓하다~비짓하다'가 훨씬 더 많이 사용된다.[62] '비짓하다'는 '비젓하다〉비즛하다〉비짓하다'와 같이 비어두에서의 '어〉으' 변화를 거쳐 전설모음화가 일어난 형태로 추정되며, 보고된 바가 드물다.

〈김천〉에서 전설모음화는 다른 경상방언과 마찬가지로 '*으:어'의 합류가 일어나기 이전 시기에 적용되었던 것으로 보인다(백두현 1989/1992:259). 다른 방언과의 비교를 통해 '서, 써'가 '시, 씨'로 바뀐 예들은 존재하지 않

할 수 있었다. 20여 년이라는 조사 시점의 차이 때문에 생긴 변화로 보인다. ≪한국방언자료집 Ⅶ 경상북도편≫(p. 221~222)에는 〈김천〉의 '가얼, 가알'이 보고되어 있다.

61) 최갑순(1977:15)와 ≪한국방언자료집 Ⅲ 충청북도편≫에는 〈영동〉에서 '시물'형만 쓰이는 것으로 보고된 바 있다. 따라서 〈영동〉은 20여 년 전에 비하여 '수물'형이 더 세력을 얻는 쪽으로 언어 변화가 진행 중에 있다고 할 수 있다.

62) '비젓하다'는 ≪한국방언자료집≫에 따르면, 전남의 해남, 전북의 진안, 충남의 청양, 부여, 서천, 논산, 충북의 옥천, 경기의 옹진, 강원의 양구, 인제, 명주, 정선, 삼척에서 쓰이는 것으로 보고된 바 있다. 즉 '비젓하다'가 지리적으로 인접하여 나타나는 곳은 전북의 북부와 충남의 남부 일대, 강원 일대라고 할 수 있다. 그러나 이들 지역에서 어떤 이유로 'ㅈ'을 가지게 되었는지 분명하지 않다.(중세어 이셧ᄒᆞ다)

기 때문이다(서런 三十 *시런, 서거푸다 憫 *시거푸다, 썩다 腐 *씩다).

〈김천〉에서는 전설모음화가 일어난 형태과 그렇지 않은 형태가 공존하는 경우가 〈무주, 영동〉에 비하여 훨씬 많다. '가시나~가서나(女兒), 머시마~머서마(男兒), 무신~무선(무슨), 지심~지섬(김), 작십니다~작섭니다' 〈김천〉에서 이러한 공존을 보이는 예가 특히 많은 이유는 분명치 않지만, '*으:어'의 합류가 원인이 되었을 가능성이 있다. 즉 '가시나~가서나'를 예로 들면, 〈김천〉에서는 '*가스나'에서 전설모음화가 일어나 '가시나'가 되었지만 '*가스나'가 일정 시간 유지되다가 '*으:어'의 합류로 '가서나'가 형성됨으로써 두 형태가 공존하게 되었다는 것이다. 이와는 달리 전설모음화가 일어난 '가시나'에서 전설모음화 이전의 형태로 되돌리려는 시도로 '가서나'가 형성되었다고 볼 가능성도 있다. 전설모음화가 폭넓게 적용되었고, 경상방언을 반영한 문헌에서도 과도교정형들이 많이 나타나기 때문이다(백두현 1989/1992:261~262).

'ㅈ, ㅉ, ㅊ' 아래에서 '으'가 '이'로 바뀐 예들은 다음과 같다.

(8) ㄱ. 〈무주〉 그:짓말(거짓말), 모:지래다(모자라다), 부지런하다, 아지밤(결혼한 시동생), 오짐~오좀~오줌(尿), 좌:칙~좌:측(左側), 진흑(泥), 짐승~짐성(獸), -쯤~-쬠~-쭘, 천칭만칭 구만칭(千層萬層 九萬層), 칙량(測量), 칠거지~칙(葛)

ㄴ. 〈영동〉 그:짓말(거짓말), 모:지래다(모자라다), 부지런하다, 직사(卽死), 진흑(泥), 짐승(獸), 이:칭(二層), 칭칭이(층층이), 칙량(測量), 칠거지~칙(葛)

cf. 아주반님(결혼한 시동생), 오좀, -쯤~-쭘

ㄷ. 〈김천〉 거짓말(거짓말), 모지래다(모자라다), 부지런하다, 생집(生汁), 아주반님~아지반님(결혼한 시동생), 이칭(二層), 직사(卽死), 진헉(泥), 짐성(獸), 징산(甑山, 지명), 징손(曾孫), 칙량(測量), 칠개이~칙(葛)

cf. 아지매(아주머니), 오좀, -쭘

(8)을 통해 'ㅈ, ㅉ, ㅊ' 아래에서 '으'가 '이'로 바뀌는 전설모음화 현상이 어두, 비어두의 구분이 없이 세 방언에서 활발하게 일어났음을 알 수 있다. 표준어 '모자라다'는 세 방언에서 모두 '모:지래다'로 대응되는데, 중세어 '모ᄌᆞ라다'를 참고하면 'ᄋᆞ'가 비어두에서 '으'로 바뀐 뒤에 '즈>지'의 변화를 거친 것으로 판단된다.

표준어 '오줌'은 〈무주〉에서 '오짐'으로도 나타나는데, 중세어 '오좀'을 참고하면 '오좀>오줌>오즘>오짐'과 같이 고모음화, 비원순화를 거쳐 전설모음화가 적용된 형태로 보인다. 〈영동, 김천〉에서는 고모음화나 비원순화가 일어나지 않은 형태인 '오좀'이 쓰인다. '아지밤〈무주〉, 아주반님〈영동〉, 아주반님~아지반님〈김천〉'은 중세어 '아ᄌᆞ바님'(叔父)을 참고하면, 제2음절의 'ᄋᆞ'가 '으'로 바뀐 뒤에 전설모음화가 일어난 것이 '아지밤, 아지반님'이고, 후행하는 'ㅂ'의 영향으로 원순모음화가 일어난 것이 '아주반님'이라 해석된다. 표준어의 '-쯤'(중세어 즈슴)은 세 방언에서 원순모음화가 일어난 '-쭘'으로 대응되는데, 〈무주〉에서는 원순모음화 대신 전설모음화가 일어난 '-찜'이 쓰이기도 한다. 이렇게 '*즈'에 전설모음화가 일어나는 것과 후행 자음의 영향으로 원순모음화가 일어나는 것은 방언에 따른 차이로 해석될 가능성이 있다. 즉, 〈무주〉에서는 전설모음화가 실현되는 경향이 강하고, 〈영동〉에서는 원순모음화가 실현되는 경향이 강하다는 것이다. 그러나 한 방언 내에서도 원순모음화를 겪은 형태와 전설모음화를 겪은 형태가 공존하고 있기 때문에 단정짓기는 어려울 듯하다.

이상과 같이 치찰음 아래에서 일어난 전설모음화는 어두와 비어두를 막론하고 세 방언에서 광범위하게 일어났다. 따라서 형태소 내부에 공시적으로 존재하는 '치찰음+으'의 연쇄가 매우 드물 것으로 예상되지만, 〈무주, 영동〉에서는 또다른 통시적인 변화인 '어(:)>으(:)'로 '치찰음+으'의 연쇄가 새롭게 생겨났다.

(9) ㄱ. 스다(立), 스리(霜), 스:이(셋), 삼시스끼(세 끼), 슥: 잠(석 잠), 슬:(歲), 승:(姓), 쓰:리(써레), 쓸:다(切)
ㄴ. 즈:(삼인칭 재귀대명사 저희), 즌:화(電話), 즌:기(電氣), 즘:잔하다〈무주〉, 즘:잖다〈영동〉, 중:심(점심), 중:씨(鄭氏), 츠:녀(處女), 츰:(처음)

(9)와 같은 변화로 말미암아 형태소 내부에서 새롭게 형성된 '치찰음+으'의 연쇄에는 전설모음화가 적용되지 않는다. 이러한 사실은 전설모음화가 통시적인 음운 과정이라는 점을 잘 보여주고 있다고 할 것이다. 단, 〈무주〉에서 '서-'(立)만은 '시-'와 같이 전설모음화가 일어난 형태도 사용된다.

(10) ㄱ. 무주개 신다구랴. 비온 끝이 무주개가 시드라고.
ㄴ. 어서 먹으. 질 나시다 보먼 배고픈 시간이 많:지.
ㄷ. 사람이 어저저저 하먼 (소가) 제 골로 들어시구.

한편 세 방언에서 전설모음화가 전혀 일어나지 않은 예들도 존재한다.

(11) ㄱ. 〈무주, 영동〉 머섬(머슴), 이승(今生), 저승(後生), 짐승(畜), 초승달
ㄴ. 〈김천〉 머섬(머슴), 이성(今生), 저성(後生), 짐성(畜), 초성달~초생달

표준어 '머슴'은 세 방언에서 모두 '머섬'으로 대응되어 전설모음화가 일어나지 않았다.[63] 이병근(1969ㄴ:35)에서는 〈영동〉의 '황간'에서 '머섬'

63) ≪심청전≫(김동욱 소장본 75)나 ≪박흥보가≫(신재효 본 15) 등에는 전설모음화가 일어난 '머심'이 나타난다.

이, 최학근(1978:251)에는 〈무주, 영동〉에서는 '머섬'이 쓰인다고 보고되어 있다. 전남과 전북 전역에서는 전설모음화가 일어난 '머심'이 쓰인다는 보고(최학근 1978:251)를 참조하면, 〈무주〉의 '머섬'은 언어적으로 충남 일대와 관련이 깊다고 할 것이다. '이승, 저승, 짐승, 초승달'은 모두 한자 '生'과 관련된 것으로(정승철 1994:69), 〈무주, 영동, 김천〉 세 지역에서 모두 전설모음화가 일어나지 않았다.[64] 특히 '짐승'은 2음절의 '승'에 전설모음화가 일어난 지역은 전국적으로도 드문 듯하다.

다음도 전설모음화가 아닌 다른 변화를 거친 것으로 판단된다.

(12) 자석~자식(子息), 곡석~곡식(穀食), 양석~양식(糧食), 음석~음식(飮食)

(12)는 모두 비어두에서 '석~식'이 공존하는 경우로, 〈무주, 영동, 김천〉 세 방언이 모두 해당된다. '자식'(子息)을 예로 들면, '자식'은 '자석'에서 비어두에서의 '어〉으'를 거쳐 전설모음화가 실현되었거나, 혹은 '자식'에 대한 과도교정으로 '자석'이 나타난 것으로도 볼 수 있지만, 전설모음화와 관련된 현상은 아닌 듯하다. '자식, 곡식'을 예로 들면, 이미 15, 6세기에 'ᄌᆞ셕(번역박통사 상:7)~ᄌᆞ식(구급간이방 7:23), 곡셕(소학언해 2:30)~곡식(정속언해 23)'과 같이 공존형들이 있었기 때문이다. 따라서 현재의 공존형 '자석, 자식'을 각각 'ᄌᆞ셕, ᄌᆞ식'의 후대형으로 간주한다면, 이들의 공존은 전설모음화와는 무관하게 된다.[65]

---

64) 반면 '학생(學生), 선생(先生), 고생(苦生), 동생(同生)' 등은 세 방언 모두에서 '학상, 선상, 고상, 동상'으로 나타난다. 중세어 'ᄉᆡᆼ'이 단어에 따라 통시적으로 다른 과정을 거쳐 변화된 결과로 보인다.

65) 〈영동〉에서는 '방식(方式)'과 '다식(茶食)'도 '방석, 다석'과 공존하고 있다. 'X식~X석'이 공존하는 모든 어형을 음운 변화에 따른 결과로 보아야 할 것인지는 분명하지 않다. 'X식~X석'을 기반으로 하여 유추가 일어날 수도 있기 때문이다. 음운 변화가 아닌 것이 분명한 예로는 〈영동〉에서 확인한 '장개식이~장개석이'(蔣介石, 인명)의 공존이다. 이러한 'X식~X석'의 대응은 〈김천〉에서는 움라우트 환경에서 '어→이'의 변동이 적용되면서 화자들에게 더욱 강한 대응으로 인식된다. 예를 들어 〈김천〉에

한편, (12)와 같이 〈무주, 영동, 김천〉 세 방언에는 치찰음 아래에서 '이:어'의 공존 혹은 대응을 보이는 경우가 많이 있다.

(13) ㄱ. 거석하다~거식하다〈무주〉, 거식하다〈영동〉, 거석하다〈김천〉
-씩~-썩〈무주, 영동〉, -썩〈김천〉
발씨~벌씨〈무주, 김천〉, 벌써〈영동〉
ㄴ. 아{칙/척/첨/침/츰}〈무주〉, 아{침/첨}〈영동〉, 아{침/적/점/징}〈김천〉
저녁~저닉〈무주〉, 저녁~지역〈영동〉, 저{녁/닉/역}~지역〈김천〉
-꺼{지/징/정/장}~까{지/정/장}〈무주〉, -꺼{지/정}~까지〈영동〉,
-꺼{지/정/징}~까지〈김천〉

(13)은 치찰음 아래에서의 '이:어' 공존 혹은 대응을 보이는 예 중 일부를 제시한 것이다. (13ㄱ)에서 표준어 '거식하다'는 〈무주〉에서는 '거식하다~거석하다'의 공존을 보이며, 〈영동, 김천〉에서는 각각 '거식하다'와 '거석하다'가 쓰여 '이:어'의 대응을 보인다. 어근에 해당하는 '거식'은 세 방언에서 명사 상당 위치에서 쓰일 수 있지만, 그 형태가 약간 다르다. '거시기〈무주, 영동〉, 거석〈김천〉'.[66] 표준어의 접미사 '-씩'(중세어 식)은 역시 '이:어'의 공존과 대응을 볼 수 있다. 두 개썩~두 개씩〈무주, 영동〉, 두 개썩〈김천〉. 표준어 '벌써'(중세어 뿔셔)는 〈무주, 김천〉에서 '발씨~벌씨'와 같이 '이' 모음으로 실현되고, 〈영동〉에서는 '벌써'로 나타난다.[67]

서 인명(人名)의 '준석, 준식'은 모두 접미사 '-이'가 결합되면 둘다 '준식이'가 된다.

66) 이들이 사용된 문장을 제시하면 다음과 같다.

〈무주〉	거시기	"정부서 먼 거시기럴 시기서 조사하러."
	거식하다	"큰손님할 때 꽃이 잘못나서 거식하면 얼굴이 얽는댜."
	거석하다	"그냥 대:강 거석한 건 집이로 짜:서 묶구."
〈영동〉	거시기	"이산가족도 만내고 거시기가 됐으면 우리는 한핏줄잉개."
	거식하다	"엉간이 굳고 거식한 담:에 방에다 들여놓는가비데."
〈김천〉	거석	"이래이래 땅얼 파고 거석얼 지 가주고 자갈얼 주다 놓고."
	거석하다	"꼬지장에 고마 거석해 갖고 지름하고 그래 해먹넌 수도."

(13ㄴ)의 '아침'(朝)은 세 방언에서 쓰이는 형태가 다양하다. 〈무주〉의 방언형은 크게 중세어 '아ᄎᆞᆷ'과 관련되는 '아침, 아츰, 아첨'과 나머지 계열인 '아척, 아칙'으로 나눌 수 있다. 후자의 계열은 근대어 '아젹'과 관련될 듯하나 '평음:유기음'의 대응이 문제가 될 수 있으므로 확실하지 않다. '아침'은 '아ᄎᆞᆷ'에서 'ᆞ>으'를 거쳐 전설모음화가 일어난 형태일 것인데, '아첨'과 같이 '어'모음을 가진 예와 공존한다는 점이 주목된다. '아칙, 아척'에서도 이러한 공존이 확인되며, 이는 〈영동, 김천〉에서도 그대로 확인된다. '-까지'에서도 세 방언 모두에서 '징:정'의 공존을 볼 수 있다. '아'모음을 가진 형태인 〈무주〉의 '까장, 꺼장'은 중세어 '-ᄭᆞ장'의 직접적인 후대형으로 파악하면 특별히 문제가 될 것이 없다. '저녁'(夕)에서는 〈영동, 김천〉에서만 '지:저'의 공존을 확인할 수 있다.

이러한 치찰음 아래에서의 '이:으' 대응 혹은 공존이 전설모음화와 관련된 과도교정 때문인지, (12)와 같은 또다른 변화에 의한 것인지 분명하지 않다. 전자에 따르면 (13ㄴ)에서 '아침:아첨'의 공존은 이미 전설모음화가 일어난 '아침'에서 이전의 형태인 '아츰'을 복원시키고, '-을~-얼, -은~-언'에서 보이는 '으~어'의 대응을 기반으로 '아첨'이 생겼다고 보게 된다. 이러한 설명은 대부분의 예에 적용될 수 있을 듯하지만, 〈김천〉의 '아적'을 근대어 '아젹'의 직접적인 후대형으로 간주한다면, 이는 전설모음화와는 무관한 변화가 된다.

67) 표준어 '우선(于先), 위선(爲先)'은 〈김천〉에서 별다른 형태의 변화 없이 '우선~위선'으로도 쓰이지만, '이'모음이 포함된 '우신'이라는 형태가 더 자주 쓰인다. 이 '우신'도 (3)의 예들과 함께 고려될 수 있을 듯하다.

4.2.4 움라우트

움라우트는 동화주 i, y에 의해 앞 음절의 모음이 같은 높이의 전설 모음으로 바뀌는 현상이다(이숭녕 1935, 김완진 1963). 공시적인 움라우트는 체언에 주격조사 '-이', 계사 '이-', '이'로 시작하는 조사(이나, 이야, 이랑…)가 결합할 때나, 용언 어간에 명사형 '-기'가 결합할 때에 나타난다. 이는 수의적인 현상으로서, 개재자음은 중자음이 아니어야 하며[68] 피동화음은 '으, 어, 아, 우, 오'인 후설모음이다.

① 무주

〈무주〉에서 움라우트는 형태소 내부는 물론이고, 형태소 경계에서도 활발하게 일어난다. 〈무주〉의 움라우트는 환경이 주어지고 상황이 자연스럽다면 언제든지 일어날 수 있는 현상이다. 방언에 따라서 움라우트의 실현이 위축되기도 하지만, 〈무주〉의 움라우트는 공시적인 음운 과정으로 인정될 수 있다. 〈영동〉이나 〈김천〉과 비교해 볼 때에도 〈무주〉는 움라우트가 가장 활발하게 일어난다고 할 수 있다. 피동화음의 종류에 따라 후설 비원순모음 '으, 어, 아', 후설 원순모음 '우, 오'를 기준으로 움라우트의 실현형을 제시하면 다음과 같다.

(1) ㄱ. 으 → 이　　김이(금-이, 線)　　얼임이(얼음-이, 氷)
　　　　　　　　　임:김이(임금-이, 王)　　비딤이(비듬-이, 버즘)

---

68) 세 방언에서는 개재자음이 'ㄹ'일 때에 용언 어간 내부에서 통시적으로 움라우트를 경험한 예가 존재한다. 이러한 움라우트는 대체로 〈김천〉에서 더 활발했던 것으로 보인다(개리-, 낋이-).
다리->대리-(熨), 차리->채리-(備), 가리->개리-(選)〈김천〉, 끓이->낋이-(使沸)〈김천〉, 어렵->에렵-/이렵-(難), 마렵->매렵-/매립-(尿), 드리->디리-(膳), 건드리->건디리-/건딜-, 두드리->뚜디리-/뚜딜-, 엎드리->업디리-(匐), *ᄃᆞ리->*더리>데리-/디리-/딜-, *ᄂᆞ리->*너리>네리-/니리-(降)

발띵이(발뜽-이, 발등)　　짐싱이(짐승-이, 獸)
이림이(이름-이, 名)　　땅김이라구(땅금-이라구, 日暮)
배찻김이(배찻금-이, 배춧價格)

ㄴ. 어 → 에　셈이(섬-이, 石)　　넴이(넘-이, 他人)
한 젭이구(접-이-구, 百)　　비섹이(비석-이, 碑石)
덕섹이(덕석-이, 席)　　뚜껭이여(뚜껑-이-여, 뚜껑)
주벡이(주벅-이, 주걱)　　엉떽이라구(엉떡-이라구, 언덕)[69]
둠벵이라(둠벙-이-라, 澤)　　구섹이지(구석-이-지, 方)

ㄷ. 아 → 애　쟁:이(장:-이, 醬)　　땜이(땀-이, 汗)
땡여(땅-이-여, 地)　　꾲갬이(꾲감-이, 乾柿)
우짹이(우짝-이, 上部)　　성냉이(성낭-이, 성냥)
설탱이나(설탕-이나)　　아지뱀이라구(아지밤-이라구, 媤叔)
손꾸랙이(손꾸락-이, 指)　　아츰마댕이랴(아츰마당-이랴, TV)

ㄹ. 우 → 위　뀜이(꿈-이, 夢)　　쥑이나(죽-이나, 粥)
쥥:이(중:-이, 僧)　　그뉨이(그눔-이, 者)
단퓡이(단풍-이, 丹楓)　　통퓡이(통풍-이, 通風)
이:뷕이(이:북-이, 以北)　　시쉭이라구(시숙-이라구, 媤叔)

ㅁ. 오 → 외　쇰:이(솜:-이, 棉花)　　될이(독-이, 毒)
고룀이(고롬-이, 膿)　　복획이라구(복혹-이라구, 福贅)
도구퇑이(도구통-이, 절구)　　발퇑이(발통-이, 輪)
개:뙹이(개:똥-이, 犬便)　　발퇍이(발톱-이, 爪指)
보퇑이(보통-이, 普通)　　공깃됙이라구(공깃독-이라구, 공깃돌)

(2) ㄱ. 여 → 예　구넥이(구녁-이, 穴)　　호넥이라구두(호녁-이라구두, 紅疫)
ㄴ. 야 → 얘　액이(약-이, 藥)　　농액이(농약-이, 農藥)/농내기/
돈 냉이나(돈 냥-이나)　　오앵이(오양-이, 畜舍)

---

69) ≪한국방언자료집 VI 전라남도편≫에는 경음화가 되지 않은 '엉덕'이나 유기음화된 '엉턱'만이 전남의 여러 지역에서 사용되는 것으로 제시되어 있다. ≪전남방언사전≫에 따르면 경음화된 '엉떡'은 전남에서는 유일하게 〈신안〉에서만 쓰인다. '엉떡'형이 인접 지역에서 함께 나타나는 곳은 전북의 전주, 장수(≪한국방언자료집 V 전라북도편≫), 충남의 논산(≪한국방언자료집 IV 충청남도편≫)이므로, 이 '엉떡'형은 전북이나 충남 접경 지역의 특징적인 형태로 판단할 수 있다. 〈무주〉에는 물론 '어덕'이라는 어형도 함께 쓰이는데 '엉떡'과 '어덕'은 의미 차이가 있다. '엉떡'은 '어덕'보다 더 높은 곳이다.

ㄷ. 유 → 위　　시:뉭이(시:늉-이, 信用)/시:닁이/ [ʃiɲüŋi]

ㄹ. 요 → 외　　욍이(용-이, 龍)　　왹이(욕-이, 辱)

ㅁ. 워 → 웨　　쑤퀭이(쑤퀑-이, 雄雉)

ㅂ. 와 → 왜　　왱이여(왕-이-여, 王)　　수홱이(수확-이, 收穫)/수왜기/

똥괭이(똥광-이, 梧桐光)　　서괭이라구랴(서광-이라구랴, 花名)

ㅅ. 우ㅓ: → 우ㅔ:　　궴:이(궘:-이, 고욤)/kɥe:mi~kwe:mi/ cf. 궘:/kɥə:m/

(1)에서 보듯이 단모음 '으, 어, 아, 우, 오'는 같은 높이의 '이, 에, 애, 위, 외'로 실현된다. 장음이든 단음이든 구분하지 않고 적용된다. (2)의 이중모음 '여, 야, 유, 요, 워, 와' 역시 같은 높이의 이중모음으로 실현되는 데에는 다름이 없다. 다만 이중모음 중에서 '유'는 핵모음인 '우'가 전설모음 '위'로 바뀌면서 y와 고설성 및 전설성에서 중복이 일어난다. 이는 y와 i가 이중모음을 이루지 못하는 것과 같다. 따라서 (2ㄷ)의 /yu/는 움라우트가 되면 /yü/가 되지만, y와 ü의 고설성과 전설성이 중복되어 /ü/로만 실현된다. 구개음 [ɲ]는 ü 앞에서 실현되는 /ㄴ/의 변이음으로 간주된다. 이러한 점에서 (2ㄹ)의 '외'는 문제가 없다. ö는 중모음이기 때문이다. 중모음인 e가 반모음 y와 연결되어 이중모음 ye를 이루듯이 ö도 이중모음 yö를 이룰 수 있다.

〈무주〉의 움라우트는 비교적 오래지 않은 과거에 이루어진 것으로 보이는 형태소 내부의 음운 변화 결과나 생산성이 높은 파생접미사 '-이'가 결합된 고유명사와 신조어에도 적용되기 때문에 공시적인 음운 현상으로서의 한 측면을 찾아볼 수 있다.

(3) ㄱ. 그렉이(그럭-이, 器)　　짐셍이(짐성-이, 獸)

문템이(문텀-이, 문틈)　　이렘이(이럼-이, 名)

ㄴ. 재갭이(재갑-이, 人名)　　재벰이(재범-이, 人名)

준잉이(준웅-이, 人名)　　용쥥이(용중-이, 人名)

미왹이(미옥-이, 人名)

ㄷ. '대장김'이(대장금-이, 방송 프로그램名)
'아츰마댕'이라(아츰마당-이라, 방송 프로그램名)

(3ㄱ)은 2음절 이하에서 '으>어'의 음운 변화를 경험한 단어로서, '에'로 움라우트가 실현된다. '으>어'의 변화는 '-은>-언, -을>-얼'과 같이 조사나 어미에도 적용되었으며, 전북 일대에서 광범위하게 일어난 것으로 보인다. 물론 이 변화는 통시적인 변화임에 틀림없지만,[70] 변화를 입은 형태와 그렇지 않은 형태가 공존하면서 변화가 계속 진행되는 양상을 보인다. 특히 '짐셍이, 이렘이'는 (1ㄱ)의 '짐싱이, 이림이'와 함께 공존하면서 '으>어'뿐만 아니라 '에>이'도 연관을 찾을 수 있을 듯하다. 통시적인 '으>어'의 변화 이후 중모음인 '어'에 움라우트가 적용되어 '에'로 실현되기 때문에, 이때의 움라우트는 적어도 통시적인 '으>어' 변화보다 뒤에 적용된다고 할 수 있다.

(3ㄴ)은 인명에 파생접미사 '-이'가 결합된 형태로, 움라우트 현상의 심리적 실제성을 확인하기 위하여 실재하지 않는 가상의 인명을 이용하였다. 제보자는 이전에는 알지 못하던 가상의 인명에 대해서도 (3ㄴ)과 같이 움라우트의 실현형을 즉각적으로 제시하였다. 물론 접미사 '-이'의 결합은 단어형성의 차원에서 이루어지는 과정이지만, 공시적으로 충분히 생산적인 과정임에 틀림없다. 따라서 (3ㄴ)과 같은 결과는 공시적인 움라우트의 존재에 대한 방증이 될 수 있다. 화자의 머릿속에 움라우트 규칙이 존재한다는 사실은 신조어에 대한 움라우트의 적용에서도 확인할 수 있다. (3ㄷ)의 '아츰마당'이나 '대장금'은 이 프로그램이 방송되기 전에는 화자들의 어휘부에 없던 단어들이었을 것은 분명하다. 제보자들은 이 단어들에 대해서도 (3ㄷ)과 같이 움라우트를 적용시키기에 주저함이

70) 19세기 후기의 전라방언에서도 이러한 변화를 볼 수 있다(최전승 1986:84~87). '흣터>헛터, 어듬>어덤, 음식>엄식'.

없었다.

움라우트 규칙의 공시성은 음운 변화로 새롭게 만들어진 환경에서 움라우트 규칙이 적용된다는 점에서도 확인된다. 〈무주〉에서 처격조사 '-에, -에서'는 '에〉이'의 '-이, -이서'로도 많이 실현된다(4ㄱ). 또한 구격조사 '-으로'는 체언 말음의 종류에 상관없이 '-이로'로도 실현된다(4ㄴ).

(4) ㄱ. 산이, 밭이서, 콩이서, 구녁이서, 오양이서, 점방이서/점빵이서/, 산막이서, 농협이서
ㄴ. 집이루 얽어.(짚으로 얽어.)
칙이루 밥얼 달으먼.(칡으로 미끼를 달면.)
참지름, 양님으루 최고여.(참기름, 양념으로 최고야.)
서당 문 앜이루 이사를 가서.(서당 문 앞으로 이사를 가서.)
산태미 안이루 들어가거덩.(삼태기 안으로 (물고기가) 들어가거던.)

따라서 (4ㄱ)이나 (4ㄴ)은 '이'로 시작하는 조사가 됨으로써, 체언 말음이 중자음이 아닐 때에는 움라우트의 환경을 이루게 된다. 이때에는 대부분 움라우트가 실현되지 않는 것이 〈무주〉의 현재인데, 아주 드물기는 하지만 움라우트가 실현되는 예들도 존재한다.

(5) ㄱ. 거기 제뫽이 따라서.(거기 題目에 따라서.)
ㄴ. 고래실논언 뒷뒥이 도:구럴 치거덩.(고래실논언 뒷둑에 물꼬을 내거던.)
ㄷ. 섬얼 맹글먼 집이 가이루 나와 들기가 좋아/조와/. 모서리 뱈이루 나와서.(섬을 만들면 짚이 가로 나와서 들기가 좋아. 모서리 밖으로 나와서.)

(5ㄱ, ㄴ)은 '제목, 뒷둑'에 처격조사 '-이'가 결합하고, (5ㄷ)은 '밖'에[71] 구격조사 '-이루'가 결합한 것으로 움라우트의 실현으로 판단할 수

있다. 전북의 〈부안〉 방언을 다룬 김옥화(2001:145)에도 처격조사가 결합한 형태에서 움라우트가 실현된 형태가 제시되어 있으므로(가:생이다←가:상+이다, 가에다 邊), 이와 같은 움라우트의 실현이 〈무주〉에서만 일어나는 것은 아니다. 비록 (4)와 같이 대부분의 경우에 '에〉이'의 변화에 따라 새롭게 만들어진 '이'로 시작하는 조사는 움라우트의 실현을 보이지 않지만, (5ㄱ~ㄷ)과 같이 산발적이나마 움라우트의 실현을 보이는 예들은 움라우트의 공시성을 인정하지 않는다면 설명하기 어려운 현상이다.[72)]

용언 어간에 명사형 어미 '-기'가 결합될 때에도 움라우트가 일어난다.

(6)	ㄱ. 으 → 이	딛기(듣-기, 聽)/디끼/	
	ㄴ. 어 → 에	젭기(접-기, 疊)	벳기(벗-기, 脫)/베끼/
	ㄷ. 아 → 애	개기(가-기, 去)	잽기(잡-기, 捕)
	ㄹ. 우 → 위	쥑기(죽-기, 死)	귊기(굶-기, 餓)/궝끼/
	ㅁ. 오 → 외	외기(오-기, 來)	쇡기(속-기, 詐) 뵈기 (보-기, 視)/뵈기~베기~비기/

71) 〈무주〉에서 '밖'은 '배낕, 배깥' 등과 같이 쓰인다. 이들에 조사가 통합된 예를 몇몇 들면 다음과 같다. '밖이~백이(주격), 밖에(처격), 밖이 나시면(밖에 나서면, 처격), 불꽃이 자꾸 밖이를 나오구(불꽃이 자꾸 밖에를 나오고, 처격), 밖이다 내:서(밖에다 내서, 처격)'.

한편 '뚜껑'에 구격조사 '-이루'가 결합될 때에도 '뚜껭이루'와 같이 움라우트가 실현되는 것으로 보이는 예도 있다. 그러나 '뚜껑'은 '뚜껑언(뚜껑-언)'과 같이 2음절 명사로도 쓰이지만, "뚜껭이가 있넌 건, 뚜껭이 있었어."와 같이 주격조사가 결합할 때는 '이'말음의 체언처럼 보이는 경우도 있어, '뚜껭이루'를 공시적인 움라우트의 예에서 제외하였다. ≪한국방언자료집Ⅲ(충북편), Ⅳ(충남편), Ⅴ(전북편)≫에는 '뚜껑'에 '-이'가 덧붙은 형태가 없고, ≪한국방언자료집 Ⅳ(전남편)≫에 〈신안〉에서 '뚜갱이'가 쓰이는 것으로 제시되어 있다. 반면 ≪한국방언자료집 Ⅶ(경북편)≫에는 '뚜껑'에 '-이'가 덧붙은 것으로 판단할 수 있는 형태가 여럿 제시되어 있다.

72) 〈무주〉에서 쓰이는 여격조사 '-기'도 역시 움라우트의 환경을 제공하지만, 조사된 예가 너무 적어 움라우트가 실현되는지 확인하지 못하였다. "배:추씨라구보당 무:씨라구가 사람기 좋:댜.(배추시래기보다 무시래기가 사람에게 좋대.)"

활용에서도 통시적인 음운 변화에 따라 새롭게 움라우트의 환경이 만들어진다. 예를 들어 보조적 연결어미 '-게'는 '에＞이'의 영향으로 '-기'로도 나타나는데, 이 '-기'가 용언 어간과 결합할 때에 움라우트가 일어날 수 있는 환경이 조성된다.

(7) ㄱ. 으 → 으　크기 고샅이꺼정 알아들기 읽어.((책을) 크게 고샅에까지 알아듣게 읽어.)
ㄴ. 어 → 어　집이 겉은 경우넌 좀 싱겁기 먹지?(당신 같은 경우는 좀 싱겁게 먹지?)
ㄷ. 아 → 아　부실뫽이 짝으먼 고룀이 짝:기 나구.(부스럼이 작으면 고름이 작게 나고.)
ㄹ. 우 → 우　에룹기 지내넌 사람한티넌 그런 말도 못하고.(어렵게 지내는 사람한테는.)
ㅁ. 오 → 오　에미가 좋아야 자식두 곱:기 잘 낳지.(어머니가 좋아야 자식도 곱게 잘 낳지.)

그러나 이때에는 (7)와 같이 움라우트가 실현된 어형이 확인되지 않는다. 새로운 움라우트 환경에서 움라우트가 실현된 (5)와 비교해 볼 때, (7)에서도 움라우트가 실현된 어형이 기대되나 확인되지 않는다.[73] 하지만 〈김천〉에서는 이와 같은 환경에서 움라우트가 실현된 예를 찾아볼 수 있기 때문에, 이 환경에서 움라우트의 적용가능성을 전적으로 배제하는 것은 온당치 않다.

73) "살라먼 한 삼만원 넝기 줘:야 햐."(삼만원 넘게 줘야 해.), "사십년 넹기 됐어. 그때부텀 했어."(사십년 넘게 됐어.)에서 보이는 '넝기, 넹기'는 '넘-'(越)에 보조적 연결어미 '-기'가 결합되어 움라우트가 실현된 형태로 해석할 가능성도 있다. 그러나 용언 어간에 어미가 결합된 형태라면 비음 어간이기 때문에 경음화가 일어나는 것이 원칙이며, 장음 또한 실현되지 않기 때문에 그렇게 판단할 근거는 없다.

② 영동

〈영동〉의 공시적인 움라우트는 〈무주〉와 마찬가지로 크게 두 영역에서 찾아볼 수 있다. 즉 체언에 주격조사 '-이'나 계사 '이-', 기타 '이'로 시작하는 조사가 결합할 때, 그리고 용언 어간에 명사형 전성어미 '-기'가 결합할 때에 움라우트가 실현된다.

(8)	ㄱ. 으 → 이	손띵이지(손뜽-이지, 손등)	거림이(거름-이, 肥料)
		이딕이라(이득-이라, 利得)	얼임이(얼음-이, 氷)
	ㄴ. 어 → 에	셈이(섬-이, 石)	떽이(떡-이, 餠)
		대젭이(대접-이, 平鉢)	구멕이(구먹-이, 穴)
		장:젱이랴(장:정-이랴, 壯丁)	대통넹이(대통녕-이, 大統領)
	ㄷ. 아 → 애	뱀:이(밤-이, 栗)	나랙이(나락-이, 禾)
		지쟁이(지장-이, 黍)	식냉이(식냥-이, 食糧)
		군햄이(군함-이, 軍艦)	허탱이랴(허탕-이-랴, 無爲)
		꿀짹이나(꿀짝-이나, 谷)	읍쟁이나(읍장-이나, 邑長)
		표주백이(표주박-이)	오괭이(오광-이, 五光)
	ㄹ. 우 → 위	귂이(국-이, 湯)	떡귂이(떡국-이, 떡국)
		그뉨이(그눔-이, 者)	
	ㅁ. 오 → 외	쐭:이(쏙:-이, 內)	뫼이(몸-이, 身)
		뵉이(복-이, 福)	욍이(용-이, 龍)
		쾽여(콩-이여, 菽)	소굄이(소곰-이, 鹽)
		교퇴이(교통-이, 交通)	일번뇜이(일본놈-이, 日本人)

(8)에서 보듯이 움라우트는 10모음체계에서 비전설모음과 전설모음의 대립에 의지하여 실현된다. 즉 후설모음 '으, 어, 아, 우, 오'는 같은 높이의 전설모음 '이, 에, 애, 위, 외'로 실현된다. 〈무주〉와 마찬가지로 음장에 따른 제약은 (8ㄷ, ㅁ)으로 미루어 없는 것으로 판단되며, 개재자음은 중자음이 아니어야 한다.

〈무주〉와 마찬가지로 〈영동〉에서도 조사에 통시적 변화가 일어남으로써 움라우트의 새로운 환경이 만들어지기도 한다. 예를 들어, 〈영동〉에서 처격조사 '-에, -에서' 등은 대부분 '-에, -에서'로 실현되지만 간혹 '-이, -이서'로 실현되기도 한다. 말음이 자음인 체언이 이 조사와 결합할 때에, 움라우트가 적용될 수 있는 환경이 된다. 하지만 〈영동〉에서는 이 환경에서 움라우트가 이루어지는 예를 거의 찾을 수 없다(멍석이서~멍석에서~*멍섹이서).

(8)과 같은 자료를 통해서 보면 〈영동〉의 움라우트는 〈무주〉와 같이 형태소 경계에서 활발하게 일어난다고 할 수 있다. 하지만 〈영동〉의 움라우트는 제보자에 따라 큰 차이를 보인다. 〈영동〉의 제보자는 두 분으로 선정하였는데, 한 제보자(83세)은 자연스러운 대화가 유지되면 언제든지 움라우트 실현형을 보인 반면 다른 제보자(77세)는 한정된 단어에 대해서만 제한적으로 움라우트 실현형을 보였다. 여타의 언어 현상에 있어서는 두 제보자로부터 균질적인 자료를 제공받을 수 있었지만, 유독 움라우트에 있어서만은 두 제보자가 무시할 수 없는 차이를 보인 것이다.

이러한 차이는 움라우트 현상이 세대간의 단절 현상을 보이는 것과 무관하지 않을 것이다. 움라우트가 활발하게 일어나는 지역이라 하더라도 50대 이하 연령층의 언중들은 움라우트의 단절이라 부를 수 있을 만큼 급격하게 움라우트 실현을 보이지 않는 지역이 많다. 이는 최명옥(1988/1998ㄱ:163)에서 지적한 바와 같이 신교육의 경험 유무가 큰 역할을 한 것으로 보인다.

〈영동〉에서 용언 어간에 명사형 어미 '-기'가 결합되는 경우에 움라우트는 다음의 예를 제외하고는 거의 실현되지 않는 듯하다.

(9) 딛기(듣-기, 聽), 뵈기(보-기, 視)

〈영동〉에서도 어미의 통시적 변화 결과에 따라 움라우트의 환경이 만들어진다. 〈영동〉에서 연결어미 '-(으)며, -(으)면서'는 순음 뒤에서 '여〉에〉이'의 변화를 경험하여 '-(으)미, -(으)미서, -(으)민성' 등으로 나타나는데, 여기에 어간이 결합할 때 움라우트가 일어날 수 있는 환경이 된다. 이때에는 〈영동〉에서 움라우트가 일어나지 않는 것이 일반적인데,[74] 다음과 같이 움라우트가 실현되는 경우도 있다.

(10) 이리저리 피해미서 그러다가 자빠지기도 하구.(피하-미서, 避)

연결어미 '-(으)미, -(으)미서' 등은 〈김천〉에서도 자주 쓰이는데, 〈김천〉에서는 이 환경에서 움라우트가 실현된 예를 자주 볼 수 있다.

③ 김천

〈김천〉은 6모음체계로서 전설모음은 '이, 애' 둘이다. 따라서 움라우트가 적용된 결과는 '이, 애' 둘만 있다. 피동화주인 모음을 기준으로 움라우트가 실현된 예를 제시하면 다음과 같다.

(11)	ㄱ. 어 → 이	빕'이'(법-이, 法)	띡'이'(떡-이, 餠)
		심'이'(섬-이, 石)	짐'이'(점-이, 點)
		싱˘이'(성-이, 姓)	깁'이'(겁-이, 怯)
		헝˘깁'이(헝겁-이, 布)	비'식이(비석-이, 碑石)
		덕식'이(덕석-이, 席)	친징'이(친정-이, 親庭)
	ㄱ'.	김'이'(검-이, 裂)	문팀'이'(문텀-이, 문틈)
		이˘딕'이마(이덕-이마, 利得)	얼'임이(얼엄-이, 氷)
		이'림이(이럼-이, 名)	이'더림이(이더럼-이, 여드름)
	ㄴ. 아 → 애	쟁˘이'(장-이, 醬)	뱀'이'(밤-이, 夜)

74) 이들 어미가 사용된 예를 제시하면 다음과 같다. 지내가-민성, 들오-민서, 주-민서, 하-민서, 비:-미서, 읎-으민서두/움씨민서두/, 밞-으민서/발부민서/.

　　　　　　챔′이′라(참-이-라, 計劃)　질빵′이(질빵-이, 지게 줄)
　　　　　　시′뱅이야(시방-이야, 現在)　토′맥′이나(토막-이고, 部分)
　　　　　　한˘갭′이마(한갑-이-마, 環甲)　까풀맥′이(까풀막-이, 傾斜)
　　　　　　다무랙′이(다무락-이, 牆)　아럿뱅′이(아럿방-이, 아랫房)
ㄷ. 우 → 이　빅′이(북-이, 鼓)　직′이′(죽-이, 粥)
　　　　　　컨빅이′고(컨북-이고, 大鼓)　콩′직이(콩죽-이, 菽粥)
　　　　　　목′심이(목숨-이, 生命)　통핑′이(통풍-이, 通風)
　　　　　　단핑′이(단풍-이, 丹楓)　두′딕이(두둑-이, 두둑)
ㄹ. 오 → 이　빅′이′(복-이, 福)　틱′이′(톡-이, 芽)
　　　　　　킹′이(콩-이, 菽)　발′팅′이(발통-이, 輪)
　　　　　　고′팅이(고통-이, 交通)　발텹′이(발톱-이, 爪)
　　　　　　　　　　　　　　　　땅′킹′이(땅콩-이, 땅콩)

먼저, (11ㄴ)은 ‘아’가 움라우트에 의해 ‘애’로 실현된 경우로 〈무주〉나 〈영동〉의 경우와 크게 다른 점이 없다. 성조가 상승조이어도 움라우트가 활발하게 일어나며, 개재자음이 중자음일 때는 움라우트가 실현되지 않는다. (11ㄷ)은 ‘우’가 ‘이’로 실현된 경우인데, 〈무주〉나 〈영동〉에서는 전설의 원순모음 ‘위’로 실현되었던 것이다. 〈김천〉에서도 이전 시기에 전설의 원순모음 ‘위’가 존재했는지 여부에 대해서는 확실하지 않지만,[75] ‘위’의 존재를 가정한다면 ‘빅이’는 ‘*뷔이(pügi)〉이중모음화〉*뷔이(pwigi)〉반모음 탈락〉빅이’의 통시적 과정을 거친 것으로 보인다. (11ㄴ)과 (11ㄷ)은 모두 높이의 변동은 없고 후설성에서만 변동을 보인다는 점에서 〈무주〉나 〈영동〉에서 보이는 움라우트와 큰 차이는 없다고 할 수 있다.

(11ㄱ)은 ‘어’가 ‘이’로 실현된 경우이다. 이 ‘어’는 통시적으로 볼 때

75) 경상방언에서 이전 시기에 단모음 ‘위, 외’가 존재했는지 여부에 대해서는 최명옥(1982), 백두현(1989)를 참조할 수 있다. 최명옥(1982)와 백두현(1989)는 모두 ‘외’에 대해서는 그 존재를 인정하고 있으나, ‘위’의 존재에 대해서는 긍정과 부정으로 입장이 갈린다.

이전 시기에 별개의 음소로 존재했던 '*어(ə), *으(ɨ)'가 합류한 것인데, (11ㄱ, ㄱ')과 같이 움라우트의 환경에서 '이'로만 실현된다. '어'는 방언에 따라서 '뱁이, 땍이, 샘이, 잼이'와 같이 '애'로 실현되는 경우도 있지만, 〈김천〉에서는 움라우트의 적용을 받을 때 항상 '이'로만 실현된다. 이들이 '이'로만 움라우트의 실현을 보이는 것은 최명옥(1988/1998ㄱ:159~164)에서 지적한 바와 같이 '*에'와 '*애'가 음소로서 변별되던 시기에 움라우트가 일어났고, 이후 '*에'는 '에〉이'의 통시적 변화를 겪어 '이'로 실현되었기에 때문이다. 즉 '빕이'는 '*에:*애'의 대립이 유지되던 시기에 '*벱이'로 움라우트가 된 이후, '에〉이'의 변화로 '빕이'로 나타난 것이다. 이러한 통시적 변화 과정에 대한 설명은 (11ㄹ)에도 적용된다. 예를 들어 '킹이'는 움라우트가 되면 〈무주〉나 〈영동〉처럼 〈김천〉에서도 이전 시기에는 '*쾽이(ö)'로 실현되었는데, 이중모음화가 적용된 이후의 '*쉥이(we)'에서 '에〉이'의 변화를 겪어 '큉이(wi)~킹이'로 실현된 것이다.

〈김천〉에서 일어난 '에〉이'의 변화는 그 세력이 꽤 커서, 어두음절에 '*에, *외'를 가졌을 것으로 보이는 예들은 대부분 '이'로 변하였다.[76] 이 변화는 음장에 상관없이 일어난다는 점에서 중부방언에서 볼 수 있는 '에:〉이:'의 변화와는 성격이 다르다고 할 수 있다. '끼(꾀), 디(되), 씨(쇠), 비(베)' 등. 또한 보조적 연결어미 '-게'가 '-기'에 대응되고, 연결어미 '-(으)며'가 '-(으)미'에 대응되는 예를 통해서 비어두에서도 '에〉이'가 적용되었음을 알 수 있다. (11ㄱ, ㄹ)에서 항상 '이'로 움라우트가 실현되는 것은 바로 이 '에〉이'의 변화가 다른 방언에 비해 〈김천〉에서 강력한 세력을 가지고 있었기 때문이다.[77]

---

76) '에〉이'의 변화를 경험한 예에 대해서는 2.2.3을 참조. 경상방언을 반영한 문헌어에서 나타난 '에〉이'의 변화에 대해서는 백두현(1989:95~100)을 참고할 수 있다. 백두현(1989:95)에서는 이러한 변화가 경북 내에서도 북부 지역에서 상대적으로 더 활발하다고 하였다.

77) 백두현(1982:53~54)에서도 '어'가 움라우트의 적용을 받을 때 '이'로 실현된다는 점

다시 말해 (11ㄱ, ㄹ)에서 '이'는 움라우트가 적용된 결과인 '에'와 '(*외>웨))에'에 다시 '에>이'의 변화를 겪은 것이다. 그렇다면 이들은 시간적으로 "움라우트의 적용 → '에>이'의 변화"라는 순서를 가지게 되므로, 형태소 경계에서 일어나는 움라우트를 통시적인 현상으로 판단할 수 있는 근거가 된다(최명옥 1988/1998ㄱ:162).

그런데 〈김천〉에서는 '에>이'의 변화로 말미암아 새롭게 조성된 움라우트 환경에서 무시할 수 없을 정도로 꽤 많은 움라우트가 일어나고 있다.

(12) ㄱ. 아무것이 아덜언 기해기 생깄던대.(아무개 아들은 귀하게 생겼던데.)
꼬빼이를 마이 실해기 디리.(고삐를 많이 실하게 드려.)
삼 옝어가주고 히안해기 맨덜라.(삼을 넣어갖고 히안하게 만들어.)
비쌔기 주고 샀어.(비싸게 (돈을) 주고 샀어.)
물얼 좀 냇기 부우마 풀이 묽지/묵지/. 물얼 잭기 부우가주고.
(물을 좀 낫게 부우면 풀이 묽지. 물을 좀 적게 부어가지고.)
ㄴ. 옴마도 죽고 다 죽었다 캐미 막 울미 왔어.(엄마도 죽고 다 죽었다고 하며 막 울며 왔어.)
버리넌 또 물 부우 개미 찧이야 대고.(보리는 또 물을 부어 가며 찧어야 되고.)

을 확인하였다. 그런데 이 원칙에 어긋나는 예로서, '섬'(石)과 '범'(虎)에 주격조사 '-이'가 결합할 때 '샘이, 뱀이'와 같은 실현형이 제시되어 있다. 본 조사에서는 '섬'에 움라우트가 적용되면 '심이'와 같이 '이'로 실현됨을 확인하였다. 따라서 '범'만이 예외가 되는데 만약 〈김천〉에서 '뱀이'와 같이 '애'로도 실현된다면 이는 '*에'의 통시적 변화에 대한 예외와 관련지어 이해할 수 있을 듯하다. 〈김천〉에서 어두의 '*에'는 대부분 '에>이'의 영향을 강하게 받아 '이'로 변하였지만, '되-'(化)만은 '*되다>*뒈다>*데다>대다'와 같이 '애'로 변하였다. '범-이' 역시 '*벰이'의 단계를 거쳤을 것인데, 여타의 경우와 달리 '에>이'의 변화를 거부하고 '애'로 남게 된 것으로 보인다. 한편, '되-'(化)는 경북의 경우 대부분 지역에서 '대-'로 변한 것으로 보이는데, ≪한국구비문학대계≫(구미 · 선산편)에 '디고, 디지'와 같이 '이'로 변한 예도 제시되어 있다. ≪한국방언자료집 VII 경상북도편≫에는 경북 지역 중에서 유일하게 〈김천〉만 '된다'(化)가 '딘다'로 제시되어 있다.

소 올라태미 노래럴 불러여.(소를 올라타며 노래를 불러.)
일라시미(일라서-미, 起), 실얼 갬이민성(감-으민성, 捲), 손얼 잽이미서(잡-으미서, 捕)

(12ㄱ, ㄴ)에서 보이는 보조적 연결어미 '-기'나 대등적 연결어미 '-(어)미, -(어)민서' 등은 다른 방언과 비교해 볼 때 '*-게, *-(으)며'의 형식에서 통시적인 '에>이'의 변화를 경험한 것으로 판단된다. '에>이'의 변화 뒤에 이들 어미는 해당 음절의 초성이 'ㄱ, ㅁ'과 같이 중자음이 아니기 때문에 어미 앞에 적절한 음운 구조를 가진 어간이 통합될 때에는 움라우트가 실현될 수 있는 환경이 조성된다. (12ㄱ, ㄴ)은 모두 이런 환경에서 움라우트가 실현된 예이다. (12ㄱ)의 '귀해기, 실해기, 히안해기'에서 'X해'는 'X하-'에,[78] '비쌔기, 냇기, 잭기'는 각각 어간 '비싸-, 낫-, 작-'에 보조적 연결어미 '-기'가 결합되어 움라우트가 실현되었다. (12ㄴ)은 '개미, 캐미, 올라태미, 일라시미'는 각각 어간 '가-, 카-, 올라타-, 일라서-'에 '-미'가 통합되면서 움라우트가 실현된 경우이다. 특히 (12ㄴ)의 '갬이민성, 잽이미서'는 어미 '-어민성, -어미서'가 '-이민성, -이미서'로 움라우트가 된 뒤, 다시 어간에까지 움라우트가 이루어진 특이한 경우로 판단된다.[79]

결국 (12)는 '에>이'의 변화를 기반으로 하여 움라우트가 실현된 것이므로 시간적으로 본다면 "'에>이'의 변화 → 움라우트"의 순서로 과정이 적용된 것이다. 이는 (11)에서 보았던 "움라우트 → '에>이'의 변화"라

---

78) 〈김천〉에서는 중부방언과 같이 자음어미와 결합할 때 '해구, 해지' 등과 같은 활용형을 보여주지 않기 때문에, 이들은 움라우트가 실현된 어형임에 틀림없다.

79) 세 방언 모두에서 보이는 '새기-(交), 배끼-(被換)'도 '(*사괴>사귀>사기>새기-, (*밧괴>바꿔>바끼>배끼-'와 같이 '위>이' 변화 이후 움라우트의 환경이 됨으로써, 움라우트가 실현된 형식으로 볼 가능성도 있다. 하지만 최명옥(1989/1999:196~200)에서 지적한 바와 같이 이전 시기에 하향이중모음을 가졌던 '나뷔, 거믜'들은 "움라우트 규칙의 일회성"에 따라 전혀 '*내비, *게미' 등의 방언형을 보이지 않는다는 점에서, 이들은 '매디'(節)와 같이 움라우트와는 별개의 과정을 거친 것으로도 볼 수 있다.

는 순서와 반대가 되어 모순에 빠지는 듯한 결과가 된다. 움라우트와 '에〉이' 변화의 상대적 순서에 대한 상반된 해석을 가능하게 하는 (11)과 (12)는, 움라우트와 '에〉이' 변화가 도식적으로 표현한다면 "움라우트① → '에〉이' → 움라우트②"의 시간적 순서로 일어났음을 인정할 때에 합리적으로 이해할 수 있다. '에〉이'의 변화가 통시적인 변화인 것은, 이 방언에 더 이상 '에〉이'를 적용할 수 있는 입력부 즉 '에'가 존재하지 않기 때문이다. 반면 움라우트는 '에〉이'의 변화로 출력형이 이전과 달라지기는 했지만, 여전히 입력부가 존재하기 때문에 '에〉이'의 변화 이후에도 적용이 가능한 규칙이었다. 따라서 움라우트①과는 출력형이 다른 움라우트②가 '에〉이' 이후에도 적용될 수 있었고, '에〉이'의 변화로 새롭게 조성된 환경에서 움라우트②가 적용된 것이 (12)의 결과인 것으로 이해된다.

(12)의 환경에서 움라우트②가 일어난 피동화주가 주로 저모음인 '아'에 집중되어 있는 사실도 움라우트②가 형태소 경계에서 계속 적용되고 있었음을 보여주는 증거가 된다. 최전승 외(1992:74~77)에 따르면 19세기 후기 전라방언에서 움라우트는 형태소 경계에서 피동화음이 '아'일 경우에 예가 치우쳐 있고, 형태소 내부에서는 피동화음이 '아'일 때 가장 활발하고 고모음으로 갈수록 점진적으로 줄어드는 양상을 보인다. 이는 곧 움라우트 현상의 출발이 저모음 '아'에서 비롯되었다는 것인데, (12)와 같이 새롭게 조성된 환경에서 보이는 움라우트가 피동화주가 '아'인 경우에 편중되어 있는 사실과 일치한다. 따라서 (12)의 움라우트에서 '아→애'의 실현이 두드러지는 현상은 움라우트의 발생 초기에 보였던 양상과 비슷하다는 점에서 움라우트의 새로운 적용이 이루어지는 것이라 해석된다.

그렇다면 〈김천〉에서의 공시적인 움라우트는 움라우트①이 아니라 움라우트②가 된다. 움라우트②는 움라우트①을 기반으로 하였지만, 이후 〈김천〉에서 일어난 '*에〉이'의 변화와 이에 소외된 '*에:*애', '*으:*어'의 합류와 같은 통시적 변화로 규칙의 내용이 달라지게 되었다. 현상의 입력과 출력만 따로 정리하면 다음과 같다.

어, 우, 오 → 이
아 → 애

이러한 움라우트를 공시적으로 이해하는 방식은 여러 가지가 제안되었지만, 규칙의 내용을 기준으로 한다면 크게 두 가지로 나누어 볼 수 있다. 하나는 〈김천〉의 움라우트를 〈무주〉나 〈영동〉의 움라우트와 마찬가지로 비전설모음이 전설모음으로 바뀌는 것으로 이해하는 방식이고(최명옥 1988, 박창원 1991), 다른 하나는 '비전설모음의 전설모음화'에 더해서 '모음 높이의 상승(저모음→중모음, 중모음→고모음)'이 동시에 일어나는 것으로 이해하는 방식이다(이승재 1990:62~64). 여기에서는 '*에〉이'의 변화와 '*에:*애', '*으:*어'의 합류를 통하여 움라우트 규칙의 변화가 생겼다고 파악하기 때문에 후자의 방식을 따른다.

한편, 용언 어간에 명사형 전성어미 '-기'가 결합할 때 움라우트는 거의 이루어지지 않지만, '카-'(謂)에 대해서는 활발하게 움라우트가 일어난다.

캐기(카-기, 謂) 비기(보-기, 視) 딛기(듣-기, 聽)

'비기, 딛기'는 주로 '비기 싫다, 딛기 싫다'의 구성에서만 볼 수 있으나, '캐기'는 '~캐기도 하다, 캐기 이럽다/십다(難/易)' 등 다양한 구성에서 대량으로 쓰인다.[80)]

80) '카-'는 '~라고 하-'의 구성에서 발달한 것인데(소창진평 1924:166, 서재극 1959:96,

④ 움라우트의 단절과 실현 빈도

이상에서와 같이 세 방언에서 움라우트는 모두 형태소 경계에서 일어난다. 〈무주〉에서는 체언에 '이'로 시작하는 조사가 결합할 때와 용언 어간에 명사형 전성어미 '-기'가 결합할 때 모두 활발하게 움라우트가 일어난다. 반면 〈영동〉과 〈김천〉에서는 전자의 경우에만 움라우트가 활발하게 일어나고, 후자의 경우에는 일부 제한된 범위에서만 움라우트가 일어난다. 그러나 통시적 변화에 의해 공시적 움라우트의 환경이 만들어질 때, 세 방언 모두에서 움라우트가 적용되었다. 즉 〈무주〉에서는 처격 조사 '-이, -이서'와 구격 조사 '-이루' 등과 체언이 결합할 때에, 〈영동〉에서는 대등적 연결어미 '-(으)미'와 용언 어간과 결합할 때, 〈김천〉에서는 대등적 연결어미 '-(으)미, -(으)민성' 등과 보조적 연결어미 '-기' 등이 용언 어간과 결합할 때, 움라우트 현상이 적용되었다. 이들 환경에서 적용된 움라우트는 그 예가 소수에 불과하고 피동화주도 다양하지 않다는 점에서 움라우트 현상의 확산이라기보다는 위축으로 해석할 여지가 더 많은 것이 사실이지만, 움라우트 규칙이 다른 통시적 변화 과정을 꿰뚫어 지속적으로 적용되고 있음을 보여준다.

하지만 〈영동〉의 제보자에서 확인할 수 있었듯이, 움라우트 규칙은 세대간에 심한 단절 현상을 보이고 있다. 80대 이상의 세대에서는 활발하던 움라우트가 불과 70대 이하의 세대에서는 위축되는 경향을 보이고, 60대 이하에서는 거의 규칙이라 하기 어려울 정도로 움라우트가 실현되

이기갑 2003:596), 본용언과 보조용언으로 함께 쓰이며 '언동, 행동'의 의미를 모두 가지고 있다(김영태 1989:3~4). 〈김천〉에서의 '카-' 역시 쓰임이 다르지 않다. "어대가 아파서 캐여?"(어디가 아파서 그래?), "어대가 아푸다 카마."(어디가 아프다고 하면.)

이 '카-'는 〈영동〉에서도 대량으로 쓰이는데, 보조용언이나 간접인용의 인용동사로만 쓰인다는 차이점이 있다. "이장도 서로 할라 캤는데, 시방은 이장을 안할라 캬."((예전에는) 里長도 서로 하려고 했는데, 지금은 이장을 안하려고 해.) "응:동이라 카기 전에는."(영동이라고 하기 전에는.)

지 않는다. 〈무주〉나 〈김천〉 역시 마찬가지의 상황이다. 따라서 이상에서 살펴본 〈무주, 영동, 김천〉의 움라우트는 엄밀하게 말해 노년층의 언어에서만 공시적인 현상이다.

한편, 움라우트는 수의적인 현상으로서 움라우트가 적용된 어형과 그렇지 않은 어형 모두 해당 방언의 자연스러운 어형이다. 그러나 실제적으로 방언에 따라서 움라우트가 보다 더 잘 실현되고 덜 실현되는 정도 차이가 있을 것은 분명한데, 그것은 움라우트 현상이 해당 방언에서 활발한 정도의 상대적 차이를 반영하는 것이라 보인다. 따라서 일상적인 발화에서 움라우트 실현형과 비실현형이 '2:1'의 비율로 나타나는 방언과 '1:1'의 비율로 나타나는 방언이 있다고 가정할 때, 전자의 방언에서 움라우트가 더 활발하게 일어난다고 해석할 수 있다.

하지만 움라우트 실현형과 비실현형의 출현은 담화 상황이라는 언어 외적 요인에 따라 크게 달라진다. 최전승 외(1992)에 따르면 대체로 비격식체일수록 움라우트 실현형이 우세하지만, 동일 화자의 동일 담화 스타일 내에서도 움라우트 실현형과 비실현형은 동시에 출현한다. 따라서 움라우트 실현형의 출현 빈도로서 방언 사이에 존재하는 움라우트의 활발한 정도 차이를 가늠하기 위해서는, 언어 외적 요소에 대한 제어가 선결 요건이 된다. 조사자와 제보자 사이의 친밀도에 대한 균질화나 격식체와 비격식체 등의 담화 스타일에 대한 구분 등이 필요한 것이다.

본 조사는 이상과 같은 언어 외적 요인을 고려하여 수행되지 못하였다. 따라서 〈무주, 영동, 김천〉에 존재할 것으로 보이는 움라우트의 활발한 정도 차이에 대해 인상적인 차원에서의 기술에 머물 수밖에 없다. 제보자와 함께 식사를 하면서 나누었던 담화나 움라우트 조사를 수행하는 과정에서의 담화는 당연히 움라우트 실현형과 비실현형의 차이가 존재한다. 하지만 본 조사의 세 지역 모두 격식체와 비격식체의 넘나듦이 유사했기 때문에, 조사기간 내의 담화 전체에서 반복적으로 되풀이되는 단어를 선정한다면 움라우트의 활발한 정도에 대한 개략적인 윤곽을 가늠할 수 있을 것이다. 1차 조사기간 내의 녹취록에 대한 검토 결과에 따르면 '사(:)람이'와 '사(:)램이'는 가장 많이 등장하는 단어 중의 하나로서, 세 지역에서 출현한 횟수와 비율을 제시하면 다음과 같다.

	무주		영동		김천	
	횟수	백분율	횟수	백분율	횟수	백분율
사(:)람이	23	24.7	19	45.2	17	47.2
사(:)램이	73	75.3	23	54.8	19	52.8

발화 내에서 움라우트 실현형과 비실현형의 빈도 차이에 대한 연구 결과는 참고할 수 있는 바가 거의 없기 때문에, 위의 출현 빈도가 어느 정도 타당성을 가지는지 알 수 없다. 하지만 위의 표에 따르면 〈무주〉에서는 〈영동〉이나 〈김천〉에 비하여 상대적으로 더욱 활발하게 움라우트 실현형이 사용된다는 점을 알 수 있다.

4.2.5 자음군단순화

국어의 여러 방언과 마찬가지로 세 방언에도 종성은 하나여야 한다는 음절구조제약이 존재한다. 체언 말음이나 용언 어간 말음으로 자음이 둘인 자음군이 존재할 때 모음으로 시작하는 조사나 어미와 결합하게 되면 종성 위치에 한 자음만이 오게 된다. 그런데 이들이 자음으로 시작하는 조사나 휴지, 그리고 자음으로 시작하는 어미와 결합할 때에는 종성 위치에 자음군이 생기게 된다. 종성 위치에 두 자음이 있는 음절은 국어에서 허용되지 않기 때문에 이를 해소하기 위하여 자음 둘 중의 하나가 탈락하게 된다.

우선 세 지역에서 체언 말음이나 용언 어간 말음으로 존재하는 자음군의 목록을 제시하면 다음과 같다.

자음군 목록	구분	〈무주〉	〈영동〉	〈김천〉	자음군 목록	구분	〈무주〉	〈영동〉	〈김천〉
ㅂㅆ	체언	×	×	○	ㄾ	체언	×	×	×
	용언	○	○	○		용언	○	○	○
ㄱㅆ	체언	○	×	○	ㅀ	체언	×	×	×
	용언	×	×	×		용언	○	○	○
ㄺ	체언	×	×	×	ㅭ	체언	×	×	×
	용언	○	○	○		용언	○	○	○
ㄻ	체언	×	×	×	ㄵ	체언	×	×	×
	용언	○	○	○		용언	○	○	○
ㄼ	체언	×	×	×	ㄶ	체언	×	×	×
	용언	○	○	○		용언	○	○	○
ㄿ	체언	×	×	×	ㄴㅌ	체언	×	×	×
	용언	×	×	○		용언	×	×	○

위의 표에서 음영으로 표시한 부분은 다른 방언에서도 대체로 빈칸인 경우를 의미한다. 자음군(C_1C_2) 목록은 편의상 C_1을 기준으로 나누면 폐쇄음계 자음군 2개(ㅂㅆ, ㄱㅆ), ㄹ계 자음군 7개(ㄺ, ㄻ, ㄼ, ㄿ, ㄾ, ㅀ, ㅭ), ㄴ계 자음군 3개(ㄵ, ㄶ, ㄴㅌ)로 총 12개가 있다. 〈무주〉는 'ㄴㅌ, ㄿ' 자음군이 없어 자음군 목록 수가 10개이며, 〈영동〉은 거기에 또 'ㄱㅆ' 자음군이 없어 9개로 줄어든다. 〈김천〉에는 위에 제시한 12개 자음군이 모두 있다.

체언 말음으로 존재하는 자음군은 용언 어간 말음의 자음군보다 더 간단하다. 표준어의 '외곬'에서 볼 수 있는 'ㄹㅆ' 자음군은 세 지역 모두에서 존재하지 않는다.[81] 'ㄺ', 'ㄼ' 역시 체언 말음으로는 존재하지 않는

81) ≪한국방언자료집 VII 경상북도편≫에는 '돌'(週)에 처격조사가 결합한 형태인 '돌씨'가 제시되어 있지만, 본 조사에서는 확인하지 못하였다.

자음군이다. 자음군 목록 수가 가장 많은 〈김천〉도 체언 말음인 자음군은 'ㅂㅆ, ㄱㅆ'의 둘 뿐이다. 〈무주〉는 'ㄱㅆ'만 체언 말음의 자음군으로 확인되고, 〈영동〉은 'ㅂㅆ'만 확인된다.

'ㄺ'은 표준어에서 '닭(鷄), 흙(土), 칡(葛)' 등과 같이 체언 말음으로 존재하는데, 세 방언에서는 모두 말음이 단일자음이다. 표준어의 '돌'(石)도 세 방언에서 이전 시기에는 자음군이었을 것으로 보인다.

(1)

	지역	기저형	-이	-을	-도	-만
ㄱ. 칡	〈무주〉	칙	치기	치걸	칙뚜	칭만
	〈영동〉	〃	〃	〃	〃	〃
	〈김천〉	칙	치'기'	치'걸'	칙'또'	칭'만'
ㄴ. 닭	〈무주〉	닥	다기	다걸	닥뚜	당만
	〈영동〉	〃	〃	〃	〃	〃
	〈김천〉	닼	다'키	다'컬	닥'또	당'만
ㄷ. 흙	〈무주〉	혹	흐기	흐걸	흑뚜	흥만
	〈영동〉	〃	〃	〃	〃	〃
	〈김천〉	헠	허'키	허'컬	헉'또	헝'만
ㄹ. 돌	〈무주〉	독:	도:기	도:걸	독:뚜	동:만
	〈영동〉	돌:	도:리	도:럴	돌:두	돌:만
	〈김천〉	돜	도˘키'	도˘컬'	독˘또'	동˘만'

(1ㄱ)에서 보듯이 '칡'은 세 방언 모두 말음이 'ㄱ'인 '칙'이다. 파생어 '칠거지〈무주, 영동〉, 칠개'이〈김천〉'를 통해 이전 시기에 말음으로 'ㄺ' 말음을 가졌을 것이라 추측할 수 있다. (1ㄴ)은 역시 '달기통(닭장)〈무주 영동〉, 달구'통〈김천〉' 및 '달갈(달걀)'을 통해 'ㄺ'말음의 흔적을 찾아볼 수 있다. 〈김천〉에서는 'ㄱ'말음인 '닥'보다 'ㅋ'말음인 '닼'이 자주 쓰인다.[82] 〈김천〉의 'ㅋ'말음은 (1ㄱ)에서는 보이지 않고, (1ㄷ, ㄹ)에서 공통

82) 〈김천〉에서는 '닼'(楮)도 'ㅋ'말음이다(딱이, 딱얼). '닥'은 중세국어 시기에 자음군을 가지지 않았던 단어로(닥 爲楮 ≪훈민정음 해례≫), 〈김천〉에서 'ㅋ'말음을 보이는

적으로 확인된다.[83] (1ㄷ)은 파생어나 복합어를 통해서는 'ㄺ'말음의 흔적을 확인하기 어렵다. 그러나 '흘'과 같이 'ㄹ'말음으로 실현되는 방언과 비교한다면 세 방언에서도 이전 시기에 'ㄺ'말음을 가졌으리라 추정할 수 있다. (1ㄹ)은 '돌빡(돌덩이)〈무주〉, 돌미이(돌멩이)〈김천〉' 등을 통해 'ㄺ'말음을 엿볼 수 있다. 그런데 〈영동〉에서는 'ㄹ'말음을 보인다는 점이 (1ㄱ~ㄷ)과 다르다.

체언에서 'ㄼ'을 말음으로 가지는 예는 '여덟'(八)이 유일한데, 세 방언에서는 자음군의 흔적을 찾을 수 없다. 세 방언 모두 'ㄹ'말음의 체언으로 재구조화되었다(여덜이, 여덜을/얼, 여덜도).

'ㅂㅆ, ㄱㅆ'을 말음으로 가진 체언은 '값, 몫, 넋, 삯' 등이 있는데, 이 중에서 '삯'은 세 방언 모두에서 'ㄱ'말음의 '싹'으로 재구조화되었다. 나머지는 방언에 따라 단일자음의 말음으로 재구조화된 상태가 다르다.

(2)

	지역	기저형	-이	-을	-도	-만
ㄱ. 값	〈무주〉	갑	가비	가벌	갑뚜	감만
	〈영동〉	갑ㅆ~갑	가비~갑씨	가벌~갑썰	〃	〃
	〈김천〉	갑ㅆ~갑	가'비'~갑'씨'	가'벌'~갑'썰'	갑'또'	감'만'
ㄴ. 넋	〈무주〉	넉	너기	너걸	넉뚜	넝만
	〈영동〉	〃	〃	〃	〃	〃
	〈김천〉	넉ㅆ~넉	너'기~넉'씨	너'걸~넉'썰	넉'도	넝'만
ㄷ. 몫	〈무주〉	목ㅆ~목	모기~목씨	모걸~목썰	목뚜	몽만
	〈영동〉	목	모기	모걸	〃	〃
	〈김천〉	목ㅆ~목	모'기~목'씨	모'걸~목'썰	목'도	몽'만

이유는 분명하지 않다.

83) 이러한 사실은 우연한 결과가 아닌 듯하다. ≪한국방언자료집 Ⅶ 경상북도편≫에 따르면 '칡'은 경북 전역에서 'ㅋ'말음으로 재구조화된 지역이 전혀 없고, '칠기'와 같은 'ㅇ'말음이나, '칠, 칙'과 같은 'ㄹ'말음 혹은 'ㄱ'말음으로 재구조화되었다. 이에 비해 '닭'은 〈안동, 상주, 김천, 구미, 성주, 칠곡〉에서 '닥, 달ㅋ'으로, '흙'은 〈상주, 김천, 구미, 칠곡, 고령, 청도〉에서 '헉, 헐ㅋ'으로, '돌'은 〈김천, 구미〉에서 '독, 돌ㅋ'으로 재구조화되었다. 주로 경북의 남서부에서 'ㅋ'말음으로 재구조화가 이루어진 것이다.

(2ㄱ)에서 보듯이 〈무주〉는 단일자음 //갑// 으로의 재구조화가 완성되었고, 〈영동, 김천〉은 //갑// 이 //갑ㅆ//과 함께 쓰여 그 재구조화가 진행중에 있다고 할 수 있다. 〈영동, 김천〉에서 /갑뚜, 감만/ 등을 '갑ㅆ+두, 갑ㅆ+만'에서 도출되는 것이라 한다면 자음군단순화가 적용된다. 탈락하는 자음은 'ㅆ'이다. 마찬가지로 (2ㄴ)은 〈김천〉에서만, (2ㄷ)은 〈무주, 김천〉에서 'ㄱㅆ'의 자음군단순화가 인정된다.[84] 이때 탈락하는 자음은 'ㅆ'이다. '넋'은 〈무주, 영동〉에서 //넉// 으로, '몫'은 〈영동〉에서 //목// 으로 재구조화가 완결되었다. 결국 (2ㄱ~ㄷ)에서 탈락하는 자음은 C_1, C_2 중에서 C_2이다.

체언 말음의 단일화 경향은 세 방언에서 모두 강하게 작용한다. '여덟, 삯'은 세 방언에서 모두 단일 말음인 //여덜, 싹// 으로 이미 변하였고, 나머지 '값, 넋, 몫' 역시 말음으로 자음군을 가지지 않는 기저형(//갑, 넉, 목//)으로 변하였거나 변하는 과정에 있다. 따라서 체언 말음인 자음군에 적용되는 공시적인 자음군단순화는 교체형의 단일화에 따라 자음군이 없어지기 때문에 위축될 수밖에 없다.

이에 비해 용언 어간 말음의 자음군은 세 방언에서 단일화 경향을 보이지 않는다. 편의상 폐쇄음계 및 ㄴ계 자음군, ㄹ계 자음군으로 나누고, 대표적인 용언 어간 하나를 선정해 각 방언에서 탈락하는 자음을 살펴보도록 한다.

(3)

	지역	기저형	-고	-지	-더라	-어
ㄱ. 없-	〈무주〉	읎:-	읍:꾸	읍:찌	읍뜨라	읎:어
	〈영동〉	〃	〃	〃	〃	〃
	〈김천〉	업ㅆ-	업˘꼬′	업˘찌′	업˘떠′라	업˘써′
ㄴ. 얹-	〈무주〉	얹-	언꾸	언찌	언뜨라	언저
	〈영동〉	〃	〃	〃	〃	〃
	〈김천〉	〃	언′꼬	언′찌	언떠′라	언′저

84) '몫'은 세 방언 모두에서 '모가지, 모가치' 등으로 많이 쓰인다.

	지역	기저형	-고	-지	-더라	-어
ㄷ. 끊-	〈무주〉	끊-	끈쿠	끈치	끈트라	끄너
	〈영동〉	끈-	끈꾸	끈찌	끈뜨라	끄너
	〈김천〉	껂-	껀'코	껀'치	껀터'라	꺼'너
ㄹ. 헌ㅌ-	〈김천〉	헌ㅌ-	헌'꼬	헌'찌	헌떠'라	헌'터

용언 어간 말음의 'ㅂㅆ'은 '업ㅆ:-'(無)이 유일한 예이다(3ㄱ). (3ㄴ)의 'ㄵ'은 '앉-'(座)에서, (3ㄷ)의 'ㄶ'은 '많:-, 괜찮-, 같잖-' 등에서 확인된다.85) 〈영동〉에서 '끊-'은 어간말 자음군을 가지지 않는다. 'ㄴㅌ'은 〈김천〉의 '헌ㅌ-'에서만 확인된다. '헌ㅌ-'은 〈무주〉의 '흔틀-, 헌틀-', 〈영동〉의 '흐틀-'에 대응하는 어간으로, 〈김천〉에서 어간말 자음군을 가지게 된 경위는 확실하지 않다.86) 어간말 자음군 'ㅂㅆ'은 'ㅂ'으로(3ㄱ), 'ㄵ, ㄶ, ㄴㅌ'은 'ㄴ'으로(3ㄴ~ㄹ) 단순화된다. 단 (3ㄷ)의 'ㄶ'은 탈락이 아닌 축약에 의해서도 자음군의 단순화가 일어난다.

'ㄹ'계 자음군은 'ㄺ, ㄻ, ㄼ, ㄾ, ㄿ, ㅀ, ㄽ'의 총 7개가 있는데, 편의상 'ㄻ, ㄾ, ㅀ, ㄽ'과 'ㄺ, ㄼ, ㄿ'으로 나누어 살펴보기로 한다.

---

85) '끊-'을 제외한 다른 예들은 대부분 'ᄒ-'와 관련된 것으로, 방언에 따라 단일기저형이나 다중기저형을 가진다. 예를 들어, '많-'은 기저형이 〈김천〉에서는 //많(자음어미 앞)/마내(그밖)-//이고, 〈무주〉와 〈영동〉에서는 //많:-//이다. 자음군단순화는 자음어미 앞에서 이루어지는 것이므로 여기에서는 자음어미 앞에서의 기저형을 기준으로 제시한다.

86) 세 방언에서 모두 사용되고 있는 '헌치-' 또는 '흔치-'와 관련된다. '헌치-' 또는 '흔치-'는 중세국어의 '헐-'이나 '흗-'에 사동접미사 '-이-'가 붙은 형태로 추정된다(헐+이다〉허티다〉허치다〉헌치다). '헌치-'는 주로 '흩어 뿌리다'는 의미로, 〈김천〉의 '헌ㅌ-'는 주로 '흩뜨리다'는 의미로 사용된다. 〈김천〉에서는 합성 어간 '파흔ㅌ-'도 자주 사용된다. 예) 방의 책을 파흔터 놓다.

(4)

	지역	기저형	-고	-지	-더라	-어
ㄱ. 삶-	〈무주〉	삶:-	삼:꾸	삼:찌	삼:뜨라	살마
	〈영동〉	〃	〃	〃	〃	〃
	〈김천〉	〃	삼˘꼬	삼˘찌′	삼˘떠′라	살′마
ㄴ. 훑-	〈무주〉	훑-	훌꾸	훌찌	훌뜨라	훌터
	〈영동〉	〃	〃	〃	〃	〃
	〈김천〉	〃	훌′꼬	훌′찌	훌떠′라	훌′터
ㄷ. 앓-	〈무주〉	앓-	알쿠	알치	알트라	아라
	〈영동〉	〃	〃	〃	〃	〃
	〈김천〉	〃	알′코	알′치	알터′라	아′라
ㄹ. 싫-	〈무주〉	싫:-	실:꾸	실:찌	실:뜨라	시러
	〈영동〉	〃	〃	〃	〃	〃
	〈김천〉	〃	실˘꼬	실˘찌	실˘떠라	시′러

'ㄻ'을 어간말음으로 가진 어간은 '곪:-, 굶:-, 닮:-[87], 젊:-' 등이 있다. 대부분의 방언과 마찬가지로 세 방언에서도 이들 어간말음인 자음군 'ㄻ'이 단순화될 때는 항상 'ㅁ'이 탈락한다(4ㄱ). 'ㄾ' 자음군은 '핥-, 훑-' 두 예에서 확인할 수 있다. 탈락하는 자음은 'ㅌ'으로(4ㄴ), 방언간의 차이를 보이지 않는다. '훌꾸'에서는 자음군단순화와 경음화 현상의 관계를 포착할 수 있다. 어미 두음이 경음화되는 것은 'ㄹ'에 원인이 있는 것이 아니라 탈락한 'ㅌ'에 원인이 있다. 'ㄹ'말음 어간은 어미 두음을 경음화시키지 않기 때문이다(/알고/←알+고, 知). 따라서 '훌꾸'는 '훑+구→(평폐쇄음화)→훌ㄷ구→(경음화)→훌ㄷ꾸→(자음군단순화)→훌꾸'와 같은 순서로 도출된다. (3ㄴ)의 '안꾸'는 '앉+구→(평폐쇄음화)→안ㄷ구→(자음군단순

87) 〈무주〉에서는 '탁했다/타개따/'는 어형도 자주 쓰인다. 최전승 외(1992:46~47)에서 지적한 바와 같이 이는 '탁+하-'의 구성을 가진 합성 어간으로, 인성명사인 목적어를 취한다. "어머이를 탁하믄/타가믄/ 므ㅇ:(命) 질다 그라지." 이 어형은 전남, 전북, 충남 일대에서 사용된다. ≪한국방언자료집 V 전라북도편≫에도 〈무주〉의 '닮았다' 항목 아래에 '탁했다/타게따/'가 기록되어 있다. 〈영동〉과 〈김천〉에서는 '친탁하다/친타카다/, 외탁하다/외타카다/' 등과 같은 어형만 쓰인다.

화)→안구→(ㄴ뒤의 경음화)→안꾸'와 같이 '자음군단순화-경음화'의 순서로도 파악할 수 있지만, '경음화-자음군단순화'의 순서만이 인정되는 (4ㄴ)을 고려한다면 '앉+구→(평폐쇄음화)→안ㄷ구→(경음화)→안ㄷ꾸→(자음군단순화)→안꾸'로 도출과정을 정하는 것이 일관성이 있다.

'ㅀ'을 어간말 자음군으로 가지는 예는 '곯-(飢)[88], 꿇-(무릎을)[89], 끓-(沸), 닳/딿-(擦)[90], 싫-(厭)' 등으로 많은 편이다. 'ㅭ'의 자음군은 '시ᇙ:-(載)'에서 확인할 수 있다.[91] 'ㅀ, ㅭ' 자음군은 후행하는 자음어미와 축약될 수 있는 환경에서는 유기음화가 일어나거나 경음화가 일어남으로써 자음군의 단순화가 이루어지며(4ㄷ, ㄹ), '-는다'와 같이 축약될 수 없는 자음어미가 오게 되면 (4ㄴ)과 같이 'ㅎ, ㆆ'이 평폐쇄음화를 거쳐 탈락하게 된다(곯+는다→골ㄷ는다→골른다).

(5)

	지역	기저형	-고	-지	-더라	-어
ㄱ. 밝-	〈무주〉	밝-	박꾸	박찌	박뜨라	발가
	〈영동〉	〃	〃	〃	〃	〃
	〈김천〉	〃	막′꼬	막′찌	막떠′라	말′가
ㄴ. 밟-	〈무주〉	밟-	밥꾸	밥찌	밥뜨라	발바
	〈영동〉	〃	〃	〃	〃	〃
	〈김천〉	〃	밥˘꼬′	밥˘찌′	밥˘떠′라	발′바
ㄷ. 읊-	〈무주〉	을푸/을프	을푸구	을푸지	을푸드라	을퍼
	〈영동〉	〃	〃	〃	〃	〃
	〈김천〉	엂-	업′꼬	업′찌	업떠′라	얼′퍼

---

88) 〈무주〉에서 '곯-'은 '코를 골다'는 의미로도 쓰인다. 곯는다/골른다/, 곯지 등. 또한 '그리-' 역시 같은 의미로 사용된다. 〈김천〉에서는 '기리-'가 쓰인다.

89) 〈무주, 김천〉에서는 '꿇-'로도(꿇고/꿀꼬/), 〈영동〉에서는 '꿀-'로도(꿀고) 나타난다.

90) 〈김천〉에서는 '딿-'이 '따르다(追)'의 의미로도 쓰인다. "가매 타마 하인(下人)도 딿고."

91) 〈무주〉에서 '시ᇙ-'(載)은 'ㅀ'말음인 '싫-'로도 나타난다(시ᇙ구/실꾸/, 시ᇙ지/실찌/). 장음의 'ㄹ'말음 어간인 '끌:-'(引)은 간혹 'ㅭ'말음의 '끄ᇙ:-'로도 나타난다(끄ᇙ:구/끌꾸/). ≪한국방언자료집 Ⅲ 충청북도편≫에는 〈영동〉에서 '끌:-'이 '끓:-'로도 나타난다고 되어 있다(끌:구~끓:구).

‘ㄺ’말음의 어간은 ‘굵:-(太), 긁-(搔), 늙-(老), 맑-(淸), 묽-(薄), 붉-(赤), 얽-(얼굴이), 읽-(讀)’ 등으로 많은 편이다. ‘ㄺ’ 자음군은 (5ㄱ)과 같이 ‘ㄱ’이 탈락하여 자음군단순화가 이루어진다. 후행하는 자음의 조음위치에 상관이 없다.[92] ‘ㄼ’말음 어간은 ‘떫:-(澁), 뚧:-(貫)[93], 붧-(羨望), 얇:-(薄)’ 등이 있다.[94] ‘ㄼ’ 자음군은 (5ㄴ)과 같이 세 방언에서 모두 ‘ㄹ’이 탈락한다. ‘ㄿ’ 자음군은 〈무주, 영동〉에서 ‘얼푸/얼프-’로 재구조화되었기 때문에 〈김천〉에서만 확인된다. 역시 ‘ㄹ’이 탈락한다(5ㄷ). 결국 어간말 자음군 ‘ㄺ, ㄼ, ㄿ’은 세 방언 모두에서 ‘ㄹ’이 탈락한다.

그런데 〈김천〉에서 (5)와 같이 ‘ㄹ’이 탈락하는 쪽으로 자음군단순화가 일어난다는 것은 기존의 보고와 약간 차이가 난다. 백두현(1982:60~62)에는 〈김천〉에서 어간말음이 ‘ㄺ, ㄼ, ㄿ’인 경우에 ‘말꼬~막꼬(淸), 일꼬~익꼬(讀), 발꼬~박꼬(明), 발꼬~밥꼬(踏), 떨꼬~떱꼬(澁), 얼꼬~업꼬(誦)’과 같은 자료를 제시하여 자음군이 단순화될 때 수의적으로 ‘ㄹ’이 탈락하기도 하고 ‘ㄱ, ㅂ, ㅍ’이 탈락하기도 하는 양상이 보고되어 있다. 따라서 ‘ㄺ, ㄼ, ㄿ’의 단순화 양상이 본 조사 결과와는 다르다고 할 수 있다. 차이가 나는 이유를 풀기 위한 실마리를 찾을 수 있는 자료집이 ≪한국방언자료집 Ⅶ 경상북도편≫이다. 여기에 수록되어 있는 〈김천〉의 자료를 도식적으로 제시하면 다음과 같다. C_1=ㄹ, C_2=ㄱ, ㅂ, ㅍ

---

92) 〈영동〉에서는 간혹 ‘-고, -기, -거덩’ 등과 같이 ‘ㄱ’으로 시작하는 자음 앞에서 ‘ㄱ’이 탈락하는 경우도 있는데, ‘맑-, 묽-’ 두 어간만이 수의적으로 그러한 모습을 보인다. /막거덩~말꺼덩/, /묵꼬~물꼬/. 어휘적인 영향에 의한 것인지, 방언간의 간섭에 의한 것인지 확실하지 않다.

93) ‘뚧-’는 중세국어 ‘듧-’의 직접적인 후대형이다. 〈무주〉와 〈영동〉에서는 단음 어간이고, 〈김천〉에서는 상승조 어간인 것이 다른 점이다. 중세국어에서 ‘듧-’은 상성이었다.

94) 그밖에도 ‘넓-(廣), 짧-(短)’도 ‘ㄼ’말음의 어간이지만, ‘널룹-’〈무주, 영동〉, ‘짤룹-’〈무주, 영동〉, ‘너르-’〈영동, 김천〉, ‘짜르-’〈영동, 김천〉가 훨씬 더 많이 쓰인다.

(6)

	ㄺ						ㄼ					
	굵-	맑-	붉-	묽-	밝-	껅-	뷻-	섧-	얇-	밟-	떫-	엂-
C_1 탈락	○	○	○			○	○	○	○	○	○	○
C_2 탈락	○	○		○	○					○		

'ㄺ' 자음군은 'ㄹ'이 탈락하는 어간이 넷, 'ㄱ'이 탈락하는 어간이 넷으로 동일하다. 단어에 따라 달리 자음이 탈락하는 혼란된 모습이라 할 수 있다. 그런데 'ㄼ' 자음군은 'ㄹ'이 탈락하는 어간이 다섯이고 'ㄹ'이 탈락하는 어간이 하나로, 'ㄹ'이 탈락하는 방향이 훨씬 우세하다. 〈음운〉편에 제시된 '밟-'의 자료만 제외한다면 모두 'ㄹ'이 탈락하는 방향으로 단순화가 이루어진다고 할 수 있다. 'ㄿ'은 예가 하나이지만, 역시 'ㄹ'이 탈락하는 것으로 제시되어 있다.

결국, 백두현(1982)에서는 'ㄺ, ㄼ, ㄿ' 모두 C_1과 C_2가 수의적으로 탈락하는 방향으로, ≪한국방언자료집 Ⅶ 경상북도편≫에는 'ㄺ'일 때에는 C_1과 C_2가 수의적으로 탈락하고, 'ㄼ, ㄿ'일 때에는 C_1이 탈락하는 방향으로, 본 조사에서는 'ㄺ, ㄼ, ㄿ' 모두 C_2가 탈락하는 방향으로 자료를 제시한 셈이 된다. 이러한 자료상의 차이가 조사 시점의 차이에 따른 언어 변화일 가능성도 무시할 수 없지만, 같은 시라 하더라도 면에 따라 자음군단순화의 방향이 차이가 날 수 있다는 점을 감안하다면 조사지점의 차이가 원인일 가능성이 많다.[95]

'ㄺ, ㄼ, ㄿ' 자음군에서 C_1인 'ㄹ'이 탈락하는 자음군단순화의 방향은 경북 전체로 보면 대단히 이례적인 현상이다. ≪한국방언자료집 Ⅶ 경상북도편≫에서 C_1인 'ㄹ'이 탈락한 형태인 '/국따/(太), /막따/(淸), /뿍따/(赤), /압따/(薄), /떱찌/(貫)' 등은 경북 전역을 통털어 〈김천〉에만 존재

95) 백두현(1982)의 주 조사지점은 '봉산면'(추풍령 남쪽)이고, ≪한국방언자료집 Ⅶ 경상북도편≫의 조사지점은 분명하지 않지만 '감천면'인 듯하다.

한다. 다시 말해 나머지 경북 지역 전체는 모두 C_2가 탈락하여, 'ㄺ, ㄼ, ㄿ'의 자음군단순화에 한해서 〈김천〉은 경북의 다른 지역과 이질적이다. 이러한 사실로 미루어 볼 때, C_2가 탈락하는 경북 전체의 자음군단순화 방향은 〈김천〉의 여러 지역에 큰 영향을 끼쳤을 것으로 보인다. 〈김천〉에서 C_1이 탈락하는 자음군단순화의 방향과 C_2가 탈락하는 자음군단순화의 방향이 충돌하여 각 면마다 조금씩 다른 자음군단순화의 모습을 보일 것은 충분히 예상되는 바이다. 그렇다면 백두현(1982)와 ≪한국방언자료집 Ⅶ 경상북도편≫, 본고의 자료가 보이는 차이는, 두 탈락 세력이 〈김천〉에서 충돌한 결과로 해석될 수 있다.

'ㄺ, ㄼ' 자음군에서 자음군단순화가 일어날 때의 탈락 자음(C_1, C_2)을 기준으로 ≪한국방언자료집≫에 제시된 경상, 전라, 충청 지역의 자료를 살펴보면 다음과 같다. C_1이 탈락하는 지역은 대체로 전남북 전역과 충남북 일대, 경남의 서부 일부 지역이고, C_2가 탈락하는 지역은 경남의 동부 일대, 경북의 대부분 지역이다. 〈무주〉와 〈영동〉에서 C_1이 탈락하는 것은 전라방언 혹은 충청방언의 일반 경향에 합치하는 현상이다. 반대로 〈김천〉에서는 경북 방언의 일반 경향과 달리 C_1이 탈락한다. 따라서 〈김천〉의 C_1 탈락이 〈무주〉나 〈영동〉으로부터의 영향이라는 추정이 가능하다. 〈김천〉이 〈무주〉나 〈영동〉과 지리적으로 인접해 있기 때문에 방언간의 간섭에 의한 영향 관계를 고려한다면 충분히 가능한 추정이다. 충북의 〈보은〉과 접해 있는 경북 〈상주〉의 '화북면' 일대에서 C_1 탈락형과 C_2 탈락형이 공존한다는 보고(김덕호 1985:34~37)도 그러한 추정을 가능하게 해준다.

또한 〈김천〉의 C_1 탈락은 경남 서부 지역으로부터의 영향에 따른 결과라는 추정도 가능하다. 최명옥(1992/1998ㄴ:367)에서 지적한 바와 같이 〈김천〉과 서부 경남방언과의 언어 접촉은 도로를 통하여 이루어졌다. 경남의 〈사천-진주-산청-거창〉과 경북의 〈김천-상주-문경〉을 잇는 현재의 3번 국도는 과거를 보기 위한 통로로 이용되었을 만큼 역사가 오랜 도로다. 경남의 서부 지역 역시 C_1이 탈락하는 지역으로서, 이러한 교통로를 따라 C_1 탈락 세력의 전파가 이루어졌을 것이라는 추정이 가능한 것이다. 서주열(1980:62, 74~75)에서 '등어지대'로 설정된 바 있는 경남의 〈거창, 함양, 하동〉 등은 물론이고, 〈합천, 의령, 진주, 통영〉 등도 C_1 탈락을 보이기 때문에, 서부 경남방언의 C_1 탈락은 세력이 결코 작지 않음을 알 수 있다.

현재로서는 위의 두 추정이 모두 가능하지만, 후자의 가능성이 더 설득력이 있어 보인다. 본 조사의 지점인 〈김천〉의 구성면에서는 C_1 탈락만이 일어나는데, 구성면의 중앙부를 3번 국도가 남북으로 관통한다. 따라서 C_1 탈락 세력의 전파 축인 도로의 인접지역에서는 C_1 탈락이 일어나고, 이 지역을 벗어나 경북의 내륙으로 갈수록 C_2 탈락 세력을 받아 혼재형이 나타난다는 해석이 타당성을 얻을 수 있다. 나아가 〈김천〉의 영향을 강하게 받았으리라 추정되는 〈무주〉의 무풍면 역시 C_1 탈락만을 보여준다는 사실(권병로 1987:34~35)도, 〈김천〉의 C_1 탈락을 경남 서부 방언과 연관시켜 해석해야 하는 가능성을 더 높여준다.

이상에서 논의한 바를 간단히 정리하면 다음과 같다. 체언 말음인 자음군은 'ㅂㅆ, ㄱㅆ'만 확인는데, 〈무주〉에서는 'ㄱㅆ'만이, 〈영동〉에서는 'ㅂㅆ'만이, 〈김천〉에서는 둘 다 쓰인다. 'ㅂㅆ, ㄱㅆ'은 각각 'ㅂ, ㄱ'으로 단순화된다. 용언 어간 말음인 자음군은 'ㅂㅆ, ㄵ, ㄴㅌ, ㄶ, ㄺ, ㄻ, ㄼ, ㄾ, ㄿ, ㅀ, ㆆ'이 있는데, 'ㄴㅌ'은 〈김천〉에만 존재한다. 'ㅂㅆ'은 'ㅂ'으로, 'ㄵ, ㄴㅌ, ㄶ'은 'ㄴ'으로, 'ㄾ, ㅀ, ㆆ'은 'ㄹ'로, 'ㄺ, ㄻ, ㄼ, ㄿ'은 각각 'ㄱ, ㅁ, ㅂ'으로 단순화된다. 이상의 자음군을 '폐쇄음계 · 비음계 · ㄹ계 자음군'으로 나누어 단순화의 방향을 제시하면 다음과 같다.

폐쇄음계 자음군: 폐쇄음, 비음계 자음군: 비음
ㄹ계 자음군: 'ㄺ, ㄻ, ㄼ, ㄿ' - C_2　　　　'ㄾ, ㅀ, ㆆ' - C_1

4.2.6 'ㄴ, ㅇ'탈락

① 'ㄴ'탈락

'ㄴ'탈락은 형태소 경계에서 'ㄴ'말음의 체언이 '이'로 시작하는 조사와 결합할 때 일어나는 현상으로서, 흔히 鼻母音化가 함께 일어나는 수의적인 현상이다. 이러한 'ㄴ'탈락은 주로 경상방언에서 활발하게 일어나지만, 함남의 북청방언이나(이기동 1983:85~87) 강원의 삼척방언(이익섭 1981:91), 전남의 남부 일대나(이기갑 1991)나 전북의 부안방언(김옥화 2001:174~175)에서도 확인된다. 〈무주, 영동, 김천〉 세 지역 모두 이러한 'ㄴ'탈락이 일어난다.

(1) ㄱ. 〈무주〉 논-이(畓), 문-이(門), 쇠겐-이(所見), 버선-이고, 전반-이라고(인두판), 으:른-이(長), 우산-이(傘), 노인-이지(老人), 그전-이는(以前에는), 산판-이서(山坂에서), 물견-이(물건에), 훗번-이는(後 번-에는), 손-이루(手), 잔-이루(盃), 부산-이루두(釜山), 자연-이루(自然)[96]

ㄴ. 〈영동〉 손-이(手), 고만-이잖아(그만), 네:번-이나(四回), 부천-이(富川), 철기신-이라(베틀 기구), 종손-이라(宗孫), 용산-이서(龍山에서), 안반-이지, 방문-이(房門), 장꽌-이먼(잠깐), 탕건-이(宕巾), 등잔-이(燈盞),

ㄷ. 〈김천〉 두불논-이라(두벌 논), 하나뿐-이지, 여물간-이(間)/여물까이/, 일반-이라(一般)[97], 하천-이고(河川), 잿간-이라(間), 항간-이라(黃澗), 선반-이, 한복판-이(中心), 일가간-이라도(一家間), 오분-이라(五分), 삭신-이(骨身)

(1)은 세 방언의 형태소 경계에서 수의적으로 'ㄴ'탈락이 일어날 수

---

96) "씨래기는 집이로 엮어서 공기 좋은 디다 매딸먼 자연이루 말라."(시래기는 짚으로 엮어서 공기 좋은 데다 매달면 자연적으로 말라.)

97) "수실 하나 안하나 일반이라/일바이라/."((눈)수술을 하나 안하나 마찬가지다.)

있는 예를 제시한 것이다. 'ㄴ'은 이 환경에서, 즉 '이'모음 앞에서 수의적으로 탈락한다. 예를 들어 '논-이'(畓)는 체언 말음이 'ㄴ'이 '이' 앞에서 구개음 'ㄴ'으로 실현되어 [noɲi](혹은 [nõɲĩ])로도, 구개음 'ㄴ'이 탈락하고 'ㄴ'의 앞 뒤 모음에 비음성이 남은 [nõĩ]로도, 또한 모음의 비음성마저 제거된 [noi]로도 나타날 수 있다. 그러나 세 번째 형식인 [noi]는 빠른 발화나 몇몇 특징적인 단어에서만 보이고 대부분은 鼻母音이 포함된 형식으로 나타난다.

〈무주〉에서는 (1ㄱ)과 같이 'ㄴ'말음의 체언이 주격조사 '-이'나 계사 '이-'뿐만 아니라, 처격조사 '-이, -이서', 구격조사 '-이루' 등을 포함하여 '이'로 시작하는 모든 조사와 결합할 때 'ㄴ'탈락이 수의적으로 일어난다. 이는 'ㄴ'탈락이 처격조사의 변화(에〉이)나 구격조사의 변화(으루〉이루) 이후에도 계속 적용되었음을 보여준다.[98] 따라서 '체언+조사'라는 형태소 경계에서 보이는 〈무주〉의 'ㄴ'탈락은 공시적인 음운현상으로 볼 수 있다.[99]

〈영동〉에서도 (1ㄴ)과 같이 '체언+조사'의 결합에서 'ㄴ'탈락이 일어난다. 〈무주〉와 같이 처격조사는 '에〉이'의 변화로 '-이, -이서'로도 나타나며, 여기에서도 'ㄴ'탈락이 일어난다. 그런데 〈영동〉의 'ㄴ'탈락은 하위지역에 따라 실현되는 양상이 다른 듯하다. 〈영동〉은 대체로 경상방언의 영향을 강하게 받은 지역인 매곡면, 상촌면, 추풍령면, 황간면(가-지역)과 기타 지역(나-지역)으로 크게 구분되는데, 형태소 경계나 형태소

---

98) 전북의 부안 방언도 'ㄴ'말음의 체언이 처격조사, 구격조사와 결합할 때에 'ㄴ'탈락이 일어난다(김옥화 2001:175).

99) 그러나 '쥔:~쉔:(〈主人), 됀:(〈뒤안)'의 경우에는 '이'로 시작하는 조사와 결합하더라도 'ㄴ'탈락이 잘 일어나지 않는 듯하다. 쥔:이/쥐:니/, 됀:이라구/돼:니라구/. 여기에서 'ㄴ'탈락이 일어나지 않는 이유는 분명하지 않다. '무늬(紋), 보늬(穰)'는 각각 [muni], [poni]로만 실현되고 [muɲi], [poɲi]로 실현되지 않기 때문에, 다시 말해 ㄴ-구개음화가 일어나지 않기 때문에 'ㄴ'탈락이 일어나지 않지만, '쥔:, 됀:'은 [cü:ɲi], [twɛ:ɲi]와 같이 음성적인 과정으로서의 ㄴ-구개음화가 일어남을 확인할 수 있다.

내부를 가리지 않고 가-지역에서는 활발하게 'ㄴ'탈락이 일어나고 나-지역에서는 'ㄴ'탈락이 소극적이거나 거의 일어나지 않는 것으로 보고되었다(최갑순 1977:9, 정근문 1987:54~55, 정원수 1993:182~183, 유영철 1997:42~44). 본 조사의 조사지점인 '영동읍'의 자료로는 ≪한국방언자료집Ⅲ 충청북도편≫을 참조할 수 있는데, '어머이(母), 할마이(祖母), 홀어머이(偏母)' 등과 같이 형태소 내부에서 'ㄴ'탈락이 이루어진 예가 기록되어 있다. 나-지역에서 (1ㄴ)과 같이 'ㄴ'탈락이 일어난다는 보고는 '용산면'의 자료인 '그만-이라'/그마이라/가 거의 유일한 듯하다(최갑순 1997:9). 그러나 본 조사에 따르면 (1ㄴ)과 같이 'ㄴ'탈락이 일어나는 예가 상당수 있음이 확인된다. '체언+조사'의 환경에서 일어나는 'ㄴ'탈락이 전적으로 수의적인 현상이기 때문에 이러한 차이가 나타난 것이 아닌가 한다.[100]

〈김천〉에서도 (1ㄷ)과 같이 'ㄴ'말음의 체언이 주격조사 '-이'나 계사 '이-'와 결합할 때 'ㄴ'탈락이 수의적으로 일어난다. 간혹 경상방언의 'ㄴ'탈락과 비모음화가 필수적인 음운현상처럼 다루어지는 경우도 있으나, 〈김천〉에서는 수의적인 현상이다. 예를 들어, '논+이'는 'ㄴ'탈락과 비모음화가 일어난 [nõĩ]로도 나타날 수 있지만, 'ㄴ'탈락이 일어나지 않은 [noɲi]도 매우 자연스러운 형식이다.

이상과 같이 'ㄴ'탈락이 일어나는 환경은 세 방언에서 모두 '모음-ㄴ-이'의 연쇄로 정리할 수 있다. 그런데 〈김천〉에서는 'ㄴ'말음 체언에 목적격조사 '-얼'이 결합될 때에도 수의적으로 'ㄴ'탈락이 일어난다.

(2) 논+얼(畓) → 노~'올~'~노'널'　　　문+얼(門) → 무~'울~~무'널

100) 이병근(1969ㄴ:46)에 따르면 '할마이, 아이(否定), 마:이(많이), 가마이(가만히), 지역(저녁)'과 같이 형태소 내부나 파생어 경계에서 'ㄴ'탈락이 일어난 예와 '원초이라고(院村-이라고), 냉처이라(冷泉-이라)'와 같이 '체언+조사'의 환경에서 'ㄴ'탈락이 일어난 예가 '황간'에서 쓰이는 것으로 제시되어 있다.

반+얼(半) → 바~ˇ알~′~바ˇ널′
고논+얼(水畓) → 고′노~′올~~고′노′널
헉손+얼(흑손) → 헉′소~올~~헉′소널
방문+얼(房門) → 방무~′울~~방무′널
오분+얼(五分) → 오ˇ부~′울~~오ˇ부′널

(2)에 보이는 ‘ㄴ’탈락은 주로 빠른 발화에서 특징적으로 나타나며, 비모음의 실현도 확인된다. 물론 ‘ㄴ’탈락이 일어나지 않은 형식도 가능하며, ‘ㄴ’탈락이 일어난 형식과 그렇지 않은 형식 사이에 성조상의 차이는 없다. 이러한 ‘ㄴ’탈락은 〈김천〉에서 원칙적으로 모든 ‘ㄴ’말음 체언이 목적격조사 ‘-얼’과 결합할 때 일어날 수 있으며, 성조 유형에 따른 제약도 없다.

이러한 ‘ㄴ’탈락은 대체로 동일 모음 사이에서 일어나는 것으로 간주된다(이병선 1967:55). 그러나 ‘ㄴ’이 동일 모음 사이에 위치하더라도 ‘하나′(一), 가′나′(去-의문형어미), 오′노′(來-의문형어미), 고′놈’과 같이 ‘ㄴ’탈락이 일어나지 않는 경우가 일반적이다. 특별히 동일 모음 사이라는 환경에서 ‘ㄴ’이 더 잘 약화된다거나 탈락된다는 음성적, 음운론적 동기는 찾기 어렵다. ‘이’모음 앞에서는 ‘ㄴ’이 구개음 [ɲ]으로 실현되기 때문에 약화나 탈락이 일어난다는 동기를 찾을 수 있다. 그러나 ‘이’를 제외한 다른 모음 앞에서는 ‘ㄴ’이 구개음으로 실현되지 않기 때문에 동일한 동기를 부여하기 어렵다. 따라서 (2)에 보이는 ‘ㄴ’탈락은 (1)의 ‘ㄴ’탈락과는 음운론적인 동기가 다른 현상이다. (2)의 ‘ㄴ’탈락은 다음에서 보이는 형태소 내부의 ‘ㄴ’탈락과 성격이 유사하다.

(3) ㄱ. 오′올(今日, 오′널), 하′알(天, 하′널), 마′알(蒜, 마′널), 바′알(針, 바′널)
ㄴ. 사′알(三日, 사′헐), 나′알(四日, 나′헐), 마′안(四十, 마′헌)

ㄷ. 다′아(五, 다′섯~다′서), 여어(六, 여′섯~여′서)

(3ㄱ) 역시 'ㄴ'탈락이 일어난 것인데, 동일 모음 사이에 'ㄴ'이 위치하고 있어 (2)와 환경이 유사하다. 물론 환경이 같으면서도 이들과 달리 'ㄴ'탈락이 전혀 이루어지지 않은 예도 존재하기 때문에(비′널 鱗, 거널′ 陰, 미′너리 子婦, 마˘너′래 婦人), 이러한 변화가 예외없이 일어난 것은 아님을 알 수 있다.

그러나 (3ㄱ)에서도 동일 모음 사이(모음i-ㄴ-모음i)가 'ㄴ'탈락의 환경인지, 아니면 모음과 모음 사이가 'ㄴ'탈락의 환경인지 확실하게 판단할 수는 없다. 예를 들어 '오′올(今日)은 '오′널〉오′얼〉오′올'('ㄴ'탈락-완전순행동화) 혹은 '오′널〉오′놀〉오′올'(완전순행동화-'ㄴ'탈락)과 같은 통시적 변화를 거친 것으로 보이는데, 둘 중에서 어떤 과정을 거친 것인지는 분명하지 않다.[101] 전자의 경우라면 'ㄴ'탈락이 '모음_모음'에서 이루어진 것으로, 후자의 경우라면 동일모음 사이에서 이루어진 것으로 파악되지만, 어떤 과정을 거친 것인지 분명하지 않다. (3ㄴ)과 같이 모음 사이에서 약화와 탈락이 잘 이루어지는 'ㅎ'이 개재된 경우에는 'ㅎ'탈락→완전순행동화라는 순서가 분명해 보이지만, (3ㄷ)과 같이 일반적으로 모음 사이에서 약화를 보이지 않는 자음이 개재된 경우의 통시적 변화는 그 환경이 분명하지 않다.

본고에서는 잠정적으로 (2)의 'ㄴ'탈락이 모음과 '어' 사이에서 이루어지는 것으로 파악한다. 미약하나마 완전순행동화가 이루어지지 않은 상태의 표면형도 가능하기 때문이다. 즉 '논+얼'은 '노′얼′'과 같은 표면형을 보여주기도 하는데, 이는 완전순행동화가 적용되지 않은 상태에서 'ㄴ'탈

101) '오′널(今日)'은 'ㄴ'이 탈락하는 변화 대신에 '얼'이 탈락하는 변화를 겪기도 하였다. 즉 '오′널'은 '온'으로도 축약되는 변화를 겪었는데, '온'은 자립적으로 쓰이는 일이 거의 없고 다른 명사와 결합된 구성에서만 쓰인다. '온아침′(오늘 아침), 온낮′(오늘낮), 온지역′~온저넉′/온찌역~온쩌넉/(오늘 저녁)'

락이 이루어진 결과로 해석된다.[102] 따라서 (2)는 공시적으로 ‘ㄴ’탈락-완전순행동화의 음운 과정을 거치는 것으로 파악한다.

〈김천〉에서만 보이는 (2)를 제외한다면, ‘ㄴ’탈락은 (1)과 같이 세 방언에서 모두 ‘모음-ㄴ-이’의 환경에서 이루어진다고 할 수 있다. 그러나 이러한 환경은 ‘체언+조사’라는 형태소 경계에서 확인한 것으로서, 형태소 내부나 파생어 등을 참조할 때에는 달라질 수 있다. 비록 공시적인 음운현상으로 다루어지는 것은 아니라 하더라도 형태소 내부나 파생어에서 일어난 ‘ㄴ’탈락은 (1)에서 보이는 ‘ㄴ’탈락을 이해하는 데에 기여할 수 있다.

먼저 〈무주〉의 예를 제시하면 다음과 같다.

(4) ㄱ. 어휘형태소　가마이(叺), 할머이(祖母), 어머이(母), 아바이(父)[103], 건거˜이˜[104], 주머이, 아˜이˜-(아니-), 그양(그냥), 머˜이˜(먼저)[105]

ㄴ. 문법형태소　-으˜이˜(-으니): 타˜이˜(乘), 읎:으˜이˜(無), 그라드˜이˜, 했드˜이˜

102) ‘어’로 시작하는 조사 중에서 ‘ㄴ’말음 체언과 결합할 때 ‘ㄴ’탈락이 일어나는 것은 목적격조사 ‘-얼’에 한정되는 듯하다. 보조사 ‘-언’이나 구격조사 ‘-어로’ 역시 ‘어’로 시작하기 때문에 ‘ㄴ’탈락을 보일 수 있는 환경이 되지만, ‘ㄴ’탈락이 두드러지지 않는다. 예를 들어 ‘손+언’은 ‘*소언, *소온’으로의 실현이 전혀 불가능하고, ‘손+어로’는 ‘?소어로, ?소오로’가 가능할 듯한데 실제 발화에서는 거의 쓰이지 않는다.

103) ‘아바이’는 세 방언에서 모두 지칭으로만 쓰이는데, ‘ㄴ’이 탈락되기 전의 형식이라 할 수 있는 ‘*아바니’는 세 방언 모두 존재하지 않는다. 따라서 세 방언만을 비교한다면 ‘아바이’를 ‘ㄴ’탈락의 예로 단정할 수는 없다. 비모음 또한 전혀 실현되지 않는다.

104) ‘건건이’는 세 방언 모두에서 쓰이는 어휘인데, 〈무주, 김천〉과 〈영동〉에서 의미가 다르다. 〈영동〉에서는 ‘소략한 반찬(국 제외)’으로, 〈무주, 김천〉에서는 ‘짠맛을 내는 간장이나 양념장’으로 쓰인다. 한편, 〈김천〉에서는 항상 ‘ㄴ’탈락이 일어난 [경거˜이˜](LHL)로만 쓰여, 탈락 이전의 어형이 ‘건건이’인지 ‘경경이’인지 전혀 알지 못하는 제보자들도 있다.

105) ‘머니’(先)는 세 방언 모두 쓰이는데, 어떤 과정을 거쳐 형성되었는지는 분명하지 않다. 〈김천〉에서는 ‘ㄴ’탈락이 일어난 ‘머˜이˜’ 외에도 ‘머˜여˜’도 함께 쓰인다.

-으˜이˜개~-으˜이˜깨(-으니까)[106]: 가˜이~개(去), 먹으˜이˜까(食)

-이˜(-니): 하야˜이˜, 벌거˜이˜, 부여˜이˜, 매꼼하˜이˜, 잔잔하˜이˜, 얄푸리하˜이˜, 수북하˜이˜, 따끈따끈하˜이˜, 얍질하˜이˜, 가노롬하˜이˜[107]

ㄷ. 파생명사 늘그˜이˜(老人), 절므˜이˜(靑年), 인수˜이˜(인순이 人名)

ㄹ. 파생부사 빼˜이(뻔히), 흐˜이˜(흔히), 마˜이˜(많이), 단다˜이˜(단단이), 솔차˜이˜(꽤), 부지러˜이˜(부지런이), 엉가˜이˜~엥가˜이˜(어지간이),

---

106) 〈무주〉에서 '인과'의 종속적 연결어미로 '-으니개/깨'보다 '-응개/깨'가 훨씬 더 많이 쓰인다.

107) 이 '-니'는 "접미사 '-하-' 혹은 그로부터의 발달인 '-ㅎ-'을 가지는 대부분의 형용사와 결합하여 부사형을 만드는" 접속어미(혹은 연결어미)로서, 전남과 전북의 대부분 지역에서 쓰인다(김창섭 1995:76~78). 김옥화(2001:49~50)에서는 이를 부사형 전성어미로 처리하였다. 여기에서는 일단 연결어미로 파악하고, 이들이 쓰인 예문을 제시하도록 한다.

스리 맞고 그라먼 하::야니 거그서 설탱이 올라와.(서리 맞고 그러면 하얗게 거기서(곶감에서) 설탕이 올라와.)

해 넘으갈 때 되면 북새가 서쪽이서 벌::거니 뜨거든.(해 넘어갈 때 되면 노을이 서쪽에서 벌겋게 뜨거든.)

활로 타먼언 베낳기 좋:기 부여이 펴.((목화가) 활로 타면은 베 낳기 좋게 부옇게 펴.)

노:넌 삼:덜 손언 곱:지. 고와. 매꼼하이 잘 생깄다고.(노는 사람들 손은 곱지. 매끔하게 잘 생겼다고.)

닥괴기 겉은 거 잔잔하이 쫏아가지고 지름 늫고 볶아가지고.(닭고기 같은 거 잔잔하게 쪼아가지고 기름 넣고 볶아가지고.)

솜:얼 얄푸리하이 늫고, 야지::리 뉘비나가.(솜을 얇게 넣고 빈틈없이 누벼나가.)

이샘일 되면, 동우라고 하거덩. 콩나물 동우. 동우로 수북하이 올라오거던.(이삼일 되면 콩나물 동이로 (콩나물이) 수북하게 올라오거든.)

깔따구냐구 쪼그만 모:구만한 것이 따끈따끈하이 물어.(각다귀냐고, 조그만 모기만한 것이 따끔따끔하게 물어.)

대나무럴 얍질:하이 깎아갖고 채른 뜬 벳집얼 죄:다 떨어.(대나무를 얄팍하게 깎아가지고 볏짚을 죄다 떨어.)

싸리 가노롬::한 놈얼 쩌다가시나 병아리통얼 맨들아.(싸리 가느스름한 것을 쪄다가 어리를 맨들어.)

(4ㄱ,ㄴ)은 단일형태소 내부, (4ㄷ, ㄹ)은 파생어 경계에서 'ㄴ'탈락이 일어난 예이다. (4ㄱ)의 예 중에서 상당수는 비모음의 실현을 전혀 보이지 않는 예도 상당수 있다. (4)에서도 'ㄴ'탈락은 대체로 '모음-ㄴ-이' 연쇄에서 일어나지만, (4ㄱ)의 '그양'은 '모음-ㄴ-반모음 y'의 환경에서 'ㄴ'이 탈락한 것이다. 따라서 형태소 내부나 파생어 경계에서 'ㄴ'탈락은 '모음-ㄴ-이(y)' 연쇄에서 이루어진다고 정리할 수 있다.

그런데, (4)와 같은 환경에서 '모음-ㄴ-이(y)' 연쇄임에도 불구하고 'ㄴ'탈락이 전혀 이루어지지 않는 경우도 있다.

(5) ㄱ. '모음-ㄴ-이' 거:니(鞦韆)
-이니(접속조사): 뱁이니 건거~이~니, 밤:이니 굴밤이니
-니(평서형 종결어미): 가니(가네, 去), 인나니(일어나네, 起)
-니라구(-느라고): 공부하니라구(공부하느라고), 지꺼니라구(지껄이느라고), 조:니라구(조느라고, 睡)
-니라(-너라): 오니라(來), 가조니라(가져오너라)
-거니(연결어미): 어설프거니, 없:거니[108]
ㄴ. '모음-ㄴ-y' 츠:녀(處女), 저녁~저넉(夕), 사냥(獵), 마냥
-냐(의문형 종결어미): 오냐(來), 가냐(去), 장날이냐

(5ㄱ)의 '거:니'와 '-니'(평서형 종결어미)는 '에〉이'의 변화로 '모음-ㄴ-이'의 연쇄가 되었지만, 'ㄴ'탈락이 일어나지 않는다. '에〉이'의 변화로 'ㄴ'탈락이 일어난 (1ㄱ)과는 결과가 대조적이다(그저~이~는, 以前에는).

108) '-거니'는 종속적 연결어미로 쓰이는데, 보고가 드문 듯하다. 짤막하지만 예문을 들어둔다. "찌개 떠 먹으. 맛은 없거니 그냥 떠 먹으."(찌개 떠 먹어. 맛은 없지만 그냥 떠 먹어.) "어설프거니 그냥 밥 먹으야겄다."(어설프지만 그냥 밥 먹어야겠다.)

이러한 차이는 형태소 내부에 적용되는 'ㄴ'탈락과 형태소 경계에 적용되는 'ㄴ'탈락을 분리하여 이해함으로써 해석이 가능할 듯하다.

'ㄴ'탈락은 역사적으로 어두에서 'ㄴ'이 '이, y' 앞에서 구개음화하면서 탈락되는 과정과 관련된다. '이, y' 앞에 있는 'ㄴ'은 어두에서 'n〉ɲ'으로 구개음화가 이루어진 뒤에 탈락하는데(이기문 1972:198, 백두현 1989:237, 김주필 1994:89), 이것이 비어두로 확대된 결과가 곧 (4)에서 보이는 '모음-ㄴ-이/y'에서의 'ㄴ'탈락이라는 것이다. 그런데 비어두에서의 'ㄴ'탈락은 방언에 따라 그 적용 양상이 차이를 보인다. 김주필(1994:90~98)에 따르면 17 · 8세기 문헌에서 경상방언을 반영한 문헌만이 비어두에서의 'ㄴ'탈락을 보이고, 중앙어나 전라방언, 함경방언을 반영한 문헌에서는 어두에서의 'ㄴ'탈락만을 보인다. 이는 곧 방언마다 비어두에서의 'ㄴ'탈락이 일어난 시기와 적용 강도가 다르다는 것을 의미한다.

'무늬(紋), 보늬(穰)'가[109] 비어두에서의 'ㄴ'탈락이 강하게 적용되었던 경상방언에서도 'ㄴ'탈락이 일어나지 않았던 사실은 잘 알려져 있다. 이들이 'ㄴ'탈락의 영향에서 자유로울 수 있었던 것은 어간말음이 하향이중모음인 ɨy였던 시기에 'ㄴ'탈락이 적용되었고, 'ɨy〉i'의 변화가 완료된 이후에는 형태소 내부에서의 'ㄴ'탈락 규칙이 소멸하였기 때문이라 해석할 수 있다. '니:(汝), 니:(四)' 등이 가능한 것도 형태소 내부에서 적용되던 'ㄴ'탈락 규칙의 소멸 때문인 것이다. (5ㄱ)의 '거:니'와 '-니'(평서형 종결어미)는 이러한 맥락에서 이해된다.

그러나 '체언+조사'의 결합에서 적용되는 'ㄴ'탈락은 비어두의 형태소 내부에서 적용되던 'ㄴ'탈락에서 출발하였지만, 자립형식인 체언 말음 'ㄴ'을 계열 관계 속에서 언제든지 복원시킬 수 있기 때문에 규칙의 생명력은 달랐던 것으로 보인다. 예를 들어 '논+이'에서 보이는 'ㄴ'탈락은 '노

109) 이들 어휘는 〈무주〉에서 각각 '무네, 비널'로 '이'모음을 가지지 않는다.

이, 논얼, 논두, 논만' 등의 계열을 통해 '이' 앞에서 'ㄴ'이 탈락됨을 화자들이 확인할 수 있고, 이를 바탕으로 자립형식인 체언 말음 'ㄴ'을 복원시킬 수 있다. 따라서 '체언+조사'의 환경에서 나타나는 'ㄴ'탈락은 비어두의 'ㄴ'탈락 규칙이 힘을 다한 이후에도 활발하게 적용될 수 있었다. 처격조사의 변화(-에>-이)나 구격조사의 변화(-으루>-이루) 이후에도 'ㄴ'탈락이 계속 적용되는 것은 '체언+조사'의 결합에서 보이는 'ㄴ'탈락 규칙의 공시성을 잘 보여주는 예가 된다.

한편 (5ㄱ)에서 'ㄴ'탈락을 보이지 않은 나머지 예들은, 형태소 내부에서 이루어진 통시적인 'ㄴ'탈락이 단어에 따라 달리 적용되었다는 것을 보여준다. 통시적인 음운 변화는 모든 단어에 일시적으로 적용되는 것이 아니라 점진적으로 적용된다는 점을 감안하면 'ㄴ'탈락이 적용된 부류(4ㄴ)과 그렇지 않은 부류(5ㄱ)이 한 방언에서 공존한다는 것은 자연스러운 일이다. (5ㄴ) 역시 마찬가지 맥락에서 이해될 수 있다.

〈영동〉에서도 형태소 내부나 파생어 경계에서 'ㄴ'탈락이 일어난 예를 쉽게 찾아볼 수 있다.

(6) ㄱ. 어휘형태소 가마이(叺), 건거이, 아바이(父), 아이-(아니-), 어머이(母), 오라바이(오빠), 주머이, 할머이(祖母) 그양~기양(그냥), 지역(저녁)
ㄴ. 문법형태소 -으이(-으니): 했더이(爲), 된다드이(된다고 하더니)
-으이깨(-으니까): 하이깨(爲), 있으이깨(在)
-이(-니): 뚱구룸하이, 멀거이, 밸가이, 버스럭하이, 보야이, 보안하이, 비들비들하이, 비싯하이/비시타이/, 커다라이
ㄷ. 파생명사 늘그이(老人), 절므이(靑年), 동그이(동근-이, 人名)
ㄹ. 파생부사 단다이(단단히), 대다이(대단히), 마:이(많이), 번버이(번번히), 순저이(순전히), 엉가이(어지간히)

(6)에서 보는 바와 같이 〈영동〉에서 통시적인 'ㄴ'탈락을 경험한 예들은 대부분 비모음으로 실현되지 않고 구강모음으로만 실현된다. 〈무주〉의 경우에 비추어 보면 모음의 비음성이 두드러지지 않으며, 〈김천〉과 비교할 때에는 비음성이 거의 느껴지지 않는다.

(6ㄱ)의 '가마이, 건거이, 아이-, 어머이, 주머이, 할머이'는 'ㄴ'이 탈락되기 전의 형태인 '가마니, 건거니, 아니구, 어머니, 주머니, 할머니'와 공존하지만, '아바이, 오라바이'는 '*아바니, *오라바니'가 전혀 쓰이지 않는다. 이들이 이전 시기에 'ㄴ'을 가졌을 것이라는 추정은 다른 방언과의 비교를 통해서만 가능하다. '그양, 지역'은 '모음-ㄴ-y'의 환경에서 'ㄴ'이 탈락한 예인데, 기원적으로는 'ㄴ'이 없던 '모양'(樣)이 〈영동〉에서 '모냥'으로만 쓰이는 것은 'ㄴ'탈락과 관련된 현상으로 보인다.

(6ㄴ)의 연결어미 '-으이'는 '-으니'와 공존하는데, 'ㄴ'이 탈락된 '-으이'는 〈영동〉에서 몇몇 예에서만 발견된다. 용언 어간에 통합될 경우 대부분은 '보니, 잡으니' 등과 같이 'ㄴ'탈락이 일어나지 않은 '-으니'가 통합되며, 'ㄴ'탈락이 일어난 '-으이'는 거의 찾아볼 수 없다. 그런데 선어말어미 '-더-'가 통합될 경우에는 반대로 'ㄴ'탈락이 일어난 '-더이'(혹은 '-디이')가 '-더니'보다 훨씬 더 자주 쓰인다. '-으이깨' 역시 'ㄴ'탈락이 일어나지 않은 '-으니깨'와 공존하는데 '말하이깨[malɦãĩk'E]' 등에서는 비모음의 실현이 두드러지기도 한다.[110] 반면, 연결어미 '-니'는 〈영동〉에서 온전하게 '-니'로 쓰이는 일이 거의 없고, 'ㄴ'탈락이 일어난 '-이'만이 쓰인다. '-하다'와 관련된 형용사에만 통합될 수 있는 연결어미 '-니'는 〈영동〉에서 거의 '-이'로의 재구조화가 완성되었다고 할 수 있다. 따라서 〈영동〉의 연결어미 '-이'는 형태소 내부, 특히 어미에서의 'ㄴ'탈락이 통시적인 과정임을 보여주는 좋은 예가 된다.

110) 〈영동〉에서도 '-으니까/깨'는 'ㄴ'탈락과 관련되지 않는 '-응깨/개'와 공존한다. 어간 '가-'(去)를 예로 들면 다음과 같다. '가니까, 가니깨, 가이깨, 강깨, 강개'

(6ㄷ) 의 '동그이'는 'ㄴ'말음의 인명에 접미사 '-이'가 결합될 때에 'ㄴ'이 탈락된 예이다. 충남의 금산에 접한 영동의 양산면에서는 이 구성에서 'ㄴ'이 탈락되지 않는다는 보고가 있지만(유영철 1997:44), 영동읍에서는 수의적인 'ㄴ'탈락이 확인된다.[111] (6ㄹ)의 파생부사에서도 수의적인 'ㄴ'탈락이 확인된다.

그러나 〈영동〉에서는 〈무주〉와 마찬가지로 '모음-ㄴ-이(y)'의 환경임에도 불구하고 'ㄴ'탈락이 이루어지지 않은 예도 상당히 많다.

(7) ㄱ. '모음-ㄴ-이' 무니~무네(紋), 다니-(行), 끄니(끼니), 두동무니(두동무늬)
-이니(접속조사): 동솟이니 가마솟이니(옹달솥, 가마솥), 숫이니 꼬치니(숯, 고추), 종재기니 탕기니/탕끼니/(종지, 湯器), 뚝가리니 수리치기니(수리취)
-느니: 하느니, 굶어죽느니
-니라구(-느라고): 다지니라구(다지느라고)[112]
-니라(-너라): 오니라(來), 가조니라(가져오너라)

ㄴ. '모음-ㄴ-y' 츠:녀(處女), 구녁, 사냥(獵), 마냥, 카냥, 주녀리콩(기름콩)
-냐(의문형 종결어미): 뭐냐, 장날이냐[113]

---

111) 수의적인 현상이라 제보자들에게 새로운 인명을 제시할 때에는 'ㄴ'탈락이 일어나지 않았지만, 자연 발화 상에서 확인되는 예를 제시하면 다음과 같다. 이승마이, 전두화이, 노무혀이, 일흐이(일흔+이), 동서이(동선+이), 용아이(용안+이).

112) 〈영동〉에서 어미 '-니라구'는 드물게 쓰이고 대신 '-느라구'가 많이 사용된다. 반면 〈무주〉나 〈김천〉에서는 '-느라구' 혹은 '-느라고'는 거의 쓰이지 않고 '-니라구' 혹은 '-니라고'만 사용된다.

113) 〈영동〉에서는 해라체의 의문형 종결어미로 '-나'가 쓰인다(곽충구 1995:41). "너 왜 마스크를 하고 댕기나?", "김중사가 다 사람 때리나?", "응, 언제 왔나?", "비 오넌가 봐:라. 밖에 비 오나?", "방얼 왜 이룹게 어질어 놨나?" 계사 '이-' 뒤에는 '-냐'가 결합된다. "야:가 큰아냐?", "오늘이 장이냐?", "그게 뭐냐?" 계사 뒤에 '-나'가 결합된 형식은 거의 보이지 않지만 한 예 정도만 확인된다. "야: 곧 학교 안 가갔나? 멫 살이나?"(얘 곧 학교 안 가겠니? 몇 살이니?) ≪한국방언자료집 III 충북편≫에도 계사 뒤에 '-나'가 결합된 예가 하나 제시되어 있다(장날이나?, p. 219).

(7)에서 보듯이 'ㄴ'탈락이 이루어질 수 있는 환경이지만, 실제로는 'ㄴ'탈락이 일어나지 않은 예가 상당수 많이 존재한다. 이는 비어두에서의 'ㄴ'탈락이 모든 단어에 일시적으로 적용되지 않았음을 보여준다.

〈김천〉에서는 〈무주〉나 〈영동〉과 달리 형태소 내부나 파생어 경계에서 통시적인 'ㄴ'탈락 규칙의 적용을 강하게 받았다.

(8) ㄱ. 어휘형태소 가'마이(叺), 건거˜'이˜, 아'바이(父), 아이'-(아니-), 어'마/무'이~오'마'이(母), 오'라/르'바이(오빠), 주머/무'이, 할'머/무'이(祖母), 반둥/동사'이(방동사니), 두동무'이~두동사'이(두동무니)
기'양(그냥), 지역'~저역'~저닉'(저녁), 구영'(구멍), 커이(커녕)

ㄴ. 문법형태소 -어˜이˜(-으니): 보˜'이˜(爲), 사˜˜이˜'(生)
-디˜이˜(-더니): 간'다' 카'디'이(간다고 하더니), 잡디'이(잡더니)
-니˜이˜(-느니): 가'니˜'이˜ 마˘니˜'이˜(가느니 마느니), 사˘니˜'이˜ 죽니˜'이˜(사느니 죽느니)
-이(-니): 가너리하'이, 납닥납닥하'이, 누러'이, 동고롬하'이, 동그라'이, 반듯하'이, 발가'이, 벌거'이, 보하'이, 부허'이, 새파라'이, 새카마'이, 어지가'이, 오망하'이, 요마쿰하'이, 적당하'이, 커단하'이
-어까이(-을까 봐): 가'까'이(去), 하'까이(爲), 잡'으까이(捕), 불˘까이(吹)

ㄷ. 파생명사 널'거이(老人), 절'머이(青年), 나'마'니(나이 많은 이), 다리˜'이˜(他人), 카'니˜'이˜(카는 이), 모리'˜이˜(모르는 이), 사˘니˜'이˜(사는 이)
정'수˜이˜(정순+이, 人名), 지여˜'이˜(지연+이, 人名)

ㄹ. 파생부사 단디'이(단단히), 마이(많이), 무다'이'(까닭없이), 번버'이(번번히), 부지러'이(부지런히), 순저'이(순전히), 엉가'이

(8ㄱ)의 '두동무′이'에서 보듯이 〈김천〉에서는 〈무주, 영동〉에서 'ㄴ'탈락이 일어나지 않은 단어에서도 'ㄴ'탈락이 적용되었다. 이는 이전시기에는 '*무늬'로 재구될 수 있다는 점에서, '모음-ㄴ-이' 환경에서 적용되는 'ㄴ'탈락이 〈김천〉에서 더 강하게 지속되었다는 것을 알 수 있다. (8ㄴ)의 '-어˜이˜(-으니), -디˜이˜(-더니), -니˜이˜(-느니)'는[114] 대부분 'ㄴ'탈락이 일어난 형태로만 쓰이고 비모음도 강하게 실현된다. '-이(-니), -어까이(-을까 봐)' 역시 'ㄴ'탈락이 일어난 형태로만 쓰이는데, 비모음은 거의 실현되지 않는다. 이들 어미에서 통시적으로 'ㄴ'탈락이 일어났다는 사실은 방언간의 비교를 통해서만 확인된다. 'ㄴ'탈락이 일어나기 전의 형태는 〈김천〉에서 전혀 쓰이지 않기 때문이다. 따라서 이들 어미는 공시적인 'ㄴ'탈락 규칙의 적용을 통해 도출될 수 없다(이진호 2003).

(8ㄷ)의 '나′마′니'는 '나(나이) 많은+이'의 구성에서 '나마느니〉(ㄴ탈락)〉나마느이〉(축약)〉나마니'의 과정을 거쳐 형성된 것으로 보인다. 여기에서도 통시적인 과정으로서의 'ㄴ'탈락이 적용된 것이다. 그런데 이러한 과정을 거친 '나′마′니'는 또다시 'ㄴ'탈락이 일어날 수 있는 환경이 된다. 화자에서 따라 '나′마′이'이 가능한 것은 'ㄴ'탈락이 반복해서 적용되었기 때문이라 해석된다. '카′니˜′이˜, 사ˇ니˜′이˜' 역시 'ㄴ'이 모음과 '이' 사이에 존재하므로 'ㄴ'탈락이 계속 적용될 수 있는 환경이 되지만, 실제로는 적용되지 않는다. '*카′이˜′이˜, *사ˇ이˜′이˜'. (8ㄹ)은 'ㄴ'말음의 어근에 부사파생 접미사 '-이'가 결합된 것으로, 일상적인 발화에서는 대부분 'ㄴ'탈락이 일어난 형태만이 쓰인다.

그렇지만 〈김천〉에서도 모든 어휘에 'ㄴ'탈락이 적용된 것은 아니다.

---

114) 중앙어에서 원인을 나타내는 종속적 연결어미 '-으니까'는 〈김천〉에서 '-웅개/깨'에 대응된다. 다른 경상방언에서는 '-으˜이˜깨' 등과 같이 'ㄴ'탈락이 일어난 예가 되지만, 〈김천〉에서는 'ㄴ'탈락이 일어날 수 있는 환경이 되지 못한다. 강′개/깨(去), 봉′개(視), 웅ˇ개′(泣), 잡′웅개/깨(捕).

(9) ㄱ. '모음-ㄴ-이' 버'니'~버니'기(穰), 이니리[115]
-니라고(-느라고): 보니라고(視), 자니라고(宿)
-니라(원칙): 나오니라(나오느니라), 있니라(있느니라)
ㄴ. '모음-ㄴ-y' 처˘녀'(處女), 추녀, 사냥(獵)

(9ㄱ)의 '버니, 버니기'에서 'ㄴ'탈락이 일어나지 않은 것은 '*보늬'와 같이 이전시기에 이중모음 '의'를 가졌기 때문이다. 동일한 이중모음 '의'를 가졌던 '두동무늬'가 'ㄴ'탈락을 경험한 것과는 대조적이다. 어미 '-니라고, -니라' 역시 'ㄴ'탈락이 일어나지 않았으며, (9ㄴ) 또한 'ㄴ'탈락을 경험하지 않았다.

이상의 논의를 정리하면 다음과 같다. 형태소 내부나 파생어 경계에서 〈무주, 영동, 김천〉 세 방언은 모두 통시적인 'ㄴ'탈락이 일어났다. 하지만 'ㄴ'탈락은 방언에 따라 적용되는 정도가 달랐던 것으로 보인다. 〈무주〉나 〈영동〉에 비해 〈김천〉에서는 'ㄴ'탈락의 세력이 더 강하였지만, 〈김천〉에서도 모든 단어에 일률적으로 'ㄴ'탈락이 적용되지는 않았다.

② 'ㅇ'탈락

'ㅇ'탈락은 'ㅇ'말음의 체언이 모음으로 시작하는 조사와 결합할 때 체언 말음 'ㅇ'이 수의적으로 탈락하는 현상이다.

공시적인 음운현상으로서의 'ㅇ'탈락은 〈김천〉에서만 나타나고, 〈무주〉나 〈영동〉에서는 실현되지 않는다. 그러나 형태소 내부나 파생어 경계에서는 세 방언 모두 통시적으로 'ㅇ'탈락이 일어났던 것으로 보인다.

---

115) '니리' 앞에는 '이, 그, 저, 요, 조'와 같은 지시관형사가 올 수 있으며, 뒤에는 주로 '꺼, 손, 자석' 등의 명사가 올 수 있다. '이놈우 꺼, 요놈우 손, 조놈우 자석'의 예를 참고하면 '니리'는 전라방언에서 쓰이는 '잡녈으'의 '녈'에 속격조사 '의'가 결합된 것에서 기원을 찾을 수 있을 듯하다. 이상규(2000:53)에는 '그녀러거'가 "일종의 간투어로 된 욕설"로 풀이되어 있다.

통시적인 'ㅇ'탈락은 단어에 따라 그리고 방언에 따라 적용 대상의 범위가 달랐다.

먼저 〈무주〉의 예를 제시하면 다음과 같다.

(10) ㄱ. 조이(~종우, 紙)
ㄴ. 호매이(~호맹이, 호미), 반주그래이(덜 영근 곡식 알맹이), 두갈래이(두 갈래)

(10ㄱ)의 '조이'는 '*종이'로 쓰이는 일이 없고 항상 'ㅇ'이 탈락된 형태로만 쓰이거나(조이때기, 문조이/문쪼이/, 조선조이/조선쪼이/) '이'모음이 아닌 형태인 '종우'로 쓰인다. (10ㄴ)에서도 'ㅇ'이 탈락된 형태를 확인할 수 있다. 따라서 'ㅇ'탈락은 '모음_이'의 환경에서 일어난 것으로 정리할 수 있다. 한편, (10ㄱ, ㄴ)에서 모음의 비음성은 아주 약하거나 거의 실현되지 않는다.

그런데 〈무주〉에서는 (10)과 같이 'ㅇ'탈락이 일어난 예는 극히 드물고, '모음'과 '이' 사이에 'ㅇ'이 위치하더라도 'ㅇ'탈락이 일어나지 않은 경우가 대부분이다(11).

(11) 가쟁이(가지), 강냉이(옥수수), 괭:이(고양이), 궁뎅이(궁둥이), 깜짹이쟁이(잘 잊어버리는 사람), 껌뒹이(黑人), 꼬랭이(꼬리), 꼬빵이(고삐), 꼬쟁이(꼬챙이), 끄셍이(지렁이), 끈냉이(끈), 니야까쟁이(리어카 부리는 사람), 몸뗑이(몸), 다리몽생이(다리몽둥이), 부엥이(부엉이), 뿌링이(뿌리), 사랭이(~사랑부리~씸바구, 씀바귀), 알랭이(~알랑구, 알맹이), 염생이(염소), 외통쟁이(애꾸), 주뒹이~주뎅이(주둥이), 찔갱이(질경이), 핏딩이(핏덩이), 호랭이(호랑이), 휘칭이(극젱이)

〈영동〉에서는 〈무주〉와 비교할 때 'ㅇ'탈락이 일어난 단어가 더 많다.

(12) ㄱ. 조이(~종이, 紙)
ㄴ. 가래이(가랑이), 굼:비이(굼벵이), 궁디이(엉덩이), 꼬재이(꼬챙이), 끄:께이(지렁이), 돌미이(돌멩이), 따배이(또아리), 몸띠이(몸), 소리개이~솔개이(솔개), 앞장개이(정강이), 엉디이(엉덩이), 울비이(우렁이), 호매이(호미)

(12)에서 보듯이 〈영동〉에서도 'ㅇ'탈락이 일어난 예들은 모두 'ㅇ'이 모음과 '이' 사이에 있던 경우에 한정된다. '동우(동이), 중우(中衣), 방애(방아), 잉에, 성에'에서 'ㅇ'탈락이 일어나지 않은 것은 'ㅇ'에 후행하는 모음이 '이'가 아니기 때문인 것으로 보인다. 하지만 〈영동〉에서도 '모음_이'의 환경에서 'ㅇ'이 탈락하지 않은 예가 탈락한 예보다 훨씬 많다.

(13) 괭:이(고양이), 구딩이~구뎅이(구덩이), 기튕이(귀퉁이), 꼬뺑이(고삐), 나뱅이(나비), 노림쟁이(노름하는 사람), 눈곱쟁이(눈곱), 메물딱젱이(메밀딱지), 방맹이(방망이), 버르쟁이(버릇), 보험쟁이(보험을 업으로 하는 사람), 부주땡이(부지깽이), 솔깽이(솔가지), 알맹이, 어칭이(언청이), 주뒹이(주둥이), 지팽이(지팡이), 쳉이(체), 토깽이(토끼), 호랭이(호랑이), 후칭이(극젱이), 흑딩이(흙덩이)

〈김천〉에서는 〈무주〉나 〈영동〉보다 'ㅇ'탈락이 더 강했던 것으로 보인다. (11)이나 (13)과 같이 〈무주〉나 〈영동〉에서 'ㅇ'탈락이 일어나지 않은 예들 대부분은 〈김천〉에서 'ㅇ'탈락이 일어났다.

(14) ㄱ. 조′이~조′우~조′오(~종′우, 紙), 강내′이(강냉이), 깨′이′(괭이 농기구), 수박 한 디′이(덩이)
ㄴ. 개′이′~꼬′애′이~꼬′내′이(猫), 고디′이(고동), 굼˘비′이(굼벵이), 기′티′이(귀퉁이), 꼬마디′이(꼬마둥이), 꼬빼′이(고삐), 꼬재′이(꼬챙이), 꺼′깨′이(지렁이), 나새′이(냉이), 나배′이(나비), 돌˘미′이(돌멩이), 만대′이(~만당, 꼭대기), 몸′띠′이(몸), 방매′

이(방망이), 벌개'이(벌레), 부'주'때이(부지깽이), 부히'이(부엉이), 빗재'이(빗쟁이), 빨가디'이(빨가둥이), 뿌리'이(뿌리), 사래'이(씀바귀), 사우재'이(사위), 아구재'이(벌레 먹은 콩 따위), 알개'이(알맹이), 염새'이(염소), 울비'이(우렁이), 주디'이~조디'이(주둥이), 지패'이(지팡이), 찔기'이(질경이), 치'이'(키), 칠개'이(칡), 토까'이(토끼),[116] 호매'이(호미), 후치'이(극젱이)

ㄷ. 재'인'(丈人), 새이'(喪輿), 시이버'섯(松栮버섯)

ㄹ. 여'일이(영일이, 인명), 호ˇ저'이(효정이, 인명)

(14)에서 보듯이 〈김천〉에서는 '이' 앞에서 'ㅇ'이 탈락된 예들이 많이 존재한다. 형태소 내부는 물론이고(14ㄱ), '-앙/엉이, -쟁이' 등의 파생접미사에서 'ㅇ'탈락이 일어났다(14ㄴ). 한자어 중의 일부도 'ㅇ'탈락이 일어났다(14ㄷ).

그런데 〈김천〉에서는, '모음_이'의 환경이 아니라 '모음_모음'의 환경에서 'ㅇ'이 탈락한 경우도 존재한다.

(15) ㄱ. 도'우~도'오(~동'우, 瓶), 바'울~바'알(~방'울, 방울), 주'우'(~중'우', 中衣), 바애'~바아'(~방애'~방아', 방아), 부'알(~붕'알, 睾丸)

ㄴ. 가아'지(~강아지), 소아'지(~송아'지), 삐아'리(~삥아'리, 병아리), 드어'리(~등어'리, 背), 보우'리(~봉우'리), 조아'리(~종아리), 동사댁'이(~동상아댁'이)

ㄷ. 수'악(~숭'악, 凶惡), 지'역(~징'역, 懲役), 주앙'(~중앙', 中央), 고언'(~공언', 公園), 구'압(~궁'압, 宮合), 조'압(~종'압, 綜合), 주'악교(~중'악교, 中學校), 고더악'교(~고덩악'교, 高等學校)

---

116) '토까이'에서 움라우트가 일어나지 않은 이유는 분명하지 않다. (5)에서 보듯이 다른 예들은 모두 움라우트가 실현된 형식이기 때문이다. 움라우트가 실현되지 않은 '토까이'는 단순한 예외로 보기에는 그 분포지역이 상당히 넓다. 따라서 '토까이'의 이전 형태를 'ㅇ'이 있는 형태인 '*토깡이'로 보지 않고 'ㄴ'이 있는 '*토깐이'로 해석해야 한다는 견해도 있다.

(15)는 대체로 'ㅇ'이 탈락한 형태와 그렇지 않은 형태가 공존한다. 두 형태 모두 〈김천〉의 자연스러운 형태이다. (15ㄱ)은 형태소 내부에서 'ㅇ'이 탈락한 예이다. '바애'를 예로 들면 '방아〉방애〉바애'와 같은 과정을 거쳐 'ㅇ'이 탈락하였을 것이다. 물리바애(물레방아), 뭉디이바애(절구방아). (15ㄴ)은 파생접미사가 결합하거나 속격조사가 결합하여 단어가 형성될 때 'ㅇ'이 탈락한 것이다. '동사댁'이'는 기원적으로 '동상+익(속격조사)+댁이'의 구성에서 발달한 것으로 보이는데, '동상아댁'이'와 함께 쓰이지만 비모음을 전혀 보이지 않는다. (15ㄷ)은 한자어에서 'ㅇ'이 탈락한 것인데, 'ㅎ'이 공명음 사이에서 약화되면서 '모음_모음'의 환경이 만들어짐으로써 'ㅇ'탈락이 이루어진 경우도 있다.[117]

이상의 논의를 정리하면 다음과 같다. 〈무주〉, 〈영동〉, 〈김천〉 세 방언에서는 모두 형태소 내부나 경계에서 '모음_이'의 환경에서 'ㅇ'이 탈락한 예를 찾아볼 수 있었다. 그러나 〈무주〉에서는 그 예가 극히 드물고, 〈영동〉에서는 약간 존재하고, 〈김천〉에서는 대량으로 존재한다는 차이가 있었다. 이로써 통시적인 'ㅇ'탈락은 〈김천〉에서 가장 강하게 작용하였다고 결론지을 수 있다. 한편 〈김천〉에서는 '모음_모음' 환경에서도 'ㅇ'이 탈락하는 예가 존재하였다.

〈김천〉에서는 이러한 'ㅇ'탈락이 '체언+조사'라는 형태소 경계에서도 나타난다.

(16) ㄱ. +이(주격조사): 배˜'이˜(房), 재˜'이˜(場), 시˜˜이˜'(姓), 키˜'이˜(太), 주˜˜이˜'(僧), 컨배˜'이˜(큰방), 마

117) 주상대(1989:16)에는 '상하-', '당하-' 등과 같이 어근에 접미사 '-하-'가 결합된 형태에서도 'ㅇ'탈락이 일어남을 보고한 바 있다. 〈김천〉에서는 이러한 환경에서 'ㅇ'탈락이 잘 일어나지 않는 듯한데, 관용적으로 자주 쓰이는 '마안 놈우 자석'(망할 놈의 자식)과 같은 경우에는 'ㅇ'탈락이 일어난다. 이상규(2000:193)에는 '마흔놈'이 〈영덕〉에서 쓰인다고 제시되어 있다.

대˜′이˜(마당), 유리채˜′이˜(유리창)

ㄴ. +애(처격조사): 바˜′아˜(房), 자˜′아˜(場), 처˜′어˜(廳), 마다˜′아˜(마당), 또라˜′아˜(도랑), 만다˜′아˜(만당, 꼭대기), 정나˜′아˜(정낭, 뒷간), 유리차˜′아˜(유리창)

ㄷ. +어로(향격조사): 바˜′아˜로(房), 자˜′아˜로(場), 처˜′어˜로(廳), 마다˜′아˜로(마당), 지부˜′우˜로(지붕), 옥′사˜′아˜로(옥상), 또라˜′아˜로(또랑)

ㄹ. +언(보조사): 바˜′언˜(房), 자˜′언˜(場), 서˜˜언˜′(姓), 꼬˜′언˜(稚), 주˜˜언˜′(僧), 컨바˜′언˜(큰방), 마다˜′언˜(마당), 유리차˜′언˜(유리창)

ㅁ. +얼(목적격조사): 바˜′얼˜(房), 자˜′얼˜(場), 서˜˜얼˜(姓), 꼬˜′얼˜(雉), 주˜˜얼˜(僧), 컨바˜′얼˜(큰방), 마다˜′얼˜(마당), 유리차˜′얼˜(유리창)

(16)은 'ㅇ'말음의 체언에 모음으로 시작하는 조사가 결합한 경우를 제시한 것으로, 'ㅇ'탈락과 비모음화가 함께 일어난다. 간혹 모음의 비음성이 완전히 사라지는 경우도 있으나, 대부분은 뚜렷하게 비모음으로 실현된다. (16ㄱ)에서는 'ㅇ'탈락에 앞서 움라우트가 실현됨을 확인할 수 있다. 비설정음인 'ㅇ'이 개재자음으로서 기능함으로써 움라우트가 일어났다고 해석되기 때문이다. 'ㅇ'말음 체언에 처격조사나 향격조사가 결합하는 경우는, '바˜애˜(방+애), 바˜어˜로(방+어로)'로 같이 'ㅇ'이 탈락한 형태로 쓰이기도 하지만 대부분은 (16ㄴ, ㄷ)과 같이 완전순행동화가 함께 일어난 형태가 쓰인다.

(16ㄹ, ㅁ) 역시 수의적인 현상으로서 'ㅇ'탈락이 가능하지만, 'ㅇ'탈락의 실현 빈도 면에서 (16ㄱ~ㄷ)과는 차이가 있다. 즉 (16ㄱ~ㄷ)은 'ㅇ'탈락이 일어난 형식이 자주 쓰이는 데 비하여, 이들은 '방언, 방얼'과 같이 'ㅇ'탈락이 일어나지 않는 형식이 더 자주 사용된다는 차이가 있다. 그렇지만 이들 역시 'ㅇ'탈락이 일어날 수 있으며, 나아가 (16ㄴ, ㄷ)과 같이

완전순행동화가 일어날 수도 있다. 바~안~, 바~알~.

(16)과 같이 〈김천〉에서 'ㅇ'탈락은 'ㅇ'말음의 체언이 모음으로 시작하는 조사와 결합할 때에 일어난다고 할 수 있다. 즉 '모음_모음'의 환경에서 'ㅇ'이 수의적으로 탈락하는 것이다. 이는 형태소 내부나 파생어 경계에서 보이는 'ㅇ'탈락의 양상과 일치하는 것으로서, 형태소 내부에서 적용된 'ㅇ'탈락이 형태소 경계로 확대된 결과로 해석된다.

'ㅇ'탈락의 원인과 제약에 대해서는 여러 논의에서 폭넓게 다루어진 바 있다. 〈김천〉의 'ㅇ'탈락도 기존 논의에서 다루어진 범위를 크게 벗어나지 않는다. 'ㅇ'탈락이 일어나는 원인에 대한 기존 논의는 크게 두 가지 견해로 나누어 볼 수 있다. 하나는 'ㅇ'을 조음할 때에 연구개에 후설이 완전히 닿지 않아 폐쇄가 이루어지지 않기 때문에 'ㅇ'이 탈락한다는 조음음성학적인 차원의 설명이고(이병선 1967:57, 배주채 1994/1998ㄱ:24), 다른 하나는 방언에 따라, 특히 경상방언에서는 'ㅇ'이 모음 사이에서 음절 구성성분 중 초성으로 기능하여 폐쇄력이 약화되기 때문에 'ㅇ'이 탈락한다는 설명이다(김영태 1982, 최임식 1992). 즉 'ㅇ'의 폐쇄성이 약화되어 탈락한다는 데에는 의견이 같지만, 전자는 그 원인을 연구개 비음이라는 조음 위치(그리고 조음 방식)에서, 후자는 초성 위치라는 음절구조상의 특성에서 찾는다는 데에 차이가 있다.

우리는 이 두 견해 모두 'ㅇ'탈락의 원인을 다른 측면에서 해석한 것이라 파악한다. 연구개 비음이기 때문에 후설이 연구개에 부착되는 것이 조금 어려운 과정이며, 비록 후설을 연구개에 붙이더라도 압력이 낮아 떼기 어렵다는 조음 음성학적인 과정에 대한 설명은 타당한 것이다. 또한 모음이 선행하는 초성 위치이기 때문에 'ㅇ'탈락이 일어난다는 설명도 부인하기 어렵다. 일반적으로 모음이 선행하는 초성 위치는 약화가 특징적으로 잘 일어나는 위치로서, 폐쇄음이 마찰음으로 약화되는 현상도 이 위치에서 잘 일어난다. 'ㅇ'이 이 위치에 있을 경우, 여타의 경우와는 달리 'ㅇ'은 음운론적으로는 종성이고 음성적으로는 초성이다. 그런데 종성일 경우에는 약화나 탈락이 일어나기 어려우며, 이때 'ㅇ'은 뚜렷하게 음운론적으로 종성이라 파악된다. 반면 이 위치에서 약화나 탈락이 일어난다는 것은 'ㅇ'이 여타의 자음과 마찬가지로 초성으로서 기능하기 때문이라 파악된다.

'ㅇ'탈락은 일반적으로 합성어 경계를 사이에 두고서는 일어나지 않는다(최명옥 1980:210). 〈김천〉에서도 이는 마찬가지이다. 즉 '강+이름(江名), 땅+임자(地主), 방+웃목' 등은 '강이럼, 땅임자, 방운목'으로만 실현되지 'ㅇ'탈락이 일어난 '*가˜이˜럼, 따˜임˜자, 바˜운˜목'으로는 실현되지 않는다.

4.2.7 'ㅎ'탈락

'ㅎ'탈락에는 여러 종류의 'ㅎ'탈락이 포함된다. 우선 공명음과 공명음 사이에서 'ㅎ'이 수의적으로 [ɦ]로 약화되거나 아예 탈락하는 경우가 있다(넘한티→너만티, 공부하다→공부아다, 오늘 하루→오느라루). 또한 'ㅎ'이 용언 어간말에 있을 때에 모음으로 시작하는 어미가 결합하면, 'ㅎ'은 필수적으로 탈락한다(놓-아→놔, 쌓-아서→싸:서, 끊-으먼→끈느먼). 이러한 'ㅎ'탈락은 〈무주, 영동, 김천〉 세 방언에서 동일하다.

그런데, 장애음 말음의 체언에 'ㅎ'으로 시작하는 조사가 결합할 때에는 세 방언이 차이를 보인다. 〈무주, 김천〉에서는 'ㅎ'이 필수적으로 탈락하는 반면, 〈영동〉에서는 'ㅎ'이 탈락하지 않고 유기음화가 일어난다. 먼저 '체언+조사'의 환경에서 'ㅎ'탈락이나 유기음화가 일어나는 예를 제시하면 다음과 같다.

(1) ㄱ. 〈무주〉 -하구: 늦나락하구 오나락하구 → 는나라가구 오나라가구, 솟하구(솥하고) → 소다구, 흑하구(흙하고) → 흐가구, 버리밥하구 → 버리바바구
-한티/테: 자석한티(자식한테) → 자서간티, 닥한테(닭한테) → 다간테
-할래: 밥할래(밥조차) → 바발래

ㄴ. 〈영동〉 -하구: 떡하구 밥하구 → 떠카구 바파구, 이북하구(以北하고) → 이부카구, 솟하구(솥하고) → 소타구, 읏:하구(이웃하고) → 유:타구
-한테: 자석한테(자식한테) → 자서칸테, 닥한테(닭한테) → 다칸테

ㄷ. 〈김천〉 -하고: 떡하고 밥하고 → 떠'가'고 바'바'고, 짚하고 헉하고(흙하고) → 지'바'고 허가'고, 팟하고(팥하고) → 파'다'고, 솟하고(솥하고) → 소다'고
-한태: 자석한태(자식한테) → 자'서'간태, 놉한태(일꾼한테) → 노'반'태

(1ㄱ, ㄷ)에서 보듯이 〈무주, 김천〉에서는 'ㅎ'으로 시작하는 조사의 두음이 장애음 말음의 체언과 결합할 때에 필수적으로 탈락한다. 공명음 말음의 체언과 결합할 때에도 조사의 두음인 'ㅎ'이 탈락하므로(삼+하구→사마구 麻, 논+하구→노나구 畓, 팔+하구→파라구 臂, 비+하구→비하구 雨), 조사의 두음 'ㅎ'의 탈락은 모든 환경에서 일어나게 된다. 단, 'ㅎ'탈락이 탈락한 뒤에 명사의 말음이 그대로 실현되는 것이 아니므로(솟+하구→*소사구), 'ㅎ'탈락이 일어나기 전에 평폐쇄음화의 과정이 선행되어야 한다. 평폐쇄음화는 'XC$ㅎV'의 연쇄에서 음절 경계 앞에서 일어나는 것으로 이해된다.

이에 비해 〈영동〉에서는 이 환경에서 'ㅎ'탈락이 일어나지 않는다(1ㄴ). 'ㅎ'이 탈락하지 않으므로 당연히 'ㅎ'은 축약을 일으켜 유기음화가 실현된다. 이때에도 평폐쇄음화 과정은 유기음화에 앞서게 된다(읏:+하

구→(평폐쇄음화)→윤:하구→(축약, 유기음화)→유:타구).

이러한 방언간의 차이는 공시적인 'ㅎ'탈락 규칙의 유무에 따른 것으로 해석된다. 즉 〈무주, 김천〉에서는 'ㅎ'탈락 규칙이 공시적으로 존재하고, 〈영동〉에서는 그렇지 않기 때문에 이러한 차이가 나타난다는 것이다. 그런데 (1)과 같은 환경에서 'ㅎ'탈락은 국어의 대방언권에 따라 차이를 보인다. 'ㅎ'탈락과 관련된 전국적인 분포는 ≪한국방언자료집≫의 '떡하고 밥하고'의 조사항목을 통하여 개략적으로 살펴볼 수 있다.

〈지도 8〉에 따르면 'ㅎ'탈락이 일어나는 (가) 지역은 전라남북도 전역, 경상남도의 대부분(거창, 합천 제외), 충남의 서해안 일부(보령, 서천) 등으로 정리된다. 경북은 북부지역은(상주, 안동, 영양 이북) 축약이 일어나 유기음으로 실현되며, 그 외의 지역은 대체로 '떡하고 밥하고'와 같이 'ㅎ'탈락이나 축약이 일어나지 않은 형식으로 제시되었다(군위, 경주 제외). 결국 경북은 'ㅎ'탈락이 일어난 지역이 전혀 없는 셈이 된다. 지리적으로 떨어져 강원의 인제, 고성, 양양에서도 'ㅎ'탈락이 일어난 형식이 제시되어 있다. 이외의 지역, 즉 (나) 지역에는 대부분 축약이 일어나 유기음으로 실현된다.

따라서 〈영동〉에서 축약이 일어나는 것은 〈영동〉이 속해 있는 대방언권의 속성을 그대로 따른 것이라 해석된다. 이점은 〈무주〉 또한 마찬가지이다. 문제는 〈김천〉에서 'ㅎ'탈락이 일어나는 것을 어떻게 해석해야 하는가이다. 〈김천〉이 속한 경북 지역에서는 'ㅎ'탈락을 보여주지 않기 때문이다. 경북 내에서 〈김천〉과 동일한 소방언권에 속하는 〈상주〉 또한 분명하게 축약이 일어남이 보고된 바 있다(김덕호 1985:47~49). 현재로서는 경남 방언과의 관련성에 무게를 둘 수밖에 없는데, 〈김천〉과 맞닿아 있는 서부 경남의 〈거창, 합천〉에서 'ㅎ'탈락이 일어나지 않는 것으로 조사되어 있어 〈하동, 산청, 진주, 의령〉 등 'ㅎ'탈락이 일어나는 지역과 지리적으로 연속되지 않는 문제점이 있다. 다행히 경남의 〈합천〉에서는 'ㅎ'탈락이 일어난다는 보고(최명옥 1995/1998ㄴ:121)가 있어, 〈김천〉의 'ㅎ'탈락을 서부 경남방언과의 관련성 속에서 해석할 수 있는 가능성이 있다. 만약 서부 경남방언과의 관련성이 부인된다면, 〈김천〉의 'ㅎ'탈락은 〈무주〉의 직접적인 영향으로 해석될 수밖에 없다.

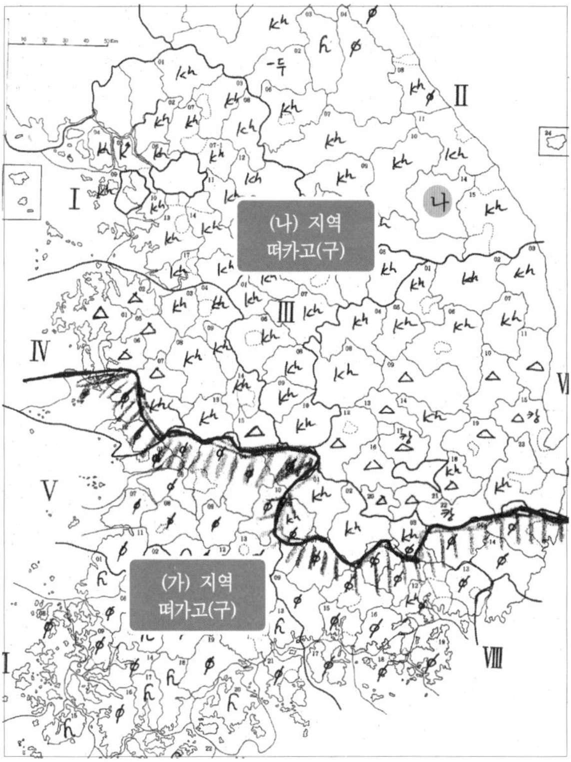

〈지도 8〉 '떡+하고'(餠)

'ㅎ'탈락이 일어나는 음운론적인 원인에 대해서는 아직 분명하게 밝혀진 바가 없다. 김차균(1982/1985:66~70)에서는 'ㅎ'이 내파음(우리의 술어로는 평폐쇄음) 뒤에서 중얼거림으로 변하여 [ɦ]가 된다고, 정인호(1995:49)에서는 'ㅎ'의 계속성 자질로 말미암아 선행하는 평폐쇄음이 유성마찰음이 된다고 하였지만, 왜 이러한 약화가 공명음 사이가 평폐쇄음 뒤에서 일어나는지 여전히 설명하기 어려운 점이 있다. 음운론적인 원인이 분명하지 않기 때문에 형태 분석의 용이성(배주채 1994/1998ㄱ:55~56)이나, 자립 형식인 체언의 형태 고정(김옥화 2001:173~174)이라는 비음운론적인 측면에서 'ㅎ'탈락의 원인을 찾기도 하였다. 또한 최명옥 · 김옥화(2001:206~207)에서는 조사 '-하고'와 관련하여 문법화 이전에 존재하던 명사와 '-하고' 사이의 휴지 때문에 축약(유기음화)이 일어나지 않았는데, 이 현상이 문법화 이후에도 그대로 이어진 것이 'ㅎ'탈락이라 보기도 하였다. 결국, 'ㅎ'이 평폐쇄음 뒤에서 탈락하는 음운론적 원인은 아직 분명하지 않으며, 비음운론적인 원인 또한 규명되어야 부분이 많은 것으로 볼 수 있다. 우리도 'ㅎ'탈락의 원인에 대해서는 분명한 해답을 가지고 있지 않다. 다만, 'ㅎ'탈락이 일어나는 방언이라 하더라도 전남의 고흥방언과 같이 모든 환경에서 'ㅎ'탈락이 일어나는 방언과 제한된 환경에서 'ㅎ'탈락이 일어나는 방언이 있다는 점에서, 이 현상은 단순히 음성적 동기만으로 설명되기 어렵다는 점을 지적해 둔다.

'체언+조사' 이외에 공시적인 'ㅎ'탈락 현상으로 다룰 수 있는 환경으로, 음운론적 구가 있다. 이때에는 〈영동〉에서도 'ㅎ'탈락이 일어남을 확인할 수 있다.

(2) ㄱ. 〈무주〉 밥 한 그릇 → 바방그럭, 팥 한 되 → 파단되
ㄴ. 〈영동〉 밥 한 사발 → 바반사발~바판사발, 팥 한 되 → 파단되~파탄되
ㄷ. 〈김천〉 암딱 한 마리 → 암/따/간마리, 팥 한 디 → 파/단/디

(2ㄱ, ㄷ)의 〈무주, 김천〉에서는 (1)과 같이 'ㅎ'탈락이 일어난다. 그런데 (1)에서는 'ㅎ'탈락이 일어나지 않았던 〈영동〉도 (2ㄴ)과 같이 수의적으로 'ㅎ'탈락이 일어난다. 따라서 (2)와 같이 음운론적 구를 형성할 때에 〈영동〉에서도 'ㅎ'탈락이 가능한 듯 보인다. 그러나 음운론적 구를 형성할 때에는 세 방언 모두에서 'ㅎ'탈락을 전혀 보이지 않는 경우도 있어 규칙화하기가 쉽지 않다.

(3) 및 해(몇 년) → 미태〈무주〉, 멧 해(몇 년) → 메태〈영동〉, 및 해(몇 년) → 미′태′〈김천〉

공시적인 'ㅎ'탈락으로 다루기는 어렵지만, '-하다' 복합용언의 경우에서도 'ㅎ'탈락이 일어났음을 확인할 수 있다. '-하다' 복합용언은 'ㅎ'탈락이 일어난 경우와 그렇지 않은 경우가 각 방언에 따라, 그리고 '-하다'에 선행하는 어근의 성격에 따라 다르다.

(4) ㄱ. 〈무주〉 밥해먹어 → 바배머거, 옷해입어 → 오대이버, 약하로(藥을 하러) → 야가로
ㄴ. 〈영동〉 밥해먹어 → 바패머거, 옷해입어 → 오태이버, 약하로(藥을 하러) → 야카로
ㄷ. 〈김천〉 밥해먹어 → 바′배′머어, 옷해입어 → 오′대′이버, 약하로(藥을 하러) → 야′가′로, 딱하로(닥을 하러, 楮) → 따가′로

(4)는 '-하다' 앞의 선행 성분이 자립 명사인 경우로, (1)에서 파악되는 양상과 동일하다. 즉 〈무주, 김천〉에서는 필수적으로 'ㅎ'이 탈락하며, 〈영동〉에서는 'ㅎ'탈락이 일어나지 않는다.

(5) ㄱ. 〈무주〉 착하다(善) → 차카다, 급하다(急) → 그파다, 약하다

(弱) → 야카다, 탁하다(濁) → 타카다, 딱하다(憫) → 따카다, 합하다(合) → 하파다, 욕하다(辱) → 요가다
cf. 푹하다(따듯하다) → 푸가다, 탁하다(닮다) → 타가다

ㄴ. 〈영동〉 착하다 → 차카다, 급하다 → 그파다, 약하다(弱) → 야카다, 탁하다(濁) → 타카다, 딱하다(憫) → 따카다, 합하다(合) → 하파다, 푹하다(따듯하다) → 푸카다, 쭉해야(기껏해야) → 쭈캐야, 욕하다(辱) → 요카다

ㄷ. 〈김천〉 착하다 → 차'카'다, 겁하다(急) → 거'파'다, 약하다(弱) → 야'카'다, 탁하다(濁) → 타'카'다, 딱하다(憫) → 따'카'다, 합하다(合) → 하'파'다, 쭉해야(기껏해야) → 쭈캐'야, 욕하다(辱) → 요'가'다
cf. 푹하다(따듯하다) → 푸가'다

(5)는 '-하다' 앞의 성분이 1음절 어근인 경우로서, 이때에는 세 방언 모두에서 'ㅎ'탈락이 일어나지 않는 것이 원칙이다. 이점은 〈무주〉 역시 마찬가지인데(5ㄱ), 여타 전라방언에서 '차거다, 그버다' 등과 같이 'ㅎ' 탈락이 일어나는 것과 대조적이다. 다만, 〈무주〉에서도 1음절 어근 중에서 '푹-, 탁-(託?)'이 결합된 '푸가다, 타가다'는 'ㅎ'탈락을 일어난다. 〈영동〉에서는 이때에도 전혀 'ㅎ'탈락이 일어나지 않으며, 〈김천〉에서도 대체로 'ㅎ'탈락이 일어나지 않는다. 단 〈김천〉에서는 〈무주〉와 마찬가지로 어근 '푹-'이 결합된 '푸가다'에서는 'ㅎ'탈락이 일어났음을 확인할 수 있다.

(6) ㄱ. 〈무주〉 넉넉하다(豊) → 넝너가다, 납작하다 → 납짜가다, 빽빽하다 → 빽빼가다, 깨깟하다 → 깨까다다, 비젓하다(비슷하다) → 비저다다, 거식하다 → 거시가다

ㄴ. 〈영동〉 넉넉하다(豊) → 넝너카다, 납작하다 → 납짜카다, 빽빽하다 → 빽빼카다, 깨끗하다 → 깨끄타다, 비슷하다 → 비스타다, 거식하다 → 거시카다

ㄷ. 〈김천〉 넉넉하다(豊) → 넝너가/카'다, 납작하다 → 납짜가/카'다,

빽빽하다 → 빽빼가/카'다, 깨끗하다 → 깨끄다/타'다,
비섯하다 → 비서다/타'다 거석하다 → 거서가/카'다

(6)은 '-하다' 앞에 2음절의 어근이 결합된 경우로서, 〈무주〉에서는 필수적으로 'ㅎ'탈락이 일어나고 〈영동〉에서는 'ㅎ'탈락이 일어나지 않았다. 이에 비하여 〈김천〉에서는 수의적으로 'ㅎ'탈락이 일어났음을 확인할 수 있다(6ㄷ).

그런데 〈영동〉을 포함하여 세 방언 모두에서 'ㅎ'탈락이 일어난 예도 있다. 여기에는 '-하다' 앞의 성분이 자립명사이거나 어근인 예가 모두 포함된다.

(7) 대:답하다 → 대:답하다, 답답하다 → 답따바다, 섭섭하다 → 섭써바다, 복잡하다 → 복짜바다, 익숙하다 → 익수가다, 입학하다 → 이파가다, 졸업하다 → 조리바다〈무주〉/조러바다〈영동, 김천〉

또한 〈무주〉에서도 '-하다' 복합용언에서 'ㅎ'탈락이 수의적으로 적용된 경우가 있다.

(8) 무식하다(無識) → 무시가다~무시카다,
연습하다(練習) → 연스바다~연스파다
거북하다 → 거부가다~거부카다

(4~6)의 예를 종합해 보면, '-하다' 복합용언에서의 'ㅎ'탈락은 '무주-김천-영동'의 순서로 강하게 일어났음을 알 수 있다. 즉 〈무주〉에서는 1음절 어근이 결합된 예를 제외하면 거의 모든 경우에 'ㅎ'탈락이 일어났으며, 〈김천〉에서는 수의적으로 'ㅎ'탈락이 일어난 경우가 있으며, 〈영동〉에서는 거의 'ㅎ'탈락이 일어나지 않았다.

한편, '-하다' 복합용언과 달리 피사동 접미사 '-히-, -후-' 등이 결합된 어간은 세 방언에서 모두 'ㅎ'탈락을 보이지 않는다. 굵히다/글키다/, 입히다/이피다/, 썩후다/써쿠다/, 묵후다/무쿠다/ 등. 이는 'ㅎ'탈락이 공시적으로 생산적인 접미사가 결합된 경우와 그렇지 않은 경우에 구분되어 적용되었음을 말해준다.

5장 결론

이상에서 우리는 전라북도의 무주방언, 충청북도의 영동방언, 경상북도의 김천방언을 대상으로 하여 공시음운론적 관점에서 세 방언의 유사점과 차이점을 대비하여 살펴보고자 하였다. 세 방언은 지리적으로 인접하고 있으면서도 각각 서남방언, 중부방언, 동남방언의 하위 방언으로 인정되고 있으므로 유사점과 차이점에 대한 대비의 균형이 유지될 수 있도록 노력하였다. 세 방언의 음운론적 특징은 음운들이 조직되어 있는 음운체계, 도출의 시작 단계인 기저형, 기저형에서 표면형에 이르는 음운 과정으로 포괄될 수 있으므로, 유사점과 차이점에 대한 대비는 음운체계, 기저형, 음운 과정으로 나누어 진행하였다.

제2장은 공시적인 음운 기술의 바탕이 되는 음운체계에 대한 대비이다. 먼저, 세 방언은 자음체계에 있어서는 차이가 없다. 세 방언 모두 국어의 여타 방언과 마찬가지로 19개의 자음(ㅂ, ㅃ, ㅍ, ㄷ, ㄸ, ㅌ, ㄱ, ㄲ, ㅋ, ㅈ, ㅉ, ㅊ, ㅅ, ㅆ, ㅎ, ㅁ, ㄴ, ㅇ, ㄹ)을 가지고 있으며 이들 자음이 조음위치상으로는 양순음, 치조음, 경구개음, 연구개음, 성문음, 조

음방식상으로는 파열음, 파찰음, 마찰음, 비음, 유음으로 조직되어 있는 자음체계 역시 동일하다. 그러나 변이음의 실현에서는 약간의 차이가 없지 않다. 〈무주, 김천〉에서는 'ㅅ, ㅆ'이 수의적으로 '이'를 제외한 전설모음 앞에서도 치조 구개 마찰음인 [ɕ, ɕ']로 실현되지만 〈영동〉에서는 그렇지 않다. 〈무주, 영동〉에서 'ㅁ, ㄴ'은 특정 환경에서 [b, d]가 동시에 조음되는 [^{b}m, ^{d}n]으로 실현되지만, 〈김천〉에서는 이 변이음이 거의 실현되지 않는다.

모음체계에 있어서는 〈무주, 영동〉이 공통적이며, 〈김천〉은 차이를 보인다. 〈무주, 영동〉은 목록상 10개의 단모음(이, 에, 애, 위, 외, 으, 어, 아, 우, 오)이 있으며, 전설모음과 후설모음, 원순모음과 비원순모음, 고모음과 중모음과 저모음으로 모음체계가 조직되어 있다. 〈무주〉에서는 '위'가 [ü]로만 실현되지만, 간혹 〈영동〉에서는 '위'가 이중모음 [wi]나 단모음 [i]로도 실현된다. 〈김천〉은 목록상 6개의 단모음(이, 애(E), 어(Ǝ), 아, 우, 오)이 있으며, 모음체계도 차이를 보인다. 〈김천〉에는 전설모음과 후설모음의 대립이 있지만, 전설모음에는 원순모음이 존재하지 않는다. 또한 〈무주, 영동〉의 모음체계에서는 '오'의 평순 대립짝으로 '어'가 있지만, 〈김천〉의 모음체계에서는 '어'가 '우'의 평순 대립짝이다. 반모음으로 〈무주, 영동〉에는 전설평순, 전설원순, 후설원순의 y, ɥ, w가 있으며, 〈김천〉에는 y, w가 있다. 이들 반모음은 단모음과 결합하여 이중모음을 형성하는데, 〈무주, 영동〉과 달리 〈김천〉에는 자음이 선행할 경우에 이중모음은 잘 실현되지 않는 경향이 있으며, 자음이 선행하지 않더라도 이중모음의 실현을 피하는 경향이 있다.

〈무주, 영동〉에는 운소로 음장이 있으며, 〈김천〉에는 성조가 있다. 〈무주, 영동〉에서 장음과 단음의 구별은 어두에서만 가능하고 비어두에서는 단음만 나타난다. 〈김천〉의 성조는 고조(H), 저조(L), 상승조(R)가 있으며, 일정한 성조형에 따른 성조 배열을 보인다.

제3장은 세 방언의 기저형에 대한 대비이다. 공시적인 음운 기술에서 기저형이 다르다면 적용되는 음운 과정이 동일하다 하더라도 방언간의 차이가 존재하기 마련이다. 기저형은 특히, 조사와 체언의 통합이나 어미와 용언 어간의 통합과 같은 형태소 경계에서 일어나는 음운 과정의 시작부라는 점에서 중요한 의미를 가지므로, 조사, 체언, 어미, 용언 어간으로 나누어 대비를 진행하였다.

3.1에서는 세 방언의 조사를 대상으로 기저형을 대비하였다. 조사는 비교적 수가 많지 않으므로, 세 방언에 존재하는 모든 조사를 대비하였다. 기저형의 관점에서 자유변이를 제외한다면 세 방언의 조사는 단일기저형, 다중기저형의 조사로 나눌 수 있다. 먼저 세 방언 모두에서 공통적인 단일기저형의 조사로는 '-가치~-거치(비교격), -까지~꺼지~꺼정(도급), -도(동일), -마다(균등), -만(단독), -만치(비교격), -보고(여격), -보다(비교격), -부터(시작), -뿐(단독), -씩~썩(균등), -조사(첨가), -하고(공동격)'가 있으며, 다중기저형의 조사로는 '-아/야(호격), -으로/로(구격), -은/는~ㄴ(한정), -을/를~ㄹ(대격), -이/가(주격), -이고/고(접속조사), -이나/나(선택), -이라도/라도(양보), -이랑/랑(공동격)'가 있다(〈김천〉에는 '으'가 음소로 존재하지 않으므로 이들 조사는 '-어로/로' 등이 기저형이 된다). 다중기저형인 조사의 선택조건은 '-으로/로'를 제외하면 모두 '자음뒤/모음뒤'로 동일하다. 이들 조사 중에는 자유변이를 보이는 조사도 있는데, '오'로 끝난 조사들은 〈무주, 영동〉에서 '우'로 끝나는 형식과 자유변이한다. 〈김천〉에는 이러한 자유변이가 존재하지 않는다. 세 방언 중에서 한 방언에만 존재하는 조사로는, 〈무주〉의 '-할래', 〈김천〉의 '-캉(공동격), -요(존칭의 호격), -인따나/ㄴ따나(양보)'이 있다.

3.2는 체언의 기저형에 대한 대비이다. 일반적으로 체언은 이형태의 교체가 없거나 있다고 하더라도 자동적인 교체가 대부분이기 때문에 기저형 설정이 비교적 간단하다. 세 방언에서 'ㄴ'말음의 체언은 특정 환경

에서 'ㄴ'이 수의적으로 탈락하는 과정을 보이는데 이때의 수의적인 'ㄴ' 탈락은 공시적인 음운 과정으로 인정되므로 'ㄴ'이 포함된 형태가 기저형이 된다. 'ㅇ'말음의 체언은 세 방언 중에서 〈김천〉에서만 'ㅇ'이 수의적으로 탈락하는 과정을 보이는데 이 과정은 〈김천〉에서 공시적인 음운 과정으로 인정되므로, 세 방언 모두 'ㅇ'이 포함된 형태가 기저형인 점은 동일하다. 한편 〈김천〉에서 'ㄱ'말음 체언 중 일부(거럭, 구석, 호박 등)는 특정 조사와 결합할 때에만 'ㄱ'이 탈락하는데 이 과정은 공시적인 음운 과정으로 인정되지 않으므로 '거럭/거러'와 같은 다중기저형으로 설정된다. 〈무주, 영동〉에서는 이러한 교체가 없으므로 단일기저형 '거럭'만 인정된다. 표준어의 'ㅌ'말음 체언(솥, 밭 등)은 〈무주, 영동〉에서는 'Xㅅ(그밖)/Xㅌ(처격 앞)'의 기저형으로, 〈김천〉에서는 'Xㅊ(그밖)/Xㅌ(처격 앞)'의 기저형으로, 표준어의 'ㅊ'말음 체언(꽃, 낯 등)은 〈무주, 영동〉에서는 단일기저형인 'Xㅅ'으로, 〈김천〉에서는 'Xㅊ'으로 대응된다.

3.3에서는 세 방언 어미의 기저형에 대한 살펴보았다. 어미는 상대경어법 체계에 대한 방언간의 차이 때문에 자음어미, 매개모음어미, 모음어미로 나누어 대비하였다. 세 방언의 자음어미에는 'ㄱ, ㄷ, ㅈ, ㅅ, ㄴ'으로 시작하는 어미가 있다. 자음어미는 모두 이들이 두음인 기저형으로 설정되는데, 어미에 따라서 기저형이 차이가 날 수 있다. 예를 들어, 추정이나 의도의 선어말어미 '-겠-'은 〈무주〉에서는 '-겄-', 〈영동〉에서는 '-겄~갔-', 〈김천〉에서는 '-겠-'으로 기저형의 차이를 보인다. 세 방언에서 매개모음어미는 '-으X/X'(〈김천〉은 '-어X/X')의 기저형을 가지며, 선택조건은 'ㄹ을 제외한 자음 뒤/ㄹ이나 모음 뒤'로 동일하다. 물론 동일한 기능을 하는 어미라 하더라도 방언에 따라 기저형은 달라질 수 있다. 표준어 '-으면서'에 대응되는 어미의 기저형은 〈무주〉는 '-음서/ㅁ서', 〈영동, 김천〉는 '-으민서/민서'로서 차이가 난다. 세 방언에서 모음어미의 기저형은 '-어X'로 동일하다. 다른 방언에서 모음어미의 기저형으로

인정되기도 하는 '-아X'는 세 방언에서 모두 '어→아'의 모음조화규칙으로 도출될 수 있으므로 기저형으로 설정되지 않는다.

3.4에서는 용언 어간의 기저형에 대해 살펴보았다. 용언 어간은 다중기저형이 설정되는 어간을 중심으로 대비하였다. 'ㅂ'불규칙 어간의 경우, 〈무주〉에는 단음절 어간의 경우 기저형이 'Xㅂ~X웁-(자음어미 앞)/X우-(그밖)'이고('덥-'의 활용형: 덥구~더웁구, 더운, 더워) 다음절 어간의 경우에는 기저형이 'Xㅂ-(자음어미 앞)/X우~X∅-(그밖)'이다('싱겁-'의 활용형: 싱겁구, 싱거운~싱건, 싱거워~싱거). 〈영동〉은 기저형이 'Xㅂ-(자음어미 앞)/X우-(그밖)'이며(덥구, 더운, 더워; 싱겁구, 싱거운, 싱거워), 〈김천〉은 기저형이 'Xㅂ-'으로 단일하다(덥고, 덥언, 덥어; 싱겁고, 싱겁언, 싱겁어). '르'불규칙 어간의 경우는 세 방언의 기저형이 유사한 면이 있다. 즉, 〈무주, 영동〉에서 '르'불규칙 어간은 'X르-(그밖)/Xㄹ르-(모음어미 앞)'이 기저형이며('흐르-'의 활용형: 흐르구, 흐른, 흘러), 〈김천〉에서는 '으'가 존재하지 않으므로 'X러-(그밖)/Xㄹ러-(모음어미 앞)'이 기저형이다(허러고, 허런, 헐러). 단, 〈무주, 영동〉에서는 모음어미 앞에서의 기저형인 'Xㄹ르-'이 자음어미와 매개모음어미 앞에서도 쓰여 단일기저형 'Xㄹ르-'이 공존하며(흘르구, 흘르면, 흘러), 〈김천〉에서는 이러한 기저형의 단일화가 나타나지 않는다.

제4장은 세 방언의 음운 과정에 대한 대비이다. 방언에 따른 차이가 없는 음운 과정과 방언에 따라 차이를 보이는 음운 과정으로 나누어 대비를 진행하였다.

4.1에서는 방언차가 없는 음운 과정으로 평폐쇄음화, 비음화, 유음화, 양순음화, 연구개음화, 경음화를 살펴보았다. 평폐쇄음화는 음절경계 앞에서 일어나는 과정으로서, 장애음 중에서 양순음, 치조음과 경구개음과 성문음, 연구개음이 각각 'ㅂ, ㄷ, ㄱ'으로 바뀐다. 비음화는 장애음이 비음 앞에서 비음으로 바뀌는 과정으로, 장애음은 평폐쇄음화를

거친 뒤에 비음화가 일어나는 것으로 파악된다. 유음화는 'ㄴ'이 'ㄹ' 뒤에서 'ㄹ'로 바뀌는 과정으로서 'ㄴ'으로 시작하는 조사가 없으므로 곡용에서는 확인되지 않는다. 양순음화와 연구개음화는 수의적인 과정으로서 조음위치동화에 해당하는 과정으로 곡용과 활용에서 모두 확인할 수 있다. 경음화는 평음이 경음으로 바뀌는 과정으로서, 환경에 따라 평폐쇄음 뒤의 경음화, 용언의 어간말음인 비음 뒤의 경음화, 관형형 어미 '-을' 뒤의 경음화로 나눌 수 있다. 이상의 음운 과정은 세 방언에서 차이가 없이 일어난다.

4.2는 방언차가 있는 음운 과정에 대한 대비로서, 모음조화, 반모음화, 전설모음화, 움라우트, 자음군단순화, 'ㄴ'탈락, 'ㅇ'탈락, 'ㅎ'탈락을 검토하였다. 모음조화는 모음어미의 두음인 '어'가 어간의 음운론적 구조에 따라 '아'로 바뀌는 과정으로서 방언에 따라 차이를 보인다. 〈무주, 영동〉에서는 어간말음이 '애, 외, 아, 오'일 때, 어간말음이 '으, 우'이면서 비어간말음절에 '애, 외, 아, 오'가 있을 때 '어'가 '아'로 바뀐다(뱉-아, 되-아, 잡-아, 뽑-아, 아프-아, 다물-아). 〈김천〉에서는 여기에 더하여 어간말이 '우'인 다음절 어간일 때에도 필수적으로 '어'가 '아'로 바뀐다(비우-아, 키우-아, 불구-아). 또한 〈김천〉에서는 어간말이 '이, 어, 우'인 다음절 자음 어간 뒤에서도 수의적으로 '어'가 '아'로 바뀐다(내삘-어~내삘-아, 개겁-어~개겁-아, 야물-어~야물-아).

반모음화는 y반모음화, w반모음화, ɯ반모음화로 나누어 살펴보았다. 용언의 어간말음인 '이'가 모음어미의 두음 '어' 앞에서 y로 바뀌는 y반모음화는 공시적으로 〈무주, 영동〉에서만 일어나고('기-' 匍 기어~겨:) 〈김천〉에서는 y반모음화 대신 완전순행동화가 일어난다(기이). 〈무주, 영동〉에서는 용언의 어간말음 '애'도 반말체 종결어미 '-어' 앞에서 수의적으로 y로 바뀐다('달개-' 誘 달개아~달갸:). 용언의 어간말음 '오, 우'가 모음어미의 두음 '-어' 앞에서 w로 바뀌는 w반모음화는 세 방언 모두에서 일어난다. 단 〈김천〉에서는 단음절의 '우'말음 어간일 때 w반모음화 대신 완전순행동화가 일어난다. 용언의 어간말음인 '위, 외'가 반말체 종결어미 '-어' 앞에서 ɥ로 바뀌는 ɥ반모음화는 〈무주, 영동〉에서만 일어난다('뛰-'躍 뛰어~뚜ㅕ:, '되-'化 되아~도ㅑ:).

치찰음 아래에서 '으'가 '이'로 바뀌는 공시적인 전설모음화는 세 방언 모두 활용에서만 일어난다. 그런데 〈무주〉에서는 'ㅅ, ㅆ, ㅈ, ㅊ' 아래에서 전설모음화가 일어나는 반면, 〈영동, 김천〉에서는 'ㅆ' 아래에서만 전설모음화가 일어난다는 차이점이 있다. 형태소 내부에서 일어난 통시적인 전설모음화의 양상을 살펴보면 〈영동, 김천〉의 공시적인 전설모음화는 적용 환경이 축소된 것임을 알 수 있다.

움라우트는 i, y에 의해 앞 음절의 모음이 같은 높이의 전설모음으로 바뀌는 과정으로, 모음체계가 동일한 〈무주, 영동〉에서는 그 내용이 같다. 그런데 〈김천〉에서의 움라우트는 모음체계의 통시적인 변화로 말미암아 움라우트의 내용이 달라졌다. 즉 〈김천〉에서는 '어, 우, 오'가 '이'로, '아'가 '애'로 바뀌는 과정으로 움라우트의 내용에 있어 〈무주, 영동〉과 차이를 보인다. 자음군단순화에서 세 방언의 차이는 어간말음이 'ㄺ, ㄼ'인 경우에 드러난다. 〈무주, 영동〉에서는 항상 이들 자음군은 'ㄱ, ㅂ'으로 단순화되는 데에 비하여, 〈김천〉에서는 'ㄱ, ㅂ'으로 단순화되기도 하고 'ㄹ'로 단순화되기도 한다.

'ㄴ'탈락은 'ㄴ'말음의 체언에 '이'로 시작하는 조사가 결합하는 경우에 'ㄴ'이 탈락하는 과정으로 세 방언에서 모두 확인된다. 단, 〈김천〉에서는 '이'로 시작하는 조사 뿐만 아니라 '-얼'과 같은 대격조사와 결합할 때에도 수의적으로 'ㄴ'이 탈락한다. 'ㅇ'탈락은 〈김천〉에만 공시적으로 존재하는 과정으로 'ㅇ'말음의 체언에 모음으로 시작하는 조사가 결합할 때 'ㅇ'이 탈락한다. 〈무주, 영동〉에는 이 과정이 존재하지 않는다. 'ㅎ'탈락 중에서 장애음 말음의 체언에 'ㅎ'으로 시작하는 조사가 결합할 때 일어나는 'ㅎ'탈락은 방언에 따른 차이를 보인다. 곧 〈무주, 김천〉에서는 조사의 두음인 'ㅎ'이 탈락하는 과정이 일어나지만 〈영동〉에서는 'ㅎ'이 탈락하지 않음으로써 유기음화가 일어나게 된다.

본고에서는 〈무주, 영동, 김천〉 세 방언의 음운론을 대비하면서 통시적인 측면을 다루지 못하였다. 통시적인 대비 연구는 재구를 통한 방언 분화론에서 필수적인 것이지만, 공통적인 선대형에 대한 연구방법론이 전제되지 않고서는 접근하기 어려운 영역이라 판단되었기 때문이다. 그러나 종합적인 방언차에 대한 대비는 공시적인 측면과 통시적인 측면의 대비로 완성될 수 있으므로, 통시적인 대비에 대한 보완이 필요하다 할 것이다.

참고문헌

강창석(1982), 현대국어의 형태소 분석과 음운현상, ≪국어연구≫ 50.

강창석(1985), 활용과 곡용의 형태론과 음운론, ≪울산어문논집≫ 2.

강희숙(2002), 현대 서울말의 모음조화 -부동사형어미 '-아/어'의 교체를 중심으로, ≪우리말글≫ 26.

곽충구(1980), 십팔세기 국어의 음운론적 연구, ≪국어연구≫ 43.

곽충구(1982), 아산지역어의 이중모음 변화와 이중모음화, ≪방언≫ 6.

곽충구(1984), 체언어간말 설단자음의 마찰음화에 대하여, ≪국어국문학≫ 91.

곽충구(1991), 함경북도 육진방언의 음운론, 서울대학교 박사학위논문.

곽충구(1994), 계합 내에서의 단일화에 의한 어간 재구조화, ≪남천 박갑수 선생 화갑기념논문집≫, 태학사.

곽충구(1995), 중부방언의 성격과 그 특징, ≪국어방언연구의 현황과 전망≫, 한국정신문화연구원.

곽충구(2003), 현대국어의 모음체계와 그 변화의 방향, ≪국어학≫ 41.

권병로(1979), 무주지역어의 음운론적 연구, 전북대학교 석사학위논문.

권병로(1983), 무주방언의 움라우트, ≪어학≫(군산대) 2.

권병로(1985), 무주방언의 이중모음, ≪어학≫(군산대) 4.

권병로(1987), 무풍지역어의 음운론적 연구, 전북대학교 박사학위논문.

김경아(1990), 활용에서의 기저형설정과 음운현상, ≪국어연구≫ 94.

김경아(2000), ≪국어의 음운표시와 음운 과정≫, 태학사.
김규남(1991), 전북 방언의 ㅂ불규칙 활용과 재구조화, ≪어학≫(전북대) 18.
김덕호(1985), 경북 · 충북 접경지역어의 음운 연구, 경북대학교 석사학위논문.
김덕호(2001), ≪경북방언의 지리언어학≫, 월인.
김봉국(2000), 강릉 · 삼척 지역어의 활음화, ≪한국문화≫ 26.
김봉국(2002), 강원도 남부지역 방언의 음운론, 서울대학교 박사학위논문.
김성규(1988), 비자동적 교체의 공시적 기술, ≪관악어문연구≫ 13.
김성규(1989), 활용에 있어서의 화석형, ≪주시경학보≫ 3.
김옥화(2000), 전북방언 '-어X'계 어미의 재구조화, ≪국어학≫ 36.
김옥화(2001), 부안지역어의 음운론적 연구, 서울대학교 박사학위논문.
김완진(1963), 국어 모음체계의 신고찰, ≪진단학보≫ 24.
김완진(1972), 형태론적 현안의 음운론적 극복을 위하여: 이른바 장모음의 경우, ≪동아문화≫ 11.
김완진(1977), ≪중세국어성조의 연구≫, 탑출판사.
김완진(1978), 모음체계와 모음조화에 대한 반성, ≪어학연구≫ 14-2.
김주원(1984), 통시적 변화의 한 양상: 경상도 방언의 "겉다" 구문의 경우, ≪언어학≫ 7.
김주필(1994), 17 · 18세기 국어의 국개음화와 관련 음운현상에 대한 통시론적 연구, 서울대학교 박사학위논문.
김창섭(1995), 한국방언자료집에 따른 서남방언의 특징, ≪국어방언연구의 현황과 전망≫, 한국정신문화연구원.
김충회(1992), ≪충청북도의 언어지리학≫, 인하대학교 출판부.
김　현(1999), 모음간 w탈락과 w삽입의 역사적 고찰, ≪애산학보≫ 23.
도수희(1977), 충남방언의 모음변화에 대하여, ≪이숭녕선생고희기념 국어국문학논총≫, 탑출판사.
도수희(1987), 충청도 방언의 특징과 연구, ≪국어생활≫ 9.
박명순(1994), 영동지역어의 음운연구, ≪호서문화논총≫ 8.
박정수(1999), ≪경남방언 분화연구≫, 한국문화사.
박지홍(1983), 경상도 방언의 하위방언권 설정, ≪인문논총≫(부산대) 24.
박창원(1991), 음운 규칙의 변화와 공시성, ≪국어학의 새로운 인식과 전개≫,

태학사.
박창원(1999), 동남 방언의 모음체계(Ⅰ): 모음사에서의 상대적 위치를 중심으로, ≪애산학보≫ 20.
배주채(1989), 음절말자음과 어간말자음의 음운론, ≪국어연구≫ 91.
배주채(1994), 고흥방언의 음운론적 연구, 서울대학교 박사학위논문.
배주채(1998ㄱ), ≪고흥방언 음운론≫, 태학사.
배주채(1998ㄴ), 서남방언, ≪국어학연구의 새 지평≫, 태학사.
백두현(1982), 금릉지역어의 음운론적 연구, 경북대학교 석사학위논문.
백두현(1989), 영남문헌어의 통시적 음운 연구, 경북대학교 박사학위논문.
서주열(1981), ≪전남 · 경남방언의 등어지대연구≫, 정화출판문화사.
소강춘(1989), ≪방언분화의 음운론적 연구≫, 한신문화사.
송철의(1991), 국어 음운론에 있어서 체언과 용언, ≪국어학의 새로운 인식과 전개≫, 태학사.
송철의(1993), 준말에 대한 형태 · 음운론적 고찰, ≪동양학≫ 23.
송철의(1995), 국어의 활음화와 관련된 몇 문제, ≪단국어문논집≫ 1.
송철의(2000), 형태론과 음운론, ≪국어학≫ 35.
오종갑(1998), 'ㅔ, ㅐ'의 변화와 관련된 영남방언의 특성과 그 전개, ≪방언학과 국어학≫, 태학사.
유영철(1997), 영동지역어의 음운변동에 관한 연구, 서원대학교 석사학위논문.
유필재(2001), 서울지역어의 음운론적 연구, 서울대학교 박사학위논문.
이기갑(1986), ≪전라남도의 언어지리≫, 탑출판사
이기갑(2003), ≪국어방언문법≫, 태학사.
이기갑 · 고광모 · 기세관 · 정제문 · 송하진(1998), ≪전남방언사전≫, 태학사.
이기백(1969), 경상북도의 방언구획, ≪동서문화≫ 3.
이병근(1969ㄱ), 방언경계에 대하여, ≪한국문화인류학≫ 2.
이병근(1969ㄴ), 황간지역어의 음운, ≪논문집≫(서울대 교양과정부) 1.
이병근(1970), Phonological & morphophonological studies in a Kyonggi subdialect, ≪국어연구≫ 20.
이병근(1973ㄱ), 동해안방언의 이중모음에 대하여, ≪진단학보≫ 36.
이병근(1973ㄴ), 현대한국방언의 모음체계에 대하여, ≪어학연구≫ 7-2.

이병근(1978), 국어의 장모음화와 보상성, ≪국어학≫ 6.
이병근(1986), 발화에 있어서의 음장, ≪국어학≫ 15.
이상규(1983), 경북지역어의 주격 '-이가', ≪어문론총≫(경북대) 17.
이상규(1999), ≪경북방언 문법연구≫, 박이정.
이상규(2000), ≪경북방언사전≫, 태학사.
이상신(1998), VyV 연쇄에 대한 통시론적 연구, ≪국어연구≫ 155.
이숭녕(1935), Umlaut 현상을 통하야 본 모음 '·'의 음가고, ≪신흥≫ 8.
이숭녕(1967), 한국방언사, ≪한국문화사대계 V≫, 고려대 민족문화연구소.
이승재(1980), 구례지역어의 모음체계, ≪국어연구≫ 45.
이승재(1983), 재구와 방언분화, ≪국어학≫ 12.
이승재(1987), 전북방언의 연구와 특징에 대하여, ≪국어생활≫ 8.
이승재(1990), 방언음운론, ≪방언학의 자료와 이론≫, 지식산업사.
이승재(1992), 융합형의 형태분석과 형태의 화석, ≪주시경학보≫ 10.
이승재(1997), 전북 지역의 모음조화 현상에 대하여, ≪한국어문학논고≫, 태학사.
이윤구(1985), 무주 안성지역어의 의문형어미 연구, 대구대학교 석사학위논문.
이윤구(2001), 무주방언 종결어미의 언어지리학적 연구, 대구대학교 박사학위논문.
이익섭(1970), 전라북도 동북부 지역의 언어분화, ≪어학연구≫ 6-1.
이익섭(1972), 강릉방언의 형태음소론적 고찰, ≪진단학보≫ 33.
이익섭(1980), ≪영동영서의 언어분화≫, 서울대학교 출판부.
이진호(1998), 국어 유음화에 대한 종합적 고찰, ≪국어학≫ 31.
이진호(2001), 국어 비모음화와 관련된 이론적 문제, ≪국어학≫ 37.
이진호(2002), 음운 교체 양상의 변화와 공시론적 기술, 서울대학교 박사학위논문.
이혁화(1994), 금릉방언의 성조 연구, ≪국어연구≫ 119.
이혁화(2002ㄱ), 교체에 대하여, ≪형태론≫ 4-1.
이혁화(2002ㄴ), 국어 반모음 'ɥ'의 음성학과 음운론, ≪어학연구≫ 38-1.
전광현(1983), 영동·무주 접촉지역어의 음운론적 고찰, ≪동양학≫ 13.
전인득(1979), 경북 상주방언의 활용어미 연구, 영남대학교 석사학위논문.

정 철(1997), 동남지역어의 하위방언구획 연구, ≪어문론총≫(경북대) 31.
정근문(1987), 영동방언연구: 용산 · 매곡면을 중심으로, 충북대학교 석사학위논문.
정연찬(1991), 현대국어 이중모음 체계를 다시 생각하여 본다, ≪석정 이승욱선생 화갑기념논총≫, 원일사.
정원수(1993), 영동방언의 음운론, ≪언어연구≫ 9.
정인호(1995), 화순지역어의 음운론적 연구, ≪국어연구≫ 134.
정인호(1997), ㅂ-불규칙 용언 어간의 변화에 대하여, ≪애산학보≫ 20.
정인호(2004), 원평북방언과 전남방언의 음운론적 대조 연구, 서울대학교 박사학위논문.
조성귀(1983), 옥천 방언 연구, 충남대학교 석사학위논문.
천시권(1965), 경북방언의 방언구획, ≪어문학≫ 13.
최갑순(1977), 영동 방언의 음운론적 고찰, 충남대학교 석사학위논문.
최명옥(1976), 서부경남방언의 부사화접사 '-아'의 음운현상, ≪국어학≫ 4.
최명옥(1980), ≪경북동해안방언연구≫, 영남대학교출판부.
최명옥(1982), ≪월성지역어의 음운론≫, 영남대학교출판부.
최명옥(1985), 변칙동사의 음운현상: p-, s-, t- 변칙동사를 중심으로, ≪국어학≫ 14.
최명옥(1988ㄱ), 변칙동사의 음운현상: lɨ-, lə-, ɛ(yə)-, h- 변칙동사를 중심으로, ≪어학연구≫ 24-1.
최명옥(1988ㄴ), 국어 Umlaut의 연구사적 검토: 공시성과 통시성의 문제를 중심으로, ≪진단학보≫ 65.
최명옥(1989), 국어 움라우트의 연구사적 고찰, ≪주시경학보≫ 3.
최명옥(1992), 경상북도의 방언지리학: 부사형어미 '-아X'의 모음조화를 중심으로, ≪진단학보≫ 73.
최명옥(1993), 어간의 재구조화와 교체형의 단일화 방향, ≪성곡논총≫ 24.
최명옥(1994), 경상도의 방언구획 시론, ≪우리말의 연구≫, 우골탑.
최명옥(1995), 'X ㅣ]Vst 어Y'의 음운론, ≪진단학보≫ 79.
최명옥(1998ㄱ), ≪국어음운론과 자료≫, 태학사.
최명옥(1998ㄴ), ≪한국어 방언연구의 실제≫, 태학사.

최명옥 · 김옥화(2001), 전북방언연구, ≪어문학≫ 73.
최전승(1986), ≪19세기 후기 전라방언의 음운현상과 그 역사성≫, 한신문화사.
최전승(1997), 용언 활용의 비생성적 성격과 부사형어미 '-아/어'의 교체 현상, ≪국어학 연구의 새 지평≫, 태학사.
최전승 · 김홍수 · 김창섭 · 김중진 · 이태영(1992), 전북방언의 특징과 변화의 방향, ≪어학≫(전북대) 19.
최학근(1978), ≪국어방언사전≫, 현문사.
한국정신문화연구원(1984), ≪한국구비문학대계(영동군편)≫, 한국정신문화연구원.
한국정신문화연구원(1987~1995), ≪한국방언자료집(Ⅰ~Ⅸ)≫, 한국정신문화연구원.
한성우(1996), 당진지역어의 음운론적 연구, ≪국어연구≫ 141.
한성우(2003), 의주방언의 음운론적 연구, 서울대학교 박사학위논문.
한영균(1985), 음운변화와 어휘부의 재구조화, ≪관악어문연구≫ 10.
한영목(1999), ≪충남 방언의 연구와 자료≫, 이회문화사.
허　웅(1954), 경상도방언의 성조, ≪최현배선생 환갑기념논문집≫, 사상계사.
허　웅(1968), 국어의 상승적 이중모음 체계에 있어서의 '빈칸(case vide)', ≪이숭녕박사송수기념논총≫, 을유문화사.
허　웅(1985), ≪국어음운학≫, 샘문화사.
小倉進平(1925), ≪南部朝鮮の方言≫, 朝鮮史學會.
小倉進平(1944), ≪朝鮮語方言の硏究≫, 岩波書店.
河野六郎(1945), ≪朝鮮方言學試攷≫, 東都書籍.
Catford, J. C.(1988), *A Practical Introduction to Phonetics*, Clarendon Press.
Hockett, C. F.(1958), *A Course in Modren Linguistics*, Macmillan.
King, R. D.(1969), *Historical Linguistics and Generative Grammar*, Prentice-Hall.
Ladefoged, P.(1982), *A Course in Phonetics*, Harcourt Brace Jovanovich.
Lass, R.(1984), *Phonology*, Cambridge University Press.
Laver, J.(1994), *Principles of Phonetics*, Cambridge University Press.
Pike, K. L.(1948), *Tone Language*, University of Michigan Press.
Weinreich, U.(1954), Is a structural dialectology possible?, *Word* 10.

이 논문은 나에게

언젠가 전북 무주의 나제통문 근방을 답사한 적이 있었는데 그때 그곳 말을 청취할 기회가 있었다. 그러면 안 된다는 것을 모르는 바가 아니었지만 그때 들은 무주 말의 억양이 너무도 특이하고 재미있어서 손으로 입을 가리고 키득키득 웃었던 기억이 난다. 그리고 그때 든 생각이 "이곳은 꼭 한번 제대로 방언조사를 해볼 필요가 있는 곳이구나."라는 것이었다. 그런데 얼마 뒤에 이혁화 선생이 전북 무주, 경북 김천, 충북 영동의 방언을 대비 연구하는 박사학위 논문을 준비한다는 이야기를 듣고 기대가 컸다. 이 선생의 능력이라면 이 흥미 있는 접촉방언의 음운론적 현상을 누구보다도 잘 연구하리라 생각했기 때문이다. 아니나 다를까 이 선생은 기대를 저버리지 않고 접촉방언 연구의 전범이 될 수 있는 역작을 발표하기에 이른다.

지금 와서 생각해 보건대 이 선생과 나는 전공이 같으면서도 학문적인 이야기를 그리 많이 해보지는 않은 것 같다. 아마도 우리 둘의 성격 탓일 것이다. 그런데 이 선생이 박사논문을 준비하면서 몇 가지 흥미로운 자료가 조사됐다고 해서 서로의 의견을 나눈 적이 몇 번 있다. 지금 와서 그때의 세세한 기억은 거의 남아 있지 않지만 〈무주·영동〉에서 나타나는 '개아~갸:'의 자료에 대해서 이야기한 기억만은 꽤 뚜렷하다. 이 현상은 나의 관심사이기도 했기에 그랬겠지만 아무튼 우리 둘이 나눈 학문적인 대화로는 꽤 긴 대화가 아니었나 생각된다. 하지만 그 대화를 통해 명쾌한 해답을 얻지는 못했던 모양이다. 그 이후 수 년 동안 우리 둘의 논문 속에서 이 현상이 계속 거론되는 것을 보면.

지금 이 순간, 이 선생의 얼굴에 머금은 따스한 미소가 그립다. 그리고 이 선생과 함께 무주 방언을 조사하지 못했던 것이 못내 아쉽다. 생전에 술 한 모금 입에 못 대는 것이 친구로서 항상 안타까웠는데 혹시나 이제는 가능할지도 모르겠다. 꿈속에서나마 무주에 함께 가서 밤새도록 술잔을 부딪칠 수 있었으면 얼마나 좋을까. 이런 부질없는 생각이 머리를 스친다.

(정인호)

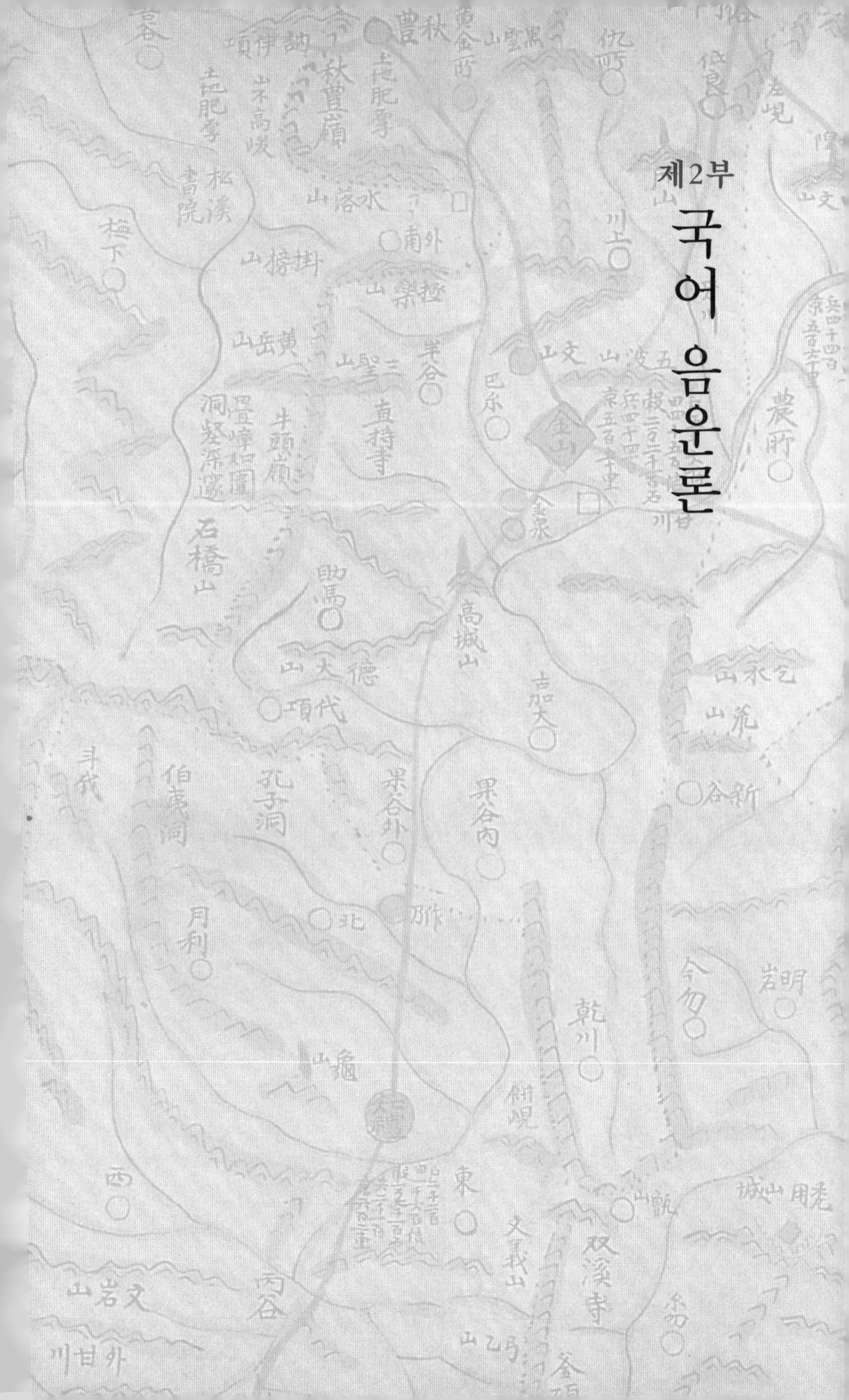

제2부 국어 음운론

1. 국어 자음의 음운론적 강도에 대하여

1. 서론

음운론적 강도(phonological strength) 혹은 강도 위계(strength hierarchy)는 분절음 내지 자질(feature) 사이의 상대적인 강약을 전제로 성립하는 개념이다. 이는 대체로 유용한 개념으로 인정되지만, 음운론적 강도 자체에 대한 근본적인 회의도 있다. 음운론적 강도는 여러 유형의 분절음에 대한 음운론적 과정을 관찰함으로써 규정되는 것이 일반적인데, 이렇게 규정된 강도를 다시 음운론적 과정을 기술 내지 설명하기 위한 도구로 사용함으로써 순환적 오류에 빠진다는 비판이 바로 그것이다(Harris 1985:66). 이러한 순환적 오류는 음운론적 강도를 음운론적 과정만을 대상으로 하여 귀납적으로 결론지은 바를 요약하여 제시하는 방법에 기인한 것이다. 이로부터 자유로워지기 위해서는 음운론적 강도의 설정에 대한 독립적인 증거를 확보하는 것이 필수적이다.

국어음운론에서 논의된 자음의 강도는[1] 크게 보아 단일 기준에 의한

---

1) 모음의 음운론적 강도에 대한 논의로는 이승재(1980), 소강춘(1989), 김차균(1990), 곽충구(1991) 등이 있다. 특히 소강춘(1989)는 활음화와 활음탈락, 모음탈락, 움라우트, 원순모음화, 구개모음화 등의 음운현상을 고찰함으로써, 자음에만 집중되었던 음

강도와 이원적 기준에 의한 강도로 나눌 수 있다. 단일 기준에 의한 강도는 대표적으로 이병근(1977)과 강창석(1984)에서 찾아볼 수 있고, 이원적 기준에 의한 강도는 김차균(1983, 1990)에서 볼 수 있다. 같은 단일 기준에 의한 것이라 하더라도, 이병근(1977)과 강창석(1984)는 강도를 규정하는 기준도 다르고 그 결과도 상반된다. 이병근(1977)에서는 대략 '순수자음<비음<유음'의 순서로 강도를 규정하고, 강창석(1984)에서는 대략 '유음<비음<순수자음'의 순서로 규정하였다. 전자는 자음동화라는 공시적 음운 현상을 관찰하고 기술함으로써 음운론적 강도를 이끌어낸 것이고, 후자는 자음의 분포를 음절 내부의 각 위치에서 관찰함으로써 음운론적 강도를 규정한 것이다.

김차균(1983, 1990)은 강도 설정에서 있어서 '울림도'와 '조음위치'라는 두 개의 기준을 이용하였다. 조음위치 기준의 적용에 있어서는 이병근(1977)에서 사용한 바 있는 자음동화 현상을 근거로, 대략 '치조음<양순음<연구개음'이라는 강도가 설정되었다. 그런데 '울림도'를 기준으로 해서는 자음동화 현상을 바탕으로 한 이병근(1977)의 강도와 정반대인 '유음<비음<순수자음' 순서의 강도가 설정되었다. 즉, 조음위치를 기준으로 한 강도에서는 이병근(1977)과 동일하게, 울림도를 기준으로 한 강도에서는 이병근(1977)과 정반대로 강도가 규정되었다.

이상과 같이 국어 자음의 음운론적 강도는 규정의 기준과 방법이 논자마다 다르고, 그 결과적인 음운론적 강도 역시 정반대의 양상을 띠기도 한다. 이렇게 혼란된 논의는 음운론적 강도에 대한 근본적인 회의와 결합되어, 음운론적 강도라는 개념의 필요성까지 흔들리게 할 수 있다.

본고는 기존의 논의에서 이용한 바 있는 국어 자음의 음운론적 강도

운론적 강도의 논의를 모음에 확장시켰다는 점에서 주목할 만하다. 애초에 본고는 모음의 음운론적 강도를 같이 다루려 하였으나 여의치 않아 자음의 강도만을 다루기로 한다.

를 규정하는 방법론을 검토하고, 이를 바탕으로 하여 국어 자음의 음운론적 강도를 규정하는 것을 목표로 한다. 2장에서는 음운론적 강도 규정의 방법을 검토하고, 3장에서는 국어 자음의 음운론적 강도를 규정한다. 4장은 결론이다.

2. 음운론적 강도의 규정 방법

국어 자음의 음운론적 강도를 규정하는 방법으로 ① 강화 및 약화 과정을 이용하는 방법, ② 음절 내에서의 분포제약을 이용하는 방법, ③ 동화 과정을 이용하는 방법, ④ 음성적인 속성을 이용하는 방법 등이 있다. ②, ③, ④는 자음의 음운론적 강도를 논의한 기존의 연구에 사용된 바 있으나 ①은 그렇지 않다. 강화나 약화 과정 자체가 함의하는 바에 따라 단편적으로 언급되었을 뿐이다.

2.1 강화 및 약화 과정을 이용하는 방법

음운론적 강도를 규정하기 이전에 강하고 약하다는 것이 무엇인지 분명히 할 필요가 있다. 강약의 개념에 있어서 가장 투명하다고 할 수 있는 것은 아마 다음일 것이다.

(1) 분절음 Y가 제로(zero)로 되는 도중에 분절음 X 단계를 거칠 때에, 분절음 X는 분절음 Y보다 더 약하다고 할 수 있다. (Hyman 1975:165)[2)]

(1)이 의미하는 바는 'Y〉X〉∅'의 과정이 있을 때에 'Y가 X보다 강하고, 또 X가 Y보다 약하다'는 것이다. '∅'로 되는 과정 다시 말해 탈락의 과정에 있어서 시초가 되는 분절음은 그 중간 단계의 분절음보다 강하다고 파악된다. 왜냐하면 '∅'를 극단적인 약화의 결과라고 볼 수 있기 때문이다.

그런데 (1)은 통시적인 음운 변화를 염두에 둔 듯하다. 왜냐하면 공시적인 음운 현상은 '제로(zero)로 되는 도중'의 과정인지 아닌지를 판별하기 어려운 경우가 많기 때문이다. 예를 들어 국어의 'ㅎ'은 모음 사이나 유성자음과 모음 사이에서 대부분 탈락하고 몇몇 경우에 [ɦ]로 실현되어, 무성 'ㅎ'과 유성 'ㅎ'의 강약은 (1)에 따라 전자가 후자보다 강하다고 할 수 있다. 하지만 'ㄱ, ㅂ'의 유성음화 과정은 이음 과정으로서의 동일한 유성음화로 인정됨에도 불구하고 공시적으로는 '제로(zero)로 되는 도중'이란 증거를 발견할 수 없다. 따라서 (1)에 따른다면 'ㄱ, ㅂ'의 유성음화에서는 강약을 판정할 수 없게 된다.

한편 (1)에서 '제로(zero)로 되는' 과정은 일반적으로 약화의 과정으로 파악된다. 즉 (1)은 약화를 통하여 강약을 규정한 것이라 할 수 있다. 그런데 약화의 과정을 통한 강약 규정이 가능하다면 그 반대의 과정인 강화를 통해서도 강약을 파악할 수 있을 것이다. 물론 강화의 과정에서는 그 과정을 거친 후의 분절음이 더 강하다고 파악된다. 따라서 강화와 약화를 통한 강약 규정은 다음과 같다.

(2) 약화의 과정에서는 입력의 분절음이 출력의 분절음보다, 강화의 과정에서는 출력의 분절음이 입력의 분절음보다 더 강하다.

---

2) "a segment X is said to be weaker than a segment Y if Y goes through an X stage on its way to zero"

(2)는 약화의 환경이 있어 그 과정을 거칠 때, 입력의 분절음이 출력의 분절음보다 강하다는 것이다. 국어음운사에 있어서 '*ㅂ〉ㅸ〉w'나 '*ㅅ〉ㅿ〉∅' 등에서 약화로 해석될 수 있는 음운 변화가 일어나는데(이기문 1972ㄴ:30~46), 이로 미루어 유성마찰음계열이 파열음이나 무성마찰음보다 더 약하다고 할 수 있다. 반대로, 강화의 과정에서는 입력의 분절음이 출력의 분절음보다 약하다고 해석된다. 근대국어시기의 변화인 '곶-〉꽂-'이나 '고키리〉코키리'에서 볼 수 있는 바와 같이(이기문 1972ㄱ:199) 어두경음화나 유기음화는 일종의 강화이다. 따라서 평음은 경음이나 유기음보다 약하다고 할 수 있다.

(2)는 통시적인 변화뿐만 아니라 공시적인 음운 현상에 적용될 수 있다.

(3) ㄱ. 작다〉짝다, 세다〉쎄다, 볶다〉뽂다
    ㄴ. 부부, 우비, 갈비 : /ㅂ/ → [β]

(3ㄱ)은 강화의 과정으로 이해되는데, 비교적 현대와 가까운 시기에 이루어진 변화이다. 입력은 평음이고 출력은 경음인바, 경음이 평음보다 강한 음이란 해석이 가능하다. (3ㄴ)은 약화의 과정인데, 양순파열음이 모음 사이나 'ㄹ'과 같은 모음 사이에서 유성의 양순마찰음으로 되는 이음과정이다.[3] 입력은 파열음이고 출력은 유성마찰음이므로 전자가 후자보다 강한 음이란 해석이 이루어진다.

(2)와 같이 강화와 약화라는 유형의 음운 과정을 전제로 하여 강약을 규정한다면,[4] 그 상대적인 강약을 뒷받침할 수 있는 음성적인 근거를

---

3) 물론 이는 동화(assimilation)의 과정으로도 볼 수 있다. 모음이나 유음이 가지는 공명도(울림도) 내지 협착의 개방성이라는 성질에 양순파열음이 닮아가는 과정으로도 파악이 되는 것이다(김차균 1983:38~42, Lass 1984:174).

4) 어떤 과정을 강화로 파악하고 어떤 과정을 약화로 파악하는지에 대해서 또다시 강

마련하는 노력이 있어야 할 것이다. 강화와 약화에서 나타나는 분절음의 변화 유형을 관찰하고 분류하여 음운론적 강도를 수립한 뒤에, 그러한 상대적인 강약을 뒷받침할 수 있는 음성학적인 근거를 들어 설명하게 된다. 예를 들어, Lass(1984:177~183)에서는 강화와 약화를 음성적인 속성인 공명도와 개구성(openness)의 두 축으로 이해하고 있다. 공명도가 증가하는 쪽으로, 그리고 개구성이 증가하는 쪽으로 변화가 일어난다면 약화로 해석하고 그 반대이면 강화로 해석한다.5)

2.2 음절 내에서의 분포제약을 이용하는 방법

음운론적 강도를 규정함에 있어 음운 과정을 바탕으로 하지 않는 방법은 강창석(1984)에서 이루어졌다. 강창석(1984)의 강도 규정은 일차적으로 음절 내에서의 분포제약에 의한 것이다. 음절초 위치와 음절말 위치에서의 자음의 분포제약을 살펴 자음부류를 구분한 다음, 음절초는 강자음이 그리고 음절말은 약자음이 적합한 위치라는 국어의 음절구조제약을 다음과 같이 설정하였다.

(4) ㄱ. 약한 자음일수록 음절초 위치에서 제약되고 음절말에 적합
ㄴ. 강한 자음일수록 음절말 위치에서 제약되고 음절초에 적합
ㄷ. 두 자음이 연속될 때 앞 자음(음절말)은 뒷자음(음절초)보다 강한 자음이 올 수 없다.

한 음과 약한 음을 참조해야 한다는 순환론적 위험을 지적할 수도 있다. 그러나 강화나 약화가 잘 이루어지는 특별한 위치가 존재하고 범언어적으로 공통적인 약화에서의 분절음 유형을 찾아 볼 수 있기 때문에, 그러한 순환론적 오류는 피할 수 있다. 강화와 약화의 과정에 대해서는 Lass and Anderson(1975:148~187)를 참조.

5) Lass(1984)는 유기음화를 협착의 개방을 포함하는 것으로 보아 약화로 해석한다. 국어에서는 어두유기음화가 강화로 해석되는 것이 일반적이다.

이 논의는 전반적으로 Hooper(1976) 등에서 음절초를 강위치, 음절말을 약위치라 한 주장과 궤를 같이 하는 것이다.[6] 이에 따라 강창석(1984:211)에서 파악한 국어 자음의 음운론적 강도를 보이면 다음과 같다.

(5) 국어 자음의 강, 약

I	II	III	IV	V	
유기음, 경음	ㅅ, ㅈ	ㄷ, ㅂ, ㄱ	ㄴ, ㅁ	ㅇ	ㄹ

← 강자음 ←――――――――→ 약자음 →

강도를 규정함에 있어 음절에서의 위치를 기준으로 분포제약을 이용하는 이 방법은 음운 현상을 바탕으로 하지 않기 때문에 서론에서 제시한 '순환론적 오류'로부터 가장 자유로운 방법이라 할 수 있다. 이 방법은 2.1에서 본 강화나 약화를 이용하는 방법과도 공존할 수 있다. 강화의 일종인 어두경음화 및 유기음화에서 평음보다는 경음 및 유기음이 상대적으로 더 강하다 할 수 있는데, 이는 종성 위치에서 경음 및 유기음이 제약된다는 공시적인 분포제약과 부합한다. 또 강화가 이루어진 위치는 주로 어두라고 할 수 있는데, 이는 초성 위치가 강자음이 적합한 위치라는 다시 말해 강화가 이루어지기 적합한 위치라는 사실과 부합된다.[7]

---

6) MARGIN NUCLEUS MARGIN

MARGIN		NUCLEUS				MARGIN		
장애음	비음	유음	활음	모음	활음	유음	비음	장애음
Least vowel-like			Most vowel-like			Less vowel-like		
Strong			Weak			Weak		

7) 물론 어두의 초성과 비어두의 초성은 달리 처리되어야 할 것이다. 이에 대해서는 3장을 참조.

2.3 동화 과정을 이용하는 방법

동화라는 음운현상을 동화주와 피동화주로 나누어 파악한다면, 동화는 피동화주가 동화주의 특정 성질과 비슷하게 되려는 것으로 정의된다. 이때, 강약의 관점에서 본다면 동화주가 더 강하고 피동화주가 더 약하다는 가정을 해 볼 수 있다.

(6) 동화에 있어서 분절음 X가 분절음 Y와 비슷하게 되거나 자질을 잃어버리게 될 때, X는 Y보다 약하다. (Lass 1984:200)[8)]

(6)과 같은 시각에서 국어의 음운론적 강도를 논의한 대표적인 동화는 子音同化이다.

(7) ㄱ. 있+는 → 읻는 → 인는, 짚+만 → 집만 → 짐만, 책+만 → 책만 → 챙만
ㄴ. 낫+보다 → 낟뽀다~납뽀다, 산+만 → 산만~삼만 ; 짚+까지 → 집까지~직까지, 산+까지 → 산까지~상까지

(7ㄱ)은 비음 앞에서 순수자음이 비음으로 바뀌는 동화이고 (7ㄴ)은 중자음(中子音)이 변자음(邊子音) 앞에서 변자음으로, 전부변자음이 후부변자음 앞에서 후부변자음으로 바뀌는 동화이다. 이러한 동화를 강약의 개념과 결부시킨 것이 '순수자음(중자음〈전부변자음〈후부변자음)〈비음(중자음〈전부변자음〈후부변자음)'의 음운론적 강도이다(이병근 1977, 이승재 1980, 곽충구 1991).[9)]

---

8) "a segment Si, is weaker than Sj if in assimilation it is Si that becomes more like Sj, or 'yields' or 'loses features' to Sj"

9) 물론, 이 논의에는 유음에 대한 강도까지 언급되어 있다. 제시된 음운론적 강도를 모두 보이면 다음과 같다.

이 방법의 전제는 동화주의 강도가 더 강하고, 피동화주의 강도가 더 약하다는 것인데, 과연 이것이 성립할 수 있는지는 의문이다. 먼저 (3ㄴ)에서 살펴본 약화의 과정에다 (6)과 같은 방식의 음운론적 강도 해석을 해 보도록 하자. (3ㄴ)에서 파열음이 마찰음으로 되는 것은 모음과 유음의 성질과 비슷해지려는 것으로 해석되기에, 모음과 유음의 음운론적 강도가 파열음의 강도보다 크다는 결론에 이르게 된다. 특히, 모음이 자음보다 강도가 강하다는 결론은 이해하기 어렵다.

(6)과 같은 해석을 모든 유형의 동화로 확대해 보기로 하자. 송철의(1996:344~351)에서는 동화의 유형을 상세히 고찰하고 있어 도움이 된다. 이것을 대표적인 음운 과정과 함께 제시하면 다음과 같다.

(8) ㄱ. 자음에 의한 자음의 동화 : 자음동화
ㄴ. 모음에 의한 모음의 동화 : 움라우트
ㄷ. 자음에 의한 모음의 동화 : 전설모음화[10]
ㄹ. 모음에 의한 자음의 동화 : 구개음화

(6)과 같은 규정은 기본적으로 (8ㄱ, ㄴ)에는 유효하지만 (8ㄷ, ㄹ)의 유형에는 적용될 수 없다. (8ㄱ, ㄴ)은 자음과 모음이라는 동일한 분절음 부류 안에서 강약을 비교하는 것인 데 비해서, (8ㄷ)은 모음의 강도보다 자음의 강도가 강한 것으로 해석되지만 (8ㄹ)에서는 자음의 강도보다 모

이병근(1977) : "순수자음(중자음〈전부변자음〈후부변자음)〈비음(중자음〈전부변자음〈후부변자음)〈유음"
이승재(1980) : "마찰음(경음〈평음)〈폐쇄음(유기음,경음〈평음)〈비음〈유음 : 조음방식" "경구개음〈치조음〈양순음〈연구개음 : 조음위치"
곽충구(1991)은 앞의 두 논의와 강도가 비슷하다. 이승재(1980)은 음운론적 강도 내지 위계를 자음부류로 내세우지 않고 자질(feature)의 위계로 파악하였는데, 여기에서는 자음부류로 대치하여 제시하였다.

10) 송철의(1996:348)에서는 '자음에 의한 모음의 동화'의 예로 원순모음화를 들고 있지만, 본고에서는 논의의 편의상 전설모음화를 예로 제시하고자 한다.

음의 강도가 강한 것으로 해석되기 때문이다.

이승재(1980)의 논의와 같이 분절음 차원을 벗어나서 자질의 차원에서 강도를 논의한다면 달리 해석될 가능성이 있다. 즉, (8ㄷ, ㄹ)을 통해 [+전설성](배주채 1996ㄴ) 혹은 [+구개성](송철의 1996:350)이라는 자질이 [-전설성] 혹은 [-구개성] 자질보다 강하다고 결론지을 수도 있다. (8ㄷ)의 경우 자음이 가진 [+전설성]이라는 자질의 강도가 강하기 때문에 강도가 약한 모음의 [-전설성] 자질이 [+전설성] 자질로 바뀐다고 볼 수 있고, (8ㄹ)은 모음 또는 j의 [+전설성] 자질이 강하기 때문에 약한 자음의 [-전설성] 자질이 [+전설성] 자질로 바뀐다고 볼 수 있다. (8ㄴ)도 역시 뒷음절 모음의 [+전설성] 자질이 강하기 때문에 앞음절 모음의 [-전설성]이 [+전설성]으로 바뀐다고 해석될 것이다. 그렇다면 (8ㄴ, ㄷ, ㄹ)은 모두 [+전설성] 자질이 [-전설성] 자질보다 강하다는 것을 보여주는 예가 된다.

[+전설성] 자질이 [-전설성] 자질보다 강하다는 위의 해석은 같은 전제에서 음운론적 강도를 논의한 (7)과 배치되는 결과를 가진다는 점에서 모순적이다. 배주채(1996ㄱ)의 자질체계에 따르면, [+전설성] 자질은 전설모음(이, 에, 애)뿐만 아니라, 자음 중에서 치조음 및 구개음에 걸쳐 공통적이고, [-전설성] 자질은 변자음에 공통적이다. 그런데 (7ㄴ)과 같이 [+전설성]인 치조음은 [-전설성]인 순음이나 연구개음 앞에서 순음이나 연구개음으로 바뀐다. 즉, [+전설성] 자질이 [-전설성] 자질 앞에서 [-전설성]으로 바뀌는 것이다.

이러한 모순적 결과는 자질에 대해서 음운론적 강도를 도입한 이승재(1980)에서도 확인할 수 있다. 이승재(1980:104~115)에서는 자음과 관련된 강도에서 [±grave] 자질을 이용하였는데, [-grave] 자질의 자음이 [+grave] 자질의 자음에 동화되는 것으로 파악하여 [+grave] 자질이 [-grave] 자질보다 강도가 강한 것으로 표시하였다. 그런데 모음의 경우 움라우트와 관련하여 [+grave] 자질의 모음이 [-grave] 자질의 모음에 동화된다고 파악하였는데, 동화주의 자질이 더 강하다는 (6)에 따른다면 [-grave] 자질의 강도가 더 강할 것으로 기대된다. 이는 자음에서의 논의 결과와 모순되는 것이다.[11)]

(8ㄴ, ㄷ, ㄹ)의 음운 현상이 '전설성의 확산'으로 특징지워질 수 있는 동화 과정이라는 것은 분명하다(배주채 1996ㄴ:319~321). 그렇지만 이러한 음운 현상의 존재가 곧 [+전설성] 자질이 [-전설성] 자질보다 강하다는 강약 관계를 입증하는 것은 아니다. 그러한 강약 관계는 (6)과 같은 규정에서부터 출발하는 것으로, 동화라는 음운 과정의 한 유형이 존재한다는 것과는 별개의 문제이다.[12)]

또한 (6)은 음운 과정의 입력과 출력을 상대적인 강도의 비교대상으로 삼지 않고 입력과 환경을 비교대상으로 삼았다는 점에서 2.1의 방법과 다르다. 즉 (3ㄴ)은 입력인 파열음과 출력인 유성마찰음을 비교하여 파열음과 유성마찰음의 상대적인 강약을 파악한 것이고, (7)은 입력인 파열음이나 (후부)변자음과 그 환경이 되는 비음이나 중자음 혹은 (전부)변자음을 비교하여 양자의 강약을 파악한 것이다. 이러한 차이는 강약 개념의 명확성과 직접적으로 관련된다. 강화와 약화라는 음운 과정을 토대로 강도를 파악하는 (2)는 과정 전(입력)과 과정 후(출력)를 비교하여 강약을 규정하는 만큼, 그 결과로서 제시되는 강도는 개념적으로 투

---

11) 모음의 음운론적 강도와 관련된 도표에서는 [-grave] 자질을 [+grave] 자질보다 강도가 약한 것으로 표시하였다(이승재 1980:111). 이렇게 표시한 이유에 대해서는 명확히 밝히고 있지 않다. 자음에서 논의한 자질의 음운론적 강도를 모음의 자질에서 그대로 사용한 것이 아닌가 한다.

12) 이러한 점은 同化와 정반대의 현상이라 할 수 있는 異化와 함께 고려한다면 더욱 분명해진다. 국어음운사에 있어서 원순모음화라는 동화의 과정도 있었고(믈>물, 블>불, 이기문 1972ㄱ:202), 비원순모음화라는 이화의 과정도 있었다(몬져>먼저, 보션>버선, 이병근 1970). 원순모음화를 강약의 관점에서 [+원순성](혹은 [+labial])이라는 자질이 [-원순성](혹은 [-labial])이란 자질보다 강하다고 해석하여 [+원순성][-원순성]이 [+원순성][+원순성]으로 바뀐다고 한다면, [+원순성][+원순성]이 [+원순성][-원순성]로 바뀌는 비원순모음화는 어떻게 해석될 수 있을까?

명하다. 이에 비하여 (3)은 동화라는 과정에서 음운론적 강도를 파악하고, 동화주(환경)가 피동화주(입력)보다 강하다고 규정하기에 강약의 개념이 모호해진다.[13]

이러한 강도 규정 방법의 더욱 큰 문제는 그것이 순환적이라는 데에 있다. 동화라는 음운 현상을 이용하여 강도를 규정하고, 그 강도를 이용하여 다시 동화 현상을 설명하는 것은 순환적이라는 비판을 감당해야 한다. 원리의 수립은 현상의 관찰을 통하여 이루어질 수밖에 없지만, 관찰되는 현상은 매우 광범위해야만 하고 수립된 원리는 미처 관찰하지 못한 현상에까지 미칠 수 있어야 한다. 동화를 통하여 수립된 강도는 동화 자체만을 설명할 수 있을 뿐이다.

2.4 음성적 속성을 이용하는 방법

이 방법은 공명도(울림도, sonority)나 개구도(간극도, aperture) 등의 척도를 이용하여 음운론적 강도를 규정하는 방법이다. 이 방법을 적극적으로 사용한 것으로 김차균(1983)이 있는데, 음운론적 강도와 울림도(공명도)를 이원적으로 설정하였다. 여기에서 음운론적 강도는 주로 조음위치와 관련하여 설정된 것이고,[14] 울림도도 조음적인 강도라 하여 강도로

---

13) 동화주가 피동화주보다 강도 면에서 더 강하다는 견해가 동화를 이용하는 강도 규정 논의에 공통적인 것은 아니다. Vennemann(1988)에서는 강도동화법칙(Strength Assimilation Law)을 설명함에 있어, "인접한 음절에서 자음강도가 동화된다면, 좀 더 강한 언어음의 강도가 줄어든다."고 하여 (6)과는 정반대의 입장을 보인다. Vennemann은 국어의 비음화와 비슷한 양상을 띠는 라틴어의 역행동화도 예를 들고 있는데, 여기에서의 비교는 입력과 환경이 아니라 (2)와 같은 입력과 출력이다.

14) 조음위치에 따른 음운론적 강도는 '후음<중자음(치조음<구개음)<순음<연구개음'으로 정리할 수 있는데, 후음을 가장 약한 자음으로 설정한 것을 제외하면 대체로 동화를 이용한 강도의 규정 방법을 따르고 있다.

취급하였다. 국어 자음의 음소에 해당하는 것만을 보이면 다음과 같다.

(9)

		약 ←———→ 강 (조음위치)				
강	울림도 1도		ㄷㅌㄸ;	ㅈㅉㅊ;	ㅂㅍㅃ;	ㄱㅋㄲ
	2도	ㅎ;	ㅅㅆ			
	4도		ㄴ;		ㅁ;	ㅇ
약	7도		ㄹ			

(9)에서 보는 바와 같이 울림도가 1도는 2, 4, 7도보다 강하고 울림도 7도는 1, 2, 4도보다 약하다는 강도 규정은 자음의 조음방식과 밀접하게 관련된다. 울림도 1도는 파열음과 파찰음, 2도는 마찰음, 4도는 비음, 7도는 유음이다.[15] 여기에서 주목되는 바는 울림도에서의 강약인데, 파열음보다는 마찰음이 그리고 마찰음보다는 비음이 더 약하다는 것이다. 이는 2.3의 동화를 이용하는 방법으로 규정된 강도인 '순수자음〈비음〈유음'의 순서와는 정반대이다. 따라서, 비음화(울림도 동화)는 전혀 다른 해석을 받는다. (6), (7)에 따르면 비-비음(非鼻音)이 강도가 강한 비음이란 환경에 동화되어 더 강한 음으로 바뀌는 것으로 해석되지만, 김차균(1983)에 따르면 비음화는 '울림도 높이기 규칙'의 적용을 받아 강약의 관점에서는 더 약한 음으로 바뀌게 된다.[16]

그런데 공명도나 개구도가 직접적으로 음운론적 강도를 규정짓는다고 보기는 어렵다. 예를 들어 (9)에서 2도의 울림도는 마찰음인데, 이는 1도인 파열음이나 파찰음보다 약하다고 파악된다. 하지만 약화의 과정에서 마찰음 'ㅅ'이 여타의 파열음보다 오히려 강하다고 할 수 있는 적극적인 증거가 발견된다.[17] 파열음이 약화의 과정을 겪게 되면 마찰음이 되

15) 이러한 방법은 2.1에서 살펴보았듯이 강화와 약화를 공명도와 개구성의 축으로 이해한 Lass(1984)에서도 사용된 바 있다.

16) 한편, 조음위치와 관련된 강도에서는 2.3의 동화를 이용한 방법이 그대로 사용된다. 이에 대한 자세한 논의는 3장을 참조.

는 것이 보통이지만, 이를 근거로 모든 마찰음이 모든 파열음보다 약하다는 결론을 내릴 수는 없다. 이러한 약화 과정에서의 강약은 해당 파열음과 해당 마찰음에 한정될 뿐이고, 전체로서의 파열음 부류와 마찰음 부류에는 해당되지 않는다.

3. 국어 자음의 음운론적 강도

여기에서는 2장에서의 논의 결과를 바탕으로 국어 자음의 음운론적 강도를 고찰하도록 한다.[18] '동화나 음성적 속성'을 이용한 방법보다는 '강화나 약화, 그리고 음절 내에서의 분포제약'을 이용하는 방법을 사용한다. 동화를 이용하는 방법은 동화주가 피동화주보다 강하다는 전제가 인정될 수 없으며, 음성적 속성을 이용하는 방법은 강도 규정의 보조적인 방법으로만 사용될 수 있기 때문이다. 따라서 강화나 약화의 과정으로 해석할 수 있는 음운 현상을 먼저 고찰하여 자음의 상대적인 강약을 규정하고, 강화나 약화가 이루어지는 환경이 어떤 의미를 가지는지 살펴본다. 강화가 주로 이루어지는 위치는 강자음이 적합한 위치로, 약화가 주로 이루어지는 위치는 약자음이 적합한 위치로 파악하는데 이는 음절 내에서의 분포제약을 이용한 강위치 및 약위치와 관련된다.

국어음운사에서 어두경음화나 유기음화가 강화의 과정임은 이미 2장에서 살펴본 바 있다. 특히 평음이 어두 위치에서 경음으로 되는 어두경음화는 "격렬성을 띤 동작을 보다 인상적으로 나타내기 위하여"(이기문

17) 자세한 것은 3장을 참조.

18) 여기에서는 음운론적 강도를 일단 분절음의 차원에서 규정하기로 한다. 이승재(1980)에서 이미 자질의 차원에서 다룬 바 있지만, 국어 자음의 자질 체계가 분명하지 않은 본고에서는 분절음의 차원에서 만족하기로 한다.

1972ㄱ:124) 이루어지는 것으로 해석되는바(그ᅀᅳ-〉ᄭᅳᅀᅳ- 牽, 딯-〉ᄯᅵᇂ- 搗), 강화의 과정이 분명하다. 이러한 변화는 현대국어에서도 진행중인 것으로 보인다.

(10) 볶-～뽂-(炒); 닦-～딲-(修); 세-～쎄-(强); 조금～쪼금～쪼끔; 적:-～쩍-(少); 공짜～꽁짜

강화의 과정인 (10)을 통해서 확인할 수 있는 강약의 순서는 "경음〉평음"이다. 유기음과 평음의 강약 관계는 후기중세국어시기부터의 통시적인 변화 과정에서 쉽게 확인할 수 있고(븛〉풀, 곻〉코, 갏〉칼, 이기문 1972ㄱ:122), 현대국어에서도 일부 방언에 국한되긴 하지만 그러한 과정을 찾아볼 수 있다.[19] 뿐만 아니라 유기음이 경음과 평행적이라 할 수 있는 측면을 몇몇 찾아볼 수 있다. 유기음과 경음은 평음과 달리 "긴장음"이라는 특성을 공통적으로 가진다(Kim Chin-W 1965, 배주채 1996ㄱ:108). 또한 상징어에서 유기음과 경음은 평음에 비해서 세고 강한 청각적 인상을 준다(강창석 1984:211). 그리고 현대국어 대부분의 방언에서 경음으로 반영되는 중세국어의 'ㅷ, ㅶ' 어두자음군은 제주도 방언에서 'ㅌ, ㅊ'의 유기음으로 반영된다(ᄣᅥ러디-(墮) : 터러지-, ᄧᅡᆨ(隻) : 착, 이기문 1955:245~246, 1972ㄴ:63). 따라서 유기음이 경음과 평행적으로 평음보다 강하다고 간주한다. 이상을 정리하면 다음과 같다.

(11) 유기음, 경음 〉 평음[20]

---

19) 이러한 양상은 전남방언에서 찾아볼 수 있다. 아래의 예는 이기갑 외(1998)의 것인데, 방언형 뒤에 중앙어형을 함께 제시한다. 카만/카만히(가만/가만히), 클씨/큼메/큼시(글쎄), 폴쎄(벌써), 포도시(〈ᄇᆞᄃᆞ시 : 겨우), 차꼬/꾸(자꾸), 참시(잠시) 티끼(~디끼 : 듯이).

20) 유기음과 경음의 강약 관계는 분명하지 않다. 유표성의 관점에서 보면 [+유기성]인 유기음이 더 유표적이지만, 유표적이라 하여 더 강하다는 등식이 성립하는지에 대

이제, 약화의 과정을 살펴보도록 한다. 통시적인 약화 과정의 대표적인 것으로, 'ㅅ'과 'ㅂ'의 약화 및 'ㄱ'의 약화가 있다. 'ㅅ'이 약화되면 'ㅿ'으로 되는데, '*새삼>새삼, *널삼>너삼, *한숨>한숨' 등의 예에서 알 수 있듯이 'j, ㄹ, ㄴ'과 모음 사이에서 이루어진다(이기문 1972ㄴ:33~35). 따라서 'ㅅ'은 'ㅿ'보다 강한 음으로 간주된다. 'ㅂ'은 'j, ㄹ'과 모음 사이에서 'ㅸ'으로 변하였는데(*대범>대범, *말밤>말밤, 이기문1972ㄴ:43~44), 역시 약화의 과정으로 파악할 수 있기 때문에 'ㅂ'은 'ㅸ'보다 강한 음으로 간주된다. 'ㄱ>ㅇ(ɦ)'의 변화도 약화의 과정으로 파악된다. 이 변화는 'j, ㄹ, ㅿ'과 모음 사이에서 이루어진 것으로(드외+고→드외오, *몰개>몰애, *ᇫ개>ᇫ애, 이기문 1972ㄴ:19~27), 'ㄱ'은 'ㅇ'(ɦ)보다 강한 음으로 간주된다. 따라서, 파열음과 마찰음은 유성마찰음보다 강하다는 강약 관계가 성립한다. 현대국어에서 보이는 대표적인 약화 과정의 예는 다음과 같다.

(12) ㄱ. 부부, 우비, 갈비 /ㅂ/ → [β]
ㄴ. 먹이, 먹어, 일곱 /ㄱ/ → [ɣ]
ㄷ. 부두, 오디 /ㄷ/ → *[ð]

(12ㄱ)은 양순파열음이 ㄹ이나 모음과 모음 사이에서 유성마찰음 [β]으로 실현되는 이음 과정이고, (12ㄴ)은 연구개파열음이 같은 환경에서 유성마찰음 [ɣ]으로 실현되는 이음 과정이다. 두 경우 모두 약화와 이음의 과정으로 파악된다. 따라서, "파열음>유성마찰음"의 강약 관계가 설정될 수 있다. 한편, (12ㄷ)에서는 치조파열음인 'ㄷ'이 동일한 환경에서 유성마찰음의 이음적 실현을 보이지 않는다. 'ㄹ'이나 모음과 모음 사이라는 환경은, 비록 이음 과정이긴 하지만 전형적인 파열음의 약화를

해서는 의문이다.

보이는 환경이다. 어떤 약화의 환경이 있을 때, 그 환경에서 약화를 경험하는 부류와 그렇지 않은 부류 사이에 강약 관계를 설정할 수 있다. 따라서, 'ㄷ, ㅂ, ㄱ'의 상대적인 강약은 다음과 같이 규정될 수 있다.

(13) ㄷ 〉 ㅂ, ㄱ

현대국어에서 약화로 파악할 수 있는 이음 과정으로 위의 유성마찰음화 이외에 유성음화가 있다. 국어의 평장애음은 모음(혹은 'ㄹ, ㅁ, ㄴ, ㅇ')과 모음 사이에서 유성음화가 실현된다.

(14) ㄱ. 자주[ʧadʒu], 다듬이[tadɨmi], 바보[pabo], 가구[kagu]
ㄴ. 사수[sasu]

(14ㄱ)은 모든 평장애음이 모음과 모음 사이에서 유성음으로 실현되는 이음 과정을 볼 수 있다. 이러한 유성음화는 약화의 일종으로 이해되며, 따라서 "무성음〉유성음"이란 강약 관계가 설정된다. 그런데, 이러한 약화의 환경에서 약화를 보이지 않는 평장애음이 있다. (14ㄴ)에서 보는 바와 같이 'ㅅ'이 그러한데, 'ㅅ'은 이 환경에서 약화를 경험하는 부류의 자음보다 강하다고 할 것이다. 유성음화의 이음 과정에서 파악되는 강약을 정리하면 다음과 같다.

(15) ㅅ 〉 ㅈ, ㄷ, ㅂ, ㄱ

이상의 논의에서 우리는 강화가 주로 이루어지는 위치와 약화가 주로 이루어지는 위치를 확인할 수 있었다. 즉, 강화는 주로 어두에서 이루어지고 모음(혹은 'ㄹ, ㅁ, ㄴ, ㅇ')과 모음 사이에서는 약화가 주로 이루어졌다. 특히, 약화는 이음 과정이긴 하지만 주변의 음에 닮아지는 동화 과정으로도 파악된다. 약화는 출력이 입력보다 상대적으로 약한 음으로 간주되는 과정이기 때문에, 그 약화가 동화 과정이라면 그 환경을 이루고 있는 분절음은 강약의 관점에서 볼 때 상대적으로 약한 음임에 틀림없다.

(16) ㄱ. ㄹ__V
ㄴ. {ㄴ/ㅁ/ㅇ}__V
ㄷ. {ㄷ/ㅂ/ㄱ}__V

(16ㄱ, ㄴ)은 주로 유성음화나 유성마찰음화와 같은 이음과정의 약화를 보여주는 환경이고, (16ㄷ)은 평장애음이 입력이면 그 출력은 경음이 되는 강화의 환경이다. 또한 (16ㄱ, ㄴ)은 약화이면서 동화로도 파악되는 과정의 환경이다. 주변 음에 동화된 결과로 약화가 초래되었기에, 그 환경을 이루고 있는 자음은 (16ㄷ)의 자음적 환경보다 상대적으로 약하다고 할 수 있다. 한편 (16ㄱ)은 유성음화에 이어 보다 '∅'에 가까운 유성마찰음화로까지 나아가는 이음과정의 환경이 된다. 이에 비해 (16ㄴ)은 유성음화의 이음과정만을 보여주는 환경이다. 따라서 (16ㄱ)이 보다 강력한 약화의 환경이 된다.[21]

---

21) 강약관계에서 유음인 'ㄹ'과 직접적으로 관련을 맺는 비음은 'ㄴ'이다. 국어음운론에서 'ㄹ'과 'ㄴ'의 강약을 다룬 모든 논의는 'ㄴ〉ㄹ'의 순서만을 인정하였고, 본고에서도 그러하다. 이러한 강도에 따르면 두음법칙과 같은 음운 현상은 어두에서 이루어지는 강화 현상으로 파악되고(로인 老人 → 노인), 유음화는 약화의 환경인 'ㄹV'에서 이루어지는 약화 현상으로 파악된다(흝+는 → 훌는 → 훌른).
하지만 'ㄹ〉ㄴ'의 가능성도 있어 보인다. 먼저, 약자음이 적합한 위치인 종성 위치에는 유음보다는 비음이 더 일반적이라는 지적이 있다. 김차균(1983:17)에서는 Hooper(1976)에서의 종성에서 적합한 자음의 순서(활음〉유음〉비음〉폐쇄음)를 비판하고 있는데, 세 자음만이 종성에 나타날 수 있는 언어인 일본어를 예로 들어, 유음보다 비음이 종성에 더 적합한 자음이라는 논의를 하고 있다. 즉, 유음보다는 비음을 종성으로 가진 언어가 더 보편적이라는 것이다.
두 번째로는 약화의 환경에서 비음이 유음보다 '∅'로 되는 경향이 강하다는 것을 보여주는 음운 현상이 있다. 일례로 비음 'ㅇ'과 'ㄴ'은 일부 방언에서 [비음성]을 이를 정리하면 다음과 같다.

(17) 평폐쇄음(ㄷ, ㅂ, ㄱ) 〉 비음(ㄴ, ㅁ, ㅇ) 〉 유음

강화의 과정으로 유기음 및 경음이 가장 강한 자음이라는 것을 확인하였고, 모음(혹은 ㄹ)과 모음 사이에서 유성마찰음화라는 약화의 이음 과정으로 양순·연구개파열음이 가장 약한 자음이란 것을 확인하였다. 모음(혹은 유성자음)과 모음 사이에서의 약화 과정인 유성음화를 통해서는 평장애음 중 마찰음이 가장 강한 자음이란 것을 확인하였다. 그리고

남기면서 탈락한다.

㉮ 방(房)+이 [바이], 산(山)+이 [사이]
㉯ 가마니~가마이, 염생이~염새이
㉰ -으니(-니)~-으이(-이) : 보+니 [보니~보이], 먹+으니 [머그니~머그이]

이 현상은 'V_V'나 'V_ㅣ'의 환경에서 이루어지는데(최명옥 1980:209), 형태소 경계와 내부를 막론하고 일어나는 것으로 보인다. 특히 ㉰는 어미에서 비음탈락을 보이는 것인데, '-으니까~-으이까, -으니까네~-으이까네, -으니꺼네~-으이께네' 등과 같이 다양한 변종을 보이는 지역에서 광범위하게 탈락이 일어난다. 하지만 위 환경에서 'ㄹ'은 공시적으로 탈락하는 예를 찾아볼 수 없다. 동일한 환경에서 비음은 극단적인 약화를 보이는 데 비해서 유음은 그렇지 않다. 따라서 이 현상에 주목한다면 비음이 유음보다 상대적으로 더 약한 음이라 할 수 있다.

세 번째로는 일부 방언에서 종성이 비음일 때 약화가 일어나고 유음일 경우에 강화가 이루어지는 것으로 파악되는 현상이 있다.

㉱ 말:(言)+도 [말또], 일:(事)+도 [일또]
㉲ 산(山)+도 [산도], 강(江)+도 [강도], 담(墻)+도 [담도]

㉱, ㉲는 최명옥(1980:209)의 예인데, ㉱는 종성이 유음일 경우로 경음화가 일어나며, ㉲는 종성이 비음일 경우로 이음 과정으로서의 유성음화만이 일어난다. 경음화는 강화로 파악되며 이음 과정으로서의 유성음화는 약화로 파악된다. 비록 'ㄷ'으로 시작하는 조사에만 이러한 경음화가 일어나지만, '비음_V'의 환경보다는 '유음_V'의 환경이 강화의 환경이기에 '유음〉비음'의 강약 관계가 상정된다. 만약, 유음과 비음의 강약이 '유음〉비음'으로 설정될 수 있다면 자음군단순화도 동일한 강도로 파악할 수 있다. 이에 대해서는 주)27을 참조.

동화로 파악되는 약화 과정의 환경을 이루고 있는 자음들을 비교하여 공명음 계열이 장애음 계열보다 약한 자음이라고 파악하였다.22) (11), (13), (15), (17)을 정리하여 보이면 다음과 같다.

(18) 유기음, 경음 〉 ㅅ 〉 ㅈ, ㄷ 〉 ㅂ, ㄱ 〉 ㄴ, ㅁ, ㅇ 〉 ㄹ

한편, 자음의 분포 제약을 기반으로 하여 자음을 분류하고 강도의 관점에서 이를 규정한 것으로 강창석(1984:211)이 있는데, 2장에서 제시한 강도를 다시 보이면 다음과 같다.23)

(19) 국어 자음의 강, 약

I	II	III	IV	V	
유기음, 경음	ㅅ, ㅈ	ㄷ, ㅂ, ㄱ	ㄴ, ㅁ	ㅇ	ㄹ

← 강자음 ←——————→ 약자음 →

먼저 음절에서의 분포적 제약을 살펴보면 종성 위치에는 I, II류가 제약된다. 종성 위치에 III류가 있을 때는 I부류만이 나타날 수 있고, IV부류가 있을 때는 I, II, III, IV부류가 모두 나타날 수 있다. 종성 위치에 V부류가 있을 때는 모든 부류가 나타날 수 있다. 이러한 관찰을 바탕으로 강도가 'III〉IV〉V'의 순서로 규정되는 것은, 종성의 위치에 있을 때 후행하는 초성에 대한 제약이 거의 없는 부류를 더 약한 부류로

22) 'ㅎ'은 국어 자음 중에서 독특한 성격을 가지고 있어, 본고에서는 일단 유보해 둔다. 음절말에서 나타나지 못하는 것은 물론이고, 모음과 모음 사이에서는 극히 약화된 형태로 나타나거나 완전히 탈락해 버리며, 모음과 자음 사이에서는 다른 자음과 축약된 형태로만 나타난다.

23) 강창석(1984:211)에는 이병근(1977), 이승재(1980)에서의 음운 현상을 통한 자음들의 위계, 분포상의 제약, 문자에 반영된 세기의 정도, 국어의 음성상징 현상 등을 바탕으로 강도를 규정한다고 밝히고 있지만, 이병근(1977) 및 이승재(1980)에서의 강도와는 정반대의 순서로 강도를 규정하였다.

간주하기 때문일 것이다. 즉, 분포적인 관점에서 다음 음절의 초성이 가장 자유롭게 나타날 수 있도록 하는 환경의 자음을 약한 것이라고 간주한 것으로 추측된다. 또한 이렇게 해서 가장 약한 음이라는 해석을 받는 V부류는, 모든 자음이 자유롭게 출현할 수 있는 즉 분포적 제약이 거의 없는 어두의 초성 위치에서 제약된다.

또한 강창석(1984)에서는 Hooper(1976)의 논의를 받아들여 강자음이 적합한 위치와 약자음이 적합한 위치에 대한 구분도 이루어진 바 있다. 즉, 초성 위치는 강위치로, 종성 위치는 약위치로 규정된다. 초성 위치는 강화가 주로 이루어지는 위치이기에 강위치로 규정하는 것은 기본적으로 정당하다. 그런데, 초성 위치라 하더라도 강약의 관점에서 모두 동일한 것은 아니다. 김차균(1983:17)에서도 지적되었듯이 초성 위치에서 공시적으로는 약화가 일어나는 경우가 있다. 위의 (16)이 바로 그러한 예이다. 어두인 초성 위치는 강위치라 할 수 있지만, 어중의 초성은 다시 고려할 필요가 있다. 'V$CV'나 (16ㄱ)의 'ㄹ$CV'에서의 초성은 약위치가 될 것이지만, (16ㄷ)과 같은 '폐쇄음$CV'에서의 초성은 강위치가 될 것이다.[24] 종성 위치가 약위치로 규정되는 이유로는 평폐쇄음화, 비음화 등의 과정이 있기 때문이다. 강자음으로 규정되는 유기음, 경음 등이 종성 위치에서 평폐쇄음으로 되는 현상이나, 종성 위치의 폐쇄음이 비음 앞에서 비음으로 되는 현상은 약화로 해석된다.[25]

---

24) '비음$CV'에서의 초성 위치는 다른 해석을 요한다. 이 위치는 기본적으로 약화의 위치로 보인다. 유성음화의 이음 과정을 거치기 때문이다. 그런데, 용언의 어간말이 비음일 경우에는 후행자음을 경음화시키기 때문에 강화의 위치로 해석될 여지가 있다.

25) 비음화를 약화의 과정으로 파악한 것은 김차균(1983:38~42), 오정란(1993, 1995), 배주채(1996ㄱ:116) 등이다. 김차균(1983)은 이를 '울림도동화'라는 것으로 설명하고 있는데, 울림도동화의 본질은 울림도가 작은 음이 울림도가 큰 음으로 바뀌는 것이다. 김차균(1983)은 강도를 이원적으로 파악하고 있는바, 울림도의 관점에서 울림도가 큰 음은 약한 음이고 울림도가 작은 음은 강한 음이다. 따라서, 비음화는 약화의 과정이 되는 셈이다. 오정란(1993, 1995)에서도 비음화를 약화로 파악하고

위의 (18)과 (19)는 비록 각기 다른 접근방법을 통해 설정되었지만 기본 줄기는 동일하다. 즉, 둘 다 유기음 및 경음이 가장 강한 음으로 비음 및 유음이 가장 약한 음으로 간주되는 것이다. 그리고 세부적으로 살펴보면 상호보완적인 측면도 있다. 먼저, (18)에서는 파찰음과 치조폐쇄음의 강약 관계가 분명히 드러나지 않았지만 (19)에서는 분명하다. 즉, 약위치인 종성 위치에서 나타나는 치조폐쇄음이 파찰음보다 더 약한 음으로 간주된다.[26] 또한, (19)에서는 치조폐쇄음과 양순·연구개폐쇄음의 강약 관계가 분명하게 드러나지 않았지만 (18)에서는 치조폐쇄음이 더 강한 자음으로 간주된다. (17)과 (18)의 상호보완적인 강약 관계를 더하여 보이면 다음과 같다.

(20) 유기음, 경음 〉 ㅅ 〉 ㅈ 〉 ㄷ 〉 ㅂ, ㄱ 〉 ㄴ, ㅁ, ㅇ 〉 ㄹ

이제 마지막 남은 문제는 폐쇄음과 비음 계열 안에서의 강도 순서이다. 이는 조음위치와 관련되어 있는 문제로 자음동화 중 위치동화를 살펴봄으로써 해결할 수 있다. 위치동화를 강도와 관련지어 논의한 연구에서는 주로 동화를 이용하여 강도를 규정하였다. 김차균(1990:57)의 예를 보이면 다음과 같다.

있는데, 강도의 순서는 '활음〈유음〈비음〈마찰음〈유성폐쇄음〈무성폐쇄음〈긴장음'이다.

26) 'ㄷ'이 'ㅈ'보다 강하다고 할 수 있는 근거도 찾아볼 수 있다. 국어에서 'ㄷ'은 어떤 경우에도 유성마찰음의 이음으로 실현되지 않지만, 'ㅈ'은 모음 사이의 환경에서 [ʒ]로 실현될 수 있기 때문이다. 그렇다면 강도의 순서에서 'ㄷ'과 'ㅈ'의 순서가 뒤바뀌어야 하겠지만, 여기에서는 약자음이 적합한 위치인 종성 위치에서 'ㄷ'만이 나타나고 'ㅈ'은 이 위치에서 'ㄷ'으로 바뀐다는 점, 'ㅅ'이 폐쇄음부류보다 강한 음이라는 점을 중시하여 'ㅈ〉ㄷ'으로 처리한다.

(21)

	기저 또는 중간	표면 표상	일어난 현상
ㄱ.	꽃밭 [kotPat] 꽃만 [konman]	[kopPat] [komman]	II · IV → IV · IV
ㄴ.	밭골 [batKol] 간곡 [gangok]	[bakKol] [gaŋgok]	II · V → IV · V
ㄷ.	옆구리 [jəpKuri] 남강 [namgaŋ]	[jəkKuri] [naŋgaŋ]	IV · V → V · V

김차균(1990)에서 순음화 내지 연구개음화는 강도의 표시에서 알 수 있듯이, 강도가 약한 음에서 강도가 강한 음으로 바뀌는 '강도 높이기'라는 강도 동화로 파악한다. 조음 위치에서의 강도를 '치조음(II)〈순음(IV)〈연구개음(V)'로 파악하기에 소위 '강도 높이기'가 되는 것이다. 이러한 규정은 "두 개의 물결이 부닥칠 때 강한 쪽이 약한 쪽을 이긴다. 소리도 둘이 직접 붙어 있거나 가까이 있을 때 약한 쪽은 강한 쪽을 닮는 것이 가장 일반적인 현상이다."(p.56)는 전제에 의한 것이다.

그러나 동화를 이용하는 강도 규정 방법, 더 정확히 표현하자면 동화주가 피동화주보다 강하다는 주장은 인정되지 않는다. 2.3에서 살펴보았듯이 이러한 주장은 자음동화뿐만 아니라 자음과 모음의 동화까지를 고려한다면 모순적인 결과를 낳는다. 특히, (14ㄱ)과 같은 유성음화는 이러한 방법으로는 도저히 설명되지 않는다. 유성음화를 일종의 유성성 동화로 본다면, 그 동화주는 피동화주 주변의 유성음이고 피동화주는 'ㅈ, ㄷ, ㅂ, ㄱ'이다. 만약 "약한 쪽이 강한 쪽에 닮는다면", 전자가 후자보다 강하다고 해야 할 터인데 이는 인정될 수 없는 해석이다.

한편 위의 해석은 강약 규정을 위한 비교의 대상으로서 과정에서의 입력과 환경을 택한 것이다. 하지만 (20)에서 이루어진 강도는 과정에서의 입력과 출력을 비교대상으로 하여 이루어진 것이다. 이제 이 위치동화도 입력과 출력을 비교대상으로 하여 논의하고자 한다. 위치동화에서 입력이 치조음이면 출력은 양순음이나 연구개음이고, 입력이 양순음이면 출력은 연구개음이다. 결국 치조음이 양순음이나 연구개음으로 바뀐 것이다. 그런데 치조음이 양순음이나 연구개음으로 바뀐 이유는 양순음이나 연구개음 앞에서 치조음이 발음되는 것이 자연스럽지 않기 때문으로, 수의적이나마 이 위치에서 치조음의 출현이 제한되는 것으로 볼 수 있다. 이는 기본적으로 음절경계 앞에서 평폐쇄음 이외의 장애음이 출현할 수 없고, 비음 앞에서 장애음이 출현할 수 없는 것과 같은 약자음화 현상이다. 수의적으로 양순음이 연구개음 앞에서 출현의 제한을 받는 것도 마찬가지 현상이다.

따라서 위치동화는 약위치인 종성 위치일 경우에 한하는 것으로, 강자음(입력)이 약자음(출력)으로 바뀐다고 해석된다. (21)의 '꼰만~꼼만, 간곡~강곡'에서 보이는 수의적인 위치동화는 치조음이 종성 위치에서 더욱 적합한 양순음이나 연구개음으로 바뀌는 현상이다. 이는 '치조음 → 순음, 연구개음'의 과정만이 존재하고 그 반대의 과정은 존재하지 않는다는 사실과도 일치한다. 위치동화는 종성에서의 약자음화 현상이기에 약자음으로의 방향만이 가능한 것이다. 따라서 본고에 따르면 (21)은 김차균(1990:56~60)에서의 '강도 높이기'보다는 '강도 낮추기'에 해당한다 할 것이다.

위치동화 현상을 통하여 도출된 강도를 제시하면 다음과 같다.

(22) 치조음 〉 양순음 〉 연구개음

이상의 논의를 바탕으로 국어 자음의 음운론적 강도를 나타내면 다음과 같다.[27)]

---

27) 이 강도는 자음군단순화에는 적용되지 못한다. 자음군단순화 현상 자체에 대한 관찰적 기술은 기존의 논의에서 거의 완벽하게 이루어졌다. 여기에서는 배주채(1989:84~85)에서의 결과를 빌려오도록 한다.

(23) 유기음, 경음 〉 ㅅ 〉 ㅈ 〉 폐쇄음(ㄷ〉ㅂ〉ㄱ) 〉 비음(ㄴ〉ㅁ〉ㅇ) 〉 ㄹ

강자음 ←——————————→ 약자음

(23)은 조음위치의 강도인 (22)보다 조음방식의 강도인 (17)에 우위

㉮ 선행자음이 폐쇄음이거나 비음이면 후행자음이 탈락한다.('ㄳ, ㅄ', 'ㄵ, ㄶ')
㉯ 'ㄹ'이 선행하는 자음군 중 'ㄾ, ㅀ'과 도출과정의 'ㄾ'은 'ㄹ'이 살아남는다.
㉰ 'ㄹ'이 선행하는 자음군 중 'ㄺ, ㄼ, ㄿ'은 화자에 따라 탈락하는 자음이 다르다.
㉱ 'ㄹ'이 선행하는 자음군 중 'ㄻ, ㄹㄴ'은 'ㄴ, ㅁ'이 살아남는다.

자음군단순화는 종성 위치에서 두 자음이 나타날 수 없다는 제약에 따른 것으로, 음절경계 앞에서 이루어진다. 우선, ㉱는 비음과 유음이 모두 종성 위치에 있는 경우이다. 자음군 'ㄻ, ㄹㄴ'은 단순화의 결과 항상 비음이 살아남는데, 배주채(1989:86)에서는 탈락하지 않고 남게 되는 쪽을 강도가 강한 것으로 파악하였다. 이러한 기준의 강도에 의한다면 비음은 유음보다 강하다. ㉮, ㉯, ㉰도 이러한 기준에서 강도를 정한다면 유음은 [-cor]의 폐쇄음과 강도가 비슷하며, [+cor]의 폐쇄음은 [-cor]의 폐쇄음보다 약하다고 할 수 있다. 이를 정리하여 제시하면 다음과 같다.

비음 〉 유음 ≷ 폐쇄음[-cor] 〉 폐쇄음[+cor], 후음

그런데, 자음군단순화를 종성 위치에서의 약화 현상으로 파악하면 사정은 달라진다. 음절의 종성 위치는 약자음이 적합한 위치로, 자음군을 이루고 있는 자음 중에서 강도가 약한 자음이 종성 위치에서 살아남는다고 볼 수 있다. 강한 자음이 살아남는다는 것이 아니라, 약한 자음이 살아남는다. 음절말에서의 평폐쇄음화, 비음화 및 위치동화도 종성 위치에서의 약화 현상이다. 자음군 'ㄻ, ㄹㄴ'에서 단순화의 결과 비음이 항상 남게 되는데, 이것은 비음이 약자음이기에 약자음이 적합한 위치인 종성 위치에서 살아남는다는 것이다. 이러한 해석은 비단 유음과 비음에 관련된 것이 아니라, ㉮, ㉯, ㉰ 모두에 일관되게 적용될 수 있다. ㉮의 'ㄱㅆ, ㅂㅆ'에서 'ㄱ, ㅂ'이 남게 되는 것은 '유기음, 경음〉평음', 'ㅅ〉폐쇄음' 및 'ㄷ〉(ㅂ〉ㄱ)'의 강도에서 'ㄱ, ㅂ'이 약하기 때문이며, 'ㄵ'에서 'ㄴ'이 살아남는 것은 'ㅈ〉…〉비음'이기 때문이다. ㉯의 'ㄾ, ㄹㄷ'에서 'ㄹ'이 남는 것은 'ㄷ'이 강하기 때문이며, ㉰에서 'ㄹ'이 남기도 하고 그 외의 자음이 남기도 하는 것은 그 둘의 강도가 화자나 방언에 따라 비슷하기 때문이다. 이상과 같이 자음군단순화를 종성 위치에서의 약자음화 현상이라 규정하면, 음운론적 강도는 다음과 같다.

유기음, 경음 〉 마찰음 〉 파찰음 〉 폐쇄음(ㄷ)〉(ㅂ〉ㄱ) ≷ 유음 〉 비음(ㄴ〉ㅁ〉ㅇ)

강자음 ←——————————→ 약자음

'유음〉비음'의 강도 순서에 대한 가능성은 주)21을 참조.

를 둔 것이다. 조음방식의 동화는 필수적이고 조음위치의 동화는 수의적이기 때문이다.

4. 결론

본고는 국어 자음의 음운론적 강도가 상이한 방향으로 규정되어 있는 현실에서부터 출발하였다. '폐쇄음〈비음〈유음'이라는 강도 순서와 '유음〈비음〈폐쇄음'이라는 강도 순서는 정반대의 양상을 띠고 있기에, 이것을 어떻게 이해하여야 하는가 하는 의문이 들었기 때문이다.

음운론적 강도를 규정함에 있어서 먼저 기존의 논의에서 사용된 바 있는 방법을 비교·검토하였다. 이 과정에서 강약의 개념에 있어서 투명한 ① '강화와 약화 과정'을 이용한 방법과 순환론적 오류에서 벗어날 수 있는 ② '음절 내에서의 분포 제약'을 이용한 방법이 적절함을 알 수 있었다. ①의 방법으로는 강화의 과정에서 출력이, 약화의 과정에서 입력이 상대적으로 약한 음으로 파악되었다. 뿐만 아니라 동일한 약화의 환경에서 약화를 보이지 않는 부류는 약화를 보이는 부류보다 상대적으로 강한 음으로 파악되었다. ②의 방법으로는 강위치와 약위치에 대한 구분, 출현의 제약에 대한 강약의 해석 등이 이루어졌다. ③ '동화 과정'을 이용한 방법은 '동화주가 피동화주보다 강하다'는 전제 위에 있는 방법인데, 그 전제는 ㄱ) 자음과 모음이 관련되는 동화 과정에서의 모순적인 결과 ㄴ) 강약 개념의 모호성 ㄷ) 순환론적 오류 등의 근거로 인정될 수 없었다. ④ '음성적 속성'은 음운론적 강도의 대체적인 경향을 보여주는 것으로, 강도 규정의 절대적 기준은 될 수 없었다. 그 결과 "폐쇄음〉비음〉유음"의 순서만이 인정될 수 있었다.

논의 과정에서 새롭게 드러난 강도의 순서는 ⑤ "ㅅ 〉 ㅈ 〉 평폐쇄음", ⑥ "치조음〉양순음〉연구개음" 등이다. 강창석(1984)를 제외한 기존의 논의에서는 ⑤를 '폐쇄음〉마찰음〉비음〉유음' 혹은 '유음〉비음〉폐쇄음〉마찰음'의 순서로, ⑥을 '연구개음〉양순음〉치조음'의 순서로 파악하였다. ⑤는, 'ㅅ'이 유성음 사이에서 유성음으로 약화되지 않는다는 점과 음절말 위치에서 'ㅅ, ㅈ'이 일종의 약자음화인 평폐쇄음화를 겪는다는 점을 근거로 논의하였다. ⑥은 'ㅂ, ㄱ'이 약화를 보이는 동일한 환경에서 'ㄷ'만이 약화를 겪지 않는다는 점, 치조음과 양순음이 약자음화 현상인 위치동화를 수의적으로 겪는다는 점을 근거로 논의하였다. 이상의 결과를 바탕으로 국어 자음의 음운론적 강도는 다음과 같이 규정되었다.

유기음, 경음 〉 ㅅ 〉 ㅈ 〉 폐쇄음(ㄷ〉ㅂ〉ㄱ) 〉 비음(ㄴ〉ㅁ〉ㅇ) 〉 ㄹ

강자음 ←――――――――――――――――――――→ 약자음

(1999, 애산학보 23, 165-193)

참고 문헌

강창석(1984), 국어의 음절구조와 음운현상, ≪국어학≫ 13.

곽충구(1991), 함경북도 육진방언의 음운론, 서울대학교 박사학위논문.

김차균(1983), ≪음운론의 원리≫, 창학사.

김차균(1990), 국어 음운론에서 강도의 기능, ≪언어연구≫ 7-1.

배주채(1989), 음절말자음과 어간말자음의 음운론, ≪국어연구≫ 91.

배주채(1996ㄱ), ≪국어음운론개설≫, 신구문화사.

배주채(1996ㄴ), 구개음화의 음운론적 성격에 대하여, ≪이기문교수 정년퇴임기념논총≫, 신구문화사.

소강춘(1989), ≪방언분화의 음운론적 연구≫, 한신문화사.

송철의(1996), 국어의 음운현상과 변별적 자질, ≪이기문교수 정년퇴임기념논총≫, 신구문화사.

오정란(1993), 국어 음운현상에서의 지배관계, ≪음성 · 음운 · 형태론연구≫.

오정란(1995), 비음화와 비음동화, ≪국어학≫ 25.

이기갑 · 기세관 · 고광모 · 정제문 · 송하진(1998), ≪전남방언사전≫, 태학사.

이기문(1955), 어두자음군의 생성 및 발달에 대하여, ≪진단학보≫ 17, 진단학회.

이기문(1972ㄱ), ≪국어사개설≫, 탑출판사.

이기문(1972ㄴ), ≪국어음운사연구≫, 탑출판사.

이병근(1970), 경기지역어의 모음체계와 비원순모음화, ≪동아문화≫ 9.

이병근(1977), 자음동화의 제약과 방향, ≪이숭녕선생고희기념 국어국문학논총≫, 탑출판사.

이승재(1980), 구례지역의 음운체계, ≪국어연구≫ 45.

최명옥(1980), ≪경북 동해안방언 연구≫, 영남대학교 출판부.

허 웅(1985), ≪국어음운학≫, 샘문화사.

Harris, J.(1985), *Phonological Variation and Change*, Cambridge University Press.

Hooper, J. B.(1976), *An Introduction to Natural Generative Phonology*, Academic Press.

Hyman, L. M.(1975), *Phonology: Theory and Analysis*, Holt, Rinehart and Winston.

Kim, Chin-Wu(1965), On the autonomy of the tensity feature in stop classification, *World* 21.

Lass, R. and J. M. Anderson(1975), *Old English phonology*, Cambridge University Press.

Lass, R.(1984), *Phonology: An Introduction to Basic Concepts*, Cambridge University Press.

Vennemann, T.(1988), *Preference Laws for Syllable Structure and the Explanation of Sound Change*, Mouton de Gruyter.

이 논문은 나에게

이 논문은 음운론적 강도에 대한 기존의 논의를 종합하여 국어 자음의 음운론적 강도를 규정하는 방법론을 검토하고, 이를 바탕으로 하여 국어 자음의 음운론적 강도를 규정하는 것을 목표로 한다. 목표가 분명하고, 목표를 달성하기 위해 가는 길의 지도가 지나치리만큼 또렷하다. '음운론적 강도'라는 같은 용어를 쓰면서도 상이한 방향으로 규정하고 있는 문제에서 출발하여 기존의 논의에서 범하고 있는 순환론적 오류를 극복할 수 있는 방안을 제시하였다. 음운론적 강도를 결정할 수 있는 분명한 기준을 밝히고, 이에 따른 음운론적 강도를 최종적으로 제시했다.

'한 가지에서 나고도 가는 곳을 모르겠다'는 구절을 생각해 본다. 평소에 관심을 가지지 않은 문제여서 제목으로만 알던 논문을 다시 읽어 보게 되었다. 되돌아보니 고인의 다른 논문들에 대해서도 별반 다르지 않았다. 무엇에 관심을 가지고 어떻게 공부하는지 알려고 하지도 않은 탓이다. 그저 일 년 차이로 같은 가지에서 난 형제로서 그저 익숙하게만 지냈는데 논문은 낯설다. 논증은 치밀하고 결론은 단호하다. 무심한 형제는 지금도 가는 곳, 혹은 간 곳을 모르나 글을 접하는 이들은 길을 분명히 찾을 수 있을 것이다.

(한성우)

2. 교체에 대하여

1. 서론

본고는 교체(alternation)라는 용어의 쓰임을 재검토하고, 교체의 분류와 기준에 대한 기존 논의를 살핌으로써 그 분류와 기준 및 상호 관계를 확립하는 데에 목적이 있다. 교체라는 용어는 형태론과 음운론에서 함께 사용되고 있다. 형태론에서는 '규칙적 교체와 불규칙적 교체' 혹은 '자동적 교체와 비자동적 교체' 등과 같이 환경에 따른 이형태의 실현과 관련하여 교체라는 용어를 사용한다. 그리고 음운론에서는 '탈락, 삽입, 축약, 도치' 등과 같은 음운 과정의 하나로서 교체라는 용어를 사용한다. 하나의 용어가 두 층위에서 사용된다는 사실 자체가 문제될 것은 없다. 그러나 그것이 가리키는 현상 자체가 다르다면 용어의 혼란은 개념의 혼란으로 이어져 문제가 생길 수 있다.

국어 연구에 있어서 교체의 유형을 나누고 그 기준을 세우는 것은, 교체를 실현된 이형태 사이의 관계에 대한 것으로 파악한 것이 대부분이다. 그 중 대표적인 것으로는 '규칙적 교체와 불규칙적 교체', '자동적 교체와 비자동적 교체', '음운적으로 조건된 교체와 형태적으로 조건된 교체' 등이 있다. 그런데, 이러한 유형의 분류를 실제 예에 적용시키는 데 있어서는 논자마다 약간의 차이를 보이고 있다. 본고에서는 이러한 교체의 분류와 기준에 대하여 다시 살펴보고, 그 타당성을 재검토하고자 한다.

2. 음운론의 교체와 이형태의 교체

2.1 교체의 이중적 사용

교체가 음운론과 형태론에서 모두 사용되고 있음은 앞에서 지적한 바 있다. 음운론에서 교체는 음운 과정의 한 유형으로서 정의되고 있는 바, 이병근 · 최명옥(1996:60~62)의 정의와 예를 제시하면 다음과 같다.

(1) ㄱ. 형태소와 형태소가 통합하는 경우에, 그 경계에 있는 음운이 다른 음운으로 변동하는 것.

ㄴ. {막-}(防)+{-다} /막따/

{막-}(防)+{-는다} /망는다/

(1ㄱ)과 같이 교체는 '한 음운이 다른 음운으로 변동하는 것'으로, (1ㄴ)에서 {막-}(防)이라는[1] 형태소의 말음인 'ㄱ'이 {-는다}와 결합할 때 'ㅇ'으로 변동하는 과정이다. 이러한 교체는 한 음운이 없어지는 탈락, 없던 음운이 생기는 삽입, 두 개의 음운이 합쳐져 새로운 음운으로 되는 축

1) { }은 형태소를 표시할 때 사용한다. ~는 이형태의 관계를 표시할 때 사용한다. 또한 [ ]은 음성 표시, / /은 음소 표시인데, 이를 특별히 구별할 필요가 없을 때에는 ' '로도 표시한다.

약, 음운의 위치가 바뀌는 도치 등과 구별되는 음운 과정으로서, 기저형의 한 음운이 도출 과정을 거쳐 零이 아닌 다른 음운으로 바뀌는 과정이다. 따라서 (1ㄱ)과 같은 정의의 교체는 (1ㄴ)에서처럼 주로 한 음운의 자질 변경과 관련되는 경우가 많다(이병근 · 최명옥 1996:40).

이러한 교체는 이형태의 기술에서 쓰이는 교체와 동일한 현상을 가리키기도 하지만, 분명히 구분되는 경우도 있다. 이형태의 기술에 사용되는 교체의 정의는 "한 형태소가 주위 환경에 따라 音相(phonetic shape)을 달리하는 것"(Hockett 1958:277, 이익섭 2000:107)인데, (1ㄴ)은 이러한 정의로 파악하여도 역시 교체이다. {막-}이라는 형태소의 실현된 이형태는 /막/, /망/으로 뒤에 오는 어미의 음운론적 환경에 따라 음상이 달라졌기 때문이다.

하지만 다음과 같은 경우는 음운 과정으로서의 교체로 파악할 수 없다.

(2)	ㄱ. {사람}(人)+{주격조사}	/sarami/
	{새}(鳥)+{주격조사}	/sɛka/
	ㄴ. {나무}(木)+{주격조사}	/namki/
	{나무}(木)+{공동격조사}	/namowa/

(2ㄱ, ㄴ)은 이형태의 기술에서 모두 교체로 파악된다. (2ㄱ)에서 {주격조사} 형태소의 이형태는 선행 체언이 개음절로 끝나는가 아니면 폐음절로 끝나는가에 따라 '가'나 'ㅣ'로 음상을 바꾼다. (2ㄴ)은 중세국어의 예로, 후행하는 조사의 문법적 성격에 따라 '낡', '나모'로 음상을 바꾼다. 그런데 (1ㄱ)의 정의로서는 이들을 교체로 기술할 수 없다. 왜냐하면 (2ㄱ, ㄴ)은 어떤 음운이 어떻게 변동했는지를 밝히는 것이 불가능하기 때문이다.[2)]

(3ㄱ, ㄴ)도 이형태의 기술에서는 교체로 파악된다.

(3) ㄱ. {날-}(飛)+{-고} /날고/
{날-}(飛)+{-(으)니} /나니/
ㄴ. {보-}(見)+{-아도} /보아도/ ~ /봐:도/ ~ /보와도/

(3ㄱ)의 {날-}과 (3ㄴ)의 {-아도} 형태소는 그 이형태로 /날/과 /아도/를 확인할 수 있는데 주위 환경에 따라 각각 그 음상이 /나/, /와도/로 바뀌기 때문이다. 그런데 교체를 (1ㄱ)으로 이해한다면 (3ㄱ, ㄴ)은 교체에 포함되지 않는다. (3ㄱ)처럼 음운이 탈락하는 것이나 (3ㄴ)처럼 새로운 음운이 삽입되는 것은 '탈락', '삽입'의 음운 과정으로 다루어지기 때문이다.

한편, (1ㄱ)의 교체에는 음성적인 음상의 변동이 포함되지 않는다. 음성적인 변동은 음운 과정에 속하지 않기 때문이다.

(4) {막-}(防)+{-다} [mak˺t'a] /막따/
{막-}(防)+{-아} [maga] /마가/

하지만 이형태의 교체라는 관점에서 본다면 (4)의 {막-}의 이형태인 [mak˺]과 [mag]도 교체의 범주에 들 수 있다. 비록 음상의 변동이 음성적이지만, [mag]이나 [mak˺]은 모두 {막-}이라는 형태소의 이형태가 분명하기 때문이다. 이형태를 음운 층위의 단위로도 볼 수 있지만, 여기에서는 추상적인 단위인 형태소의 구체적인 실현형으로 이형태를 이해하기 때문에 음성 층위에서도 이형태의 교체가 가능한 것으로 파악한다. 사실 이형태 음상의 변동을 기술하는 층위는 경우에 따라 다를 수 있다. (4)

2) (1ㄱ)에서 (2ㄱ, ㄴ)과 같은 예의 교체를 음운 과정으로서의 '교체'의 범위 밖에 두려 한 것은, 음운 규칙의 공시성 문제와 무관하지 않다. 음운론에서 이들의 기술은 공시적인 음운 과정이 아니라 최명옥(1985, 1988)에서처럼 "어휘화된 교체형"의 선택 규칙으로 이루어진다. 그런데, "어휘화된 교체형"에서의 "교체형"이란 음운 과정으로서의 교체와 관련되지 않고 이형태의 기술에서 사용되는 "교체"와 관련된다.

처럼 이음론의 이음 규칙으로 다루는 경우도 있고, (1ㄴ, 3ㄱ/ㄴ)처럼 음운론의 음운 규칙으로 기술할 수도 있으며, (2ㄱ, ㄴ)처럼 어휘부 내의 선택 규칙으로 다룰 수도 있다.

2.2 교체의 단일한 사용을 위하여

교체는 애초에 형태소의 이형태 기술에 사용된 용어이다. 형태소라는 용어를 처음 사용한 것으로 알려진 쿠르트네이(B. de Courtnay)는 음성적으로 조건된 교체와 형태론적으로 조건된 교체를 구분하였으며, 트루베츠코이(N. S. Trubetzkoy)도 형태론적 기능을 가지는 교체를 연구하였다(Fisher-J∅rgensen 1975:9~10, 40~41). 미국의 기술언어학 시대에도 교체는 이형태의 기술에 사용되었다. Bloomfield(1933:270)에서는 교체가 형태론의 영역으로 포괄되어 있으며, Harris(1951:224)나 Hockett (1958:277)에서도 교체는 이형태의 기술과 관련되어 있었다.

형태가 아닌 음운이 교체된다고 파악한 것은 생성 이론에서 시작된 것이 아닌가 한다. 생성 이론은 이형태의 교체 자체를 무시한 것은 아니지만, 다양한 이형태(표면형) 사이의 관련을 기술하기 위한 기저형과 규칙에 보다 중점을 두었다. 따라서 관심은 실현된 여러 표면형에서 차이가 나는 부분에 놓였으며, 그러한 차이가 나는 부분 곧 음운에 대하여 교체라는 용어를 사용하기 시작하였다. Chomsky & Halle(1968:50~55, 77)에서는 모음 교체(vowel alternation)를 다루고 있는데, 이것은 곧 음운이 변동하는 것을 교체로 파악하였다.[3)]

---

3) 한편, 생성 이론의 교체는 (1ㄱ)과는 달리 삽입이나 탈락 등을 포괄하는 개념으로 사용되는 것이 일반적이다. Kenstowicz & Kisseberth(1979:445~475)에서의 '零과 l의 교체'(alternation of l with ø)라는 표현으로 알 수 있듯이 여기에서의 교체는 탈락을 포함하는 과정이다. Carr(1993:41~42)에서도 '교체'라는 이름 아래 탈락과 삽입을 두었다.

이렇게 음운을 교체의 대상으로 파악함으로써 음운 규칙의 기술이 정밀하게 된 것은 두말할 나위도 없다. 하지만 이형태(표면형)들은 경계상에 있는 음운에서만 차이가 나는 것이 아니다. 전반적으로 음상이 상이한 이형태들이 존재할 수 있기 때문이다. 앞에서 살펴본 주격조사 'ㅣ~가'나 중세국어의 '나모~낡'(木)이 그러한 예이다. 이러한 예들은 어느 한 이형태의 음운이 교체된 결과라고 해석하기는 어렵다.

음운 과정으로서의 교체와 이형태의 교체는 용어만 '교체'로서 동일할 뿐, 나타내는 개념은 상이하다. 음운 과정으로서의 교체는 음운의 일대일 변동만을 의미하며, 이형태의 교체는 이음적인 변동까지를 포함하여 전반적인 음상의 변동을 의미한다. 언어 연구에 있어 보다 효율적인 것은 후자이다. 언어 연구는 주어진 발화의 형식을 반복적인 단위로 분절하고, 분절된 형식의 분류와 분석을 통하여 이루어진다. '의미를 지닌 최소 단위'로서의 형태소를 확인하기 위해서는 실현된 이형태 사이의 관계를 나타내는 '교체'라는 개념이 필수적인 것이다. 한 형태소의 형태를 확인하고 분석하며, 이들의 관계를 찾아내는 것은 언어 연구의 시발점이기 때문이다.

따라서 '교체'라는 용어는 이형태 사이의 관계를 나타내는 데에만 쓰이는 것이 바람직하다. 탈락, 삽입, 축약, 도치 등의 음운 과정과 구별되는 음운 과정으로서 '교체'는, 이형태 기술에 쓰이는 '교체'와 명칭이 동일하여 혼동을 초래할 가능성이 있다는 데에 문제가 있다.[4] 음운 과정

4) 실제로 Schane(1973), Lass(1984), 김무림(1993), 오정란(1993), Spencer(1996) 등에서는 음운 과정의 유형으로 '교체'가 설정된 바가 없다. Schane(1973:49~61)에서는 동화, 음절구조, 강·약화, 중화 등을 음운 과정으로 두고 있으며, Lass(1984:169~200)에서도 음운 과정을 동화와 이화, 음운강도(약화와 강화), 全분절음과정(탈락, 삽입, 도치) 등으로 나누어 서술하였다. 김무림(1993:114~136)에서는 '음운 현상의 분류와 기술' 아래 '동화, 이화, 중화'를 두고 있으며, 오정란(1993:15~24)에서도 '국어의 음운 현상'이라는 이름 아래 '동화, 이화, 축약, 탈락, 첨가, 전위' 등을 두었다. Spencer(1996:45~71)는 음운 과정 중 분절음적 과정으로 '동·이화, 강·약화, 삽입과

으로서의 '교체'라는 용어는 지양되어야 할 것으로 믿는다.

3. 교체의 기준과 분류

교체를 이형태의 기술에 관계된 것으로만 국한시킨다면, Bloomfield(1933:211~218)과 Hockett(1958:277~283)의 논의가 교체의 기준과 분류에 대한 출발점이 될 것이다. 먼저, Bloomfield(1933:211~218)의 기준과 분류를 살펴보면 다음과 같다.

(5) ㄱ. 음성적 교체와 비음성적 교체
ㄴ. 규칙적 교체와 불규칙적 교체
ㄷ. 자동적 교체와 문법적 교체

(5ㄱ)의 분류 기준은 교체형들이 'phonetic modification'[5]으로 기술될 수 있는가의 여부에 따른 것으로, 이것이 가능하다면 음성적(phonetic) 교체이며 그렇지 않으면 비음성적 교체이다.[6] (5ㄴ)의 기준

탈락 및 축약, 장·단음화, 도치' 등을 들었다. 음운 과정으로서의 '교체'는 이형태의 '교체'와 용어상 혼동을 피하기 위하여 배주채(1996:115~149)의 대치(replacement), 혹은 치환(substitution)이라는 용어로 대치되는 것이 바람직하다고 본다.

5) 이것이 뜻하는 바가 무엇인지는 명확하지 않으며 적절한 번역어도 찾기 힘들다. 실현된 이형태의 음성적인 양상이 그 기본형과 음성적으로 유사하다는 것으로 이해하는 것이 옳지 않나 한다.

6) 이에 따르면 대등적 연결어미인 {-고}의 이형태인 [go~k'o]의 교체는 'phonetic modification'으로 이루어진 것으로 음성적 교체라 할 수 있다. 반면, {주격조사}의 이형태인 [i~ga]의 교체는 'phonetic modification'과 상관없이 이루어지므로 비음성적인 교체가 된다. 이는 송철의(2000:291)에서 언급한 '형태상의 관련성'으로 이해할 수도 있다. 그런데 이러한 분류는 현재의 시점에서 큰 의의를 찾기 힘들다. 이러한 교체 유형의 구별이 이루어진 것으로 보아 당시에는 교체형들이 음성적으로 서로 밀접하게 관련되어 있는지의 여부가 상당히 중요한 기준으로 받아들여진 듯하다. 여

은 해당 교체를 보이는 형태소들을 묶을 수 있는 일반적 진술(general statement)의 가능성이다. 즉 해당 교체를 겪는 형태소의 집합이 일반적으로 정의할 수 있으면 규칙적(regular) 교체이고, 그렇지 않고 단지 목록(list)으로만 제시될 수 있으면 불규칙적(irregular) 교체이다. (5ㄷ)의 기준은 교체를 결정짓는 요인의 성격이다. 즉 음소적인 요인으로 결정되는 교체를 자동적(automatic) 교체로, 문법적인 특징으로 교체가 결정되는 것을 문법적(grammatical) 교체로 구분하였다.[7)]

(6)은 Hockett(1958:277~283)의 교체에 대한 분류이다.[8)]

(6) ㄱ. 자동적 교체와 비자동적 교체
ㄴ. 규칙적 교체와 불규칙적 교체
ㄷ. 음운적으로 조건된 교체와 형태적으로 조건된 교체

(6ㄱ)의 자동적(automatic) 교체란, 그 교체가 일어나지 않았을 경우 그 언어의 음소 패턴이 실제와 달라지는 교체를 말한다. 비자동적 교체는 이를 제외한 교체를 말한다. (6ㄴ)의 규칙적(regular) 교체는 해당 교체 조건에서 가장 빈번하게 일어나는 교체이며, 불규칙적 교체는 그 조건 아래에서 상대적으로 덜 빈번하게 일어나는 교체이다. 불규칙적인 교체의 극단적인 경우로 보충법(suppletion) 혹은 보충법적 교체도 있다.

러 교체형 중에서 하나를 기본형으로 정하고 이를 바탕으로 다른 교체형을 설명하려는 당시 기술언어학에서는 이것이 당연한 결과였을 것이다. 그러나 현재 이러한 관심은 여러 표면형들을 단일한 기저형에서 도출하는 것이 음운론적으로 자연스러운 과정인가를 문제삼는 차원으로 옮겨졌다. 송철의(2000:291)에서는 공시적인 음운 규칙으로 설명될 수 있는 내용의 교체와 그렇지 않은 교체를 구분하여 '음운론적인 교체와 비음운론적인 교체'로 기술한 바 있다.

7) (5ㄷ)은 '자동적 교체'와 상대되는 것으로 '문법적 교체'를 든 것이 특이하다. 이는 이익섭 · 임홍빈(1983:114)에서 지적된 바와 같이, (6)의 '음운적으로 조건된 교체'와 '형태적으로 조건된 교체'에 해당한다.

8) 여기에서 제시한 세 분류 이외에 ㉮ 내적 연접(sandhi)과 외적 연접, ㉯ 수의적인 외적 연접 등이 있지만, 본 논의에서는 생략하기로 한다.

(6ㄷ)의 기준은 교체 조건의 성격에 대한 것으로, 그것이 음운적인 (phonemically) 조건인가 아니면 형태적인(morphemically) 조건인가에 따라 결정된다.

국어의 교체에 대한 논의는 (5)보다는 (6)을 바탕으로 진행되었다. (5ㄱ)의 분류는 국어의 교체에서 유용하게 이용되지 않았으며, (5ㄷ)은 (6ㄷ)으로 변형되어 수용되었다. 아래에서는 국어의 교체 분류와 기준에 대한 몇 가지 논의를 민현식(1996)에서 시작하고자 한다. 비록 이것이 중세국어를 대상으로 한 연구에 한정된다 하더라도, 교체에 대한 주요 업적의 평가와 비판이 여기에서 종합적으로 이루어졌기 때문이다. 논의의 편의상 '규칙적 교체와 불규칙적 교체', '자동적 교체와 비자동적 교체', '음운적으로 조건된 교체와 문법적으로 조건된 교체'로 나누어 살피도록 한다.

3.1 규칙적 교체와 불규칙적 교체

규칙적 교체와 불규칙적 교체의 구분은 일견 자명한 듯이 보인다. 그러나 자세히 살펴보면 사정이 그리 쉽지만은 않다.

(7) ㄱ. {주격조사} [i] ~ [ga] /ㅣ~가/
ㄴ. {묻-}(埋) [mut˺]~[mud] /묻/
ㄴ'. {묻-}(問) [mut˺]~[mur] /묻~물/

(8) ㄱ. <u>같은 환경에서는 다 같은 방식의 교체가 일어나면</u> 규칙적인 교체이며, 환경은 같은데도 다른 방식의 교체가 일어나면 불규칙적 교체이다. (이익섭 · 임홍빈 1983:114, 밑줄 필자)
ㄴ. '이~가'의 교체는 교체 환경이 음운론적 교체이고, 꼭 그렇게

> 교체해야 할 필연성은 없기에 비자동적 교체이며, 동일 환경에서 예외가 없기에 규칙적 교체이다. (민현식 1996:259, 밑줄 필자)

(8ㄱ, ㄴ)에서는 같은 환경에서 다 같은 방식의 교체, 즉 예외가 없이 동일한 교체가 일어나면 이를 규칙적 교체라 하며, (7ㄱ)의 {주격조사}의 교체를 규칙적 교체의 예로 제시하였다. 곧 주격조사는 선행 체언이 개음절로 끝날 경우에는 항상 [ga]로, 폐음절로 끝날 경우에는 항상 [i]로 교체되므로 규칙적이라는 설명이다.

그런데 (7ㄴ, ㄴ')도 이러한 기준으로 파악하면, 모두 규칙적 교체가 될 가능성이 있다. 즉 (7ㄴ)과 (7ㄴ') 모두 같은 환경에서는 다 같은 방식의 교체가 일어난다. (7ㄴ)은 후행하는 어미의 음운적 환경에 따라 [mut˺](자음어미 앞)~[mud](매개모음어미, 모음어미 앞)의 방식으로 교체하며, (7ㄴ')도 후행하는 어미의 음운적 환경에 따라 [mut˺](자음어미 앞)~[mur](매개모음어미, 모음어미 앞)의 교체를 보인다. 이러한 교체도 예외가 없이 일어나므로, (8ㄱ, ㄴ)에 따르면 규칙적 교체이다.

{주격조사}의 교체가 규칙적이라는 주장은 그러한 교체가 예외 없이 일어난다는 측면을 중시한 것으로 보인다. 그런데 환경에 따라 질서정연하게 이형태가 교체되는 것만으로 이를 규칙적 교체라 부르기는 어렵다.

(9)	ㄱ. {가지-}(持)+{-고}	[kaǰigo]~[kat˺k'o]	/가지고/ ~ /갇꼬/
	ㄴ. {나}(我)+{-를}	[narɨl]~[nal]	/나를/ ~ /날/

(9ㄱ)의 {가지-}는 대등적 연결어미 {-고} 앞이라는 동일한 환경에서 [kaǰi], [kat˺]의 두 이형태가 나타난다. (9ㄴ)의 {-를}도 형태소 {나} 뒤라는 동일한 환경 아래에서 [rɨl], [l]의 두 이형태가 나타난다. 화용론적 요인이나 문체적 요인과 같은 조건을 고려하지 않으면 이형태 교체의 조

건을 찾기 어렵기 때문에 이러한 교체는 무조건적 교체(혹은 변이)로 파악하는 것이 일반적이다.[9] 따라서 {주격조사}의 이형태 교체가 질서정연하게 혹은 (8)의 표현과 같이 '규칙적'으로 나타난다는 것은 이 교체가 '조건된' 교체라는 사실을 지적하는 것과 다르지 않다.

그렇다면 과연 규칙적 교체는 무엇인가? (6ㄴ)에서와 같이 Hockett (1958)은 두 가지 이상의 교체 방식이 존재함을 전제로 하여 가장 빈번하게 일어나는 교체를 규칙적인 교체로, 덜 빈번하게 일어나는 교체를 불규칙적인 교체로 파악하였다. (7ㄴ, ㄴ')에서 {묻-}(埋)과 {묻-}(問)의 교체는 [Xt˺]~[Xd][10]의 교체 방식과 [Xt˺]~[Xr]의 교체 방식을 따르는데, 전자는 규칙적 교체 후자는 불규칙적 교체로 파악된다.

그런데 여기에서 내세운 교체 방식의 '빈번함'이라는 기준은 다시 생각해 볼 필요가 있다. (7ㄴ, ㄴ')에서 {묻-}(埋)의 교체를 규칙적 교체로 파악하는 것은, 형태소 {묻-}(埋)이 보여주는 [Xt˺]~[Xd]의 교체 방식이 국어에서 수적으로 더 많기 때문이라 할 수 있는가? 소위 '르'불규칙 활용을 생각해 본다면 이에 대한 답은 부정적일 수밖에 없다. '르'로 끝나는 용언 어간 중에서 규칙적 교체로 볼 수 있는 예보다 불규칙적 교체로 파악해야 하는 예가 훨씬 더 많기 때문이다.

규칙적 교체에 대한 또다른 기준으로, (5ㄴ)과 같이 "형태소 부류의 정의 가능성"이라는 Bloomfield(1933)의 것이 있다. 즉 해당 교체를 보이는 형태소의 부류를 일반적으로 정의할 수 있을 때 이를 규칙적 교체로 파악하는 것이다. 이에 따르면 {묻-}(問)과 같은 교체 방식을 보이는 형태소 부류는 일반적으로 정의할 수 없기 때문에 불규칙적 교체로 파

9) '가지-~갖-'의 교체는 더 깊이 생각할 필요가 있다. 준말과 관련하여 송철의(2000: 295~297)에서는 '가지-~갖-'을 '무엇~무어'와 더불어 현대국어의 쌍형어로 처리한 바 있다. 쌍형어를 별개의 두 형태소로 파악한다면 '가지-~갖-'에서 교체라는 개념 자체가 성립하지 않기 때문에, 이를 무조건적 교체로 파악할 수는 없다.

10) 'X'는 임의의 음성 내지 음소를 나타내는 기호로 사용한다.

악된다. 배주채(1996:59)에서도 "{묻-}(問), {싣-}, {걷-}(步) 등을 음운론적으로나 형태론적으로 정의할 수 없기" 때문에 이를 불규칙적 교체로 파악하였다.

그러나 이 기준도 완벽한 것은 아니다. 불규칙적 교체를 보이는 형태소 부류인 {묻-}(問), {싣-}, {걷-}(步) 등을 음운론적으로나 형태론적으로 정의할 수 없는 것과 마찬가지로, 규칙적 교체라 하는 {묻-}(埋), {얻-}(得), {돋-}(出) 등과 같은 형태소 부류도 일반적인 진술로 정의할 수 없다.[11] 'ㄷ'으로 끝나는 용언 어간 중에서 규칙적 교체에 속하는 예와 불규칙적 교체에 속하는 예는 모두 개별적으로 표시되어야 하기 때문이다.

이렇게 두 가지 이상의 교체 방식을 보이는 형태소 부류에 있어서 규칙적 교체와 불규칙적 교체를 가르는 기준으로 본고에서는 '일반적인 교체 방식'을 내세우고자 한다. '일반적인 교체 방식'이란 해당 언어에서 논의의 대상이 되는 형태소 부류 외의 다른 경우에도 흔히 있는 교체 방식을 말한다. 이렇게 '일반적인 교체 방식'을 정의할 수 있다면, 규칙적 교체는 일반적인 교체 방식을 따르는 형태소 부류의 교체이다. 예를 들어, 어간말이 '르'로 끝나는 용언의 형태소 부류는 두 교체 방식을 보여준다. 즉 {따르-}, {치르-} 등의 형태소 부류가 보여주는 [Xrɨ]~[Xr]의 교체 방식과, {모르-}, {빠르-} 등의 형태소 부류가 보여주는 [Xrɨ]~[Xll]의 교체 방식이 있다. 이 두 교체 방식 중 국어에서 일반적인 교체 방식은 전자이다. {쓰-}, {크-} 등과 같이 어간말에 'ㅡ'가 있을 경우, 어간말의 'ㅡ'를

11) 규칙적 교체의 형태소 부류와 불규칙적 교체의 형태소 부류를 모두 완벽하게 정의할 수는 없다. 하지만 '불규칙적 교체'에 속하는 형태소 부류는 유한 집합으로 '목록'을 작성할 수는 있다. 그렇다면, '규칙적 교체'에 속하는 형태소 부류는 일반적 진술의 형식을 갖출 수 있을 것이다. 예를 들어, 'ㄷ'규칙 용언에 대한 정의는 "어간말이 'ㄷ'으로 끝나는 용언 중에서 'ㄷ'불규칙 용언에 속하는 부류를 제외한 부류"의 일반적 진술이 가능할 것이다. 그러나 이러한 구분이 얼마나 의미를 가지는지에 대해서는 여전히 의문이다. 본고에서는 다른 기준을 모색하도록 한다.

탈락시키는 방식의 교체가 국어에는 일반적이기 때문이다. 따라서 이 경우에 규칙적 교체는 {따르-}, {치르-} 등의 형태소 부류의 교체이다.

이를 (7ㄴ, ㄴ')에 적용한다면 (7ㄴ)은 규칙적 교체, (7ㄴ')은 불규칙적 교체에 해당한다. 어간말에 자음이 있는 경우에, 모음어미와 결합하게 되면 해당하는 유성음으로 실현되는 것이 일반적인 교체 방식이다. 즉 '먹-'(食)의 활용형인 [mək˺k'o], [məgə] 등에서 알 수 있듯이 [Xk˺]~[Xg]의 교체 방식이 국어에서 일반적이다. (7ㄴ)은 국어에서 보편적인 [Xt˺]~[Xd]의 교체 방식을 따르는 반면 (7ㄴ')은 보편적이지 않은 [Xt˺]~[Xr]의 교체 방식을 따른다.

(7ㄴ, ㄴ')은 형태소 부류에 따라 교체 방식이 달리 이루어지는 경우였다. 그렇다면 모든 형태소 부류가 특정한 교체 방식을 따르는 경우에도 '규칙적 교체'로 파악할 수 있을까? 민현식(1996:283)에서는 중세국어 시기 {알-}(知)의 교체를 규칙적 교체로 파악한다.

(10) {알-} /ㅏ/ 환경 : 'ㄴ, ㄷ, ㅿ, ㅈ' 등으로 시작하는 어미 앞
/ᄅᆞᆯ/ 환경 : 이외의 어미 앞

(10)의 교체를 '규칙적 교체'로 판단한 근거는 'ㄹ말음 어간이 모두 동일 유형의 교체를 보이기 때문'이었다. 여기에는 (6ㄴ)과 다른 규칙적 교체에 대한 기준이 포함되어 있다. 즉, (10)의 기준은 교체 방식에 대한 고려와 별도로 그러한 교체를 보여주는 형태소 부류의 정의 가능성인 것이다. 이러한 기준은 (5ㄴ)에서 제시한 Bloomfield(1933)의 기준과 동일하다. 결국 규칙적 교체는 일반적인 진술로 정의할 수 있는 형태소 부류의 교체인 셈이다.

이상의 논의를 바탕으로 규칙적 교체와 불규칙적 교체를 정리하면 다음과 같다.

(11) ㄱ. 규칙적 교체
① 교체 방식이 둘 이상일 경우 : 일반적인 교체 방식의 교체
② 교체 방식이 하나일 경우 : 일반적인 진술로 정의할 수 있는 형태소 부류의 교체

ㄴ. 불규칙적 교체
① 교체 방식이 둘 이상일 경우 : 일반적이지 않은 교체 방식의 교체
② 교체 방식이 하나일 경우 : 목록으로만 나열할 수 있는 형태소 부류의 교체

(7ㄱ)에서 제기한 {주격조사}의 교체는, 교체 방식이 유일하고 그러한 교체 방식을 따르는 형태소 부류 역시 유일하다는 점에서 불규칙적 교체에 속한다. [i]~[ga]와 같은 이형태 교체를 보여주는 형태소 부류는 {주격조사}뿐이기 때문이다.

3.2 자동적 교체와 비자동적 교체

앞에서도 살핀 바 있듯이, 국어 연구에서 자동적 교체는 Hockett(1958)의 '음소 패턴이라는 이유로 일어나는 교체'라는 개념을 받아들여 사용되었다. 이는 이기문(1962:122)에서 '국어의 음운체계에 卽應하기 위하여 생기는 교체'로 표현된 바 있다. 배주채(1996:58)에서 '음소배열제약(phonotactic constraints)을 어기지 않기 위하여 일어나는 교체'라 파악한 것도 초기의 개념을 그대로 이어받은 것이라 하겠다.[12)]

그런데, 이러한 자동적 교체에 대한 적용이 일면 혼란스러운 측면이

12) Bloomfield(1933)의 '자동적 교체'는 이형태의 실현이 음성적인 요인으로 결정되는 교체를 의미하는 것이었으므로, 여기에서는 자세히 다루지 않는다.

있다. 민현식(1996:255, 283)에서는 중세국어 '알-~아-'(知)의 교체를 비자동적 교체로 파악한다.

(12) ㄱ. (이기문(1972)에서는 언급이 없지만) ('알다, 아라, 아니, 아더니, …'와 같이) 이렇게 활용해야 할 필연성은 없기에 비자동적 교체로 보았을 것으로 짐작된다.
ㄴ. 이들의 교체는 국어에서 꼭 그렇게 일어나야만 하는 것은 아니다. 즉, '알ᄋᆞ니, 알디, 알더라, 알ᅀᆞᆸ고…'로 발음하는 것이 불가능한 것이 아닌데도 '아니, 아디, 아더라, 아ᅀᆞᆸ고…'로 교체하므로 비자동적 교체다. (밑줄 필자)

(12ㄱ, ㄴ)에서 밑줄 친 '필연성', '불가능한 것'의 기준은 바로 음운체계 혹은 음소배열제약이다. 그런데 음운체계 혹은 음소배열제약에는 시대적인 고려도 빠질 수 없다. 중세국어 시기의 모든 자료에서 'ㄹ+(ㄷ, ㄴ, ㅿ, ㅈ)'의 음소 배열이 불가능한 것으로 파악되는바(이병근 1981:237~239), (12)의 진술은 바뀌어야 할 것이다. 즉, {알-}의 이형태 '알~아'의 교체는 자동적인 교체이다.

한편, 민현식(1996:282)에서는 '곱-~고ᄫᆞ-'(麗)이나 '낫-~나ᅀᅳ-'(進)과 같은 교체를 자동적 교체로 파악하는데, 그 기준에 있어 자동성 개념이 혼란되는 일면을 볼 수 있다.

(13) 이들의 기저형을 각각 '곻-, 낳-'으로 보면 이들 유형의 모든 용언은 모두 예외 없이 규칙적으로 교체하므로 자동적 교체다. (밑줄 필자)

(13)에서 밑줄 친 '예외 없이 규칙적으로 교체한다'는 것은 자동적 교체의 기준이 되지 못한다. 자동적 교체와 비자동적 교체를 가르는 기준은 교체의 동기가 음운체계 혹은 음소배열제약에 있는가의 여부이다. 음

운체계 내지 음소배열제약 때문에 일어나는 교체가 자동적 교체이며, 그와 관련 없이 일어나는 교체가 비자동적 교체이다. 따라서 (13)의 예들이 자동적 교체의 범주에 속하는 것은 음절말 자음의 내파화(이기문 1972:133)라는 일종의 음소배열제약에 따른 교체이기 때문이다. 즉 {곱-}(麗)이 모음어미 앞에서는 '고ᄫᅡ'로 자음어미 앞에서는 '곱고'로 실현되어 '곱~곻'의 교체를 보이는 것은, 양순의 마찰음이 음절말에 올 수 없다는 당시의 음절말의 내파화에 따른 음소배열제약(혹은 음절을 기준으로 한다면 종성 제약)에 원인이 있다.

자동적 교체와 비자동적 교체의 판별 문제를 기저형의 설정 문제와 관련시키기도 한다. 역시 민현식(1996:282)의 해당 부분을 인용한다.

(14) 만일 기저형을 '곱-, 닛-'으로 보면 '곻-, 닝-'으로 교체해야 할 필연성은 없으므로('잡-, 벗-'은 그런 교체를 보이지 않으므로) 비자동적 교체다. (밑줄 필자)

그러나 자동적 교체와 비자동적 교체의 구분은 본질적으로 기저형 설정의 문제와 관련이 없다. 기저형은 규칙을 통하여 표면형을 도출하기 위하여 설정되는 것으로, 모든 표면형들을 잘 기술할 수 있도록 설정되어야 한다. 그런데 기저형 설정이 달라짐에 따라 표면형들이 달라지는 일은 없다. 표면형은 객관적으로 확인할 수 있는 실체이기 때문이다. 이형태의 교체 역시 우리가 관찰할 수 있는 구체적인 현상으로, 추상적인 기저형의 설정에 따라 달라지지 않는다. 따라서 이형태의 교체를 어떻게 분류하는가의 문제와 기저형을 어떻게 설정하는가의 문제는 무관하다. (14)와 같이 기저형을 '곱-, 닛-'으로 설정한다 하더라도, '곱-~곻-', '닛-~닝-'의 교체가 음절말 미파화에 따른 음소배열제약 때문에 생기는 교체 곧 자동적 교체라는 사실은 변하지 않는다.13)

한편 이와 같은 예들은 '규칙적 교체와 불규칙적 교체'로도 다루어진 바 있기 때문에, 이를 '자동적 교체와 비자동적 교체'와 비교하여 살펴볼 필요가 있다.

(15) ㄱ. 덥고, 덥더니, 더ᄫᅥ, 더ᄫᅳ니
ㄴ. 잡고, 잡ᄂᆞ다, 자바, 자ᄇᆞ며
ㄷ. 놉고, 놉더니, 노파, 노ᄑᆞ니

(15ㄱ, ㄴ)은 고영근(1997:136)에 제시된 예이다. 고영근(1997)에서는 'ㅂ' 받침을 가진 용언 가운데에 (15ㄴ)과 같이 "모음어미 앞에서도 아무런 교체의 흔적이 없는" 예가 존재하기 때문에, (15ㄱ)을 불규칙적 교체로 파악하였다. 그러나 (15ㄱ, ㄴ, ㄷ)의 교체는 모두, 음절말의 음소배열제약 때문에 일어나는 자동적 교체이다. (15ㄱ, ㄴ, ㄷ)은 $[X\beta \sim Xp^{\rangle}]$, $[Xb \sim Xp^{\rangle}]$, $[Xp^{h} \sim Xp^{\rangle}]$의 교체를 보이는데, 이러한 형태소가 음절말 위치에 올 때 $[Xp^{\rangle}]$로 교체를 보이는 동기는 음절말 위치에 모든 자음이 실현될 수 없다는 음소배열제약에 의한 것이다.

(15ㄱ~ㄷ)의 교체가 자동적 교체라면, 이들은 모두 규칙적 교체의 범주에 속한다. 이러한 교체 방식을 보이는 형태소 부류를 'ㅸ, ㅂ, ㅍ'을 말음으로 가진 용언으로 정의할 수 있기 때문이다. 만일 고영근(1997)과 같이 (15ㄱ)을 불규칙적 교체라 한다면, (15ㄷ)도 역시 불규칙적 교체가 될 수밖에 없다. '놉'이 '높'으로 교체되기 때문이다.

고영근(1997:136)에서 (15ㄱ)의 교체를 불규칙적 교체로 파악한 것

13) (14)의 밑줄 친 부분이 뜻하는 바를, [kop]에서 $[ko\beta]$으로 이형태가 교체한다고 파악할 때에 그 교체의 동기가 음소배열제약에 있지 않다는 것으로 받아들일 수도 있다. 그러나 음소배열제약에 동기가 있는 교체인지의 여부를 판단할 때는, 제약될 수 있는 위치의 교체형을 기준으로 해야 한다. 제약될 수 없는 위치의 교체형을 두고 음소배열제약에 동기가 있지 않다는 서술은 아무런 의미가 없다. 그러한 위치의 교체형은 원칙상 음소배열제약과 무관하기 때문이다.

은, 현대국어에서 보이는 'ㅂ'불규칙 용언을 고려하여 문법 체계의 균형을 맞추기 위한 결과가 아닌가 한다. 그러나 자동적 교체가 통시적인 변화에 따라 비자동적 교체가 되는 것은 언어 변화에서 흔히 볼 수 있는 일이다. 즉 (15ㄱ)의 교체는 중세국어 시기에는 자동적 교체였으며, 통시적 변화에 따라 현대국어에 이르러 비자동적 교체로 성격이 변한 것이다.[14]

3.3 음운적으로 조건된 교체와 형태적으로 조건된 교체

음운적으로(phonemically) 조건된 교체와 형태적으로(morphemically) 조건된 교체의 구분은 교체를 결정짓는 요인 곧 환경의 종류에 대한 구분이다. 여기에서 '음운적으로, 형태적으로'는 Hockett(1958)의 용어에 대한 이익섭 · 임홍빈(1983:112~114)의 번역인데, Nida(1949:45) 등에서와 같이 '음운론적으로'(phonologically), '형태론적으로'(morphologically)라는 용어도 사용되었다.

이러한 교체의 구분은 국어 연구에서 대체로 큰 차이를 보이지 않고 적용되고 있는데, 이는 그만큼 이 구분이 투명하기 때문이다. 음운적으로 혹은 음운론적으로 조건된 교체는 교체의 환경이 음운적인 성격을 띤다. 앞에서 살펴본 {주격조사}의 교체가 여기에 속한다. {주격조사}의 교체는 선행 체언의 음절구조에 따라 이루어지기 때문이다.[15] 형

14) 이진호(1999:373)에서는 규칙적 교체와 불규칙적 교체가 시간의 변화에 따라 얼마든지 바뀔 수 있음을 지적하였다.

15) 송철의(2000:290~293)에서는 '형태 · 음운론적 조건'이 제시되어 있으며, 주격조사나 활음화를 보이는 {주-}의 교체를 이러한 조건에 따른 교체로 파악하였다. 이 교체를 '형태 · 음운론적 조건'에 의한 교체로 파악한 이유는 이들의 기술에 '활용이나 곡용' 등과 같은 범주 상의 정보가 필요하기 때문이다. 김경아(1999:310~311)에서도 용언의 활용에서만 실현되는 활음화를 '형태론적으로' 조건된 교체로 파악하였는

태적으로 혹은 형태론적으로 조건된 교체는 명령형어미의 이형태 중에서 '오-'(來)와 결합할 때 나타나는 '너라'의 교체가 이에 속한다. '너라'로 교체하는 조건이 '오-'(來)라는 형태소 때문인 것이다.(이익섭 · 임홍빈 1983:113)

그런데, 형태적으로 혹은 형태론적으로 조건된 교체에 대해서는 다시 살펴볼 필요가 있다. '형태론적'이라는 용어가 엄밀하게 언어학의 하위 분야로서의 '형태론'에 대응하는 것인지 의문의 여지가 있기 때문이다.[16] {명령형어미}의 이형태인 '-너라'의 환경은 {오-}(來)라는 형태소 하나만이 유일하기 때문에, 조건은[17] 엄밀하게 어휘적인 것이다(이익섭 · 채완 1999:54). 또한 중세국어 확인법 선어말어미 형태소의 이형태인 '-거-~-어-'의 교체도 그 조건은 비타동사와 타동사라는 통사적인 것이다.

그러므로 '형태적으로' 조건된 교체와 '형태론적으로' 조건된 교체는 등가의 것이 아니다. '형태적으로' 조건된 교체는 특정 형태소를 조건으로 하여 일어나는 교체이다. 바로 위의 {오-}(來) 뒤에서만 나타나는 명령형어미 '-너라'의 교체가 이에 해당한다.[18] 반면 '형태론적으로' 조건된

데, 교체의 실현 환경이 형태론적인 범주 제약을 갖기 때문이다. 그러나 활용 등과 같은 범주 상의 정보는 교체의 환경에 대한 것이 아니기 때문에 조건이 될 수 없다. 활음화의 환경은 '모음어미' 앞이므로, 이러한 교체는 어디까지나 음운론적으로 조건된 교체이다. '용언'과 같은 형태소 부류만이 이러한 교체에 참여한다는 것이 특징적인 사실이지만, 이것이 환경에 대한 '조건'이 될 수는 없다. '활용이나 곡용'과 같은 비음운론적 정보를 이용해야 하는 교체는, 교체를 보이는 형태소 부류를 정의함에 있어 비음운론적 정보가 필요한 교체이다.

16) 이익섭 · 임홍빈(1983)에서 굳이 '형태론적'이라는 용어 대신 '형태적'이라는 용어를 사용한 것도, 이러한 개념상의 혼동을 피하려 한 것이 아닌가 한다.

17) 이홍식(2000:257~258)의 논의를 수용하여 이러한 교체를 조건된 교체로 파악한다. 더불어 이러한 교체는 또다른 관점에서 '불규칙적 교체'에 속한다.

18) 이홍식(2000:261~268)에서는 교체를 기술하기 위하여 참조해야 하는 정보를 단어 생성이나 문장 생성 등의 차원에서 검토한 바 있다. 즉 [[돌아오]$_{Vp}$너라]$_{CP}$와 같은 구조에서 '-너라'는 '오-'를 직접 참조할 수 없기 때문에, 이를 [돌-아-오-너라]와 같은 형태소의 나열로 환원해야 할 필요성을 제기한 것이다. 그런데 교체가 반드시 인접성을 매개로 이루어지는 것은 아닌 듯하다. 동남방언의 의문형 어미인 '-가/고'

교체는 형태론적 범주를 조건으로 하여 일어나는 교체이다. 이에 해당하는 예는 배주채(1996:57)에 제시되어 있다. 충청방언에서는 {밭}(田)이라는 형태소의 이형태로 /밭~밫/이 있는데, 이 방언의 처격조사와 주격조사는 모두 'ㅣ'라는 형태로 실현된다. 이때, 형태소 {밭}(田)은 처격조사 앞에서는 '밭'이라는 이형태로, 주격조사 앞에서는 '밫'이라는 이형태로 실현된다. 이형태 '밫'은 주격조사 앞뿐만 아니라, 모음으로 시작하는 모든 조사 앞에서도 실현된다. 따라서 '밭~밫'의 교체는 후행하는 조사가 처격조사인지의 여부에 따른 '형태론적'인 조건에 따른 교체이다. 이러한 교체를 따로 구분하여 문법적으로(grammatically) 조건된 교체라 부르기도 한다(이익섭 · 채완 1999:54).

결국 기존 논의에서 '형태적으로' 혹은 '형태론적으로' 조건된 교체라 불렀던 것은 '음운적으로' 조건된 교체 이외의 것을 모두 포괄한 것임을 알 수 있다. 여기에는 형태론적인 환경, 통사론적인 환경, 어휘론적인 환경 등이 포함된다. 층위를 이렇게 나눈다면, 배주채(1996:57~58)의 지적과 같이 무조건적 교체도 화용적으로 조건된 교체로 파악하여 조건된 교체의 범주에 넣을 수 있다.

3.4 교체 분류의 상호 관계

이상에서 우리는 교체를 크게 '규칙적 교체와 불규칙적 교체', '자동적 교체와 비자동적 교체', '음운적으로 조건된 교체와 형태적으로 조건된 교체'로 나누어 살펴보았다. 각각의 교체 유형은 서로 겹치는 경우도 있고 배타적인 경우도 있어, 이를 종합적으로 고찰할 필요가 있다.

와 '-나/노'의 교체는 의문사의 유무로 결정되는바, 의문사와 의문형 어미의 인접성은 생각하기 어렵기 때문이다.

먼저, '자동적/비자동적 교체'와 '음운적으로/형태적으로 조건된 교체' 사이의 관계에 대해서는 Hockett(1958:281)에서 논의된 바와 같다. 이를 그림으로 표시하면 (16)과 같다.

(16)

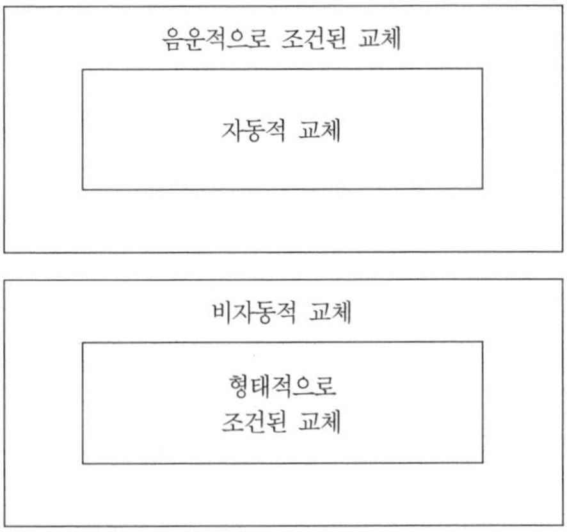

한편, 자동적인 교체는 모두 규칙적인 교체이다. 동기가 음소배열적인 데에 있으므로, 해당 교체를 겪는 형태소 부류를 정의할 수 있기 때문이다. 그리고 불규칙적 교체는 모두 비자동적 교체이다. 교체 방식의 형태소 부류를 정의할 수 없는 교체의 동기는 음소배열적인 데에 있지 않기 때문이다.

그러나 규칙적인 교체라 하여 모두 자동적인 교체는 아니며, 비자동적 교체라 하여 모두 불규칙적인 교체는 아니다. 어간말이 'ㅡ'인 어간은 모음어미와 결합할 경우 모두 'ㅡ'가 탈락하는 이형태의 교체는 형태소 부류의 정의 가능성이나 일반적인 교체 방식을 고려할 때 규칙적 교체이지만, 그러한 음소배열(ㅡ-ㅓ)이 국어에서 불가능하기에 일어나는 것이 아니다. 또한 이 교체는 비자동적 교체이지만 규칙적인 교체이다. 이를 그림으로 나타내면 (17)과 같다.

(17)

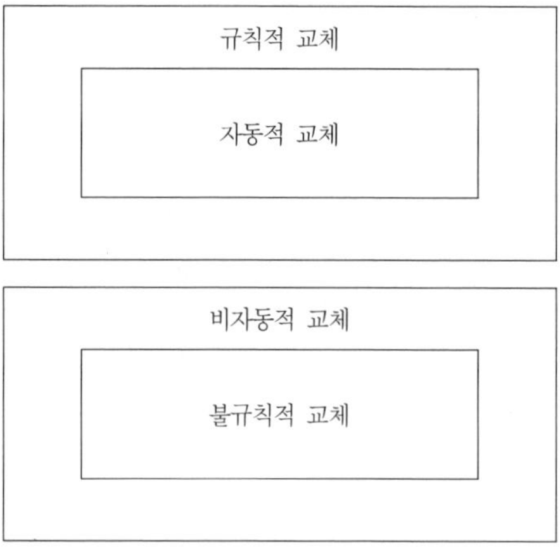

마지막으로, '규칙적, 불규칙적 교체'와 '음운적으로 조건된 교체, 형태적으로 조건된 교체' 사이에는 일방적인 포함관계가 성립하지 않는다. 불규칙적 교체이면서 음운적으로 조건된 교체는 소위 불규칙 활용이 예가 될 것이고, 불규칙 교체이면서 형태적으로 조건된 교체는 '거라'불규칙, '러'불규칙 등이 예가 될 것이다. 규칙적 교체이면서, 그 조건이 음운적인 교체는 앞에서 본 'ㅡ'말음 어간의 교체인데, 이 교체는 '모음어미'라는 음운적인 조건에 의한 것이다. 한편, 이익섭 · 임홍빈(1983:114)의 지적과는 달리 규칙적 교체이면서 형태적으로 조건된 교체도 존재한다. 'ㄹ'말음의 어간이 약속평서형 어미인 {-(으)마}, 공손의 선어말어미인 {-(으)옵-} 등과 결합할 때에는 'ㄹ'이 탈락한 이형태로 교체된다. 이 교체는 그 환경으로 보아 형태적으로 조건된 교체이다. 그럼에도 불구하고 이러한 교체 방식을 보여주는 형태소 부류는 'ㄹ말음 어간'으로 정의할 수 있기 때문에 규칙적 교체이다.

4. 결론

이상의 논의에서 우리는 '교체'라는 용어를 재검토하고, 교체의 분류와 그 기준에 대하여 살펴보았다. 음운 과정의 한 유형으로서 사용되는 교체라는 용어는 '탈락'이나 '삽입' 혹은 '축약' 등과 평행적인 것으로서, 이형태의 기술에 쓰이는 '교체'와 전혀 다른 것이다. '교체'라는 용어는 이형태 기술에만 사용하는 것이 바람직하다.

교체의 유형에는 규칙적/불규칙적 교체, 자동적/비자동적 교체, 음운적으로/형태적으로 조건된 교체 등이 있다. 교체를 보이는 형태소 부류를 일반적인 진술로 정의할 수 있으면 규칙적 교체이다. 또한 상이한 교체 방식을 보이는 형태소 부류가 둘 이상 있을 때에는 일반적인 교체 방식을 따르는 형태소 부류의 교체가 규칙적 교체이다. 자동적 교체는 그 교체가 일어나지 않으면 언어 전체의 음소배열제약을 어기는 교체이다. 음소배열제약에 동기가 없는데도 교체가 일어난다면, 그 교체는 비자동적인 교체이다. 교체의 환경이 음운적인 것이면 음운적으로 조건된 교체, 형태적인 것이면 형태적으로 조건된 교체로 파악한다. 다만, 형태적으로 조건된 교체는 환경의 성격에 따라 다시 형태론적, 통사론적, 어휘론적으로 조건된 교체로 구분한다.

자동적 교체는 음운적으로 조건된 교체에 포함되며, 형태적으로 조건된 교체는 비자동적 교체에 포함된다. 또한 자동적 교체는 규칙적 교체에 포함되며, 불규칙적 교체는 비자동적 교체에 포함된다. '규칙적 교체와 불규칙적 교체', '음운적으로 조건된 교체와 형태적으로 조건된 교체' 사이에는 아무런 포함 관계가 성립하지 않는다.

(2002, 형태론 4-1, 59-80)

참고 문헌

고영근(1987/1997), ≪표준중세국어문법론(개정판)≫, 탑출판사.

김경아(1999), 형태음운론적 교체와 형태음운부, ≪형태론≫ 1-2.

김무림(1993), ≪국어음운론≫, 한신문화사.

민현식(1996), 중세국어의 교체 현상 기술에 대한 재검토, ≪이기문교수 정년퇴임기념논총≫, 신구문화사.

배주채(1989), 음절말자음과 어간말자음의 음운론, ≪국어연구≫ 91.

배주채(1996), ≪국어음운론개설≫, 신구문화사.

송철의(2000), 형태론과 음운론, ≪국어학≫ 35.

오정란(1993), ≪현대국어음운론≫, 형설출판사.

이기문(1962), 중세국어의 특수어간 교체에 대하여, ≪진단학보≫ 23.

이기문(1972), ≪국어사개설≫, 탑출판사.

이병근(1981), 유음 탈락의 음운론과 형태론, ≪한글≫ 173 · 174.

이병근 · 최명옥(1996), ≪국어음운론≫, 한국방송대학교출판부.

이익섭 · 임홍빈(1983), ≪국어문법론≫, 학연사.

이익섭 · 채완(1999), ≪국어문법론강의≫, 학연사.

이익섭(2000), ≪국어학개설≫, 학연사.

이진호(1999), 중세국어 어간말 유성마찰음의 설정 여부, ≪형태론≫ 1-2.

이홍식(2000), 교체와 관련된 몇 가지 문제, ≪성심어문논집≫ 22.

Bloomfield, L.(1933), *Language*, George Allen & Unwin.

Carr, P.(1993), *Phonology*, Macmillan.

Chomsky, N. and M. Halle(1968), *The Sound Pattern of English*, Haper & Row.

Fisher-JØrgensen, E.(1975), *Trends in Phonological Theory*, Akademisk Foklag.

Harris, Z. S.(1951), *Methods in Structural Linguistics*, Chicago University Press.

Hockett, C. F.(1958), *A Course in Modern Linguistics*, Macmillan.

Kenstowicz, M. and C. Kisseberth(1979), *Generative Phonology*, Academic Press.

Lass, R.(1984), *Phonology: An Introduction to Basic Concepts*, Cambridge

University Press.
Schane, S. A.(1973), *Generative Phonology*, Prentice-Hall.
Spencer, A.(1996), *Phonology*, Blackwell.

이 논문은 나에게

이 논문은, '교체'라는 용어가 음운 과정의 한 유형으로도 쓰이고, 이형태 사이의 관계를 나타내는 데에도 쓰이는 이중적인 용어 사용의 문제를 지적하였다. 이 논문의 2.2의 제목 '교체의 단일한 사용을 위하여'는 이혁화 선생님이 이 논문에서 궁극적으로 전하고 싶은 문구가 아닌가 한다. 또 이 논문에서는 이형태 사이의 관계를 나타내는 '교체'의 분류 기준을 제시하고, '교체'의 여러 하위 부류들의 상호 관계 등을 검토함으로써 각 분류 유형들 간의 중복이나, 포함, 배척 등의 관계를 파악할 수 있어 의미가 있다. 특히 규칙적/불규칙적 교체의 기준을 '일반적인 교체 방식'으로 내세우면서 주격 조사의 교체는 교체 방식이 하나이면서 일반적인 진술로 정의할 수 없고, 목록으로만 나열할 수 있어 불규칙적 교체에 배정한 것이 의미가 있다. 규칙적 교체는 모두 자동적 교체에 대응되겠거니, 음운적으로 조건된 교체는 자동적 교체이겠거니 했던 생각을 바로잡을 수 있었고, 교체의 종류를 명확히 할 수 있었다.

이혁화 선생님을 처음 만난 것은 이혁화 선생님의 대학원 박사 논문 중간 발표의 뒤풀이 자리였고, 두 번째 만난 것은, 이혁화 선생님이 방언조사를 앞둔 학생들에게 발음과 조사 방법을 가르치러 오시면서 스치듯 만났을 때였다. 세 번째는 방언 조사를 할 때 용언의 활용형들을 어떻게 체계적으로 조사할 것인지 묻는 자리였다.

시간이 흘러 함께 근무하면서도 깊은 대화를 하지 못하다가, 장시간 둘이 함께 차를 타고 가면서 진솔한 대화를 했던 일이 기억에 남는다. 세세한 얘기는 기억나지 않지만, 인간적인 고뇌를 나눌 수 있었던 기회였다. 살아계실 때 더 가까이 하지 못했던 것이 안타깝다.

(김세환)

3. 국어 반모음 'ɥ'의 음성학과 음운론

1. 서론

이 글은 현대 국어의 여러 방언에 존재하는 반모음 [ɥ]의 음성적 실현 양상을 살피고 이에 대한 음운론적 처리와 해석을 꾀하는 데에 목적이 있다. 일반적으로 반모음 [ɥ]는 특정 환경에서만 나타나는 반모음 /w/의 변이음으로 실현된다. 모음 /ㅣ/ 앞에서 /w/가 위치할 경우에 /w/는 [ɥ]로 실현되어 결국 [ɥi]로 발음되는 것이 보통의 경우이기 때문에 [ɥ]를 [w]의 변이음으로 처리된다.(허웅 1985:155~156, 배주채 1996:30). 물론 /wi/의 계기적 연결을 과장되게 발음할 경우에는 [wi][1]로도 발음이 가능하다.

[ɥ]는 /wi/의 음성 실현에서만이 아니라 형태소 경계에서 반모음화

1) Martin(1992:24) 및 배주채(1996:30)에서는 /w/의 음성적 실현을 [ɥ] 외에도, [ö̜, o̜, u̜, ɔ̜] 및 [ö̜, o̜, u̜] 등으로 세분하여 제시하고 있다. 예를 들면, 음성적으로 /wa/는 [o̜a]로, /we/는 [ö̜e]로 실현된다는 것이다. 그러나 반모음은 접근음(approximants)으로도 불리는 것에서 알 수 있듯이, 폐쇄나 마찰을 일으킬 정도는 아니지만 조음자와 조음체의 간격이 매우 좁을 수밖에 없다. 반모음인 /j, w/는 각각 /i, u/의 위치나 이보다 간극이 더 좁혀진 위치에서 조음된다고 보는 것이 일반적이다. 따라서 여기에서는 반모음의 내재적인 음성학적 성격을 중시하여 중모음 내지 저모음 위치에서 실현되는 반모음을 인정하지 않는다.

내지 비음절화 과정을 거쳐서 실현되기도 한다. 형태소 경계에서 실현되는 [ɥ]는 '자음+반모음+모음'의 구성에서 반모음의 실현이 제약되는 동남 방언을 제외한다면 국어의 여러 방언에서 폭넓게 관찰된다. 유재원(1985:7~8)에서는 형태소 경계에서 /ü/+/ə/의 연결이 이루어지는 '뛰+어', '쥐+어'의 경우에 반모음화를 거쳐 /t'ɥə/, /ʧɥə/ 등으로 실현된다고 파악하였다. 김경아(2000:160~174)에서는 ∥뛰+어서∥의 음성형으로 나타나는 [t'ɥə:sə]의 실현에 대한 음운론적 과정을 활음화와 관련하여 논의하였다. 신지영(2000:108)에서는 '바뀌+어 → 바꿔(/wjʌ/) → 바뀌어'와 같이 활용하는 용언 어간인 /사귀-, 쉬-, 뉘-, 뛰-/의 예를 통하여, 구어에서 주로 형태소 경계를 사이를 두고 [wjʌ]와 같은 삼중모음이 나타남을 관찰하였는데, 이는 음성적으로 [ɥʌ]로 표시될 수 있는 것이다. 유필재(2001:194~196)에서는 서울 방언을 대상으로 하여 '뛰-, 튀-, 휘-, 쉬:-, 뉘:-, 쥐:-, 뀌:-, 사귀-, 바뀌-, 할퀴-, 사위-' 등의 어간말음이 '위'인 용언 어간의 활용형에서 나타나는 [ɥʌ]의 실현을 고찰하였다.[2)]

그런데 이들 논의에서 음성 [ɥ]를 음운론적으로 해석하는 방안은 명확하게 제시되지 않았다. 유재원(1985)에서는 /t'ɥə/, /ʧɥə/ 등의 표시에서 알 수 있듯이 음성 [ɥ]를 음소로 처리하였고, 김경아(2000) 및 신지영(2000)에서는 이를 음성 층위에서만 처리하여 음소 분석의 대상으로 삼

2) 한글맞춤법 제4장 제5절 '준말' 중 [붙임 2]에는 "'ㅚ' 뒤에 '-어, -었-'이 어울려 'ㅙ, ㅙㅆ'으로 줄 적에도 준 대로 적는다."는 규정이 있다. 이는 'ㅚ'로 끝난 용언이 모음어미와 결합할 경우의 준말을 규정한 것이다. 그런데, 위의 경우처럼 'ㅟ'로 끝난 용언이 모음어미와 결합한 경우, 즉 '바뀌어, 사귀어, 쉬어, 뉘어, 뛰어' 등의 준말에 대한 규정은 한글맞춤법 어디에도 없다. 이는 한글 자모의 이름과 순서를 규정한 제2장에 이들의 준말을 적을 수 있는 자모가 규정되어 있지 않은 사정과 관련이 있다. 표준어에는 형태소 내부에 [ɥə]란 연쇄가 발견되지 않아, 이에 해당하는 문자를 새로 규정할 필요도 크지 않을 것이다. 하지만 언어는 계속 변화해 나간다는 점을 고려한다면, 새롭게 현대 국어에서 생긴 음의 연쇄를 표기할 수 있는 방안을 모색해야 한다. 이러한 준말의 표준 발음으로 '바껴, 사겨, 셔, 녀, 뗘' 등을 인정하지 않는 한, 이를 한글로 적을 수 있는 방안이 마련되어야 할 것이다.

지 않았으며, 유필재(2001)에서는 [ɥ]를 두 음소의 연속인 /wj/[3]로 파악하였다. 결국 음성 [ɥ]에 대한 음소 분석은 해석의 일치를 보지 못하고 있다 할 것이다.

또한 [ɥ]는 방언에 따라 어간 말음이 '위'인 용언 어간의 활용형 이외의 다른 환경에서도 나타날 수 있다. 이 경우의 [ɥ]는 대체로 어간 말음이 '유'인 용언 어간의 활용형에 나타나는데, 서남 방언에서 나타나는 음성형인 [maʎʎwara](말려라, 乾)에 대한 이승재(1984:141)의 보고 이후 본격적으로 논의되기 시작하였다. 이승재(1990:53)에서는 서남 방언형의 이러한 [maʎʎwara]에 대하여 '음소 단위로 재해석하기 어려운 특이한 음성형'이라는 사실을 지적하였다. 배주채(1991:382) 및 배주채(1998:33)에 이르러서는 이러한 음성형이 [moʎʎɥa]로도 전사될 수 있으며 나아가 음소 층위에서는 /molljwa/로 분석되었다. 이러한 특이한 음소 연쇄, 즉 삼중모음이 가능한 것은 "l과 j의 결합이 음성적으로 하나의 자음(ʎ)으로 발음되기" 때문으로 파악하였다.[4]

반모음 [ɥ]는 음성적으로 여러 환경에서 나타나는데, 이에 대한 음운론적인 해석을 자세히 검토한 논의는 거의 없다. 2절에서는 반모음 [ɥ]가 나타나는 환경을 종합적으로 검토하고, 음성적인 속성과 이중모음의 형성을 살피도록 한다. 3절에서는 반모음 [ɥ]가 어떤 음소로 분석될 수 있는지를 살피고, 4절에서는 반모음 [ɥ]와 관련되는 여러 음운 과정을 살

---

3) 전설의 평순 반모음은 논자에 따라 j, y로 표시하는데, 여기에서는 j로 통일하여 표시하기로 한다. 전설의 평순 고모음은 'ü'로 표시한다.

4) 여기에서 삼중모음은 /molljwa/의 두 번째 음절인 /ljwa/처럼 음절의 음절 내부 구조가 '반모음+반모음+모음'인 계기적 실현을 가리키는 것이다. 그러나 /jw/는 계기적으로 실현되는 것이 아니라 동시적으로 실현되기 때문에 엄격한 의미에서 이러한 연쇄를 삼중모음이라 부르는 것은 부적절하다. 삼중모음은 영어의 'hour' [auər]와 같이 입술 모양이 둥글며 혀가 경구개인 위치에서 시작하여 후행하는 /a/로 발음되는 연쇄이다. 결국 이는 이중모음인 셈이다. 이러한 연쇄를 이중모음으로 파악한 것으로 유재원(1985) 등이 있으며, 명시적으로 이중모음이란 용어를 사용한 것은 김경아(2000)이다.

펴보고, 이에 대한 통시적 검토와 공시적 처리를 모색한다. 5절은 이에 대한 마무리가 될 것이다.

2. 음성 실현

반모음 [ɥ]는 유성의 양순 구개 접근음이다. 현대 프랑스어에는 다음 (1)과 같은 세 종류의 접근음(approximants)이 있다(Ladefoged 1982:209~210, Laver 1994:297~278).

(1) ㄱ. [mjɛt]
ㄴ. [mɥɛt]
ㄷ. [mwɛt]

(1ㄱ)의 반모음 [j]는 유성의 구개 접근음이며, (1ㄷ)의 반모음 [w]는 유성의 양순 연구개 접근음이다. 반모음 [j, w]는 각각 기본모음인 [i, u]를 조음할 때와 비슷한 상태에서 조음되며, 반모음 [ɥ]는 이차 기본모음인 [ü]를 조음할 때와 비슷한 상태에서 조음되는 접근음으로 기술된다.

국어에서도 [j, w]는 각각 혀가 [i]의 자리에서 그리고 혀와 입술이 [u]의 자리에서 다른 모음의 자리로 옮아가는 과도에서 나는 과도음으로 처리된다(허웅 1985:53~54). 국어의 [ɥ] 역시 혀와 입술이 [ü]의 자리에서 다른 모음의 자리로 옮아가는 과도에서 나타나는 과도음으로 처리할 수 있다. 이 절에서는 국어 반모음 [ɥ]의 음성적 특징과 이중모음의 형성에 대하여 살펴보도록 한다.

2.1 접근음, 활음, 반모음

아래의 (2)에서 보이는 [j, w, ɥ]를 가리키는 음성학적 용어로는 접근음(approximants) 혹은 활음(또는 과도음, 또는 전이음, glides) 또는 반모음(semivowels)이 있다.

(2) ㄱ. 야 [ja]
ㄴ. 와 [wa]
ㄷ. 와[5][ɥa]

접근음은 조음자와 조음점 사이의 간격이 매우 좁혀진 상태에서 발음되는 것인데, 그 간격이 마찰음의 경우보다는 더 벌어진 상태에서 발음되므로 기류가 마찰을 일으키지는 않는 특징이 있다(Ladefoged 1982:10, 61~62). 경우에 따라 고모음에도 접근음이라는 용어를 사용하기도 하지만(Catford 1988:63~70), 이 때에는 (2ㄱ, ㄴ, ㄷ)의 [j, w, ɥ]와 같은 접근음을 순간 접근음(momentary approximants)이라 하여 다른 여타의 접근음과 구분한다. 결국 IPA 등에서 [ɥ]를 [j, w]와 함께 접근음으로 처리한 것은, 이들이 마찰음보다 협착(stricture)의 정도가 약간 덜하다는 조음적인 특성을 반영한 것이라 할 수 있다.

이들은 활음 혹은 과도음 혹은 전이음이라는 용어로도 불리는데, 이는 인접한 모음의 속성과 이들의 속성을 상대적으로 비교한 결과이다. 활음 혹은 과도음 혹은 전이음과 모음이 계기적으로 이어지면 이중모음이 형성되는데, 이중모음에서 활음의 길이는 모음의 길이에 비해 상대적으로 무척 짧은 특성이 있다.

---

5) 한글을 이용하여 반모음 'ɥ'이 포함된 이중모음을 표시하는 방법은 따로 정해진 바가 없다. [ɥa]를 '와'로도 적을 수 있지만 여기에서는 편의상 '와'와 같이 표시하기로 한다.

(2ㄱ)에서 [j]는 [a]에 비하여 길이가 매우 짧다. [j]의 상태를 유지한 채 의도적으로 길게 발음하는 경우에는 모음 [i]로 실현된다. [j]는 조음적으로 [i]의 상태와 같지만, 연속적으로 존재하는 모음이 발음되는 위치로 옮아가는 과도에서 나는 음이다(허웅 1985:53). (2ㄴ)에서 [w]도 모음 [a]에 비하여 길이는 매우 짧다. [w]를 조음할 때와 같은 혀의 위치와 입술 모양을 유지하고서 이를 길게 발음하는 경우에는 모음 [u]로 실현된다. [w]는 조음적으로 [u]의 상태와 같되, 연속적으로 존재하는 모음이 발음되는 위치로 옮아가는 과도에서 나는 음이다(허웅 1985:54).

(2ㄷ)에서 나타나는 [ɥ]도 모음 [a]에 비하여 길이가 매우 짧다. [ɥ]를 조음할 때의 입술 모양과 혀의 위치를 고정시키고 이를 충분히 길게 발음한다면 이는 곧 [ü]가 된다. 즉 [ɥ]는 단모음 [ü]의 조음 상태와 같되, 연속적으로 존재하는 모음이 발음되는 위치로 옮아가는 과도에서 나는 음이다. 결국 활음이나 과도음 혹은 전이음이라는 용어는 이들과 인접해 있는 모음의 위치로 이동해 가는 과정에서 미끄러지듯이 조음되는 음의 특성을 반영한 것으로, 계기적인 연속체인 이중모음을 전제한 것이라 할 수 있다.

또한 [j, w, ɥ]에 대하여 반모음이라는 용어를 사용하기도 한다. 허웅(1985:54)에서처럼 "공깃길이 큰 소리들에 딸려 있는" 소리라 하여 반모음이라 부르기도 하고, 최병선(1998:53)에서처럼 "모음과 조음 위치나 방식 상에서 매우 유사한 성격을 띠고 있으나, … 자음의 조음 방식처럼 입천장과 혀 사이가 매우 좁아진다는 이유로" 반모음이라 부르기도 한다. 그러나 반모음은 음절과 관련하여 비성절적인 모음으로 이해하기도 한다(Ladefoged 1982:209). 모음은 대부분 성절적인 특성을 가지고 있어, 홀로 음절을 이룰 수 있는 정점음이 될 수 있다.[6] 이에 비하여 반모

6) 국어의 음절구조에 대해서는 이병근 · 최명옥(1997:52~53)를 참조.

음은 홀로 정점음이 될 수 없고 반드시 모음과 결합하여야만 정점음이 될 수 있다. 홀로 정점음이 될 수 없고 모음과 결합하여 음절을 이룬다는 것은, 음절구조적인 측면에서 반모음이 자음의 기능을 한다는 것을 의미한다. 한편 반모음이 모음과 결합하여 음절 구성의 단위인 중성을 이룰 수 있다는 것은, 반모음이 모음의 기능을 한다는 것을 의미한다. 결국 반모음은 음절과 관련하여 자음의 속성과 모음의 속성을 모두 가진 것으로 이해할 수 있다.

여기에서는 [j, w, ɥ]를 엄격하게 구분하지 않고 경우에 따라 적절히 접근음이나, 활음 혹은 반모음이라는 용어로 부르기로 한다. 다만 음절과 관련된 음운론적 기술의 측면에서는 반모음이란 용어를 사용하도록 한다. 음절의 구성 단위와 관련해서는 반모음이란 용어가 바람직한 것으로 보이기 때문이다.

2.2 음성적 속성과 이중모음의 형성

반모음은 그 자체로는 음성적인 속성을 확인하기 어렵다. 반모음과 모음의 계기적 실현인 이중모음을 통하여 반모음을 확인하는 것이 훨씬 간편하기 때문에, 이중모음을 통하여 반모음 [ɥ]를 확인하기로 한다.

국어에 존재하는 이중모음 중에서 j-계 상향이중모음과 w-계 상향이중모음을 살펴본다면, 반모음 ɥ로 시작하는 상향이중모음을 쉽게 확인할 수 있을 것이다.[7)] 국어의 단모음 체계는 방언에 따라 다르지만, 최대 10모음 체계를 기준으로 정리하면 다음의 (3)과 같다(이승재 1993:27).

---

7) 국어에서 반모음 [ɥ]가 하향이중모음의 구성에 참여하는 일은 없으므로, 여기에서는 상향이중모음만을 살펴보도록 한다.

(3) 국어의 단모음 (10모음 혹은 8모음) 체계[8)]

	전설모음		후설모음	
	평순	원순	평순	원순
고모음	i	(ü)	ɨ	u
중모음	e	(ö)	ə	o
저모음	ɛ		a	

이와 같은 단모음 체계를 기준으로 이중모음 체계를 보이면 각각 다음의 (4ㄱ, ㄴ)과 같다.

(4) ㄱ. j-계 상향이중모음 체계

	전설모음		후설모음	
	평순	원순	평순	원순
고모음				ju
중모음	je		jə	jo
저모음	jɛ		ja	

ㄴ. w-계 상향이중모음 체계

	전설모음		후설모음	
	평순	원순	평순	원순
고모음	wi			
중모음	we		wə	
저모음	wɛ		wa	

(4ㄱ)에서 [j]는 [i, ü]와 결합하지 못하는데, 이는 [j]가 가진 전설적인 속성이 이 둘과 겹치기 때문이다. [j]는 [ö, ɨ]와도 일반적으로 결합하지

8) 모음체계는 방언에 따라 서로 다를 수 있으며, 세대에 따라서도 다를 수 있다. 여기에서는 10모음 체계를 기준으로 서술하도록 하는데, 방언에 따라 세대에 따라 달리 적용될 수 있다.

않는데, 방언에 따라서는 [jö, jɨ:]와 같은 이중모음이 가능하다. (4ㄴ)에서 [w]는 원순모음인 [ü, ö, u, o] 등과 결합하지 못하는데, 이는 [w]가 가진 원순성이 이들과 겹치기 때문이다. [w]는 [ɨ]와도 일반적으로 결합하지 않지만, 방언에 따라 [wɨ:]가 나타나기도 한다.

그런데 이중모음 [ju, jo, wi]를 보다 정밀히 전사한다면 [ɥu, ɥo, ɥi]로도 적을 수 있다.

(5) ㄱ. 우유(牛乳) [uju~uɥu], 용(龍) [joŋ]~[ɥoŋ]
ㄴ. 위(上) [wi~ɥi]

(5ㄱ)은 [j]를 [ɥ]로 파악한 것인데, 이호영(1996:99~101)에 따르면 '용, 우유' 등에서 나타나는 [ju, jo]를 음성적으로는 [ɥu, ɥo]로도 적을 수 있다고 한다. [j]가 원순모음 앞에서 원순화된다면 이는 곧 [ɥ]가 되기 때문이다. 이러한 견해에 따른다면 반모음 [ɥ]는 원순모음 앞에서도 나타날 수 있다. (5ㄴ)에 제시된 이중모음 [wi]의 경우에 나타나는 [w]는 전설 평순의 고모음인 [i] 앞에서 [ɥ]로 실현되는 것이 일반적이다. 이희승(1955:90~91)에 따르면 'ㅟ'가 복모음으로 발음될 경우에는 '귀(耳), 위(上), 갈퀴' 등에서와 같이 [ɥi]로 실현된다고 기술되어 있다. 허웅(1985:156)에는, 과장된 발음에서는 [wi]로도 발음될 수 있으나 [ɥi]가 보편적이고 정상적인 발음이라 제시되어 있다. 이승재(1993:36)에서도 경기도의 중·북부 지역에서 들리는 [wi]의 [w]를 전설적인 속성을 갖는 불어의 [ɥ]에 가까운 것으로 파악하고 있다.

(5)에 제시한 경우 이외에도 반모음 [ɥ]가 선행하는 이중모음은 더 있을 수 있다. 앞에서 확인하였듯이 반모음 [ɥ]는 양순 구개 접근음이다. 따라서 반모음 [ɥ]는 구개 접근음인 반모음 [j]와 양순 연구개 접근음인 반모음 [w]의 조음상의 특징이 합쳐진 것으로 볼 수 있다. 즉, 반모음

[ɥ]는 반모음 [j]와 구개 접근음이라는 점에서 통하고, 반모음 [w]와 양순 접근음이라는 점에서 통한다. 그렇다면 원리적으로 반모음 [ɥ]는 j-계 상향이중모음과 w-계 상향이중모음을 모두 허용하는 모음 앞에서 나타날 가능성이 있다. j와 w를 모두 선행시킬 수 있는 핵모음은 (4ㄱ, ㄴ)에서 확인할 수 있듯이 전설과 후설의 평순 비고모음인 'e, ɛ, ə, a'의 넷이다. [ɥ]와 결합한 이들 이중모음을 표로 나타내면 다음의 (6)과 같다.

(6)

	전설모음		후설모음	
	평순	원순	평순	원순
고모음				
중모음	ɥe		ɥə	
저모음	ɥɛ		ɥa	

이상의 논의를 바탕으로 국어에 음성적으로 존재할 수 있는 ɥ-계 상향이중모음을 정리하면 다음의 (7)과 같다.

(7) ɥ-계 상향이중모음
ㄱ. [ɥi]
ㄴ. [ɥu, ɥo]
ㄷ. [ɥe, ɥɛ, ɥə, ɥa]

(7ㄱ)과 (7ㄴ)에서 보이는 이중모음은 이미 앞에서 살펴보았듯이 형태소 내부에서 출현하는 예를 쉽게 찾아볼 수 있다. 그런데 (7ㄷ)의 이중모음은 국어의 형태소 내부에서 실현되는 예를 찾기가 쉽지 않다. 우선 형태소 경계에서 나타나는 [ɥə]를 살펴보도록 한다.

(8) ㄱ. [k'jəː] (←끼-+-어, 着)
ㄴ. [k'wəː] (←꾸-+-어, 夢)

ㄷ. [k'ɥəː] (←뀌-+-어, 出)

(8)에는 'ㄲ'과 '어:'의 연쇄 중간에 각기 다른 반모음이 실현되어 있다. (8ㄱ)과 (8ㄴ)에서는 각각 어간 말음 '이'와 '우'가 반모음화를 거쳐 실현된 [j, w]를 확인할 수 있다. (8ㄷ)에서도 어간 말음인 단모음 'ü' 혹은 이중모음 wi의 i가 반모음화를 거쳐 실현된 [ɥ]를 확인할 수 있다.[9] 또한 이중모음 [ɥə]는 선행 자음의 종류에 크게 구애받지 않는다. (8)에서 확인할 수 있듯이 연구개음 계열이 선행 자음으로 올 수 있으며, '쉬-, 뛰-, 뉘-' 등의 활용형을 고려한다면 치조음 계열도 선행 자음으로 올 수 있다.[10]

이중모음 [ɥa]의 경우에는 형태소 경계라 하더라도 중부 방언에서 예를 찾아보기 쉽지 않다. 이중모음 [ɥa]를 가장 잘 보여 주는 방언은 서남 방언이라 할 수 있는데, 앞에서 살펴본 바 있는 '몰류-'(使乾)에 어미 '-아'가 결합된 형식인 [moʎʎɥa]에서 이를 확인할 수 있다. 이는 수의적으로 [moʎʎa]로 나타나기도 하며, 같은 서남 방언이라 하더라도 방언에 따라 [moʎʎɥa]로만 실현되는 경우도 존재한다. 이로 미루어 판단해 보면, 어간 말음이 '요'이거나 '유'인 어간에 어미 '-아'가 결합한 형식에서 [ɥa] 혹은 [ɥə]를 기대할 수 있는데, 실제로는 전혀 예를 찾을 수 없다.[11]

(8)에 비추어 보아 형태소 경계에서 [ɥa]를 확인할 수 있는 경우로 기대되는 것은 어간 말음이 '외'인 용언에 어미 '-아'가 결합되는 환경이

---

9) 이중모음 wi의 i가 반모음화하는 과정에 대해서는 4절에서 자세히 다루도록 한다.

10) 선행 자음이 순음 계열인 예를 찾을 수 없는 것은, '뮈-, 뷔-' 등과 같은 예들이 현대국어에 존재하지 않기 때문이다. 경구개음 계열도 역시 빠져 있는데, 이는 뒤에서 자세히 논의하도록 한다.

11) 실제로 ≪표준국어대사전≫에 표제어로 등재된 단어 중에서 어간 말음이 '요'나 '유'인 용언은 존재하지 않는다. 결국 중부 방언 등에서 [moʎʎɥa]와 같은 이중모음 [ɥa]의 실현을 형태소 경계에서 찾아볼 수 없는 까닭은 '요'로 끝나는 용언이 우연히 그 방언에 존재하지 않기 때문이라 할 수 있다.

다. 그러나 서울 방언을 비롯한 중부 방언에는 이러한 환경에서 실제 출현하는 음성형으로 [wɛ]가 있을 뿐이다.

(9) 되+어 → 돼 [twɛ], 쇠+어 → 쐐 [s'wɛ], 괴+어 → 괘 [kwɛ]

하지만 충남 방언에서는 (9)와 같은 형태소 경계에서 이중모음 [ɥa]를 확인할 수 있다.

(10) 되+어 → 돠:[tɥa:], 쐬+아 → 쏴:[s'ɥa:], 괴+아 → 과:[kɥa:]

또한 방언에 따라 형태소 내부에서 수의적인 축약 등을 통하여 비음절화의 과정을 거친 결과 [ɥa, ɥə]를 확인할 수 있는 어형도 존재한다.

(11) ㄱ. 수염 [sujəm ~ ʃɥə:m]
ㄴ. 오약손(왼손) [ojaks'on ~ ɥa:ks'on]

마지막으로 이중모음 [ɥe, ɥɛ]는 형태소 경계에서는 거의 찾아보기 어렵고, 형태소 내부의 몇몇 특수한 환경에서만 확인할 수 있다.

(12) ㄱ. 숫쇠 [sums'ɥE] (충남 당진방언, 한성우 1996)
ㄴ. 소 [ʃwe], 세수 [ʃweʃi] (육진방언, 곽충구 1991)
ㄷ. 쐐기 [ʃ'ɥE:gi] (전남 화순방언, 정인호 1995), [sjweak](충남 논산, 한국 정신문화 연구원 1990)

[ɥe, ɥɛ, ɥE] 등의 이중모음은 선행 자음이 음성적으로 구개음으로 실현될 때에만 가능한 것으로 보인다. 선행 자음이 음소적으로 구개음일 때에는 (13)에서 보듯이 w-계 이중모음이 모두 ɥ-계 이중모음으로 실현

될 수 있다.

(13) 쥐, 쵀, 줴, 좌, 줘
[ʧwi, ʧwɛ, ʧwe, ʧwa, ʧwə] ~ [ʧɥi, ʧɥɛ, ʧɥe, ʧɥa, ʧɥə]

3. 음소 분석

반모음 [ɥ]는 국어에서 현재까지 음소 분석의 결과가 확정되지 않은 음성 중의 하나이다. 구개음화된 'ㄴ'인 음성 [ɲ]이 음소 /n/과 /j/의 계기적인 연소인 /nj/로 분석되는 것이라든지[12], 음절말에서 실현되는 미파폐쇄음인 [p˃, t˃, k˃]이 각각 평음인 /p, t, k/로 음소 분석이 이루어지는 것(배주채 1989:45~49) 등을 제외한다면, 국어에서 음소 분석 자체에 논의가 필요한 경우는 그리 많지 않다. 그런데, 반모음 [ɥ]에 대해서 음소 분석이 논의된 바는 몇몇 경우를 제외한다면 거의 없다. 여기에서는 앞에서 살펴본 반모음 [ɥ]의 음성 실현을 바탕으로, 반모음 [ɥ]가 어떻게 음소로 분석될 수 있는지를 살펴보도록 한다.

3.1 문제

반모음 [ɥ]를 음소로 분석할 때 부딪치게 되는 가장 큰 문제점은 동일한 분석 기준을 적용시킬 때에 그 결과가 경우에 따라 달라진다는 것

12) 물론, 국어에서 [ɲi]와 [ni]의 대립을 인정하는 경우에는 문제가 복잡해진다. 허웅(1985:172~179)에는 이러한 문제가 자세히 논의되어 있다.

이다. 음소 분석의 방법에는 여러 가지가 있으나, 그 중 대표적인 것으로 최소대립쌍을 이용하는 방법을 들 수 있다. 최소대립쌍으로 이용하는 방법은 일종의 치환 틀 속에 해당 음성을 위치시켜 의미차가 나타나는지를 확인하는 방법이다. 이를 반모음 [ɥ]에 적용시켜 본다면 음소 분석에서의 문제가 선명하게 드러난다.

(14) ㄱ. 꿔: [k'wəː]
ㄴ. 껴: [k'jəː]
ㄷ. 꿔: [k'ɥəː]

(14ㄱ)은 '꾸-'(夢)라는 어간에 어미 '-어'가 결합된 것이고, (14ㄴ)은 '끼-'(着)라는 어간에 어미 '-어'가 결합된 것이며, (14ㄷ)은 '뀌-'(出)라는 어간에 어미 '-어'가 결합된 것이다. 이들의 연쇄를 보면 [k' _ əː]라는 치환 틀 속에 각각 [w, j, ɥ]가 각각 들어 있다. (14)의 예들은 단독형이 아니라 활용형이라는 점에서 유사최소대립쌍이라 부를 수 있을 것인데, 이들의 의미차는 음성 [w, j, ɥ]에 의한 것이기 때문에 각각이 독립된 별개의 음소로서 설정될 수 있다.[13)]

---

13) (14ㄷ)에서 [k'ɥəː]를 음소 분석할 때에 [ɥ]를 /ü/로 분석할 수 있다는 심사위원의 지적이 있었다. 즉 [ɥ]는 /k'ü+ə/라는 형태소와 형태소가 만나는 경계에서 음운 과정에서 파생되는 음성적 변이형이기 때문에, [ɥ]에 대응되는 음소는 /ü/라는 지적이다. 필자가 미처 생각하지 못한 바를 짚어주신 심사위원께 감사를 드리며, 이에 대한 필자의 생각을 정리하고자 한다. 먼저 반모음화 내지 모음축약이라는 음운 과정을 거친 결과가 그 이전과 음소적으로 동일하다는 것은 납득하기 어렵다. 이음 과정을 거쳤다면 음소적으로 동일하게 되겠지만, 음운 과정을 거치면서 입력부와 출력부가 동일하다는 것은 문제의 소지가 있다. 즉 /k'ü+ə/에서 /ü/가 반모음화라는 음운 과정을 거쳤는데도 그 결과가 다시 음소적으로 동일한 /ü/가 된다는 것은, 반모음화라는 과정이 이음 과정인 경우에만 성립할 수 있다. 또한 입력부인 /k'ü+ə/에서 나올 수 있는 수의적인 변이형으로 [k'üə]이 있는데, [k'ɥəː]를 /k'üəː/로 분석한다면, (아래에서는 음장을 고려하지 않는다. '사귀-' 등과 같이 2음절에서 동일한 해석을 할 수 있기 때문이다.) [k'üə]와 [k'ɥə]가 음소적으로 동일한 /k'üə/가 된다. 그러나 전자와 후자의 두 음성형은 음소적으로 분명히 다를 뿐 아니라,

(15) ㄱ. 위[wi]
ㄴ. 위[ɥi]

그런데 (15ㄱ)과 (15ㄴ)은 '위'(上)라는 단어를 나타내는 것이다. 여기에서 [w, ɥ]는 의미차를 불러일으키지 않기 때문에 별개의 음소로 설정할 수 없다. 이 경우에 음소는 분포가 넓은 /w/로 설정하는 것이 일반적이다(허웅 1985:156).

(16) 쥐, 좨, 줴, 좌, 줘 [ʧwi, ʧwɛ, ʧwe, ʧwa, ʧwə] ~ [ʧɥi, ʧɥɛ, ʧɥe, ʧɥa, ʧɥə]

(16)은 (13)의 예를 다시 가져온 것인데, 선행 자음이 음소적으로 구개음일 경우에는 모든 w-계 이중모음의 [w]가 음성적으로 [ɥ]로 실현된다. 이 때의 [ɥ]는 음소 /w/로 분석하는 것이 타당할 것이다.

(17) ㄱ. 우유 [uju]
ㄴ. 우유 [uɥu]

(17)에서도 [j, ɥ]는 의미차에 기여하는 바가 없다. 즉 이 두 음성은 한 음소의 변이음으로 처리되어야 하는데, [ɥ]는 후행하는 모음이 원순모음일 경우에 나타나는 음소 /j/의 변이음으로 파악하는 것이 타당할 것이다.

(14)에 따르면 음성 [w, j, ɥ]는 모두 별개의 음소로 설정되어야 한다. 그러나 (15, 16)에 따르면 [ɥ]는 음소 /w/의 한 변이음으로, (17)에 따르면 [ɥ]는 음소 /j/의 한 변이음으로 처리되어야 한다.

음절 수에 있어서도 차이가 난다. 따라서 이 둘을 동일한 음소로 분석하는 방법은 피하도록 한다.

이러한 결과는 음소와 음성의 중복을 나타내는 다음 (18)의 표로 정리할 수 있다.

(18) [w]　　[ɥ]　　[j]

↑　　↑　　↑

/w/　　/ɥ/　　/j/

↘　　↙

[ɥ]

3.2 해결의 모색

반모음 [ɥ]를 음소로 분석하는 데에는 단순히 음소 분석의 기준을 적용시키는 것으로 끝나지 않는다. 앞에서 살펴보았듯이 반모음 [ɥ]는 경우에 따라 달리 분석될 수 있기 때문이다. 이것을 해결하기 위해서는 먼저 음소와 음성의 중복(overlapping)과 이방향유일성(biuniqueness)에 대한 이론적 처리가 이루어져야 한다. 또한 국어의 반모음 체계 및 이중모음 체계, 그리고 음절구조 전반에 대한 고려도 음소 분석에 있어서 빠져서는 안 될 것이다.

반모음 [ɥ]를 음소로 분석하는 데에는 다음과 같은 방법이 있을 수 있다.

① 하나의 음소인 /w/로 처리하는 방법
② 두 음소인 /wj/로 처리하는 방법
③ 하나의 음소인 /ɥ/로 처리하는 방법
④ 환경에 따라 여러 음소로 처리하는 방법

이 외에도 반모음 [ɥ]를 체계 외적인 요소로 돌려 음소 분석을 유보하는 방법이 있을 수 있다. 그러나 이는 또다른 시각에서 논의해야 할 문제이므로[14] 따로 살펴보지 않는다.

① 하나의 음소인 /w/로 처리하는 방법

이 방법은 반모음 [ɥ]를 음소 /w/의 변이음으로 처리하는 방법이다. 이는 허웅(1985)에서 제시된 방법이다. 해당 부분을 인용하면 다음 (19)와 같다.

(19) ㄱ. [ㅟ]를 겹으로 낼 때는 [ɥi]로 내는 것이 보통이다. 그런데, 좀 과장해서 발음하면 [wi]로 낼 수 있다. 그러나 [ɥi]와 [wi]의 갈음은 임의적이어서 음소적으로 대립되는 일은 없다. (145면)

ㄴ. 또 [ㅠ, ㅛ]와 [ㅑ, ㅕ]의 [j]도 약간 다른 점이 있다. 물론 혀가 [i]의 자리에서 출발하는 점은 같으나, 이동하는 과정이 다르다. 그뿐 아니라 출발점에 있어서의 입술 모양도 다르다. … [ㅛ, ㅠ]에 있어서는, 혀가 [i]에서 출발하면서 입술이 둥글어지는 것이다. 그러나 이러한 혀의 이동 과정이나, 입술의 모양은 뒤에 이어나는 홀소리에 따라 자동적으로 정해지는 것이므로 이 모든 [j] 소리는 한 음소의 결합 변이음이 된다. (158면)

ㄷ. …그리고 〈뉘어〉는 /nü+ə/→[nɥə]로 바뀌었다고 보는 것이 순조로운 풀이다. 그러므로 우리는 이러한 줄인 말에만 나타나는 특별한 현상은 역시 특이한 예로 다루는 것이 좋으리라 생각한다. 곧 [nɥə]의 [ɥ]도 역시 /w/의 한 변이음으로 보는 것이다. (279면)

---

14) 물론 체계 내에서 처리하기 어려운 환경이 존재하는 것은 사실이다. 체계 내로 새로이 편입되는 현상이 있을 수 있으며, 또한 체계에서 벗어나 마지막 흔적으로 보이는 현상이 있을 수 있다. 본고는 그러한 현상의 존재를 부인하는 것이 아니다. 다만, 그러한 현상을 체계 내에서 파악하고자 하는 입장에서 논의를 전개하는 것이다.

(19ㄱ)은 [i] 앞에서 실현되는 [ɥ]를 음소 /w/의 이음으로 처리한 것이다. 여기에 대해서는 더 이상 논의가 필요하지 않을 것이다. (19ㄴ)에서는 음성 [ɥu, ɥo]를 인정하지 않았다. 즉 원순모음 앞에서 /j/가 다른 환경일 때와 달리 실현되지만, 이러한 변이음을 [ɥ]로 처리하지 않은 것이다. 그렇기 때문에 [ɥu, ɥo]의 [ɥ]에 대한 음소 분석 문제는 논외가 되었다. 그러나 이호영(1996:100)에서와 같이 원순모음인 [u, o] 앞에서 실현되는 이 변이음을 [ɥ]로 파악한다면, 이는 음소 /j/로 분석될 것이다.

(19ㄷ)에서는 [nɥə]의 [ɥ]도 /w/의 변이음으로 처리하였다. 이러한 처리는 상당한 문제점을 야기시킨다. [nɥə]의 [ɥ]를 /w/로 처리하여 [nɥə]를 /nwə/로 분석한다면, 이는 [nwə]의 음소 표시인 /nwə/와 동일하게 된다. 결국 '뉘+어'의 음성형인 [nɥə]와 '누+어'의 음성형인 [nwə]를 음소적으로 동일한 /nwə/로 처리하게 된다. 이러한 처리는 (19ㄱ)에서 인정한 [wi]와 [ɥi]의 "갈음이 임의적"인 것처럼, [wə]와 [ɥə]의 갈음도 임의적이라는 뜻이 되어, 처음의 이음 기술과 배치되는 결과를 낳게 된다.[15)]

② 두 음소인 /wj/로 처리하는 방법

이 방법은 (19ㄷ)과 같은 문제점을 해결하기 위하여 제시된 것인데, 허웅(1985:279)에서 따르지 않는다고 처리한 것을 유필재(2001:194~196)에서 적극적으로 따른 바 있다. 유필재(2001)에서 반모음 [ɥ]를 /wj/로 음소 분석한 것은 다음 (20)과 같은 예를 처리하기 위해서였다.

---

15) 김경아(2000:169~174)에서는 (19ㄷ)의 처리와 관련하여 다른 견해를 제시하고 있다. (19ㄷ)의 [nɥə]와 평행적인 음성형인 [t'ɥə:sə](←뛰+어서)에서 나타나는 [ɥə]를 음소 층위에서는 존재하지 않는 음성적 변이형으로 파악하였다.

(20) ㄱ. 뛰+어 → 뛰ː [t'ɥəː] /t'wjəː/
ㄴ. 뉘+어 → 뉘ː [nɥəː] /nwjəː/
ㄷ. 사귀+어 → 사귀ː [sagɥəː] /sakwjəː/

이러한 처리의 근거는, 반모음 [ɥ]를 별개의 독립된 음소인 /ɥ/로 분석하는 것이 타당하지 않다는 것이다. 즉 서울방언에서 반모음 [ɥ]는 'ㅓ'와만 결합하고, 어간 말음이 'ㅟ'인 용언의 활용형에만 나타나며, 최소대립쌍도 없기 때문에 음소 /ɥ/로 분석하기 어렵다는 것이 그 근거이다. 그러나 이것이 곧 반모음 [ɥ]를 /wj/로 분석할 수 있는 적극적인 근거가 될 수는 없다.

반모음 [ɥ]를 음소 /wj/로 분석하게 될 때 부딪치는 가장 큰 문제점은 국어의 음절구조에 대하여 심각한 부담을 주게 된다는 것이다. 국어의 음절구조는 가장 복잡한 것이 '자음+반모음+모음+자음'이라 할 수 있다. 즉 초성과 중성, 종성이 모두 갖추어지고, 중성이 반모음 하나를 가지는 구조가 국어에서 가장 복잡한 음절구조이다. 그런데 반모음 [ɥ]를 /wj/로 분석하게 되면 (20)의 예들은 '자음+반모음+반모음+모음'의 음절구조를 갖게 되어 국어의 음절구조 전반을 재검토해야 하는 결과에 이르게 된다.

반모음 [ɥ]를 음소 /wj/로 분석하게 될 때의 또다른 문제점은 허웅(1985:279)에 제시되어 있다. 즉 "/wj/와 /w/가 [ɥ]로 합류되며, /w/와 /j/의 겹침이 있게 된다."는 바로 그것인데, 이에 대한 상론은 뒤에서 하도록 한다.

③ 하나의 음소인 /ɥ/로 처리하는 방법

이는 반모음 [ɥ]를 다른 반모음과는 별개인 하나의 음소 /ɥ/로 분석하는 방법이다. 사실 하나의 음성을 하나의 음소로 처리하는 방법은 가장 간단하면서도 명쾌한 방법이다. 그러나 반모음 [ɥ]를 /ɥ/로 분석하는 데에는 해결해야 할 몇 가지 문제가 있다.

(21) ㄱ. 위[wi~ɥi]
ㄴ. 윷[jut~ɥut] 용[joŋ~ɥoŋ]

(21ㄱ)에서 [ɥi]는 정상적인 발화에서 나타나며, [wi]는 의식적이고 과장된 발화에서 나타난다. [w]는 조음위치가 후설쪽인데, 후행하는 [i] 모음의 영향으로 전설 쪽으로 조음위치가 당겨져서 [ɥ]로 발음되며, 이 경우 [w]로 발음하는 것보다 [ɥ]로 발음하는 것이 더 일반적이라 할 수 있다. 결국 (21ㄱ)에서 [ɥ]는 국어에서 이미 음소의 지위를 가지고 있는 /w/의 조건된 변이음 혹은 임의적 갈음에 해당한다고 할 수 있다.

(21ㄴ)의 [ɥu, ɥo]는 정상적인 발화에서 나타나며, [ju, jo]는 의식적이고 과장된 발화에서 나타난다. [j]는 입술 모양이 둥글지 않은 평순의 반모음인데, 후행하는 모음이 원순모음인 경우에는 이의 영향을 받아 원순으로 실현되어 결국 [ɥ]로 나타나기도 한다. [ju, jo]의 발음은 이중모음의 발화를 시작할 때 의식적으로 평순을 유지해야 한다. 결국 원순모음 앞에서 나타나는 [ɥ]는 원순모음 앞에서 나타나는 음소 /j/의 변이음이라 할 수 있다.

모든 [ɥ]를 단일 음소 /ɥ/로 분석한다면 (21)과 같은 경우에도 이들을 음소 /ɥ/로 분석하고, 음소 /ɥ/의 변이음으로 [w]나 [j]를 인정해야 하는데 그렇게 처리하기에는 많은 무리가 따른다. 뿐만 아니라 국어의 이중모음 체계 전반에 대하여 다시 검토해야 한다.

(22) ㄱ. w-계 이중모음

	전설		후설	
	평순	원순	평순	원순
고				
중	we		wə	
저	wɛ		wa	

ㄴ. j-계 이중모음

	전설		후설	
	평순	원순	평순	원순
고				
중	je		jə	
저	jɛ		ja	

ㄷ. ɥ-계 이중모음

	전설		후설	
	평순	원순	평순	원순
고	ɥi			ɥu
중	ɥe		ɥə	ɥo
저	ɥɛ		ɥa	

(22)는 ③의 방식을 따라 음소 분석을 할 경우에 상정할 수 있는 이중모음 체계이다. 전설고모음인 /i/, 후설의 원순모음인 /u, o/와 결합하여 이중모음을 형성한다면 이 때의 반모음은 /ɥ/로 처리된다. 반모음 /w/와 /j/는 모두 평순의 비고모음과 결합하여 이중모음을 형성할 수 있을 뿐이다.

④ 환경에 따라 여러 음소로 처리하는 방법

이 방법은 반모음 [ɥ]를 하나의 음소로 분석하는 것을 포기하는 방법이다. 하나의 음성을 하나의 음소로 분석하는 것은 이방향유일성이라 하여, 구조주의 음운론에서 견지한 바 있는 음소 분석의 원칙이라 할 수 있는데, 경우에 따라서는 이 원칙을 엄격하게 적용할 수 없는 경우도 논의된 바 있다.

국어에서 이방향유일성을 어기면서 음소로 분석하는 예는 드물다.

(23) ㄱ. 하니[haɲi~hani]
ㄴ. 가냐[kaɲa], 남녀[namɲə], 담요[tamɲo], 용뉴[ɥoŋɲu]

(23ㄱ)의 [ɲ]는 /n/으로 분석되는 것이 일반적이다. 동일한 음성인 [ɲ]는 (23ㄴ)의 경우에는 /nj/로 다르게 분석된다. 한 음성에 대하여 두 가지로 음소 분석을 하는데, 이는 국어에서 /ji/라는 이중모음이 체계상 존재하기 어렵기 때문이다. 결국 구개음인 [ɲ]의 음소 분석은 다음 (24)와 같이 이방향유일성을 어기면서 이루어진다.16)

(24) ㄱ. [ɲ] → /n/ : [i] 앞에서
ㄴ. [ɲ] → /nj/ : 다른 모음 앞에서

반모음 [ɥ]도 나타나는 환경에 따라 다른 음소로 분석하는 방법을 취하면 이는 다음 (25)와 같다.17)

---

16) 배주채(1996:44)에는 음소 /n/의 이음 기술이 제시되어 있다. 음소 /ㄴ/은 /i, j/앞에서 [ɲ]으로 실현되는 기술이 그것인데, 이는 예를 들어 음소 표시인 /sunjə/(수녀)의 /n/은 /j/앞에서 [ɲ]으로 실현된다는 것을 의미한다. 그러나 이를 뒤집어서 음성인 [ɲ]이 /ㄴ/으로 분석될 수 있다는 뜻으로 이 기술을 이해해서는 안 될 것이다. 음성 표시인 [suɲə]에서 [ɲ]은 /nj/로 분석되어야 한다.

17) 음소 분석에 대한 이러한 틀은 사실 구조주의적인 관점에 기댄 바가 크다. 생성음운론에서는 기저와 표면으로 대표되는 도출의 과정, 즉 음운 과정에 대하여 정밀화를 하였다. 그런데 국어음운론에는 음소 분석과 음운 체계의 측면에서는 구조주의 음운론의 방법론이, 음운 과정의 측면에서는 생성음운론의 방법론이 혼재되어 있다. 심사위원의 지적대로, 형태음소 층위, 음소 층위, 음성 층위와 같은 세 층위를

(25) ㄱ. [ɥ] → /w/ : [i] 앞에서
ㄴ. [ɥ] → /j/ : [o, u] 앞에서
ㄷ. [ɥ] → /j/ : 다른 모음 앞에서

(25ㄱ, ㄴ)은 앞에서 이미 충분히 살펴본 것이지만, (25ㄷ)에 대해서는 ②의 방법과 관련하여 별도의 논의가 필요하다. [i, o, u]를 제외한 다른 모음 앞에서, 특히 [ə, a] 앞에서 나타나는 반모음 [ɥ]를 /wj/로 분석하는 것과의 차이를 밝힐 필요가 있기 때문이다. 이 반모음을 /wj/로 분석하는 것은 이 반모음을 분석해 줄 수 있는 음소가 따로 존재하지 않았기 때문이다. 그러나 /ɥ/를 또다른 반모음으로 음소 체계에 끼워 넣는다면 음절구조에 무리를 주는 부담을 지지 않아도 된다.

음소인 구개음이 선행할 경우의 음소 분석 역시 논의가 필요하다.

(26) 줘:(←주+어) [ʧɥə:], 좌:석 [ʧɥa:sək], 좨:기 [ʧɥɛgi],
쥐:뜯다 [ʧɥe:t'ɨtt'a]

(26)은 /ʧwə/, /ʧwa/, /ʧwɛ/, /ʧwe/로 분석한다. 국어에서 [ʧa, ʧə] 등과 같은 음성형은 음소적으로 /ʧa, ʧwə/와 같이 분석되는 것이 일반적이다. 즉 구개자음과 모음의 연속인 [ʃa, ʃə] 등을 /sja, sjə/로 분석하는 것처럼 이를 /ʧja, ʧjə/로 분석하지 않는 것이다. 이는 국어에서 'ㅈ'이 음소적으로 구개음이어서, 동일 조음 위치의 반모음인 /j/와는 계기적으로 실현되기 어렵기 때문이다. 따라서 국어의 j-계 이중모음은 음소적으로 구개음인 'ㅈ, ㅊ, ㅉ' 다음에 위치 할 수 없다는 불완전 분포를

설정하고 생성음운론의 방법론을 도입하는 최근의 연구 경향도 있다. 필자는 아직 이에 대한 명확한 결론을 갖고 있지 않다. 다만 서로 다른 이론에서 출발한 것이라 하더라도 둘의 장점을 살린다면, 이로써 국어음운론에 기여할 바가 있지 않을까 한다.

보이는 것으로 기술된다.

(26)에 실현된 반모음 [ɥ]도 구개음인 'ㅈ'과 밀접하게 관련되어 있다. 반모음 [ɥ]는 '경구개'라는 조음 위치에서 실현되는데, 이 '경구개'라는 조음 위치는 'ㅈ'의 조음 위치와 동일하다. 따라서 'ㅈ' 아래에서 동일 조음 위치의 반모음인 /j/의 실현이 잉여적으로 처리된 것과 동일하게, 반모음 [ɥ]의 조음 위치도 잉여적으로 처리할 수 있다. 그렇다면 이 때의 반모음 [ɥ]는 음소적으로 /w/로 처리된다. 음소적으로 구개음인 'ㅈ, ㅊ, ㅉ' 다음에서 ɥ-계 이중모음 역시 실현될 수 없다는 음소배열적인 제약이 있는 것으로 해석된다.

이상 ①, ②, ③, ④의 네 가지 방법을 검토한 결과, ④의 방법이 가장 타당하다는 것을 알 수 있었다. ①과 같은 방법을 따를 경우 '[nwəː](←누+어), [nɥəː](←뉘+어)'가 음소적으로 동일한 /nwəː/로 처리된다는 점이 문제이며, ②와 같은 방법을 따를 경우, /wj/와 같은 반모음의 연결을 인정하게 되어 국어의 음절구조 전체를 재검토해야 한다는 점이 문제이다. ③과 같은 방법은 국어의 이중모음 체계 전반에 대한 조정이 필요하다는 점에서 바람직하지 않다. 현재로서는 환경에 따라 다른 음소로 분석하는 복잡함을 감수하더라도 ④의 방법이 가장 합리적이라 할 수 있다. ④의 방법에 따르면 음성 [ɥ]는 환경에 따라 /w/로, /j/로, /ɥ/로 분석된다. 이 때 반모음으로 분석되는 음소 /ɥ/를, 다른 반모음과 함께 변별적 자질로 표시하면 다음 (27)과 같다.

(27)

	[-후설성]		[+후설성]	
	[-원순성]	[+원순성]	[-원순성]	[+원순성]
반모음	j	ɥ		w

4. 반모음 /ɥ/와 관련된 음운 과정

국어에서 반모음 ɥ와 직접적으로 관련된 음운 과정은 반모음화이다. 국어의 반모음화는 j반모음화와 w반모음화로 나누는 것이 일반적이다. j반모음화는 '이'말음 어간 뒤에 모음어 미가 연결될 경우에(피 +어 → 피어 ~ 피여 ~ 펴:), w반모음화는 '오, 우'말음 어간 뒤에 모음어미가 연결될 경우에(보+아 → 보아 ~ 보와 ~ 봐:) 필수적으로 혹은 수의적으로 '이'가 j로 그리고 '오, 우'가 w로 실현되는 현상이다(이병근 1978).

ɥ반모음화도 다른 반모음화와 평행하게, '위, 외'말음 어간 뒤에 모음어미가 연결될 경우에 수의적으로 실현될 것으로 기대된다. 즉, '이' 모음이 동일한 조음위치의 비원순 반모음인 j로 바뀌며, '오, 우' 모음이 동일한 조음위치의 원순 반모음인 w로 바뀌는 것과 같이, 원순의 전설모음인 '위, 외'가 동일한 조음위치의 원순 반모음인 ɥ로 바뀔 것이다.[18] 이를 그림으로 표시하면 다음 (28)과 같다.

(28)

	전설모음		후설모음	
	평순	원순	평순	원순
고모음	i	ü		u
중모음		ö		o
반모음화	↓	↓		↓
반모음	j	ɥ		w

18) 이러한 ɥ반모음화는 '위, 외'가 확고하게 [ü, ö]로 자리잡고 있는 일부 방언에서 찾아볼 수 있다. 즉, '뛰-어'에서는 '뛰어 ~ 뛰여 ~ 뛰:'로, '괴-아'에서는 '괴아~괴야~ 괴:'로 실현되는 충남 및 전북의 일부 방언에서 다른 반모음화와 평행한 ɥ반모음화가 나타난다. 그러나 서울을 비롯한 중부 방언에서는 앞에서도 살펴보았듯이, ɥ반모음화가 '위'말음 어간의 활용형에서만 나타날 뿐, '외'말음 어간의 활용형에서는 나타나지 않는다.

4.1 '위'말음 어간의 반모음화

먼저, '뛰-'를 대표적인 어간으로 하여 '위'말음 어간의 활용형을 살펴보도록 한다.

(29) 뛰+ 어 → /뛰어, 뛰여, 뜌:, 뛔:/

활용형 '뜌:'[t'ɥə:]에 대해서는 '뛰+어'에서 '뛰-'의 어간 모음이 단모음 /ü/로 실현되는지, 아니면 이중모음 /wi/로 실현되는지에 따라 공시적인 기술이 달라진다. 먼저, '뛰-'의 어 간 모음이 단모음 /ü/인 경우에, 이 /ü/는 바로 반모음화하여 /ɥ/로 바뀌며, 이어 보상적 장모음화가 일어나서 후행하는 /ə/가 장음으로 실현된다.

(30) ü → ɥ /]Vstem + V (수의적)

본고에서는 3장의 결과에 따라 반모음 /ɥ/를 국어의 음소 체계에 포함되는 것으로 파악한다. 반모음 /ɥ/는 원순의 전설모음인 /ü/의 위치에서 발음되는 소리로서, /ü/보다 조음자와 조음점의 간격이 더 좁은 반모음이다. 따라서 /ü/는 반모음화의 환경에서 /ɥ/로 반모음화를 일으킨다. 이는 '우, 오'가 동일 환경에서 w반모음화를 보이는 것과 동일하다.

이러한 해석이 전적으로 새로운 것은 아니다. 허웅(1985:279)에서는 "'뉘+어'는 /nü+ə/ → [nɥə]로 바로 바뀌었다고 보는 것이 순조로운 풀이다."라고 하여 ü가 ɥ로 바뀌는 변동을 인정하고 있다. 그러나 이어서 "곧 [nɥə]의 [ɥ]도 역시 /w/의 한 변이음으로" 파악한다고 정리하여, 본고와는 다른 처리를 하고 있다.

앞에서도 살핀 바 있듯이 본고에서는 '어, 아' 앞에 있는 반모음 ɥ를 /w/의 이음으로 해석하는 것은 불가능하다고 파악한다. 즉 [wə, ɥə]는 결코 음소적으로 동일하지 않다. 만약 이들이 음소적으로 동일하다면, '누+어'의 활용형인 [nwəː]와 '뉘+어'의 활용형인 [nɥəː], '뚜+어'의 활용형인 [t'wə]와 '뛰+어'의 활용형인 [t'ɥə]가 모두 음소적으로는 동일하게 된다. 하지만 실제에 있어서 화자들은 항상 다른 소리로 인식하며 쉽게 구별한다. 본고에서는 ɥ를 환경에 따라 음소로 파악하며, ɥ반모음화라는 음운 과정도 존재하는 것으로 받아들인다. 전설의 원순모음도 후설의 원순모음과 마찬가지로 반모음화가 가능하며, 그 결과는 후설의 원순모음인 경우에 w반모음화로, 전설의 원순모음인 경우에 ɥ반모음화로 나타난다고 파악한다(유재원 1985:7~8).

김경아(1996:34)에서는 [t'ɥəː]의 실현과 관련하여 "/ü/가 직접 변화한 것으로 보는 것보다 이중모음 /wi/의 /w/가 i의 전설성에 이끌려 [ɥ]로 실현된다고 보는 것이 맞을 것으로 생각된다."라고 하여 단모음 /ü/의 직접적인 반모음화에 대하여 부정적인 입장을 취하고 있다. 그러나 김경아(2000:169~174)에서는 다시 /ü/가 반모음화를 할 수 있다는 입장으로 바뀌었는데, [ɥəː]의 실현은 음성적인 층위에서만 나타나는 것으로 파악하였다.

유필재(2001:194~196)에서는 단모음 /ü/에서 반모음화하는 것을 "wj 반모음화"로 부르고 있다. 즉, 단모음 /ü/에서 반모음 [ɥ]로 반모음화가 일어나는데, 이를 음소적으로 /wj/로 파악하고 이러한 반모음화 과정에 대한 명칭을 붙인 것이다. 이러한 음소 분석이 불가함은 이미 앞에서 지적한 바 있다. 또한 반모음 [ɥ]를 반모음 w와 j의 계기적인 연속으로만 볼 수 없는 경우도 있다. 예를 들어 서남 방언에서 반모음 [ɥ]가 실현되는 유명한 예인 '말류+아'의 경우를 살펴보면, 음성형인 [maʎʎɥa]는 /malljwa/라는 도출 과정의 형식을 갖게 된다. 이때의 반모음 /ɥ/는

/wj/가 아닌 /jw/와 관련된다. 따라서 반모음 [ɥ]는 w와 j의 둘의 동시적인 실현으로 파악하는 것이 바람직하다.

다음으로, '뛰-'의 어간모음이 /wi/일 경우에 실현되는 음성형 [t'ɥəː]의 기술 방법에 대해 살펴보자. 어간의 핵모음인 /i/가 반모음화하여 /wj/라는 도출 과정의 연쇄가 만들어지는 것까지는 별다른 논란의 여지가 없다. 김경아(2000)에서는 이를 도식적으로 보여주고 있는데, 다음 (31)과 같다.[19]

(31) t'wi+ə
↓ --- j반모음화
t'wjːə
↓ --- w위치동화
t'ɥjːə
↓ --- j탈락
t'ɥːə

/wi/라는 이중모음에서 /w/는 음성적으로 [ɥ]로 실현된다. 이러한 [ɥ]는 [i]의 전설성에 이끌려 실현되는 /w/의 이음인바, /j/ 앞에서도 이러한 이음적 실현을 기대할 수 있다. 그런데 /j/ 때문에 이루어지는 /w/의 이음적 실현이, /j/가 탈락한 이후에도 지속된다는 것은 부자연스러운 일이다. 통시적인 음운 변화에서는 이러한 유형의 음운 현상을 쉽게 찾아볼 수 있지만, w위치동화는 공시적인 과정인 동시에 이음 과정이다. 이것이 이음 과정이라는 것은 그 환경인 i, j가 없어질 때 w가 전설의 변이음인 ɥ로 실현될 수 없다는 것을 의미한다. 이음적 환경의 상실 이후에도 조건된 변이음이 지속되는 것은 이미 그것이 변이음이 아니라는 것을 의미하는데, 이는 곧 통시적인 음운 변화에서 흔히 찾아볼 수 있는

19) j반모음화, w위치통화, j탈락 등의 세 과정은 동시적으로 적용된다고 파악하였다.

것이다. 그러나 이 경우는 공시적인 도출 과정에 대한 것이기 때문에 통시적인 음운화와 거리가 멀다.[20)]

본고는 위의 경우를 /wj/가 /ɥ/로 축약되는 과정으로 해석하고자 한다.[21)] 앞에서 우리는 /ɥ/를 w와 j의 동시적 실현으로 해석한 바 있는데, 'w+j'나 'j+w'나 모두 /ɥ/로 실현되는 것으로 파악한다. 이는 /wj/ 혹은 /jw/의 연쇄가 불가능하기 때문이기도 하거니와, ɥ가 w와 j의 속성을 모두 가지고 있기 때문이다.

(32)	t'ü+ə	t'wi+ə
	↓--- ɥ반모음화	↓--- j반모음화
	t'ɥə	t'wjə
		↓--- wj축약
		t'ɥə

/뛔:/라는 음성형은 서울을 비롯한 경기, 강원, 전남 등에서 나타난다. 배주채(1998:120~121)에서는 전남 고흥 방언의 이 활용형을, '어'가 '이, 위' 뒤에서 '에'로 바뀌는 '어'전설화의 과정에 이어, '에' 앞에서 '위'가 w로 바뀌는 반모음화의 과정을 거친 것으로 파악하였다. 공시적으로 자연스럽지 않은 음운 규칙을 최대한 배제하기 위하여 '어'전설화의 과정을 상정한 것이라 할 수 있다.[22)] 이를 보이면 다음 (33)과 같다.

---

20) 또한 위의 도출 과정은 음운 과정과 이음 과정이 혼재해 있다. j반모음화와 j탈락은 음운 과정인데 비하여, w위치동화는 이음 과정이다. 적용 순서는 '음운 과정-이음 과정-음운 과정'인 셈이다.

21) 입력부와 출력부 중간 단계의 도출형에 대해서는 이들이 구체적인 음성이 아니라는 점을 중시하여 음소 표시의 기호(/ /)를 사용하도록 한다.

22) 이러한 처리는 허웅(1985:278)의 '되+어'의 활용형인 /돼:/의 처리와 통일하다.

(33) t'ü+ə

↓

t'üə

↓--- '어'전설화

t'üe

↓--- w반모음화, 보상적 장음화

t'we:

하지만 '어'전설화(또는 '아'전설화)라는 과정은 최명옥(1982:133)의 '완전순행동화'를 달리 해석한 것으로, /세+어/→/세:/, /깨+아/→/깨:/에서 확인할 수 있는 '어'전설화(혹은 '아'전설화)나 완전순행동화의 음운과정을 /뛔:/의 경우와 같이 '위'말음 어간의 활용형을 설명하기 위한 과정으로 설정한 것이다. 그러나 여기에는 /ü/가 반모음화하면 /w/로 된다는 전제가 들어있다. 이승재(1980:98)를 인용하면 다음 (34)와 같다.

(34) 그런데 [-cons, +voc, -grave, +round] 인 /ö/와 /ü/가 활음으로 변화한다는 것은 우선 [+voc]이 [-voc]로 변화하는 것을 의미하는데, [-cons, -voc, -grave, +round]인 활음은 없으므로 [-grave]를 적절히 처리할 필요가 생긴다. … '/t'ü+ə/ → t'w+ə, /tö+asə/ → tw+asə' 등으로 일차적인 변화를 겪는다. 이때 [+round]인 활음이면서 [-grave]일 수 없다는 분절음 구조 제약에 의하여 [-grave]가 후속하는 모음 '-아/어'에 넘겨진다고 할 수 있다. (밑줄은 필자)

결국 '어'전설화의 원인은 '위'모음의 전설성에 있고 이 전설성이 후행하는 모음에 넘겨지는 데에 있다. 그러나 본고에서는 /ü/가 반모음화할 경우에 /w/가 아닌 /ɥ/로 반모음화한다고 파악한다. '위'모음이 가진 전설성이 반모음화 후에도 그대로 /ɥ/에 남게 되기 때문에, '어'전설화의 음운론적 동기는 불투명하다.

/뛔:/라는 활용형에 대하여는 이것이 통시적인 산물이라는 견해가 있다. 이러한 견해는 이상신(1998:64~67, 79~80)에서 비롯한 것으로 유필재(2001:128~136)에서 자세하게 검토되었다. 즉, /뛔:/는 어간의 모음이 하향이중모음인 'uj'였던 시기에 만들어진 활용형이라는 것인데, 이러한 활용형의 통시적인 형성 과정을 보이면 다음 (35)와 같다.

(35) t'uj+ə
 ∨
t'ujə
 ∨--- jə〉e
t'ue
 ∨--- w반모음화
t'we:

활용형 /뛔:/가 이러한 통시적인 과정을 거쳐 형성되었다면, 이는 공시적인 음운 과정으로 인정될 수 없으며 최명옥(1985, 1988)에서의 변칙 용언의 공시적 기술과 같이 어휘화된 이형태로 처리하는 것이 바람직하다. 김봉국(2000:26~28)에서는 이러한 입장에서 /뛔:/의 공시적 기술을 행한 바 있다.

4.2 '외'말음 어간의 반모음화

'외'말음 어간의 활용형은 '되-'를 대표적인 예로 하여 제시하도록 한다.

(36) 되+어 → /되어, 되여, 돠:, 돼:/

먼저, /돠ː/라는 활용형에 대해 살펴보기로 한다. /돠ː/는 어간 '되-'에 어미 '-아'가 결합한 활용형이다. 중부 방언에서는 현재 '되-'를 비롯한 '외'말음 어간에 연결되는 모음어미로 '-어'가 선택되는 것이 일반적이지만, 활용형 /돠ː/가 나타나는 방언에서는 이를 '-어'가 선택된 것이라 볼 수 없다.[23) 유필재(2001:132~136)에서는 어미 '-어'가 선택된 '되+어'형과 어미 '-아'가 선택된 '되+아'형이 문헌에서 출현한 빈도를 제시하고 있는데, 20세기 초까지는 어떤 형이 우세하다고 말하기 힘들다는 결론을 제시하고 있다. 이러한 어미 '-아/어'의 선택 양상은 방언에도 그대로 투영되어 있다고 할 것인데, /돠ː/에서는 어미 '-아'가 선택된 것이다[24)]

'되+아'의 활용형으로 /돠ː/는 어간모음 /ö/의 반모음화 과정이 적용된 결과이다. 단모음 /ö/가 반모음화한다면 이는 /ɥ/일 수밖에 없다. /ɥ/는 전설 원순의 반모음이기 때문이다. 이와 같이 전설 원순의 /ö/가 /ɥ/로 반모음화하는 것은, 후설 원순의 /o/가 /w/로 반모음화하는 것과 동궤의 것이다. /ö/의 반모음화 과정을 규칙으로 보이면 다음 (37)과 같다.

(37) $ö \rightarrow ɥ\ /]V_{stem} + V$ (수의적)

---

23) '되-'의 활용형으로 /둬ː/가 나타나는 방언에서는 어미로 '-어'가 선택되었다고 할 수 았다.

24) 유필재(2001:136)에서는 "'외+아'라면 공시적으로 가능한 음운 과정이 적용된다. 'ᆄː[ɥa]'로 실현된다."라고 하여 이러한 처리에 대하여 긍정적인 태도를 취한 바 있다. 그런데, 여기에서 분명히 해둘 것은 '외+어'라고 하여도 /ö/가 반모음화할 때는 /ɥ/로 바뀐다는 점이다. 즉 /ö/는 뒤에 '아'가 오건 '어'가 오건 이에 상관없이 반모음화의 환경에서는 항상 /ɥ/로 바뀐다. 실제 충청 방언에서는 '되+어'의 활용형으로 '돠ː' 외에 '둬ː'도 나타난다. 서울을 비롯한 여러 방언에서 이러한 ɥ반모음화가 적용되지 않는 것은, 이러한 음운 과정이 공시적으로 가능하지 않아서가 아니라 다른 기제로 형성된 활용형을 사용하고 있기 때문이다.

결국 /돠:/는 다음 (38)과 같은 과정을 걸쳐 실현된다.

(38) tö+ə/a
↓ --- '어/아' 선택
töa
↓ --- ɥ반모음화, 보상적 장음화
tɥa:

/돼:/라는 활용형은 앞에서 살핀 바 있는 /뒈:/의 지리적인 분포와 달리, 매우 넓은 지역에서 폭넓게 나타난다. /돼:/의 도출을 위한 음운 과정은 허웅(1985:278)에 제시되어 있는데, 어미 '-아/어'가 '애'로 바뀌고, '외'가 w로 반모음화하는 과정을 거친 것으로 파악되었다. 다소간의 용어의 차이는 있으나, 이승재(1980) 및 배주채(1998) 등도 이러한 과정 자체는 동일하게 파악하였다. 배주채(1998)을 기준으로 하여 이를 간단히 나타내면 다음 (39)와 같다.

(39) tö+ə/a
↓--- '어/아' 선택
töa
↓--- '아'전설화
töɛ
↓---w반모음화, 보상적 장음화
twɛ:

김경아(2000:166~169)에서도 /ö/가 /w/로 반모음화하는 것으로 파악하였다. 그런데 위의 논의들과는 달리 여기에서는 어미 '-아/어'에서 선택되는 어미를 '-어'를 상정하였다. 단모음 /ö/가 반모음화한 [ö̯]의 음성적인 특성으로 말미암아 어미의 '어'가 전설화되어 '에' 혹은 '애'로 실현되는 것으로 /돼ː/를 설명하고자 하였다. 그러나 이러한 반모음의 음성적인 특성 때문에 핵모음인 모음의 변동이 일어날 수 있는지와, '어'가 전설화하면 '에'가 될 것인데 /wɛ/로 실현되는 표면형과의 차이를 '에ː애'의 대립이 엄격하지 않다는 것에 둘 수 있는지에 대해서는 의문의 여지가 있다.

이상의 /돼ː/에 대한 여러 설명은 앞에서의 /돼ː/의 경우와 마찬가지로 단모음 /ö/가 반모음화할 때 /w/로 바뀐다고 하여 인정한다는 점에서 본고와는 차이가 있다. 본고에서는 앞에서 살핀 바와 같이 단모음 /ö/가 반모음화할 때는 /ɥ/로 바뀐다고 파악한다. 유재원(1985:5~7)에서는 본고와 같이 단모음 /ü/는 /ɥ/로 반모음화하는 것으로 보고 있으나, 단모음 /ö/에 대해서는 /w/로 반모음화하는 것으로 파악하였다. 그러나 /ü/에 대한 반모음화와 /ö/에 대한 반모음화는 체계적으로 동일하게 다루어져야 한다. /u, o/가 모두 /w/로 반모음화하는 것과 평행하게, 단모음 /ö/, /ü/가 모두 /ɥ/로 반모음화하는 것으로 파악하는 것이 합리적이다.

활용형 /돼ː/에 대해서도 (35)에서의 /뛔ː/의 경우와 마찬가지로 이것이 통시적인 산물이라는 견해가 있다. 이러한 견해는 역시 이상신(1998:60~64, 66~68)의 논의를 시발점으로 하여 유필재(2001:128~132)에서 적극적으로 논의를 펼친 것이다. 이의 핵심은 'ö+ə → wɛː'라는 과정이 체계상 상정하기 어렵다는 점과 /돼ː/라는 활용형은 어간 말음인 '외'가 하향이중모음였던 시기의 활용형을 그대로 이어받고 있다는 것이다. /돼ː/에 대한 통시적인 과정을 보이면 다음 (40)과 같다.

(40) toj+a
　↓
toja
　↓ --- ja〉ɛ
toɛ
　↓ --- w반모음화, 보상적 장음화
twɛː

결국 /돼ː/는 /되+어/의 공시적인 결합으로 나타나는 것이 아니다. 현대 국어의 여러 방언에서 나타나는 /돼ː/는 '외'가 하향이중모음인 시기의 활용형이 굳어진 것이므로, 앞의 /뛔ː/의 처리와 평행하게 부자연스러운 공시적 음운 기술을 포기하고 어휘화된 이형태로 처리하는 것이 바람직하다. 유필재(2001:136) 및 김봉국(2000:28)에는 이러한 공시적 기술이 제시되어 있다.

5. 결론

국어 연구에서 반모음 ɥ는 그리 큰 주목을 받지 못하였다. 국어에서 음성적으로 존재하는 반모음 ɥ의 존재에 대해서는 비교적 이른 시기에 인식이 이루어졌으나, 이를 음운 체계 내에서 처리하고자 하는 시도는 거의 없었다. 반모음 ɥ를 체계 내에서 합리적으로 처리하기가 어려웠기 때문이다.

본고는 국어에서 음성적으로 존재하는 반모음 ɥ를 종합적으로 확인하였으며, 이에 대하여 음소로 분석하는 작업을 하였다. ɥ는 음성적으로 전설 원순의 반모음이다. 반모음 ɥ는 /w/의 변이음으로 실현되기도 하며, /j/의 변이음으로 실현되기도 한다. 즉 ɥ는 전설의 평순모음인 /i/ 앞에서 /w/가 위치할 때에 실현되며, 후설의 원순모음인 /o, u/ 앞에서 /j/가 위치할 때에 실현된다. 형태소와 형태소가 결합하는 경계에서도 ɥ는 실현된다. 또한 반모음 ɥ는 다른 모음과 계기적으로 연결되어 이중모음을 형성할 수 있으며, 국어에 음성적으로 존재할 수 있는 상향이중모음으로는 [ɥi, ɥu, ɥo, ɥe, ɥɛ, ɥə, ɥa]가 있다.

음소 분석의 과정을 거쳐 반모음 ɥ는 ① 반모음 /w/의 변이음인 [ɥ], ② 반모음 /j/의 변이음인 [ɥ], ③ 반모음 /ɥ/로 분석되는 [ɥ]로 나눌 수 있었다. ①에는 모음 i 앞에서 실현되는 [ɥ]와 음소적인 구개음 뒤에서 실현되는 [ɥ]가 해당된다. 그 예로는 '위[ɥi], 줘[ʧɥə], 좌[ʧɥa], 좨[ʧɥɛ], 줴[ʧɥe]' 등이 있다. ②에는 후설의 원순모음 u, o 앞에서 실현되는 [ɥ]가 해당된다. 그 예로는 '우유[uɥu], 용[ɥoŋ]' 등이 있다. ③은 ①과 ②의 경우를 제외한 환경에서 나타나는 [ɥ]가 해당되는데, '뚜ㅕ:[t'ɥəː], 됴ㅑ:[tɥaː], 수ㅔ:[ʃɥe], 쏘ㅒ:[ʃ'ɥɛ]' 등이 있다. 그 결과 반모음 /ɥ/는 국어에서 음소로 존재하는 반모음인 /w, j/와 함께 반모음 체계를 형성하게 된다. 변별적 자질로서 반모음 /ɥ/를 표시한다면 [-자음성, -성절성, -후설성, +원순성]이 된다.

이와 더불어 본고는 반모음 /ɥ/와 관련된 음운 과정을 고찰하였는데, 이를 다른 반모음화와 평행하게 'ɥ반모음화'라 불렀다. ɥ반모음화는 j반모음화나 w반모음화와 실현 양상이나 제약 면에서 동일하다. ɥ반모음화는 '위'(ü)나 '외'(ö)로 끝나는 용언 어간이 '-아/어'로 시작하는 모음어미와 결합하는 경우에 수의적으로 실현된다.

본고에서는 음운 과정으로서의 ɥ반모음화가 적용되는 방언의 차이에 대해서는 다루지 못하였다. '되-'를 예로 들자면, ɥ반모음화가 적용된 음성형인 '됴ㅑ:[tɥaː]' 혹은 '두ㅕ:[tɥəː]'는 충남의 일부 방언에서만 나타난다. 매우 자연스러운 음운 과정으로 파악한 ɥ반모음화가 적용되는 방언이 일부에 한정되어 있는 것이다. 반면 '돼:[twɛ:]'라는 음성형은 거의 전국적인 분포를 보이고 있다. 본고에서는 '돼:'라는 형식의 존재를 통시적인 산물이라 파악하고 있지만, 어떤 과정을 거쳐 이러한 형식이 거의 모든 방언에서 쓰이게 되었는지 현재로서는 확인할 길이 없다. 또 '돼:'라는 형식이 쓰이고 있는 방언에서도 'ᄃᆄ:지고기(厭肉), ᄊᆄᆨ:손(左手)' 등과 같이 형태소 내부의 몇몇 경우에서는 ɥ반모음화가 적용된 예들이 보이는데, 어떤 과정을 거쳐 형성된 것인지 확인하기는 어렵다.

(2002, 어학연구 38-1, 339-364)

참고 문헌

곽충구(1991), 함경북도 육진방언의 음운론, 서울대학교 박사학위논문.

김경아(1996), β〉w에 대하여, ≪한국문화≫ 17.

김경아(2000), ≪국어의 음운표시와 음운 과정≫, 태학사.

김봉국(2000), 강릉 · 삼척 지역어의 활음화, ≪한국문화≫ 26.

배주채(1989), 음절말자음과 어간말자음의 음운론, 서울대학교 석사학위논문.

배주채(1991), 고흥방언 "아" 활용형의 음운론적 고찰, ≪국어학의 새로운 인식과 전개≫, 민음사.

배주채(1996), ≪국어음운론개설≫, 신구문화사.

배주채(1998), ≪고흥방언 음운론≫, 태학사

신지영(2000), ≪말소리의 이해≫, 한국문화사

유재원(1985), 현대 국어의 모음충돌 회피 현상에 대하여, ≪한글≫ 189.

유필재(2001), 서울지역어의 음운론적 연구, 서울대학교 박사학위논문.

이병근(1978), 국어의 장모음화와 보상성, ≪국어학≫ 6.

이병근 · 최명옥(1997), ≪국어음운론≫, 한국방송대학교출판부.

이상신(1998), VyV 연쇄에 대한 통시론적 연구, 서울대학교 석사학위논문.

이승재(1980), 구례지역어의 음운, 서울대학교 석사학위논문.

이승재(1984), 전북 · 경기 · 충청방언의 현지조사과정과 반성, ≪방언≫ 7.

이승재(1990), 방언 음운론, ≪방언학의 자료와 이론≫, 지식산업사.

이승재(1993), 모음의 발음, ≪새국어생활≫ 3-1.

이호영(1996), ≪국어음성학≫, 태학사.

이희승(1955), ≪국어학개설≫, 민중서관.

정인호(1995), 화순지역어의 음운론적 연구, 서울대학교 석사학위논문.

최명옥(1982), ≪월성지역어의 음운론≫, 영남대학교출판부.

최명옥(1985), 변칙동사의 음운현상에 대하여: p-, s-, t-변칙동사를 중심으로, ≪국어학≫ 14.

최명옥(1988), 변칙동사의 음운현상에 대하여: lɨ-, lə-, ɛ(jə)-, h-변칙동사를 중심으로, ≪어학연구≫ 24-1.

최병선(1998), ≪중세국어의 음절과 모음체계≫, 박이정.
한국정신문화연구원 편(1990), ≪한국방언자료집 Ⅳ(충청남도편)≫.
한성우(1996), 당진지역어의 음운론적 연구, 서울대학교 석사학위논문.
허 웅(1985), ≪국어음운학≫, 샘문화사.
Catford, J. C.(1988), *A Practical Introduction to Phonetics*, Clarendon Press.
Ladefoged, P.(1982), *A Course in Phonetics*, Harcourt Brace Jovanovich.
Laver, J.(1994), *Principles of Phonetics*, Cambridge University Press.
Martin, S. E.(1992), *A Reference Grammar of Korean*, Charles E. Tuttle Company.

이 논문은 나에게

이 논문은 반모음 ɰ와 관련된 음성학적, 음운론적 주제들을 다루고 있다. 반모음 ɰ의 존재에 대해서는 그 이전부터 이미 언급이 되어 왔었지만 주로 변이음 실현의 차원에 논의가 국한되어 있었다고 해도 과언이 아니다. 이 논문에서는 음소 분석, 음운 현상으로서의 반모음화 등 기존에 관심을 가지지 않았던 측면으로 논의를 확산시켰다. 이 논문을 계기로 국어 반모음 목록에 ɰ를 포함할지의 문제, ɰ의 음소 분석에서 나타나는 복식 상보적 분포의 문제, 국어 반모음화의 종류 문제, ɰ이 포함된 이중모음의 역사적 변화 문제 등에 대한 흥미로운 언급들이 이어지게 되었다. 선행 연구의 꼼꼼한 분석, 쟁점 사항의 치밀한 도출 등 이혁화 선생님의 생전 성격이 고스란히 담겨 있는 논문이라고 해도 과언이 아니다. 개인적으로는 반모음에 대한 논의를 할 때마다 항상 들추어 보는, 또한 이혁화 선생님과의 추억을 떠오르게 하는 매우 의미 있는 논문이다.

(이진호)

4. '애아' 모음 연쇄의 통시적 변화와 공시적 기술

1. 머리말

충청 지역에는 중앙어와 비교하여 일찍이 다음과 같은 형태소 내부의 변화가 있음이 지적되었다.

(1) 뱜:(〈뱀:, 蛇), 샴:(〈샘:, 泉), 샥:시(〈색:시, 處女),
샹:(〈생강, 生薑), 냘:(〈낼:, 來日)

(1)과 같은 변화에 대하여 현재까지 크게 세 가지 설명 방안이 제시되었다. 이 셋을 '뱀'(蛇)의 변화 과정을 예로 들어 제시하면 다음과 같다.

(2) ㄱ. 단모음의 이중모음화, ɛ〉ja, 유구상(1971), 도수희(1977), 한영목(1999), 김봉국(2004). 뱀(pɛːm)〉뱜:(pjaːm);
ㄴ. 음운도치(metathesis), ..aj..〉..ja.., 곽충구(1982), 황대화(1998). ᄇᆡ얌(pʌjjam)〉배얌(pajjam)〉바얌(pajam)〉뱌암(pjaam)〉뱜:(pjaːm);
ㄷ. 모음 탈락, ..ʌja..〉..∅jaː.., 김정태(1996), 류구상(1996). ᄇᆞ얌(pʌjam)〉뱜:(pjaːm)

(2ㄱ)과 같은 일련의 연구들에서는 체언 내부의 변화와 아울러, 용언의 활용과 같이 형태소 경계에서 나타나는 다음의 예들도 동일한 현상으로 파악하였다.

(3) 햐:(〈해: ← 하+어, 爲), 샤:(〈새: ← 새+어, 漏),
간댜(〈간대 ← 가+ㄴ다(고) 해, 去)

그런데 (3)과 같은 형태소 경계에서의 현상은 몇몇 어간에 제한적으로 적용되는 듯하지만, 방언 자료를 검토해 보면 그렇지 않다는 것을 알 수 있다. ≪한국구비문학대계 4-6(충남 공주편)≫에는 '매-, 놀래-, 지내-, 보내-' 등의 '애'로 끝나는 용언 어간(이하 '애' 어간)에서 이러한 현상을 확인할 수 있고(4ㄱ), 여기에 '캐-, 패-, 내-' 등의 활용형이 추가로 확인되었다(4ㄴ, 도수희 1989:98, 한영목 1999:105).[1] 충북 영동 및 전북 무주에서는 용언의 활용에서 모든 '애' 어간이 이러한 현상을 보임이 보고되었다(4ㄷ, 이혁화 2005:149~151).

(4) ㄱ. 오얏나무다 잔뜩 붙들어먀. (←붙들어 매, 350), 시부모가 깜짝 놀랴(←놀래, 392), 대상(大祥)을 지냐(←지내, 332), 내 방으루 딜여 보냐(←들여보내, 333)
ㄴ. 뿌렝이를 캬(←캐어), 짐승을 뚜드려 퍄(←패어), 니가 돈 냐(←네가 돈을 내)
ㄷ. 장작불을 땨:(←장작불을 때), 실:얼 빠:(←실을 빼), 논얼 일 년이 두 번 먀:(←논을 일 년에 두 번 매)

(1)과 같은 체언에서의 통시적인 변화와 (3, 4)와 같은 용언 활용에

1) 이들 자료에는 장음의 실현 여부를 판단할 수 있는 기호가 없지만, 해당 예들은 장음으로 실현될 것으로 추정된다. 이들 표기는 띄어쓰기를 포함하여 원문에 표시된 그대로 제시한다.

서의 공시적인 변동은 분명 관련된 현상임에 틀림없다. 그러나 이 변화와 변동 각각에 대한 이해와 논의는 충분하지 않았으며, 이 둘의 관련성도 만족스러울 정도로 해명되지 않았다. 이에 우리는 기존에 제안된 (2)의 방안을 검토한 뒤 (1)의 통시적 변화에 대한 새로운 해석을 꾀하고, (3, 4)와 같은 공시적 변동에 대한 기술 방안을 마련하고자 한다.

2. 체언에서의 통시적인 변화

2.1 논의 대상

통시적인 변화 과정을 살펴보기 이전에 먼저 논의 대상이 되는 어사들을 정리할 필요가 있다. 기존 논의에서 이 현상으로 다룬 예라 하더라도 변화 양상이 다르거나 관련성이 의심되는 것을 구분하고, 이 현상으로 다루어지지 않았지만 동일한 현상으로 파악해야 하는 예들도 발견되기 때문이다. 예를 제시할 때에는 관련된 방언형들도 함께 제시한다.[2)]

(5) 중앙어	'뱀:'류	'배암'류	'뱜:'류	'비암'류
뱀(蛇, ᄇᆡ얌~ᄇᆞ얌)	뱀:	배암(배얌)	뱜:	비암(비얌)
샘(泉, ᄉᆡᆷ)	샘:	새암(새얌)	샴:	시암(시얌)
새암(妬, 새옴)	샘:	새암(새얌)	샴:	시암(시얌)
색시(處女, 새각시)	색:시	새악시(새약시)	샥:시	시악시(시약시)
생쥐(鼠)	생:쥐	새앙쥐(새양쥐)	샹:쥐	시앙쥐(시양쥐)
생강(生薑, ᄉᆡᆼ강)	생:	새앙(새양)	샹:(샹강)	시앙(시양)
내일(ᄂᆡ실~ᄂᆞ실)	낼:	내알(내얄)	냘:	니알(니얄)

2) 관련된 방언형은 음운론적 구조에 따라 '뱀'(蛇)의 방언형을 기준으로 하여 '뱀:'류, '배암'류, '뱜:'류, '비암'류로 구분하여 제시한다. 문헌에서 찾아볼 수 있는 이전 시기 형식은 중앙어형 뒤에 괄호 안에 제시한다.

(5)에 제시된 예들은 기존 논의에서 주로 언급되었던 것이다. 충청 지역의 특이한 형태로 주목받았던 '뱜:'류의 방언형들은 주로 충청 지역에서 나타나지만 충청 지역에만 한정되는 것은 아니다. '뱜:'은 황해도와 평안남도에도 분포하고(김병제 1980:82, 410),[3] '샴:'은 경기의 〈강화〉(한국정신문화연구원 편 1995:129) 전북의 〈순창〉(한국정신문화연구원 편 1987ㄱ:102), 황해도(김병제 1980:101)에도 나타난다. '샥:시'는 〈연천, 파주, 김포〉의 경기 일부 지역과(한국정신문화연구원 편 1995:141), 황해도, 평안남도, 강원도에도 분포한다(김병제 1980:101). '샹:쥐'는 〈평택〉을 비롯한 경기 일대에 존재한다(한글학회 편 1992, 김봉국 2004:50). 한편 생강(生薑)의 '샹:'과 내일(來日)의 '냘:'은 충청 지역 외에서 나타난다는 보고를 찾기 힘들다. 생강의 '샹:'은 충남의 〈부여〉에서 확인되고(김형규 1974:204), '내일'의 '냘:'은 충남의 〈예산, 논산, 아산, 금산, 공주, 부여, 청양〉 등과 충북의 〈옥천〉에서 확인된다(최학근 1978:138, 한영목 1999:146, 한국정신문화연구원 편 1987ㄴ:149). 따라서 '뱜:'류 방언형들은 주로 충청 지역에 분포되는 경향이 강하지만, 아래쪽으로는 전북 위쪽으로는 경기, 황해, 평안에 이르기까지 상당히 넓은 지역에서 나타난다고 정리할 수 있다.

(6)

새알심	샐:심	새알심(새얄심)	샬:시미	시알심(시얄심)
개암(榛子, 개ᄋᆞᆷ)	갬:	개암(개얌)	걈:	기암
배알(腸, ᄇᆡ ᄉᆞᆶ)	밸:	배알(배얄)	뱔:	?[4]
매미(蟬, ᄆᆡ얌~ᄆᆞ얌)	매:미	매아미(매야미)	먀:미	미아미(미야미)
배아지(腹)	배:지	배아지(배야지)	?	비아지(비야지)
개미(가야미~개아미)	개:미	개아미(개야미)	갸:미	?

3) 김병제(1980)은 '뱜:'이 구체적으로 황해의 〈재령, 태탄〉, 평남의 〈용강, 온천〉에서 사용된다고 하였다. '뱀'과 어원적으로 관련이 되는 '뱀장어'의 방언형으로 '뱜댕이'(평남 〈남포, 용강, 온천〉), '뱜장어'(황해 〈인산〉), '도마뱀'의 방언형으로 '장잘뱜'(황해 〈벽성, 태탄〉) 등의 예를 참고하면 '뱜:'의 방언형은 황해, 평남 지역에 널리 쓰인다고 할 수 있다. 김형규(1974:271)에서는 전북의 〈진안〉에서 '뱜:'이 쓰인다고 하였다.

(6)의 예들은 기존 논의에서 주목되지 않았지만, 나타나는 방언형이나 지리적 분포 등을 감안할 때 (5)와 동일한 변화를 거친 예로 이해되어야 한다. '새알심'의 '샬:시미'는 〈대전, 천안〉 등의 충남 지역에서 나타나며(한영목 1999:189),[5] '개암'(榛子)의 '걈:'은 〈남포, 온천, 용강, 문덕, 개천〉 등의 평안도, 황해도, 강원도 지역에서 확인된다(김영배 1997:169, 김병제 1980:19). '배알'의 '뱔:'은 조사된 예가 드물지만 황해도 지역에서 사용되며(한글학회 편 1992, 황대화 1998:71), '매미'의 '먀(:)미'는 충남 지역에서 쓰이는 것으로 확인된다(김병제 1980:66, 한글학회 편 1992, 국립국어연구원 편 1999). '배아지'(배[腹]의 속된 말)의 경우 '^{x}뱌:지'는 확인되지 않지만, 다른 지역에서 존재하는 '배:지, 배아지, 비아지'의 방언형을 고려하면 이상의 예들과 동일한 변화 과정을 거친 것으로 간주할 수 있다. '개미'의 '갸:미'는 황해도 지역에서 쓰인다(황대화 1998:71).

그런데 기존 논의에서 (5, 6)과 함께 논의되었던 다음의 예들은, 모음 '야'의 출현 환경이나 음장, 공존하는 방언형 등을 고려할 때 이들과 구별하여 논의되어야 한다.

(7) ㄱ. 갸:(〈걔, 그 아이), 쟈:(〈쟤, 저 아이)
ㄴ. 돼:지~도야지, 비양기(飛行機), 도꺄비(도깨비)
ㄷ. 갹토(〈객토), 샤우(〈새우), 퍄(〈패〈파), 쟈봉(〈재봉기)

(7ㄱ)은 도수희(1977:106)에서 '단모음의 이중모음화' 항목으로 다룬 바 있는데, 충청 방언에서 '아이'(兒)는 '아이〉아:'와 같은 변화를 거쳤기 때문에, '야:(이 아이), 갸:(그 아이), 쟈:/자:/(저 아이)'는 '이 아:〉야:, 그

4) '?'은 기존의 방언 조사 자료로 확인되지 않음을 표시한 것이다.

5) 한영목(1999:189)에는 '새알, 새알시미, 시알심, 시알시미, 샤알시미'의 충남 지역 방언형이 기록되어 있는데, '샤알시미'는 곧 '샬:시미'로 해석될 수 있다. 한국정신문화연구원 편(1995)에는 〈옹진〉에서 '샐:시미'를 확인할 수 있다.

아:〉갸:, 저 아:〉자:'의 과정을 거쳐 형성되었다. '갸:'는 음운론적으로 잘 설명되지 않는데 '야:(이 아이)'에 유추된 것으로 보인다. 중앙어 '걔:, 재:'의 경우 '아이'(兒)가 '아이〉애:'의 변화를 거친 이후 '이 애:〉얘:(이 아이)'에 유추된 것과 마찬가지이다.[6] (7ㄴ)은 김봉국(2004:50~51)에서 경기 지역의 방언형으로 제시한 것으로서 그 변화를 '단모음의 이중모음화'로 다루었다. 그러나 '돼지'(豚)는 통시적 과정이 '돼:지〉도야지'의 순서가 아니라 '도야지〉돼:지'의 순서로 변화된 것이므로(이상신 1998:63, 유필재 2001:134, 이혁화 2002:361) 방언형 '도야지'를 '애〉야'의 과정을 거친 것으로 해석할 수 없다. '비양기, 도깨비'의 경우에는 '비행기, 도깨비'에서 변화된 것이 분명하므로 '애〉야'의 과정을 거쳤다고 할 수 있으나, 이 과정은 공존하는 방언형의 유형이나 분포 측면에서 (5, 6)과 이질적이다. (7ㄷ)은 황대화(1998:71)에서 황해 지역의 방언형으로 제시된 것이다. 이들은 다른 방언과의 비교를 통해 어두 위치에서 '애〉야'의 변화가 일어난 것이 분명하지만, 장음으로 실현되지 않는다는 점에서[7] (5, 6)과 성격이 다르다.[8]

---

6) 한편, 충남 지역에는 '이 아이'에 대응되는 방언형으로 '야(:)이'도 찾아볼 수 있다. "그라먼 야이가 돈 천냥을 주먼언 야이 안 데러 갈 거 아니요."(그러면 얘가 돈 천 냥을 주면 얘 안 데려갈 거 아니오. ≪한국구비문학대계 4-4(보령)≫, 43) "야이를 네 아내루다 지목을 허구, … 야이를 그룧게 거시거구서 야를 버릴 것 같으머넌…" (얘를 네 아내로 지목을 하고… 얘를 그렇게 거식하고서 얘를 버릴 것 같으면…, ≪한국구비문학대계 4-6(부여)≫, 1086) '야(:)이'는 '아이〉아:(兒)'의 변화를 거치기 전에 먼저 '이 아이'의 '이 아'가 '야:'로 축약되어 형성된 것으로 보인다(이 아이〉야:이).

7) 황대화(1998)에는 모든 방언형에 장음 기호가 따로 표시되어 있지 않다. 따라서 황해 지역에서 이들이 장음으로 실현되는지 단음으로 실현되는지가 분명하지 않으나, 중앙어나 다른 방언과 비교하면 이들이 장음으로 실현되지 않을 것이라 판단된다. 김병제(1980:413)에는 평남의 〈남포, 용강〉에서 단음의 '샤오'가 확인된다.

8) 황대화(1998:71)에는 이 외에도 '댓〉댯(五), 뱅어〉뱡어(白魚), 빵대〉뺭대(靑蒿-)' 등의 예가 제시되어 있는데, 이들은 장음을 보이기 때문에 (5, 6)과 함께 논의될 가능성이 높다. 특히 '빵대'는 이전 시기 어형으로 'ᄇᆡ양(훈몽자회 상:9), ᄲᆡ양살(한청문감 125)' 등이 확인되기 때문에, 'ᄇᆡ얌~ᄇᆞ얌' 등을 보이는 '뱀'(蛇)과 유사한 변화를 거쳤

(5, 6)과 같은 예들은 방언형의 유형, 분포 지역 등의 측면에서 유사성을 가진다. 이들 방언형은 크게 '뱀:'류, '배암'류, '뱜:'류, '비암'류의 넷으로 나눌 수 있다.

(8) ① '뱀:'류 갬:, 낼:, 매:미, 배:지, 밸:, 뱀:, 색:시, 샐:심, 샘:, 생:, 생:쥐

② '배암'류 개암, 내알, 매아미, 배아지, 배알, 배암, 새악시, 새알심, 새암, 새앙, 새앙쥐

③ '뱜:'류 갸:, 냘:, 먀:미, 뱔:, 뱜, 샥:시, 샬:시미, 샴:, 샹:, 샹:쥐

④ '비암'류 기암, 니알, 미아미, 비아지, 비암, 시악시, 시알심, 시암, 시앙, 시앙쥐

2.2 기존 제안에 대한 검토

앞에서 살핀 바 있는 기존의 연구들에서는 '뱜:'류 방언형들의 형성 과정에 초점이 맞추어져 있었다. 이는 '뱜:'류 방언형의 음절구조가 현대국어에서 드물게 보이는 음절구조여서 특이한 방언형으로 주목받았기 때문으로 추측된다. 이제 기존의 세 제안을 구체적으로 검토해 보기로 한다.

(9) ① 단모음의 이중모음화 뱀:(pɛ:m) 〉 뱜:(pja:m)

② 음운도치(metathesis) 븨얌(pʌjjam) 〉 배얌(pajjam) 〉 바얌(pajam) 〉 뱌암(pjaam) 〉 뱜:(pja:m)

③ 모음탈락 바얌(pajam) 〉 뱜:(pja:m)

으리라 판단된다. 하지만 '빵:대'는 '?빼앙대, ?삐앙대' 등에 대한 방언형이 확인되지 않는다. '닷'(五)에 대해서는 이전 시기 어형으로 '다ᄉᆞᆺ, 닷, 덧' 등이 보이지만, 중앙어형으로 '댓'의 형성 과정이 분명하지 않다. 한영순(1967:122)에도 '열디얏:쌀(열댓살)'이 황해 방언형으로 기록되어 있다. '뱅어' 또한 '?배앙어, ?비앙어' 등의 방언형은 확인되지 않는다.

① 단모음의 이중모음화[9)]

이 견해는 '애(ɛ)〉야(ja)'(더 정확히 음장까지 고려한다면, ɛ:〉ja:)의 변화로, '뱀:'(pɛ:m)에서 직접 '뱜:'(pja:m)으로 바뀌었다고 파악한다. 이 견해는 중앙어와 비교하여 많은 예를 설명해 줄 수 있지만, '야〉애'의 변화에 대한 과도교정적 성격을 띠는 '애〉야' 변화의 적용 측면에서 의문이 제기된다.

국어사에는 '갸륵하다〉개륵하다, 향내〉행내[香-]' 등의 예에서 볼 수 있는 것과 같이, 자음 아래에서 이중모음 '야'가 '애'로 바뀐 변화 즉 '야〉애'의 변화가 있었다. 이러한 변화와 관련하여 19세기 후기의 전라방언을 반영한 판소리 사설에 'ᄂᆡ향~ᄂᆡ행(內行), 불향중 다향(不幸中 多幸), 향ᄎᆞ(行次)', 그리고 19세기 말 혹은 20세기 초 문헌에 '샤기(蠶桑 7), 먕셔 ᄆᆡᆼ盟(類合體 19b), 향주(布巾)(日本語學 245)' 등과 같은 표기가 나타남이 지적되었다(최전승 1986:176, 백두현 1992:170). 즉 이들은 원래의 '애'를 '야'로 표기한 과도교정형으로서, '야〉애'의 변화에 대한 화자들의 의식을 보여줄 뿐만 아니라 단순한 표기의 차원을 넘어 현실 언어를 부분적으로 반영하고 있을 가능성이 있다.

과도교정된 형태가 현실 언어에서 굳어지는 변화 곧 '애〉야'의 변화는

---

9) 단모음의 이중모음화라는 용어는 혼동의 우려가 있다. 단모음 ɛ가 이중모음 ja로 바뀌었으므로 단순히 단모음의 이중모음화라는 용어를 쓸 수도 있지만, 통시음운론에서 일반적으로 사용되는 단모음의 이중모음화와는 의미가 다르다. 단모음의 이중모음화라는 용어는, 변화의 시기와 과정에 대한 해석의 차이가 있지만, 예를 들어 현대국어에서 단모음 ü가 wi로 ö가 we로 변하는 변화 등을 가리키는 데 사용된다. ü〉wi, ö〉we의 변화는 해당 음운 ü, ö 자체의 변화이기 때문에, 다소의 정도 차이가 있을 수 있지만 특별한 제약 없이 해당 음운을 가진 단어에 광범위하게 적용된다. 또한 이 변화로 인하여 해당 방언의 음운 체계 내에서 단모음 목록의 변화가 초래된다. 하지만 'ɛ:〉ja:'의 변화는 ɛ:를 가진 모든 단어에 적용되지 않는다. 개:(犬), 내:(川), 배:(倍), 개:상, 냄:새, 배:추, 등등. 오히려 변화를 겪은 예들이 소수이며, ɛ:는 여전히 단모음 체계 내에서 굳건하게 존재한다. 따라서 'ɛ:〉ja:'의 변화는 음운 ɛ: 자체의 변화가 아니므로, 이 변화를 '단모음의 이중모음화'라 부르지 않고 'ɛ(:)〉ja(:)'로 부른다.

실재했던 음운론적 변화인 '야〉애'에 대한 반작용의 성격이 강하기 때문에 현실 언어를 그대로 반영한다고 보기 어려우며, 실제 언어에 적용된다 하더라도 그 적용 범위를 가늠하기 어려울 정도로 개별 어휘에 산발적으로 적용된다. 또한 적용된 형태도 일정한 세력을 형성하기 어렵기 때문에 지리적으로 넓은 지역에 집중적으로 분포하지 못하고 특정 지역에 산발적으로 분포한다.[10] 하지만 (5~6)의 예들은 상호 관련된 네 유형의 방언형을 보여 주고 있으며, 지리적으로도 서해안 연안의 충청, 경기, 황해, 평안 지역에 집중적으로 분포한다. 따라서 그 적용에 있어서 비체계적인 성격이 강한 '애〉야'의 변화가, 공존하는 방언형들이 상호 관련되어 있는 (5~6)의 예들에 일관적으로 적용된다는 것은 이해하기 어렵다.

② 음운도치(metathesis)

음운도치로 방언형 '뱜:'을 설명하는 방안에서는 '애'(aj)가 하향이중모음이던 시기에 '..aja..'의 연쇄에서 모음 '아'와 반모음 j가 위치를 바꾸어 '..jaa..'로 바뀐다고 파악한다. '뱜:'의 변화 과정을 제시하면 다음과 같다.

(10) ᄇᆡ얌(pʌjjam)〉배얌(pajjam)〉바얌(pajam)〉뱌암(pjaam)〉뱜:(pja:m)

이러한 도치에 의한 설명 방안은 결국 aj가 순서를 뒤바꾸어 ja로 바뀐다는 해석이다.[11] 이러한 도치를 인정하는 경우에는, 이러한 도치가

---

10) (7)에서 제시한 '갸토(〈객토), 쟈봉(〈재봉기), 비양기(〈비행기), 도꺄비(〈도깨비)' 등의 예들은 역사적으로 자음 아래에서 일어났었던 '야〉애' 과정에 대한 과도교정형이 현실 언어에 반영된 것으로 판단된다. 이러한 '애〉야'의 변화는 '은향(〈은행, 銀杏), 학생(〈학생, 學生)' 등의 방언 자료에서도 찾아볼 수 있다.

11) 한편 정반대의 음운 도치를 상정한 경우가 있다. 상향이중모음 '야'의 변화 과정에 대해 'ja〉aj〉ɛ'를 인정한 것이 그것이다(이광호 1978:165). 이에 따르면 반모음 역시 자음성을 가지고 있어 [자음성][자음성]의 연결을 피하고자 j와 핵모음 간에 자리바

왜 '..aja..' 연쇄에서만 일어나고 '배(舟), 개울, 개구리' 등과 같은 '..aj#, ..ajV, ..ajC' 등에는 일어나지 않는지 해명되어야 한다. '뱜:'류의 변화가 단순한 도치에 의한 것이라면 해당 두 음운의 연쇄인 '..aj#, ..ajV, ..ajC' 등에도 동일한 도치가 일어날 것으로 기대되기 때문이다. aj와 a가 연결된 특정한 연쇄에만 이러한 변화가 일어난다면 이는 aj에만 적용되는 변화가 아니라 그 연쇄 전체에 적용되는 제3의 변화일 가능성이 높다.

③ 모음탈락

이 견해에서는 중세어 'ᄇᆞ얌'에서 첫음절의 'ᆞ'가 탈락하여 '뱜:'이 형성된 것으로 파악하였다.

(11) ᄇᆞ얌(pʌjam)〉뱜:(pja:m)

이 견해가 설득력을 얻기 위해서는 우선 첫음절 모음탈락 원인에 대한 규명이 필요하다. 김정태(1996), 류구상(1996)에는 왜 첫음절의 모음이 탈락하는지에 대한 특별한 언급이 없어 자세한 사정을 알기 어렵지만 반모음 j 앞에 있는 모음이 아무런 흔적을 남기지 않고 통째로 탈락하고, 이러한 탈락이 (5~6)의 예들에 모두 적용된다는 것은 납득하기 힘들다.

2.3 대안: 애아〉이아

이상의 세 견해들은 모두 '뱜:'류의 방언형이 어떻게 형성되었는지에

꿈이 일어난다고 하였다. 하지만 '뱜:'에서는 그렇게 피하고자 했던 '자음-반모음'의 연쇄가 가능하게끔 도치가 일어난 것이다. 음운 도치를 인정하는 경우에도 상충되는 도치의 원인에 대해서 적절한 설명이 있어야 할 것이다.

초점이 맞추어져 있다. 그런데 여기에는 '뱜:'류 방언형의 형성 과정만 밝혀지면 자연스레 '비암'류 방언형을 설명할 수 있으리라는 전제가 숨어 있다. 그러나 우리는 '뱜:'류로부터 '비암'류의 변화를 합리적으로 설명할 수 있으리라고 보지 않는다. 장음의 한 음절이 단음의 두 음절로 나누어지는 변화는 국어의 통시음운론에서 매우 드물기 때문이다. 오히려 '비암'류로부터 음절축약과 같은 과정을 거쳐 '뱜:'류로 변했다고 설명하는 것이 합리적이다.12)

(12) 배암(pɛam) 〉 뱀:(pɛ:m) : 음절축약, 보상적 장음화
비암(piam) 〉 뱜:(pja:m) : 음절축약, 보상적 장음화

따라서 이제 논의의 초점을 '비암'류의 방언형 형성 과정에 맞출 필요가 있다. '뱜:'류의 방언형을 보이는 예들은 거의 모두 '비암'류의 방언형을 보이고 있기 때문에 '비암'류의 형성 과정 역시 논의되어야 한다. 다시 '비암'류의 방언형을 제시하면 다음과 같다.

(13) '비암'류 - 기암, 니알, 미아미, 비아지, 비암, 시악시, 시알심,
시암, 시앙, 시앙쥐

우선 이러한 방언형들을 역사적으로 하향이중모음의 단모음화 즉 '애(aj)〉애(ɛ)' 변화 이후에 이루어진 변화로 가정하면, 간단하게 '배암(pɛam)'에서 '애(ɛ)〉이(i)'의 음운 변화로 '비암'류의 형태를 설명할 수 있

12) 황대화(1998:73)에서 "겹모음적이었던 ≪ㅏㅣ≫를 위치를 바꾸어 ≪ㅣㅏ≫로부터 ≪yㅏ≫로 발음하게 되었으리라" 추정한 것도 '비암〉뱜:'의 과정을 인정한 견해라 할 수 있는데, 여기에서는 '뱀(paim)〉비암(piam)〉뱜:(pjam)'의 변화 과정을 상정한 것이 문제가 된다. 역사적으로 'ㅐ'가 하향이중모음(aj) 혹은 모음 연쇄(ai)이던 시기에 '뱀'이라는 형태는 존재하지 않았다. '뱀'은 '배암'에서 음절 축약을 거쳐 형성된 형태로, 문헌에는 20세기에 들어서야 비로소 나타난다.

다. 즉 '배암(pɛam)'이 '애>이'의 변화를 거치면 '비암(piam)'이 형성될 수 있는 것이다. 그러나 국어음운사에서 '애>이'의 통시적 변화는 일반적으로 받아들이기 어렵다. 중모음인 '에'(e)가 '이'로 변하는 '에>이' 변화는 여러 지역에서 발견되지만(베>비(布), -는데>-는디, 제:사>지:사(祭祀)), 저모음인 '애'(ɛ)가 '이'로 바뀌는 변화는 관찰되지 않기 때문이다(최명옥 1982:13~14, 백두현 1992:150~151).

'비암'류의 형성을 하향이중모음 '애'(aj)나 'ᄋᆡ'(ʌj)가 존재하던 시기로 더 올려 잡는다면, 이를 'ᄋᆞ>어' 변화와 관련시켜 이해할 가능성이 있다. 즉 'ᄋᆞ>어'의 변화는 'ᄇᆞᆯ>벌, ᄒᆞ다>허다, ᄀᆞᆮ다>걷다' 등에서 볼 수 있는데(이숭녕 1940:73~75, 김완진 1978:132~133, 곽충구 1980:81~84, 백두현 1992:81~86), 'ᄋᆞ>어'가 중세어 'ᄇᆡ암(pʌjam)'에 적용된다면 'ᄇᆡ암(pʌjam)>베암(pəjam)>베암(peam)>비암(piam)'의 변화가 일어날 수 있다. 현대 방언형 중에서 '애(ɛ)-이(i)'의 대응을 보여주는 '버리다~베리다~배리다~비리다(棄), 내리다~네리다~니리다(降), 대리다~데리다~디리다(與)' 등이 모두 중세국어 시기에 'ᄋᆞ'를 가진 'ᄇᆞ리다, ᄂᆞ리다, ᄃᆞ리다' 등이었기 때문에 '비암'류의 방언형을 'ᄋᆞ>어'의 변화와 관련시켜 파악하는 것은 일견 타당해 보인다. 그러나 'ᄋᆞ'를 가진 '뱀(蛇), 매미(蟬), 내일(來日), 샘(泉), 생강(薑)' 등이 어두 위치에서 'ᄋᆞ>어' 변화를 겪었다면, '버리다, 내리다, 데리다'의 경우처럼 '벰:(pe:m), 메:미(me:mi), 셈:(se:m), 세앙(se:aŋ)' 등의 방언형을 보일 것으로 기대되지만 실상은 그렇지 않기 때문에[13] 이들을 'ᄋᆞ>어' 변화와 연관시켜 파악하기 어렵다.[14] 뿐만 아니라, 'ᄋᆞ'와 관련이

---

13) 내일(來日)의 경우에는 'ᄋᆞ>어'의 변화와 관련될 가능성이 있다. 즉 '내일'의 방언형으로 한국정신문화연구원 편(1987ㄱ)에는 '네알'(무주), 김병제(1980:50)에는 함경도의 방언형으로 '녤:, 네일'이 기록되어 있는데, 첫음절의 '네(ne)'를 'ᄂᆡ(nʌj)>네(nəj)>네(ne)'와 같이 'ᄋᆞ>어'의 변화로 파악할 수 있다. 김병제(1980:50)에는 '내리다'(降)의 함경도 방언형으로 '네리다'도 기록되어 있다.

14) 백두현(1992:151)에서는 '배우다(學)'에 대응되는 경남 김해방언형으로 '비우다'에 대하여 'ᄇᆡ호-'와 같은 'ᄋᆡ'(ʌj)단계에서 선행 자음의 원순성에 동화되어 'ʌj>oj>ö>we>e>i'

없는 '개암(榛子, 개암), 색시(새각시, 새[新]), 새알심(새[鳥]), 샘(妬, 새옴)' 등도 '기암, 시악시, 시알심, 시암' 등의 방언형을 보이기 때문에 이들의 변화는 함께 설명할 수 없게 된다. 따라서 '비암'류의 방언형을 'ᄋᆞ'의 변화와 관련시키는 것은 받아들이기 어렵다.

그렇다면 과연 '비암'류의 방언형은 어떻게 형성되었을까? 문헌에서 확인되는 역사적인 변화 과정이나 통시적인 음운 변화를 통해서는 '비암'류 방언형의 형성 과정을 추정하기 어렵기 때문에 우리는 이들 방언형들이 보여주는 음 연쇄의 공통성에 주목하고자 한다. '뱀:'류의 방언형에서 보이는 장음은 기원적인 장음이 아니라, '배암'류와 같은 2음절 형태에서 축약과 같은 과정을 거쳐 형성된 장음이다.[15] 또한 '배암'류의 방언형은 모두 '애아(εa)'의 모음 연쇄로 이루어져 있다는 음운적 동형성을 보인다. 그리고 '이아'의 모음 연쇄를 보이는 '비암'류 방언형이 나타나고 있는 것이다. 우리는 여기에서 '애아'의 모음 연쇄인 '배암'류의 방언형이 '뱀:'류의 방언형으로 바뀌는 변화와 더불어, '이아'의 모음 연쇄인 '비암'류의 방언형으로 바뀌는 변화를 상정할 수 있다.

(14) ㄱ. 애아〉애: 개암〉갬:, 내알〉낼:, 매아미〉매:미, 배아지〉배:지, 배암〉뱀:, 배알〉밸:, 새악시〉색:시, 새알심〉샐:심, 새암〉샘:, 새앙〉생:, 새앙쥐〉생:쥐

와 같은 변화를 겪은 것으로 설명하였다. 즉 순음 아래에서 'ᄋᆞ〉오'의 변화를 통해 '이'로 변화한 것은 표기된 다양한 예에 비추어 타당한 설명이라 판단된다. 그런데 우리가 논의 대상으로 삼고 있는 예들 즉, 현대 방언에서 '애'와 '이'의 대응을 보이는 예들 중에는 'ᄋᆞ'와 관련이 되지 않는 것도 있으며 'ᄋᆞ'와 관련된다 하더라도 원순성 동화에 의한 변화를 상정할 수 없는 경우가 존재한다.

15) '샘'(泉)의 장음은 기원적인 장음이기 때문에 이에 대한 예외가 된다. '샘'은 중세국어에 상성의 '심'이었는데, '배암'류에 해당하는 '새암' 형태는 19세기에 이르러서야 비로소 '시옴, 식얌, 싀암, 새암' 등으로 문헌에 나타난다. 즉 문헌에 기록된 형태를 기준으로 한다면 '심〉새암'과 같은 변화를 거쳤다고 해야 하는데, 이러한 변화가 실제 가능한지는 미지수이다.

ㄴ. 애아〉이아　개암〉기암, 내알〉니알, 매아미〉미아미, 배아지〉비아지, 배암〉비암, 배알〉[?]비알, 새악시〉시악시, 새알심〉시알심, 새암〉시암, 새앙〉시앙, 새앙쥐〉시앙쥐

일반적으로 국어에서 '애(ɛ)'가 '이'로 변하는 예들은 거의 관찰되지 않는다. '에(e)'와 '애(ɛ)'가 합류된 방언이라 하더라도 기원적인 '애(ɛ)'가 '이'로 바뀐 변화는 보고된 바가 없다. 그러나 이러한 일반화는 개별 모음 '애'의 고립적인 변화에 한정된 것으로, 모음 연쇄 상황에서는 고립적인 상황과는 달리 변화가 전개될 가능성이 있다. '배암'류의 방언형에서 '애'는 자음의 개재 없이 '아'와 바로 연결되는 모음 연쇄의 상황에 있다. '애아'의 모음 연쇄는 (14ㄱ)에서 보듯이 음절축약의 과정을 통해 '애:'로 바뀌는 변화를 관찰할 수 있다. 이러한 변화와 함께 우리는 동일한 모음 연쇄가 (14ㄴ)과 같은 '애아〉이아'의 변화를 겪었다고 판단되는 방언형을 관찰할 수 있다.[16]

특히 '비아지'의 방언형은 고립적인 '애〉이'의 변화가 아니라 모음 연쇄인 '애아〉이아'의 변화를 상정하는 우리의 논의와 관련하여 주목된다. 최학근(1962:40, 1978:364)은 전남 구례에서, 이기갑 외(1998:303)는 전남 순천에서 '비아지'가 쓰인다고 하였다. '배아지'는 '배'(腹, ᄇᆡ)에 접미사 '-아지'가 붙어 파생된 결과 '애아'의 모음 연쇄가 가능하게 되었으며 '애아〉이아'의 변화로 '비아지'가 나타나게 되었다. 그러나 '애아'의 모음 연쇄에 놓이지 않을 때에는 동일한 기원의 '배'라 할지라도 이러한 변화를 보이지 않는다. 단일어 '배'나 '배꼽' 그리고 '배'에 접미사 '-때기'가 결

16) 사양(辭讓, ᄉᆞ샹(법화경언해 5:178), ᄉᆞ양(훈몽자회 하:25)) 역시 방언형으로 '생:, 새양, 시양'을 보이고 있어 '뱀'류의 방언형과 형태적 동형성을 보이고 있다. '생:, 새양'은 평안도에서 확인되며(국립국어연구원 편 1999), '새양, 시양'은 전남 함평에서 쓰인다(최전승 1986:130), '새양〉시양'의 변화와 관련시킬 수 있을 듯하다. 방언형 '생:'의 변화는 '벌사양〉벌생, 차양(遮陽)〉챙:'의 변화와 평행한 것으로 파악된다.

합한 파생어 '배때기', 명사 '통'이 결합한 합성어 '배통'의 경우 어느 방언에서도 '*비, *비꼽, *비때기, *비통'과 같이 '애〉이' 변화를 보이는 일이 없다. 따라서 '배'에 '-아지'가 붙은 파생어 '배아지'에서만 '애'가 '이'로 바뀐 '비아지'의 방언형이 나타나는 것은, '애아' 모음 연쇄상의 변화로 해석된다.[17)]

(14ㄴ)과 같은 '애아〉이아'의 변화 과정을 제시함으로써, 우리는 '뱌:' 류와 같은 방언형을 설명하기 위해 제안된 방안에서 공통적으로 제기되었던 의문에 대한 해답을 찾을 수 있다. 즉 '애〉야', 음운도치, 모음탈락으로 '뱌:'류의 방언형을 설명하고자 했던 논의에서는, 곽충구(1982:40)에서 지적한 바와 같이 '새:(鳥), 매:(鷹), 배(舟, 腹), 내(煙), 때(垢)' 등과 같은 예들은 왜 이러한 변화를 경험하지 않았는가 하는 것을 합리적으로 설명할 수 없었다. 우리의 논의에 따르면 '뱌:'류 방언형의 제한성은 분명하게 설명된다. 즉, '갸:, 냐:, 먀:미, 뱌:, 뱌:, 샤:, 샤:시, 샤:심, 샤:쥐' 등

17) 익명의 심사자께서 지적해 주신 바와 같이, '에〉이'의 통시적 변화는 문헌어와 여러 방언에서 쉽게 관찰되지만 '애'가 '이'로 변하는 변화는 거의 보고된 바가 없다. 이는 국어에는 모음의 높이를 두 단계 높이거나 낮추는 일이 없다는 이승재(1990:63)의 지적과 동일하다. 이를 '배'(腹)라는 단어에 적용한다면, 저모음인 '애'(ɛ)가 고모음인 '이'(i)로 변하여 '*비'로 나타나는 방언이 없다는 사실로 이해된다. 필자도 이러한 견해에 동의하지만, 이는 모음 '애'의 고립적인 변화에 한정하여 이해되어야 하며 통합적인 환경에서의 변화나 변동은 달리 실현될 가능성이 있다고 판단한다. 중모음인 '오'(o)가 형태소 경계의 환경에서는 '-아' 앞에서 반모음인 w로 변하는 변동(와 ← 오+아, 來) 또한 개구도의 측면에서는 두 단계의 높이를 건너뛰는 것으로 보이기 때문이다. 이를 염두에 둔다면 심사자께서 지적하신 바와 같이 '애아'의 모음 연쇄상의 어떤 측면이 '이아'로의 변화를 가능하게 했는지에 대해 밝히는 것이 당연한 논리적 귀결일 것이다. 그러나 현재의 필자로서는 이에 대해 명확한 이유를 찾기 어렵다. 다만 이 둘 사이에는 조음상의 음성적인 유사성이 있음을 추측해 볼 수 있다. 즉, 음성적으로 전설의 중저모음인 '애'와 중설의 저모음인 '아'가 연쇄를 이룰 때의 조음적인 이동 굴곡은, 전설의 고모음인 '이'와 중설의 저모음인 '아'가 연쇄를 이룰 때의 굴곡과 유사하다는 점을 지적할 수 있을 것이다. 그러나 이러한 음성적인 원인이 음운론적 변화를 유발하는 직접적인 원인으로 작용하는지에 대해서는 모음 연쇄의 변화 양상을 모두 면밀히 검토한 뒤에야 언급할 수 있을 것이다.

의 방언형은 '개암, 내알, 매아미, 배알, 배암, 새암, 새악시, 새알심, 새앙쥐' 등과 같이 '애아'의 모음 연쇄를 보이는 어사에 한정하여 나타나며, '새:(鳥), 매:(鷹), 배(舟, 腹), 내(煙), 때(垢)' 등은 '애아'의 모음 연쇄를 보이지 않기 때문에 '뱜:'류와 같은 방언형이 존재할 수 없는 것이다.

또한 (14ㄴ)과 같은 변화를 상정함으로써, '뱜:류'의 방언형 형성 과정을 합리적으로 설명할 수 있다. 즉 '뱜:'류의 방언형은 '비암'류에서 음절 축약 과정을 통해 형성된 방언형이며, 그 형성 과정은 '비암〉뱜:'으로 간단하게 파악된다.

결국 '뱀:, 배암, 뱜:, 비암' 네 유형의 방언형은 '애아' 모음 연쇄의 변화로 설명할 수 있다. '애아'의 모음 연쇄는 두 방향의 변화를 거치게 된다. 하나는 직접 음절 축약 과정을 거쳐 모음 '애'에 완전순행동화됨으로써[18] 장모음 '애:'로 실현되는 변화이고, 다른 하나는 '애아'의 모음 연쇄가 '이아'의 모음 연쇄로 바뀐 뒤 음절축약 과정을 거쳐 j반모음화와 보상적 장음화가 일어나 장모음 '야:'로 실현되는 변화이다. 이를 '뱀'(蛇)의 방언형에 적용하면 다음과 같이 정리된다.

(15) ᄇᆞ얌(pʌjam) 〉 배암(pajam) 〉 배암(pɛam)

┌〉 ………………………………………… 배암
├〉 (음절축약) 〉 뱀: ……………………… 뱀:
├〉 (애아〉이아)〉 비암 …………………… 비암
└〉 (애아〉이아)〉 비암 〉 (음절축약)〉 뱜: …… 뱜:

---

18) 유재원(1985:19)에서는 완전순행동화 과정 대신 '애' 뒤에서 '아'가 탈락한 것으로 파악하였다. "강새암→강샘, 배암→뱀, 배알→밸, 새알심→샐심, 목매아지→목매지, 새앙머리→생머리, 새앙쥐→생쥐, 빼앗다→뺏다." 한편 유재원(1985:10)에서 '벌사양→벌생, 치양→챙'의 경우도 '중간소리되기' 과정 이후에 '아'가 탈락한 것으로 파악하였다. 우리의 관점에서 '중간소리되기' 과정은 통시적인 'aja〉ɛa'이므로, '벌사양〉벌새앙〉벌생:〉벌생, 차양〉채앙〉챙:'의 통시적 변화를 거친 것이다.

3. 용언 활용에서의 공시적 기술

3.1 활용형의 특징과 분포

앞서 충청 일부 지역에서 용언의 활용 중 '애' 어간이 모음어미와 결합할 때 '갸:, 냐:, 댜:' 등의 활용형을 보인다고 지적하였다. 우선 이러한 활용형이 선행 자음의 종류나 어간의 음절수와 무관하다는 것을 보이기 위해 이러한 활용형을 보이는 어간의 목록과 활용형을 제시하면 다음과 같다.

(16) 1음절 어간: 개:-(이불을), 깨-(醒, 破), 내:-(使出), 대:-(接), 때:-(불을), 매:-(除, 結), 배:-(孕), 빼-(拔), 새-(漏), 새:-(明), 재:-(測), 째-(裂), 캐:-(探), 패-(이삭/장작) 등
2음절 어간: 꿔매-, 끝내-, 날래-, 놀래-, 달개-, 만내-, 문대/때-, 바래-, 보내-, 빼내-, 지내-, 짜/쬐개-, 짬매-, 치대-, 포개- 등
활용형: 갸:, 꺄:, 냐:, 댜:, 땨:, 먀:, 뱌:, 뺘:, 샤:, 쟈:/자:/, 쨔:/짜:/, 캬:, 퍄:, 꿔먀, 끝냐, 날랴, 놀랴, 달갸, 만냐, 문땨, 바랴, 보냐, 빼냐, 지냐, 쬐갸, 짬먀, 치댜, 포갸 등

이들 지역에서 '애' 어간은, 그것이 역사적으로 'ᄋᆡ(ʌj)'와 관련된 것이든 아니면 '애(aj)'와 관련된 것이든, 그리고 어간의 장단음 여부에 상관없이 모두 '갸:, 냐:, 댜:'와 같은 활용형을 보여준다. 또한 규칙 활용의 '애' 어간이 아니더라도 '애'말음 어간 형식이 기저형의 하나로 인정되어야 하는 '애'불규칙 용언이나 'ㅎ'불규칙 용언의 활용, '하다'와 관련된 간접 인용문의 축약 구성 등에서도 동일한 유형의 활용형이 나타난다.

(17) '애'불규칙 용언: 하-, 같-, 즘잖-, 괜찮-, 미안하-, 이라-, 저라-, 그라-
'ㅎ'불규칙 용언: 빨갛-, 노랗-, 파랗-, 까맣-, 하얗-[19)]

활용형: 햐:, 가탸, 즘잔햐, 괜찬햐, 미안햐, 이랴, 저랴, 그랴[20],
빨갸, 노랴, 파랴, 까먀, 하야

간접인용문의 축약 구성: 간댜(간대, 가-ㄴ다(고) 해), 갔댜(갔대, 가-았다(고) 해), 가랴(가래, 가-라(고) 해), 갔드랴(갔더래, 가-았더라(고) 해), 갈랴(갈래, 가-을라(고) 해), 책이랴(책이래, 책-이라(고) 해)

이들 형식들은 몇 가지 면에서 특이한 양상을 보인다. 편의상 '하-'(爲)를 대표로 하여 활용형을 보이면 다음과 같다.

(18) ㄱ. 하구~해구, 하지~해지
ㄴ. 하니께~해니께, 하면~해면
ㄷ. 해:~해아~햐:~히아, 해:서(~햐:서), 했:어(~?햤:어), 해:라(~?햐:라)

먼저 활용형 '햐:~히아'는[21] 활용형 '해:'와 공존하는 경우가 많다. 둘

19) 현대국어의 '애'불규칙 용언과 'ㅎ'불규칙 용언은 모음어미와 결합할 때 동일한 활용 양상을 보여준다. 이는 기원적으로 '애'불규칙 용언과 'ㅎ'불규칙 용언이 모두 'ᄒᆞ-'와 관련되기 때문이다. 'ㅎ'불규칙 용언 중에서 '파랗-, 빨갛-' 등은 이전 시기에 '파라ᄒᆞ-, ᄫᅳᆯ가ᄒᆞ-' 등과 같이 'ᄒᆞ-'가 포함된 형식이었다. 따라서 '파라ᄒᆞ-, ᄫᅳᆯ가ᄒᆞ-' 등은 모음어미 앞에서 활용 양상이 'ᄒᆞ-'의 그것과 동일하였다(최명옥 1988/1998: 122~124). 이러한 역사적인 이유 때문에 '애'불규칙 용언과 'ㅎ'불규칙 용언은 모음어미 앞에서 동일한 활용 양상을 보인다고 할 수 있다.

20) 이들 지역에서는 '그랴, 그려'가 함께 나타나는데, '그랴'는 동사 '그라-', '그려'는 형용사 '그렇-'의 활용형이다. 이 점은 다음과 같은 예를 통해 명백하게 드러난다. "그라먼 워떤 여자가 그냥 수작을 하구 <u>그랴</u>. 그러다가 사뭇 그렇게 하구 보닝깨, 에- 좀, 박상이가 얼굴이 틀리구 <u>그려</u>."(≪한국구비문학대계 4-2(충남 대덕)≫, 650) 이러한 '그랴, 그려'는 중앙어형으로 바꾸면 형태가 동일한 '그래'가 되는데, 류구상(1998:61)에서는 이를 "'그래'의 경우 허락(許諾)을 나타낼 때는 [kɨrja]로 발음하나, 동조(同調), 동의(同意)를 나타낼 때에는 [kɨrjə]로 발음하여 구분짓고 있다."라고 하였다. 그러나 이러한 지적은 '허락을 나타낼 때'에는 그렇게 하라는 의미에서 동사 '그라-'가, '동조(同調), 동의(同意)를 나타낼 때'에는 그렇다는 의미에서 형용사 '그렇-'이 자주 쓰인다는 의미로 해석되어야 한다.

째, 중부방언의 특징으로 지적된 바와 같이 활용형 '해:'에 영향을 받아 자음어미나 매개모음어미와 결합하는 경우에도 '해구〉하구, 해지〉하지, 해면〉하면'과 같은 활용형을 보여주는 변화가 있지만(최명옥 1988:60, 이기갑 2003:663), 활용형 '햐:'를 기준으로 해서는 어간의 재구조화가 일어나지 않는다. 셋째, 모음어미와의 결합형 중에서도 '-아/어서, -았/었-, -아/어라' 등의 어미보다는 반말체 종결어미 '-아/어'와 결합할 때에 활용형 '햐:'의 실현이 두드러진다. 특히 연결어미 '-아/어'와 결합될 때에는 '해:'만 나타나고 '햐:'는 거의 쓰이지 않는다.[22] 넷째, 간접인용문의 축약 구성에서 쓰이는 '-ㄴ댜' 등의 형식은 활용형 '햐:'가 쓰이지 않는 지역에까지도 관찰된다. 즉 '-ㄴ댜' 등의 형식은 음운론적으로 활용형 '햐:'와 관련되는 것이 틀림없지만 공시적으로 활용형 '햐:'와 연결시킬 수 없는 지역에까지 넓게 분포한다.

---

21) 활용형 '햐:~히아'는 어두 위치에서 수의적으로 공존한다. 예를 들어 '잘#하다' 구성의 경우 '잘#햐:'와 '잘#히아'가 함께 나타난다. 방언 구술 자료들에서 이들은 모두 '햐'로만 기록되어 있지만, 어두 위치에서는 '햐:'가 '히아'와 공존하는 것으로 파악된다. '기-'(匍)와 같은 단음절 어간은 j반모음화가 수의적으로 적용되어 '기어~겨:'가 공존하지만, '이기-'(勝)와 같이 2음절 어간은 '이겨'와 같이 j반모음화가 필수적으로 적용된다. 어두, 비어두와 같은 음절 위치에 따른 j반모음화의 수의성 여부와 관련되어 중부방언의 경우 "빨리 기어"라는 발화는 중간에 휴지가 개재되지 않으면 j반모음화가 적용된 [빨리겨]로 실현되는 경향이 강하다. 따라서 '햐'의 경우 역시 다른 문장성분과 함께 발화될 때에는 '햐'가 주로 나타나지만, 순수한 어두 위치에서는 '히아~햐:'가 공존하는 것으로 판단된다. 한편, 비어두 위치라 하더라도 간접인용문의 축약 구성에서는 '댜~디아, 랴~리아'와 같은 표기가 방언 구술 자료에서도 자주 발견되며 실제 발화에서도 해당 음절이 축약되지 않고 2음절로 발음되는 경향을 확인할 수 있다. '간댜~간디아, 갔었댜~갔었디아, 가드랴~가드리아, 갈랴~갈리아'. 비어두 위치임에도 불구하고 j반모음화가 일어나지 않는 현상은 수행 억양과 관련될 것으로 짐작되나 현재로서는 명확하게 밝히기 힘들다.

22) 황대화(1998:71)에서는 황해도 지역에서도 '햐:'의 활용형이 쓰임을 지적하였다. 이에 따르면 황해도에서는 충청 지역과 달리 모든 모음어미와 결합할 때에 '햐:'의 활용형이 나타난다. "햣다(했다), 햐라(해라), 햐봐(해봐)". 복합동사의 경우에도 "꺄지다(깨지다), 빠내다(빼내다), 쨔지다(째지다)" 등이 쓰인다. '햐:'형식과 '해:'형식의 상대적 쓰임에 대한 언급이 없어 정확한 사정을 알기 어렵지만, '햐:'형식의 출현 환경만 고려하면 황해도 지역이 충청 지역보다 일반성을 띠고 있다고 할 수 있다.

충청 지역에 한정하여 활용형 '햐:'가 분포하는 지역을 검토하면, 대체로 아산, 공주, 논산을 기준으로 하여 이들 지역을 포함한 동쪽에서 주로 나타난다고 할 수 있다. 이러한 '햐:'의 분포는 ≪한국구비문학대계≫나 ≪민중자서전≫ 등의 방언 구술 자료를 통해 확인된다. 한편 활용형 '혀:'는 이들 지역의 서쪽에 주로 분포한다.

(19) '햐:'형 너는 죽어 마땅햐.(4-2 대덕, 280), 그럼 네 맘대루 햐.(4-2 대덕, 44)
그 날은 통 물덜 안 햐.(4-6 공주, 117), 꾀루 살으야 햐. (4-6 공주, 480)
소릴 지르니까 조용햐.(3-2 청주, 52), 대번 형님이라구 햐.(3-2 청주, 300)
물이 참 청정(淸淨) 거시기 햐.(3-4 영동)
'혀:'형 사위니께 워떡혀.(4-1 당진, 26), 생각허니께 암만히두 수상혀.(4-1 당진, 216)
그렇게 얘기를 혀.(4-4 보령), 주막 뒷집이서 바암새 쌈 혀.(4-4 보령)
물이 비덜 안혀.(4-6 부여, 818), 참 술을 좋아혀어.(4-6 부여, 860)
데리구 와야 혀.(4-6 공주, 289), 너는 아직 공부 더 해야 혀.(3-2 청주, 490)

이러한 분포 양상은 대체로 자음어미와 결합한 활용형인 '하다'와 '허다'의 분포 양상과 일치한다. ≪한국방언자료집≫에 따르면 '하다'는 대략 아산, 공주, 논산을 경계로 하여 이들을 포함한 충청 지역의 동쪽에서, '허다'는 이들 지역의 서쪽에서 분포한다(김창섭 1995). 이러한 분포 양상은 ≪민중자서전≫을 통해서도 확인된다. '하다'를 쓰는 천안 지역의 방언을 반영한 전동례 구술(1992)에서는 '어떡햐, 허락햐, 소릴 햐' 등만 나타나고 '혀:'형은 전혀 나타나지 않는다. '허다'를 쓰는 당진, 예산 지역의 방언을 반영한 유진룡 구술(1992)에서는 '뭘 혀, 못 혀유, 이 지랄덜 혀, 착히여' 등과 같은 '혀:'형만 나타날 뿐 '햐:'형은 전혀 나타나지 않는다. 이러한 분포상의 유사성은 활용형 '햐:'는 어간 '하-'와, 활용형 '혀:'는 어간 '허-'와 밀접하게 관련된다는 사실을 말해준다. 또한 '햐:'형과 '혀:'형은 충청 방언을 동서로 나눌 수 있는 표지가 될 가능성이 있다.[23]

3.2 활용형의 공시적 기술

우리는 앞에서 '배암-뱀:, 배암-비암-뱜:'(蛇)류 방언형 형성 과정을 '애아〉애:', '애아〉이아〉야:'의 두 변화로 설명한 바 있다. 어간 '하-'의 활용형 '해:'와 '햐:~히아' 역시 동일한 두 변화를 거친 것으로 설명된다.

(20) ᄇᆞ얌(pʌjam) 〉 배암(pajam) 〉 배암(pɛam)

┌〉 ·· 배암
├〉(애아〉애:) 〉 뱀: ·· 뱀:
├〉(애아〉이아)〉 비암 ·································· 비암
└〉(애아〉이아)〉 비암 〉 (음절축약)〉뱜: ······· 뱜:

ᄒᆞ야(hʌja) 〉 해아(haja) 〉 해아(hɛa)

┌〉 ·· 해아
├〉(애아〉애:) 〉 해: ·· 해:
├〉(애아〉이아)〉 히아 ·································· 히아
└〉(애아〉이아)〉히아 〉 (음절축약)〉햐: ·········· 햐:

---

23) 곽충구(1982:50)에서는 충남 지역에서 '어〉워' 변화를 경험한 '워:째, 워:디, 월(:)마, 원:재' 등이 주로 "차령산맥 서부지역"에서 나타난다고 하면서, "이곳을 이른바 -hjə: 지역이라 할 수 있는 곳이다."라고 하였다. 즉 차령산맥 동부지역에서는 '햐:'형이 나타난다.

표면적으로 볼 때 형태소 내부에서는 소수의 몇 어사에 국한되는 변화처럼 보였던 현상이 형태소 경계에서는 대량으로 적용되는 듯하여 언뜻 납득하기 어렵다. 그런데 2장에서 살펴본 바와 같이 형태소 내부에서 '뱌:'류의 방언형을 보이는 어사들은 모두 모음 연쇄상의 특징이 있었다. 즉 이들은 다른 방언의 예를 고려할 때 '애아'의 모음 연쇄와 관련되는 것이었다. 형태소 경계에서 나타나는 '햐:'류의 방언형 역시 '애아'의 모음 연쇄와 관련된다. '애'로 끝나는 용언 어간에 모음어미가 결합될 때에는 모음조화에 의해 '애+아'의 연결이 가능했던 시기가 있었다. 이때 형태소 경계를 사이에 둔 '애+아' 연쇄에도 형태소 내부에서 일어난 '애아〉이아〉야:'의 변화가 적용된다면 '햐:'류의 활용형이 나타나게 된다. 따라서 형태소 경계에서 '햐:'류 방언형이 대량으로 실현되는 현상은 '애아'의 모음 연쇄와 이에 따른 '애아〉이아〉야:'의 변화로 설명된다.

이제 본격적으로 '햐:'류의 방언형에 대한 공시적 기술 문제를 다루도록 한다. 기존에 제안된 방안에서는 이들의 공시적 도출 과정에 대한 논의는 거의 이루어지지 않았다. 음운 도치나 모음탈락의 경우는 하향이중모음이 존재하던 시기를 가정한 변화이기 때문에, '애' 어간의 활용에서 이들 방안을 적용시킬 여지는 없다. 'ɛ〉ja' 방안의 경우에도 이것이 어간과 어미의 공시적 결합 과정에서 음운 과정으로 적용된다고 본 것인지 불분명하지만 우선 여기에서는 'ɛ→ja'와 같은 공시적 음운 과정이 가능하다는 경우를 상정하고 논의를 전개하기로 한다.

(21) {하-} 기저형: //하-/해-//[24)]
선택조건: //하-// 자음어미나 매개모음어미 앞,
//해-// 모음어미 앞

24) '//' 표시는 기저형을 나타내는 데에 사용한다. 이에 대해서는 배주채(1998:78)을 참조.

{하-}+{-어}$_{반말체\ 종결어미}$

① //해-+-어// → (모음조화) → 해아 → (완전순행동화) → 해: → (ɛ→ja) → 햐:

② //해-+-어// → (모음조화) → 해어 → (완전순행동화) → 해: → (ɛ→ja) → 햐:

도수희(1977)에서는 '해(하-+-어)→햐, 새(새-+-어)→샤'의 과정을 상정하고 있기 때문에, 이를 공시적 기술로 이해하면 ① 혹은 ②의 도출 과정이 될 것이다. 이때 'ɛ→ja'의 과정은 완전순행동화 즉 '애아→애:' 혹은 '애어→애:' 과정의 결과인 '애:'에만 적용된다. 장모음인 경우에 한정할 수 있도록 'ɛ:→ja:'로 수정한다 하더라도 원래 장모음을 가진 어간인 '내:-, 대:-' 등이 자음 어미와 결합한 '내:구(내:-+-구, 出), 대:구(대:-+-구, 接)' 등은 절대 '*냐:구, *댜:구' 등으로 실현되는 일이 없기 때문에 제약되지 않은 공시적 규칙으로 문제가 나타난다.

이러한 변동은 '애' 어간이 모음어미와 결합하는 환경에서만 일어난다. '애' 어간이 모음어미와 결합할 때에는 '애-아' 혹은 '애-어'의 모음 연쇄가 일어나는데 이때에만 '햐:'류의 활용형들이 나타난다. 따라서 '햐:'류의 음운 과정을 공시적으로 기술하기 위해서는 규칙의 입력부에 '애아' 혹은 '애어'의 모음 연쇄가 명시되어야 하며 출력부에는 장음의 '야:'가 제시되어야 한다. 즉 '애아(또는 애어)→(중간 과정)→야:'의 과정이 인정되어야 한다.

'애아'와 '애어'의 모음 연쇄 중 어느 것이 변동의 입력부가 되어야 하는지 살펴볼 필요가 있다.

(22) {하-}+{-어}$_{반말체\ 종결어미}$

① //해-+-어// → (모음조화) → 해아 → (완전순행동화) → 해:

② //해-+-어// → (모음조화) → 해아 → (중간 과정) → 햐:

③ //해-+-어// → (모음조화) → 해어 → (완전순행동화) → 해:

④ ∥해-+-어∥ → (모음조화) → 해어 → (중간 과정) → 햐:

①과 ②는 '애아'가, ③과 ④는 '애어'가 변동의 입력부가 된다. 완전 순행동화로 활용형 '해:'를 설명하는 경우, 자음으로 끝나는 어간 중에서 모음이 '애'인 '밷-, 맺-, 뺏-' 등이 모음어미의 두음으로 '-어'를 취한다는 점(밷어, 맺어, 뺏어 등)을 중시하여 '애어'를 입력부로 판단하여 ③을 적절한 공시적 과정으로 판단할 수 있다. 그러나 '애어'를 입력부로 해서는 '햐:'와 같은 활용형을 도출할 수 있는 적절한 음운 변동을 상정하기 어렵다. 뿐만 아니라 '아, 오' 어간 중에서도 자음으로 끝나는 어간이 '잡어, 막어, 뽑어, 쏟어' 등과 같이 '-어'를 취하는 지역에서도 '가서(가+-아서, 去), 와서(오-+-아서, 來)' 등의 활용형은 '-어'가 아닌 '-아'를 취한 것으로 해석하기 어렵다. 모음어미의 두음으로 '-아'를 취하는지 '-어'를 취하는지는 순수한 음운규칙으로 파악하기 어렵기 때문에 어간모음이 동일하다 하더라도 해당 어간이 자음으로 끝나는지 모음으로 끝나는지에 따라 '-아' 혹은 '-어'를 취하는 양상도 달라지는 것으로 판단된다. 따라서 변동의 입력부 면에서는 '애아'의 연쇄를 상정하는 ①과 ②가 적절한 공시적 기술이 된다.

우리는 기저형으로서 어간의 말음을 '애'로 전제하였지만, 어간의 말음에 대한 논의도 필요하다. 어미부의 두음을 '-아'로 설정한다면 활용형 '햐:'는 'hj-a:'로 형태분석이 되는데, 어미부를 제외한 형태인 'hj-'를 적절하게 도출하기 위한 어간부의 말음을 달리 설정할 가능성도 있기 때문이다. 인접 지역에서 {하-}의 모음어미 활용형으로 '혀:'형이 나타나는데, 이 활용형은 'hi-ə'로 형태분석이 되고, 어간의 기저형으로 '히-'가 설정된다.[25] 어간의 기저형을 '히-'로 잡을 경우, 활용형 '햐:'의 도출 과정은 아

25) 김옥화(2001:100)에서는 전북 부안 지역에서 허-'(爲)의 기저형으로 '허-/히-'를 설정하고 "갠차녀, 갠차니서" 등의 활용형 도출 과정을 설명한 바 있다. 또한 자음어미

래와 같다.

(23) {하-} 기저형: //하-/히-//,
선택조건: //하-// 자음어미나 매개모음어미 앞,
//히-// 모음어미 앞
{하-}+{-어}$_{반말체\ 종결어미}$
//히-+-어// → (모음조화) → 히아 → (j반모음화) → 햐:

모음어미 앞에서 어간의 기저형으로 '히-'가 설정된다면 도출 과정은 매우 간단하다. '기-, 피-, 히-(白)' 등의 '이'말음 어간이 모음어미와 결합한 활용형 '기어~겨:, 피어~펴:, 히어~혀:'와 같이 j반모음화와 보상적 장음화라는 두 과정을 거치게 되면 '햐:'가 도출되기 때문이다. 그러나 도출 과정의 간단함에도 불구하고 어간의 기저형을 '히-'로 설정하는 것은 받아들이기 어렵다. 우선, '햐:'와 같은 활용형이 존재하는 지역에서 어간의 형태로 '히-'는 나타나지 않는다. 오히려 '해구, 해지, 해면' 등과 같이 '해-'가 자음어미나 매개모음어미 앞에서 나타나기 때문에, 어간의 형태 '해-'가 그 영역을 확대한 것으로 해석된다. 뿐만 아니라 설정된 어간 기저형 '히-'는, '이'로 끝나는 다른 어간과 달리 모음어미로 '-아'를 취하는 것으로 기술해야 한다. 모음어미를 취하는 데 있어 '-어'를 취하는 쪽으로 변화가 일어나는 지역에서 유독 이 환경에서 반대 방향의 변화가 일어난다고 파악해야 하는 것이다. 마지막으로 '개:-, 깨-, 내:-, 보내-' 등과 같이 '애' 어간들 모두에 기저형으로 '기-, 끼-, 니-, 보니-' 등을 인정해야 하는 것도 부담이다. 따라서 활용형 '햐:'를 기술하기 위한 방안으로 어간의 기저형을 '히-'로 설정하는 것은 여러 가지 더 큰 문제를 발생시키기 때문에 받아들이기 어렵다.

앞에서도 기저형 '히-'가 선택되는 경향이 두드러진다고 하였는데(글히지), 이를 통해 설정된 기저형 '히-'가 타당함을 알 수 있다.

결국 활용형 '햐:~히아'는 어간부의 기저형으로 '해-'로 설정하고, 어미부의 두음으로 '-아'를 취하는 것으로 기술하는 것이 가장 합리적이라고 할 수 있다. 그렇다면 활용형 '햐:'는 '해아'를 입력부로 하고 '햐:'를 출력부로 하는 과정을 통해 도출된다. 이를 도식화하면 다음과 같다.

(24) {하-} 기저형: //하-/해-//,
　　선택조건: //하-// 자음어미나 매개모음어미 앞,
　　　　　　　//해-// 모음어미 앞
　　{하-}+{-어}반말체 종결어미
　　//해-+-어// → (모음조화) → 해아 → ($\varepsilon \rightarrow i/\_]_{vst}+a$) → 히아 →
　　(j반모음화) → 햐:

j반모음화나 보상적 장음화 과정은 '이' 어간의 활용에서도 타당성이 인정되므로 문제의 핵심은 '애아'의 연쇄가 '이아'의 연쇄로 바뀌는 과정에 있다. 즉 '$\varepsilon \rightarrow i/\_]_{vst}+a$' 과정을 공시적인 음운 과정으로 인정할 수 있느냐가 관건인 것이다.

먼저 이 과정이 국어의 음운 체계에서 음성적인 동기를 가진 자연스러운 과정인지 검토해야 한다. 이 과정은 '배암〉비암, 새알심〉시알심, 배아지〉비아지' 등과 같은 형태소 내부의 변화에서 보는 바와 같이 역사적으로도 실재했던 과정일 가능성이 있다. 그러나 현재 우리의 상황으로는 '애아'의 연쇄가 '이아'의 연쇄로 바뀌는 과정에 대해서 이렇다 할 음성적 동기를 찾기 어렵다. '아'의 어떤 속성 때문에 '애'가 '이'로 바뀌는지 알 수 없으므로 동화 과정으로 볼 수 없을 뿐만 아니라 모음충돌의 상황이 유지되기 때문에 모음충돌을 회피하기 위한 과정으로도 볼 수 없다.

한편 '$\varepsilon \rightarrow i/]_{vst}+a$' 과정은 용언의 활용에 있어서 모든 '애' 어간에 적용된다는 점에 있어서 일반성이 포착된다. 위에서 살펴본 바와 같이 '애'로 끝난 단일기저형의 어간뿐만 아니라, 'ㅎ'불규칙 용언 어간, '애' 불규칙 용언 등과 같이 다중기저형의 어간까지 모두 적용된다. 즉, 용언에서 말음으로 ‘애’를 가지는 어간에는 예외 없이 이 과정이 적용된다. 또한 ‘아’를 두음으로 가진 모음어미 즉, ‘-아(연결어미), -아라, -았-, -아두, -아서’ 등과 결합할 때에도 이 과정은 적용될 수 있다. 황대화(1998:71)에는 황해도 지역에서 “햐 봐(해 봐), 햐라(해라), 햣다(했다)” 등이 쓰인다고 하였으며, 충남 대덕에서도 “홀딱 반햐서 말여”(반해서, ≪한국구비문학대계 4-2≫, 50), “나무햐 가지구”(나무해 가지고, ≪한국구비문학대계 4-2≫, 47), “시주를 햐두”(시주를 해도, ≪한국구비문학대계 4-2≫, 49) 등을 확인할 수 있다.

그러나 현재 ‘히아~햐:’가 나타나는 충청 지역에서 ‘ε→i/_]$_{vst}$+a’가 ‘아’를 두음으로 가진 모든 모음어미와 결합할 때 적용된다고 하는 것은 언어 현실과 맞지 않다. 실제로 반말체 종결어미를 제외한 환경에서는 경쟁관계에 있는 완전순행동화 규칙의 적용을 받은 ‘해:, 해:서, 해:야, 했:다’ 등의 활용형이 폭넓게 쓰이며, ‘히아~햐:’의 활용형은 반말체 종결어미와 결합하는 경우에 주로 많이 나타나기 때문이다. 따라서 ‘ε→i/_]$_{vst}$+a’ 과정은 충청 지역의 언어 현실에 비추어 보아 반말체 종결어미를 제외한 다른 모음어미 앞에서는 적용이 제한적으로 이루어지고 반말체 종결어미 앞에서 활발하게 적용된다고 할 수 있다.

이상을 정리하면 결국 ‘ε→i/_]$_{vst}$+a’ 과정은 음성적 동기가 불투명하며, 모든 ‘애’ 어간에 적용되기 때문에 적용 환경의 일반화가 가능하되, 모음어미 중에서 특히 반말체 종결어미 앞에서 활발하게 적용되는 제한성을 가진다고 할 수 있다. 이러한 제한성은 경쟁 관계에 있는 완전순행동화 과정이 동일 환경에서 적용되기 때문에 발생하는 것으로 보인다. 따라서 우리는 적용 환경의 일반화가 가능하고 완전순행동화 과정과 경쟁 관계에 있어 ‘해:~히아~햐:’와 같은 공존형이 존재한다는 점을 근거로, ‘ε→i/_]$_{vst}$+a’ 과정을 공시적인 음운 과정으로 기술할 수 있다고 판단

한다.[26)]

공존하는 방언형 '히아~햐:~해아~해:'의 도출 과정을 정리하면 다음과 같다.

〈기저형〉 〈도출과정〉 〈표면형〉

//해-+-어// → (모음조화)

- 해아 ······························ 해아
- 해아 → 해: ······················ 해:
  (완전순행동화)
- 해아 → 히아 ······················ 히아
  ($\varepsilon \rightarrow i/\_]_{vst}+a$)
- 해아 → 히아 → 햐: ······ 햐:
  ($\varepsilon \rightarrow i/\_]_{vst}+a$) (j반모음화)

4. 마무리

이상에서 우리는 충청 지역에서 나타나는 방언형 '뱜:(蛇), 햐:(←해+어, 爲)'를 중심으로 이들의 통시적 변화와 공시적 기술 방안에 대해 논의하였다. 논의된 결과를 간략하게 요약하면 다음과 같다.

---

26) 이진호(2006:55~60)에서는 음운 규칙의 공시성을 판단할 기준으로 규칙성 조건과 공시성 조건을 제시한 바 있다. 우리의 '$\varepsilon \rightarrow i/\_]_{vst}+a$'는 규칙성 조건 측면에서 따져 보아야 할 부분이 있다. 모든 '애' 어간이 적용 대상이 된다는 점에서 적용 환경을 일반화할 수 있다는 점은 분명하다. 문제는 통합되는 어미의 일반화 가능 여부이다. 이 과정은 모음어미 중에서 반말체 종결어미 {-아} 앞에서 활발하게 일어나고, 일부 지역의 경우 다른 모음어미 앞에서도 이 과정이 적용되는 예들을 찾아볼 수 있다. 또한 이들 지역에서는 동일 환경에서 완전순행동화($a \rightarrow \varepsilon/\varepsilon]_{vst}+\_$) 과정이 적용되기도 하는데, 과정의 활발한 정도는 반말체 종결어미 {-아} 앞에서는 '$\varepsilon \rightarrow i/\_]_{vst}+a$'가 여타의 모음어미 앞에서는 완전순행동화가 우세하다. 즉 통합되는 어미는 원칙적으로 일반화가 가능하지만, 과정의 활발한 정도 면에서는 차이를 보인다고 할 수 있다.

형태소 내부의 통시적 변화에 대해서는 논의 대상이 되는 예들의 범위를 한정하고 기존에 제안된 방안을 검토한 뒤에 변화 과정에 대한 새로운 안을 세워보았다. 논의 대상이 되는 예들은 방언형 별로 범주화를 시도하여, '뱀'(蛇)을 기준으로 하여 '뱀:, 배암, 뱜:, 비암'의 넷으로 유형화하였다. 이 과정에서 '갸:(그 아이), 도야지(돼지), 비양기(비행기), 갹토(객토)' 등은 '뱜:'류의 방언형과는 이질적인 성격을 보이므로 논의 대상에서 제외하였다. 기존의 설명 방안으로 제안된 '애〉야', 음운도치, 모음탈락 등은 모두, '뱜:'류의 방언형을 보이는 어사들이 왜 이들에만 한정되는지 합리적으로 설명할 수 없었다. 본고에서는 '뱀:, 배암, 뱜:, 비암'류의 네 방언형을 보이는 어사들은 모두 '애아'의 모음 연쇄와 관련이 있음에 주목하여, '애아〉이아〉야:'의 통시적 변화 과정을 제안하였다. 그 결과 네 유형의 방언형은 '배암〉뱀:, 배암〉비암〉뱜:'의 형성 과정을 거친 것으로 볼 수 있었다.

형태소 경계에서 보이는 활용형 '햐:'(爲)에 대해서는 '애'말음의 모든 어간이 동일한 유형의 활용형을 가지는 사실을 확인하고 이를 공시적으로 도출할 수 있는 방안을 살펴보았다. 활용형 '햐:' 역시 '뱜:'의 형성 과정과 마찬가지로 '애아' 모음 연쇄로부터 통시적으로 '해아〉히아〉햐:'의 과정을 거쳐 형성되었으며, 이들은 지리적으로 〈아산, 공주 논산〉을 포함한 동쪽의 충청 지역에서 나타남을 확인하였다. 활용형 '햐:'의 도출을 공시적으로 기술하기 위해서 '$\varepsilon \rightarrow i/\_]_{VST}+a$' 과정을 공시적인 음운 과정으로 설정하였다. 설정 근거로는 음성적인 동기가 불투명하지만 적용 환경의 일반화가 가능하고 완전순행동화 과정과 경쟁 관계에 있다는 점을 근거로 제시하였다. 활용형 '해:~햐:~히아'가 공존하는 사실은 이 과정과 완전순행동화 과정을 통해 설명될 수 있다.

(2007, 국어국문학 146, 353-383)

참고 문헌

곽충구(1980), 십팔세기 국어의 음운론적 연구, ≪국어연구≫ 43.

곽충구(1982), 아산지역어의 이중모음 변화와 이중모음화: y계 이중모음과 ə〉wə 변화를 중심으로, ≪방언≫ 6.

국립국어연구원 편(1999), ≪표준국어대사전≫, 두산동아.

김병제(1980), ≪방언사전≫, 과학백과사전출판사.

김봉국(2004), 고모음 탈락 현상과 관련된 몇 문제, ≪국어학≫ 43.

김영배(1997), ≪평안방언연구≫, 태학사.

김옥화(2001), 부안지역어의 음운론적 연구, 서울대학교 박사학위논문.

김완진(1978), 모음체계와 모음조화에 대한 반성, ≪어학연구≫ 14-2.

김정태(1996), ≪국어 과도음 연구≫, 박이정.

김창섭(1995), ≪한국방언자료집≫에 따른 서남방언의 특징, ≪한국방언연구의 현황과 전망≫, 한국정신문화연구원.

김형규(1974), ≪한국방언연구≫, 서울대학교출판부.

도수희(1977), 충남방언의 모음변화에 대하여, ≪이숭녕선생고희기념 국어국문학논총≫, 탑출판사.

도수희(1989), 충청도 방언의 특징과 그 연구, ≪국어생활≫ 9.

류구상(1996), ≪천안 지역어 연구≫, 한남대학교출판부.

배주채(1998), ≪고흥방언 음운론≫, 태학사.

백두현(1992), ≪영남 문헌어의 음운사 연구≫, 태학사.

유구상(1971), 병천(竝川) 지방말의 음운론적 고찰, ≪한글≫ 147.

유재원(1985), 현대 국어의 모음충돌 회피 현상에 대하여, ≪한글≫ 189.

유진룡 구술(1992), ≪장돌뱅이 돈이 왜 구린지 알어?≫, 뿌리깊은나무.

유필재(2001), 서울지역어의 음운론적 연구, 서울대학교 박사학위논문.

이광호(1978), 경남방언의 이중모음에 대하여, ≪국어학≫ 6.

이기갑(2003), ≪국어 방언 문법≫, 태학사.

이기갑 · 고광모 · 기세관 · 정제문 · 송하진(1998), ≪전남방언사전≫, 태학사.

이상신(1998), VyV 연쇄에 대한 통시론적 연구, ≪국어연구≫ 155.

이숭녕(1940), ‘·’ 음고, ≪진단학보≫ 11.
이승재(1990), 방언 음운론, ≪방언학의 자료와 이론≫, 지식산업사.
이진호(2002), 음운 교체 양상의 변화와 공시론적 기술, 서울대학교 박사학위논문.
이진호(2006), 음운 규칙의 공시성을 바라보는 시각, ≪국어학≫ 47.
이혁화(2002), 국어 반모음 ‘ɥ’의 음성학과 음운론, ≪어학연구≫ 38-1.
이혁화(2005), 무주·영동·김천 방언의 음운론적 대비 연구, 서울대학교 박사학위논문.
전동례 구술(1992), ≪두렁바위에 흐르는 눈물≫, 뿌리깊은나무.
최명옥(1982), ≪월성지역어의 음운론≫, 영남대학교출판부.
최명옥(1985), 변칙동사의 음운현상에 대하여: p-, s-, t-변칙동사를 중심으로, ≪국어학≫14.
최명옥(1988), 변칙동사의 음운현상에 대하여: lɨ-, lə-, ɛ(jə)-, h-변칙동사를 중심으로, ≪어학연구≫ 24-1.
최명옥(1998), ≪국어음운론과 자료≫, 태학사.
최전승(1986), ≪19세기 후기 전라방언의 음운현상과 그 역사성≫, 한신문화사.
최학근(1962), ≪전라남도방언연구≫, 한국연구원.
최학근(1978), ≪한국방언사전≫, 현문사.
한국정신문화연구원 편(1983), ≪한국구비문학대계 4-1~6≫, 고려원.
한국정신문화연구원 편(1983), ≪한국구비문학대계 3-1~4≫, 고려원.
한국정신문화연구원 편(1987ㄱ), ≪한국방언자료집 Ⅴ(전라북도편)≫, 한국정신문화연구원.
한국정신문화연구원 편(1987ㄴ), ≪한국방언자료집 Ⅲ(충청북도편)≫, 한국정신문화연구원.
한국정신문화연구원 편(1995), ≪한국방언자료집 Ⅰ(경기도편)≫, 한국정신문화연구원.
한글학회 편(1992), ≪우리말큰사전≫, 어문각.
한영목(1999), ≪충남 방언의 연구와 자료≫, 이회.

한영순(1967), ≪조선어방언학≫, 김일성종합대학출판사.
허 웅(1985), ≪국어음운학≫, 샘문화사.
황대화(1998), ≪조선어 동서방언 비교연구≫, 한국문화사.

이 논문은 나에게

누군가와 함께 언어학을 한다는 것은, 언어에 대한 그의 생각과 직관을 모두 엿볼 수 있어 매우 행복한 일이다. '매:-'와 같은 어간이 모음 어미와 결합하여 '먀:'로, 특히나 반말체 종결어미와의 결합에서 그렇게 실현된다는 것. 이 논문이 나오기 훨씬 이전부터 이혁화 선생님께 이런 이야기를 듣고 여러 모로 정말 신기한 현상이로구나 하고 생각했던 기억이 있다. 여느 환경에 놓인 '애'는 '이'로 변할 수 없겠지만, '배암(〈ᄇᆡ얌)〉비암', '매아(←매:-+-아)〉미아'와 같이 '애아'는 '이아'로 변할 수 있다는 점이 내게는 가장 흥미로운 부분이었다. 얼마 전 '애아'가 직접 '야:'가 될 수도 있지 않을까 하는 논의를 한 적이 있는데, 그 역시 '애'가 '아' 앞에서는 '이'처럼 행동할 수도 있겠다는 생각에서 비롯된 것이기에 결국은 이혁화 선생님의 뒤를 따른 셈이다. 이제는 이 이야기를 나눌 기회가 없다는 것이 너무나 아쉬울 뿐이다.

(김 현)

5. 방언사의 현황과 과제: 방언음운사를 중심으로

1. 머리말

방언사의 서술은 현 시점에서 가능한 것인가? 엄밀히 따져 방언사의 성립이란 거의 불가능하다는 이숭녕(1967:323)의 지적에서 50여년이 흐른 지금, '한국 방언사' 혹은 '국어 방언사'의 대강을 언급할 수 있는지 의문이 든다.

방언사는 국어의 방언들이 각각의 방언으로 분화되고 변화해온 과정을 이를 것인데(배주채 2001:166), 이를 서술하기 위해서는 "각 방언의 개별적인 기술은 물론이려니와, 음운 · 형태 · 어휘의 각 항목에 대한 각 분포상태 또는 그 변동, 방언간의 상호 영향 · 교섭 · 침투 · 개신 등의 여러 항목에 걸친 종합적인 고찰이 필요하게 된다."(이숭녕 1967:324) 그러나 "각 시기 일정 지역의 방언을 보여주는 문헌자료가 …… 현저히 부족한 현재로서는 방언사의 기술은 기대하기 어렵다."라고 한 곽충구(1991ㄴ:297)의 지적처럼 "각 방언의 개별적인 기술"도 어려울 뿐만 아니라, "방언간의 상호 영향 · 교섭 · 침투 · 개신" 등을 언급하기는 거의 불가능해 보인다.

그러나 개별 지역방언들에 대한 연구 성과들이 축적되고 각 방언을 대상으로 하는 음운 · 문법 · 어휘 면에서의 공시적 · 통시적 연구 결과들이 쌓이면서, 개략적이나마 방언사를 언급할 수 있는 가능성이 보인다고 할 수 있다. 특히, 19세기 후반 내지 20세기 초엽의 방언 자료들이 발굴되면서 이러한 가능성은 더욱 커지게 되었는데, 다행히 동북 · 서북 · 중부 · 동남 · 서남 방언 자료들이 발굴되어 이들의 방언사를 기술한 논의들을 바탕으로 한다면 시기적으로 한정되긴 하지만 방언사 서술의 가능성을 기대할 수 있다. 이러한 방언사 서술은 최전승(1994ㄴ)에서 King(1991)의 성과를 언급하면서, 19세기 후기 내지 20세기 초엽의 함경방언의 특징들이 "한국어의 방언 연속체의 관점에서 다른 지역 방언에 분포되어 있는 현상과 국내의 연구 성과를" 관련지을 때 가능성이 있을 것이라고 하였다. 또한 방언지리학적인 연구의 결과로서, 남한에 한정되긴 하지만 현대 방언의 지리적인 분포 상태를 한눈에 보여 줄 수 있는 이익섭 외(2008)의 등장 역시 방언사의 서술 가능성을 한층 높여준다고 할 수 있다.

여기에서는 아쉽게도 방언사 중에서 방언문법사나 방언어휘사를 시도한 현황을 살펴볼 여력이 없다.[1)] 방언음운사 중에서도 특히 19세기를 중심으로 하여 몇몇 측면을 살펴보기로 한다.[2)] 국어의 방언을 중부 · 동북 · 서북 · 동남 · 서남 방언으로 나누고 각 방언의 방언사가 서술될 수 있는 가능성을 보여준 논의를 중심으로 방언사 서술의 대강을 살펴볼 것이다. 3장에서는 특정한 음운 현상에 따른 방언사를 방사 원점과 개신의 방향을 중심으로 조망할 것이다.

---

1) 국어의 방언 문법에 대한 종합적 연구로는 이기갑(2003), 어휘에 대한 연구로는 이병근(1996) 등이 대표적이라 할 수 있다.

2) 개별 방언에 대한 통시적 연구 성과에 대한 종합적 논의로 북한 방언은 곽충구(1994), 서남 방언은 최전승(1994ㄱ), 동남 방언은 백두현(1994)를 참조할 수 있다. 19세기의 개별 방언에 대한 종합적인 공시음운론은 최명옥(1992, 1994)를 참조할 수 있다.

2. 개별 대방언의 방언사

2.1 중부 방언

19세기의 중부 방언을 반영하는 문헌에 대한 종합적인 고찰은 이기문(1972), 이병근(1976), 백두현(1997)에서 이루어진 바 있다. 곽충구(1980)은 18세기를 대상으로 한 것이지만 19세기 중앙어의 일면을 다룬 것도 있어 참고가 될 수 있다.

① 모음체계

이	으	우
에	어	오
애	아	

이병근(1976)에서는 움라우트 현상을 통해 '애:아, 에:어', 치찰음 아래에서의 전설모음화 현상을 통해 '이:으', '몬져〉먼저, 보션〉버선' 등과 같은 비원순모음화를 통해 '어:오'의 대립 관계를 확인하여 이와 같은 8모음체계를 설정하였다. 이기문(1972:202) 역시 '위, 외'는 19세기 문헌에 이들 움라우트의 예가 적고 그나마 'ㅈ, ㅊ' 뒤에 한정되어 있어 단모음화가 아직 일어나지 않은 것으로 보았다.

② 자음체계

'ㅈ' 뒤에서 단모음과 j계 이중모음이 표기상 혼동을 보여주는 '쳐엄, 잡ᄂᆞ니, 쥭여, 혼쟈' 등과 같은 예들은 이미 18세기 중엽부터 나타나기 때문에(곽충구 1980:39), 19세기 중부 방언에서 'ㅈ'은 이미 경구개음으로 판단된다(최명옥 1994).

③ 움라우트

'메겨라, ᄋᆡᆨ기ᄂᆞᆫ' 등과 같이 '아, 어'가 '애, 에'로 움라우트를 겪는 예들은 19세기 후기의 문헌에서 상당수 많이 나타나고, '우, 오'가 '위, 외'로 움라우트가 일어나는 예들도 '귀경, 쥑기깃다, 부쉬겨, 쇠기며, 외히려' 등과 같이 나타난다(백두현 1997:30~31).[3)]

④ 양순음 뒤의 원순모음화

양순음 뒤의 '으〉우'는 17세기 말의 역어유해에서 시작하여 18세기 문헌에는 일반화되었다(이기문 1972:202). 용언 어간말의 순자음에 의한 원순모음화도 19세기에는 '노푼, 거문, 깃분, 자불, 수물' 등에서처럼 활발하게 일어나며, 명사형 어미 '-ㅁ' 뒤에 조사 '-을'이 결합할 경우가 조사 '-은'이 결합하는 경우보다 훨씬 더 빈번하게 나타난다(백두현 1997:37~39).

⑤ 구개음화

'ㄷ'구개음화는 동문유해(1748)에 이미 광범위하게 '쪄지-, 졉시, 직희-'와 같이 나타나고 '살ᄶᅵ-'(肥)와 같은 표기와 유희의 증언을 통해 18세기 초엽에 중앙어에서 이루어졌다(곽충구 1980:32). 'ㅎ'구개음화는 19세기 초의 물명고에 '심살(胰)', 윤음에도 '심ᄡᅳ고' 등이 나타나 작은 세력이나마 확인되며, 'ㄱ'구개음화는 잘 확인되지 않는다(곽충구 1980:41).

⑥ 전설모음화

19세기에 들어 치찰음 아래에서의 전설모음화가 많이 나타나는데(이기문 1972:203), ᄉᆞ쇼졀(1870)에 가장 먼저 나타난다(백두현 1997:34).

---

3) 백두현(1997:31)에서는 '위'의 경우 이중모음 uj였을 가능성이 높고, '외'의 경우에는 oj, ö, we 세 가지 모두 실현되었을 가능성을 제시하였다.

'구실, 가심, 다시리는, 실피, 거짓, 칭양(測量), 어지러이, 질거온' 등. '르〉리'를 실현한 '가리쳐(教, 指)' 등의 예들도 몇 예가 나타난다(백두현 1997:37).

2.2 동북 방언(육진 방언)

여기에서는 20세기 초 러시아 Kazan에서 간행된 자료를 바탕으로 육진 방언을 기술한 곽충구(1991)을 통해 육진 방언의 모습을 살펴보기로 한다. 여기에 또한 20세기 초의 육진 방언과 현대의 육진 방언을 비교한 곽충구(2004)가 있어 좋은 자료가 된다.

① 모음체계

㉠

이	(ï)	으	우
에		어	오
애		아	

㉡

이	으	우
에	어	오
애	아	

㉠에서 음성적으로 확인되는 ü와 ï는 모음 체계에 포함되지 않는다. ü는 주로 경구개자음 [š] 뒤에만 분포하고, 최소대립쌍이 발견되지 않기 때문에 음소로 설정할 수 없다. ï는 다면대립을 이루는 최소대립쌍이 존재하긴 하지만, i와의 양면대립을 이루지 못하므로 /ɨj/로 재음소화하였다. 이 둘은 현대 육진 방언인 ㉡에 이르러 모두 대부분 i로 변하였다.

② 자음체계: 'ㅈ'과 변이음

'ㅈ'은 20세기 초에 치조파찰음과 경구개파찰음으로 실현된다. tsantshï (잔치), ʧənɛgi(저녁) 등. 이들은 [tsarɨ](柄) : [ʧarɨ](袋)의 경우처럼 최소대립쌍을 이루지만 경구개파찰음 뒤에 상향이중모음이 연결되지 않는다는 점 때문에 [ʧ]는 /tsj/로 해석된다. 이러한 점은 현대 육진 방언에서도 마찬가지이지만, 현대 육진 방언에서는 구개음화 현상이 진행 중이다(곽충구 2004:187).

③ 움라우트

형태소 내부나 경계의 환경에서 피동화음이 '아, 어'일 때에 '애, 에'로 바뀌는 움라우트 현상이 활발하게 나타난다. kadɛgi(쟁기), pɛbi(밥-이), haburemi(홀어미), t'egi(떡-이) 등. 피동화음이 '으'인 경우는 'tirigi(드리기), kərïmi(걸음-이)'와 같이 '이, ï'로 실현되며, 피동화음이 '오, 우'인 경우에는 잘 실현되지 않지만, 'šwe-gyəŋ(소경), maʤüi(마중-이)' 등과 같이 경구개자음이 선행할 때는 실현되는 등 양상이 단순하지 않다.

④ 양순음 뒤의 원순모음화

양순음 뒤에 'ᄋᆞ'를 가졌던 'ᄇᆞᆲ다, ᄇᆞᄅᆞᆷ벽' 등은 각각 'popki, parɨmp'jegi'로 나타나는데, 이는 육진 방언 내에서도 'ᄋᆞ〉오'의 변화를 경험한 지역과 그렇지 않은 지역으로 나뉜다는 小倉進平(1927)의 보고와 일치한다. 즉 Kazan 자료는 일부 단어에서만 'ᄋᆞ〉오'를 경험한 경흥 방언을 보여주는 데 비해, 小倉進平(1927)에서는 회령에서 이 변화가 가장 활발하게, 종성, 경원에서는 선별적으로 이 변화를 경험하였음을 알려준다. 양순음 뒤에서 '으〉우'의 변화는 'mur-ɨ(믈-을), pur-ɨ(블-을)' 등을 통해서 확인된다.

⑤ 구개음화

'ㅈ'이 i, j 앞에서만 구개음이고 다른 환경에서는 치경음인 육진 방언에서 'ㄷ'구개음화는 부정의 어미 '-디'가 '-지'로 실현되는 극소수의 예만 관찰할 수 있을 뿐이고 거의 나타나지 않는다. 이에 비해 'ㅎ'구개음화는

'še(혀), šəŋne-gwa(형네-와), šimi(힘-이)' 등에서 예외없이 나타난다. 'ㄱ'구개음화는 'ʧəəri(겨울), ʧəndïdi(견디-지)' 등과 같은 몇 예에서 확인되며 구개음화되지 않은 발음과 공존한다는 사실로 이 현상이 존재하였음을 알 수 있다.

2.3 서북 방언

서북 방언에 대해서는 Ross(1877)의 'Corean Primer'를 대상으로 한 최임식(1984), 최명옥(1986, 1987), 한성우(2003) 등의 논의가 있어 이를 참고할 수 있다.

① 모음체계

이	으	우
에	어	오
애	아	

이 자료에 '에(ê), 이(e)'로 표기된 모음은 각각 [e, ɛ]의 단모음을 나타내는 것이며, '으, 어'가 비어두위치에서 혼란을 보이기는 하지만 어두위치에서 전혀 혼란을 보이지 않고 현대 방언에서도 별개의 음소로 존재하기 때문에 별개의 음소로 설정된다(최명옥 1986:756~757). 한편, '외, 위'에 대해서는 oe, we 그리고 ooi, wi로 로마자가 배정되어 있는 점을 들어 이를 이중모음으로 해석하였으나(최명옥 1986:758), 한성우(2003:31~32)는 '외'가 대부분 oe로 전사되어 있으며 이는 단모음 ö를 나타내는 것으로 판단하였다. '위'는 역시 하향 이중모음 uj를 나타낸 것으로 파악하였다.

② 자음체계: ‘ㅅ, ㅈ’과 변이음

‘ㅈ’은 ‘조반(dsoban), 집(jip)’ 등으로 표기되어 치경음인 ts과 경구개음인 ʧ의 변이음으로 나타나는데, 경구개음인 ʧ는 j, i, e 앞에서 나타난다. ‘ㅅ’ 역시 치음인 s와 치경 구개음인 ʃ로 나타나는데 후자는 j, i, e 앞에서 나타난다(최명옥 1986:753~754). 한성우(2003:40~48)은 이 자료에서 나타나는 ‘ㅈ, ㅅ’의 구개음 출현 환경을 j나 i 앞에서만이라고 파악하고, 복잡한 양상으로 나타나는 표기를 혼란스러웠던 발음의 한 측면을 보여주는 것이라 해석하였다. 아울러 현대 의주 방언에서는 ‘ㅈ’은 모든 위치에서 경구개음으로 ㅈ의 구개음화가 완성되었고, ‘ㅅ’은 여전히 치음으로 남아있음을 지적하였다.

③ 움라우트

이 자료에서 형태소 내부의 움라우트를 확인할 수 있는 예는 존재하지 않지만[4], 용언 어간에 사동접사 ‘-이’가 연결될 때에는 ‘메기시, 메김마, 딜여오시’ 등의 예에서 움라우트가 확인된다(한성우 2003:61, 80). 현대 의주 방언에는 형태소 내부, 파생, 합성에서 움라우트 예들이 많이 나타난다.

④ 양순음 뒤의 원순모음화

양순음 뒤에서 이전의 ‘으’가 ‘우’로 바뀐 원순모음화 현상은 ‘불군조 boolgoonds 赤, 무거워 mooghuwu 重’ 등을 통해서 확인된다. 이러한 원순모음화는 곡용과 활용에서도 활발하게 적용되는 표기가 빈번하게 나타난다. ‘뎜은 diumoon 店, 사람은 saramoon 人, 졀문 jiulmoon 幼,

4) 최임식(1984:125~126)에서는 ‘익비(父), 싱기고, 뱃기고, 쇠경, 쇠기지, 뵈이니’ 등의 예를 통해 이 시기 서북 방언에 움라우트가 활발하게 진행되고 있음을 지적하였다. 이중 ‘익비’는 의주 방언을 잘 반영한 것으로 알려진 ‘누가복음’의 예이다.

거문 빗 gumoon bit 黑’ 등.

⑤ 구개음화

‘ㄷ’구개음화는 어휘 형태소 내에서는 ‘갈으치난 grauchinan 敎’ 한 예만 나타나고 다른 경우에는 모두 ‘한 댱 handiang 張, 듕용 dioongyong 中庸, 됴소와 diosowa 好’ 등으로 구개음화를 겪지 않은 형태로 나타난다(김영배 1984:222). 이들은 간혹 j가 탈락된 형태로도 나타난다. 달군[짧은] dalgoon, 도타[好] dota 등. 현대 의주 방언에서는 이러한 경우 모두 j가 탈락하여 ‘다, 더, 도, 두’로 나타난다(한성우 2003:67).

‘ㄱ’구개음화나 ‘ㅎ’구개음화는 나타나지 않는다. 불 헤고 boolhego 點火, 혓다기 hiutdagi 舌, 혬졍합세 hemjiunghapsê 計 등(김영배 1984:230).

⑥ 전설모음화

‘실타 shilta, 슬타 sulta 厭, 즐게 dsulgê 饌’ 등과 같은 예와 같이 이 자료에는 전설모음화가 적용되기도 하고 그렇지 않기도 하는 모습을 보이는데, 이는 현대 의주 방언에도 같은 양상이다(한성우 2003:62). 하지만 현대 서북 방언 전체적으로는 전설모음화를 겪지 않은 것으로 보고된다(김영배 1984:164~167).

2.4 동남 방언

동남 방언은 방언사 중에서 특히 방언음운사의 측면에서 다른 방언보다 비교적 역사적 변천 과정을 잘 살펴볼 수 있다. 이는 영남 지방에서 간행된 문헌들이 시기적으로 비교적 고르게 분포되어 있기도 하지만,

이를 대상으로 체계적으로 역사적 변화 과정을 고찰한 백두현(1992)이 있기 때문이다. 여기에서는 이를 중심으로 동남 방언의 방언사와 관련된 몇 가지를 살펴보기로 한다.

① 모음체계

㉠

이	으	우
	어	오
	아	

㉡

이		으	우
	에	어	오
	애	아	

㉢

이			으	우
	에	외	어	오
	애		아	

위의 모음체계 ㉠은 17~8세기 이후, ㉡은 18세기 중엽 이후, ㉢은 19세기 중 혹은 20세기 초의 모음체계이다. ㉠은 'ᄋᆞ'의 비음운화 이후, 동화사본 염불보권문(1764)이나 십구사략언해(1772)에서 나타나는 '먼져'와 같은 예를 통해 '어:오'의 원순성 대립이 확인되는 체계이다. ㉡은 '에'를 '예'로 표기한 예(크계, 즉졔, 이졔 등), '여〉에'의 축약을 보인 예(방벤문, 제일벨 등), '에'를 '애'로 표기한 예(배프고, 삼개힝 등) 등을 통해 e, ɛ가 존재한 것으로 판단되는 1870년대 이후의 체계이다. '외'에 대해서는 we나 ö일 가능성 둘 다가 있지만, '뵈-〉베-(謁)'의 예와 '쇠파리, 회답' 등에서 'ö'를 기록한 小倉進平(1944)의 조사 결과를 바탕으로 단모음 '외'가 존재했을 것으로 추정한 체계가 ㉢이다

② '애:에', '으:어'의 합류, 에〉이

'애:에'의 혼기를 보여주는 예들 중에서 e, ɛ가 단모음으로 존재하던 18세기 중엽 이후에 나타나는 '배프고, 삼개힝'의 예와, 19세기 말의 신도일용요집에 나타나는 '관자제 보살~관자재 보살' 그리고 20세기 초의 여러 문헌에 집중적으로 나타나는 예들을 통해, '에:애'의 합류는 20세기 초 이전 19세기 내의 어느 시점에서 이루어졌을 것으로 추정하였다(백두현 1992:122~128). '으:어'의 혼기는 18세기 후기의 문헌에서 보이는

'주검'(死)과 19세기 후기의 '어럼 빙, 화음경' 등의 예, 그리고 20세기에 대량으로 나타나는 예를 통해, '으:어'의 합류가 19세기 중엽 정도에 이루어졌을 것으로 추정하였다(백두현 1992:129~136). '에〉이'의 변화는 '희안(慧眼), 이루기(〈이루게)' 등과 같은 19세기 후기의 문헌에서 몇 예가 보이다가 20세기의 문헌에서 대량으로 나타난다. 이 변화는 19세기 중엽에는 발생하였을 것이되, '에:애'의 합류 이후에 발생한 것으로 추정하였다(백두현 1992:144~150).[5]

③ 'ㅆ'의 성립

16세기 동남 방언의 문헌에서는 'ㅅ'만이 등장하고 'ㅆ'은 나타나지 않는다. '스고(書), 사화(鬪)' 등. 17세기의 동남 방언 문헌에 비로소 '씨어(洗), 쏠마, 싸호라' 등의 표기에서 'ㅆ'이 나타나는데[6], 같은 형태소의 표기에 'ㅅ'과 'ㅆ'이 함께 사용된 것을 통해 'ㅅ'의 경음화를 입은 어형과 그렇지 않은 어형이 공존하였던 상태를 나타낸 것으로 파악하였다(백두현 1992:294~295). 이러한 표기 경향은 20세기 초의 문헌에까지 이어지며, 현대 동남 방언의 언어 사실에 그대로 이어지는 것으로 볼 수 있다.

④ 움라우트

움라우트는 동남 방언에서 16, 17세기의 문헌 자료에서부터 확인할 수 있다. '베혓거늘, 재히오, 쇠릴, 귀시리, 긔려기' 등. 움라우트 현상을 전설 단모음 계열의 성립 여부와는 상관없는 현상으로 해석하고, 이들을 하향 이중모음을 나타내는 표기로 파악하였다. 물론 단모음이 형성된 이

---

5) 최명옥(1982), 박창원(1997) 등에서는 '에〉이'의 변화가 '에:애'의 합류를 이끌었다고 보고 있다.

6) 김주필(1993:131~132)에서는 17세기 초반의 경북 달성 방언을 반영하는 필사 자료에 대한 검토를 통해, 거의 'ㅅ'으로만 나타나고 아주 드물게 'ㅆ'이 나타나는 현상을 보고하고 수의적인 변이형을 나타내는 것으로 해석하였다.

후에는 해당되는 전설 단모음 계열로 바뀌는 2단계의 움라우트가 실현되는 것으로 보았다. 또한 '쇠릴, 귀시리' 등에서 나타나는 개재자음의 문제도 움라우트가 통시적으로 발달하면서 개재자음의 제약 역시 이후에 첨가된 것으로 해석하였다.

⑤ 양순음 뒤의 원순모음화

'ᄋᆞ〉오'의 원순모음화는 16세기 정속언해의 '몬ᄌᆞ식~ᄆᆞᆫᄌᆞ식', 17세기 규곤시의방의 '볼(〈ᄇᆞᆯ)', 18세기 해인사 염불보권문의 '모ᄋᆞᆷ(心)', 18세기 미타참약초의 '볼다(明)' 등등 비교적 이른 시기 동남 방언의 문헌 자료에서 나타난다. 특히 경북 북부지방에서 간행된 문헌들에서도 이러한 'ᄋᆞ〉오'의 변화가 나타남은, 현대 방언에서 이러한 변화를 겪은 지역이 주로 해안 지역임을 감안할 때 주목할 만한 것이다(백두현 1992:232).

'으〉우'의 원순모음화는 16세기 문헌에서는 나타나지 않고 17세기의 두시언해 중간본 이후에 나타나기 시작한다. '부려(〈브려), 불그니란(紅), 물결' 등. 따라서 이 현상은 17세기 초기에 발생하기 시작하였다고 볼 수 있는데, 용언의 활용과 체언의 곡용으로 적용 영역을 넓혀 나간 것으로 파악된다(백두현 1992:234~245).

⑥ 구개음화

'ㄷ'구개음화는 17세기 전기의 중간 두시언해에 어두와 비어두에서 광범위하게 나타난다. '지내오(〈디내오), 고쳐(〈텨)' 등. 이는 18세기의 문헌에서도 활발하게 나타난다. 결국 'ㄷ'구개음화는 17세기 내에 동남 방언에서 완성되었다고 볼 수 있는데, 중간 두시언해에서의 'ㄷ'구개음화 적용 환경이 다양한 점으로 보아 16세기 후반에 이 현상이 발생하였을 것으로 추정된다(백두현 1992:340).

'ㄱ'구개음화는 중간 두시언해에 나오는 '봄과 져으레', 18세기 초에 간행된 유합과 천자문에 '졔집, 졔립종' 등과 같은 실현 예와 과도교정 예들이 출현한다(백두현 1992:340~341).

'ㅎ'구개음화는 중간 두시언해의 '나모지는 길ᄒᆞ로 셔(〈혀) 가고'(引徑)에서 찾아볼 수 있으며, 18세기 문헌에서 '가ᄉᆞᆷ 슝, 쇼양(孝養)' 등으로 많이 나타난다. 이로써 'ㅎ'구개음화는 17세기 말의 이 방언에서 상당한 세력을 가진 변화였음을 알 수 있다(백두현 1992:345).

⑦ 체언 어간말 설단자음의 변화

'곧, 쁟, 벋' 등은 모두 이 방언 자료에서 'ㄷ〉ㅈ〉ㅅ'으로 나타나는데, 'ㅈ〉ㅅ'을 보여주는 '이우슬(〈즐)'의 예가 중간 두시언해에 나타난다. 그런데 원래의 'ㅌ'을 가졌던 예들은 'ㅊ'으로의 변화를 보일 뿐 'ㅅ'으로의 변화는 이 방언의 문헌에 나타나지 않으며(볏츨 陽, 밧츨 밧치올시다 田), '곶, 빛, ᄂᆞᆾ' 등도 'ㅌ'으로의 변화만 보일 뿐 'ㅅ'으로의 변화는 나타나지 않는다(백두현 1992:363).

2.5 서남 방언

19세기 후기의 서남 방언의 모습을 가장 잘 보여주는 것으로 완판본 방각 고소설과 신재효의 판소리 사설 등이 있다. 여기에 대한 종합적인 검토는 최전승(1986)에서 이루어진 바 있는데, 이를 통해 현대 서남 방언의 방언사를 개략적이나마 서술할 수 있게 되었다. 여기에서는 최전승(1986)에서 이루어진 주요 논의들을 정리함으로써 연구 성과를 가늠할 수 있다.

① 모음체계

이		으	우
에	외	어	오
애		아	

우선, 이 시기 서남 방언의 모음체계 속에는 전설의 원순모음으로 '외'(ö)가 존재하지만 '위'(ü)는 존재하지 않는다(최전승 1986, 오종갑 1994). '뵈옵고~ᄇᆡ옵고 見, 뫼히~ᄆᆡ히 山, 소릐기~소렉이 鳶' 등에서 볼 수 있는 비원순화 현상은 '외'가 단모음 ö가 아니라면 일어날 수 없는 현상이며, '쒸여~씌여, 귀경~긔경, 몽뒹이질~몽등이' 등에서 볼 수 있는 비원순화는 '위'가 단모음이라기보다는 이중모음 'uj'에 가까움을 보여준다(최전승 1986:73~74, 80~81). 현대 서남 방언의 모음체계는 노년층을 기준으로 하면 전북은 대략 10모음 체계, 전남은 '에:애'의 합류가 이루어진 9모음 체계라 할 수 있는데(이기갑 1986, 소강춘 1989), 모두 전설의 원순모음 '외ö, 위ü'가 존재한다. 따라서 19세기 후기의 어느 시점에서는 이중모음이었던 '위'(uj 혹은 wi)가 현대에 이르러 단모음 ü로 변하였음을 확실하게 말할 수 있게 된다.

'에'와 '애'의 합류에 대해서는 19세기 후기의 이 자료들이 보여주는 것이 별로 없다. 어두에서 나타나는 '졔쳐노코~ᄌᆡ치고, 멕ᄉᆞ리~맥쌀, 쎄여보니~ᄊᆡ고, 개울물~게올물' 등과 같은 혼기가 있으나 그 예가 많지 않고, 비어두에서 나타나는 예도 매우 한정되어 있다고 한다(최전승 1986:72). 이러한 많지 않은 예들이 현대 서남 방언에서 진행되고 있는 '에:애'의 합류의 시발을 보여주는 것인지는 확실하지 않다.

② 움라우트와 이중모음화

이 시기 자료에서 움라우트는 피동화음이 '아, 어, 오'일 경우에는 대당하는 전설 단모음인 '애, 에, 외'로 실현되지만, '으, 우'일 경우에는 이중모음인 ‘의(ɨj), 위(uj)’로 실현된다. ‘드리다~듸리다, 그리다~긔리다, 눈씌기, 뒷기실타’ 등에서 나타난 움라우트는 이중모음인 ‘의’(ɨj)로의 실현을 반영하는 것이고(최전승 1986:151~157), ‘구경~귀경, 두견~뒤견이, 수밀텐디~쉬미여, 오좀뉘기’ 등에서 확인되는 ‘위’ 역시 비원순화 과정 등을 통해서 보면 이중모음 uj를 나타낸 것이다(최전승 1986:160~163). 이러한 사실은 현대 서남 방언에서 보이는 움라우트 현상이 전설과 후설의 대립체계에 의한 것이지만, 이는 역사적으로 해당되는 전설 계열 단모음의 확립 여부와 관계없이 j가 첨가되는 1차적 움라우트와 구별될 수 있는 가능성을 확인한 것이기 때문에 방언사의 서술에서 매우 중요한 의미를 지니게 된다.

③ j계 상향 이중모음의 변화

‘벼ᄀᆡ~베ᄀᆡ~뻬ᄀᆡ 枕, 벼살~베ᄉᆞᆯ~뻬살 官’ 등에서 보이는 ‘여’의 변화는 ‘jə〉(jəj)〉je〉e’와 같이 ‘여’에 구개성 i 또는 j가 첨가되어 시작된 것으로 해석하고, 이를 동일한 j계 상향 이중모음인 ‘야, 요, 유’ 등의 변화 과정에 일관되게 적용하였다(최전승 1986:197~201). 이는 일정한 자음 아래에서 j계 상향 이중모음들이 겪게 되는 변화의 역사적 과정을 해석한 것이라 할 수 있는데, 이 시기에 서남 방언에서 “구개성 i 또는 j가 첨가”되는 것을 확인하기는 어렵다.7)

④ 양순음 아래의 ‘ᄋᆞ〉오’ 변화

이 자료에서 ‘ᄋᆞ〉오’를 반영하는 자료는 ‘모른 안쥬, 진 보듸(ᄇᆞᄃᆡ)’에 두 예만 보인다(최전승 1986:110). 이는 곧 서남 방언 중에서 전주를

7) 백두현(1992:163)에서는 ‘여〉에’의 변화와 관련하여, 단모음 ‘에’의 존재 여부에 따라 시기를 달리하여 변화 과정을 파악하였다. 즉 단모음 ‘에’가 존재하는 시기에는 직접 ‘여〉에’의 축약에 의한 변화가 가능한 것으로 파악하였다.

중심으로 하는 전북 방언에서는 양순음 아래에서의 'ᄋᆞ>오' 변화를 겪지 않았음을 말해주는 것이라 할 수 있다.

⑤ 체언 어간 말음의 변화

중세국어에서 어간말음으로 'ㄷ, ㅌ'을 가졌던 '곧(處), ᄠᅳᆮ(意), 벋(友), 낟(鎌), 밑(低), 밭(田)' 등은 '고지~곳시, ᄠᅳᆺ지~ᄠᅳ시로다, 벗지라~벗시로다, 나ᄉᆞ로, 귀밋치라~귀미ᄉᆞᆯ, 밧츨~밧슬' 등과 같이 주격형에서 일어난 구개음화 현상으로 'ㄷ(ㅌ)>ㅈ(ㅊ)'의 단일화 방향을 겪다가 'ㅈ(ㅊ)>ㅅ'의 마찰음화 현상을 겪은 것으로 해석된다(최전승 1986:265~284). 그런데 이러한 마찰음화 현상은 단어에 따라 실현 양상이 달라진다. 예를 들어 '곧(處), ᄠᅳᆮ(意)'의 경우와 '벋(友), 낟(鎌)'의 경우, 후자는 이 시기 자료에서 대부분 전자와 달리 'ㅅ' 교체형으로 나타나고 있는데(최전승 1986:272), 이는 곧 마찰음화 현상이 단어에 따라 적용되는 양상이 달랐음을 말해주는 것이다.

3. 몇몇 음운 현상의 방언사

3.1 구개음화

'ㄷ'구개음화는 함경도의 함흥에서 간행된 촌가구급방(1571)에서 'ᄆᆡ장가리(<ᄆᆡ댱가리), 셕쥭화'와 서남 방언을 배경으로 한 송광사판 계초심학인문과 사법어(1577)에서 'ᄀᆞᄅᆞ틴~ᄀᆞᄅᆞ치샤ᄆᆞᆯ, 오딕~오직' 등에서 확인된다(안병희 1972:98, 1978). 16세기에 이미 구개음화가 시작된 것이다. 17세기 전기의 중간 두시언해에서 나타나는 동남 방언의 구개음화를

고려하면, 동남 · 서남 방언과 동북 방언에서 16세기 말에는 구개음화 현상이 시작된 것이라 볼 수 있다. 19세기 후기의 서북 방언과 20세기 초의 육진 방언은 아직 'ㄷ'구개음화 현상을 경험하지 않고 있으며 중부 방언은 'ㄷ'구개음화를 잘 보여주는데, 이는 'ㄷ'구개음화의 방사 원점이 남부 방언과 동북 방언이고 개신의 방향은 중부 방언을 향한 것으로 판단된다(곽충구 1991ㄴ:64).

'ㄱ'구개음화는 동북 방언이 반영된 촌가구급방(1571)의 '지름'(油)이나(안병희 1978), 동남 방언이 반영된 유합과 천자문(1700)에 '졔집 녀, 졔립종 비'(백두현 1992:341), 서남 방언이 반영된 송광사판 천자문(1730)의 '긴 쟝(長)'(홍윤표 1992:419) 등의 자료를 통하면 'ㄷ'구개음화와 방사 원점이나 개신의 방향이 유사했다고 할 수 있다. 다만 19세기의 중부 방언 자료에는 'ㄱ'구개음화가 잘 드러나지 않는다. 'ㅎ'구개음화는 서남 방언을 배경으로 한 송광사판 사법어(1577)의 '셩뎨 兄弟'(안병희 1972:99), 동남 방언을 반영하는 17세기의 중간 두시언해에서 '셔(<혀-引)'로 나타나며 18세기 동남 방언의 문헌에 활발하게 나타난다(백두현 1992:342).

이익섭 외(2008)에서 'ㄱ'구개음화를 보여주는 '기둥'(柱)의 언어지도와 'ㅎ'구개음화를 보여주는 '혀'(舌)의 언어지도를 참조할 수 있다. 〈그림 1〉에서 'ㄱ'구개음화의 개신파는 중부 방언 중에서 충청도와 강원도 방언에는 모두 도달하였지만, 경기도 방언에는 도달하지 못하였음을 보여준다.[8] 이에 비해 〈그림 2〉에서는 'ㅎ'구개음화의 개신파가 경기도 방언까지 모두 도달하였다는 것을 보여준다.[9] 개신파의 강도 면에서는

8) 이익섭 외(2008:109)에서는 "구개음화가 적용되지 않은 '기-'는 거의 경기도에 국한되어 있다."라고 하여 'ㄱ'구개음화 세력이 전국을 압도하는 기세라고 지적하였다.

9) 이익섭 외(2008:151)에서는 '혀(舌)'의 방언형을 '혀'계, '서'계, '쎄'계의 셋으로 나누었는데, 경기도에서 'ㅎ'구개음화를 겪지 않은 '혀'계가 나타나는 지역은 평택, 용인, 고양뿐이며, 경기도의 다른 지역은 모두 'ㅎ'구개음화가 일어난 '서'계가 쓰인다.

'ㅎ'구개음화가 'ㄱ'구개음화보다 훨씬 강했음을 추측할 수 있게 해 준다.

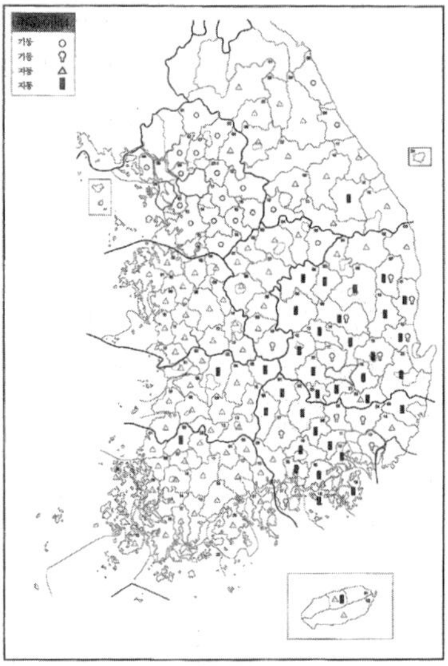

〈그림 1 언어지도 기둥〉

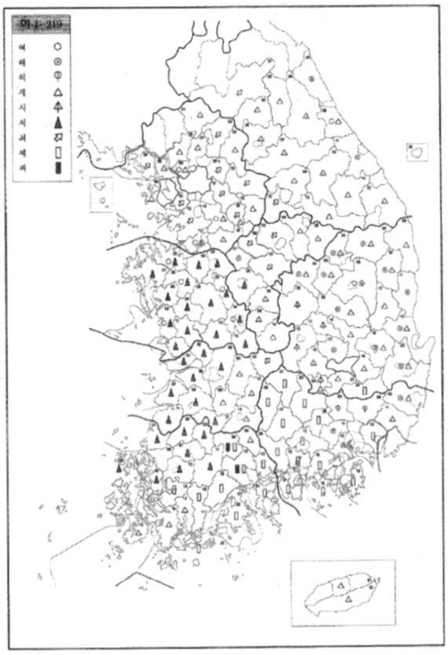

〈그림 2 언어지도 혀〉

3.2 움라우트

서남 방언을 반영하는 17세기의 권념요록이나 동남 방언을 반영하는 16, 17세기의 여러 문헌에서 보이는 움라우트 현상으로 미루어 남부 방언에서 움라우트가 시작된 것은 분명한 것으로 보인다. 한편, 19세기 후기의 서북 방언을 반영한 자료들에서 움라우트 현상이 실현되며, 20세기 초반의 동북 방언을 반영한 로한ᄌᆞ뎐 등에서도 움라우트 현상이 생산적임을 확인할 수 있어 북부 방언에서도 움라우트가 확인된다. 결국 움라우트 현상은 남부 방언과 북부 방언에서 독자적으로 발생한 것으로 다원 발생이라 해석할 수 있다(최전승 1989).

3.3 양순음 뒤의 원순모음화

양순음 아래에서의 '으>우'의 변화는 중부 방언에서 17세기 말인 역어유해에서 확인되며 18세기의 동문유해에 오면 활발하게 나타난다(이기문 1972:202). 동남 방언을 반영하는 문헌에서는 17세기 전기의 중간 두시언해 이후에 나타난다(백두현 1992:232). 이러한 변화는 현대의 모든 방언에서 나타나는 현상인데, 형태소 경계에서 활용과 곡용에서의 차이를 보인다.

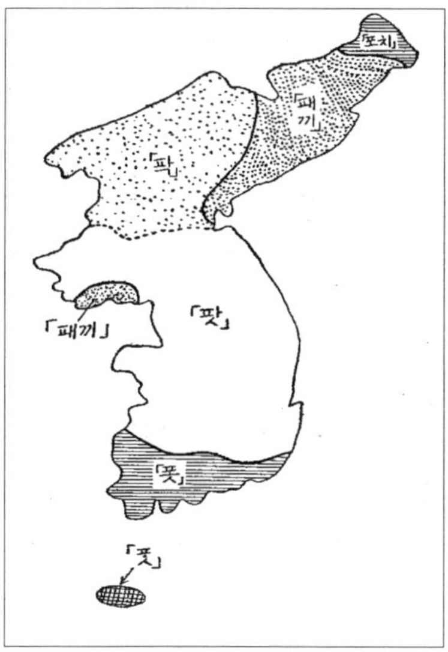

〈그림 3 언어지도 팥〉

양순음 아래에서의 'ᆞ>오' 변화는 이른 시기부터 주목을 받아왔다. 이숭녕(1967:376)의 〈그림 3〉과 같이 현대 방언에서는 육진 방언과 남부 방언의 해안가 지역에 이러한 변화를 경험한 예가 분포되어 있다. 홍윤표(1992:419)에서는 서남 방언이 송광사판 천자문(1730)의 '몰ᄀᆞᆯ 딩

澄'으로 'ᄋᆞ〉오'의 변화를 겪었으며, 백두현(1992:232)에서는 17세기와 18세기의 경북 영양, 예천에서 간행된 동남 방언의 문헌과 함경남도 문천에서 간행된 문헌에서 'ᄋᆞ〉오'를 겪은 예를 제시하여 이들 방언에서도 'ᄋᆞ〉오'의 변화가 일어났음을 지적하였다. 곽충구(1991ㄴ)에서는 경북 내륙에서 진행된 변화에 대하여, 이 방언에서 폭넓게 수행된 일반적인 변화형에 밀려 현대 방언에서는 사라지게 된 것으로 판단하였다.

4. 맺음말을 대신하여

이상에서 우리는 주로 음운론적인 측면에서 방언사의 극히 일부에 지나지 않는 시기에 한정하여 방언사의 현황을 살펴보았다. 이는 필자의 능력 부족에 기인한 것이지만, 또 다른 면에서는 현 단계에서 체계적인 방언사를 서술하기 위한 학계의 성과와 여건이 충분히 갖추어지지 않은 결과로도 볼 수 있다. 체계적인 방언사를 서술하기 위해서는 개별 방언의 음운, 문법, 어휘 등을 총괄하는 역사적 변천에 대한 종합과 아울러, 개별 방언 사이의 영향 관계를 전체적인 차원에서 다루어야 한다.

현 단계에서 방언사의 과제 몇 가지를 짚어보는 것으로 맺음말을 대신하고자 한다. 먼저, 방언사의 서술을 위해서는 방언 자료의 발굴과 수집이 필수적이다. 현대 방언 자료는 비교적 수집이 용이하다고 할 수 있겠지만, 그것이 언제까지나 우리 곁에 머물지는 않을 것이다. 과거 자료의 부족이 방언사 서술에 일차적인 걸림돌이 된다는 점을 감안하면, 현재 자료의 수집과 정리가 미래에 절실하게 요구될 것임은 자명하다. 전국적인 방언 조사가 본격적으로 시작된 지 30여 년이 흐른 지금, 반복적인 조사 사업의 필요성과 구술 발화 자료의 중요성을 절감하게 된다.

둘째, 방언 사이의 영향 관계나 변화 방향을 전체적인 측면에서 종합하려는 시도가 요구된다. 물론 개별 방언의 특징이 아직 만족할 만큼 밝혀졌다고 할 수는 없지만, 이것이 먼저 선행되어야만 종합적인 방언사가 가능해진다는 태도 또한 결코 바람직하지는 않다. 음운 면에서 최전승(2004), 문법 면에서 이기갑(2003), 어휘 면에서 이병근(1996) 등은 현 단계에서도 충분히 종합적인 시도가 가능하다는 것을 보여준다.

(2009, 국어학 54, 303-324)

참고 문헌

곽충구(1980), 18세기 국어의 음운론적 연구, ≪국어연구≫ 43.
곽충구(1991ㄱ), 함경북도 육진방언의 음운론, 서울대학교 박사학위논문.
곽충구(1991ㄴ), 근대국어 시기의 방언특징과 방언분화, ≪제21회 동양학학술회의 강연초≫.
곽충구(1994), 북한방언에 대한 연구 성과와 과제, ≪인문과학≫ 10.
곽충구(2004), 육진방언의 음운변화, ≪진단학보≫ 100.
김영배(1984), ≪평북방언연구≫, 동국대학교 출판부.
김영배(1992), ≪남북한의 방언 연구≫, 경운출판사.
김주필(1993), 진주하씨 묘 출토 한글 필사 자료의 표기와 음운현상, ≪진단학보≫ 75.
박창원(1997), 동남 방언의 모음체계(Ⅰ): 모음사에서의 상대적 위치를 중심으로, ≪애산학보≫ 20.
배주채(2001), 방언사, ≪방언학사전≫, 태학사.
백두현(1992), ≪영남 문헌어의 음운사 연구≫, 태학사.
백두현(1994), 경상방언의 통시적 연구 성과와 그 전망, ≪인문과학≫ 10.
백두현(1997), 19세기 국어의 음운사적 고찰, ≪한국문화≫ 20.
안병희(1972), 임진난직후 국어사자료에 관한 이삼 문제에 대하여, ≪진단학보≫ 33.
안병희(1978), 촌가구급방의 향명에 대하여, ≪언어학≫ 3.
오종갑(1994), 19세기 후기 전라방언의 모음 음운현상과 제약, ≪인문연구≫ 16.
이기갑(2003), ≪국어방언문법≫, 태학사.
이기문(1972), ≪개정판 국어사개설≫, 탑출판사.
이병근(1976), 19세기 국어의 모음체계와 모음조화, ≪국어국문학≫ 72 · 73.
이병근(1996), '질경이'(車前草)의 어휘사, ≪이기문교수 정년퇴임기념논총≫, 신구문화사.
이숭녕(1967), 한국 방언사, ≪한국문화사대계 Ⅴ≫.
이익섭 · 전광현 · 이광호 · 이병근 · 최명옥(2008), ≪한국언어지도≫, 태학사.

최명옥(1986), 19세기 후기 서북 방언의 음운 체계, ≪국어학신연구≫, 탑출판사.
최명옥(1987), 평북 의주지역어의 통시음운론, ≪어학연구≫ 23-1.
최명옥(1992), 19세기 후기 국어의 연구: 모음음운론을 중심으로, ≪한국문화≫ 13.
최명옥(1994), 19세기 후기 국어의 자음음운론, ≪진단학보≫ 78.
최임식(1984), 19세기 후기 서북방언의 모음체계, 계명대학교 석사학위논문.
최임식(1998), ≪국어방언의 음운사적 연구≫, 문창사.
최전승(1986), ≪19세기 후기 전라방언의 음운현상과 그 역사성≫, 한신문화사.
최전승(1989), 국어 i-umlaut 현상의 기원과 전파의 방향, ≪한국언어문학≫ 27.
최전승(1994ㄱ), 전라방언의 통시적 연구 성과와 그 전망, ≪인문과학≫ 10.
최전승(1994ㄴ), 국어 방언사 연구의 가능성과 그 한계, ≪어문연구≫ 25.
최전승(1995), ≪한국어 방언사 연구≫, 태학사.
최전승(2004), ≪한국어 방언의 공시적 구조와 통시적 변화≫, 역락.
한성우(2003), 의주방언의 음운론적 연구, 서울대학교 박사학위논문.
홍윤표(1992), 방언사 관계 문헌 자료에 대하여, ≪남북한의 방언 연구≫, 경운출판사.
小倉進平(1927), 咸鏡南北道方言, ≪朝鮮語≫ 2.
小倉進平(1944), ≪朝鮮語方言の硏究≫, 岩波書店.
King, J. R. P.(1991), *Russian Sources on Korean Dialects*, Unpublished Harvard University Ph. D. Dissertation.

이 논문은 나에게

본 논문은 음운사를 중심으로 하여 방언사의 현황을 권역별(2장), 주제별(3장)로 정리하고 있다. 권역별로는 자료의 양과 연구 성과가 방언사가 서술될 정도로 쌓인 중부 · 동북 · 서북 · 동남 · 서남의 방언사를 정리하였고, 주제별로는 방사 원점과 개신의 방향을 언급할 수 있는 세 음운 현상, 즉 구개음화, 움라우트, 양순음 뒤의 원순모음화를 정리하였다. 방언사 기술은 일찍이 1960년대 중후반부터 시도되어 최근까지 각 권역별 방언사 기술이 있어 왔으나 그것은 주로 19세기에서부터 현재에 이르기까지의 그것이었다는 점에서 제한적이었다고 할 수 있다. 이는 방언사 관련 자료가 많지 않은 점에 기인하는 바 클 것인데, 본 논문은 음운사 중심의 방언사라는 한계가 있으나, 이와 같은 제약을 무릅쓴 논문이었다는 점에서도 의의가 적지 않다. 남들이 꺼려하는 일을 부탁받았을 때 이를 차마 거절하지 못하는 이혁화선생님의 생전 성품은 익히 잘 알려져 있는데, 이 논문 역시 어려운 주제의 기획발표 논문이라는 점에서 그런 맥락에서 쓰인 것이 아닌가 한다.

사적인 일이어서 주저되지만, 돌아가시던 해 마지막으로 이혁화선생님으로부터 받은 메일에 다음과 같은 부분이 있다. "오월이라 온 세상이 꽃천지네. 예쁜 계절이 그저 흘러만 가는 거 같아 그저 보내는 시간이 아깝다." 게으름을 피우다 그때 답장을 못 드렸더니 이제 영영 못 드리게 되었다.

(이상신)

6. 국어 음운론의 용어 '반모음, 이중모음, 중성'에 대한 검토

1. 들머리

현재 국어 음운론에서는 j, w의 음에 대하여 연구자의 입장과 태도에 따라 반모음, 접근음, 활음 등의 용어가 달리 사용되고 있다. j, w 등에 대해 자음과 모음이라는 두 부류 사이에 존재하는 중간적인 지위를 가지는 것으로 이해하여 반모음이라는 용어를 사용하는가 하면, 조음적인 협착의 측면에서 접근음으로 분류하기도 하며, 미끄러지듯 전이되는 특성을 중시하여 활음으로 부르기도 한다. 최근에는 이를 '비성절적 모음'으로 이해하는 경우도 있어(김종규 2010ㄱ), 용어의 사용이 혼란스러운 측면이 있다. 이렇듯 다양한 용어에 대해 우리는 어떤 관점으로 접근할 수 있을까?

또한 국어 음운론에서는 이들 j, w가 모음과 결합하여 이루는 단위 즉 '반모음+모음' 혹은 '모음+반모음'을 일반적으로 이중모음이라 불러왔다. 그런데 이중모음이라는 용어는 연속되는 두 모음으로 이루어진 단위에 사용되는 것이기 때문에 'j+모음, w+모음' 등과 같은 연쇄를 이중모음이라 부르는 것은 적절치 않다는 견해가 제기되었다. 이중모음의 용어에 대한 연구사 정리와 논의는 이미 이루어진 바 있지만, 과연 현재의 국어 음운론에서 'j+모음, w+모음' 등과 같은 연쇄를 이중모음으로 부르는 것이 불합리한지, 그리고 용어가 불합리하다면 어떤 용어로 바꾸는 것이 적절한지에 대해서는 충분히 논의되지 않았다. 뿐만 아니라 '야, 여, 요, 유' 등을 /ia, iə, io, iu/ 등과 같은 모음 연쇄의 실체로 이해하면서 이를 이중모음으로 부를 수 있다는 견해까지 제시되어 이중모음이라는 용어의 사용에 대한 구체적 논의의 필요성이 더욱 커지게 되었다.

한편 'j+모음, w+모음'은 단순한 음 연쇄로 처리할 수 없는 측면이 있다. 이들은 하나의 단위로서 국어 음운론에서 음절의 하위 구성성분의 하나인 중성으로서 기능하기 때문이다(이병근 · 최명옥 1997). 그런데 국어의 음절구조를 어떻게 이해하느냐에 따라 'j+모음, w+모음'의 성격과 위상이 달라질 수 있기 때문에, 국어의 음절구조 특히 중성에 대한 논의가 있어야 한다. 부수적으로 음장이나 성조 같은 운율적 요소가 실현되는 단위에 대한 논의도 필요하게 된다.

본고는 국어 음운론의 용어 중에서 '반모음, 이중모음, 중성'을 중심으로 하여 관련된 용어의 쓰임을 검토하고 이를 국어 음운론의 틀 안에서 어떻게 이해해야 하는지를 살펴보는 데에 목적이 있다. 이들 용어는 국어 음운론에서 일반화된 용어이므로 전반적인 논의에 대해서는 다른 연구들에 기대고,[1)] 비교적 최근에 이루어진 연구 성과를 논의하는 데에 집중하기로 한다. 2장에서는 반모음과 관련된 여러 문제를, 3장에서는 이중모음과 관련된 문제를, 4장에서는 음절 중에서 중성과 관련된 문제를 살펴볼 것이다. 각 장에서 여러 견해를 두루 검토한 뒤 우리의 견해를 밝히는 방식으로 논의를 전개하도록 한다.

1) 이진호(2010), 김봉국(2010), 김현(2010), 신중진(2010) 등의 논의를 통해 이중모음이라는 용어와 개념의 적용에 대한 연구사적 검토가 이루어진 바 있다.

2. 접근음, 활음, 반모음

국어의 j, w와 같은 음성을 가리키는 데에 사용되고 있는 용어로는 半母音, 接近音, 滑音, 過渡音, 轉移音 등이 있다. 반모음은 'semivowel', 접근음은 'approximant', 활음이나 과도음 혹은 전이음은 'glide'에 대응된다. 이러한 용어의 전반에 대해서는 이혁화(2002), 김종규(2010ㄱ)에서 검토된 바가 있으므로, 여기에서는 이들 용어의 핵심을 간추리고 추가적인 사항을 덧보탬으로써 용어의 사용을 명확하게 이해하고자 한다.

2.1 접근음

(1) 接近音(approximant)

ㄱ. 조음이 이루어지는 간격이 가깝기는 하지만, 마찰을 일으키지는 않을 정도로만 聲道(vocal tract)가 좁아진 상태에서 조음되는 음. [j, w, ɹ, l]. (Ladefoged 2006:15)

ㄴ. 유성일 때에는 구강 조음 통로에서 난기류가 없어 마찰적인 소음(hiss noise)이 없으며, 무성일 때에는 난기류가 있으며 마찰적인 소음도 있는 방식으로 협착(stricture)이 이루어지는 음. [ʋ, l, i, u]. 반모음(semivowel)인 [j, w]는 순간접근음(momentary approximant). (Catford 1988:63~68)

접근음은 (1ㄱ, ㄴ)과 같이 특정한 협착의 정도를 만족시키는 분절음이라 이해할 수 있다. Laver(1994:270)에 따르면 접근음(approximant)은 Ladefoged(1963)에서 고안한 용어인데, (1ㄱ)에서 보는 바와 같이 분절음 [j, w] 외에도 [ɹ, l] 등도 접근음이라는 용어가 사용된다. 한편 접근음은 (1ㄴ)과 같이 고모음인 [i, u]에도 사용되는 경우가 있으며, 나아가 원칙적으로 모든 모음이 접근음으로 기술될 수 있다고 보기도 한다

(Catford 1988:123). IPA에서는 [ʋ, ɹ, ɻ, j, ɰ, w, ɥ]을 접근음으로, [l, ɭ, ʎ, ʟ]을 설측접근음으로 분류하고 있다.

김종규(2010ㄱ:44)에서 지적하고 있는 것처럼 '폐쇄, 마찰, 접근'은 "협착의 정도에 따라 소리의 조음방식을 구분하는 개념"이므로, 접근음이라는 용어를 '접근'이라는 속성을 가진 분절음을 가리키는 데에 사용한다면 용어 사용의 혼란을 없앨 수 있다. 국어에서 '약(藥)[jak˺], 와락[waɾak˺]'에서 나타나는 [j, w]의 경우 협착의 정도 측면에서 접근음이라 부를 수 있으며, '달(月)[tal], 달력(月曆)[taʎʎək˺]'에서 나타나는 [l, ʎ] 역시 접근음의 범주에 포함된다.[2]

2.2 활음, 과도음, 전이음

(2) 滑音(glide), 過渡音, 轉移音

ㄱ. 과도음. 음성 기관이 일정한 위치를 취함이 없이, 그것이 움직이는 도중에서 나는 소리. [j, w, ɥ]. (허웅 1965:45)

ㄴ. 활음(glide). 인접한 음으로(또는 음으로부터) 이동해 가는 (또는 오는) 과정에서 미끄러지듯이 조음되는 일종의 과도적인 혹은 전이적인(transitional) 음. [j, w, ɰ, ɥ]. (Crystal 2003:202, 김종규 2010ㄱ:45)

(2ㄱ, ㄴ)에서 보듯이 활음은 움직이는 도중에서 미끄러지듯이 조음되는 음을 가리킨다. 이러한 정의를 충실하게 따르게 되면 구강에서 조음되는 음이 아닌 성문마찰음과 성문파열음인 [h, ʔ]도 과도적인 혹은 전

2) Crystal(2003), Catford(1988)과 같이 원칙적으로 고모음을 포함한 모든 모음이 접근음으로 기술할 수 있다는 점을 인정하더라도, 모음에 대해서도 '협착의 정도' 기준을 적용하는 것은 바람직하지 않다. '협착의 정도'는 자음을 기술하는 데에 더 유용한 기준이기 때문이다.

이적인 성질이 있어 "후두활음(laryngeal glide)"으로 볼 수 있기 때문에, Jakobson, Fant & Halle(1954:19)[3], Chomsky & Halle(1968) 등에서 [j, w, h, ʔ]를 활음으로 분류하기도 하였다(Fischer-J∅rgensen 1975).

조음의 전이성(articulatory transition)은 모음의 기술에서도 찾아볼 수 있다. Laver(1994:146)에서는 단모음(monophthong), 이중모음(diphthong), 삼중모음(triphthong)을 조음의 전이성 여하에 따라 구분한다. 즉 조음의 중간 단계(medial phase)[4]에서 들을 수 있는 질(quality)의 변화가 있어 목표점으로의 진행이라는 변화가 한 번 있으면 이중모음, 두 번 있게 되면 삼중모음, 그러한 변화, 즉 조음적 전이성이 없으면 단모음이라는 것이다. 예를 들어 영어 단어 'high[haɪ]'에서 이중모음 [aɪ]는 시작점인 [a]와 끝점인 [ɪ]로 표기되지만, 첫 번째 요소인 [a]에서 시작하여 [ɪ]를 향하여 전이되는(transitional) 과도적인(gliding) 음으로 인식된다(Catford 1988: 116). 이러한 조음적 전이성을 중요하게 여기게 되면 이중모음과 삼중모음을 "과도적인 모음(gliding vowel)"이라고도 부른다(Gimson 1980, Crystal 2003).

사실 음향 음성학의 관점에서 보면 모든 분절음 혹은 분절음의 연쇄는 음향적인 연속체이기 때문에 항상 활음성(혹은 전이성 혹은 과도성)을 띠게 마련이다. 따라서 (2ㄱ), (2ㄴ)과 같은 활음의 정의나 사용은 조음음성학 혹은 청음음성학의 관점에서만 성립할 수 있다. 이러한 한계를 받아들인다면, 우리는 활음(glide, 과도음 혹은 전이음)을 여타의 분절음

---

3) 'glide'를 누가 언제 처음 음성학 용어로 사용했는지는 정확하게 알 수 없지만, 적어도 영국의 음성학자 Henry Sweet가 1890년에 지은 ≪A Primer of Phonetics≫에 'glide'가 등장하는 것은 분명해 보인다. Jakobson, Fant & Halle(1954:19)에서 이를 밝히고 있는데, 그들이 참조한 Sweet의 그 책은 1906년에 간행된 3판이다.

4) Laver(1994:112)에서는 모든 분절음의 조음을 '시작단계(onset phase), 중간단계(medial phase), 끝단계(offset phase)'로 구분한다. 중간단계는 최대 수축이 이루어지는 시기이다. 시작단계는 중간단계 앞에 위치하며 발성기관이 중단단계로 접근하는 단계이다. 끝단계는 다음 분절음의 중간단계로 기관이 이동하는 단계이다.

보다 상대적으로 더 강한 과도적인 혹은 전이적인 속성을 가지는 음을 가리키는 데에 사용할 수 있다. 예를 들어 국어의 '이아[ia], 야[ja]', '우어[uə], 워[wə]'에서 전자인 '이아, 우어'의 모음 연쇄보다 후자인 '야, 워'에서 더 강한 활음성(과도성 혹은 전이성)을 볼 수 있는데, 이러한 활음성은 두 번째 분절음인 [a, ə]가 아니라 첫 번째 분절음인 [j, w]의 속성으로 분절할 수 있다. 따라서 분절음 [j, w]는 활음으로 부르게 된다.

2.3 반모음

(3) 半母音(semivowel)

ㄱ. 그 앞이나 뒤의, 그보다 간극이 큰 소리들에 딸려 있는 소리. [j, w, ɥ]. (허웅 1965:45)

ㄴ. 자음으로 기능하지만 자음의 음성적 특징(마찰이나 폐쇄)이 없고, 모음과 질이 음성적으로 같으나 음절의 주변부(margins of syllable)에서 나타나고 모음보다 지속(duration)이 짧은 음. 영어의 wet, yet에서 나타나는 [w, j]. (Crystal 2003:413)

ㄷ. 비성절적 모음(nonsyllabic vocoid)으로서 음절의 시작이나 끝으로 기능하며, 다른 자음과 같이 특정한 조음 위치가 있는 접근음과 제스처(gesture)가 비슷하다. [j, w, ɥ, ɰ]. (Ladefoged 2003:227~228)

ㄹ. 반모음이란 개념은 근원적으로 활음의 하위개념으로서 '활음화된 모음'을 가리킨다. 즉 전이성을 띠며 아주 짧게 발화된 모음으로서 '모음에 대응하는 활음'이라 할 수 있다. 상향이중모음에 나타나는 [j, w]에 국한. (김종규 2010ㄱ:47~48)

반모음에 대하여 (3ㄱ)은 음절의 구성단위로서의 부차적인 속성을 지적한 것이며, (3ㄴ, ㄷ)은 자음과 모음의 속성을 함께 가지고 있는 측면을 지적한 것이다. 이에 비하여 (3ㄹ)은 반모음에 대한 인식이 이질적인데, "근원적으로 활음의 하위개념으로서 활음화된 모음"을 가리킨다고 하였다.

그러나 반모음을 (3ㄹ)과 같이 이해하는 것은 받아들이기 어렵다. '활음화된 모음'이라는 표현은, 모든 반모음이 모음에서부터 모종의 변화를 겪어 만들어진 것이라는 오해를 불러일으킬 수 있기 때문이다. 반모음 중에는 음운 과정 혹은 음성 과정의 결과로 모음이 변화를 겪어 만들어지는 반모음도 존재하지만, 그러한 과정 없이 독립적으로 성립하는 반모음도 존재한다.5)

또한 (3ㄹ)에서 쓰인 '근원적으로'라는 표현도 문제가 된다. 정확히 어느 시점을 말하는 것인지 분명치 않기 때문이다. 반모음(semivowel)이라는 용어가 사용되기 시작한 것은 매우 오래전의 일이다. 고대 그리스에서는 자음을 'aphōna'(파열음에 해당)와 'hēmiphōna'(나머지 자음, 곧 유음, 비음, 마찰음)의 두 부류로 나누었고 이러한 자음의 구별이 라틴어에서는 'mutae와 semivocales'로 이어지는데, 'semivowel'이라는 용어는 바로 라틴어 'semivocale'에 뿌리를 두고 있다(Allen 1981:117~118). 따라서 중세 유럽에서 'semivocale'이라는 용어가 가리키는 대상은 오늘날과 전혀 달랐다.6)

---

5) (3ㄹ)에는 Catford(1994)의 관련 부분이 각주로 처리되어 있는데, 만약 (3ㄹ)이 그 진술을 바탕으로 한 것이라면, 이는 원문의 의미를 달리 이해한 것이다. Catford (1994)에서는 "極短(ultra short)의 접근음은 흔히 반모음이라 불리며, 이러한 극단의 접근음인 [j, w]는 모음 [i, u]와 조음이 동일하다."라는 사실을 지적한 것이다. 다시 말해 Catford는 전통적으로 쓰이고 있는 '반모음'이라는 용어를 빌려 자신의 '극단접근음'(혹은 순간접근음 momentary approximation)을 설명한 것이지, 반모음이라는 개념을 '모음이 활음화한' 것이라든지 '모음에서 활음화된' 것으로 이해한 것은 아니다.

6) 고대 인도의 힌두어 문법에서도 antaḥsthā('사이에 있는'이라는 뜻)이라는 이름으로 [j, r, l, ʋ]를 가리켰는데, 자음과 모음의 중간에 발화되는 특징 때문에 혹은 자음의 배열에 있어서 파열음(mute)과 마찰음(spirant)의 사이에 위치하는 환경 때문에 이런 이름을 가졌다고 한다(Whitney 1889:18~20). 심사 과정에서 인도, 중국, 아랍 등에서의 음성학에 대한 자생적이고 독립적인 용어의 검토 필요성이 제기되었으나 필자

근대의 유럽에서도 'semivocale'은 비음과 유음 등을 포함하는 용어로 사용되었다. 17세기 네덜란드의 언어학자 몬타누스(Montanus)는 [l, r, w, j]와 비음, 일부 모음을 'semivocale'로 처리하고, 17세기의 쿠퍼(Cooper)는 'semivocale'에 유성비음, 유성마찰음까지 포함시켰으며, 18세기 초의 암만(Amman)은 파열음과 마찰음을 포함하는 'consonantes'와 별개로 'semivocale'을 구별하였으나 'semivocale'에는 여전히 [m, n, ŋ, l, r]이 포함되었다(Kemp 1981:40~44). [j, w] 부류만을 가리키는 현대적 의미의 반모음(semivowel)이 언제부터 쓰이게 되었는지는 확실하게 알 수 없으나, 적어도 Bell(1867:17)에 이르러서는 여타의 자음과 모음, 그리고 '활음'(glide)이라고 부르게 되는 '순수반모음(true semivowel)'이 구별되었다(Catford 1981:21 재인용).

(4) (중략) 그러나 자음 요소를 일목요연하게 정리하는 데에 중요한 발견이 이루어졌다. 모음 단계(vowel scale)의 다양한 부분에 대한 자음의 관계가 밝혀졌다. 모음 효과와는 전혀 다른, 자음의 진정한 원인이 분명해졌으며, 모음과 자음의 중간적인 존재로서 새로운 부류가 인식되었다. 이러한 '활음' 혹은 진정한 반모음은, 자음과 모음을 조화로운 하나의 단계로 연결하면서 언어음의 틀을 완성하였다. (Bell 1867:17, 번역은 필자)

결국 반모음(semivowel)이라는 용어는 역사적으로 시기를 달리하면서 학자에 따라 다양한 외연을 가지면서 다양한 의미로 사용되었다. 반모음은 비음과 유음까지 포함하는 개념으로 상당 기간 동안 사용되었으며, 유럽에서도 19세기 중반에 이르러서야 비로소 [j, w] 등을 가리키는 용어로 자리를 잡게 되었다.

자음과 모음이라는 용어가 음성학적으로 엄밀하게 정의되기 힘들 듯

의 능력과 시간의 부족으로 보완하지 못하였다.

이, 반모음이라는 용어 역시 음성학적으로 엄밀하게 정의되지 않는다. 반모음은 19세기 이후부터 관습적으로 혹은 전통적으로 [j, w, ɰ] 등과 같은 부류의 분절음을 가리키는 방식으로 사용되어 왔으며, 이러한 용어의 모호성 때문에 '활음'(glide, Bell 1867), '비성절적 모음'(non-syllabic sonant, Bloomfield 1933:123), '순간접근음'(monentary approximant, Catford 1988), '비성절적 접근음'(non-syllabic approximant, Laver 1994). '비성절적 모음류'(nonsyllabic vocoid, Ladefoged 2003) 등의 다양한 용어가 제안되었다.

그러나 반모음이라는 용어는 현대에도 여전히 [j, w, ɰ] 등의 분절음을 가리키는 용어로 널리 쓰이고 있다. 현대의 음성학이나 음운론에서는 반모음이라는 용어를 쓰면서 비음이나 유음, 마찰음 등을 포함하는 용어로 사용하지 않는다. 따라서 현대의 반모음은 가리키는 대상의 혼동 없이, 자음 부류와 모음 부류의 중간적인 성격을 지닌 분절음을 이르는 용어로 사용된다고 할 수 있다. 자음과 모음이라는 용어가 엄격히 정의하기 힘들지만 음성학과 음운론에서 널리 사용되는 것과 다르지 않다.

다음의 논의로 넘어가기 이전에, 이상에서 논의한 '접근음, 활음, 반모음'의 용어 사용에 대한 입장을 밝혀 두는 것이 좋을 것이다. 우리는 [j, w, ɰ] 등과 같은 부류의 분절음을 가리키는 용어로 어떤 것을 사용하느냐의 문제는 전적으로 그 분절음을 바라보는 관점과 입장에 따라 달라질 수 있다고 본다. 조음 방식의 측면에서 협착의 정도를 문제 삼는다면 '접근음'이라는 용어를, 나아가 여타의 접근음과 구별하기 위해서는 '순간접근음'이라는 용어를 사용할 수 있다. 발음에 있어서의 전이성 혹은 과도성에 초점을 맞춘다면 '활음'이라는 용어도 사용할 수 있다.[7] 이

7) 물론 활음 혹은 전이음이라는 개념을 [j, w]에만 한정하여 사용해야 한다는 것은 아니다. 물리적인 연속체로서의 음성을 연속적인 현상으로 이해할 필요가 있는 부분에

중모음이나 음절과 관련된 이해를 위해서는 '반모음'이라는 용어를 사용할 수 있다.[8] 우리는 마지막에서 제시한 관점과 입장에 있기 때문에 '반모음'이라는 용어를 사용하는 것이다.

(5) 특히 이중모음이나 음절과 같은 음운론적 단위와 관련한 기술에 있어서 반모음이라는 용어만이 기술의 정확성을 확보해 준다고 주장하고 있다. 이와 같은 주장의 기저에는 반모음이 '반은, 또는 반만 모음의 역할을 수행한다'는 식의 비유적인(또는 다분히 자의적인) 음운론적 해석이 깔려 있을 가능성을 배제할 수 없다. (김종규 2010ㄱ:44)

(5)는 이상신(2002), 이혁화(2002)에서 보인 반모음이라는 용어의 사용에 대한 문제 제기이다. 그런데 앞에서 살펴보았듯이 전통적인 용어인 반모음은 역사적으로 다양한 음들을 포괄하는 것으로 사용되다가 현재에 이르렀다. 따라서 반모음이라는 용어가 '비유적이며 다분히 자의적인' 용어라는 지적은 정당하지만, 전통적인 음 분류의 부류인 자음과 모음 역시 '비유적이며 다분히 자의적인' 용어이다. 그러나 현대 음운론에서 여전히 자음과 모음은 용어로서의 사용 가치를 인정받고 있는 것으로 판단된다. 개념적으로 불투명하다 하더라도 인식적인 관점에서는 여전히 유효하기 때문이다. 자음과 모음이 가진 용어의 '비유성'에 기댄다면 반모음이라는 용어 역시 충분히 성립할 수 있다는 것이 우리의 판단이다. 음절의 측면에서 '자음+모음'은 중성을 형성하지 못하지만 '모음'이나 '반모음+모음'은 중성을 형성할 수 있다는 점에서 반모음은 모음과 유사하고, '자음'이나 '반모음' 홀로는 중성을 형성할 수 없으나 '모음'은 홀로 중

서는 '활음'이라는 용어를 사용할 수 있을 것이다.

8) Clark & Yallop(1995:44, 48)에서는 반모음을 '음절'과 관련된 용어로 사용하면서, 반모음과 활음 등을 접근음의 한 종류로 이해한 바 있다.

성을 이룰 수 있다는 점에서 반모음은 자음과 유사하다. 우리는 이러한 음절구조적 측면이 '반모음'이라는 용어에 '비유적으로' 반영될 수 있다는 점을 높게 평가한다.

3. 이중모음 대 복모음

이중모음이라는 용어는 김완진(1964), 허웅(1965), 이기문(1972) 등을 거치면서 '야, 여, 요, 유'(ja, jə, jo, ju) 등의 상향이중모음과 중세국어에서 나타나는 'ㅐ, ㅔ, ㅚ, ㅟ, ㅢ, ㆎ'(aj, əj, oj, uj, ɨj, ʌj) 등의 하향이중모음을 가리키는 용어로 사용되고 있다. 그런데 박창원(1988), 김종규(1989)에서 중세국어의 'ㅐ, ㅔ, ㅚ, ㅟ, ㅢ, ㆎ'를 ai, əi, oi, ui, ɨi, ʌi와 같은 두 모음의 연쇄로 이해하고, 정인호(2004)에서는 이중모음을 "동일 음절 내에서 존재하는 다른 두 모음의 연쇄"로 파악하고 ai, əi, oi, ui, ɨi, ʌi 등을 하강이중모음과 부동이중모음으로 구분할 것을 제안하면서 이중모음이라는 용어의 정의와 외연에 대한 재검토가 필요하게 되었다. 사실 이중모음이라는 용어의 부적절성은 이미 여러 차례 지적된 바가 있다.

(6) '이중모음'이라 하면 글자 그대로는 두 모음의 중복으로 이해되어 이 명칭을 쓰는 것은 정확한 것이 아니나, 편의상 지금까지 써오던 이 명칭을 그대로 쓰기로 한다. (이병근 · 최명옥 1997:45)

(7) 송철의: 제 기억이 정확한지는 모르겠습니다만, 이병근 선생님께서 사석에서 이런 말씀을 하신 적이 있어요. 현재 이중모음이라는 용어가 일반적으로 쓰이고 있는데 그 용어가 잘못 쓰이고 있

는 게 아닌가. 이중모음은 글자 글대로 모음이 두 개라는 의미인데, '이중' 모음이니까, 그런데 'ㅑ'를 예로 들어서 'y'와 'ㅏ'의 합이라 그러면서 'ㅑ'를 이중모음이라고 하는 것은 용어가 잘못된 것이 아닌가. 따라서 'y'와 단모음의 결합은 이중모음이 아니고 복모음 정도가 정확한 용어이고 이중모음이라는 것은 글자 그대로 모음 두 개가 나란히 연속된 것이어야 하지 않는가. 그런 취지의 말씀을 하셨거든요. (후략) (정승철 · 정인호 2010:504)

한편 김종규(2010ㄱ)에서는 '기어 → 겨:'의 변동을 기술하면서, 분명치는 않지만 '여'의 음소 표시를 /jə/가 아닌 /iə/인 것으로 해석할 수 있다는 여지를 열어 두었다.

(8) 모음 /i/가 전이적인 활음으로 실현된다는 것은 이와 같은 음절화에 뒤따르는 부수적인 음성적 변화일 뿐이고 모음 /i/가 가진 분절음으로서의 본질적인 성격에는 아무런 변화도 일어나지 않는다고 할 수 있다. 다만 모음 /i/가 활음으로서 아주 짧게 발화됨으로 해서 모라를 상실하게 된다는 것이 이 경우에 발생하는 유의미한 음운론적 변화라고 하겠다. 따라서 이중모음의 부음은 '비성절적 모음'으로 분석되어야 할 것이다. (김종규 2010ㄱ:58)

이는 '야, 여, 요, 유'를 두 모음의 연속인 /ia, iə, io, iu/인 것으로도 해석할 수 있는 여지를 남기고 있어[9] 이중모음 전반에 대한 개념과 사용에 대한 논의의 필요성을 더해 준다. 여기에서는 먼저 서구의 논의들을 중심으로 이중모음(diphthong)이라는 용어의 정의를 제시하면 다음과 같다.

9) 정인호(2004:123~124)에서도 이와 유사한 가능성을 열어 두고 있다. "우리가 상승 이중모음이라고 불러 왔던 'ㅑ, ㅕ, ㅛ, ㅠ, ㅖ, ㅒ ; ㅘ, ㅝ, ㅙ, ㅞ' 등은 이중모음인가, 아니면 음군(반모음(y, w)-단모음)인가 하는 점이 논란거리로 남을 수 있다. [중략] 이들을 /ia, iə, io, iu, ie, iɛ/와 같은 이중모음으로 보아도 무방하리라 본다."(밑줄은 필자) 한편 정인호(2007:6)에서는 '야, 여, 요, 유' 등을 반모음과 모음이 연결된 '준이중모음'으로 부를 것을 제안하였다.

(9) 이중모음(diphthong)

ㄱ. 동일한 음절 내에 존재하는 서로 다른 두 모음(vowel)의 연쇄. (Catford 1988:115)

ㄴ. 한 음절 내에서 모음 질의 (인식할 수 있는) 분명한 변화가 한 번 있는 모음. (Crystal 2003:139)[10]

ㄷ. 한 음절 내에서 한 모음에서 다른 모음으로의 이동. (Ladefoged 2003:39)

ㄹ. 중간단계(medial phase)가 모음 공간을 가로지르는 조음적인 궤도(trajectory)로 이루어진 모음(vocoid). 모음 질의 변화에 대한 청각적인 인상을 줌. (Laver 1994:284)

(9ㄱ~ㄹ)에서 볼 수 있듯이 이중모음(diphthong)은 대체로 한 음절 내에서 서로 다른 모음이 연속되어 있을 때 이를 가리키는 용어로 사용된다. 영어를 예로 들면 'flight[flaɪt], flout[flaʊt], pair[pɛə], pier[pɪə], poor[pʊə]' 등에서 보이는 한 음절 내에서의 모음 연쇄가 이중모음에 해당한다.

3.1 상향이중모음의 해석

이제 국어에서 나타나는 '야, 여, 요, 유' 등의 상향이중모음에[11] 대한 입장을 셋으로 나누어 살펴보기로 한다.

(10) ㄱ. /ja, jə, jo, ju/ 등으로 표시하고 이중모음으로 부를 수 없다는 견해.

---

10) 여기에서는 이중모음(diphthong)이 전이적 모음(gliding vowels)이라고도 불리는 것으로 기술되어 있는데, 여기에서 말하는 전이성은 '모음 질의 변화' 혹은 '다른 모음으로의 이동'으로 이해할 수 있을 듯하다.

11) 반모음 'w'가 있는 '와, 워, 왜, 웨' 등도 역시 '반모음-모음'의 연쇄라는 점에서는 '야, 여, 요 유' 등과 동일하므로 여기에서는 따로 다루지 않는다.

ㄴ. /ja, jə, jo, ju/ 등으로 표시하고 이중모음으로 부를 수 있다는 견해.

ㄷ. /ia, iə, io, iu/ 등으로 표시하고 이중모음으로 부를 수 있다는 견해.

이중모음을 "두 모음의 연쇄"라는 정의로 이해한다면 (10ㄱ)과 같이 /j/가 순수한 모음이 아니므로 "두 모음의 연쇄"에 해당하지 않아 이를 이중모음으로 부를 수 없다는 논의가 가능할 것이다. 그런데 이를 수용하여 /ja, jə, jo, ju/에 대하여 '이중모음'이라는 용어를 사용하지 않는다고 할 때에도, '반모음-모음'의 단순한 음군(音群)으로 이해하는지 아니면 '복모음', 합성모음 등과 같은 새로운 용어를 사용하는지에 따라 입장이 달라진다.[12] /ja, jə, jo, ju/ 등을 단순한 음군으로 처리하는 것은 이들이 음운 기술에서 하나의 단위로 기능하여 독자적인 지위를 가진다는 연구 성과를 반영하지 못한다는 점에 약점을 가진다. 다시 말해 /ja/라는 음군은 여타의 /ka, na, ta/ 등의 음군과 달리 음절 구성에서 중성으로 기능하며[13], /kja/의 음 연쇄는 [k-j-a]와 같은 평면적인 구조가 아니

12) 개화기를 비롯한 비교적 이른 시기의 국어 연구에서 나타난 '복모음, 합모음' 등의 용어에 대해서는 이진호(2010)를 참고할 수 있다. Bloomfield(1933:124)에서는 'yes'와 'well'의 [je, we]를 자음과 모음의 연쇄와 같은 두 음소로 처리하면서도, 'say, buy' 등에서 나타나는 [ej, aj] 등과 같은 이중모음들은 합성음소(compound phoneme)로 이해한 바 있다.

13) 영어를 대상으로 한 논의에서도 /ju/와 같은 연쇄의 특수성을 인정하는 경우가 있다. Kent & Read(2002:179)에서는 영어에 있어서 '자음(d)+모음', '반모음(j)+모음', '모음(i)+모음'의 1차 포먼트(F1)와 2차 포먼트(F2) 패턴을 도식화시켜 놓은 다음 자료를 제시하는데, 전이 지속(transition duration)은 '모음+모음'이 가장 길고 '자음+모음'이 가장 짧으며 '반모음+모음'이 중간임을 보여 준다. 국어의 경우 이러한 음향적인 특성은 신지영(2000:191)을 참조할 수 있다.

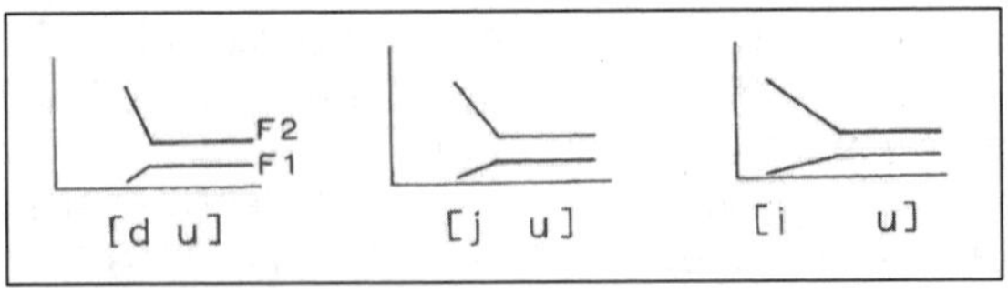

라 [k-[j-a]]와 같은 계층적인 구조로 분석된다. 따라서 /ja, jə, jo, ju/ 등을 '이중모음'이라는 용어로 부를 수 없다면, 이들의 음 연쇄가 가지는 단위로서의 성격을 반영하는 또 다른 용어의 필요성이 제기된다고 할 수 있다.

(10ㄴ)은 현재 국어 음운론 논의에서 일반적으로 사용되고 있는 입장이라 할 수 있지만, 이중모음을 "한 음절 내에서 나타나는 두 모음의 연쇄"라는 정의로 이해할 때에는 (6), (7)에서 지적한 바와 같이 용어의 사용이 정확하지 않다는 것이 약점이다. 그런데 이중모음(diphthong)의 첫 모음과 끝 모음이 별개의 모음으로 인식되는 것이 아니며 이중모음은 첫 요소에서 시작하여 끝 요소로 향해 가는 전이적인 음으로 인식된다는 점(Catford 1988:116)에 주목할 필요가 있다. 다시 말해 이중모음으로 표기되는 [aɪ, aʊ, ɛə, ɪə, ʊə] 등에서 시작점과 끝점에 대응되는 두 모음의 기호는 관습적일(customary) 뿐이며, 언어마다 화자들의 시작점과 끝점은 다를 수 있다(Laver 1994:284~285). 따라서 이중모음에서 중요한 것은 두 모음의 연쇄 자체가 아니라 발음 과정에서 일어나는 전이성이며, 이는 곧 인식의 관점에서는 모음 질의 변화이며 산출의 관점에서는 모음 공간에서의 조음적인 궤도에 해당된다. 이와 같이 이중모음에서의 음성 기호 사용을 단지 관습적인 것으로 이해하고 이중모음의 핵심을 "전이성"(모음 질의 변화 혹은 조음적인 궤도)으로 파악하는 관점에서는 (10ㄴ)이 성립할 여지가 있다.[14] 이들은 모음 공간에서 i와 비슷한 위치에서 a, ə, o, u로 조음적인 궤도를 그리면서 전이되는 특성이 있기 때문이다.

(10ㄷ)은 "두 모음의 연쇄"라는 이중모음의 정의에 따른 형식적 요건

---

14) 그렇지만 Laver(1994:269)에서는 /j, w/를 비성절적 접근음으로 분류하면서 yes[jɛs], wit[wɪt]에서 보이는 jɛ, wɪ를 이중모음으로 파악하지 않았다. 한편 Ladefoged(2003:91)에서는 'cue, beauty' 등에서 나타나는 [ju]를 이중모음으로 처리하였다.

을 그대로 갖추고 있지만, 그렇다고 해서 국어의 '야, 여, 요, 유'를 /ia, iə, io, iu/로 분석하는 것은 여러 가지 면에서 새로운 문제에 부딪치게 된다. 먼저 반모음 /j/의 음소 설정과 관련된 문제이다. 예를 들어 '귤'(橘)과 '굴'(石花)은 /kjul/과 /kul/과 같이 분석되어 반모음 /j/가 음소로 인정되는 최소대립쌍으로 파악되는 것이 일반적인데, (10ㄷ)에 따르면 '귤'은 /kiul/로 분석하게 되므로 반모음 /j/는 음소 목록에서 사라지게 된다. 한편 음절과 관련된 문제도 제기된다. '귤'을 /kiul/로 분석한다면 이는 2음절어인 '기울' /kiul/과 음소적으로 동일하므로 결국 '귤'과 '기울'이 동음어라는 납득하기 어려운 결론에 도달하게 된다. 또한 /i/ 모음의 자질 명세도 문제가 된다. 국어에서 성절적인 모음과 비성절적인 모음의 구분이 인정되어야 하기 때문이다. 뿐만 아니라 국어에서 둘 이상의 모음이 한 음절 내에서 위치할 수 있다고 한다면, 어떤 경우에 한 음절을 구성하고 어떤 경우에 다른 음절로 구분되는지 추가적인 논의가 있어야 하며 나아가 국어의 음절구조 자체에 대한 전면적인 재검토가 필요하게 된다.

우리는 '야, 여, 요, 유' 등과 같은 연쇄는 음소적으로 /ja, jə, jo, ju/로 분석한다는 입장이 음소 분석의 측면에서 타당하다고 판단한다. 김종규(2010ㄱ)에서는 '기어'와 '겨:'의 음성 실현에 대해 전자는 [kiə], 후자는 [kjə:]와 같이 분석하면서도 후자에 나타나는 'j'를 음운론적으로는 '비성절적 모음'으로 분석해야 함을 주장하였다.

우리는 '기어→겨:'와 같은 음운 과정에서 일어나는 변동이 모음 '이'(i)가 '비성절적'으로 바뀌는 변동이라는 데에는 동의하지만, 표면형 '겨:'의 음소 분석에 대해서는 입장이 다르다. 우리는 '기어'의 수의적 변이형 '겨:'는 음운론적으로 '겨냥'(照準)의 첫음절인 '겨'와 완전히 동일한 /kjə:/로 분석된다고 판단한다. '겨:'의 음운론적 분석에 대해 김종규(2010ㄱ)의 입장은 /kiə/로 분석하거나 '비성절적 모음'인 i̯(i에 비성절음임을 표시하는 구별기호 '̯'를 함께 사용함)를 음소 표시에 인정하여 /ki̯ə/로 분석하는 입장에 서 있는 듯하다. 하지만 '겨:'를 전자처럼 /kiə/로 분석하게 되면 '기어'와 '겨:'가 음소적으로 동일하다는 납득하기 힘든 결론에 이르게 되며, 후자처럼 /ki̯ə/로 분석하게 되면 모음 '이'와 구별되는 비성절적 모음 i̯를 음소 표시에 인정할 수밖에 없다. 우리는 '기어'의 모음 '이'가 비성절적인 요소로 바뀐 결과로 나타나는 분절음은 곧 독립적으로 인정되는 음소 j와 동일하다고 판단하기 때문에 '겨:'를 /kjə:/로 분석한다.

이상과 같이 '야, 여, 요, 유'를 음소적으로 /ja, jə, jo, ju/로 분석한다는 입장에 선다면 취할 수 있는 입장은 (10ㄱ)과 (10ㄴ)이 된다. (10ㄱ)은 서구의 여러 언어들에서 나타나는 'diphthong'이 국어의 '야, 여, 요, 유'와 다르기 때문에 '이중모음'이라는 용어를 사용하지 않아야 한다는 것이고, (10ㄴ)은 'diphthong'이 국어의 '야, 여, 요, 유'와 다름에도 불구하고 이 연쇄가 전이성을 띤다는 점에서 '이중모음'이라는 용어를 사용할 수 있다는 것이다.

본고는 '이중모음'이라는 용어 대신 다른 용어를 사용해야 한다는 (10ㄱ)의 입장에 좀 더 가까이 있다. (7)에서 제시된 견해를 좇아 복모음(complex vowel) 혹은 복합모음(complex vowel) 정도가 적절하다고 판단하지만,[15] 이에 대한 충분한 검토가 이루어지지 않은 상황에서 새로운 용어를 도입하는 것은 도리어 혼란을 일으킬 여지도 있다.[16] 따라서 서

---

15) 심사 과정에서 지적된 바와 같이 중모음과 복모음의 개념 구별이 선명하지 않은 것은 사실이다. 그러나 중모음이라는 용어가 모음과 모음이 겹쳐져 있는 상태의 단위를 가리킨다고 한다면, 복모음 혹은 복합모음이라는 용어는 그 구성성분 모두가 모음일 필요는 없는 단위를 가리키는 것으로 이해할 수 있을 듯하다. 이는 복합어라는 용어가 단어와 단어의 구성단위뿐만 아니라 접사와 단어의 구성단위까지 아울러 사용되는 측면과 일맥상통한다고 할 수 있다.

16) 김진우(2008)에서는 '반모음-모음'의 연쇄를 복모음 혹은 중모음이라 부르고 있다. 예를 들면 "활음이 후행하는 모음과 더불어 복모음(complex vowel)을 이룬다고 할

구의 여러 언어에서 보이는 'diphthong'과 국어의 /ja, jə, jo, ju/가 성격이 다르다는 점에서 국어의 '야, 여, 요, 유'와 같은 '반모음-모음'의 연쇄 단위를 복모음으로 부르는 방안과,[17] 국어의 특수성을 인정하면서 제한적으로 '이중모음'이라는 용어를 사용하는 방안 둘 다를 함께 따르는 것이 현실적으로 무난하다고 판단한다. 결국 국어에서 '야, 여, 요, 유' 등은 음소적으로 /ja, jə, jo, ju/로 분석되며, 이들은 모음 연쇄인 /ia, iə, io, iu/와는 구별되는 것으로서 우리는 '반모음-모음'의 연쇄를 잠정적으로 이중모음 혹은 복모음이라는 용어로 부른다.

3.2 하향이중모음

이제 논의의 대상을 '의'로 옮겨 보도록 하자. '의' 또한 국어에서 많은 관심이 집중되었는데, 최근에는 '의'를 음운론적으로 하향이중모음으로(①) 처리할 것인지 아니면 상향이중모음으로(②) 처리할 것인지 아니면 모음 둘의 연쇄로(③) 처리할 것인지에 대해 연구자에 따라 다양한 차이를 보여 주었다.[18] 이 문제에 대한 우리의 입장을 밝히고자 한다.

때, 자연스럽게 설명되는 음운 현상이 여럿 있다."(김진우 2008:9)라고 하였으며, "훈민정음은 중모음(complex vowel)의 제자 원리를 다음과 같이 못을 박아 적고 있다."(김진우 2008:28)라고 하여 'ㅛ, ㅑ, ㅠ, ㅕ'와 같은 '반모음-모음'의 연쇄를 복모음 혹은 중모음으로 파악하였다.

17) 신중진(2010:84~85)에 따르면 복모음이라는 용어는 이숭녕(1940)에서 제안된 것이다. "심악은 이 기술에서 'ㅑ,ㅛ,ㅠ,ㅕ'에 대해 '복모음'이라는 용어를 쓰고 있다. 이 '복모음'에 대해서 '임시로 술어를 지으면'이라고 내각주를 달고 있다. 이를 통해 '복모음'이라는 용어는 심악에 의해 처음 사용된 용어임을 알 수 있다." 이희승(1955:87~93)에서는 '야, 여, 요, 유' 등에 대해 복모음(이중모음이라고도 함.)이라는 용어를 사용하였다.

18) ①, ②의 입장에서는 상향과 하향이라는 관점만이 다를 뿐이고, 이를 이중모음이라는 용어로 부를 수 있다는 점은 동일하다. ③의 입장에서는 이 단위가 '한 음절 내에서의 모음 연쇄'에 해당하여, 이중모음이라는 용어를 사용할 것이다. 여기에서 이

(11) ① ② ③

	①	②	③
의사(醫師)	/ɨjsa/	/ɰisa/	/ɨisa/
의견(意見)	/ɨːjgjən/	/ɰiːgjən/	/ɨːigjən/ 혹은 /ɨiːgjən/

현대국어에서 관찰이 가능한 음성 '의'를 음운론적으로 해석하는 데에 있어서 ①, ②, ③과 같은 다양한 견해가 제시되어 의견의 일치를 보지 못하고 있는 실정은, 음성 '의'의 음운론적 처리가 현대국어에서 쉽지 않다는 점을 잘 보여준다.

①은 김완진(1964), 허웅(1965), 이기문(1972) 등에서 제안된 바와 같이 '의'를 하향이중모음 /ɨj/로 해석하는 입장으로서 현재에 이르기까지 폭넓게 수용되는 견해이다. 우리의 입장도 이 견해에 바탕을 두고 있다.

②는 허웅(1985)에서 이전의 입장을 수정하여 체계상 다른 상향이중모음과 균형을 맞추기 위하여 '의'를 상향이중모음으로 처리할 것을 제안한 것에서 비롯되었다. 이후로는 음성학적 관찰을 통하여 '의'의 두 요소 중에서 앞쪽이 짧다는 점을 근거로 하여 이호영(1996), 신지영(1999), 김무식(2001) 등에서 앞 요소를 반모음으로 그리고 뒤 요소를 모음 '이'로 처리하여 /ɰi/로 파악하는 견해이다. 그러나 현대국어에서 '의'가 고립적이고 매우 불안정하다는 점(허웅 1985:222)을 받아들인다 하더라도, 체계의 균형을 맞추기 위해 상향이중모음으로 처리하는 것은 체계의 부담이 될 수 있다. 새로운 음소인 반모음 /ɰ/가 추가되기 때문이다. 오히려 국어의 하위 방언에서 다양하게 존재하는 하향이중모음들을 고려한다면 체계의 균형 면에서 반대의 입장이 강화될 수도 있다.

또한 '의'의 두 구성요소 중에서 앞쪽이 더 짧게 발음된다는 음성학적 관찰도 더 면밀하게 해석할 필요가 있다. Lindau, Norlin & Svantesson

---

중모음 용어와 관련된 문제는 3.1의 연장선에 있으므로 따로 더 다루지 않고, 음운론적인 해석에 따른 용어 사용에 집중하기로 한다.

(1990)에서 아랍어, 중국어, 영어, 하우사(Hausa)어를 대상으로 /ai, au/[19]의 실현을 조사한 결과에 따르면, 전이 지속(transition duration) 비율과 음향 거리는 언어마다 다른 것으로 나타났다(Laver 1994:285~286 재인용). /ai, au/의 연쇄 전체 중에서 전이 지속의 비율이 아랍어와 하우사어에서는 20%, 중국어에서는 50%, 영어에서는 70%에 이르는 것으로 조사된 것이다. 이러한 사실은 이중모음의 성격을 음운론적으로 판단하는 데 있어서, 이중모음의 두 요소에 대한 상대적인 길이만을 고려하는 것은 문제가 있다는 점을 알려준다. 국어의 하향이중모음 전체에 대한 요소별 실현 비율의 측정과 해석은 앞으로의 과제가 될 것이다.

③은 김소영(2009)에서 종합적으로 검토된 바 있는데, 정인호(2004)에서 '부동이중모음(浮動二重母音)'이라 부른 '모음+모음'의 연쇄로 보는 견해이다. 이는 중세국어의 하향이중모음에 대하여 박창원(1988), 김종규(1989)에서 모음의 연쇄인 /Vi/로 파악해야 한다는 입장과 맞닿아 있다. 김종규(2010ㄱ)에서도 모음 연쇄인 /ɨi/를 인정하는데, 음성 실현에 있어서는 비성절임을 표시하는 구별기호 '̯'를 넣어 [ɨ̯iː]와 [ɨ̯i] 중 하나를 선택한다고 한다.

이 견해는 모음과 모음의 연쇄를 이중모음으로 파악하는 것인데, 이는 곧 한 음절 내에서 두 모음이 실현되는 것이다. 그런데 '한 음절 내에서' 두 모음의 연쇄가 가능하다면 음절의 구성 측면에서 문제가 발생한다. 일반적으로 국어에서 모음 둘의 연속으로 이루어진 '기울다, 으악, 시옷' 등에서는 모두 모음과 모음 사이에 음절이 나뉜다. 국어에서 모든 모음은 음절을 구성할 수 있는 성절음으로 기술되기 때문이다. 따라서 '모음+모음'의 연쇄가 한 음절 내에서 실현된다는 주장이 설득력을 갖기

19) 이 연구에서 /ai, au/로 표기한 것은 각 언어마다 음성 실현이 다르기 때문인데, 영어에서는 대체로 [aɪ, aʊ]로 실현되는 것이다. [aɪ, aʊ]는 Bloomfield(1933)에서 [aj, aw]로 적은 것인데 Rogers(2000)에서도 영어를 대상으로 한 음성 표기에서 일관적으로 [aj, aw]로 적기도 한다.

위해서는 '모음+모음' 연쇄 중 어떤 것은 한 음절 내에서 실현되고 어떤 것은 두 음절로 실현되는지에 대한 논의가 필요하다. 사실 영어 단어의 발음 'high[haɪ], hire[haɪɚ]'에서 두 모음 혹은 세 모음의 연속으로 기술하는 경우가 많은데, 이는 이 모음들이 한 음절에만 소속되기 때문에 가능한 입장이다. 국어의 '의'를 음소적으로 두 모음의 연속인 /ɨi/로 해석한다면 '그이' /kɨi/에서 나타나는 /ɨi/와 음소적으로 동일하다고 보아야 하는데, 이 둘은 음절의 측면에서 1음절과 2음절로 각각 다르게 파악된다.

우리는 '의'를 음소적으로 /ɨj/인 하향이중모음으로 분석하는 입장에 서 있다. '의'의 두 번째 구성요소로 파악하는 /j/는 앞에서 살펴본 상향이중모음 '야, 여, 요, 유'에서 보이는 반모음 /j/와 음성적으로 다른 측면이 많다. 청각적인 인상으로 보면 모음 'ㅣ'(i)와 유사한 면이 더 많으며, 공명음으로서의 성격도 상향이중모음의 /j/보다 더 강하게 느껴진다. 그럼에도 불구하고 우리는 '의'의 두 번째 구성요소를 음소적으로 /j/로 분석하는데, 이는 우리가 음절 문제를 중시하기 때문이다. '의'는 하나의 단위로서 독자적인 음절을 구성할 수 있는 중성으로 기능한다.

반면 '모음+모음'의 연쇄는 항상 별개의 중성을 형성하여, 2개의 음절로 인식된다. '아우'를 음소적으로 하향이중모음 /aw/로 분석하지 않고 /au/라는 '모음+모음'의 연쇄로 분석하는 이유도,[20] '모음+모음'의 연쇄가 국어에서는 2음절로 파악되기 때문이다. 우리는 모음 'ㅣ'(i)와 비슷한 성질을 가지면서도 음절구조적인 측면에서 모음 'ㅣ'(i)와 달리 행동하는 분절음을 음소적으로는 반모음 j로 해석하는 셈이다.[21]

20) 현대국어에서 '곱다, 고와'와 '춥다, 추워' 등의 기저 표시를 /kow-, chuw-/와 같이 파악하고 'w→p'의 규칙을 상정한다면 현대국어에서 하향이중모음 /ow, uw/ 등의 존재를 인정할 수 있다. 그러나 본고에서는 최명옥(1985)에서와 같이 ㅂ불규칙용언은 기저에서 어휘화된 교체형인 /Xp-/, /Xu-/를 가진다고 파악하기 때문에 /ow, uw/ 등의 하향이중모음은 기저 표시에서도 인정되지 않는다.

4. 음절구조와 중성

국어의 음절구조는 단선적 구조, 좌분지 구조, 우분지 구조 등으로 견해에 따라 달리 상정되어 왔는데(강창석 1984:205, 강창석 1990:115, 최명옥 2004:72~73, 김진우 2008:7~8), 여기에서는 국어의 음절구조를 배주채(1996:79), 이병근 · 최명옥(1997:52), 최명옥(2004:79) 등과 같이 초성과 중성, 종성의 세 구성 요소가 단선적으로 결합되어 있는 구조로 파악한다. 이를 그림으로 나타내면 다음과 같다.

(12)

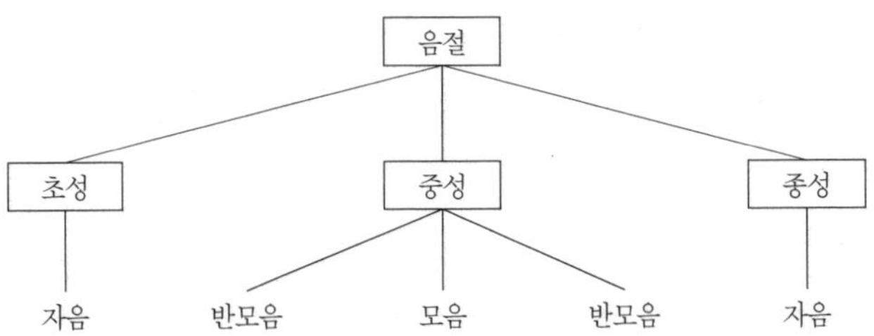

여기에서 관심의 초점은 음절의 구성성분 중 하나인 중성에 있다. 중성은 음절을 구성하는 데 있어 없어서는 안 되는 필수적인 성분으로서, 모음 하나로 이루어질 수도 있으며 거기에 반모음이 연결된 이중모음 혹은 복모음으로 이루어질 수 있다. 강창석(1984:205)에서는 '뺨'의 음절구

---

21) 송철의(1995:278~279)에서는 중세국어를 대상으로 성조 문제를 논의하면서 하향이중모음을 두 모음의 연속으로 볼 때의 문제점을 지적한 바 있다. 여기에서는 '성절성'이라는 근거가 중요하게 작용하고 있는데, 이를 인용하면 다음과 같다. "너무도 잘 알려져 있는 바와 같이 중세국어 문헌들에서는 '부텨+-이'의 경우 평성인 '텨'와 거성인 '이'를 '톄'로 축약시켜 표기하면서 그 성조를 상성으로 표시해 주고 있다. 이는 '톄'를 하나의 음절로 인색했다는 것을 주는 것이다. 하나의 음절에는 하나의 성절음이 있을 뿐이다. 그런데 '톄'에서 'ㅣ'가 성절음일 수는 없다."

조를 도식으로 제시하면서 반모음 'j'와 모음 'a'의 연결을 먼저 제시하였는데, 이를 통해 강창석(1984)에서는 반모음과 모음이 결합하여 중성을 형성하는 것으로 파악하였다고 이해할 수 있다.

이상신(2002:388~389)에서는 반모음이 중성의 일부분으로 보는 경우와 초성의 일부분으로 보는 경우로 나누어 검토한 뒤 각각의 입장을 지지하는 근거를 제시하였다. 전자의 근거로는 초성에 자음군이 올 수 없다는 점과 모음축약에 있어서 설명의 합리성을, 후자의 근거로는 모음충돌의 회피를 위해 들어가는 반모음의 자음성을 들었다. 이후 현대국어에서는 하향이중모음이 존재하지 않는다는 점을 들어 반모음을 중성의 일부로 보는 견해를 취하였다.

김진우(2008:7~8)에서는 Kim & Shibatani(1976), 김주필(1999), 조성문(2000), 신승용(2002) 등에 이르기까지 제안된 국어의 음절구조를 종합적으로 고찰하면서, "ㄱ. Flat structure, ㄴ. Glide as onset (Right-branching Rime), ㄷ. Glide as onset(Left-branching Core), ㄹ. Glide as nucleus"의 넷으로 크게 구분하였다.[22] 이어 반모음을 초성의 일부로 볼 때의 문제점을 지적한 뒤 국어의 관련 음운 현상을 고찰하면서 CGVC에서 "G는 초성에 속하지 않고 중성에 속하는 핵모음의 일부"로 파악한 바 있다. 결국 강창석(1984), 이상신(2002), 김진우(2008) 등은 현대국어에서 반모음이 후행하는 모음과 함께 중성을 이루는 것으로 파악한 것으로 볼 수 있는데, 본고의 입장 또한 이와 크게 다르지 않다.

(12)와 같은 음절구조에서 모든 모음은 성절성을 가져 중성으로 기능하며, 반모음과 모음이 결합한 이중모음 혹은 복모음 역시 모음의 성절성으로 인해 중성으로 기능하게 된다. 반면 '모음+모음'의 연쇄는 각각

22) (ㄱ)은 반모음이 초성과 중성 중 어디에서 속하지 않는다고 보는 견해이며, (ㄴ), (ㄷ)은 초성의 일부로 반모음을 이해하는 견해라 할 수 있다. (ㄹ)은 반모음이 중성에 속한다고 보는 것인데, 다만 여기에 제시된 음절구조는 종성과의 관련성에서 우리가 상정하는 음절구조와 차이가 있다.

의 모음이 성절성을 가지므로 하나의 중성을 형성하지 못하며 항상 별개의 중성을 이루게 된다. 따라서 국어의 경우 한 음절 내에서 모음들의 연쇄는 불가능하며 그 연쇄 사이에는 항상 음절 경계가 위치하게 된다.

한편 김종규(2010ㄴ:72)에서는 상향이중모음과 하향이중모음의 운율 구조를 달리 파악하고 있는데, 이를 제시하면 다음과 같다.

(13) 이중모음의 운율 구조

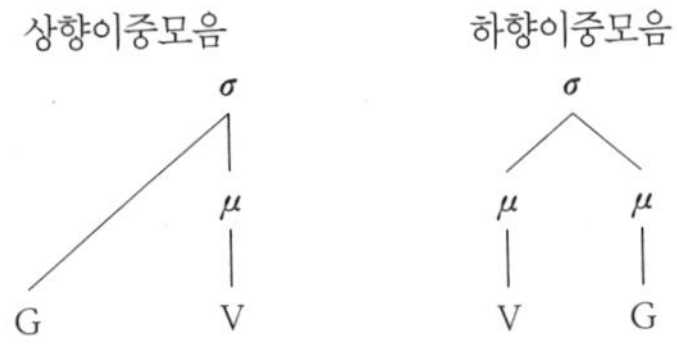

(13)에서는 상향이중모음과는 달리 하향이중모음의 경우 반모음이 모라를 가지는 것으로 파악한 것인데, 김종규(2010ㄴ:77)에서는 음장과 관련하여 'GV, GV:, VG'의 연쇄만 가능하고 'V:G'의 연쇄 곧 '장모음+활음'의 연쇄가 불가능하다고 지적하였다. 장모음은 두 모라이며, 하향이중모음의 반모음 역시 모라를 가지기 때문에 '장모음+활음'은 결국 세 모라를 가지게 되는데, 한 음절이 세 모라를 가질 수 없기 때문으로 파악하였다. 따라서 장단의 대립을 가진 '의사(醫師), 의:사(意思)'와 같은 대립쌍에서 전자는 [ɨj] 혹은 [ɯi]로 파악될 수 있지만, 후자는 [ɯi:]로만 파악되지 [ɨ:j]로는 볼 수 없다는 것이다.

그러나 국어의 하향이중모음 /ɨj/에서 반모음 j가 모라를 가진다는 것은 더 많은 실증적 논의가 필요한 것으로 보인다. 경음절과 중음절의 차이를 보이는 언어에서의 운율적 현상이 국어에서도 적용이 가능한지 따져보아야 하며, 하향이중모음에 종성까지 포함된 '읜, 읠, 읨, 읩' 등과 같은 음절의 경우(배주채 2010:81) 한 음절이 모라를 세 개 가질 수 없다는 전제까지 무너뜨리기 때문이다.

우리는 상향이중모음과 하향이중모음에서 반모음의 음성적 차이를 인정하지만, 음절구조의 측면에서 이들은 동일하게 처리되어야 한다고 판단한다. 상향이중모음에서의 반모음이 음장이나 성조와 같은 운율적 요소로 처리하지 않듯이 하향이중모음에서의 반모음 역시 음장이나 성조와 같은 운율적 요소가 걸리는 단위로 파악하지 않는다는 것이다. 이러한 입장의 타당성을 따지기 위해서는 현대국어의 여러 방언에 존재하는 하향이중모음과 음장이나 성조의 운율적 현상에 대한 자세한 검토가 수반되어야 하지만, 여기에서는 지면의 제약으로 단편적인 자료 몇몇을 살펴보는 데에 그치기로 한다.

(14) 송철의: (생략) '게:'가, 그 기어 다니는 '게'가, 충청도 방언에서 'kɨ:y' 이렇게 발음된단 말이죠. (정승철 · 정인호 2010:517)

(15)

오야~오ㅣ야		야야~야ㅣ야		호배야~호배ㅣ야		주요~주ㅣ요	
o$ja	oj$ja	ja$ja	jaj$ja	ho$bɛ$ja	ho$bɛj$ja	ʧu$jo	ʧuj$jo
RH	RH	RH	RH	H L L	H L L	RH	RH

(14)는 충청방언에서 음장이 수반될 때, '의'와 같은 하향이중모음에서 음장의 운율 요소는 반모음에 걸리는 것이 아니라 선행 모음에 걸림을 보여 준다. (15)는 형태소 경계를 사이에 두고 수의적으로 하향이중모음이 실현되는 경상방언의 예를 보인 것인데,[23] 하향이중모음을 구성

23) (15)에 나타나는 경상방언 '오야'는 중앙어의 감탄사 '오냐'에, 경상방언 '야야'는 중앙어 '얘'에 호격조사 '-야'가 결합한 '얘야'에 각각 대응한다. '호배야'는 인명인 '호배'에 호격 조사 '-야'가 결합한 형식이며, '주요'는 동사 어간 '주-'에 어미 '-어요'가 결합한 형식이다. 이들은 경상방언에서 새로이 등장한 하향이중모음으로서, 이에

하는 반모음 j가 성조를 담당하지 않음을 보여 준다. 따라서 우리는 하향이중모음의 반모음 j를 상향이중모음의 반모음 j와 마찬가지로 성절성이 없으며 운율적 요소를 수행하지 않는 단위로 이해한다. 결국 현대국어에서 '의'를 하향이중모음 /ɨj/로 파악한다면, 장음의 '의:'는 음운론적으로 /ɨ:j/로 해석할 수 있다.

5. 마무리

이상에서 우리는 반모음, 이중모음, 음절구조와 중성 등을 중심으로 용어의 쓰임과 의미를 검토하였다. 용어의 사용 자체가 현상을 파악하는 방식과 직접 결부되어 있음을 새삼 깨달으면서 논의한 사항을 정리하는 것으로 마무리를 짓고자 한다.

국어에서 j, w와 같은 음은 접근음, 활음(혹은 과도음 혹은 전이음), 반모음 등의 용어로 불리고 있다. 접근음은 조음적인 관점에서 특정한 협착의 정도를 이르는 용어이며, 활음(혹은 과도음 혹은 전이음)은 조음적인 관점에서 후행 음으로의 전이성에 주목한 용어이다. 이와 달리 반모음이라는 용어는 가리키는 대상이 달라질 정도로 역사적으로 다양한 의미로 사용되었는데, 근대 이후에 비로소 현대적인 의미로 사용하게 되었다. '접근음, 활음, 반모음'은 j, w의 어떤 속성을 주목하느냐 하는 입장과 태도에 따라 달리 선택될 수 있다. 우리는 j, w 등이 자음과 모음의 중간적인 존재이며, 이중모음 혹은 복모음을 이룰 수 있고 음절의 구성성분으로서 모음과 결합하여 중성을 형성한다는 점을 중시하여 반모

대한 자세한 논의는 후고를 기약한다.

음이라는 용어를 사용한다.

현대국어에서 '야, 여, 요, 유'와 같은 단위는 음소적으로 /ja, jə, jo, ju/로만 분석될 수 있는데, 이는 유럽의 다른 언어들에서 나타나는 'diphthong'과는 성격이 다르므로 복모음이라는 새로운 용어로 부르든가 아니면 'diphthong'과는 다른 의미로 '이중모음'이라는 용어를 사용해야 한다고 보았다. '야, 여, 요, 유'를 /ia, iə, io, iu/와 같은 모음 연쇄로 분석하고 이를 이중모음이라 부를 수 있다는 견해에 대해서는, 국어의 모음이 홀로 중성을 이룰 수 있다는 음절구조적인 특성을 근거로 부정적인 입장을 취하였다.

국어의 음절구조에 대해서는 '초성, 중성, 종성'의 단선적 구조를 가정하였다. 음절의 구성성분으로서 중성은 하나의 모음으로 이루어지기도 하고 '반모음-모음', '모음-반모음'인 복모음 혹은 이중모음으로 이루어진다고 보았다. 중성에서 반모음은 음장이나 성조와 같은 운율적 요소를 실현하는 단위가 되지 못한다고 파악하였다.

이제 마지막으로 '야, 여, 요, 유'와 '의' 등에 대한 기술을 정리하면 다음과 같다. '야, 여, 요, 유'와 '의'는 '반모음-모음', '모음-반모음'의 연쇄로서 국어 음운론에서 하나의 단위로 인정된다. 이러한 단위는 복모음이나 'diphthong'과는 다른 의미의 이중모음으로 부를 수 있다. 이들은 국어의 음절에서 중성을 이룰 수 있다.

(2012, 한글 296, 5-39)

참고 문헌

강창석(1984), 국어의 음절 구조와 음운 규칙, ≪국어학≫ 13.

강창석(1990), 음절, ≪국어 연구 어디까지 왔나≫, 서울대학교 대학원 국어연구회 편, 동아출판사.

김무식(2001), 음형대분석을 이용한 이중모음 'ㅢ'의 특징 연구, ≪어문학≫ 72.

김봉국(2010), 하향이중모음의 연구사, ≪이중모음≫, 태학사.

김소영(2009), 이중모음 /의/의 통시적 변화 연구, ≪국어연구≫ 213.

김완진(1964), 중세국어 이중모음의 음운론적 해석에 대하여, ≪학술원 논문집(인문사회편)≫ 4.

김종규(1989), 중세국어 모음의 연결 제약과 음운현상, 서울대학교 석사학위논문.

김종규(2010ㄱ), 이중모음의 음운론적 성격에 대하여, ≪어문연구≫ 38-4.

김종규(2010ㄴ), 이중모음의 운율 구조와 음장, ≪어문학≫ 110.

김주필(1999), 국어의 음절 내부 구조와 음운현상, ≪애산학보≫ 23.

김진우(2008), 국어 음절론, ≪한글≫ 282.

김　현(2010), 상향이중모음에 대한 논점들, ≪이중모음≫, 태학사.

박창원(1988), 15세기 국어의 이중모음, ≪경남어문논집 창간호≫.

배주채(1996), ≪국어 음운론 개설≫, 신구문화사.

배주채(2010), 현대국어 음절의 가짓수 연구, ≪어문연구≫ 38-4.

송철의(1995), 국어의 활음화와 관련된 몇 문제, ≪단국어문논집≫ 1.

신승용(2002), 한국어의 음절구조, ≪시학과 언어학≫ 4.

신중진(2010), '이중모음'의 용어사, ≪이중모음≫, 태학사.

신지영(1999), 이중모음 /ㅢ/의 통시적 연구, ≪민족문화연구≫ 32.

신지영(2000), ≪말소리의 이해≫, 한국문화사.

이기문(1972), ≪국어사 개설≫, 탑출판사.

이병근 · 최명옥(1997), ≪국어 음운론≫, 한국방송대학교 출판부.

이상신(2002), 반모음 y의 음절 구조적 지위와 음절화에 의한 방언분화, ≪관악어문연구≫ 27.

이숭녕(1940), ‘·’ 음고, ≪진단학보≫ 12.
이진호(2010), 국어 이중모음의 구성에 대한 연구사적 고찰, ≪이중모음≫, 태학사.
이혁화(2002), 국어 반모음 ‘ɰ’의 음성학과 음운론, ≪어학연구≫ 38-1.
이호영(1996), ≪국어 음성학≫, 태학사.
이희승(1955), ≪국어학 개설≫, 민중서관.
정승철 · 정인호 공편(2010), ≪이중모음≫, 태학사.
정인호(2004), 하강이중모음과 부동이중모음의 음변화, ≪어문연구≫ 32-2.
정인호(2007), 음운론 용어의 정확한 사용을 위한 제안, ≪인문과학연구≫ 30.
조성문(2000), 한국어 음절 구조에 대한 고찰, ≪한국어교육≫ 11.
최명옥(1985), 변칙동사의 음운현상에 대하여: p-, s-, t- 변칙동사를 중심으로, ≪국어학≫ 14.
최명옥(2004), ≪국어 음운론≫, 태학사.
허 웅(1965), ≪국어 음운학(개고신판)≫, 정음사.
허 웅(1985), ≪국어 음운학—우리말 소리의 오늘 · 어제—≫, 정음사.
Allen, W. S.(1981), The Greek contribution to the history of phonetics, *Towards a History of Phonetics*, Asher & Henderson eds.
Asher, R. E. and E. Henderson eds.(1981), *Towards a History of Phonetics*, Edinburgh University Press.
Bell, A. M.(1867), *Visible Speech: the science of universal alphabetics*, Simpkin Marshall & Co.
Bloomfield, L.(1933), *Language*, George Allen & Unwin.
Catford, J. C.(1981), Observations on the recent history of vowel classification, *Towards a history of phonetics*, Asher & Henderson eds.
Catford, J. C.(1988), *A Practical Introduction to Phonetics*, Clarendon Press.
Catford, J. C.(1994), Phonetics, articulatory, *The Encyclopedia of Language and Linguistics* 6, Pergamon Press.
Chomsky, N. and M. Halle(1968), *The Sound Pattern of English*, Haper

& Row.

Clark, J. and C. Yallop(1995), *An Introduction to Phonetics and Phonology(second edition)*, Blackwell Publishing.

Crystal, D.(2003), *A dictionary of linguistics & phonetics(fifth edition)*, Blackwell Publishing.

Fischer-JØrgensen, E.(1975), *Trends in phonological theory*, Akademisk Forlag.

Gimson, A. C.(1980), *An introduction to the pronunciation of English (third edition)*, Edward Arnold.

Jakobson, R., C. Fant and M. Halle(1954), *Preliminaries to speech analysis*, MIT Press.

Kemp, J. A.(1981), Early descriptions of nasality, *Towards a history of phonetics*, Asher & Henderson eds.

Kent, R. and C. Read(2002), *The acoustic analysis of speech(second edition)*, Singular Thomson Learning.

Kim, Kong-On and M. Shibatani(1976), Syllabification phenomena in Korean, *Language Research* 12-1.

Ladefoged, P.(2006), *A Course in Phonetics(fifth edition)*, Thomson Wadsworth.

Laver, J.(1994), *Principles of Phonetics*, Cambridge University Press.

Lindau, M., K. Norlin and J. Svantesson(1990), Some cross-linguistic differences in diphthongs, *Journal of the International Phonetic Association* 20.

Rogers, H.(2000), *The Sounds of Language: An Introduction to Phonetics*, Pearson Education Limited.

Whitney, W.(1889), *Sanskrit Grammar(second edition)*, Harvard University Press.

이 논문은 나에게

이 논문은 '반모음, 이중모음, 중성'의 용어에 대한 쓰임과 의미를 음성학적, 음운론적인 관점에서 논의하고 있다. j, w의 특성에 대하여 자음과 모음의 중간적 성격이며 모음과 결합하여 중성을 형성한다는 점을 중시하여 '반모음'으로 규정하였으며, 국어의 'ㅑ, ㅕ, ㅛ, ㅠ' 등은 인구어에 나타나는 'diphthong'과 다른 성격이므로 '복모음'의 사용을 제안하였다. 이런 점들은 기존의 논의들에서 일정 부분 언급된 바 있지만, 용어의 음성적, 음운론적인 특성을 세밀하게 분석하여 용어의 정확한 명명을 강조하였다는 점에서 의미 있다고 하겠다. 또 'ㅑ, ㅕ, ㅛ, ㅠ'나 'ㅢ'의 음운론적인 해석에 있어서 음절의 문제를 논의함으로써 이들을 모음 연쇄로 볼 것인가 아니면 하나의 단위로 볼 것인가에 대해 다시금 생각할 수 있게 하였다.

이 글을 읽는 내내 이혁화 선생님의 음성을 들을 수 있었고, 특유의 너털웃음을 볼 수 있었다. 본인의 석사학위논문을 준비하며 선생님의 석사학위논문을 너덜너덜할 정도로 읽고 또 읽었던 생각들, 돌아가시던 해 국가시험 출제위원으로 함께 생활하며 미안했던 마음들, 함께했던 시간이 많지는 않았지만, 이혁화 선생님이 남긴 글을 읽으며 계속 만날 수 있으리라 기대한다.

(김봉국)

7. 반모음 j에 의한 반모음 j 첨가의 변이: 경상방언을 중심으로

1. 서론

국어에서 반모음 j는 여러 가지 측면에서 특별한 주목을 받아 왔다. 반모음 j는 후행하는 모음과 결합하여 'ㅑ, ㅕ, ㅛ, ㅠ, ㅖ, ㅒ' 등의 상향이중모음을, 그리고 선행하는 모음 'ㅡ'와 결합하여 하향이중모음 'ㅢ'(ɨj)를 형성하는데, 상향이중모음과 하향이중모음은 모두 음절을 구성하는 하위 성분인 중성으로 기능한다.

또한 반모음 j는 주변의 다른 분절음에 영향을 미치기도 하는데, 대표적으로 움라우트 현상과 구개음화 현상을 예로 들 수 있다. 움라우트 현상에서 반모음 j는 모음 'ㅣ'(i)와 함께 선행 음절의 후설모음을 전설모음으로 바꾸는 기능을 수행하는 동화주로 기능한다. 예 : 학교(學校)〉핵교, 왕겨〉왱겨 등. 구개음화 현상에서도 반모음 j는 모음 'ㅣ'(i)와 함께 선행 자음의 조음 위치를 경구개 위치로 바꾸는 동화주로 기능한다. 예 : 됴다(好)〉좋다, 텬디(天地)〉천지 등.

그런데 현대국어 공시적으로 반모음 j가 주변의 분절음에 미치는 영향의 결과로 파악할 수 있는 변이 현상이 존재한다. 이 현상은 이혁화

(2007)에서 경북 서부방언의 종결어미 '-어여'를 고찰하면서 반모음 j에 의한 수의적 실현 현상을 단편적으로 지적하였는데, 이는 국어의 여러 방언 중에서 주로 경상방언에 나타나는 것으로 보인다.

(1) 나 집에. [kajə~kaijə] 나 밥 해여. [hɛjə~hɛijə]
너 어데 가여? [kajə~kaijə] 너 머 해여? [hɛjə~hɛijə]
빨리 좀 가여. [kajə~kaijə] 빨리 좀 해여. [hɛjə~hɛijə]
같이 좀 가여. [kajə~kaijə] 같이 좀 해여. [hɛjə~hɛijə]

(2) 모음 '이'가 실현된다고 하였지만 음성적으로는 반모음 j에 가깝다고 생각된다. (중략) 이를 [kaijo]와 같이 'i'로 적은 것은 현대 경상방언에서 하향이중모음의 존재 여부에 대한 문제 때문이다. 이 문제는 음절수와 관련해서도 깊이 논의되어야 할 것으로 보인다. (이혁화 2007:339, 각주 7)

하지만 이 현상은 존재한다는 것만 지적되었을 뿐, 이 현상의 원인과 의미에 대해서는 거의 논의되지 않았다. 다시 말해 어떤 환경에서 첨가가 일어나며 첨가되는 분절음이 무엇인지, 그리고 첨가되는 분절음으로 인한 연쇄가 음절 구성의 측면에서는 어떻게 해석되는지 등에 대해서는 구체적으로 논의되지 않았다. (2)에서 보는 바와 같이 (1)의 [kaijə~hɛijə]과 같이 반모음 j 앞에서 수의적으로 실현되는 분절음을 모음 'i'로 파악해야 할지 아니면 반모음 j로 파악해야 할지에 대해서도 명확한 입장을 밝히지 못한 실정이다.[1)]

이제 우리는 (1)과 같은 현상에 대해 자료를 보강하고, 반모음에 대

1) 이 문제는 하향이중모음을 Vj로 파악할 것인지, 아니면 Vi로 파악할 것인지 하는 문제와 관련된다. 최근 정승철 · 정인호(2010)에서는 이중모음과 반모음의 문제를 종합적으로 고찰하였으며, 김종규(2010)에서는 반모음과 이중모음에 대한 새로운 제안이 제시되기에 이르렀다.

한 이해를 바탕으로 이중모음과 음절 문제를 파헤쳐 보려고 한다. (2)와 같은 유보적인 태도를 지양하고 첨가되는 분절음이 모음 i인지 반모음 j인지 분명하게 밝히고 이중모음과 음절에 대한 분명한 입장을 제시하도록 하는데, 음절의 구성과 관련된 근거는 경상방언에 존재하는 聲調가 큰 역할을 할 것이다. 논의에 이용되는 자료는 구술 자료인 ≪한국구비문학대계≫의 경상도 편이나 방언 사전류를 활용하는데, 별도의 표시가 없는 자료는 필자가 재구성한 것이다.

2. 논의 자료의 정리

현대 경상방언에는 반모음 j에 의한 수의적 변이 현상이 많이 실현된다. 이 현상은 반모음 j가 포함된 구성에서 수의적으로 실현되는데, 개음절인 선행 음절에 음성적으로 모음 '이'(i)와 비슷한 분절음이 첨가되는 것이 특징적이다.[2] 먼저 (1)에서 제시한 자료를 다시 옮겨 보면 다음과 같다.

(3)	나 집에 가여.	[kajə~kaijə]	나 밥 해여.	[hɛjə~hɛijə]
	너 어데 가여?	[kajə~kaijə]	너 머 해여?	[hɛjə~hɛijə]
	빨리 좀 가여.	[kajə~kaijə]	빨리 좀 해여.	[hɛjə~hɛijə]
	같이 좀 가여.	[kajə~kaijə]	같이 좀 해여.	[hɛjə~hɛijə]

2) 이 현상은 일상 발화에서 높은 빈도로 실현되고 있음에도 불구하고 그간의 논의에서 음운론적 논의에서는 크게 주목을 받지 못하였다. 이 현상에 대한 인지나 관찰 자체가 어려운 것은 아니지만, 이 현상이 수의적인 성격을 띠고 있으며 이 현상의 원인과 결과를 공시적인 음운 체계 안에서 포괄하여 설명하기 어렵다는 점 때문에 이 현상에 대한 본격적인 논의가 없었던 것이 아닌가 한다.

(3)에서 보는 것과 같이 [a$jə, ɛ$jə] 등은($: 음절 경계) 수의적으로 [ai$jə, ɛi$jə] 등과 유사하게 실현된다. 이러한 현상은 선행 음절의 모음이 여타의 모음일 경우에도 동일하게 나타난다. 선행 음절의 모음을 기준으로 하여 음성형 '아여, 어여, 오여, 우여, 애여' 등이 실현되는 예를 모두 제시하면 다음과 같다.[3)]

(4)	아여	몰라여	[mollajə~mollaijə]
	어여	먹어여	[mə$gə$jə~mə$gəi$jə]
	오여	조여	[ʧo$jə~ʧoi$jə]
	우여	주여	[ʧu$jə~ʧui$jə]
	애여	빼여	[p'ɛ$jə~p'ɛi$jə]

(4)와 같이 실현되는 현상은 경북의 서부방언에서만 볼 수 있는 것이 아니다. 경상 지역에서는 하위 지역에 따라 '-아예, -아요' 등과 같이 반모음 j가 포함된 다양한 어미가 사용되는데,[4)] 이들과 결합한 형식에서도

3) 심사 과정에서 지적된 바와 같이 6모음 체계의 경상방언에서 선행 모음이 '이'인 경우도 존재한다. 그런데 선행 모음이 '이'일 경우에는 관찰 차원에서부터 실현 양상에 대한 파악 자체가 쉽지 않다. 보다 큰 차원에서의 통찰이 필요하다.

4) '먹어예, 선생님예, 집예' 등과 같이 종결어미 '-아예'나 호격조사 혹은 보조사 '-예' 등이 사용되는 지역은 대체로 경남 전역과 경북의 중남부 지역이 아닌가 한다. 이와 같은 '예' 형의 사용 지역을 명확히 단언키는 어렵지만, 김형규(1974:431)에서는 "할까 예? 찾을까 예?"가 실현되는 지역으로 경북의 의성, 군위, 선산, 금릉, 칠곡, 대구, 달성, 경산, 영천, 경주, 월성, 청도, 고령, 성주와 경남의 합천, 의령, 산청, 함안, 창원, 마산, 진주, 진양, 하동, 울산, 울주, 양산, 김해, 거제를 제시한 바 있다. 최학근(1978:1594) 역시 "머 할까예?, 밥 먹을까예?"의 사용 지역으로 경북의 영천, 경산, 김천(극소), 군위, 의성, 왜관, 경주, 대구, 성주, 고령과 경남의 진주, 하동, 사천, 울산, 양산, 김해, 창원, 마산, 진해, 산청, 함안, 의령, 합천, 거제를 제시하였다. 이로 미루어 보면 경북 북부지역을 제외한 경상 지역 전역에서 '예' 형이 사용된다고 할 수 있다. 한편 '먹어요, 선생님요, 집요' 등과 같이 '요' 형이 사용되는 지역 또한 최학근(1978:1594)에서는 "머 할까요?, 밥 먹을까요?" 항목에서 경북의 영천, 경산, 김천, 영주, 안동, 청송, 영양, 영덕, 울진, 포항, 경주, 군위, 의성, 왜관, 성주와 경남의 하동, 사천, 부산, 울산, 동래, 양산, 김해, 창원, 마산, 진해, 산청, 함안, 의령, 함양, 거창, 고성, 충무, 남해, 거제로 제시되어 있다. 이러한 사실로 미

이러한 변이 현상이 그대로 발견된다.

(5)	몰라예	[mollaje~mollaije]	몰라요	[mollajo~mollaijo]
	먹어예	[mə$gə$je~mə$gəi$je]	먹어요	[mə$gə$jo~mə$gəi$jo]
	조예	[ʧo$je~ʧoi$je]	조요	[ʧo$jo~ʧoi$jo]
	주예	[ʧu$je~ʧui$je]	주요	[ʧu$jo~ʧui$jo]
	빼예	[p'ɛ$je~p'ɛi$je]	빼요	[p'ɛ$jo~p'ɛi$jo]

이러한 현상은 체언에 호격조사 '-야' 그리고 보조사 '-요'가 결합되는 환경에서도 그대로 찾아볼 수 있다.

(6)	영아-야	[jəŋ$a$ja~jəŋaija][5)]	배차-요	[pɛ$ʧa$jo~pɛ$ʧai$jo]
	준서-야	[ʧun$sə$ja~ʧun$səi$ja]	상어-요	[saŋ$ə$jo~saŋ$əi$jo]
	영호-야	[jəŋhoja~jəŋhoija]	부고-요	[pugojo~pugoijo]
	상수-야	[saŋsuja~saŋsuija]	고무-요	[komujo~komuijo]
	순애-야	[su$nɛ$ja~su$nɛi$ja]	아배-요	[a$bɛ$jo~a$bɛi$jo]

또한 다음과 같이 형태소 내부나 일부 감탄사의 경우에도 이 현상은 실현된다.

(7)	아야	아야	[a$ja~ai$ja]
	오냐	오야	[o$ja~oi$ja]
	그냥	그양	[kɨ$jaŋ~kɨi$jaŋ]
	고얀	고얀 놈	[kojannom~koijannom]
	-라야	책이라야	[ʧʰɛgira$ja~ʧʰɛ$giraija]

루어 보면 '요' 형이 '예' 형보다 분포가 좀 더 넓다고 할 수 있다.

5) 여기에 제시된 예들은 모두 '아, 어, 오, 우, 애'로 끝나는 체언들이다. 호격조사 '-요'가 결합한 '영아, 준서, 영호, 상수, 순애'는 모두 인명이며, 보조사 '-요'가 결합한 명사 '배차, 상어, 부고, 고무, 아배'는 각각 '배추(白菜), 상어(鮫), 부고(訃告), 고모(姑母), 아버지(父)'에 대응하는 경상방언형이다.

그간의 방언 자료집이나 구술 발화 자료에는 이러한 수의적인 현상이 잘 반영되어 있지 않다. 그러나 한국정신문화연구원 편(1980)의 구술 발화 자료에는 다음과 같은 표기를 통해 이러한 현상을 찾아볼 수 있다.

(8) ㄱ. "오이야. 그라마 동새이 댕기 오너라."(오냐, 그러면 동생이 다녀오너라.) [경북 월성, 구비 7-2:695]
ㄴ. "[말리듯이]아이, 치아라 야이야. 너 힘에 그래 빚진다."(아니, 치워라. 얘야. 너 힘에 부친다.) [경북 예천, 구비 7-17:330]
ㄷ. "호배야 호배야 호배이야, 엇프러 밥해라."(호배[人名]야, 호배야, 호배야, 빨리 밥해라.) [경북 월성, 7-2:419]
ㄹ. "그릇 같은 것도 필요 없고, 바가치 한 바가치 주이요."(그릇 같은 것도 필요 없고, 바가지 한 바가지 줘요.) [경남 의령, 8-10:142]
ㅁ. "아하, 그럼 자네 성이 뭐이요?"(아하, 그럼 자네 성이 뭐요?) [경북 달성, 구비 7-14:121]

(8)의 예들은 모두 어말의 '야, 요' 앞에서 수의적으로 실현되는 모음 '이'를 표기에 반영한 것이다. (8ㄱ)은 중앙어 '오냐'에 대응되는 형태로서, 흔히 '오야'로도 표기된다.[6] (8ㄴ)은 중앙어 '얘'에 대응되는 '야(〈이아〈이 아이)'에 호격조사 '-야'가 결합된 것이며,[7] (8ㄷ)은 인명인 '호배'에 호격조사 '-야'가 결합된 것이다. 특히 (8ㄷ)에서는 '호배야'와 '호배이야'가 함께 표기에 등장하여 수의적인 현상의 특징을 잘 보여준다. (8ㄹ)은 '주-'(授)에 하소체의 평서형어미 '-(으)요'가 결합한 형식인데, 흔히 '주요'로 표기된다. (8ㅁ)에서 '뭐이요'의 '-이-'는 서술격조사가 아니라는

---

6) 부산말 사전인 양희주(2008:205)에는 "오이야"가 표제어로 제시되어 있다. "취직이 됐단 말가? <u>오이야</u>, 고맙다, 내 손지야." 또한 이의 변이형인 것으로 판단되는 "우이야" 역시 표제어로 올라 있다. "할무이 오싰입니까. … <u>우이야</u>, 내 새끼야. 너거들 보고 접어서 안 왔나."

7) 양희주(2008:190)에는 "야이야"가 표제어로 제시되어 있다. "<u>야이야</u>, 나 땜에 그런다믄 그만두어라."

점에서 주의가 필요하다. 이 문맥에서 화자가 상대방에게 사용하는 상대 경어법은 '하소'체로서, 의문형 종결어미는 '-소/요'이다. 이때 선행 체언의 음운론적 환경에 따라 서술격조사의 실현이 달라지는데, '책이요?/코요?'와 같이 체언 말이 개음절일 경우에 서술격조사는 실현되지 않는다. 이런 점에서 '뭐이요?'의 '-이-'는 서술격조사가 아니다. 체언 '뭐' 다음에는 '-이요'가 아니라 '-요'가 바로 통합되어 '뭐요'로 실현되는데, 실제 방언 자료를 통해서 '뭐요'가 매우 흔하게 실현됨을 확인할 수 있다. 따라서 '뭐이요'와 '뭐요'는 수의적으로 공존하는 형식으로서, '뭐이요'는 어말의 '요' 앞에서 수의적으로 실현되는 '이'를 표기에 반영한 것이다.

이상의 자료를 통해 이 현상을 정리해 보면 다음과 같다. 첫째, 이 현상은 반모음이 포함된 '야, 여, 요, 유, 예' 등을 통해서 촉발되며, 그 결과는 모음 '이'(i)와 유사한 분절음이 선행 음절에 첨가된다. 둘째, 이 현상은 형태소 경계에서 대량으로 발견되며 형태소 내부의 일부 예에서도 수의적으로 실현된다.[8] 셋째, 이 현상은 문법 범주나 형태소 경계의 유무 등에 상관없이 실현되므로 비음운론적 정보가 필요하지 않은 순수한 음성 혹은 음운 현상이다. 따라서 이 현상은 잠정적으로 다음과 같은 형식으로 정리할 수 있다.

(9) $\varnothing \rightarrow i$ / V_j (수의적, V는 모음)

---

8) 이혁화(2007:340)에서 이 현상은 "문장이 끝나는 위치에서 시간적인 단위가 상대적으로 길게 실현되는 특성을 가진 문말 억양이 종결어미에 수반되어 실현됨으로써" 가능하다고 파악한 바 있다. 이는 곧 특정 위치에서 변이 현상이 더 잘 일어난다는 사실을 지적한 것인데, 여기에서는 억양과 관련된 논의는 더 이상 하지 않는다.

3. 음운론적 해석과 설명

이 현상은 (9)와 같은 형식화를 할 수 있지만, 그렇다고 해서 이 현상을 완전히 이해하였다고 할 수는 없다. 이 현상을 공시적으로 적절하게 이해하기 위해서는 첨가가 일어나는 원인이 무엇이며, 첨가되는 분절음이 음소적으로도 모음 '이'(i)인지에 대한 논의가 필요하다.

3.1 첨가의 원인

(9)를 통해서 알 수 있는 바와 같이 분절음이 첨가되는 환경은 모음과 반모음 j 사이이다. 그러나 'V_j'라는 환경에서 어떤 분절음이 첨가된다고 서술하는 것은, 단순히 기술적인 차원에서만 의미를 가질 뿐이다. 우리는 좀 더 본질적인 차원에서 이러한 현상의 원인이 무엇인지 탐색하도록 한다.

여기에서는 먼저 설명적 차원의 문제 해결을 위해 첨가 현상을 보이는 몇몇 예들을 통해 이러한 첨가의 원인이 무엇인지 살펴보고자 한다.

(10) ㄱ. 기(匍)-어 기어~겨:~기여, 사이-에 사이에~사이예
ㄴ. 주(授)-어 주어~줘:~주워, 보(視)-아 보아~봐:~보와[9)]

(10)은 국어에서 일어나는 j, w반모음화와 함께 수의적으로 실현되는 j, w첨가를 보여주는 예이다. 여기에서 j, w와 같은 반모음이 첨가되는 현상이 일어나는 이유는 무엇인가? 반모음화 현상은 모음충돌을 회피하

9) 현실 발음에서는 음절 축약 이후에 w가 탈락한 형태인 '저:, 바:' 등이 사용되고 있는데, 축약 이전의 w가 있는 '주워, 보와' 역시 김성규 · 정승철(2005:267), 이진호(2005:144) 등에서 현실 발음으로 제시하고 있다.

기 위한 목적으로 일어나는 것으로 보기도 하고(유재원 1985), 반모음 첨가 역시 모음충돌을 피하기 위하여 음절구조의 연속성을 추구하기 위한 것으로 해석하기도 하였다(강창석 1984:270). 그러나 음 연쇄에 있어서 모음충돌의 상황을 피하려는 경향이 있다는 점을 인정한다 하더라도, 이 이유만으로 (10ㄱ, ㄴ)에서 각각 반모음 j와 w가 첨가되는 현상을 만족하게 설명하기는 어렵다.[10] (10ㄱ)에서는 왜 모음충돌 상황을 피하기 위하여 반모음 w나 기타 자음이 아닌 반모음 j의 첨가만 일어나는지, (10ㄴ)에서는 왜 반모음 w의 첨가만이 일어나는지 알 수 없기 때문이다.

(10ㄱ, ㄴ)에서 일어나는 반모음 j와 w의 삽입 현상은, 모음 연쇄인 '이어, 이에, 우어, 오아'에서 선행 모음의 발음이 후행 모음의 발음에 어떤 영향을 준 것으로 이해할 수 있다. 계기적인 연속체로서의 음 연쇄가 발음될 때, 양 극단이 아닌 중간 지역에서는 두 음의 물리적인 속성이 혼재된 상태로 존재한다. 연속체로서의 음 연쇄를 우리는 불연속적인 단위로 분절하게 되는데, 양 극단만을 중시하여 인식하게 되면 두 개의 분절적인 단위로 끊어낼 것이며 중간 지역에서의 혼재된 상태를 별개로 분절 요소로 인식하게 되면 세 개의 분절적인 단위로 끊어내게 된다. 즉 iə, ie, uə, oa는 두 개의 분절음으로, ijə, ije, uwə, owa는 세 개의 분절음으로 인식한 것이다. 이러한 입장에 설 때 우리는 (10ㄱ)과 (10ㄴ)에서 각각 반모음 j와 w가 수의적으로 첨가되는 현상을 합리적으로 이해할 수 있다. (10ㄱ)에서는 선행 분절음이 '이'(i)이므로 iə, ie의 중간에서 발음되는 상태의 음을 별개의 분절음으로 (수의적으로) 인식

10) 용언 어간말 모음 '오/우' 다음에 w가 첨가되는 현상(10ㄴ)에 대한 역사적 변화 과정은 김현(1999)을 참조할 수 있다. 한편 (10ㄱ)과 같이 체언에 처격조사가 통합되는 경우 말모음 '이'가 아닌 경우에도 반모음 j가 수의적으로 첨가되기도 하는데(예 : 치마+에 → 치마예, 학교+에 → 학교예, 안개+에 → 안개예), 이는 김현(1999)에서 지적한 것처럼 음성적인 동기에 따라 일어나는 현상은 아닌 듯하다.

한다면 그것은 반모음 j가 된다. 마찬가지로 (10ㄴ)에서 그것은 반모음 w가 된다.

(11) ㄱ. 먹(食)-고 먹꼬~머꼬 밥(飯)-보다 밥뽀다~바뽀다
ㄴ. 아까 아까~악까 아빠 아빠~압빠

(11)은 이른바 중복자음 감축과 중복자음화의 예인데(배주채 1989:95~100), 긴장 장애음인 'ㅃ, ㄸ, ㅆ, ㅉ, ㄲ ; ㅍ, ㅌ, ㅊ, ㅋ' 앞에서 평폐쇄음인 'ㅂ, ㄷ, ㄱ'이 수의적으로 탈락하거나(11ㄱ) 첨가된다(11ㄴ). 이러한 탈락이나 첨가가 수의적으로 발생하는 이유에 대해 배주채(1989)에서는 "음운론적으로 똑같은 가치를 가져야 할 /악끼/와 /아끼/가 연속적인 음연쇄를 분절적인 단위로 쪼갤 수밖에 없는 현대음운론의 기본입장 때문에 서로 다른 음소연쇄인 것처럼 취급될 수밖에 없는 것이다."라고 한 바 있다. 본고의 해석도 이와 크게 다르지 않다. 계기적인 연속체로서의 '모음-평폐쇄음-긴장 장애음' 연쇄는 세 분절음으로 인식되는데, 평폐쇄음과 긴장 장애음의 조음 위치가 동일한 경우에는 그 중간에서 발음되는 평폐쇄음의 속성을 긴장 장애음의 특정 속성으로 간주하여 음 연쇄를 양 극단으로만 해석하면 '모음-긴장 장애음'의 두 분절음으로 인식된다. 또한 '모음-긴장 장애음'의 연쇄는 양 극단의 중간에서 발음되는 음성 실현을 별개의 단위로 간주하여 긴장 장애음의 조음 위치와 동일한(혹은 가장 유사한) 평폐쇄음으로 해석하면 '모음-평폐쇄음-긴장 장애음'의 세 분절음으로 인식된다.

따라서 (10, 11)에서 보이는 첨가 현상의 비실현형과 실현형은, 각각 '모음-모음', '모음-긴장 장애음'의 음 연쇄를 양 극단만 인지하여 두 단위로 분절할 것인지 아니면 그 중간에서 발음되는 음성을 별개의 분절음 단위로 인지하여 세 단위로 분절할 것인지에 따라 결정된다.[11] 즉 이러

한 첨가 현상은 동일한 음 연쇄에 대한 분절 단위의 인식 차이가[12] 결정적인 역할을 하는 것이다. '이어~이여, 아끼~악끼'에서 문제가 되는 음 연쇄인 iə, ak를 두 분절음으로 쪼개는지(12ㄱ), 아니면 세 분절음으로 쪼개는지(12ㄴ)에 따라 그림으로 나타내면 다음과 같다.

(12) ㄱ. ㄴ.

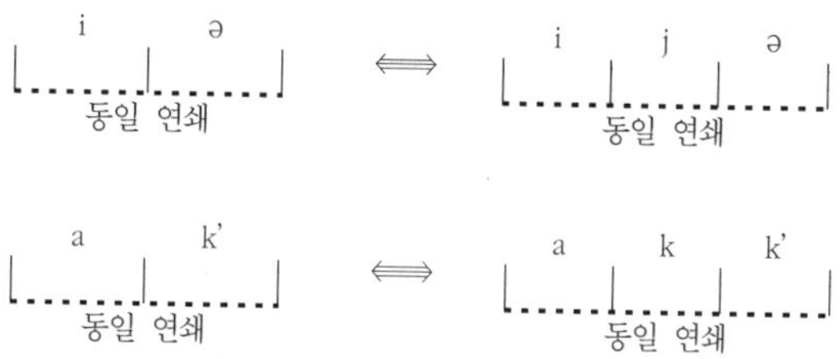

본고는 '오야~오이야, 호배야~호배이야' 등의 예에서 이루어지는 '이'(i)와 비슷한 분절음의 첨가가 일어나는 이유가 바로 여기에 있다고 파악한다. 실체적으로는 연속체인 음성형을 인지적인 단위인 분절음으로 해석해 낼 때에, 중간적인 상태에 있는 발음을 인식하여 분절음으로 받아들이면 그것이 곧 '이'(i)와 비슷한 분절음으로 간주된다. 분절음 연쇄의 차원에서 기술하자면 그것은 곧 첨가가 일어나는 것이다.[13]

---

11) (10)은 반모음의 첨가, (11)은 자음의 첨가가 일어난다는 점에서 성격이 다르다고 할 수 있다. 심사 과정에서 지적된 바와 같이 모음의 첨가가 일어난다면 새로운 음절이 형성된다는 점에서 (10), (11)과는 다른 양상이 전개될 것이다.

12) 분절 단위에 대한 인식을 엄밀하게 증명하는 일은 쉽지 않다. 화자의 인식을 내재적으로 관찰해 내는 것이 거의 불가능하기 때문이다. 그러나 화자의 인식이 반영된 것으로 해석할 수 있는 (9)와 같은 표기의 양상을 통해 화자의 인식을 간접적으로 확인할 수 있을 것이다.

13) 흔히 반모음 j의 첨가는 국어사적으로 '가마〉가매, 방아〉방애, 놀라〉놀래-, 만나〉만내-' 등과 같은 예에서 일어나는 통시적인 현상에 집중하여 논의가 이루어졌다. (최전승 1986, 백두현 1992, 강희숙 2010) 이들 예에서 보이는 j첨가는 그 환경을 엄격하게 정의하기 힘든 데 비하여, 현대 경상방언에서 나타나는 변이 현상으로서의 j첨가는 반모음 j에 의해 유발된다는 차이점이 있다.

(13) ㄱ.

ㄴ.

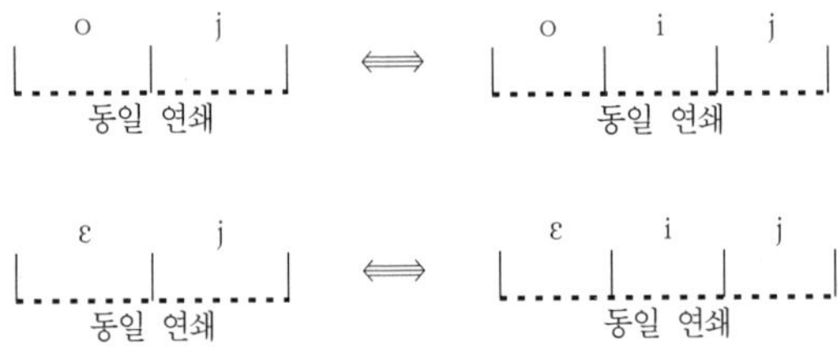

3.2 첨가되는 분절음

이상에서 우리는 첨가되는 분절음을 "'이'(i)와 비슷한 분절음"이라는 애매한 표현을 사용하였다. 이는 이 분절음에 대한 음소 분석 절차가 완료되지 않았기 때문이었다. 이제 이 분절음이 어떤 음소로 분석될 수 있는지에 대한 문제를 다루기로 한다.

(14) 오야~오이야, 야야~야이야, 호배야~호배이야, 주요~주이요

(14)는 앞의 (8)에서 표기한 형식을 다시 보인 것인데, 이러한 표기가 수의적으로 가능한 것을 통해서도 첨가되는 분절음이 모음 '이'(i)와 유사함을 알 수 있다. 그러나 이 분절음을 음소적으로 모음 '이', 즉 /i/인 것으로 판정하는 데에는 몇 가지 문제가 발생한다.

첫째는 음절수와 관련된 문제이다. 첨가되는 분절음을 음운론적으로 모음 '이'라 판정하게 되면 음절수에 있어서 (10)에 표기된 '오이야, 야이야, (호)배이야, 주이요' 등은 3음절로 해석된다. 현대국어에서 모음과 모음 사이에는 음절 경계가 놓이게 되므로 oija, jaija, pɛija, ʧuijo 등은 모두 o$i$ja, ja$i$ja, pɛ$i$ja, ʧu$i$jo 등과 같이 3음절인 것으로 해석된다.[14] 반면 첨가가 이루어지지 않은 형식은 '오야, 야야, (호)배야, 주요'

등은 여전히 2음절로 분석된다.

그러나 분절음의 첨가로 말미암아 음절수가 달라진다는 것은 화자들의 인식과 부합하지 않는다. 이 현상은 수의적인 현상으로서 (13)에서와 같이 동일 음 연쇄를 몇 개의 분절음 단위로 끊어내느냐에 따라 실현형과 비실현형이 갈리게 된다. 하지만 분절음 차원에서의 인식과 음절 차원에서의 인식은 다를 수 있다. (10)에서의 '기어~기여', (11)에서의 '아빠~압빠' 역시 두 분절음 연쇄를 세 분절음 연쇄로 인지하여 기술적인 차원에서는 각각 반모음 j, 자음 'ㅂ'이 첨가되는 것으로 기술하는데, 동일한 연쇄에 있어서 운율적인 단위라 할 수 있는 음절수에 대한 인식에 있어서는 차이를 보이지 않는다. 경상방언의 화자들은 (14)의 변동에서 음절수의 확대가 이루어진 것으로 파악하지는 않는다. 다시 말해, 분절음의 첨가 이전과 이후는 운율적 단위로서의 음절 차원에서는 변동이 없는 것으로 파악한다. 이러한 인식은 분절음의 첨가 이전의 실현형과 첨가 이후의 실현형은 성조의 측면에서도 변동이 없다는 사실에서 드러난다.

(15) ㄱ. /kuj/(耳), /uj/(上)
ㄴ. /pauj/(岩), /sauj/(壻)
ㄷ. /sːamaguj/(痣), /s'ɨmbaguj/(苦菜), /k'amaguj/(烏)

(15)의 예는 충남방언에서 하향이중모음이 실현되는 예인데(곽충구 1982), 이들 이중모음의 두 번째 요소는 음성적으로 모음 '이'와 유사한 성격을 가진다. 그럼에도 불구하고 이들은 음운론적으로 반모음 j로 분

14) 국어의 음절구조는 학자에 따라 달리 상정되어 논의되어 왔다. 김진우(2008)에서는 그동안 제안된 음절구조에 대해서는 종합적으로 정리한 바 있는데, 모음과 모음 사이에는 대체로 음절 경계가 위치한다고 보는 견해가 우세하다. 여기에서는 배주채(1996), 이병근 · 최명옥(1997), 최명옥(2004)와 같이 초성과 중성, 종성이 단선적으로 결합되어 있는 음절구조를 상정한다.

석되는데, 이러한 분석 태도는 음절에 대한 인식과 관련된다. 즉 음운론적으로 (15ㄱ)은 1음절, (15ㄴ)은 2음절, (15ㄷ)은 3음절에 해당하므로 이들은 음운론적으로 반모음 j가 포함된 /uj/로 분석되는 것이다. 유사한 음성적 실체를 보이면서도 모음 '이'(i)와 반모음 j로 각각 달리 이해되는 oi(瓜)와 oj(ojgaʧ'ip, 外家宅) 역시 2음절로 인식되느냐 1음절로 인식되느냐 하는 차이에 바탕을 둔다.

따라서 음성적으로 모음 '이'(i)와 유사하면서도 독립된 음절을 이루지 않는 분절음은 음운론적으로 반모음 j로 처리할 수 있다. 결국 (14)에서 첨가되는 분절음은 음절수에 있어서 변동을 일으키지 않으면서도 모음 '이'와 유사한 성격을 가진 존재로서, 음운론적으로는 반모음 j인 것이다. 한글을 이용한 전사에서는 반모음 j를 따로 나타내기 어렵기 때문에, 본고에서는 다음과 같은 형식으로 반모음 j를 드러내기로 한다. 아울러 경북 서부방언에서 실현되는 성조를 함께 표시하면 다음과 같다(R: 상승조, H: 고조, L: 저조).

(16)

오야	~	오ㅣ야	야야	~	야ㅣ야
o$ja		oj$ja	ja$ja		jaj$ja
R H		R H	R H		R H
호배야	~	호배ㅣ야	주요	~	주ㅣ요
ho$bɛ$ja		ho$bɛj$ja	ʧu$jo		ʧuj$jo
H L L		H L L	R H		R H

둘째는 성조 기술과 관련된 문제이다. 성조는 음장과 마찬가지로 음절 전체에 걸리는 운율적 특성으로 이해되는데, 첨가되는 분절음을 모음 '이'로 처리할 때에는 성조 기술에 있어서 문제가 발생한다.

경북 서부방언의 성조형 중에는 끝에서 두 번째 음절에 고조가 걸리고 나머지 음절은 모두 저조가 걸리는 특징적인 성조형이 존재한다. 1음절 어간 '잡-'(執)에 특정 부류의 어미가 통합되는 경우를 예로 들면 다음과 같다.

(17) ㄱ. 잡더라 ㄴ. 잡더라도
ㄷ. 잡겠더라도 ㄹ. 잡겠더라 카고
ㅁ. 잡겠더라 카겠고 ㅂ. 잡겠더라 카더라도
ㅅ. 잡겠더라 카겠지만도 ㅇ. 잡겠더라 카겠지만서도

(17ㄱ~ㅇ)은 3음절에서 10음절에 이르기까지 음절 수는 다양하지만, 이들의 성조형은 하나의 기식군으로 발음될 경우 고조가 끝에서 두 번째 음절에 위치한다는 공통점이 있다. 즉 이들의 성조형은 'LHL, LLHL, LLLHL, LLLLHL, LLLLLHL, LLLLLLHL, LLLLLLLHL, LLLLLLLLHL,' 등과 같은 고조(H)가 끝에서 두 번째 음절에 위치하는 특성이 있다(이혁화 1994:52~53). 그런데 이러한 성조형의 특성을 고려할 때, 첨가되는 분절음을 모음 '이'(i)로 처리하게 되면 다음과 같은 문제가 발생한다.

(18)

ㄱ.	ㄴ.	ㄷ.
안 캐여 (LHL)	안 캐ㅣ여 (LHL)	안 캐이여 (*LLHL)
안 잡아여 (LLHL)	안 잡아ㅣ여 (LLHL)	안 잡아이여 (*LLLHL)
안 잡았어여 (LLLHL)	안 잡았어ㅣ여 (LLLHL)	안 잡았어이여 (*LLLLHL)
안 잡았더래여 (LLLLHL)	안 잡았더래ㅣ여 (LLLLHL)	안 잡았더래이여 (*LLLLLHL)

(18ㄱ)의 예들은 모두 끝에서 두 번째 음절에 고조가 걸리는 성조형으로 실현된다. 수의적으로 첨가되는 분절음을 반모음 j로 처리하게 되면 (18ㄴ)은 음절 차원의 변동이 없으므로, 성조의 측면에서는 (18ㄱ)과 동일하게 간주된다. 즉 (18ㄱ)에서는 끝에서 두 번째 음절인 'k^hɛ, ba, s'ə, rɛ'에 걸리던 고조(H)가, (18ㄴ)에서는 각각 'k^hɛj, baj, s'əj, rɛj'에 걸리는 것이다.

그러나 만약 첨가되는 분절음을 모음 '이'(i)로 분석하게 되면, 새로운 문제가 발생하게 된다. (18ㄷ)처럼 'k^hɛi, bai, s'əi, rɛi'로 분석하게 되면 음절 수가 하나 늘어나면서 끝에서 두 번째 음절은 모음 '이'가 해당된다. 따라서 끝에서 두 번째 음절에 고조가 걸리는 성조형을 그대로 유지한다면 고조(H)는 모음 '이'에 걸릴 것이다. 하지만 실제 실현되는 성조형은 그렇지 않다. 이처럼 성조형의 측면에서 (18ㄴ)으로만 실현되지 (18ㄷ)으로의 실현이 불가능한 것은, 첨가되는 분절음을 고조(H)를 받을 만한 단위인 독립적인 음절로 인식하지 않기 때문으로 해석된다.

이해를 돕기 위하여 (18)의 예 중에서 '안 잡아여'에 대한 음절 실현과 성조 실현을 보이면 (19)와 같다. (19ㄱ)은 분절음 첨가가 실현되기 이전이며, (19ㄴ)은 첨가되는 분절음을 반모음 j로 파악한 것이다. (19ㄷ)은 첨가되는 분절음을 모음 '이'로 파악한 것인데, 이러한 성조 실현은 실제로 일어나지 않는다.

(19)

ㄱ. 안 자 바 여 / an ʤa ba jə / L L H L

ㄴ. 안 자 바ㅣ 여 / an ʤa baj jə / L L H L

ㄷ. 안 자 바 이 여 / an ʤa ba i jə / L L L H L

한편 모음 '아'(a) 뒤에서 모음이 실현되는 경우도 물론 존재한다. 중앙어의 '아니다'(不)에 해당되는 '아이다'의 경우 경상방언에서는 '아

ㅣ'/aj/로 분석되지 않고, '아이'/ai/로 분석된다. 이렇듯 모음 '이'로 분석되는 경우의 성조 실현을 보이면 다음과 같은데, 끝에서 두 번째 음절에 고조가 걸리는 성조형의 특성이 그대로 유지된다.

(20)

ㄱ.

아	이	고
a	i	go
L	H	L

ㄴ.

아	이	더	라
a	i	də	ra
L	L	H	L

ㄷ.

아	이	더	래	여
a	i	də	ra	jə
L	L	L	H	L

결국 우리는 음절 수, 성조형의 측면에서 첨가되는 분절음을 음운론적으로 모음 '이'가 아닌 반모음 j로 파악하였다. 첨가되는 분절음 j는 선행 모음과 함께 하향이중모음을 형성하여 음절의 측면에서 중성으로 기능한다. 따라서 이 현상은 반모음 j 앞에서 반모음 j가 첨가되는 현상으로 해석되며, 간략히 반모음 j첨가로 명명한다.[15)] 이제 (9)를 다시 정리하면 다음과 같다.

(21) Ø → j / V_j (수의적, V는 모음)

15) 해당 분절음이 반모음으로 처리되는 이상, aj, əj, ɔj, ɯj, ɛj 등의 하향이중모음이 인정될 수밖에 없다. 그렇다면 당연히 공시적인 음운체계 내에서 하향이중모음을 인정해야 하느냐 하는 의문이 제기된다. 이러한 의문에 대한 본고의 입장은 유보적이라 할 수 있는데, 여기에는 이러한 첨가가 '변이' 현상으로 나타난다는 사실과 관련이 있다. 언어에는 체계의 안정성을 해치는 수많은 변이 현상이 존재하기 때문에 체계의 변화가 일어난다. 변이 현상이 보다 세력을 확대하여 안정적인 현상으로 자리를 잡게 되면 체계적인 현상으로 이해할 수 있으며 체계의 변화도 초래될 것이다.

4. 반모음 j 첨가의 통시적 의미

중세국어 시기에는 '모음-j-모음'(VjV)의 연쇄에서 반모음 j가 첨가되는 것으로 기술할 수 있는 현상이 존재하였다. 그런데 이 현상은 실현 환경이나 결과 면에서 현대 경상방언에서 보이는 (11~16)의 변이 현상과 유사한 측면이 있다. 여기에서는 후기중세국어와 현대 경상방언에서 나타나는 반모음 j첨가 현상을 함께 비교하여 살펴봄으로써, 두 현상의 공통점과 차이점을 밝히는 한편 언어 변화에 있어 특정 현상의 소멸과 재현에 대한 의미를 생각해 보도록 한다.

중세국어의 '애, 에, 외, 위' 등을 해석함에 있어, 이를 반모음 j가 포함된 하향이중모음(Vj)으로 이해하는 견해(김완진 1964, 허웅 1965, 이기문 1972)와 모음 '이'(i)가 포함된 구성인 모음 연쇄(Vi)로 이해하는 견해(박창원 1988, 김종규 1989)로 나누어진다. 여기에서는 이를 간략하게 Vj설과 Vi설로 부르고, 이러한 견해에 따라 반모음 j의 첨가 현상을 살펴보기로 한다.

(22) ㄱ. 가야미~개야미, ᄇᆞ얌~ᄇᆡ얌
ㄴ. 귀-에→귀예, ᄇᆡ-에→ᄇᆡ예, 그르메-에→그르메예
ㄷ. 뮈-어→뮈여, 이긔-어→이긔여, 개-아→개야, ᄀᆞᆯᄒᆡ-아→ᄀᆞᆯᄒᆡ야

먼저 Vj설에 따르면 (22)의 예들은 표면적으로 볼 때 반모음 j의 첨가 현상으로 이해될 수 있는 예들이다. 그런데 이들을 단순히 반모음 j의 첨가로만 기술하는 것은 충분하지 않다. (22ㄱ)의 예들은 반모음 j가 첨가된 것인지 탈락된 것인지 결정하기 어려운 면이 존재한다. 즉, '가야미〉개야미, ᄇᆞ얌〉ᄇᆡ얌'의 변화라면 반모음 j의 첨가가, 반대로 '개야미〉가야미, ᄇᆡ얌〉ᄇᆞ얌'의 변화라면 반모음 j의 탈락이 이루어진 것으로 보

아야 하지만, 그 어느 쪽도 판정하기 어렵다. 한편 (22ㄴ), (22ㄷ)의 예들은 '체언+조사, 용언 어간+어미'의 결합으로서 반모음 j가 첨가되었다고 할 수 있으나 동일 환경에서 선행하는 체언이나 용언 어간의 반모음 j가 탈락한 것처럼 보이는 (23)의 예들도 공존하고 있어 공존형들 사이의 관계를 해명해야 하는 점이 문제가 된다.

(23) ㄱ. 홰-에→홰예~화예, 힉-에→힉예~ᄒᆞ예
ㄴ. 뮈-어→뮈여~무여, 골히-아→골히야~골ᄒᆞ야

(23)에서 보이는 수의적 공존형의 문제를 해결하기 위하여 모음과 모음 사이에 존재하는 반모음 j에 대하여, "두 음절 사이의 interlude를 이루고 있었던" 것으로(김완진 1964) 또 "양음절성"에 기인한 유동 현상으로(이상신 1998) 파악하기도 하였다.16)

한편 Vi설에 따르면 (22ㄴ), (22ㄷ)의 예들은 모음 '이'(i)와 후행 모음이 이어지는 모음충돌을 회피하기 위하여 반모음 j가 첨가된 것으로 이해된다. 즉 '귀-에'는 'kui-əi'에서 'i-ə'의 연쇄에서 모음충돌이 일어나므로 이를 피하기 위하여 반모음 j의 첨가가 이루어진 것으로 이해된다. 그리고 (23ㄱ), (23ㄴ)에서 반모음 j가 첨가된 예들과 공존하는 '화예, 무여' 등의 예들에 대해서는, 어간 말에 위치하는 '애, 에, 외, 위, 의, ᄋᆡ' 등을 Vi로 간주하므로 어간말음인 모음 i가 j로 바뀌는 반모음화가 이루어진 것으로 이해된다. 즉 hwai-əi, mui-ə에서 모음 i의 반모음화 이후에 hwaj-əi, muj-ə를 거쳐 hwa$jəi(화예), mu$jə(무여) 등이 된다는 것이다.

---

16) 이상신(1998)에서는 15~16세기에 '모음-j-모음'(VjV)는 대체로 'V$jV Vj$jV'의 표기만 가능했으며 17세기에 이르러 Vj$V로의 표기가 등장함이 지적되기도 하였다. 즉, 'ᄇᆡ얌, ᄇᆡ얌'과 같은 표기는 15~16세기에 나타나며, 근대 국어 시기에 이르러 'ᄇᆡ얌, ᄇᆡ얌' 이외에 'ᄇᆡ암'과 같은 표기가 등장한다는 것이다.

이상의 논의를 바탕으로 Vj설과 Vi설에 따른 수의적 공존형에 대한 견해 차이를 정리해 제시하면 다음과 같다.

(24) ㄱ. Vj설
VjV → (반모음 j의 interlude 혹은 양음절성) VjjV → Vj$jV (뮈여)
→ (음운 과정 적용 없음) VjV → V$jV (무여)
ㄴ. Vi설
ViV → (모음충돌회피에 의한 반모음 j첨가) VijV → Vi$jV (뮈여)
→ (모음 '이'의 j반모음화) VjV → V$jV (무여)

(24ㄴ)에서 제시한 바와 같이 Vi설은 '뮈-어→뮈여'를 모음충돌(hiatus) 회피가 동기가 되어 j첨가가 일어나는 현상으로, '뮈-어→무여'를 모음 '이'가 j로 바뀌는 반모음화 현상으로 이해하여 각각 j첨가와 j반모음화라는 상이한 규칙 적용의 결과로 설명한다. 이 입장에서는 (24ㄱ)과 같이 VjV로 해석할 경우에 '뮈-어→뮈여'의 경우 이미 모음과 모음 사이에 반모음 j가 개재되어 있어 모음충돌의 상황이 아님에도 불구하고 반모음 j가 첨가되기 때문에 음성적 동기를 찾기 어렵다는 점이 문제로 지적되었다. 분절 음운론의 관점에서는 분명 VjV의 연쇄가 VjjV의 연쇄로 바뀌었다고 할 수 있다. 여기에는 분명 반모음 j의 첨가가 이루어졌는데 VjV의 연쇄는 모음충돌의 상황이 아니기 때문에 이를 피하기 위해 반모음을 첨가한다는 것은 논리적으로 모순이다.

하지만 VjV의 연쇄가 VjjV의 연쇄로 실현되는 현상을 반드시 모음충돌 회피라는 동기와 연관 지어 해석할 이유는 없다. 모음충돌의 상황이 아님에도 불구하고 반모음의 첨가가 일어나는 현상으로 이해할 수 있기 때문이다. 우리는 이러한 해석의 가능성을 (3~8)의 현대국어를 통해 이미 확인한 바 있다.

본고에서는 중세국어의 '애, 에, 외, 위, 의, ᄋᆡ' 등이 반모음 j가 포함된 하향이중모음이라는 Vj설로도 (22, 23)의 예를 설명하는 데에 부족함이 없다고 판단한다.[17] 중세국어에서 '모음-j-모음'(VjV)의 연쇄는 반모음 j의 interlude적 혹은 양음절적 성격으로 말미암아 네 분절음으로 인식될 때에는 Vj$jV의 표기 방식을 취하게 된다. 그렇지 않고 세 분절음으로 인식될 때에는 V$jV의 표기 방식을 취하게 된다.[18]

(25)	오야	~	오ㅣ야	야야	~	야ㅣ야
	o$ja		oj$ja	ja$ja		jaj$ja
	R H		R H	R H		R H
	호배야	~	호배ㅣ야	주요	~	주ㅣ요
	ho$bɛ$ja		ho$bɛj$ja	ʧu$jo		ʧuj$jo
	H L L		H L L	R H		R H

(25)는 현대 경상방언의 예인데, '모음-j-모음' 연쇄(VjV)가 보이는 수의적 변동이라는 점에서 (22~23)에서 살펴본 중세국어의 경우와 크게 다르지 않다. 수의적으로 V$jV와 Vj$jV가 공존하는 현상이라는 점은 동일하기 때문이다. 우리는 앞에서 이러한 현상이 발생하는 원인을 분절음 차원에서의 인식 차이에 따른 결과로 해석한 바 있다. 즉 기술적으로는 반모음 j의 수의적인 첨가로 이해할 수 있지만, 이는 연속적인 음성형을 분절음 단위로 분절해 낼 때에 몇 개의 단위로 분절하는가와 관련된 인

17) 중세국어의 '애, 에, 외, 위, 의, ᄋᆡ' 등을 Vi와 같은 모음 연쇄로 이해할 때 '모음-모음'의 연쇄가 한 음절 내에서 가능한지에 대한 의문이 제기된다. '부텨+이→부톄'에서 '톄'의 성조 실현과 비성절음으로서의 반모음 j에 대한 논의는 송철의(1995)를 참고할 수 있으며, 현대국어 '의'를 '모음-모음'의 연쇄가 아니라 ɨj의 하향이중모음으로 해석하는 논의는 이혁화(2012)를 참조할 수 있다.

18) 복합어 '뵈우틔, ᄆᆡ얽다, ᄇᆡ알타' 등을 제외하면(이현희 1991) 중세국어에서 Vj$V의 표기는 드문 편인데, 이는 중세국어 시기에서 모음 사이에 반모음 j가 위치할 경우에 그 반모음을 다음 음절의 성분으로 인식하는 경향이 있었던 듯하다.

식의 차이로 이해하였다. 이러한 분절 차원에서의 인식의 차이는 곧 (22~23)에서 파악한 반모음 j의 interlude적인 혹은 양음절적인 성격과 무관하지 않을 것이다.[19)]

물론 중세국어와 현대 경상방언의 '모음-j-모음' 연쇄를 동일시하는 것은 무리가 있다. 수의적 현상 자체의 음운론적인 성격이나 제약이 다르기 때문이다. 환경 자체의 변화도 무시할 수 없다. 중세국어에서는 체언이나 용언 어간 중에서 하향이중모음으로 끝나는 형태가 많아 모음으로 시작하는 조사나 어미와 결합할 경우에 '모음-j-모음' 연쇄가 이루어졌다. 그러나 현대 경상방언에서는 이러한 환경에서 '모음-j-모음' 연쇄가 거의 나타나지 않는다. 하향이중모음으로 끝나는 체언이나 용언 어간이 역사적인 단모음화 과정을 거쳐 사라졌기 때문이다. 다만 중세국어와 달리 반모음 j로 시작하는 형식형태소가(-요, -야, -예, -여 등) 다수 생겨남으로써 현대국어에서는 다시 다양한 위치에서 '모음-j-모음'의 연쇄가 이루어졌으며, 현대 경상방언에서는 이러한 '모음-j-모음'의 연쇄가 다시 '모음-jj-모음'의 연쇄로 해석되는 변이 현상을 보이는 것이다.

현상을 매우 단순화시키면 중세국어와 현대 경상방언에서 분절음 차원에서 '모음-j-모음' 연쇄가 수의적으로 '모음-jj-모음'의 연쇄와 공존한다는 사실은 공통적이다. 시간적 차이에도 불구하고 이러한 수의적 공존 현상이 되풀이된다는 사실은 이러한 변이 현상이 특정 방언에서만 일회적으로 실현되는 특수한 현상이 아님을 알려 주고 있다.

---

19) 반모음 j가 두 개의 분절음으로 인식할 경우 두 분절음 jj는 서로 다른 음절에 소속되는 것으로 해석된다. 이와 달리 j가 interlude적인 혹은 양음절적인 성격을 가지는 것으로 본다면 하나의 분절음 j가 서로 다른 음절에 소속되는 것으로 해석된다. 어떤 입장을 취하느냐에 따라 현상에 대한 해석은 달라질 것인데, 이 문제는 본고의 범위를 넘어서는 듯하여 더 이상 상론하지 않는다.

5. 마무리

이상에서 우리는 현대 경상방언에서 실현되는 반모음 j에 의한 반모음 j의 첨가 현상에 대해 살펴보았다. 이 현상은 경상방언에서 흔하게 실현되는 변이 현상이지만 기존의 논의에서는 크게 주목을 받지 못한 현상이었다. 논의된 중요 사항을 간추리면 다음과 같다.

'가여~가ㅣ여, 먹어여~먹어ㅣ여, 조여~조ㅣ여, 주여~주ㅣ여, 빼여~빼ㅣ여' 등과 같은 변이 현상이 경상 지역 전역에 걸쳐 존재하는데, 이러한 수의적 변이 현상은 형태소 경계는 물론이고 형태소 내부에서도 실현된다. 이때 첨가되는 분절음은 음성적으로 모음 '이'와 유사하지만 독립된 음절을 구성하지 못하므로 음절구조적 측면에서 반모음 j로 해석하였다. 경상방언에 존재하는 성조의 관점에서도 첨가되는 분절음은 독립적인 음절을 구성하지 못하기 때문에 반모음 j로 처리하였다.

반모음 j 앞에서 이루어지는 j첨가의 원인은 음성 분절의 과정에서 '모음-j-모음'을 '모음-jj-모음'으로 분절한 사실에 있는 것으로 보았다. 즉 실체적으로는 연속체인 음성형을 인지적인 단위인 분절음으로 해석해 낼 때에, 중간적인 상태에 있는 발음을 따로 분절하여 분절음으로 인식한 것으로 파악하였다. 아울러 경상방언의 이러한 변이 현상이 중세국어 시기에 존재한 '모음-j-모음'의 연쇄가 '모음-jj-모음'의 연쇄로도 표기된 사실과 관련이 있을 가능성을 제기하였다. 이는 곧 경상방언에 존재하는 변이 현상이 경상방언에만 존재하는 독특한 현상이 아니라 역사적으로 되풀이될 수 있는 자연스러운 현상으로 이해할 가능성을 열어 둔 것이다.

(2013, 한민족어문학 63, 41-68)

참고 문헌

강창석(1984), 국어의 음절구조와 음운규칙, ≪국어학≫ 13.

강희숙(2010), /j/ 첨가와 전남방언 분화, ≪한민족어문학≫ 57.

곽충구(1982), 아산지역어의 이중모음 변화와 이중모음화, ≪방언≫ 6.

김성규 · 정승철(2005), ≪소리와 발음≫, 한국방송통신대학교출판부.

김완진(1964), 중세국어 이중모음의 음운론적 해석에 대하여, ≪학술원논문집(인문사회편)≫ 4.

김종규(1989), 중세국어 모음의 연결제약과 음운현상, 서울대학교 석사학위논문.

김종규(2010), 이중모음의 음운론적 성격에 대하여, ≪어문연구≫ 38-4.

김진우(2008), 국어 음절론, ≪한글≫ 282.

김 현(1999), 모음간 w탈락과 w삽입의 역사적 고찰, ≪애산학보≫ 23.

김형규(1974), ≪한국방언연구≫, 서울대학교 출판부.

박창원(1988), 15세기 국어의 이중모음, ≪경남어문논집 창간호≫.

배주채(1989), 음절말자음과 어간말자음의 음운론, 서울대학교 석사학위논문.

배주채(1996), ≪국어 음운론 개설≫, 신구문화사.

백두현(1992), ≪영남 문헌어의 음운사 연구≫, 태학사.

송철의(1995), 국어의 활음화와 관련된 몇 문제, ≪단국어문논집≫ 1.

양희주(2008), ≪부산말사전 니 어데 갔더노?≫, 도서출판 조양.

유재원(1985), 현대 국어의 모음 충돌 회피 현상에 대하여, ≪한글≫ 189.

이기문(1972), ≪국어사개설≫, 탑출판사.

이병근 · 최명옥(1997), ≪국어 음운론≫, 한국방송대학교 출판부.

이상신(1998), VyV 연쇄에 대한 통시론적 연구, 서울대학교 석사학위논문.

이진호(2005), ≪국어음운론강의≫, 삼경문화사.

이혁화(1994), 금릉방언의 성조 연구, 서울대학교 석사학위논문.

이혁화(2007), 경북 서부방언의 종결어미 '-어여', ≪한국어학≫ 37.

이혁화(2012), 국어 음운론의 용어 '반모음, 이중모음, 중성'에 대한 검토, ≪한글≫ 296.

이현희(1991), 중세국어의 합성어와 음운론적인 정보, ≪석정 이승욱선생 회갑기념논총≫.
정승철 · 정인호(2010), ≪이중모음≫, 태학사.
최명옥(2004), ≪국어 음운론≫, 태학사.
최전승(1986), ≪19세기 후기 전라방언의 음운현상과 그 역사성≫, 한신문화사.
최학근(1978), ≪한국방언사전≫, 현문사.
한국정신문화연구원 편(1980), ≪한국구비문학대계≫ 7-2, 7-14, 7-17, 8-10.
허 웅(1965), ≪국어음운학(개고신판)≫, 정음사.

이 논문은 나에게

이 논의는 동남방언에서 확인되는 '와여~와이여', '어데예~어데이예'와 같은 반모음 첨가에 대한 논의이다. 분절음이 첨가되는 환경은 모음과 반모음 j 사이인데 'V_j'라는 환경에서 어떤 분절음이 첨가된다고 서술하는 것은 기술적인 차원에서만 의미를 가질 뿐이다. 설명적 타당성을 획득하기 위해 성조 관련 방언 자료와 중세국어의 시기의 자료를 그 실체적 근거를 들면서 정밀하게 논의를 진행해 간 점이 매우 높이 평가된다.

1980년대 가수 한규철 님이 생각난다. '밀양머슴아리랑'이라는 노래를 신명나게 멋드러지게 불렀던 기억이 새록새록 돋아난다. "사랑하는 그대여 날 좀 봐요 봐요 봐요 날 좀 봐 주세요."에서 '봐요'를 '봐이요', '주세요'를 '주세이요'로 발음하는 것을 듣고 '노래니까, 음, 특이하네' 정도로 인식하고 지나갔었다. 이후 '해야 해야'라는 노래가 등장하게 되었는데 그 노래를 부른 가수 김학래 님은 "해 해 해야"를 '해이 해이 해이야'로 발음하였다. 남인수 님은 '청춘고백'을 통해 "헤어지면 그리웁고 만나보면 시들하고"를 '헤이어지면 그리웁고 만나보이면 시들하고'로 발음하였다. '아, 많은 가수들이 특이하게 발음하는구나.'라는 정도로 생각할 뿐이었다. 그러다가 2000년대 들어와서 이러한 반모음 첨가현상이 문경 지역어에서 매우 활발히 나타난다는 것을 알게 되었다. 이어 '안 그래여', '안 와여' 등의 성조 표시를

LLHL, LHL로 하면서 한편으로는 '저 반모음을 어떡하지?'라는 생각을 했었다. 박사 논문 심사 시간에 쫓겨 더 이상 정밀한 생각을 이어가지 못했다. 그러다가 2014년 이혁화 선생님의 논문을 보고 그 의문점이 말끔히 해소되었다. 역시 문제가 해결될 때까지 줄곧 묵혀 두었다가 몇 년이 지난 후에 꺼내는 그 신중함에 다시 감탄할 따름이다.

경북 서부 지역에서는 '저조로 시작하는 경우 끝에서 둘째 음절에 고조가 걸리는 율동제약'이 존재한다. '안그래이여', '안 와이여'처럼 한글전사를 하게 되면 실제 발화와는 전혀 다른 성조 표시(LLLHL, LLHL)를 해야 하는 부담이 생긴다. 이에 이혁화 선생님은 첨가되는 분절음을 i가 아닌 반모음 j로 파악하였다. 이들 자료들은 모음충돌의 상황이 아님에도 불구하고 반모음의 첨가가 일어나는 현상이다. 이혁화 선생님은 VjV의 연쇄가 VjjV의 연쇄로 실현되는 현상을 반드시 모음충돌 회피라는 동기와 연관 지어 해석할 이유는 없다고 하면서 하향이중모음을 Vi로 보지 않고 vj로 보는 근거도 마련한 듯하다. 반모음 첨가를 반드시 모음충돌회피로 볼 필요는 없다. 필자도 이와 관련된 논의를 펼친 적이 있다. '누에'의 방언형을 '눙에', '눙예'로 전사한 사람이 있는 것을 보아도 그 증거는 충분해 보인다. '궁예'를 '궁애'로 적는 것은 역현상이지만 같은 관점에서 접근이 가능하다. 모음이 충돌되지 않아도 반모음은 첨가될 수 있기 때문이다. 끝으로 이 논문의 결론 끝 부분을 발췌하면서 마무리하기로 한다.

반모음 j 앞에서 이루어지는 j 첨가의 원인은 음성 분절의 과정에서 '모음-j-모음'을 '모음-jj-모음'으로 분절한 사실에 있는 것으로 보았다. 아울러 경상방언의 이러한 변이 현상이 중세국어 시기에 존재한 '모음-j-모음'의 연쇄가 '모음-jj-모음'의 연쇄로도 표기된 사실과 관련이 있을 가능성을 제기하였다. 이는 곧 경상방언에 존재하는 변이 현상이 경상방언에만 존재하는 독특한 현상이 아니라 역사적으로 되풀이될 수 있는 자연스러운 현상으로 이해할 가능성을 열어 둔 것이다.

(임석규)

이 책에 실린 논문의 출처는 다음과 같다.

1999. 국어 자음의 음운론적 강도에 대하여, 애산학보 23, 애산학회, 165-193쪽.

2002. 교체에 대하여, 형태론 4-1, 박이정, 59-80쪽.

2002. 국어 반모음 'ɥ'의 음성학과 음운론, 어학연구 38-1, 서울대학교 어학연구소, 339-364쪽.

2007. '애아' 모음 연쇄의 통시적 변화와 공시적 기술, 국어국문학 146, 국어국문학회, 353-383쪽.

2009. 방언사의 현황과 과제: 방언음운사를 중심으로, 국어학 54, 국어학회, 303-324쪽.

2012. 국어 음운론의 용어 '반모음, 이중모음, 중성'에 대한 검토, 한글 296, 한글학회, 5-39쪽.

2013. 반모음 j에 의한 반모음 j 첨가의 변이: 경상방언을 중심으로, 한민족어문학 63, 한민족어문학회, 41-68쪽.